职业经理 第3版
十项管理训练

上
全三册

章哲◎著

北京联合出版公司
Beijing United Publishing Co.,Ltd.

图书在版编目（CIP）数据

职业经理十项管理训练：全三册 / 章哲著 . -- 3版
. -- 北京：北京联合出版公司，2019.7
　　ISBN 978-7-5596-3239-5

　　Ⅰ．①职… Ⅱ．①章… Ⅲ．①企业管理 Ⅳ．
① F272

中国版本图书馆 CIP 数据核字（2019）第 092141 号

职业经理十项管理训练：全三册
作　　者：章　哲
选题策划：北京时代光华图书有限公司
责任编辑：昝亚会　龚　将　管　文
特约编辑：任红波
封面设计：新艺书文化
版式设计：蔡晓波

北京联合出版公司出版
（北京市西城区德外大街83号楼9层　　100088）
北京军迪印刷有限责任公司印刷　　新华书店经销
字数680千字　　787毫米×1092毫米　　1/16　　61.25印张
2019年7月第1版　　2019年7月第1次印刷
ISBN 978-7-5596-3239-5
定价：168.00元

再版序言

16 年，3 版。

作为本书作者，心生两个感慨。

一是，感慨本书的初版恰逢其时。

从 2003 年的初版到今天的第 3 版，本书巧遇和见证了中国经济持续、高速发展的最辉煌时期，其间中国的 GDP 总量从 2003 年的 13.7 万亿元人民币，增长到 2018 年的 90 万亿元人民币，翻了约 6.6 倍，中国企业成长为中国经济乃至世界经济举足轻重的力量，中国的职业经理人群体也从无到有，发展壮大起来。

在这 16 年里，本书发行量高达 20 万册，直接影响了数百万经理人。另外，根据本书内容制作的同名多媒体课程包多次再版热销，与本书内容同名的经理人培训课程在 2004 年就被新浪网等机构评为"全国十大优秀课程"，本书还被许多企业和知名培训机构作为经理人培训的指定教材，书中内容被引用至几乎所有的管理类和企业培训类网站、文库。

所以说，本书的初版恰逢其时。它对我国经理人群体的培养和成长，产生了公认的影响，受到诸多好评。

二是，感慨本书的再版又逢其时。

本书出版 16 年了，过时了吗？没有。

为什么？道理很简单：因为本书强调的是经理人的基本职业素养，强调的是经理人的"规定动作"，强调的是经理人必须具备的常识。而这些，别说 16 年，哪怕 60 年，也不会过时。

经理人都知道木桶理论：一只木桶能装多少水，取决于最短的那块板。无论时代发展多快，理论如何迭代，管理如何创新，经理人都不能缺少最基本的职业素养，不能不掌握管理的"规定动作"，不能不尊重管理的常识。

16 年来，许多人发现，中国的经理人，有着非凡的学习力和创造力，每当国际上有新的管理理念和方法，其很快就会在中国企业推行甚至流行起来，公司治理、平衡记分、蓝海战略、长尾理论、移动商业、知识管理、区块链等，各种新概念、新理论各领风骚数百天。但是，乱花渐欲迷人眼，许多企业和经理人被这些新理论、新方法撩拨得心绪荡漾，今天协同热，明天大数据热，过几天又情绪管理热，结果，经理人像"网红"，管理像"热搜"……

中国企业和经理人需要与时俱进，需要这些新理论、新方法。然而，九层之台，起于累土，经理人需要"高大上"，也需要最基本的职业素养，而且，要首先具备最基本职业素养，然后才能言及其他。新理论、新方法是高标，基本职业素养是基线。一个经理人，不能达到高标固然可惜，可是，如果在常识和基本技能上犯错，就是可悲，甚至不能原谅的。去年，有一位企业家和我说，他们公司的经理人新名词、新概念一套一套的，低级失误一次一次的，高难动作时时有，基本动作常常无，让他哭笑不得。

显然，作为一套专业、系统地介绍经理人基本管理技能的专用教材——《职业经理十项管理训练》，不仅没有过时，而且是又逢其时。

章　哲

2019 年 5 月 22 日于北京

序言

职业经理就是具有职业素养的经理！

一般认为，职业经理就是高层经理。高层经理、中层经理、基层经理，无论哪个层级的经理人都应当具有职业素养。具备相应的职业素养，才有资格、有能力成为高层经理、中层经理或基层经理，才可以通过付出自己的管理能力获取回报。

什么是职业素养？职业素养，其实就是一个经理人的核心能力。跨国公司为什么能在全球许多国家开办公司？为什么能够有很多经理人执行他们共同的制度、共同的文化？就是因为他们在全球"克隆"了许多懂得管理的"规定动作"的经理。他们为什么能够在全球"克隆"出许多符合他们要求的经理人？"克隆"的前提是什么呢？就是标准化，就是用经理人的职业化标准来要求。这些职业化标准就是"规定动作"。对于经理人来讲，要了解、懂得、掌握一套管理的"规定动作"，并且养成习惯，比如，在设定目标上、在时间管理上、在与人沟通上、在激励下属上。经理人如果学会"规定动作"，就有可能职业地、按同样的"动作"执行公司的战略和制度。

再看看中国企业的经理人，他们最大的问题是什么？他们往往按照自己作为"自然人"的状态来管理，或者按照自己的风格当经理人，没有"规定动作"。各个经理人管理的"规格""型号""动作"都不相同。不同规格的零件放在一起，尚不能整合成一台高效的机器，即使勉强凑在一起，也会很快发生扭曲、变形、停止运转，何况管理呢。

很多人认为管理是一门艺术，但管理首先是一门技术。像电焊工一样，他首先要掌握作为电焊工上岗的基本技能，要取得上岗证，才能工作，然后在岗位上，经过长期实践，在岗位基本技能，也就是"规定动作"的基础上，才可能探索出电焊的艺术。如果他连岗位的基本技能都不懂，怎能上岗，怎能表现出电焊的艺术？也就是先学会"规定动作"，才可能去"自选动作"。

而中国企业的许多经理人，大多是"火线就职"，没有接受经理人职业化训练，没有上岗证就当经理了。一个电焊工没有上岗证我们都不放心，而经理人没有上岗证，没有学会"规定动作"就当经理，我们反而放心了？

所以，经理人的职业化，其实就是要学会一些"规定动作"，跨国公司是这样培养经理人的，我们中国的企业也应该这样培养经理人。经理人在成长过程中首先要学会"规定动作"，才能在企业中相互对接、在社会上流通和对接、在管理中有共同的"语言"

和"游戏规则"，企业的战略和制度才能得到长期、稳定、专业的执行。

经理人怎样才能具有职业素养呢？松下幸之助的回答是，50%的操练，50%的训练。50%的操练就是实践出真知；50%的训练就是学习、应用，养成习惯。如果自己在工作中摸索，那么就不可能很快学习到先进企业的优秀成果。尽快参加到职业化的训练中，是经理人具有职业素养，从而成为职业经理的必然选择。

以上，是我的一点拙见，也是贯穿于本书的指导思路。但愿能成为大家的共识。

是为序。

章　哲

总目录

职业经理管理能力模型

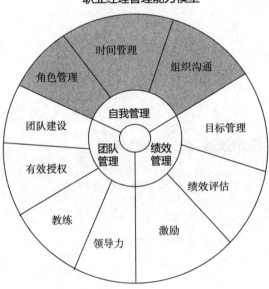

本册目录

管理技能之一：角色管理

管理技能之三：组织沟通

职业经理能力标准（自我管理部分）

管理技能之

1

一

角 色 管 理

提 要

作为下属的职业经理

作为同事的职业经理

作为上司的职业经理

单元一

作为下属的职业经理

作为下属的角色——职务代理人

职业经理是某些人的下属，准确认知自己作为下属的角色是什么，是职业经理的第一个基本功。

如果我们来分析职业经理的产生，会发现，职业经理应该是这样产生的：个体户是没有下属的，他也没有分工，所有的生产、采购、销售、财务都是他一个人做。

一个个体户，自己去采购原材料，自己制作，自己销售，自己收款，等等，整个过程都是他一个人。他做得不错，忙不过来了怎么办呢？他就要找一个"替身"，找一个人帮他采购原材料，找一个人帮他制作，找一个人帮他销售，找一个人帮他收款。这样，就出现了分工。出现了分工之后，还忙不过来，怎么办呢？一个采购人员不够了，需要几个采购人员，那么这几个采购人员由谁来管理呢？他自己忙不过来了，要找一个采购经理替他管理这几个采购人员。生产制作也一样，他忙不过来，就需要找一个生产部的经理，管理这几个生产人员。销售也是这样的，一个人忙不过来，需要几个人去卖，这时需要找一个销售部的经理去管理这几个销售人员。财务经理以及其他的部门经理都是这样产生的。

实际上，再复杂的、组织架构再庞大、组织链条再长的企业，基本都是这样形成的。都是由于上一层级忙不过来了，需要找一个"替身"，而出现了下一个层级。这样，作为下一个层级的人员，他的角色是什么呢？他的角色就是上一个层级的"替身"，或者叫"职务代理人"。各个层级的经理人都是这样的。

整个现代企业就是由这种"委托—代理"关系形成的长长的链条。公司的投资人成立股东会。股东会作为委托人，委托董事会去代行、代理，投资人决定企业的发展，董事会就是股东会的代理人。董事会又作为委托人，委托经营班子对公司的日常经营进行管理，经营班子就是董事会的代理人，高层的经理人也是董事会的替身，也就是董事会的代理人。企业的其他层级——中层、基层的经理人也是这样的。经营班子又作为委托人，中层的经理人又作为代理人，接受委托人的委托，对自己职责范围内的工作实施有效的管理。基层管理人员与其上一级的关系也是这样的。也就是说，各个层级的经理人都是由于其上一层需要找一个替身而出现的，他的上一个层级是委托人，他是职务代理人，是上司的"替身"。

上一个层级由于委托了代理人，既大大地拓展了管理的跨度，又能够腾出精力去做属于自己的事情。把相应的、不同分工的、不同职责的工作交给不同分工的、不同职责的经理人去做，从而能够很好地发挥各个层级经理人的作用。由于分工而产生的专业性及协作，将大大提高组织效率和生产力。从专业角度讲，一个人不可能掌握公司的各个分工，没有一个人既懂得财务又懂得销售，还懂得技术开发。通过"委托—代理"关系，在自己的职责内实现管理的专业性，尤为必要。这样，我们就能够看到各个专业领域的经理人，在自己的层级上，发挥自己职业的特点，发挥自己作为某一方面专家的优势，从而大大提高组织的效率。

要通过"委托—代理"关系大大提高组织的效率，前提是，代理人，也就是各个层级的经理人，必须准确认知自己的角色。

作为下属的四项职业准则

你既然是职务代理人，那么你的角色其实很清楚，在你的位置上，你必须遵循以下职业准则：

准则一：你的职权基础来自上司的委托或任命，你对上司负责

作为一个职务代理人，你的职权基础来自上司的委托和任命，离开上司的委托和任命，你什么也不是。你之所以能够给下属发号施令，能够在自己的职责范围内进行管理，都源于上司的委托或任命。谁任命你或者你对谁负责，这件事情是统一的，当你的上司委托你或任命你时，你就应该对你的上司负责，这一点是非常明确的。

准则二：你是上司的代表，你的言行是一种职务行为

既然你是上司的职务代理人，那么你就等于是他的代表，在职权范围内代行他的职责。在这种情况下，你在职责范围内的言行都是一种职务行为，你代表了你的上司或者代表了你的公司。也就是说，当你对下属发表言论，或者对下属的某些行为做出评价、处理的时候，其实你不是代表个人，而是代表一个组织或者你的上司。

作为一个职务代理人，你应该站在你委托人的角度和上司的角度去看问题。就像你请了一个律师，你是委托人，你请的律师当然是你的代理人了，他应该站在谁的角度看问题呢？当然应该站在你的角度。他应该站在谁的角度去打这个官司呢？应该站在你的角度。他应该是代表你的意见或者代表你的利益，而不是代表他自己的利益。

你也一样，在工作当中，你作为一个职务代理人，应该站在你上司的角度去看待问题，而不能只站在你部门的利益、局部利益或你个人的利益角度。

准则三：执行上司的决议

对一名职业经理而言，很重要的职业准则之一就是要坚决执行公司或上司做出的各项决议和决定。一旦决定做出，就要坚决地贯彻和落实。

当你的想法与上司的想法不一致的时候，你怎么办呢？如果你认为上司的想法很明显不合理，或者很明显有重大漏洞或问题，会对业务造成重大损失，你怎么办呢？是执行还是不执行？请注意：这时候你要坚决地去执行。因为对企业的经理人来讲，你的上司决策错误这种现象是少见的或者罕见的，而由于你不执行或者不落实决定，造成公司的目标在你这里出现中断，公司制度到你这里出现松弛等，给公司造成的危害却是常见的、频繁的。如果你和上司之间有什么分歧，或者上司的想法不对，在上司没有做出决议之前，你可以和上司商讨，可以去说服，可以去建议，但是上司说"决议已做出，还有什么问题吗？"的时候，你任何的争论都是没有意义的。作为下属，你应该坚决地去完成。在执行的过程中，如果你对此还有自己的看法，可以拿出一些证据来逐步影响上司，以便使上司能够采纳你的建议，最后做出更为正确的决定。

准则四：在职权范围内做事

作为一名职务代理人，很显然，你要尽职尽责做好职责范围内的事情。这里所说的尽职尽责，其基本意思就是你要按照委托人的期望去做事情，要为了组织目标去做事情。在职权范围内做事，还意味着作为职业经理，你首先是要做职权范围内的事情，也意味着超越你职权范围的事情，除非公司提出特殊的要求，除非和你的职责履行有密切的关系，否则，你不要去介入。

虽然在一个公司里面，有很多的事情，可能你都很关心，也想过问，但是你要明白你的职权范围是什么。你要明白，企业之所以需要你，就是需要你做好属于自己的事情，其他人的事情，就由其他人去做。你只有首先做好自己职责范围内的事情，才可能和别人实现很好的协作。如果连自己的事情都做不好，还天天替别人操心，那就是角色错位了。

作为下属，职业经理常见的角色错位

作为一名下属的职业经理，在企业中经常会出现错位现象，这些错位影响了很多经理人在企业发挥自己的作用，以至于自己做了很多事情，却没有得到别人应有的评价和肯定。

错位一：民意代表

有些经理人往往把自己错位成民意代表，好像他是他的部门、他的公司群众选举出来的领袖，是员工的代言人。当公司制度推行时、当公司制定目标时、当公司有什么思路时、当公司的制度工作安排与员工的意见或想法不一致时，有些经理人往往以民意代表的身份出现，代表自己的部门、代表自己公司的群众意见，要和上司谈一谈。这时候，很多经理人主观愿望是良好的，为什么呢？他们要关心下属，要替下属向上司反映情况，要反映来自基层、来自群众的呼声。但是，由于他们没有正确认知自己的角色，因而发生了角色的错位，结果是他们不但没有很好地履行自己的职责，而且没有很好地反映来自员工的呼声。

经理人应该很清楚，你在企业中不是民意代表，不是群众选举出来的，实际上，如果你的员工或者下属要真正选举民意代表或者领袖，也许选的根本不是你，他们之所以愿意和你谈，之所以愿意把想法告诉你，只不过是因为你被上司任命在这个职位上罢了。如果你没有被任命在这个职位上，那么你的下属很可能有想法、有意见也不会和你谈，为什么呢？和你谈没有用。

如果你的下属真的有些呼声、有些想法，并将其反映给你的时候，你应该怎么办呢？作为职务代理人，作为上司的"替身"，你应该怎么处理呢？

你代表公司、代表你的上司，对于来自群众的呼声，你要代表公司的利益予以解释或者予以说明。你不应该是一个"二传手"，当你的下属跟你说公司最近考核办法不合理，你不应该作为同情者，跟着一起骂，或者保持沉默。作为一个职务代理人，当下属觉得考核制度不合理，希望通过你反映情况时，你应该代表公司解释。

员工认为现在公司的考勤制度不合理，迟到 10 分钟就扣 100 元，跟你发牢骚、抱怨，你怎么办呢？

你首先应该站出来解释，请大家理解，公司之所以定这样的考勤制度是有它的道理的，是考虑到方方面面的因素后制定的，大家要理解它的合理性。另外，你应该告诉员工，所有公司的制度都是在逐步的发展中不断完善的，公司将会在适当的时候，根据公司的发展需要对制度加以调整。

作为一名职业经理，你首先应该站在公司立场解释，而不应该作为同情者，说："公司的制度确实不合理、不好，迟到 10 分钟就扣 100 元，这样严格，谁还干活呀！另外，晚上加班加点，第二天稍微迟到就不行。还有一些人的工作时间是弹性的，其实在家里工作的时间很多，他们喜欢夜间工作，不喜欢白天工作，对他们的工作时间，就要弹性地去安排……"

如果这样发言，随随便便迎合下属的想法就错了。

正确的说法是代表公司对你的下属表示，公司的制度是对的。

然后在这种前提下，如果你认为下属的想法有道理，群众的呼声有合理性，那么你就去和你的上司谈，你代表你个人的想法、自己的判断与认识去和上司谈。

你可以对上司说："我认为公司考勤制度有些地方需要改进一下，因为我们部门的许多人的工作时间都是在夜间，这样的话，还要保证早上 8 点到公司，那么他们的工作效率就很低，这些年轻人就是喜欢在夜间工作，夜间的工作效率确实很高，我们能不能考虑他们的特殊情况呢？一部分工作时间放在家里，考勤在特定时候不要那么严格，或者对他们采用另外的考勤方法……"

千万不要以下面这种姿态出现：

"我部门的人都反映公司的考勤制度不合理，太严厉了。公司不近人情，第一天晚上加班加点，第二天还要准时上班……"这是要避免的。

当你在下属面前，你代表的是公司，那么在上司面前，你作为一名下属，你代表的应该是你的想法。因为你是被上司任命去管理这个部门的，当然是以你的想法，而不是以下面员工的想法出现，如果你把自己当成了"二传手"向上司反映情况，不是以你自己的想法、观点提出来，而是以你下属的想法提出来，就会引起上司的反感，上司会认为："要你做什么？要你就是替公司去做解释和说明的。你都是这样的想法和态度，公司的制度谁来坚持呢？公司的利益谁来维护呢？谁来代表公司呢？"你的上司就会对你有看法。

错位二：领主

有不少经理人把自己错位成封建王国的"领主"。自己在某一个地方、某一个部门，或者某一公司待的时间一长，就认为这一亩三分地是自己的了，自己一亩三分地的事情自己说了算，自己一亩三分地的人、财、物谁也不能动，都要自己决定才行。时间长了，自己的部门形成了风吹不进、针插不进的局面。有的经理人，当上司向他调一个人的时候，他往往不同意。他认为调我的人，用我的人，影响了我的工作。当公司需要他的部门的资源配合的时候，需要资源共享的时候，需要资源信息的时候，他往往不同意，甚至和上司顶着干："你要是调我的人，用我的资源，影响到我的工作怎么办，谁来负责？"这种经理人往往以责任的名义和上司谈。

有些经理人需要资源时，往往找上司去哭穷，向上司去要，为自己争利益，争资源，争政策；而有好处之后，尽量给自己留下，不让别人知道，甚至有自己的小九九、小算盘、小金库、小政策。

这样做实际上就是把自己看成了封建时代的"领主"，把自己的部门和公司、董事会对立起来了，这样的角色就错位了。

这种错位的情况，是由三种原因引起的：

第一种：有些经理人往往是善意的

他们善意地想把工作做好，善意地为公司做工作，结果客观上就形成了领主意识。有些经理人，面对公司、董事会定下的目标战略或者计划，往往不当作一回事，在实际工作当中仍按照自己的想法去做。他认为："你定就定，由于你对我的业务不懂，其实你定的这些很不合理，也许我做得比现在还好。你定了，我说服不了，但在实际工作中，我还是按照我的想法去做，我对我的工作、对我的客观实际最了解，在实际工作当中，我按我的想法去做，最后出了成绩，你们还不认可吗？你们还不是为了公司的利益，还不是为了把工作做好吗？我把工作做好了，不就行了吗？"这种想法的出发点确实是好的，但实际的结果往往是不好的，为什么呢？

作为一个委托人，不管委托人是投资人也好，是董事会也好，还是你的上司也好，他之所以设立你这个职位，之所以需要你这个经理，是做什么呢？是实现他们的意图，还是实现你的意图呢？显然，他们作为委托人，你作为代理人，你要实现他们的意图。

就相当于你作为当事人去请律师，而你希望律师是帮你打官司，实现你的意图的。在这个时候，你要实现的就是上司的意图，离开了上司的意图，离开了上级的目标或者他们所做的计划，你的价值是不存在的。

谈到公司的赢利，一个公司的赢利有很多方式，可以在很多领域、很多行业，以很多方式去挣钱，但是对于特定的委托人来讲，他们对于赢利的时间、周期、方式都是特定的，所以你必须按照他们的意愿去完成工作，去实现他们的目标，而不是实现你个人的目标。

一个足球场上的队员，必须执行球队的纪律，当球队打的是防守反击战术的时候，你必须按照防守反击的策略踢球。如果你只想进球却不防守，把整个策略都打乱了，很可能导致后卫吃紧，甚至竞争对手先进球。很多时候你会导致球队输球。

公司也是这样，投资人或者上司，他们制定战略，有他们长期的考虑，有他们在发展目标上的考虑。你作为经理人，主要是做好执行，在某个环节、某个时期、某一方面或者某个领域内去履行好上司的决定，执行好你的职责。这样的话，整个公司才能整体地实现全盘的战略和管理。

注 意

我们应该清楚：作为职业经理，不管我们的主观愿望多么美好，对公司来说，我们作为一名下属，必须去实现上司的意图，也就是说实现组织的意图，而不是实现我们的意图。

第二种：有些经理人是无意的

有一些经理人是无意当中错位成领主的。这种无意主要是由以下两个方面造成的：

第一，由于公司的授权。当上司把一个公司或部门交给一个职业经理人的时候，这个职业经理人就认为"既然你给了我相应的授权了，既然委托了我，那么这个部门或者公司就应该我说了算，我只有树立了自己的权威，才能将这个部门或者公司管理好，才能够保持良好地运转"。所以，这些经理人对于上司或者其他职能部门的要求，如工作上相互配合，或者管理上相互监督等，有时候是很反感的，往往认为是给自己的工作添麻烦，或者是和自己过不去。

第二，由于考核。现在很多企业考核实行的是目标管理的方式，有的是"类承包"的方式。有些经理人在实行目标管理的时候，认为"你现在给我制定一个目标，最后向我要一个最终结果，你给我设定了目标，就不用管我了，我最后给你实现这个结果就可以，至于我怎么去做、怎么实现、人怎么管，都由我来安排，你就不用管了"。

在有些"类承包"的考核中，考核是二次分配式的或切块式的，也就是公司对部门或分公司进行考核，根据考核结果将奖金或绩效工资二次分配到部门或分公司，部门或分公司根据自己的考核结果再分配。这样就很容易出现以下情形：二次分配的方法造成公司很多部门"类承包"了一个基数，"在我的承包期（考核期）内你不能管我，也不能调用我的资源、我的人，不能动我的政策，制度也不能动"。

可以看到，很多公司在推行新的制度的时候，各个部门或者分公司的负责人都会有很大的抵触心理，他们认为这样做在很大程度上影响到自己目标的实现，影响到自己承包的基数，影响到自己的奖金和绩效，这就会形成一种领主意识。

我们作为职业经理，应该首先明白，我们既然是职务代理人，我们的使命，主要是为了实现上司的目标，或者为了完成组织的目标。

公司给了你管理部门、分公司的权力，而且定了一个目标，为什么要实现这些目标？其实还是为实现组织的整体目标，这点你要清楚。上级需要抽调你的人的时候，组织目标需要调整的时候，公司的资源需要重新安排的时候，你应该首先支持和服从上级的意图。当其他部门需要配合的时候，需要做出某种牺牲的时候，你要坚决地去做出某种牺牲、某种配合。你的责任顺序是，首先实现组织的目标，促进公司总体目标的实现，其次实现自己的目标。顺序是不能反的。

第三种：有些经理人是有意的

有些人是有意识地把自己错位成领主的，他们过多考虑到自己的个人利益和自己的部门利益，时间一长，个人利益至上、部门利益至上，凡是影响到他们小团体利益的安排，他们是绝对不允许出现的。如果公司的新制度与他们的个人利益或者小团队的利益相冲突，他们就以"我们有我们的实际困难，我们有我们的具体情况"等借口作为挡箭牌，使得公司的很多目标在他们那里就落实不下去，公司的想法在他们那里中断，难以贯彻。

在某公司，有一名员工找老总反映意见。这个公司规模比较大，一般员工是不会找到老总的，但是这名员工找到老总反映一个情况，认为分公司的一个做法不合理。老总接待了这名员工，感到很奇怪："你反映的这个情况，公司有了新制度，早就不这样做了，你怎么还反映这个情况呢？"员工说："没有呀！我们那里还是这种做法呀！"这位老总觉得很奇怪，然后就下去查，经查发现，虽然公司开了会，发了文件，定了制度，但是分公司的经理将文件拿回去后放在自己的文件堆里，早就给忘了。

其实，在一个公司里面，有很多经理人往往以自己的部门有很多实际困难为由，对公司定的很多政策采用拖延甚至不去理睬的方式，造成公司制定了一套政策，而下面实行的却是另外一套，即所谓"两张皮"的现象。对于这种情况，很多经理人还认为是正常的，认为我们有我们的实际问题、实际情况。

其实这就是典型的领主倾向，这种倾向将大大影响公司，使得公司的管理效率大大降低。一个规范的公司，是绝对不容许这种情况出现的。作为一名职业经理人，如果你有这种倾向，那你就快做到头了。一次次强调部门的利益，因为部门的特殊情况拒绝执行公司制度，上司会有什么看法？一次两次，你的上司会原谅你，理解你，或者他没有心思和精力去管你。但是，你要知道：这是你在上司面前犯了很难原谅、会长期蒙上阴影的错误。这对你作为一名职业经理人的职业发展、对组织目标的实现，都是非常不利的。

错位三：向上错位

有一些职业经理常常出现向上错位的倾向。也就是，自己的"一亩三分地"没有经营好，或者说在管理自己部门或自己公司的时候往往操高层、其他部门的心，经常议论公司高层最近怎么样了，董事会最近怎么样了，其他部门最近怎么样了，等等。

公司制度出台的时候，他们就会议论哪里哪里不合理，没有征求他们的意见，大家也没有讨论，等等。有些不属于他们决策权限的事情，他们还会向老总反映没有征求自己的意见。不属于他们管的事情，他们也议论纷纷，横加指责。

从出发点来看，很多人可能也是好心，认为自己是公司的主人，既然自己在这个公司工作，当然要替企业操心，关心公司发展，公司的命运和自己联系在一起，所以公司的一举一动自己不得不关心。

出发点是好的，但是，应该怎么关心？是当一个旁观者呢，还是通过正常渠道讨论，献计献策呢？

职业经理人应该知道一个基本原则——"位置决定观点"，或者用句丑话叫"屁股决定脑袋"，坐在什么位置上，你就应该说什么位置上的话，办什么位置上的事情。超出你的位置、超出你职权范围的事情，你没有权力随便议论，应该保持沉默。

比如公司高层最近制定的战略或制度，你认为不合理，这只是你个人的想法。对于你上司的想法你能了解多少？对公司的各个方面你又能了解多少呢？所以，即使你有一些想法，认为定得不合理，也要从理解的角度去看待，而不是从否定的的角度或者从你自己的角度去看待。

注 意

我们作为经理人，不能超越自己的职责和权限，说不该说的话，做不该做的事情。对于公司、上司、其他部门的事情，我们不能随随便便评头论足。如果我们真想向上司贡献想法，应该通过正常的渠道提出。如果上司采纳了，是件好事；如果意见没有被采纳，我们也不要感觉不舒服。作为旁观者，我们只是给出一个建议。还是要坚决服从和执行公司决定。这是我们的本分。

错位四：自然人

有很多经理人往往把自己错位成自然人。本来自己是职务代理人，作为上司的"替身"去管理公司或者部门，自己的言行都是职务行为，有些经理人却往往把自己的言行错位成自然人的言行。这有好几种表现：

第一种表现：同情

在部门里，或私下里，当下属抱怨公司的高层领导，或抱怨公司的制度、措施、计划时，有的经理人跟着一起抱怨，对下属表示同情。

在公司里的某个场合，几名员工在抱怨公司的考勤办法严厉。某经理也跟着说："是有些不近人情，其实根本不用这么严厉，大家都会比较自觉……"

第二种表现：沉默

保持沉默，对下属的议论既不同情，也不反对。

在通常，沉默是可以的。大家也就是议论一下，也没有明确反对公司决定，所议论的事情也非原则性时，你可以保持沉默。

几名员工议论考勤制度，但他们几个可能都不是经常违反考勤制度者，也不是受到处罚而愤愤不平者，他们只不过是找个话题议论罢了，这时经理听着就行了。

第三种表现：反对

公开站出来反对大家的议论。

第四种表现：支持

充当代言人（民意代表）向公司高层反映。

充当"民意代表"是错误的，这在"错位一"中已经做出说明，在后面的"作为上司的职业经理"部分还要进行充分说明。公开站出来表示"反对"，需要勇气，还需要分析事情的轻重和场合。

有些人在私下进行人身攻击，说一些很不好的"闲话"，或者说一些明显违反原则和公司规定的话，职业经理可以出面反对。如因为公司过了发薪日几天了，还没有发工资，有人当着某经理的面议论说："公司还不发工资，我们手里的事先停下来，等公司什么时候发工资什么时候再干吧。"

这时，职业经理一定要站出来表示反对，即使大家不高兴，也要表明公司决定你的态度，因为你是公司的代表。

在这四种表现里，充当同情者是最糟的。原因是：

第一，如果下属们的议论是对的，对公司的发展是有益的，那么这时你应当是大家意见的听取者。或者说，正确的做法不是表示你和他们是"一条战线上"的，不要急于表明自己的态度，不要急于评价，不要急于和大家所不满的事情"划界线"，而是采取中性的立场，鼓励大家将自己的意见讲出来。总之，虽然你也是雇员，但在这种场合，你的角色自然而然地应当是公司代表，大家意见的听取者，而不是同情者。

第二，同情者的角色是模糊的。

由于你是职业经理，如果你表示同情，下属们可能的反应是：

反应一：经理不错，挺向着我们的。这会使下属们将你与公司"划清界限"。他们不再把你看成公司的代表，而是看成"咱们都是打工的"了。作为职业经理的你，得到的好处是，大家不把你当外人了（这正是许多职业经理所希望的）。

反应二：认为你代表一些经理的看法。这样，就会给下属们造成一个错觉："公司的这项规定就是不好，你看，连×经理都不同意。"下属们如果认为经理层对一项规定都有不同看法，就会更加坚定自己的看法："公司的考勤办法就是不合理。"显然，将造成员工思想上的混乱。

反应三：认为你代表公司的观点。这更糟。大家会以为新的考勤办法问题很大，公司准备改正。

有的经理会认为：我本来就是雇员、打工的，我本来就和他们一样，我为什么不能对下属们表示同情？

其一，你完全可以在别的方面让员工们把你当朋友，当自己人。

其二，下属们之所以尊敬你、重视你，很大程度上是因为你是经理，你的职位高，说话分量重、影响大，说到底，你的这种影响是公司给予你的。一旦角色错位，你不履行和代表赋予你职位和影响力的公司的意志，公司要你干什么？或者说，公司为什么还要给你这个职位，给你这种影响力？下属还怎么尊重你？

有的经理坐在某个位子上，会有一种错觉，以为自己很有能力，所以下属们都听自己的，都愿意跟自己说心里话。其实，这只不过是因为你坐在那个位子上罢了。

其三，你要考虑：组织希望你做些什么？

你可以认为自己是雇员，但是，作为中高级雇员的一个重要职业素养，就是随时考虑在这种情况下，公司希望你做些什么？或者你的职责要求你做些什么？或者团队的最大利益是什么？

此外，还有一种情况，随随便便把自己的好恶在下属、客户面前表示出来。

有一个公司里发生了这样一件事情：公司某大客户的亲属刚毕业，大客户向公司老总介绍说："我的这个亲属，现在大学毕业在找工作，能不能到你们公司来工作呢？"公司老总听了大客户的介绍说："来吧！"大客户嘛，不敢得罪，大客户的亲属也是大学毕业，公司又需要人，就让他来吧！结果上班的第三天，这个人就走了。老总觉得非常奇怪，问经理怎么回事，经理说不知道。老总后来又问大客户，再三询问下大客户才说出原因。上班的第二天，客户亲属的经理就问他"谁介绍你来的呀？"，客户亲属说谁谁介绍来的，他的经理就说："你怎么跑到我们公司来上班来了，我们公司可是一个多月没发工资了。"客户亲属一听说一个多月没发工资了，公司管理乱七八糟，第三天就不来了。

这个经理实际上就是把自己错位成了自然人。公司有困难，一个多月没发工资，任何人都会有抱怨，但是作为经理人，有抱怨应该对谁讲？难道应该向下属抱怨，发泄你的不满吗？显然是不对的。在下属面前，你代表的是公司，你的言行是一种职务行为。作为上司的"替身"，你应该明白，你有责任去稳住军心。公司有困难希望大家理解，这个时候你不应该对下属抱怨，反而应该去鼓舞下属，"让我们一起渡过难关"。你对公司的抱怨，可以直接和上司谈。

有一个公司，一个部门和外部客户沟通的时候，其中一件事情涉及另外一个部门，这个部门的经理当着客户的面就说："这件事好办，我们部门都没有意见，但公司其他部门就说不准了，在这个地方能不能和你们配合好，就很难讲了。如果其他部门不配合，有些事情我们也不好办……"

在这个案例中，这个经理也把自己错位成自然人了，在客户那里你代表的是公司，是一种职务行为，你在客户那里应该维护公司的形象，不应发泄你对公司其他部门的不满，如果你对某些部门的确有看法，应该跟其他部门经理去谈，而不应该当着客户的面，对公司内部的事情评头论足。

有的公司经理在自己部门里面，有以下抱怨：

唉！我们今年年初上当了，公司老总在给我们制定目标的时候，因为去年做得不错，大家在一起开会，情绪提起来了，当时年终总结又喝了不少酒，我们大家一高兴，目标就定出来了，结果第二季度我们发现，目标定高了，我们上当了。你看公司里面，这个条件不具备，那个部门不配合，根据公司的实力根本达不到目标，老板在那儿头脑发热想当然，都是他在天天做梦，搞得我们也受累。所以我们今年定的目标根本就是不合理的……

经理人这样对下属讲话，又是一种典型的把自己错位成自然人的表现。公司给你定目标可能会高，可能会低，可能会有问题，但是不管怎样，制定出一个目标，实际上是你对上司做出了承诺，当你承诺去达成这个目标的时候，不管在目标的实现过程中有什么样的困难出现，你都不能抱怨，只能想办法解决。为自己不能实现这个目标而推脱责任，这是绝对不应该做的事情。虽然说一个目标的实现需要很多客观因素，而许多客观因素是你没有想到的，但是上司要你干什么？要你就是克服困难的，就是想办法尽可能地实现这个目标的。如果很多目标都很容易实现，还要你干什么？另外一个关键是，不能在你的下属面前发牢骚。

 注 意

　　有些目标由于情况变化，确实完不成，我们该怎么办呢？首先，我们努力去做。其次，在过程中和上司沟通。一个目标的制定就相当于我们和上司建立了一个合约，这个合约没有更改的时候，我们应该尽量去履行合约，然后在过程当中影响上司，有可能的话，让他做出改变。在没有做出改变决定之前，第一不应该在下属面前抱怨，第二我们要坚决去做。这才是一种职务行为，这才是职业经理的本分。

单元二

作为同事的职业经理

职业经理之间是内部客户关系

职业经理在与自己平级的或平行的经理面前是什么角色呢?

最常见的说法,是同事。

同事,应当说没有错。同事同事,一同做事。只要在一同做事,就可以说是同事。但是,这是一种相当含混不清的说法,不但没有说清楚中层经理的角色,反而掩盖了其中的问题。

应当说,在公司里,职业经理之间的矛盾、冲突是最多、最让人头疼的:

• 一点小事情扯来扯去,恨不得过了三年了还不时地翻出来说说。相反,其他部门对自己的帮助却一点儿也不记得了。

• 一件很重要的事情踢来踢去。明知这件事情对于对方的部门,甚至对整个公司来说都是十分重要、性命攸关的,但还是一副公事公办的样子,非要搞清楚是谁的责任再说。

• 本位主义。都只想本部门的事，关心本部门的利益。一旦有"伤害"本部门利益的事情，马上找这个、找那个，多年的同事马上变成"敌人"，横眉冷对，甚至恶言相向。许多中层经理抱定的哲学是"事不关己，高高挂起""各人自扫门前雪，莫管他人瓦上霜"。

• 别人为自己做什么都是应当的。到财务部门报销，认为财务部的职责之一就是给各部门及时报销费用。到工厂催货："你们厂子里的人干什么吃的？还要别人催？"让销售部催回款："你们不催回款，我们可不管，反正将来又不用回款考核我们……"

如果在公司里，我们相互把对方当作客户，又会怎样呢？

回顾一下，你去酒店吃饭，服务员是如何对待你的（当然，是你认为满意的酒店、满意的服务）：

你刚走到门口，就有人将门拉开，说一声"欢迎光临"。然后领位小姐将你领到座位上，你坐下后，马上有人问你喝什么茶，然后递上毛巾，放好餐具……及时送上可口的饭菜，服务生就在不远处，既不太近令人别扭，又能及时发现你要什么并及时为你送上……

再回顾一下，当有一位大客户要来时，你会做些什么：

你会找一辆高档的车，亲自去机场迎接。如果来的是总经理或其他高级别的人，你会请公司老总出面，去接对方。然后给客人安排好下榻之处，接客人来公司参观。不等客人问起，你已经将宣传品、产品样品、试验报告、权威机构认证、产品能够给客户带来什么利益等面带笑容地、不厌其烦地一一介绍……然后，陪客人吃饭、休闲、观光，想客人之所想，客人没想到的，你可能早就想到了……

可以看出，良好的客户服务的特征是：

· 充分了解客户的需求；

· 及时、周到；

· 让客户满意。

如果你在公司里，与其他经理打交道时，受到了这样的待遇：

你是研发中心经理，根据计划，你想在下个月招聘几个系统工程师。还没有等你去找，人力资源部经理已经打来电话："老颜，你们部门原来计划在下个月招聘几名系统工程师，这个计划有没有变化，需要我这里做些什么准备？……"

你是销售部经理，接到行政部邢经理的电话："肖经理吗？下一周公司要召开董事会，车辆比较紧张，你们下周如果有什么接送工作，这周就把单子给我们，以防我这里误了你们的事……"

你是研发中心经理，拿着那张收据去报销，财务部柴经理说："根据公司规定，一律凭发票报销，你刚才也介绍了这张收据属于很特殊的情况。这样吧，你放在这里，我回头请示一下老总，老总说行就报，老总说不行，你就要想办法，好不好？反正你不要再来回请示，来回跑了……"

如果公司里的全体经理，都能够以对方为客户，都将对方的满意视为自己职责履行好坏的标准，根据对方实现工作目标所需要的相应支持安排自己的工作，那么，这将是一个不可战胜的、高绩效的团队，一个"梦之队"，一支"胜利之师"。

要让经理相互成为内部客户，就应当事先了解他人的需求，然后根据对方的需求安排自己的工作。关键在于，就像对待外部的客户一样，会将对方是否满意作为衡量自己做得好与不好的唯一标准：对方满意，就是自己的职责尽到了，自己的工作做好了；对方不满意，就是自己的职责没有尽到，自己的工作没有做好，一切以客户（对方，作为同事的其他中层经理）为中心，一切以客户的满意为中心。

为什么不能把对方看成客户

现在的问题是，既然大家都非常愿意他人将自己当作客户，非常愿意享受其他经理给自己提供的良好协作，那么，为什么实际的情况不是这样呢？为什么大家做不到，做不好呢？特别是，我们对待外部的客人，许多是素未谋面的陌生人，是那样的客气，那样周到，那样替对方着想，而对自己人，对几乎整天低头不见抬头见，甚至整天在一起吃饭、喝酒的经理们，为什么常常横眉冷对呢？为什么对自己人还不如对一个外人？

原因一：经理们都清楚，外部客户是自己的"衣食父母"，得罪不起

系统集成部专门负责做保险行业的系统集成业务。系统集成部经理知道，如果不与保险公司保持良好的关系，就没有订单。没有订单，就没有饭吃，部门里技术再好的工程师、设计师都无用武之处。

内部同事之间却不这样认为。一些销售人员认为是自己养活了别人。"给你们这些职能部门发工资的钱，是我们业务部门一分一分地挣出来的。是我们养活你们，你们应当搞好后勤保障工作，服务好才对……"而许多职能部门的经理却认为："是老板给我发工资，又不是你们发工资，我是上司任命的，当然要尽职尽责。再说，谁说是你们养活了公司？公司是一个整体，从研发、质量、生产、储运、营销、售后服务、财务、人事、行政……离开谁都不行，没有好的产品，累死你们也销不出去，质量不过关，客户也不会买，没有财务管理，说不定销得越多，公司亏损越大呢……"

总之，在内部，几乎没有人认为其他部门是自己的"衣食父母"。

原因二：一般来说，人们对于"管"和"被管"的角色较为认同

"管"与"被管"有权力和利益的直接关联。公司作为一个组织，权力结构是自上而下的。下级会很清楚地知道自己的"天职"是服从上司，不服从是不可以的。在组织中，上对下在许多事情上是强制性的。

销售部肖经理的直接上司是营销副总裁。肖经理作为营销副总的下属，必须"听命于"上司，并必须向上司报告，否则……

同样，上级也很清楚自己在下属那里的地位和角色，就是因为有权力、地位作为支撑。

经理之间，一般来说是平等关系，没有权力的强制性。如果人家不买你的账，你只能向你的上司汇报，通过你的上司依循组织管理关系求得解决，或者是你自己与对方沟通，得到对方理解和认同。

你是研发中心经理，你们部门的一次外购中，商家由于某种十分特殊的原因没有开具发票，只开了一张收据。你到财务部报销，财务部经理坚决地退了回来，你去找财务部经理说明原因，希望能通融一下，财务部经理告诉你不可能。你心里很生气，心想公司给回扣、送好处，几时要发票了？何况这次确实有特殊原因。这不是故意刁难吗？于是，你最后找到研发副总，研发副总又给财务副总打了招呼，财务副总又给财务部经理打了招呼后，问题才得以解决。

原因三：自己职责的价值最大

几乎所有的经理都认同自己的部门，认识到本部门在公司中的功能。但是，由此认为别的部门没有自己重要，从心里看不起某些部门，这显然是一个误解，或者说是一个很大的错误。

请看一些部门是如何看自己，如何看别人的！

生产部门心目中的自己：

"我们从事生产工作，每天很辛苦，工作环境又不好。公司的产品是我们生产出来的，业务部门及财务部门的人常找我们的麻烦，他们不体谅我们的困难，我们任劳任怨地工作，却得不到应有的肯定。毕竟是有我们，才有产品；如果没有我们，公司又能做什么生意呢？"

其他部门对生产部门的看法：

"他们喜欢起哄、诉苦，又做不好事情，他们封闭在以自我为中心的世界里，根本不关注顾客真正的需求。现在早已经是买方市场了，早不是生产什么卖什么的时代了，没有我们，他们生产得越多，公司亏损就越大。他们一天到晚被交货期限、生产日程、原料、品质管理所困，不知道他们还懂些什么。"

市场部门心目中的自己：

"公司的前途都要靠我们，我们看得准市场的方向，制定明确的决策，并且引导公司走向成功。我们还有很好的眼光，能应对变化中的世界，并策划未来的成长。在内部，我们还必须与那些狭隘短视的财务人员、销售人员以及生产人员打仗。幸好有我们在，公司的未来才不会出问题；幸好有我们在，公司才有了品牌，公司的产品才被消费者了解，销量才能不断增加……"

其他部门对市场部门的看法：

"他们是一群不切实际的幻想家，只仰望天上的星星，却看不见脚下的大坑；他们与日常工作实际脱节，却忙着策划一个个的广告、一个个的什么活动；他们不应好高骛远，而应该脚踏实地，好好地做些正经事才对。"

销售部门心中的自己：

"公司的利润靠我们。我们整天风里来、雨里去，看人脸色，把产品一个一个销出去，把钱一分一分挣回来。他们那些人，还不都靠我们养活？没有我们，公司的人吃什么？喝什么？我们战斗在第一线，不像其他部门的人，都坐在办公室里，可以喝茶、聊天、看报，空谈清议，那有什么用呢？"

其他部门对销售部门的看法：

"他们自以为没有他们销售部门公司就活不了了，好像公司的人都是他们养活的。谁不知，他们还不是为自己，为了拿提成？没有高额的提成他们还工作吗？销售有什么用呀！不就是一个搬运工吗？把产品从厂里搬到经销商那里就完了。就是他们风里来、雨里去，谁不知道他们在外面花天酒地，花着公司的钱，吃喝玩乐，每月拿回的应收款不多，发票倒是一大堆。其实就那么几个经销商，有什么跑的，要不是我们这些部门撑着，公司早被他们'销'耗光了……"

人力资源部心中的自己：

"人是第一位的，市场竞争不是产品的竞争，不是技术的竞争，实质是人才的竞争。没听世界上优秀的企业家在说，企业生产的不是产品，实际上是生产人吗？我们就是公司生产人的大本营。我们整天做的是选人、用人、留人、激励人、培育人的事情，公司的各个岗位上的人才都是我们千辛万苦招出来的。试想，如果没有我们，研发部能有优秀的研发人员吗？销售部能有优秀的业务员吗？厂子里能有优秀的工程师吗？"

其他部门对人力资源部的看法：

"他们不就是公司的一个衙门吗？平时神神秘秘，定这个制度，立那个规矩，找这个了解情况，找那个谈话。有事找他们，严肃那个劲，要多难受有多难受。其实他们常把无能的人招进公司，以势压人，搞薪酬制度不合理，考核时鸡飞狗跳墙，公司的不少事就是他们把小事搞大了，把大事搞乱了。他们生产人？开玩笑！我们不是人才能进公司吗？还用他们生产？他们只要不给我们添乱就算烧高香了……"

财务部门心目中的自己：

"我们是公司资金的守护神。我们控制成本以确保利润，我们做事小心谨慎，并且防止公司发生重大错误。如果让生产部门的主张得逞，我们会买更多更昂贵的机械设备而浪费资金，减少利润；至于业务部门，如果放手让他们去干，他们可能只会做广告。没有我们的工作，公司岂不变成福利院了。"

其他人对财务部门的看法：

"他们只是一群在例行工作上埋头苦干的人。他们缺乏远见，太过小心，斤斤计较，只会用数字来衡量事情；他们只知道要控制成本，却无法创造利润。"

工作中的许多麻烦、冲突，都源于对"部门价值"的错误理解。

在许多公司里，销售部门是最"牛"的，队伍也是最庞大的，有的公司销售队伍的职位序列是，营销副总—销售总监—大区经理—地区经理—销售主管—高级销售代表—销售代表。当销售部门认为"我们部门的价值最大"时，引发的后果是可怕的。

销售部门的潜台词：

• 其他部门都是为我们服务的。

• 有的部门实质上可有可无。

• 我们做的一切对公司来说都是最重要的，所以要全力以赴保证。

可能引发的后果：

• 我们偏偏不给你办！

• 你们养那么大的队伍干什么？不是想多养官多花钱吗？

• 谁做的不重要？我们才不买账呢！

• 怎么做都是应该的，比如销售费用。

• 我们应该比其他部门收入高。

• 公司其他部门都是花我们挣的钱，或者说公司其他人都是靠我们养活的。

• 乱花钱可不行，审核时得盯紧点。

• 大家都一样，谁绩效高谁的收入高。

• 没有我们的话，你们什么也做不了。

• 我们在公司中，不是常常这样吗？其他部门不是也这样吗？

显然，"我们部门价值最大"这种想法会成为许多相互沟通、团队协作、角色认知上的障碍。

原因四：对职责理解的偏差

既然组织规定了每个职位的职责，按照我们通常的理解：这是他该做的事，我凭什么讨好他？

我是一位经理，我们部门即将接待一位十分重要的客户，根据公司的规定，填写了派车单送到行政部，希望行政部派车接人。

如果行政部按时派了车，我不会有任何要感谢的话，我会认为这是很自然的事情。行政部嘛，就应当保证我们用车，这是他们的职责所在。这就像我去饭店吃饭，我花了钱，你就应该给我服务好。只不过，埋单人不是我，而是公司。公司已经为行政部给我们服务埋了单了，他们凭什么不服务好呢？

如果行政部由于某种原因，不能及时派出车，或者派出的车子不能代表公司对客户的尊敬，我当然就会很恼火。如果我与行政部经理的私人关系比较不错，我会打个电话说一声："老兄，快想个办法，支持一下，这次这个客户很重要……"如果私人关系不好，过去曾经有过一些私人恩怨，我会认为行政部门经理正好借机打击报复。

如果每位经理都这样想，结果只能是：

• 我去找过李经理，他们部门不履行职责，事情卡在他们那里了，不怪我。

• 这是他们分内的事，凭什么找他们办事就像要饭一样？

• 你强调你的职责，我还强调我的职责呢！

• 不是我推卸责任，而是这一块确实归人家王经理管，我们不能跑到人家的地里种麦子吧？

内部客户原则的要点

如果职业经理将其他经理和同事看成自己内部的客户，经理与同事之间的关系和角色就会发生重大的转换和改善。

内部客户的原则和理念是什么呢？

要点一：其他经理与你之间是客户关系，他是客户，你是供应商

其他经理到你的部门来找你，是来"购买"他所需要的"产品"（支持和服务）。而你呢，像外部的供应商一样，顾客上门来了，该向客户（其他部门）"出售"你的"产品"（支持和服务）了。

研发部需要招聘几名软件工程师，于是向人力资源部提出招聘需求（下订单），人力资源部必须招聘到符合研发部要求的人员（提供合格产品），否则，就是工作没有做好（违约）。

不仅仅经理之间，其实上下级之间，你与其他部门的员工之间，也是客户关系。上司是你的客户，下属是你的客户，其他同事也是你的客户。当上司向你表达期望或下达指示时，实际上就好像一个客户在向你订购产品；当你将上司交办的工作做好了，等于你向上司提供了好产品，上司也等于从你这里买到了他所希望的产品。下属同样如此。

要点二：同事是你的衣食父母

公司为什么要花这么多的工资、福利、保险、办公费用等来聘用你呢？

或者说，公司用来给你发工资、奖金、福利、保险等的钱是哪儿来的呢？

显然，公司的利润、收入是从外部客户那里挣来的。你的工资、奖金、福利又是从内部客户那里挣来的。外部客户是公司的衣食父母，是上帝，没有他们就没有公司，也就没有公司这么多人存在的理由和基础。内部客户（同事）是每位经理的衣食父母。试想一下，没有其他部门和人员的需要，设置你这个部门做什么？养活你这个经理干什么？

如果其他部门不用招聘、不用培训、工资自己核、保险自己上、考核自己做，那么养着你这个人力资源部经理不就是多余的了吗？

显然，同事们的需要是你这个部门、你这个职位、你这个人赖以存在的理由，他们是你的衣食父母。不是像过去那样，老以为自己的工资是老板发的，实际上，是同事们给你发的，离开他们，你在公司里一文不值。

要点三：将同事当作外部客户

试想一下，你现在的公司搞了一个内部改革，将公司的各个部门都独立成公司了：研发中心成为独立的技术研发公司，销售部成了可以销售任何公司的任何产品的销售公司，财务部成了财务顾问公司，人力资源部成了人事代理公司，行政部成了物业公司、快递公司、出租车公司、保安公司……都成独立的公司了，可以自己决定采购谁的产品（支持和服务）了，以你的部门现在的工作作风、工作效率、工作质量，他们愿意找你（采购你的产品）吗？

这不是一个无聊的假设，而是一种真实的图景。

事实上，我们在公司内部，向同事们提供的服务的质量和效率，是十分低下的，远远不如我们为外部客户所提供的产品和服务。如果将公司的各个部门都独立成为公司，再以独立的、有能力在市场竞争当中获胜的公司的角度看目前公司各部门为内部客户服务的水平，特别看看你自己的产品和服务（工作作风、工作质量、工作效率），你可能就会得出这样的结论：怎么是这样一批水平低下的、糟透的公司呀！以这种水平在市场中竞争，不被饿死才怪呢！

试想一下，由水平这么低下、服务这么恶劣的公司组建的大公司，又能生产出来什么好的产品呢？

也许，你自己所处的公司正是这样一种状态，你自己正是那个生产劣质产品的人。

作为职业经理，我们经常抱怨别的部门，抱怨别的人，可是，我们中间又有谁真的意识到，只有每一个人在每一个环节出精品，公司才能最后出精品。只有我的部门、我本人为其他部门、为同事提供高质量、高效率的支持和服务（产品），对方才能在下一道工序中做得更好！

再试想一下，如果公司的各个部门都独立成为公司了，需要自收自支了，需要创造利润了，需要选择方便、快捷、及时、周到、节省的服务和产品了，人家还会选择你吗？

不要以为你像过去在计划经济下的国有企业一样，是有垄断性的。在公司里，别人不得不来找你们人力资源部、研发部、储运部、财务部等，不找你们，他们又能找谁呢？在公司内部，之所以许多经理没有内部客户的概念，也正是因为在公司内部的部门和经理都"独此一家，别无分号"，坐享其成而养成了"来找我们时再说"的恶劣习惯和作风。只要回想一下以前一些垄断性的国有企业，如电信、电力、铁路等的服务，再回想一下你去一些行政机关办事所遇到的"门难进、脸难看、事难办"现象，就知道为什么你在公司内部享受不到客户的待遇，或者，为什么你不能像对待外部客户那样对待其他部门了。

不要以为反正公司各部门不可以独立成一个个公司，所以，上面的"试想一下"仅仅是试想。市场经济中，企业间的竞争加剧，国家经济中垄断性行业一个个被打破，垄断性企业一个个被分解，被推向市场，公司里的许多工作逐步出现"外包化"趋势："第三方物流"将公司内部的物流工作抢了过去，"信息处理中心"将公司客户信息处理的生意拿走了，广告公司将广告设计、策划业务包走了，人事代理机构将公司的人事档案、福利、保险工作代理了。

所以，千万不要以为公司内部无法独立，无法消除垄断，无法消除那种低劣的支持和服务。公司可以采取的方式是很多的：

• 在内部，以内部客户为中心建立工作流程和工作目标。

• 建立以内部客户满意为导向的绩效考核体制。

• 建立相应的奖惩和淘汰机制。

如果你还转变不了观念，搞不清内部客户的理念，就将你的同事都当成外部客户好了。你可以给自己订立这样一条标准：凡是与我相关的同事和部门，我提供的支持和服务不低于把他们当作外部客户看待时的水准。

要点四：克服"客户陷阱"

一个现象是："我埋单、我花钱，所以我是大爷，想让你做什么就做什么……"

另一个现象是："在公司内部嘛，大家互为客户，不能只让我们部门'伺候'他，怎么看不见他把我们也当作客户的时候？"

在公司里，有两种部门是最容易出现"客户陷阱"的。

一是销售部门。不少销售人员、销售经理认为："公司的收入、利润是我们挣回来的，你们其他部门都是靠我们养活的，所以你们为我们做什么都是应该的。"

二是所谓的职能部门，如财务部、总办、人力资源部等。这些部门的人员和经理认为："我执行管理职能。从制度和规章的角度，我们内部客户是公司老总，是主管副总，甚至是董事会，让他们满意才算工作做好了。如果其他经理提出什么都满足他，那公司还要规章制度做什么？公司岂不乱套了？"

"客户陷阱"的第一个现象是容易纠正的，或者说是容易建立正确的客户观念的。如果去酒店吃饭，为了保证有座位，我们会打电话预约，提前订下座位，而不是去后蛮横地拿着钞票大声嚷嚷："老子来花钱来了，还不赶快伺候老子？"如果座位真的满了，我们也会有秩序地排队，或者去别的酒店。去吃饭时，我们绝不是光着膀子，穿着大裤衩就去了，那是不文明、不礼貌的行为。即使我们是去吃饭花钱的，当服务生服务时，我们也会说声"谢谢"表示礼貌，以示尊重他人的劳动。

作为内部客户也是一样的。财务部门应该在每周一下午为你报销费用，为你这个内部客户服务。但是，你也必须遵守作为客户应有的礼貌和规则。例如，你周一下午因事没来得及报销，周二下午嚷嚷着要报销，而这时财务部门有别的工作安排。这时，你责怪财务部不给你报销，就是没有道理的。这时的你就像一个没有礼貌、不懂规矩的食客：原本订的是周一下午去吃饭，结果周二下午去了，看人家座位满了，便大声嚷嚷，责备人家服务不周，没有给自己留座位……

其实，在公司内部，像这样自以为是的、持有错误观念的内部客户大有人在：

• 不提前约定，推门就进来要求办事。

• 早就签了合同，到时候要给供应商打款，却不事先同财务部门沟通（预订座位），到打款时才到财务部要支票（要座位），财务部现金紧张时就指责"早干什么去了"。

• 答应了星期三给财务部销售报表，到了星期五还不见动静，问起了才说因事还没搞好，不问就不吭声。

• 让人力资源部在 10 天之内招聘一位美国 MBA 毕业生，并且要有 IT 行业 5 年工作经历。招聘不到就指责人力资源部不支持、工作不到位。"到时候，误了工作可不能怪我们。"

所以，在公司内部，也和在外部一样，你是客户时，应当是一位礼貌、文明，善于合作，善于替他人着想，懂得规矩的客户，而不是一位蛮不讲理，只顾自己不顾别人的客户。

第二个现象也是可以克服的。

其实，之所以一些中层经理在公司内部有这种想法，关键是没有搞清楚，公司内部也和公司外部一样，有一个供应链。

如果你们公司是彩色显像管生产企业，你们的供应链就是：

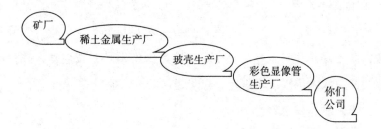

在供应链中，后面的企业是前面企业的客户，前面的企业是后面企业的供应商。一般来说，在企业链条中的所有企业都是既是供应商又是客户，也就是说，只要是企业，都既需要向客户提供产品和服务，又要采购产品和服务。

在公司内部，也存在着供应链，只不过其表现形式较为特殊，平时大家没有在意罢了。

第一种：内部物流。

采购供应部→生产厂→储运部。

依据原材料和产成品增值方向流动。这种供应链形式和外部供应链完全一致。

第二种：服务链。

包括：

• 行政部向公司各部门提供办公室管理、办公用品采购、安全保卫、后勤保障（订票、邮件寄发、工作午餐、交通、通信等）。

• 人力资源部为员工办理保险、人事档案，为各部门招聘、培训等。

• 财务部为相关部门办理报销、预支、结算、汇总、托收等。

• 技术部向业务部门提供技术支持和服务。

服务链的特征有二：一是供应一般不是以物流形式，而是以服务形式向内部客户提供（行政部向各部门提供办公用品也是一种服务，而不是提供产品）；二是这些服务供应常常会被向别人提供服务的部门或人员以公司规定、上司指示的形式掩盖。

第三种：信息链。

包括：

• 各销售部门向财务部、总办、研发部提交的报告、报表和其他销售信息等。

• 研发部向人力资源部、技术部、财务部提交关于研发工作的设想、进展、人力、资金、技术的需求计划等。

• 其他用于决策、安排工作计划的必要的计划、统计数据、方案、报告等。

通过对内部信息供应链的分析表明：

其一，内部客户是遵循内部供应链次序而形成的。像外部供应链一样，前端是后端的供应商，后端是前端的客户。这种次序不能颠倒，所以，在公司内部，谁是谁的客户这种关系也是颠倒不了的。

其二，这三种形式的供应链交织在一起，特别是服务供应链和信息供应链交织在一起，容易引起人们对内部客户关系的误解。

按服务供应链：财务部柴经理是供应商，销售部肖经理是客户。

按信息供应链：财务部柴经理是客户，销售部肖经理是供应商。

这两种供应链的交织，就造成公司内部各部门、各中层经理在角色上既是客户，又是供应商。由于服务有明确的指向，信息有明确的流向，所以，其实并不能判断谁是客户，谁是供应商。或者，在哪种情况下，谁是客户，哪种情况下，谁是供应商。

在上例中，在为销售部门提供费用报销、借支、承兑、核算等服务时，财务部是供应商，销售部是客户，也就是说，财务部应当以为客户服务的理念和品质为销售部服务；在向财务部提交应收款回收统计、销售额统计、销量统计、区域销售状况统计、销售合同执行信息、应收款回收信息、经销商返点信息等必须递送财务部备案的销售信息时，财务部是客户，销售部是供应商，销售部应时时想到财务部这个客户，对什么样的销售信息，在什么时间有什么样的要求。

要点五：从以职责为中心，向以内部客户的需求为中心转变

在公司内部，各中层经理都习惯于从自己的职位责任和权限出发安排工作。

人力资源部任经理是这样设定自己的工作目标和工作计划的：

第一，了解公司在 2019 年度的经营和发展目标，了解主管人事的副总甚至公司老总对人力资源工作的期望；

第二，结合人力资源部的职能，结合自己的责任和权限，制定人力资源部 2019 年工作目标；

第三，与上司（人事副总）沟通，进行目标对话，最终确定人力资源部 2019 年工作目标；

第四，将目标分解，为下属（人力资源部职员）制定个人工作目标；

第五，在目标确定后，拟订具体的行动计划。

可以看出，这种制定工作目标和工作计划的方式和思路完全是以分解上一级工作目标，以职责为基础的。这种方式和思路十分明显的潜台词是，订单已签，款已打，只管生产好了，产品有用没用是人家的事。

如果你的公司为外部客户供应彩色显像管，这个潜台词可能就是对的。是啊，人家客户年初订购 50 万件，预付款已打，并且按时付款，你的公司作为供应商，责任就是按照合同生产，保证供货就行了。至于客户最后用你的彩管生产出的彩电能不能卖出去，盈利不盈利，打不打价格战，那都是人家客户的事，你就不用管了。

以职责为中心

年初人力资源部的工作目标已经确定了（相当于订单已经签了），领导也同意了（相当于已经打款了），剩下的事就是我们如何完成工作目标的问题了（相当于只考虑生产就行了），至于完成我们工作目标对于全公司工作目标的实现有没有用，就不用我们操心了。

单纯以职责为中心是有明显缺陷的

缺陷分析：你完成这些工作目标为了谁（就像你生产是为了谁一样）？谁在用你的工作成果，或者说，谁需要你的工作成果（谁用你的产品）？是上司吗？是，但是上司仅仅用很少一部分。你的大量的工作成果（产品）的实际用户是公司的其他部门，是公司的其他中层经理。你人力资源部是为保证他们的人力需求而招聘的，保证他们人力素质和能力而培训与开发的，保证他们的人员积极性而制定激励政策的……

　　既然是其他部门用你的工作成果（产品），他们是你的实际客户，你怎能不管他们的需求，只顾埋头工作（生产）呢？

　　许多职业经理只把眼光盯在"履行自己的职责，达成自己的工作目标上"，却不管他的内部客户的实际需要。就相当于你整天在生产，却不管客户要不要你的产品。回想一下，你在公司里，这样的无用功，或者是谁也不需要的工作，甚至是给别人添麻烦的工作做得还少吗？

　　实际上，根据职责分解出工作目标掩盖了一个真实的情形。那就是，向你下订单（工作）的是你的直属上司，但实际用户却是其他部门和其他经理。这就相当于签订单的人不是用户，用户不签订单。其他部门（用户）使用你的工作成果（产品）时，由于不是他们自己订的货，所以，他们的需求没有被充分了解和考虑，常常出现他们所需的你不给，你给他们的他们又不需要的尴尬局面，并且你们常常因此发生冲突和纠纷。由于其他部门没有同你签订"合同"的权力（你的工作目标由你的上司来定，他们无权干涉），所以，你的工作成果（供货）好不好，需要不需要都必须要，不要就是他们的问题了，不是你的问题了，反正你是完成工作目标（生产任务）了。

　　在公司里，许多经理不就是抱着这种心态工作吗？

　　然而，这样的状况，怎能形成一个高绩效的管理团队，怎能形成一个有强大竞争力的公司呢？

　　如何向以内部客户的需求为中心转换

　　方式一：让用户订货

　　过去，是上司订货（制定你的工作目标），把实际用户排除在外了，现在，让其他部门参与到你的工作目标的制定中。你要根据其他部门经理的工作目标和工作计划，相应地制定出你的相关工作目标和工作计划。也就是，你的工作目标和工作计划是以配合和支持其他部门经理的工作目标和工作计划为前提的（显然，你今后的工作，就是按照用户的需求生产）。

国际上成功企业的通行做法如下：

（1）共同制定公司目标

让所有的中层经理参加，共同制定公司的年度目标。这种共同制定也不仅仅是各部门经理介绍关于本部门的工作设想，而是共同研究公司的状况（STAIE 分析），共同研究公司的优势、劣势、机会和威胁（SWOT 分析），从而充分了解公司和其他部门的期望和需求。

（2）目标对话

在制定工作目标时，与你的内部客户进行目标对话。充分了解其他部门的工作目标，并介绍自己的工作目标，从中了解其他部门的工作方式、工作进程和期望的支持，然后以此为基础制定出自己的工作目标和计划，并向有关的经理通报。

通过与研发中心颜经理进行目标对话，人力资源部任经理了解到：

研发中心今年的研发计划是……这一计划可能因……提前，可能因……而推迟，他们最大的挑战是……在这种情况下，他们在人力资源方面的需求有两个，而这两个方面对他们研发目标的实现有重大影响。一是能否在计划时间内招聘到合适的系统工程师；二是如何将核心技术人员留住，别让人挖走……

那么，我们人力资源部应当做的是……

人力资源部任经理就是在与各个部门经理进行这样的目标对话中，最终制定自己的工作目标和工作计划的。

方式二：从客户那里发现商机

"商业机会是从客户那里发现的。"工作的目标和工作的内容也是从外部和内部客户那里发现的。显然，你工作时做什么，不仅来自上司的指示，更多来自你积极地去发现你的内部客户（上司、下属，特别是其他部门的中层经理）的需求。看看他们需要你做什么，然后，根据他们的需求调整或制定你的工作目标和工作计划。

成功企业的做法：

（1）让职业经理明白：如果不能从内部客户那里，特别是从其他中层经理那里发现你的工作重心和工作内容，那么，你为什么还要工作？或者，公司为什么还要你工作？

（2）通过科学的绩效考核，使中层经理的工作成果指向其服务的对象，而不仅仅指向上司。

（3）建立定期的、有效的沟通机制，帮助中层经理们互相了解对方的需求。

要点六："让内部客户满意"

将同事看成内部客户，最终要落在"让内部客户满意"上。也就是说，你做得好不好、行不行，不是由你自己说了算，而是由你的内部客户说了算。你不能说："我已经尽到了责任。""我做了我分内的事。""该我做的我已经做了，不该我做的，我也做了不少。"这些说法还是以你自己为中心，以你自己对自己的评估为标准，显然是不行的。

你也不可以说："老总都说我做得不错。""上司交办的工作我都做完了。""年初制定的工作目标都圆满完成了。"这里，即使你完成得很好，也只能说你向一个重要的内部客户——你的上司可以交代了，这个客户满意了。但是，这样是不够的。

只有你让其他部门、其他职业经理也满意了，他们对你的工作的评价很高，表示满意，才算是你"尽到了责任"，达成了工作目标，完成了工作计划。也就是说，所有的内部客户满意都是你工作成果优劣的标准。

方式一：日常性工作，按照内部供应链，用"好"或"不好"来评价

财务部为公司各部门报销费用，这项工作做得怎样呢？其他部门的当事人用"好"或"不好"或分五档评价即可。

这里，许多经理会说，这种评价方式太主观，一是有一次"没伺候好"，他们可能就否定多次的好，给你评个"不好"。二是其中会有一些其他的个人恩怨影响评价。三是有些人有无理的要求怎么办？不满足就可能"不好"。四是可能在其他事情上怕财务部，所以不好也不敢说"不好"，而只能说"好"。

其实，这种评价方式是科学的，并且是被国际上普遍采用的方式，原因如下：

第一，"一次否决"是十分有道理的。你只看到它残酷、不近人情的一面。但是，回顾一下，当你买了一台电脑，没用几天就坏了，让厂家修，厂家迟迟不来修，想退又不给退，你一定会说"这个电脑公司糟透了"。当你去酒店吃饭受到一次恶劣对待时，你会说"我再也不去这个酒店吃饭了"。你公司的产品也是这样,你只要得罪一个客户一次,他不但会经常骂你,还会对30个人说你公司的坏话。在客户服务上,现实就是这样残酷。内部客户为什么就要降低评价标准呢?

第二,个人恩怨影响评价是有的,但是,不会影响对你的总体评价,不会影响所有内部客户对你的评价,更不会影响长期的评价。

第三,大凡无理的要求,多是缺乏事先的沟通所致。想想你们是如何对待外部客户的无理要求的?

第四,利益上的制约、人情上的影响都是有的。但是,对于一个已经能够在职业经理、在所有员工中间建立起内部客户理念和机制的公司来说,这种负面影响将会降低到最低程度。管理是一个系统工程,如果公司没有具备良好的沟通机制、考核机制,如果职业经理们没有建立起相应的能力,单一地去做"内部客户满意"的评价,当然会出现负面的后果。

方式二:共同设定的目标,用事先约定的标准衡量

为了配合研发中心的研发工作,人力资源部与研发中心进行目标对话后,设定的工作目标是:在研发项目启动前30天,符合招聘条件的5名系统工程师必须到岗。

评价的标准是:

日期:项目启动前30天。

人数:5名。

任职资格:见职位说明书。

这种方式的客户满意标准与上司对下属工作目标达成的评价方

式是相同的，均以事实评价为基础。

内部客户服务的四个特性

真实的瞬间

肖经理前往广州出差，住在一家三星级酒店里，因为第二天早上有事，需要在 5 点钟起床，肖经理于是问总机："请问可以 morning call（叫早）吗？""当然可以，先生，请问您约在几点"？"5 点整。""好的，我们将在 5 点钟准时叫早。"肖经理沉沉地入睡了……第二天早上，随着一阵急剧的门铃声，肖经理被惊醒了："谁呀！""先生，您约在 5 点起床，现在已经 5 点 05 分了。""不是电话叫早吗？""是的，我们通过电话叫了您好多遍，都没听到您接电话，怕您睡过头，所以让我来敲门叫醒您，请问耽误您的安排了吗？……"

肖经理很感动："这里的服务真好！"

肖经理前往青岛出差，住在一家大酒店里。进门后，刚一换拖鞋，肖经理就气不打一处来……原来，这种拖鞋是一次性的，用的料太薄，穿上没走几步，拖鞋就裂开了……

肖经理很生气："这里的服务真差！"

这就是"真实的瞬间"！

酒店里的服务，严格来说，也是一种产品。它与有形的产品不同，例如与彩色电视机相比，是一种特殊的产品。在国际上，称之为"经历产品"（experi-ence products）。这种"经历产品"有四个特性：

特性一：无形性

服务是无形的。购买之前看不见、摸不着，不能试听、试用。

不买来经历一番，你就不知道质量如何。可是你买来经历一番，发现不好时，已经不能"退货"了。就像你住了一晚恶劣的酒店，生了一肚子气，你喊"退房"，但是钱还是要照付，只能是下次不再住这里了。这就是"经历产品"的无形特性。

这和有形产品，如彩电不一样。彩电，我们可以看得见，摸得着，可以试听、试用，不好，还可以退货。

特性二：不可分性

服务是不可分的。服务由提供服务者的动作、语言、仪表、时机、眼神、态度等组成，并且与环境、相关服务等形成一个整体。单一的一方面拿出去，一文不值。酒店里不能"大堂登记多少钱、微笑多少钱、开门多少钱……"，这些服务不能拆分卖钱。

这和有形产品不同。彩电拆开后，彩色显像管可以是一个单独的产品，可以卖钱；控制板是一个单独的产品，可以卖钱；音响也是一个单独的产品，也可以卖钱。

特性三：可变性

服务的可变性在于，服务是由人提供的。情绪好的时候，提供的服务好，情绪不好，提供的服务就差；这名服务人员训练有素，提供的服务就好，换一名服务人员就差多了。我们有时去酒店，这次去感受不错，下次去就感受不好了。

特性四：易消失性

良好的服务特别容易消失。不像建的酒店放在那里，谁也搬不走。一个服务良好的酒店，可能会因为内部管理出了点问题，服务很快就不好了。某个人服务很好，也许刚一表扬就骄傲起来了，好的服务就不见了。

内部客户满意，也在于"真实的瞬间"

不要以为公司内部各部门间的内部客户满意多么高级，其实内部客户满意这与酒店的服务在方式上是完全相同的。评价一个酒店的服务好与不好，完全在于我在接受服务的瞬间得到了什么。我如果在这个瞬间得到了良好的服务，我就会认为这个酒店的服务是好的，相反，如果在这个瞬间我遇到了恶劣的服务，我就会认为这个酒店的服务是差的。如果肖经理在青岛的这个酒店里，感受到的服务都不错，又刚好穿了一双比较结实的拖鞋，也许，他会评价这个酒店不错。评价的好坏完全体现在了"穿鞋""叫早"的这一瞬间了。这一瞬间是真实的，能感受到的。一个酒店，能够给客户的服务是怎样的，完全在于给每一位客户的"真实的瞬间"是怎样的，并且是否长期如此。

在公司内部，如果你真心将其他部门当作自己的内部客户，从而向对方提供良好的服务，这种服务也有四个特性。

特性一：内部服务的无形性

你在年初制定工作目标时，信誓旦旦，要为销售部提供良好的支持，要解决研发部门的××问题，要配合××部门的工作，等等。你的这些目标、承诺、计划等，都是无形的，大家事先看不见、摸不着。只有你做到了，大家感受到了、经历过了，才会对你当初的目标、承诺、计划做出相应的判断。你无法拿出一个"样品"来让大家信服你，只有做出来，才能让大家信服你。

这就意味着，让内部客户满意，关键在于你做到所说的，而不是说到所做的。

特性二：内部服务的不可分性

在公司内部，由于大家朝夕相处，比较随便，加上工作日复一日，年复一年，旷日持久，所以"做好一件事情并不难，难的是做好每一件事情"，让其他部门在每一个"真实的瞬间"当中感受到你出色的工作。公司内部，各个部门都很容易原谅自己："哪能每件事都做好呀，只要我们将主要的工作、关键的工作、大部分的工作做好，就已经很好了。"一旦其他部门在"真实的瞬间"刚好感受到你的部门不好的工作时，你就大喊冤枉："我们为他们部门做了那么多的工作，他们视而不见，比如×年×月×日，我们做了××事。昨天因为一个很偶然的原因怠慢了，就马上传得满城风雨，他们也太难伺候了吧？"殊不知，你为内部客户提供的支持和服务是不可分的。你不能因为某一件工作做好了，就自认为内部客户应当满意了。

特性三：内部服务的可变性

由于许多公司的内部客户意识都比较淡漠，所以，人们为其他部门提供的支持和服务可变性特别大。今年开了个会，会上强调了一下内部客户意识，明天可能各部门就会有很大改变，某一个方面考核到了，上面抓到了，就好一阵子。过了一阵子，又"反弹"回来了，与其他部门的关系又成了老样子："一个个部门各守职责，你不找我，我不找你，你有事不办不行，就只好来找我，我有事不能不办，只好来找你。能不找就不找，能不办就不办，多一事不如少一事。"此外，在各部门，有的人员素质高、意识强，让你遇上了，协作就会很容易，换一人，就可能差了不少。

这意味着，不能坚持如一，不能体现在你的每一位下属身上，内部客户的意识和行为就难以形成。

特性四：内部服务的易消失性

优质的服务最容易消失，最不容易保有。因此，内部客户的形成，最关键的还不是内部客户意识的形成和建立，而是内部客户制度和行为的形成。有了一定的制度，优质的服务一旦消失，就会受到制度的惩戒，一旦长期保有，将会受到制度的奖赏和内部客户的认可与赞美，从而以一种外部的强制力，强制内部客户行为。

仅有制度还不行，必须不断训练，养成正确的行为习惯，为内部客户的优质服务形成一个习惯性动作。比如，你会养成一个习惯，在制订下一季度工作计划时，总是与各个相关的部门经理沟通一下，了解他们的工作计划以及对你部门的期望，在此基础上，你才制订相应的工作计划。制订出来后，你把与相关部门的相关部分计划反馈一份……这就需要养成习惯，而不要时时让别人、让制度的奖励或惩戒来提醒你。

单元三

作为上司的职业经理

经理人角色的七大变化

职业经理就是从不职业走向职业的经理，很多所谓的职业经理过去都是业务员或技术人员，他们由于在做业务或技术时工作做得非常好，最后逐步走向经理的岗位。那么，对很多职业经理而言，他们都面临着从做业务员或者做技术员逐步转变到做经理的角色转变过程。在这个过程中，他们要面临以下七大变化。

第一大变化：从做业务到做管理

在公司里，董事会几乎不涉及具体的业务，老板们几乎不从事具体的销售（公关活动除外）和研发（个人爱好除外）。职业经理不同，既涉及管理，又涉及业务（销售、生产、研发等）。高层管理者可以不懂业务，例如，可以不擅长销售，不擅长生产，不擅长技术，但仍可以是一个出色的老板。职业经理却不可以。他必须是一个销售高手，才能做销售部经理；必须是一个财务高手，才能做财务部经理；必须是一个技术高手，才能做技术部经理……

许多经理必须面对大量来自下属的业务问题，而且必须予以回答和解决。一般来说，职业经理是问题的最终解决者。需要老板解决的，不可能是一个具体的业务问题，如运用某种语言编程有技术缺陷、某一个区域销售出现了滑坡、某一个零配件不过关等具体问题不应该也不会"上交"给老板解决。

除了这些业务问题外，职业经理还必须面对比高层多得多的管理问题，如制订计划、激励下属、追踪下属的工作、评估下属的工作、与下属的沟通、与其他部门的协作，解决部门之间和部门内部的人际矛盾和冲突问题等。总之，经理们必须懂管理、善管理。

于是，许多经理常常陷入业务与管理的两难。

一方面，经理必须通过下属们的工作才能达到目标，就是说，必须有良好的管理；另一方面，经理又必须是业务带头人，必须在业务上花费许多时间和精力。在有的公司，甚至大部分的业绩是经理直接创造的。

业务重要还是管理重要？许多经理，不能像上司那样只关注"用人"（带队伍）就行了，也不能像基层的员工，只要做好业务就行了。出类拔萃的经理可能会做到管理良好，自己的业务也很出色。但是，大多数的经理要么业务水平很高，但不是一个好的管理者；要么管理的水平很高，却业务能力平平。而业务能力平平的经理，一般来说，既得不到下属的尊重，又得不到上司的赏识。

虽然说面临着是做业务还是做管理，但是一个从业务人员或者技术人员成长起来的经理人必须明白，你必须面临从过去只懂得做业务或技术，或者擅长做业务或技术，逐步适应做管理的工作。随着你在企业内职位的不断提高，下属人员不断增多，职责跨度不断增大，你要越来越多地去做管理，这就意味着：

第一，你过去的工作主要是做业务，而现在要更多去做管理。当你在业务和管理当中都遇到问题的时候，你先解决哪个呢？很多经理人往往是先做业务，先把业务做完、做好了，有时间再去做管理。

有一个做跨国公司的业务外包的公司，每当外包的单子来了之后，公司经理就给大家开个会，工作一布置，就一头扎进业务工作，加班加点在那儿设计软件，自己所管理的部门已经乱成一锅粥了，他也没有工夫管。他觉得，只要我加班加点将这些工作做好，他们乱的程度就会减轻了，他们就能够顺了，如果我把工作交给他们做，只会让他更乱。

其实，这个经理陷入两难：做管理做不了业务，做业务做不了管理。他管理的很多人不知所措，不知道干什么，他一个人忙死、累死，其他人都闲在那里，他如果做管理，谁做业务呢？他的业务位置是不可替代的，如果他不去做这个业务，就没有人可以做好。

如何解决这个问题？虽然这个有两难，但在具体的事情上，如果业务真的离不开你，只能你去做业务，那你做完后要问问自己：为什么业务必须你做？为什么离不开你？为什么我们没有其他人能够做这件事情？这是由于你没有做好管理而造成的。

第二，管理是什么？管理就是通过他人达成工作目标。实际上，管理是为他人提供一个努力做事情的平台，如果你作为职业经理，没有提供充分的平台让他人去做事情，显然你就是失职。有的经理人整天累死累活，非常努力地在做事情，实际上，严格意义上讲他是失职。你应该首先做好管理，做好制度，培养好人，带好下属，激励他们，让他们充分发挥作用去做事情。你认为有些人能力不足，就要去培养他；你不放心，就要去管理，以便让他人去做事情。这才是经理人应该做的事情，但是很多经理人没有做。

有一个公司的经理讲了这样一件事，他们公司 70% 的业务都是他一个人做的，剩下的几十人做不到 30% 的业务，他太累了。当我问为什么他一个人做了 70%，其他人做了不到 30% 时，他说："我们这个行业，说白了是个背叛的行业，交给其他人做，其他人做熟了就会把业务、客户、资料都带走。我不是对他们的能力不放心，而是对他们的人品不放心，所以我不得不亲自做。"

是啊！我们很多企业都碰到这种情况，很多经理人都碰到下属背叛，把客户带走，另立山头的事情。但是在这种情况下，怎么办呢？是你自己亲自做，还是要真正解决这个问题呢？我的答案是去解决这个问题，也就是去做管理。如果你的瓶颈是这个问题，是你对他们不放心，他们有另立山头的倾向，那你首先就要解决这个问题，而不是自己拼死拼活地去做。你拼死拼活，愿望是好的，但是你的能力是有限的，以你的能力为半径画一个圆，你一个人能画多大的圆呢？当遇到业务和管理两难的时候，你给管理和业务排优先级，管理要排在优先位置，也就是先做好管理，为其他人搭好平台，让你的下属在能够很好做事情的情况下做属于他自己的事情，然后你再去解决业务上必须由你去做的事情。我们可以通过以下四个象限分析管理与业务的关系。

角色的认知

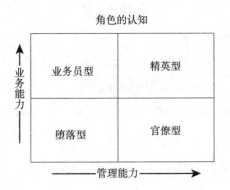

业务能力↑

| 业务员型 | 精英型 |
| 堕落型 | 官僚型 |

管理能力→

第一种：管理能力很强、业务能力很弱的经理——"官僚型"

"官僚型"经理在过去传统的国有企业里有，有的经理人是政府部门的、带有某种官位的、带有头衔的官僚，实际上是政府的工作人员，只不过他的岗位是在企业罢了。这样的人员往往是从政府部门平调过来的或者派过来的，这些人对于管理比较在行，但是业务能力低，对行业情况等都不太了解，他们也只是做行政上的管理，缺乏企业的管理能力。前两年，民营企业，包括外资企业也犯过这样的错误。

有一些民营企业前两年在互联网热的时候，聘请从国外回来的MBA。这些MBA，刚毕业就被很多企业聘为CEO等，他们实际上就是"官僚型"经理，只懂得管理而不懂得行业和业务。他们所谓的管理能力也只是书本上学来的，没有经过具体的管理实践，甚至所谓的管理实践也不过是在某些跨国公司某一方面的工作经验。他们的工作经验和管理经验，特别是管理中国企业的能力是不足的，这种"官僚型"的经理实际是企业不需要的，他们的管理往往给企业带来不必要的损失，使企业面临巨大的风险。

这种角色错位在于，我是经理，就是官。然后，按照当官的逻辑来当中层经理：

• 十分看重自己的位子、自己的级别。对外、对公司内部、对级别比自己低的人应当按什么礼数接待，对级别比自己高的人应当按什么礼数接待，对别人按什么规格、什么级别对待自己，等等，都十分敏感。公司里有几个部门经理在一起开了个会，他就会嘀咕："部门经理级的会议，怎么没有我呢？"喜欢别人称自己为"总"，不喜欢称"经理"。

• 用级别看待遇。什么级别，应该享受什么工资、什么待遇，一点不能马虎。其实，在公司里，工资待遇是依据一个职位的"相对价值"而定的，是根据工作的绩效而定的。都是部门经理，工作的"相对价值"不同，绩效不同，工资待遇就可能相差很大。

• 官僚作用。在下属面前，官僚习气和作风严重，一言堂，什么都自己说了算，不懂得发挥团队的智慧。工作讲求公事公办，不管市场变化和客户需要，只管讲规定、讲原则。在上司面前，唯唯诺诺；在下属面前摆架子，颐指气使，只问下属懂不懂规矩，不问下属这么做对不对。

第二种：管理能力很弱、业务能力很强的经理——"业务员型"

这种经理人，我们在企业中通常把他们称为"人才"，他们的业务能力很强，技术能力很强，所以被提拔为"经理人"了。他们虽然在经理的岗位上，但是他们的思维方式和工作方式往往还是"业务员型"或"技术员型"的，表现在以下几个方面：

表现一：仍然热衷于做业务和技术，对于做管理往往不太在意或者比较忽视。他们最感兴趣的是处理业务上的事情，以自己能处理业务上或者技术上的工作而自豪，认为业务事情处理好，管理上的事情自然而然就解决了。

表现二：他们被提拔到领导岗位上，对下属来说是灾难。他们由于自身的业务或技术能力很强，看不上下属的业务和技术能力，这样会加深他们和下属之间的矛盾。由于他们是专家、是内行，很容易发现下属在什么地方有不足，经常看到下属的缺点，往往对下属有过多的批评和指责。

表现三：他们认为做经理不能不懂业务，不能不懂技术，否则下属有可能糊弄自己，自己就对下面的人没法管理了。

这种想法有一定的道理。作为一个经理人，你要有比较强的业务能力，但是你一旦迷信你的业务能力或技术水平，又会陷入歧途。其实随着企业的发展，职业经理人必须不断地把自己的很多工作交给别人去做。就像一个企业的总经理，必须把财务交给"财务经理"，把研发交给"研发经理"，把销售交给"销售经理"，把市场交给"市场经理"，只有这样分工，才能更大地发挥团队的作用。时间久了，总经理在财务上就不如"财务经理"精通，在研发上就不如"研发经理"精通，这是分工和企业发展的必然结果。如果经理人恐惧这一点，企业怎么能做大呢？你想对企业的哪个方面都懂，都是专家，可能吗？如果你作为一个职业经理人，想在企业里有发展，你就必须放弃这种包打天下，什么都懂，单纯靠你的业务或技术能力去建立你的影响力的错误思想。

表现四：有很多经理人认为他们也不想做"业务员型"或"技术员型"经理，但是没办法，上级任务压得很重，他们只能天天先把工作做好；他们也想做管理，但确实没有时间，先把业务上的事情做好吧。这样的经理人往往有无可奈何的心态：不得不先做业务上的事情，把管理上的事情一拖再拖。

有一个企业的经理人说："我不是不想做管理，实在是没有时间。等我忙过这段时间，再把公司管理上的事情好好管理一下。"

这种想法实际上是错误的。虽然说你感觉到是无可奈何的，但为什么会无可奈何呢？为什么你会在工作上陷入一个个被动的境地呢？有些事情为什么不得不由你去处理呢？究其根源，还是你在管理上没做好，才导致你不得不替下属做很多业务上的事情。如果你认为把业务做好再说，你就会陷入一种恶性循环：管理做不好，你就要花很多时间去做业务，没有时间去做管理，问题又会更多、更糟。到最后你就会发现，你长不大，你的下属也长不大。你长不大是因为你的业绩做到一定程度就再也上不去了，就是以你的能力为半径画了个圆，是多大就多大；你的下属长不大是因为你没有时间培养他们，没给他们充分尝试的机会，他们做什么事情都不得力，业务能力越来越差，和你的差距越来越大。这样不仅对你是个悲哀，对企业来讲也是个悲哀。当然，也有很多职业经理说："这也是没办法的，这都是公司追求短期利益造成的，公司想的都是短期的目标，我不得不把这个季度的目标实现了，才有下个季度，如果连这个季度的目标都实现不了，我这个经理位置就保不住了。"这种想法是不对的，但这确实也是公司整体环境造成的。

如果你真的关心管理，相信通过管理能解决你业务上的很多问题，即使你身处只注重业务的公司，你也是有很多的时间、机会去做管理的。

国际上成功的企业、成功的企业家都是善于管理，从而使企业不断发展起来的。你要相信，管理不仅能让企业长期发展，也会给你的阶段性的目标带来效益。比如，有时候，有些业务你不敢交给下属做，怕他做不好或者有二心，带着业务跑了，能不能通过教练使他在某些方面掌握特定的工作能力呢？如果你多给他些信任，多给他些机会，他是不是很快就能成长起来呢？请你回想一下自己是怎样成长起来的，难道不是在失败当中、在上司给的机会当中成长起来的吗？

注 意 ....

作为职业经理，我们最应该避免的是错位成"业务员型"或者"技术员型"的经理，最应该避免的是错位成"自然人"经理后，还沾沾自喜，以业务或技术能力强而自豪。

....

第三种：业务和管理能力都很强的经理——"精英型"

成为这类人是职业经理的目标。职业经理应成为业务和管理能力都很强的经理，只有这样，才能发挥其作为职业经理的作用，才能成为企业的"人财"，带领一队人马，为企业做贡献。

2001 年在纽约"财富 500 强"年会上，杰克·韦尔奇曾经说道，企业的管理并没有什么奥秘，说白了就是给企业 20% 的人加薪再加薪，让 10% 的人淘汰再淘汰。企业的 80% 的财富是 20% 的人创造出来的，企业的经理阶层也是一样的，真正给企业创造财富的是 20% 的经理，他们往往就是"精英型"经理，既懂管理又懂业务。

第四种：管理能力和业务能力都很弱的经理——"堕落型"

这种经理我们也叫他"人裁"，这是企业不需要的人。

第二大变化：在实现方式上，从"野牛型"走向"雁群型"

16 世纪以前，在南美的大草原上，曾有一种动物是南美大陆的主宰者，这种动物就是野牛。当时有几千头甚至几万头野牛形成一个野牛群，这个野牛群出来的时候浩浩荡荡，所有狮子、老虎都躲得老远。

16 世纪，西班牙人来到南美大陆，看到野牛群的时候也很害怕，都要躲起来。后来就想猎杀这些野牛，怎么办呢？他们开始没有什么办法，后来发现，这几万头野牛只有一个首领，所有野牛都对野牛首领忠心耿耿，野牛首领往东，所有野牛都往东，野牛首领往西，所有野牛都往西，野牛首领在原地时，所有野牛就都在原地。

发现这个特点以后，西班牙人就去猎杀这野牛首领，一枪打死它后，所有野牛都站在原地不动，不知所措，然后西班牙人一枪一枪将所有野牛打死。最后野牛群就在南美大陆消失了。

野牛群是这样，现在我们的企业不也是这样的吗？整个企业只有一个首领最精明、最正确，所有人都跟着他走。他要永远正确，永远健在，企业才可能得到持续发展。如果有一天他不在了，退休了，那么这个企业就完蛋了。

把一个企业压在一个人的身上，其实是十分危险的。中国企业大多是在非常艰苦的情况下创业，不断发展起来的，在企业发展壮大之后，许多经理人往往有个错觉，觉得自己非常英明，永远是正确的，认为企业要永远按照自己的想法去走，才能不断发展。他们不习惯别人向自己提出挑战。这种情况下，企业的发展就十分危险。一个野牛型的领导可能导致整个企业走向灭亡。

一个人在创业的时候可能正确过，正因为正确，才能把企业带起来，但他不可能永远正确。经理人自己有智慧，所以才考虑到企业里应该调动大家，让大家把他们的智慧贡献出来，发挥大家的智慧。如果你过去是"野牛型"领导，就应该尽快向"雁群型"领导转换。

雁群的领头雁不是永远飞在最前面的，那样的话，它承受的空气阻力最大，体力消耗最大，飞不了多远就会掉下来。所以，雁群是交替领飞，发挥整个团队的作用，这样才能飞得很远。做经理人，关键不是自己多么高明、绝对正确，而是要会发挥一个团队的作用。

第三大变化：在组织方式上，从个性化走向组织化

许多经理人是做业务或者做技术出身的，其工作方式往往习惯于并且是个性化的。什么是个性化？个性化就是，本来一个企业有组织的设计、组织的分工、组织的角色，有各个岗位的设置和职责，但是许多职业经理不习惯于按照组织的分工，在组织的框架内由相关的部门或者相应的岗位去履行各自的职责，许多事情都是以自己的判断为标准，什么都自己说了算。虽然公司有部门的分设和岗位的设置，但是很多公司的部门设置、岗位设置、职能描述等形同虚设。

某公司在年初制定了一个员工的发展目标，要求在年度内对全公司的经理以及员工进行能力和素质提升的培训。

目标制定了，当根据公司设定的目标去制订具体计划的时候，人力资源部经理找来一些培训班和课程的资料，向老总请示汇报："根据今年定的目标，要对公司的经理进行培训，现在外面有几个培训班，能不能让他们先去听听课，如果觉得合适，我们再进一步引进？"

老总看着这些培训资料说："不错，不错，只不过老师的实战经验不够，能不能找一些实战经验丰富的老师来讲？"人力资源部经理根据老总的指示，又找了些实战经验更强的老师的资料，拿给老总。老总看了又说："不错，不错，但是咱们公司的经费有点紧张，这个是不是太贵了些，能不能找几个便宜些的课程？"

人力资源部经理又根据老总的指示去找了些材料，向老总请示。老总说："不错，不错，但是咱们公司最大的问题是绩效考核方面，能不能咱们的培训就围绕绩效考核开展？如果有绩效考核的课程，让大家都参加，都学习学习，其他课程还不是当紧的。"人力资源部经理又回去找新的课程。

如此反复，人力资源部经理前后向老总请示了6次，最后派几个经理去参加外面培训的事情才算定了下来。

在这个案例当中，这个老总的工作方式就是典型的个性化方式。既然企业设置了人力资源部经理，设定了企业在人力资源方面的目标，就应该授权让人力资源部经理去做，决定谁该去谁不该去，关于课程筛选、价格比较等方面的事情，本来就是人力资源部经理的职责。另外，从专业分工来讲，人力资源部经理比老总更懂行。这里的问题是，很多老总怕下面的人不懂、做不好，所以往往以自己的判断作为这件事情可不可以做的依据。请问，你就什么都懂吗？你是人，你不是神。难道你就知道外面的平均价格是多少吗？难道你就知道哪个课程更适合你们公司吗？人力资源部经理应该知道这一点，还是你更应该知道这一点呢？显然是你的人力资源部经理更应该知道这一点，并且人力资源部经理往往比你更懂行。

在一个企业中，部门的设置、岗位的设置，体现了专业的分工。这时，高一层级的经理就不如下一个层级的经理专业了。企业组织的设置，本来就是要发挥各个部门的作用的，如果这个时候没有发挥各下级经理的作用，大事小事还是以上级经理自己的判断为依据、说了算，企业就会处在大事小事不断请示的状态。在企业的发展初期，这样也还行，但随着企业的发展，就需要经理人尽快从个性化的管理方式向组织化的管理方式转变，以求最大程度地发挥各个岗位、人员的作用。

第四大变化：在人际关系上，从感情关系走向职业关系

很多的职业经理在企业发展的初期或者在开展工作时面临着和下属是感情关系还是职业关系的选择。不少职业经理选择了感情关系，这里主要有两个方面的考虑：

第一方面，很多职业经理，特别是中层的职业经理，由于管理资源比较少，他们没有开除、降职、降薪的权力，不像公司老总那样具有生杀大权，能决定一些人的命运，他们对下属的强制力比较弱。在这种情况下，如果他们跟下属大吼大叫，或者想强制下属做工作，往往会遭到下属的抗拒、推诿，或不予理睬，搞得他们下不来台。另外，他们也担心下属私底下说他们的坏话，在上司或者其他人那里说他们的坏话，导致他们的威信下降，或者更高的层级对他们的不信任。

第二方面，有些经理往往在担任某个公司或者部门的经理后，会认为下属都是自己的手下，要和他们搞好群众关系，关系搞好了，形成一种良好的气氛，形成很好的人际关系，自己的工作自然而然地就好搞了，大家一努力，很多问题就解决了。正因为如此，很多职业经理往往想将感情关系作为与下属的纽带，这种感情关系的直接表现就是职业经理为了讨下属的喜欢，不惜牺牲原则、牺牲制度、牺牲公司的绩效。

下属出差了一天，根据公司的规定，一天的差旅费是240元，下属出差一天花了360元，怎么办呢？有的经理就跟下属说："你填一天半吧，填一天半就给你报了！"

这种方式，就是以牺牲公司规章制度的方式来讨得下属的喜欢。甚至有些经理跟着下属一块骂公司、骂老板、骂其他部门，该处理的不处理，该制止的不制止，有时候甚至替下属掩盖一些问题、过失。这么做最直接的后果是公司的很多事情没人管，公司的一些不正之风、一些不好的现象往往除了公司大老板外，没有人管，大家都装作不知道，都认为多一事不如少一事，都怕得罪人。这样怎么可以呢？

注 意

作为职业经理，我们应该知道自己到公司是干什么的。公司为什么需要我们？我们最大的目标、我们最大的责任就是为公司创造价值。也就是职业经理的最大价值在于达成高绩效，不断地创造价值。我们不是"维持会会长"，不是"居委会主任"，也不是一个群众团体的负责人，老板之所以聘用我们，之所以请我们在这个位置，不是让我们维持秩序，搞好社会关系、人际关系来的，而是让我们干事，让我们追求企业的价值的。

既然是这样，如果你老怕得罪人，都想讨得下属的喜欢，你就背离了你的责任。

另外，通过讨好下属的方式，你最后能得到什么？能够和下属有良好的人际关系从而有助于工作吗？值得怀疑。

你是一个组织层面上的经理人，你的下属是组织的成员，你们的关系很显然首先是事业关系。也就是你和下属是为事业的同一个目标而走到一起的，离开这一点，你们在企业的关系都是不存在的。也就是说，如果你们不是企业中的人，你们是自然人，也许你们是好朋友，也许你们是陌生人，所以，离开了事业关系，离开了为组织目标而去努力的这层关系，你们这种单纯的人际关系是没价值的。不但没有意义，往往对事业关系还是一个损害。有很多职业经理为了照顾人际关系、照顾感情关系，以牺牲事业、牺牲组织目标为代价，这样的职业经理是不可能有很大发展的，他们最终不可能成为给企业带来高绩效的职业经理。

杰克·韦尔奇刚当上通用电气 CEO 的时候，别人给他起了一个绰号——"中子杰克"，这当然是对他的一个负面的评价，意思是他像一颗"中子弹"一样，走到哪里就要杀伤到哪里，他要裁人、降薪，做的都是人们不喜欢的事情。但是杰克·韦尔奇顶住了压力，他没有管这些，仍然坚持，他知道，职业经理不能怕得罪人，要坚持追求企业的组织目标，长期给企业带来丰厚的回报，他的价值才能体现出来，他才能赢得社会，包括董事会和员工对他的尊重和喜欢。

第五大变化：在工作力度上，从守成走向变革

职业经理面临着守成与创新的两难。

所谓创新，就是面对不断变化的市场、产品、服务和技术，在业务上、在管理上必须有所创新，不断创新，甚至时时创新，墨守成规将无法提升竞争力。在信息化时代，在知识经济面前，不创新、不变化就意味着等死，就可能随时被淘汰出局。

所谓守成，就是面对不断变化的市场，甚至不断变化的上司，职业经理必须"墨守成规"，必须坚持公司既定的规章制度，既定的市场、客户、渠道，既定的管理方式和价值观，做到不变、不走样。

这一"两难"在管理上表现得最为突出。一方面，面对市场挑战和国际竞争，企业需要在产权上、机制上、组织上、观念上、管理上全面创新，才能应对这一挑战，其中管理创新的压力很大，甚至以一种混乱的、被动的形式在不断创新。另一方面，职业经理只是公司管理的一个环节、一个层面，职业经理不能"乱说乱动"，想怎样做就怎样做，在没有得到高层的认可、各部门的同意和下属们的理解之前，他必须维护已有的、现行的制度和规范，即使是错的、可笑的、明显过时的，也必须维护。

这一"两难"意味着：职业经理既容易成为公司创新的推动力，也容易成为创新的"肠梗阻"。由于职业经理创新与守成的不对称性（创新的个人成本比守成的个人成本要大得多），由于公司创新，一般来说要求打破原有的内部利益格局，而职业经理常常是既得利益的失去者，所以许多职业经理倾向于守成。在公司中常常出现的现象是，平时谈论创新最多、牢骚最多的是经理们（归罪于外的习惯，将自己管理上的问题归罪于公司层面上的问题），一旦公司推行一种新的管理制度、机制或方法，明里暗里抵触的、反对的常常也是经理们。

第六大变化：在管理方式上，从指挥走向授权

很多职业经理在其成长初期，由于出身业务员、技术员或个体户，所以习惯于指挥式的管理方式，往往以自己给下属下达命令，让其按照自己的某些做法去做的方式来管理下属，而且往往对下属的评价依靠直观的判断，看着下属努力干活还是没努力干活，是工作积极还是工作不积极，等等，以眼见为实的方式对下属的工作做出评价。现在，这样的管理方式越来越不能适应组织发展的需要了。

某公司总经理在办公区里面巡视，当走到某一个员工座位旁边，看着某一个员工正在电脑前工作，便站在旁边，看了一会儿，拍拍这位员工的肩膀，说："小伙子，不错，不错，好好干。"当这位经理离开后，这位小伙子马上给相邻座位上的员工说："刚才我在网上玩，老总说'不错，不错，好好干'。"

随着现代工作方式的复杂化，经理人越来越不懂得员工的工作内容了，也越来越不懂得员工的工作到底是以什么方式来进行的了。随着管理跨度的增大，随着管理链条的增长，经理人越来越难以眼见为实的方式去进行管理了，如果仅仅靠自己直观的判断，靠自己的理解去管理、去指挥，就会出现上述笑话。

注 意 ·································

人的本性在于，没有一个人喜欢让别人呼来唤去，没有一个人愿意当别人的下属。当我们自我感觉良好，指挥下属去做事，大有指挥千军万马，决胜千里之外的感觉时，我们要想一想他们内心的想法，有谁喜欢被人支来支去呢？每一个人都希望按照自己的意愿、自己的想法去做事情。

只有有效授权，员工才有成就感，才能把他的主观能动性、工作积极性和他的智慧、才智发挥出来。很多经理人往往认为下属能力低，对下属不放心，所以对下属不敢授权而是进行指挥，让下属按着自己的想法做，显然这是不行的。如果你希望下属能够更好地完成工作目标，你作为经理人能够发挥更大的作用，能够领导更大的团队，能够达成更高的业绩，你就不能用这种眼见为实，仅仅是局限于指挥的方式领导下属，而是必须授权。

第七大变化：在目标上，从个人目标走向团队目标

过去你作为一个业务员或者技术员，追求的目标只是个人的目标，上司给你定的什么工作，你就做什么，这是个人英雄主义，你只要想自己的任务怎么完成、自己怎样达到目标就行了，不用考虑别的。

现在你是职业经理了，你不是一个人在做事情，而是领导一队人马、一个团队来做事情，你工作的首要目标就不在于你自己完成工作任务的多少，而是你的团队完成任务的多少；你要考虑的不是你个人目标实现的多少，而是团队的目标怎么实现。

从个人目标怎么实现转向团队目标怎样实现，这对于你来讲是一个巨大的转变，也是一个巨大的挑战。毕竟自己一个人做事情，不管失败也好，成功也好，总之自己可以决定，不涉及其他人，只要自己愿意、自己有能力，就能够完成。但是，现在你要考虑的是整个团队，要想到下属愿不愿意干，下属认同不认同这个团队目

标，下属有没有能力干，你怎么才能让下属像你一样努力，怎样让
下属真心真意地、非常努力地去为实现这个目标而工作呢……

 注 意 ....

这就给我们提出了很多挑战，在这些挑战面前，如果我们为了
实现团队目标，那我们随时关注的就不是自己现在去做什么，而是
团队做什么，不是自己能够做好什么，而是团队能够做好什么，或
者团队里面谁能够把什么做好，谁不能做好什么，怎么才能让他们
把我们希望的事情做好。

....

显然，在这个时候，你还像做业务员或技术员时候一样，仅仅
考虑个人目标，是没有用的，是不可能实现团队目标的。你如果考
虑的是团队目标，就要多想如何通过团队的共同努力实现目标。所
以，作为职业经理人，你整个工作的重心和方式就要发生根本性的
改变。

作为上司的职业经理五大角色

角色一：管理者

作为上司的职业经理，首先是管理者。所谓管理者，就是"通
过他人达成目标"的人。所以，职业经理的首要任务是，如何让下
属去工作。

职业经理通常要做的事项

• 制定年度工作目标和年度计划；

• 向下属分解部门工作目标，并帮助下属建立工作计划；

• 建立部门政策；

• 下属的绩效标准设定、评估和反馈，帮助下属提升和改进；

• 审查日常和每周、每月生产、销售或工作报告；

• 选择和面试员工（配合人力资源部）。

职业经理管理的对象

人员：人员的数量、学历、经验、年龄、能力、态度等，下属之间的人际关系和工作关系。你管理的人力作为一种资源，很大程度上不是体现在人事统计表和人事档案中，而是体现在你能否很好地开发和利用上。

固定资产：设备、工具、原材料、电脑、传真机、打印机、库房、办公室、办公用品等。这些固定资产不归你所有，但是，你作为管理者，有权使用它们，它们能帮助你完成工作。

无形资产：公司的品牌、商誉、知名度、美誉度、在行业的影响力、在客户那里的影响力等。别小看这些无形资产，这些虽然没有分配给你，但却是你可以使用的，是你开拓业务时必不可少的。

财务：成本预算、费用支出、折扣、回款、返点等。这些都是你开展业务必不可少的，公司会按一定的权限给你这些资源。

信息：公司有专门的部门向你提供行业信息和客户信息，公司还通过会议、报告、报表等，让你及时了解公司及你所负责业务的信息，以便你做决策。

客户：对于业务部门来说，客户关系、客户档案、客户满意度等，都是十分重要的资源。对于职能部门来说，各类供应商，如广告公司、快递公司、印刷公司、会计师事务所等，都是保证工作顺利进行的资源。

时间：最容易被忽视的资源。将一年的工作放到一百年里去做，可能谁都能够完成，可惜你只有一年时间，所以时间的资源是平等地分配，却不平等地使用的稀缺资源。

职业经理将通过以下职能运用这些资源，以实现组织赋予自己的目标

计划：确定部门的目标和发展方向，并为实现目标和发展方向制定最佳的行动步骤，这就是计划。计划涉及：

• 有助于达成目标的相关政策；

• 经理的行动计划和时间表；

• 预算、人员、组织方式等；

• 各个下属的目标和计划；

• 关键点的控制。

组织：一旦职业经理确定了目标，制订了实现这一目标的计划和步骤，就必须设计和制定一项组织程序，以成功地配置资源，实施这些计划。这项工作往往被职业经理所忽视，因为他们总以为这是公司的事。组织涉及：

• 部门内的组织图、指挥链和管理关系；

• 各个职位的描述和设置；

• 工作流程，包括外部工作流程和内部工作流程；

• 为了有效地发挥所有下属的作用，需进行一定的授权，必须决定需要授权的人员、权限和时限；

• 必须在下属之间建立良好的工作关系和联系，使下属能够相互协作和配合；

· 本部门与其他部门之间可能的关系。

控制：当本部门某些下属的工作目标或实际绩效偏离预先设定的目标时，将大家拉回到正确的轨道上。控制涉及：

· 工作追踪，及时掌握工作进展情况；

· 诊断，将实际效果与预设目标比较；

· 检查计划的执行情况；

· 纠正措施。

协调：职业经理要在三个维度上进行协调。

· 按照指挥链，与上司和下属协调；

· 水平方面的协调，以取得公司其他部门的良好支持；

· 公司外部资源的协调——帮助下属协调外部资源，是中层管理者的一个很重要的职能。

角色二：领导者

通常人们会将上司称为"领导"，但是，领导实际上不是一种职位概念，而是上司的一种行为方式。

在公司里，设备、材料、产品、信息、时间需要管理，也可以管理，而人却需要领导。小企业做事，大企业做人！职业经理的角色不只是对所拥有的资源进行计划、组织、控制、协调，关键在于，发挥你的影响力，把下属们凝聚成为一支有战斗力的团队，同时，激励下属，指导下属，选择最有效的沟通渠道，处理成员之间的冲突，帮助下属提升能力。这就是领导！这是职业经理十分重要的角色。关于领导者，我们将在"管理技能之七：领导力"中专门介绍。

角色三：教练

如果你的下属的能力不能提升，如果你等着下属们"实践出真知"，你就失职了。不仅失职，而且这就可能是你的部门经常不能很好地达到目标的原因。

另外，你不要以为这是公司的事情、人力资源部的事情。当你感到下属的能力不足以应付工作的挑战时，你可能会责备公司的人力资源部没有给你招聘到合格的人才，可能会责备公司没有安排专门的培训。其实，一项国际调查表明：员工工作能力的70%是在直接上司的训练下得到的。也就是说，下属工作能力的70%与你有关。

所以，如果你想让下属们有很高的工作绩效，想顺利地通过下属完成工作，你就必须成为教练，充当教练的角色，不断地在工作当中训练你的下属，而不是只知道用他们。

角色四：变革者

在世界经济一体化的今天，整个社会已经进入一个"十倍速"变革的时代，一个"快鱼吃慢鱼"的时代，谁跑得慢，谁就会被市场抛弃。世界500强企业的平均寿命也只有40岁，长寿的企业无一例外是不断变革的企业。

不要以为变革是公司老总们的事，不要以为职业经理要做的仅仅是执行上层的决定。国际企业的先进经验表明：

职业经理在企业变革中处于一个至关重要的地位。首先，在公司中，一个变革型的职业经理会及时将来自下属的变革的声音和思路传向上面，从而引发公司自下而上的变革；其次，公司层面的变革需要职业经理传递下去，从而引发公司自上而下的变革；最为重要的是，职业经理在客户层面、市场层面、管理层面有着比公司高层和一般员工更大的信息量和体验，因而更容易抓住变革的突破口和操作点。

角色五：绩效伙伴

你不是高高在上，向下属分派完工作就等着要结果，下属做得不好就训斥一顿的"官"，你是下属的绩效伙伴。或者说，你与下属之间是绩效伙伴关系。这就意味着：

• 你与下属是绩效共同体。你的绩效有赖于他们，他们的绩效有赖于你；你们互相依存，谁也离不开谁。

• 既然是伙伴，你们之间就是一种平等的、协商的关系，而不是你居高临下对他们发号施令的关系。你要通过平等对话、良好沟通帮助下属，而不是通过指责、批评帮助下属。

• 既然是伙伴，你就要从下属的角度出发，考虑下属面临的挑战，及时为下属制订绩效改进计划，帮助其提升绩效。

管理技能之

二

时 间 管 理

常见的问题

- 电话又响了！这个来电话，那个来电话，急事的、请示的、投诉的、朋友聊天的……都是不得不接的电话。可是，手头上正在写一个计划，一个上午了，还没写几个字……

- 正在办公室里听汇报，突然有客来访。不见吧，不合适；见吧，汇报被打乱了，只好让客人在会客室等。朋友还好说，如果是重要的客人，让人家等得时间长了，可就不礼貌了。于是，匆匆结束会议……

- 马拉松式的会议已经开了两天了，还没有什么成果。会上你进来他出去，东一句西一句，说着说着就跑题。有的人在会上长篇大论、表扬与自我表扬；有的人开了半天会，还不知来干什么；还有的人，把开会当成休息，闭目养神，任谁爱发言就发言、爱争吵就争吵吧……

● 工作毫无计划，或者计划赶不上变化，或者做的计划从来没有兑现过。工作由着性子，想干什么就干什么，想到哪里就到哪里，想怎么干就怎么干。结果，事没少干，手头上的工作却越干越多，越干越乱，越干越没有章法了……

● 他比谁都忙，哪里都有他的身影，就像"救火车"一样，哪里有火情他马上赶到哪里，真是日理万机！可是，这里也"救火"，那里也"救火"，天天忙着"救火"，就没有静下来想想："火灾"都是从哪里来的？你救得过来吗？

● 这个不可靠，那个不放心，刚给下属布置完工作，又赶过去强调几句："××事情要怎么怎么办，××活动要怎么怎么开展。"每天忙于事务性工作和例行性工作，使得下属提心吊胆、无所适从、怨声载道，自己还觉得"冤枉"：我这样任劳任怨地为下属，还落不下好……

● 一件很清楚的事情，沟通了几次还不清楚，越沟通越不清楚，越不清楚越要沟通；有的工作，你不找我，我不找你，老死不相往来，什么事情不得不办了，也是通过手下人去办，或者汇报给老总，请老总协调。结果，解决一个问题走的路越来越长，牵扯的人越来越多，工作效率越来越低……

● 办事拖拖拉拉。昨天的事拖到今天，今天拖明天，明天拖后天，不检查工作进度，不规定完成期限，吹毛求疵。结果常常是实践工作的时间比预计的要长，导致重要的工作一拖再拖，别的部门也不得不停下来等。

● 工作抓不住重点，眉毛胡子一把抓。重要的工作不去做，不重要的工作却抓住不放，经常是捡了芝麻丢了西瓜……

● 缺乏个人管理，办公桌杂乱，今天不知把文件放哪儿了，明天客
  户电话又找不着了，粗心大意，大大咧咧，经常陷入空想和琐事
  不能自拔。
● 该说"不"的不说"不"，碍于情面答应下来，结果不能如期兑
  现承诺，无原则的老好人，助长了别人的懒惰，搁置了自己的工
  作，结果又打乱了时间，造成恶性循环……

时间管理就是自我管理

　　每一个人都同样地享有每年的 365 天、每一天的 24 小时、一定期限的寿命。每一个人每天都需要工作 8 个小时左右、睡眠 7 个小时左右、个人家务及休闲或社会交往等一部分时间。为什么有的人在有限的时间里既完成了事业之大成，又能充分享受到亲情和友情，还能使自己的业余生活多姿多彩呢？他们有三头六臂吗？他们会分身术吗？时间老人过多地偏爱他们吗？

　　时间管理的本质就是要能够主动、有效地控制时间，让时间为你服务，而不是让你整天追赶着时间的脚步，来也匆匆去也匆匆，对时间没有计划、没有管理、没有思考，在时间面前充满了被动和困惑。如果你还没有认识到时间管理的重大作用，还停留在被动的时间操作上，如果你每天的时间安排得满满的，效率不高，如果你感觉时间真的不够用，请抽出一点儿时间阅读本单元，做一下相关的应用与行动表单，最重要的是养成有效的时间管理的行为模式，从理念和态度上对时间进行重新的管理和界定，你一定会成为时间的主人。

任经理的一天

作为公司人力资源部经理，任经理为人勤奋，关心下属，听从上司，事事都亲自过问，但是每天工作之后，他却感到自己这一天无所事事，自己的许多理想、宏图大志等都只能在梦中实现，心中常常产生懊恼之情。他没有时间与家人多处一会儿，没有时间多读书，没有时间尝试新的事物，甚至没有业余爱好的时间，总之，他没有在有限的时间里做自己应该做的事情，每一天都忙，却忙得不是地方。让我们来看看任经理一天的活动：

8：30 总经理打电话找任经理去谈话，谈了一会儿有关公司人力资源规划的问题。中间总经理接听电话、有客人来访等使他们的谈话一直延续到了 10：00。

10：00 准备布置下属工作，又有电话打来询问有关新入职人员薪资的问题，给予解释到 10：20。

10：20 找来下属布置招聘工作，中间不断有其他下属进来请示工作，任经理的思路和时间被分割和耽误，布置工作一直延续到11：00。

11：00 对秘书报上来的文件等进行批示、处理。阅读文件、各类的报告、建议书等，到 12：00，还有一部分没有过目。

中午匆匆吃过饭，看了一会儿报纸，与同事聊了一会儿天，猛然想起总经理交代的关于人力资源的规划报告还没有完成，明天就要上交的。

14：00 与销售经理约好讨论招聘营销人员事宜，由于对招聘主管的工作不放心，本应是下属的职责，任经理却又全包了下来，包括招聘计划、招聘人员资格的具体要求等都是任经理自己确定的，此项工作又占去两个小时时间。

16：00 刚要写自己明天提交给总经理的公司人力资源规划报告，一个下属又进来请示和审批，同时聊了一会儿个人的私事和公司最近的传闻。

16：30 召集下属开会，因为下属反映部门内部不团结已经影响到了工作，任经理必须就此事同下属强调一下。但会议不仅没有达到任经理的预期目的，还拖延了时间，一直持续到 17：00。

下属走后，任经理一看已经过了下班时间，没有时间完成报告了，只好等待下班后，挟着自己未写完的报告和要处理的文件回到家中，看样子今晚上又得加班到午夜了。

仔细分析一下，任经理的时间为什么不够用，他真是没有足够的时间吗？是他在不经意或不自觉地把时间浪费掉了，还是一些他不能够控制的因素挤占了他宝贵的时间？他把时间究竟浪费在哪里了？

• 也许，电话干扰——对公司员工解释有关薪酬问题，这本不属于任经理的事，有薪酬主管嘛。

• 也许，会议安排没有计划，会议拖延，主题不明确，对会议没有实行有效控制。主持人哪里去了？

• 也许，上司不定期的召见使中层经理的时间具有很大的随意性。

• 也许，下属的不断请示和汇报——喜欢下属事事请示和汇报的官僚作风，使自己成为下属任务的执行者，大大浪费了自己的时间。

· 也许，对下属工作不放心，替下属做工作，结果整天被埋在事务性的工作里。

· 也许，凡事事必躬亲，被许多不需要看和处理的文件等耽误了时间。

· 也许，在工作过程中没有目标、没有程序，所以就没有自己主动的行动，即缺乏一份详尽的计划。

· 也许，做事情没有轻重缓急和主次之分，经常本末倒置，终日埋头于无关紧要的事务。

· 也许，只注意细节和小事，事事过问，事事关心，就像一个多事的婆婆，结果下属没有事情可做。

· 也许，不知道中层经理是可以说"不"的，经常听命于上司的召唤，对下属的打扰也不加以控制，结果是时间浪费在一些无关紧要和与己无关的事务上。

· 也许，对于自己熟悉和喜欢的事尽快做完，对于棘手的问题拖延进行，只有通过加班来完成。

· 也许，不舍得放权，不授权，下属轻松自在，自己却忙得要死。

太多太多的"也许"。

没有时间完成自己的职责、任务，时间被下属和上司控制，被事务缠住；晚上加班才能真正做自己的工作，经常如此怎么得了？

请你对你自己的工作时间进行一下分析：你是如何处理你自己的职责和事务的？你能够控制你自己的时间吗？你的时间到底是属于谁的？你有什么样的时间使用模式？你一贯对时间的理解和态度

是什么？作为中层经理，在时间管理上你有什么样的难处？时间不够用你想办法解决了吗？你愿意就这样一直下去吗？

其实浪费时间的根本原因还在于你自己！

在时间管理的过程中，管理者经常有自己各种各样的想法和习惯性的操作，形成和构筑了时间管理的盲点，归纳起来主要有：

盲点一：忙就好

事实或许如此，但是按部就班和有序的时间管理并不是最好的。

许多经理人，过于注重活动本身、过程本身，却不太注重时间（效果），往往认为自己"尽职尽责"了，而不注重结果，往往认为自己正确地做事了，忙碌了，却忘记事情对于组织目标的意义。

在这种时间管理中，经理们通过制定目标或规划，事先准备充分，能够较好地完成工作。他们有较强的责任感，通过每天的规划与安排能将事项进行得井井有条，并有自己的处世价值观和判断使得其效率提高，同时，他们对时间与自我管理也具有较高的技巧。然而，这种管理的后果容易使管理人员认为一切可以操之于己，而忽略了自然法则胜于一切，因为缺乏远见和应变能力，他们常常把最重要的事情搞糟。

这种忙忙碌碌的职业经理一般不轻易改变他们自己的行为和习惯模式。但是有时从一开始计划或目标就错了，他们却因不能及时发现和改变而不能适应变化。

这种人，只不过是有一定计划而已，离出色的时间管理还有很大差距。

盲点二：时间管理能有多大用

在这种观念下进行工作的人，大多被时间控制。他们认为自己把握不了时间的脚步，只能让时间牵着自己的鼻子走；他们不愿意接受新的管理观念、新的管理技巧；他们不相信有什么办法能够对时间实施控制；他们固守着自己的一套理念。这本身就是时间管理中最有害的障碍。他们为什么不愿意改变？是因为他们认为时间管理只不过是制订个计划、做个样子，时间怎么能够控制得了？"我自己和我周围的人都是这样受时间限制的，我们没有多余的时间，也不可能通过时间管理就多出两个小时来。何况时间管理制订的计划怎能够赶得上实际中的变化？我们要做的只能是如何应付变化、如何追赶时间。"这种管理者不相信时间管理的作用，不愿意改变。

盲点三：身不由己

职业经理往往要受制于外界环境，总会觉得自己没有时间，时间是掌握在上司、下级、同事、客户的手里的，自己要为上司的命令去工作，要为下属出主意想办法，哪里有时间和精力去进行时间管理，能够让时间按照自己的意志去行事呢？这样下去的后果是职业经理永远没有属于自己的时间，永远被动地为他人服务，永远处于一个事务性的操作过程中。

所以任经理经常说："一会儿上司找你，你必须得去；一会儿下属要找你，你也得办；一会儿同事或客户等你，你也得去应付；

没有办法，时间都掌握在上司、下属、客户的手里，我没有办法进行时间管理呀！"

盲点四：江山易改，习惯难移

这些障碍都是长期行为习惯养成的，有的已经严重地影响了个人的成长和发展，影响了公司及部门的效率。其实有很多的失败和错误都是由于习惯和旧有的模式限制着你，由于你不愿意改变或认为本性难移，就一直放纵和任其发展，结果使你无法成为一个完全成功的人，无法达到人生的终极。而有的人由于善于捕捉变化和掌握自己的命运，他们凡事都掌握主动，从来都是他们操纵着生活和控制着时间，他们是自己命运和时间的真正主人。

时间盘点

每天工作十分繁忙的职业经理，时间到底都花在哪里了？是否曾经对此进行过分析呢？为此，我们将针对以下内容进行分析：

• 我的时间价值几何？

• 哪些时间是必须花的，哪些时间是不必的，哪些时间是可花可不花的？

• 别人是如何浪费了我的时间，如何排除？

• 我是如何浪费了别人的时间，如何避免？

• 我的时间运用与目标是否接近？

• 我处理事情的顺序是……

• 处理事情真的要花那么长的时间吗，能不能缩短？

• 哪些事是非常紧急，需要马上处理的？

• 哪些事是十分重要的？

• 我是否进行了充分的授权？

• 我的高效益活动有哪些？

- 我的低效益活动有哪些?

- 每次会议都是必须的吗?

- 每次公出效益如何?

- 每次会见都是必要的吗?

- 都是哪些因素干扰着我?

肖经理的一天

8：30 部门例会。

9：00 看资料、文件。

9：15 接听和打了几个电话。

9：30 下属来请示工作。

9：45 与财务部经理讨论费用问题。

10：20 替上司营销总监去开会。

10：55 给外地办事处打电话。

11：10 与行政部经理聊天。

11：30 替下属修改销售报告。

12：00 吃饭。

13：00 接待一个客户。

13：30 准备向营销总监汇报的资料。

14：00 汇报工作。

14：30 下属私信其工作中的困难、抱怨。

14：50 与人事经理谈某下属的奖金问题。

15：20 接到顾客投诉电话,很恼火。

15：30 工作群里询问投诉之事,教训了下属一顿。

15：50　老总找去。

16：20　下属又来请示工作。

16：30　撰写招聘计划。

17：00　发现招聘计划中有好几个问题需要与人事经理协商，去找人事经理。

17：30　与人事经理协商。

18：00　与人事经理协商。

这是销售部肖经理的一天，你的一天如何呢？

让我们对这些普普通通的一天作一分析，看看时间都跑到哪里去了？我们是否很好地利用了时间？

盘点一：时间价值分析

时间的价值

目标：你的时间（单位可以是小时，可以是天）值多少钱？进行时间价值的计算，可以帮助你理解时间对你、对公司意味着什么。

方法：时间价值有两种计算方法。一种是成本价值法，即用你的年薪（或年度人工成本总额）与工作时间之比计算。假如每周工作5天，每天工作7小时，每年242个工作日。货币单位为人民币元。

成本价值计算

年薪（人工成本）	每天的价值	每小时的价值	每分钟的价值
25000	103.3	14.76	0.25
35000	144.6	20.7	0.34
45000	186.0	26.6	0.44
55000	227.3	32.5	0.54
65000	268.6	38.4	0.64
75000	309.9	44.3	0.74
85000	351.2	50.2	0.84
100000	413.2	59.0	0.98

第二种计算方法是收入价值法，即用你的销售目标（年销售额或年利润额）与工作时间之比计算。

收入价值计算

销售额（万元）	每天的价值（万元）	每小时的价值（万元）	每分钟的价值
1000	4.13	0.59	0.0098
5000	20.66	2.95	0.049
10000	41.3	5.9	0.098
20000	82.6	11.8	0.2
50000	206.6	29.5	0.49

时间管理的启示

启示一：你的每一天、每一小时、每一分钟都有很大价值。时间就是金钱，如果你浪费了这一段时间，就意味着你增加了公司的成本，或者减少了收入或利润。你是人，不是神，当你浪费了时间时，你无论如何也弥补不了损失。

启示二：钱是一分一分挣来的，或者说，是在每一分钟、每一小时、每一天的努力工作中挣来的。当你一天中浪费（不管什么原因）一两个小时的时候，就意味着其他时间中挣钱的效率要提高10%~30%，显然，这是十分困难的。

启示三：你一定要用上面的两种表计算一下自己的时间价值，并牢牢地记住，当你浪费了多少时间时，你就浪费了多少钱。

启示四：规划你的时间，以便使你将宝贵的、有限的时间用在可以产生最大收益的活动上。

盘点二：时间清单分析

时间清单分析表

目标： 盘点每天（每周每月）的法定工作时间都是怎样用掉的。

方法： 运用时间清单分析表进行分析。

时间清单分析表

时　间	活动事项	计划用时	实际用时	浪费／超时	原因
8：30—9：00					
9：00—9：30					
9：30—10：00					
10：00—10：30					
10：30—11：00					
11：30—12：00					
12：00—12：30					
12：30—13：30					
13：30—14：00					
14：00—14：30					
14：30—15：00					
15：00—15：30					
15：30—16：00					
16：00—16：30					
16：30—17：00					
17：00—17：30					
17：30—18：00					

• 将一天的法定工作时间，按照每 30 分钟为一段，进行分段。然后，逐一按时间段填写实际活动事项。

• 跨时段的活动，填入开始时段即可。由于有"实际用时"栏，所以可以很清楚地了解跨时段活动的时间。

• 在"活动事项"后，填入该活动事项相应的"计划用时"实际用时"、"浪费／超时"以及"原因"。

分析哪几个问题

• 计划性如何？

如果原本无计划，自然就无法填写"计划用时"和"浪费／超时"两栏了。

• 有多少时段记不起来做什么？

这样的时段多，说明你的时间管理状态很糟。

• 浪费／超时多少？

由于每天安排 20% 的法定时间作为机动的、防止不可预见事情发生的时间，所以，浪费／超时不超过 20% 即算正常。超过 50%，你就要将手头的工作全部停下来，先管理你的时间了。

让我们再来分析一下肖经理的工作清单：

肖经理的工作清单

时　间	工作项目	占用时间	优先次序评估
8：30	例会	30 分钟	有必要
9：00	查看文件	15 分钟	较重要应提前做
9：15	接听电话	15 分钟	可委派下属接听
9：30	下属请示	15 分钟	可以授权或指导
9：45	与财务部经理讨论费用问题	35 分钟	很重要

（续表）

时 间	工作项目	占用时间	优先次序评估
10：20	紧急事项	35 分钟	有必要
10：55	电话	15 分钟	必须照办
11：10	与行政经理聊天	20 分钟	要加以拒绝
11：30	替下属修改报告	30 分钟	既然放手，就由下属做主
12：00	午餐		
13：00	接见一个客户	30 分钟	可让下属做
13：30	准备汇报材料	30 分钟	最后期限，很重要
14：00	汇报工作	30 分钟	重要
14：30	下属找	20 分钟	锻炼下属去做
14：50	与人事经理谈话	30 分钟	可适当推迟，不太重要
15：20	接投诉电话	10 分钟	较紧急
15：30	询问投诉	20 分钟	紧急处理
15：50	老总找	30 分钟	肯定重要
16：20	又是下属	10 分钟	给予指示
16：30	拟订计划	30 分钟	头等重要，可惜时间仓促
17：00	与人事经理协商	90 分钟	重要，但为什么会出现这个问题呢

分析肖经理的时间清单，我们发现以下几个问题：

特点一：他的重要工作是在快下班时才做的；

特点二：他被分心和干扰的事项较多，这些事来自于下属、同级、外部等，时间大概是两小时；

特点三：他完全不被干扰的时间很少，只有 30 分钟；

特点四：他最有效率的时间应是上午 9 点左右，却没有得到充分的利用；

特点五：他在工作效率低的时间向上司汇报工作，由于准备不充分和精力不集中，效果不令人满意。

盘点三：工作清单分析

工作清单分析表

目标： 分析一个法定工作日内都做了哪些工作事项，用时如何。

方法： 可以运用工作清单分析表进行分析。

工作清单分析表

姓名：　　　　日期：　　年　　月　　日

工作事项	计划时间	实际时间	延误／浪费	无计划用时	原　因
总计					

• 将一个法定工作日内的所有工作填入"工作事项"栏，包括累计用时超过 10 分钟的工作。不超过 10 分钟，可不填入。如"给客户打电话"，可能你在上午打了两个电话，用时 5 分钟，下午打了三个电话，用时 10 分钟，将此累计在"给客户打电话"这一事项中。

• 填入具体事项。如销售部肖经理一天中的具体工作事项"向营销总监汇报工作""拟订招聘计划"等。

• "原因"栏目的填写。只要说明浪费、延误的原因即可。如"向营销总监汇报工作"。你原来预计 30 分钟，但在汇报开场时你没有与营销总监确认本次汇报的用时，结果花了 50 分钟，超时 20 分钟。

分析哪几个问题

• 时间利用率：工作清单中各个工作事项的用时之和是多少？

如果你的工作清单用时之和与法定工作时间（8 小时或 7 小时）之比不足 70%，表明你应重视另外 30% 的时间"哪里去了"。

工作清单用时之和为 5.5 小时，则你的"时间利用率"为：

$$时间利用率 = \frac{工作清单用时之和}{法定工作日时数} \times 100\% = \frac{5.8}{8} \times 100\% = 68.8\%。$$

这一分析说明你一天中有 2.5 个小时，即 31.2% 的时间"不知去向"，应予以重视。不超过 30% 则为正常。

• 各个工作事项，延误、浪费了多少时间？

这当然是与计划、与你的预期相比了。

• 一个工作日中总共浪费和延误了多少时间？

在"总计"栏中表示。

• 寻找原因与对策。

盘点四：工作紧急性分析

工作紧急性分析表

目标：分析每天（每周、每月）的工作紧急程度，根据紧急程度安排工作的先后顺序。

方法：可以运用工作紧急性分析表进行分析。

工作紧急性分析表

姓名：　　　　日期：　　年　　月　　日

工作事项 紧急性	非常紧急 （马上要做）	紧急 （短时间内要做）	不很紧急 （可从长计议）	不紧急 （无时间要求）
频次				
时间				

在《工作紧急性分析表》的后四列中填写"√"即可。

• 将工作事项的紧急性分四档，其标准如下：

非常紧急　　　　　马上要做（马上放下其他事情开始做）

紧急　　　　　　　短时间内要做（一般是当天要做的）

不很紧急　　　　　可从长计议（可以纳入计划中做）

不紧急　　　　　　什么时候做都可以，不用计划

肖经理的工作事项如下：

消费者上门投诉　　非常紧急

某地断货　　　　　紧急

竞争对手降价　　　紧急

撰写销售报告　　　不很紧急

学习外语　　　　　不紧急

• 统计"频次"，即不同紧急程度的工作事项各占多少（每天、每周或每月）。

在一个工作日内，在肖经理的工作事项中：

非常紧急　　　　　1 件

紧急　　　　　　　6 件

不很紧急　　　　　6 件

不紧急　　　　　　1 件

• 统计"时间"。

非常紧急　　　　　40 分钟

紧急　　　　　　　320 分钟

不很紧急　　　　　150 分钟

不紧急　　　　　　30 分钟

分析哪几个问题

• 你每日、每周、每月最紧急的是哪三项工作？

• 非常紧急的工作事项如果频繁发生，即应考虑授权式管理。制度、营销策略、产品品质等重大问题，与时间管理无关。

• "紧急"事项越多，时间管理问题越大。

• "紧急""非常紧急"和"不紧急"事项相比，时间比重越大，时间管理问题越大。

• 除"非常紧急"外，要分析所谓"紧急"事项是否真的那么急。

盘点五：工作重要性分析

工作重要性分析表

目标：分析出每天（每周、每月）的工作重要程度，根据重要程度安排工作的用时。

方法：可以运用工作重要性分析表进行分析。

工作重要性分析表

姓名：   日期：   年   月   日

工作事项 重要性	非常重要 （马上要做）	重要 （短时间内要做）	不很重要 （可从长计议）	不重要 （无时间要求）
频次				
时间				

在《工作重要性分析表》的后四列中填写"√"即可。

· 将工作事项的重要性分四档，其标准如下：

非常重要   绝对要做（其他事情都可以不做，也要做的事项）

重要   应该做（你不做就要出问题）

不很重要   可做可不做（做比不做好一点）

不重要　　　　　　可不做（做也不见得好）

肖经理的工作事项如下：

某地断货　　　　　非常重要

竞争对手降价　　　非常重要

撰写销售报告　　　重要

向几名下属问候　　不很重要

替下属校对报表　　不重要

• 统计"频次"，即不同重要程度的工作事项各占多少（单位：日、周、月）。

在一个工作日内，在肖经理的工作事项中：

非常重要　　　　　2件

重要　　　　　　　2件

不很重要　　　　　6件

不重要　　　　　　2件

分析哪几个问题

• 你每日、每周、每月最重要的是哪三项工作？

• 非常重要的工作，如果很紧急，则与时间管理无关。

• 重要的工作事项所占时间越多，时间管理就越合理。

• 一定要消除不重要的工作事项，通过授权压缩不很重要的工作事项。

• 特别注意对重要的工作事项进行分析。参见"盘点七：授权分析"中的授权分析表。

盘点六：高效益活动分析

什么是高效益活动

单位时间内投入产出比最大的（较大的）活动就是高效益活动。你应当清楚在你所有的活动（工作事项）中，效益相对较高的是哪一项（几项）。

目标： 分析出每天（每周、每月）中的高效益活动，为根据活动（工作事项）的效益高低使用时间提供依据。

方法： 可以运用高效益活动分析表进行分析。

高效益活动分析表

姓名：　　　　日期：　　年　　月　　日

分析活动	目标（职务）贡献排序	必要程度排序	所需时间排序	效益高低排序

判断活动效益的指标

活动的效益高低，判断起来比较复杂。一般来说，对于不同职位、不同行业、不同企业类型、不同发展阶段，有三个指标可以判断活动效益的高低：

指标一：目标（职务）贡献度

某项活动对工作目标或工作职责的履行贡献大小。

肖经理的一天中活动（工作事项）的贡献度排序：

1. 与财务部经理讨论费用问题；

2. 撰写招聘计划；

3. 与人事经理协商招聘计划；

4. 接待一个客户；

5. 汇报；

6. 打电话；

7. 给下属指示；

8. 准备向营销总监汇报的资料；

9. 接待投诉；

10. 替下属修改销售报告。

指标二：必要程度

该项工作是否可以不做或可以由你的下属来做。也就是该项活动由你来做的必要程度。必要程度越大，你来做这项工作的效益就越高，反之就越低。

肖经理的一天中活动的必要程度排序（必要—不必要）：

1. 与财务部经理讨论费用问题；

2. 与人事经理协商招聘计划；

3. 打电话；

4. 汇报；

5. 给下属指示；

6. 准备向营销总监汇报的资料；

7. 撰写招聘计划;

8. 接待一个客户;

9. 接待投诉;

10. 替下属修改销售报告。

指标三：所需时间

显然，同类活动（工作事项）花费的时间越少，效益就越大。

肖经理的一天中活动的用时排序（少→多）：

1. 接待投诉　　　　　　　　　　　　　　10分钟

2. 接待客户　　　　　　　　　　　　　　30分钟

3. 准备汇报资料　　　　　　　　　　　　30分钟

4. 撰写招聘计划　　　　　　　　　　　　30分钟

5. 替下属修改销售报告　　　　　　　　　30分钟

6. 与财务部经理讨论费用问题　　　　　　35分钟

7. 给下属指示　　　　　　　　　　　　　45分钟

8. 打电话（含打电话询问投诉之事）　　　55分钟

9. 汇报（向营销总监和老总）　　　　　　60分钟

10. 与人事经理协商招聘计划　　　　　　60分钟

然后，比较以上三项指标的排序，高效益活动分析表可以对活动（工作事项）的效益大小做出基本的判断。

高效益活动分析表

分析活动	目标（职务）贡献度排序	必要程度排序	所需时间排序	效益高低排序
与财务部经理讨论费用问题	1	1	6	1
与人事经理讨论招聘计划	3	2	10	4

（续表）

分析活动	目标（职务）贡献度排序	必要程度排序	所需时间排序	效益高低排序
打电话	6	3	8	5
汇报	5	4	9	7
给下属指示	7	5	7	8
准备汇报资料	8	6	3	6
撰写招聘计划	2	7	4	2
接待投诉	9	9	1	9
替下属修改销售报告	10	10	5	10
接待客户	4	8	2	3

时间管理启示

· 优先做高效益活动。

· 根据活动效益的高低安排工作顺序和时间，以保证高效益活动的进行。

· 你能说出你的前三项高效益活动吗？恐怕不一定。

· 应对你每年、每月、每周、每天的高效益活动有一个分析，以便心中有数。

· 高效益活动的衡量有三个指标。一项活动对于目标（职务）的贡献越大，你自己做的必要程度越大，花费时间越少，这项工作效益就越高。

盘点七：授权分析

授权分析表

目标：分析各项工作的授权程度，以便采取相适应的授权策略。

方法：可以运用授权分析表进行分析。

授权分析表

姓名：　　　　日期：　　年　　月　　日

授权 程度 工作事项	不应授权	可以授权	应该授权	必须授权	没有授权的 原因
件数					
比重					

在《授权分析表》的中间四列中填写"√"。

· 将工作事项的授权程度分四档，其标准如下：

不应授权　　　自己做

可以授权　　　自己可以不做，也可以做

应该授权　　　不应该自己做，但有时因某种原因无法让下属做

必须授权　　　无论如何自己不要做

肖经理的工作事项如下：

不应授权的　　　　销售计划的制订

　　　　　　　　　销售管理制度的制订和改善

　　　　　　　　　销售人员的考核、奖惩

　　　　　　　　　销售人员的在职培训

　　　　　　　　　总经理交办的工作

可以授权的	签订销售合同
	客户管理
	促销管理
应该授权的	应收款回收
	渠道管理
必须授权的	销售统计、核算
	销售文档管理
	产品储运

通过分析，重点搞清没有授权的原因，其次搞清授权中所出现的问题。

时间管理启示

• 可以由下属做的事情，一定要交给下属去做，这样你才能有更多的时间做自己的事情。

• 可以由下属做的事情，一定要交给下属去做，这样你才能有更多的时间做更重要的事情。

• 记住：大多数工作，下属绝对没有你做得好，并不等于下属永远没有你做得好。

• 授权刚刚开始时，会花费你较多的时间，但是，一旦下属能够胜任，你就会节省很多时间。管理者要通过别人完成工作，就必须将时间花在辅导（教练）下属上。

• 自己做应该由下属做的事情的原因常常是很可笑的。也就是说，你的时间花在替下属做事上，是十分可笑的。

盘点八：会见分析

会见分析表

目标：公司里有太多的会见和会谈。分析出会见中所浪费的时间，为提高会见效率提供依据。

方法：可以运用会见分析表进行分析。

会见分析表

姓名：　　　　　日期：　　年　　月　　日

会见分类	会见人	计划会见时间	实际会见时间	延误时间	原因分析
每日必须会见的人					
经常要见但并不是每日必见的人					
不定时但是必须经常会见的人					
会见不经常往来的人					
不速之客					

首先将你所有的会见分成五类：

第一类：每日必须会见的人。

第二类：经常要见但不是每日必见的人。

第三类：不定时但是必须经常会见的人。

第四类：会见不经常往来的人。

第五类：不速之客。

销售部肖经理会见分类：

每日必须会见的人：行政部助理（签到）、销售部秘书。

经常要见但并不是每日必见的人：下属各大区经理、销售部内辅助人员、营销总监。

不定时但是必须经常会见的人：公司营销副总、市场部经理、财务部经理、人力资源部经理、行政部经理、总办主任、生产厂厂长、大客户、大经销商。

会见不经常往来的人：中小客户、二级经销商、行业协会人员、其他部门的其他人员。

不速之客：什么人都有，主要是投诉的和亲朋好友。

延误时间分析

会见中时间的延误主要原因有以下几个方面：

原因一：会见前或会见开始时，没有约定会见用时。

这是会见中的最主要的问题。许多中层经理认为无法安排会见时间，其实，在五类会见中，几乎都可以安排会见用时。

当你的上司约你时，你也可以顺便问一句，需要多长时间。

与其他部门的经理、经销商等，只要是正式的会见都可以事先约定用时。

原因二：延误时间的最主要原因，是事先没有约定会见的具体目标。

市场部经理约销售部经理："下午4点半咱们花半小时商量一下华东区的促销问题，怎么样？"销售部经理同意了。

实际的情况是，这里只约定了会见的时间、用时、议题，但是没有事先界定两人会见时所要达到的目标，结果在会见时，讨论涉及范围可能会很大，结果半小时根本不够用。

如果改为："下午 4 点半咱们花半小时商量一下华东区的促销问题，就促销费用和促销活动如何在片区合理安排达成共识，怎么样？"销售部经理如果认为以前有过沟通，半小时没问题，就可以同意；如果有问题，可以说："我觉得半小时可能不够用，一小时吧！"加以确认。

原因三：对于会见的无故或故意拖延，缺乏足够的应对决心和方法。

可以参见本章单元四中关于会见管理的方法。

时间管理启示

• 不良的会见极其容易浪费时间，还冲击和打乱其他时间安排，所以，要坚决克服。

• 学会约定会见用时。

• 尽可能事先确认会见目标，以便较为准确地预估用时。

• 学会对付无故拖延的方法。

盘点九：会议分析

会议分析表

目标：分析会议的必要性及其浪费、拖延的原因，寻求相应的解决办法。

方法：可以运用会议分析表进行分析。

会议分析表

姓名：　　　　　日期：　　年　　月　　日

日期	会议名目	会议倡议	计划用时	实际用时	原因分析	会议必要性评估			
						必须的	目的明确的	目的不明确的	可不开的

首先，分析会前准备情况：

——有无会议计划、目标、议程，用时安排？

——时间和地点是否恰当？

——参加人是否适当和必须？

其次，分析会议过程：

——是否准时开会？为什么？

——是否跑题？

——是否按计划进行？

——秩序是否正常？

——是否有人中途出去？

——是否按时结束？

会后分析：

——会议纪要有没有？发给与会者没有？

——会议决议的执行情况

——会议必要性评估

以上三步分析，主要用于对浪费时间严重的马拉松会议或严重无效会议的详细分析。一般情况下，按照《会议分析表》中的项目分析即可。

时间管理启示

· 根据统计，中层经理用于会议的时间约占工作时间的 20%，利用好这 20% 的时间，是时间管理的重要环节。

· 中层经理自行主持召开的会议主要有"部门例会""业务总结会""专题讨论会"等。对于自己可以决定是否召开的会议，一定要事先评估开会的必要性。

· 事先准确通知参会人员，即使是部门里只有几个人或十几个人。最好养成以简明的书面形式通知大家会议计划的习惯，而不要简单一句"下午开会"就把大家召集起来。

· 严格会议纪律。

· 参加别人召集的会议，可请求召集人确认会议规则，以免浪费时间。

盘点十：公出分析

公出分析表

目标： 对于公出的必要性和用时情况进行分析，从中寻求节省时间的措施。

方法： 可以运用公出分析表进行分析。

公出分析表

姓名：　　　　日期：　　年　　月　　日

日期	事由	公出必要性评估				计划用时	实际用时	原因分析
		必须亲自出面	可去可不去	可顺便前往	不必去			

分析公出的必要性

公出的必要性等级分为四级：

必须亲自出面　　　　　谈判、签订协议。

可去可不去　　　　　　协同拜访、各种行业座谈会。

可顺便前往　　　　　　致谢、看望。

可用电话或其他方法　　合作的设想，提出建议（不必外出）。

分析用时情况

公出的用时集中在三个环节：

环节一：途中。由于途中交通的不可预见性，为了履约而不得不设法提前到达；交通中用时；等待的时间；外出准备时间。

环节二：拜访用时。

环节三：拜访后剩余时间。

在这三个环节中，浪费时间的顺序是，拜访后剩余时间 > 途中时间 > 拜访时间。

研究发现：

——拜访后的时间最容易被浪费掉。

肖经理拜访完客户后已经下午 4 点了，于是他顺便看望了一位老同学。

——拜访本身浪费的时间很少，可以忽略不计。

——由于途中时间的不可预见性，可以被控制和利用的只有外出准备时间。

时间管理启示

• 外出频繁的中层经理，应进行公出必要性评估，以便压缩公出时间。

• 公出中最浪费时间的环节是拜访后。

• 减少拜访后时间浪费的方法有：

方法一：合理安排拜访线路。

在国际上一些成功企业中，外出频繁的中层经理均被要求科学、合理地安排拜访线路。

方法二：合理安排拜访时间。

如上午 8 点半、10 点，下午 1 点半、4 点。

方法三：剩余的时间回公司。

凡是有充足的剩余时间，如还有一个半小时工作时间，40 分钟就可以回到公司，应坚持回公司，养成良好的习惯，充分利用时间。特别重要的是，你一个月只会碰到一两次在剩余时间赶回公司的情况，看起来节省不了多少时间，但是养成的严谨工作作风可以极大地影响你的下属和部门。

如果你从外地出差回来，中午下火车（飞机），是回家还是回公司？你的答案一定是，回公司。

• 公出准备。

公出准备清单

了解	携带
——此行的目标	
——对方的特点	——公司资料
——可能的障碍	——产品样品
——如何达成共识	——计划书、报告书
——电话簿	——地图
——客户反馈材料	

盘点十一：干扰因素分析

干扰因素分析表

目标：分析都是哪些因素干扰了正常的时间安排，以便寻求治理的措施。

方法：可以运用干扰因素分析表进行分析。

干扰因素分析表

姓名：　　　　　日期：　年　月　日

干扰因素＼分析	干扰者	排序	后果	对策
缺乏自律				
文件杂陈				
拖延				
不会说不				
职责混淆				
突然约见				
当下想干的事太多				
经常救火				
条理不清				

计划不周				
无效会议				
不速之客				
电话干扰				

第一步：列出干扰因素。

干扰因素很多，可以分为两大类：一类是突发性干扰，一类是拖延性干扰。

干扰因素列表

突发性干扰	拖延性干扰
不速之客 电话干扰 突然约见 经常救火	缺乏自律 文件杂陈（用时找不到） 工作拖延 不会说不 想干的事太多 条理不清 计划不周 无效会议

第二步：对干扰因素排序。

通过对干扰因素的排序，每次找出排在前三位的干扰因素加以克服。甚至，可以找出排在第一位的干扰因素加以克服。每次不要多，但求找出干扰最大的因素，坚决克服掉。

第三步：对突发性干扰的分析。

突发性干扰是影响中层经理工作时间的最大障碍。由于中层经理角色的特殊性，会遇到上、下、左、右全方位的干扰。研究表明，干扰者顺序为：

大 　下属　上司　同事　客户　朋友　自己　 小
———————————————————————————→
突发性干扰

第四步：罗列出干扰带来的后果。

第五步：寻求对策。

寻求前三位干扰因素的对策，其他则可以缓一步。

时间管理启示

• 通过对干扰性因素排序，找出最需要克服的因素。

• 在拖延性干扰中，最需要而且最能够克服并且容易产生良好结果的是克服"缺乏自律"。因为在拖延性干扰中，许多因素你可能无法把握，但是，你应当可以把握你自己。

• 在突发性干扰中，最需要克服的是"突然约见"。

• 都是谁干扰了你的时间安排，偷走了你的时间？不同的人、不同的行业、不同的企业，可能会有不同的顺序。你一定要清楚，谁对你的干扰最大，是下属、上司、同事、客户、朋友，还是你自己？

单元三

时间管理的原则

　　时间在使用过程中，确实存在着一些不可抗拒的原则，我们如果了解并遵循这些原则，就会使时间很好地为我们所用；如果不知道、不遵循时间管理的原则，就会盲目地将时间浪费掉。你是否问过自己：你的时间是否缺乏详细和有效的计划？坏的时间使用习惯是否左右着你？你的工作是否有轻重和优先次序？如果没有，基本原因就是你没有遵循时间管理的原则。时间管理具有以下五个原则，它们是：

原则一：80/20 原则

　　80/20 原则是，假如工作项目是以某价值序列排定的，则 80% 的价值来自 20% 的项目，剩下 20% 的价值则来自 80% 的项目。当然有时可能会稍微多一些，有时也可能会少一些，但是，如果你认真去实践这个原则，你会发现这个原则是正确的。

仔细观察，我们经常遇到以下一些现象：

· 80% 的销售量来自 20% 的客户；

· 80% 的看电视时间用来收看 20% 的你最喜欢的电视节目；

· 80% 的阅读时间用在 20% 的报刊和杂志上；

· 80% 的电话是由 20% 的外人打进来的；

· 80% 的外餐是在 20% 你最喜欢的餐馆中进行的；

· 80% 的请假是 20% 的员工请的；

· 80% 的宴会重复 20% 的食谱。

你一天的工作有 15 件事要完成，依据 80/20 原则，其中只有三件事是需要你集中 80% 的精力和时间完成的，这样你就可以取得 80% 的价值，也就是最大的价值。所以你要认真地挑选价值为 80% 的 3 件事，然后去做。而其他的 12 件事可以慢慢去做，或没有时间就不做，因为这 12 件事所取得的价值，远远低于你所挑选出的 3 件事的价值。

从你的工作或生活中，挑选一些十分重要的项目，你就会专心致志地去完成这些高价值的工作或项目，从而感到愉快。这时你也会十分乐意地去忽略其他较低价值的工作或项目。

既然存在着这样一个原则，作为中层经理的你也一定希望把自己的时间用在更有意义的事情上。如果你想得到更多的时间并想做有效利用时间的人，你就应该牢记和活用 80/20 原则。

如何运用这一原则

步骤一：首先将你每天的工作全部列出。

步骤二：对工作进行如下分类——

按 80/20 原则对工作进行分类

价值 80% 的工作	价值 20% 的工作
事项一 事项二 事项三	事项四 事项五 事项六 事项七 ……

步骤三：时间和精力分配。

按 80/20 原则对时间和精力进行分配

价值 80% 的工作分配	价值 20% 的工作分配
事项一：需 2 小时集中精力 事项二：需 1 小时不受干扰 事项三：需 2 小时高效时间	事项四：可往后推 事项五：没时间就不做 事项六：可委托下属 事项七：……

请依据 80/20 原则安排肖经理一天的时间：

• 例会；

• 审阅文件、资料；

• 辅导下属；

• 与财务经理讨论费用预算问题；

• 会见客户；

• 准备工作总结；

• 向营销总监汇报工作；

• 与人事经理谈奖金问题；

• 准备招聘计划；

• 处理应急事项；

- 接听电话并处理；

- 老总召见；

- 聊天等沟通关系。

步骤一：工作分类。

按 80/20 原则对工作进行分类

价值 80% 的工作分配	价值 20% 的工作分配
审阅文件 准备工作总结并汇报 撰写计划、预算费用报告 处理重要紧急事项	例会 辅导下属 部门会议 会见客户 谈奖金问题 接听和打出电话 聊天等

步骤二：时间和精力分配

按 80/20 原则对时间和精力进行分配

价值 80% 的工作分配	价值 20% 的工作分配
文件审阅 30 分钟 9：00—11：00 准备预算报告 11：00—12：00 准备工作总结 留出 1 小时左右处理紧急事项	例会无必要可取消 辅导下属可在下午短时间处理 客户不重要让下属会见 让助理过滤电话等 奖金推到某一个时间或让人事部门确定 让下属提供资料

一些常见的误区

在实际中，如果你不遵循这个原则，你就会走入一些常见的误区：

- 面面俱到——都想做好；

- 完全主义——都想做完；

- 平均分配时间和精力。

你会认为所有的电话都是重要的，平等对待销售量不同的客户，等等。而按照 80/20 原则，你就会有目的地去分配时间，进行分类，找寻最佳点。下面是按照一般做法和按照 80/20 原则处理不同事务的结果：

不同做法的不同结果

一般做法	按照 80 / 20 原则
接听所有的电话 会见所有的客户 阅读所有的文件 接受所有下属的建议 出席所有的会议 每天要做完所有的工作 结果：忙碌	由秘书过滤接听电话只处理重要电话 只会见占销售量 80% 的 20% 的客户 只批阅占 80% 信息量的 20% 的文件 听取 20% 下属 80% 的建议 出席起 80% 作用的 20% 的会议 先做完 20% 重要性是 80% 的工作 结果：充裕

原则二：目标 ABC 原则

将工作目标分类

目标 ABC 原则就是在最有价值的那些项目旁边，标上大写的 A 字，在稍低价值的项目旁边标上大写的 B 字，在价值最低的项目旁边标上 C 字。你这样做时，尽管好像是在猜测和估计，但是当你把这些目标项目进行比较后，就可以更清楚地认识表上每一项重点的选择，从而减少工作的盲目性。标 A 的项目是最有价值的，因此要尽量优先去做。把标有 B、C 的项目留到后面去做，还要根据时间把 A 项分列出 "A-1" "A-2" 等。

简单地说，目标A、B、C原则就是首先要将工作目标分成三类：

A：必须做的。

B：应该做的。

C：不值得做。

如何使用此原则呢

一位销售部经理的工作范围是十分广泛的，他要负责筹划一种产品或一类产品的市场销售计划，他要确立销售目标、做预算计划、策划广告和实地销售等。

在一个特定时段，他的主要工作可能是负责筹划一种产品的市场销售，他要确立销售目标、销售预算、制订广告计划、实施销售和促销活动。在刚开始时，他的工作的A项就是确立销售目标及做预算规划，其他工作必须围绕销售目标和预算规划并以此为重。如另一项产品的销售已走向成熟则交由下属完成。一些指导性工作可列为B项；一些不必要的会议、会见客户、解决纠纷、辅导下属等则是C项。后期的A项工作就是制订广告计划，要围绕如何选择广告代理商、广告费用预算等，他要负责广告计划的制订、选择代理商的条件、广告费用的限额，其他工作诸如广告的具体撰写，广告代理商的资格审查、鉴别，广告费用的具体支出等，则属于B项或C项。

上述销售部经理的一天中的工作：

```
┌─────────────────────────────────┐
│ A=准备资料向营销总监汇报          │
│   撰写招聘计划                    │
│   讨论和计划费用预算              │
└─────────────────────────────────┘

┌──────────────────────────┐  ┌─────────────────────────────────┐
│ B=核定文件和资料          │  │ C=不必要的部门会议                │
│   处理紧急事项（替总监开会、│  │   会见不重要的客户                │
│   解决顾客投诉）          │  │   替下属改稿、下属请示、解决困难等│
│   少量地辅导下属          │  │   与人事部的奖金问题讨论          │
│                          │  │   聊天                            │
│                          │  │   ……                             │
└──────────────────────────┘  └─────────────────────────────────┘
```

• A、B、C 的优先次序一般是通过比较确定的，A 项与 B、C 项对照以后，其重要性就会逐步显露出来，你确定的 A 项就是重中之重。

• 计划中 A、B、C 的优先次序是可以改变的，今天看来重要的事项明天可能就变得不那么重要；反过来也是一样，今天不那么重要的事项明天就很可能变成重要的事项了。

• 中层经理的计划中尽管已经列出了 A、B、C 项，但还要根据不断变化的实际情况加以调整和修正，以便把时间真正用在处理最重要的事项上。

• 在实际中有可能出现这种情况：在计划中属于 C 项，用两个小时的时间去完成它就可以取得上司和同事的满意，但为了把这项工作做得更好、更出色，为了加深上司和同事对你的认识和了解，你可能花费 4 个小时的时间去完成它，使这项工作就上升到了 B 项。依此，B 项工作也有可能上升为 A 项工作。

• 设定一项工作究竟是 A 项，还是 B、C 项，要根据你在这件事项中所花费时间的多少对你的工作、职位等带来影响的大小来具体确定。

原则三：四象限工作法

在中层经理的实际工作中，许多工作都可以从两个方面加以分析。

• 第一个方面：紧急程度。

有些工作是需要特别紧急处理的，因此优先次序的原则就是紧急在前；有些事不太紧急或不紧急，可以往后缓一缓、推一推，因此就是不紧急在后。

某销售经理某天工作紧急程度划分

紧急	不紧急
紧急处理客户投诉 意外事故的紧急排除 客户拜访 确定明天的广告 接待质检人员	工作总结 修改工作流程 处理同事的一些误解 辅导下属工作 安排下一步工作 与同级部门间的协调 销售政策的修改

工作中的各类事项确实存在着紧急程度之分，紧急之事要求马上就做，刻不容缓，不紧急之事可以往后推一推，另找时间安排去做。

第二个方面：重要程度。

工作也可以按照重要程度来划分，对于重要的工作要花费较多的时间和精力去做，对于不太重要或不重要的工作只花费很少时间去做或不必去做。显然，优先顺序原则就是重要的在前，不重要的在后。

销售部经理某天工作的重要程度划分

重要工作	不重要工作
销售费用预算计划	一些文件和资料的查询
部门招聘计划制订	文件归档
重要客户拜访	应付无关人员
工作报告总结	领用物品
下达指示	差旅费报销

因此，在工作中要集中精力和时间将重要工作做好，不太重要或根本就无重要性可言的工作可委托他人去做或不做。

所有的工作都既有紧急程度的不同，也有重要程度的不同。根据这两个维度，我们可以将工作分解到四个象限里。

第一类：紧急、重要的工作（位于第一象限）

第二类：不紧急、重要的工作（位于第二象限）

第三类：紧急、不重要的工作（位于第三象限）

第四类：不紧急、不重要的工作（位于第四象限）

	紧急 ⟶ 不紧急	
重要	第一象限 紧急 重要	第二象限 不紧急 重要
不重要	第三象限 紧急 不重要	第四象限 不紧急 不重要

第一象限：既紧急又重要的事项

例如销售部经理要处理的客户投诉。说紧急是指必须马上就要做的事项，说重要是指对公司、部门或者个人有重大影响的事项。

这时需要中层经理临危不乱，根据自己的工作经验和知识技能来处理顾客的投诉，不使事情扩大化，又要使顾客对你的解释或处理结果能够接受和满意。但是，如果接到的顾客投诉增多，经理每天都要处理类似这样的事件，则要考虑产品是否出了问题，销售人员的销售工作态度或服务水平是否降低，从而影响了顾客的利益等，要深入思考造成这类问题的原因。

第二象限：重要但是不紧急的事项

例如销售经理对下属员工制定奖金提成及发放政策、新招收的销售人员的销售技巧培训等，都是非常重要的，但是可以拖延一定的时间。然而一旦这些重要的事项没有在限定的时间内完成，等到要上交或实施时才着急去做，则这一象限的事项就变成了第一象限的工作了，变得既重要又紧急。一般情况下，重要的事项都是可以在一定的时间内完成的，一般有较充足的时间安排，能处理得很好。但是在事务处理过程中，中层经理由于每天都忙于琐碎的事务，经常把重要的事项搁置起来或认为反正还有的是时间，结果是做了次要的事，而将重要的事项一直推到最后一刻，不仅时间上非常仓促，工作质量和效果也不能令人满意。

第三象限：紧急但不重要的事项

销售经理为下属解决客户投诉问题、上司找你了解工作等，是紧急的事项；下属不停地请示工作，让你做决定，不断地"救火"、危机处理使你将自己绑在了每日的紧急事项上；电话、会议、来访等基本上也属于这一象限。由于中层经理没有计划时间，没有安排优先次序，所以经常把一些紧急的事项也当成了重要的事项来处理，颠倒了主次。

紧急 ──────────────→ 不紧急	
第一象限： 紧急状况 迫切问题 限期完成的会议或工作	**第二象限：** 准备工作 预防措施，价值观的澄清 计划 人际关系的建立 真正的再创造能力 增进自己的能力
第三象限： 造成干扰的访问、电话 信件、报告 某些会议 许多迫在眉睫的急事 符合别人期望的事	**第四象限：** 忙碌琐碎的事 处理文件等函件 电话 浪费性时间 逃避性活动

（左侧纵轴：重要 ↓ 不重要）

第四象限：不紧急和不重要的事项

既不紧急也不重要，那就不去做好了。

那么，什么是第二象限工作法呢？

• 合理地将自己的工作按紧急和重要程度划分到不同的象限中；

• 先做或者将大部分时间和精力用于做属于第二象限的工作；

• 许多第一象限的工作，实际上也是由于没有按照第二象限工作法去做而产生的，注意避免；

• 不要被第三象限中一些工作的假象所迷惑，它没有你想象的那么重要；

• 根据第二象限的工作制订计划；

• 80% 的时间做第二象限的工作，20% 的时间做其他象限的工作。

根据第二象限工作法的原则，职业经理在安排工作、完成任务时，一定要遵从重要性优先的原则，合理地将自己的工作和事项划分到不同的象限中。先完成重要而不紧急的事项，即属于第二象限的工作。不要把重要的事项都推到第一象限，也不要整天集中精力在第三象限的事务上，去做一些看上去非常紧急却不那么重要的事项，更不要无所事事地浪费时间和生命，养成躲避或逃避性的习惯。要做好第一象限的工作，但不要太多，尽可能把紧急事项与重要事项区分开来，留出一定时间处理紧急事项，而不是陷在紧急的事务中。注意区分第一、第三象限，确实紧急且重要还是只是紧急并不重要，不要被紧急的假象迷惑住。

因此，我们所说的优先次序原则，就是要让你从此出发，规划和排列出工作事项的优先次序，并严格按照已经排列的顺序进行工作。

销售部门的中层经理每天要处理许多事项，诸如每日要直接汇报老总交代的工作、部门内部要完成的职责和任务、个人要提交的分析报告——销售量的分析、销售费用的报告、例行的工作事务、市场调查、产品销售情况、顾客反馈等。

依据工作的重要性与公司部门及个人发展的相关性等排列出一定的顺序，首先处理排在前面的即重要的事项。肖经理可能某一天要与财务经理商讨有关销售费用的提成问题，因为下属和上司在等待着结果的颁布，这一事项就有可能是最需要优先解决的。肖经理某一天必须修改并上交给总经理市场调研报告，因为这一报告直接影响和关系到某一产品的设计、生产和销售等问题。这一报告经过几次修改上司都不太满意，肖经理今天必须抽出半天来亲自完成它，还一定要做得出色才行。因此肖经理当天就要优先做这一项工作。而其他一些例行性的工作事项，或者下属能够完成的一些报告、事务性工作等，可以交由下属完成，或者放在次要的时间和次要的位置上去处理和完成。

在肖经理的一天中，他的工作是按照流程进行的。主要有看报告、接电话、辅导下属工作、与财务经理谈销售费用的预算、审阅下属的市场调研报告、与行政部门经理闲聊、向营销总监汇报工作、帮助下属解决困难、与人事经理谈某下属的奖金问题、接顾客投诉电话并进行处理、老总找去谈话、解决下属问题、撰写招聘计划、准备销售人员的财务预算报告等。

我们先来看一看处于第一象限的紧急事项：这一天的紧急事项是预算费用的报告要马上就交、向营销总监汇报工作。肖经理在这一天应集中时间和精力准备费用预算报告和汇报材料，由于这两项工作有时间限制，必须今日完成。其实费用预算应该一周前就报告财务总监，让他准备了，可是由于肖经理没有工作的优先次序安排，推迟到今天才做，使其成为紧急和重要的事项；而向营销总监汇报工作是一项定期的工作，肖经理也是因为没有引起足够的重视而准备不充分。

第二象限中的撰写招聘计划，这是肖经理的重要工作，但还不是特别紧急，可以稍微往后推一下，但不能使之成为紧急事项。可以在一周时间内集中时间和精力起草招聘计划、拟定招聘原则、给予下属必要的工作辅导。

按照四象限原理，肖经理的这些工作事项应为：

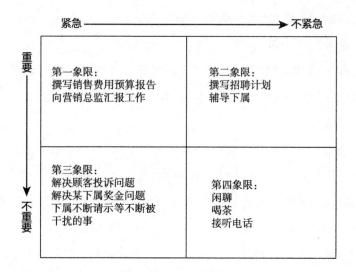

第三象限是一些不重要而看似紧急的事项。由于肖经理没有把这些事项授权出去或习惯于做些事务性的工作，所以下属或同事的一些事就都推在了肖经理的身上，导致他经常救火或者被干扰等。据统计，这部分时间是 3 个小时左右。

第四象限则是肖经理自己散漫和逃避的活动，或一些琐碎、无关的事项。这部分的时间浪费是大约 1 个小时。

原则四：计划原则

所谓计划，就是事先对时间进行全面规划，以提高时间的利用效能，充当时间的主人。制订计划的目的就是帮助自己获得清楚的想法，以便获得清晰的行动。

简单地说，计划原则就是：

• 必须事先对工作做出计划；

• 必须按照计划去执行、去实施；

· 必须留出处理不可预计事务的时间。

必须制订计划

计划按照时间和内容可以分为日计划、周计划、月计划、季度计划、年度计划、专项计划等。时间管理的重点是日计划、周计划、月计划。

不管是日计划、周计划，还是月计划等，都要落实在纸上。不要一次做的计划太多，也不要想得太多，要充分考虑到一些无法预知的情况，要考虑所花费的时间。计划的目标不要太过笼统，否则你的计划就有可能变成无效的工具、失望的来源。适当的计划是实施和完成的基础。适当的计划应该是什么样的呢？我们主要对待办单、日计划、周计划、月计划进行分析。

必须执行计划

坚持执行计划是时间管理的共同原则，如果不去坚持执行计划，什么样的时间管理的原则和方法都是没有用的。

原则五：养成习惯

人们不会认为习惯也会成为一种原则，但在时间的原则中，它确实也是一种存在形式，即：

· 你要知道什么是好的时间管理习惯；

· 对于职业经理来说，坏习惯是可以改变并且是必须要改变的；

· 好的习惯是可以养成并且是必须要形成的；

· 时间管理是一种可以改变的习惯，不良的习惯是无意中形成的，良好的习惯可以在有意中形成。

不良习惯

• 工作效率低，办事拖拉；

• 时间观念差，工作时磨磨蹭蹭；

• 工作时眉毛胡子一把抓，经常找不到主次；

• 经常被电话、不速之客干扰，任由发展，不会说不，喜欢推迟和延误工作；

• 上班时间不紧凑，晚上加班干；

• 什么事情都愿意管，认为自己很忙才好；

• 愿意下属多请示、多汇报，认为这样自己才有权威；

• 没有目标，没有计划，人云亦云；

• 零碎时间都被随意打发掉，不会利用零碎时间；

• 没有时间安排表，由别人来安排；

• 不会休息，不会娱乐，没有空闲。

如果你有上述坏习惯，你就要消除这些自设的障碍，修正自己的习惯、性格乃至某些习以为常的观念，痛下决心加以改正，彻底根治浪费时间和精力的不良习惯。你应按照前面的原则做下去，逐渐养成以下一些工作习惯和时间管理的习惯。

一些好习惯

• 你每天要花 30 分钟做计划；

• 你要有书面的待办单、日计划、周计划和月计划；

• 你的下属都了解你的工作习惯和时间习惯；

• 你每周都将你的工作排出优先次序；

• 你能在高效的时间里做完你的重要工作；

- 你的授权形成了一种工作风格和管理方式；
- 你已养成对付干扰的工作作风；
- 你有明确的生活和工作目标；
- 你保证一天内有一段时间不受干扰；
- 你会有效利用零星时间；
- 有得力的秘书或充分利用电脑等现代办公设备；
- 文件柜或办公桌整洁、条理清楚；
- 在固定的时间里处理往来的函件；
- 尽量将无用的文件处理掉；
- 能使每件工作善始善终，避免头绪多而乱；
- 除非万不得已才召开会议；
- 常年使用工作效率手册；
- 只有养成习惯，时间管理才能有效。

单元四

时间管理的三个方法

时间的杀手

杀手一：电话干扰

电话干扰是时间管理的最大杀手之一，特别是现在互联网发达，微信、QQ 等软件让即时通信变得十分便捷，职业经理的时间更是被办公桌上的电话或者自己的手机搅得七零八落，几乎没有一整块属于自己的可支配的时间。

杀手二：不速之客

这里所说的不速之客，包括其他公司或单位到公司来访，但没有事先约定的人员；但主要是指没有约定，却随时可能推门而入或用电话找你的下属、其他部门的经理，甚至你的上司。通常你会来者不拒，因此导致你没有自己的时间。另几种情况是：有些人实行开门办公，养成随时访谈的习惯；有些人不喜欢拒绝；有些人缺乏授权，不相信下属而要求他们多汇报等。

杀手三：无效会议

很多公司的会议开得很糟糕，会议开成了惯例，却不制订计划及预期效果，经常没有任何目的地开会。开会的时间、地点等没有很好的安排，对会议时间没有控制，人员缺乏组织纪律，三三两两进场，相关人员不到场，到场的又不是相关人员，讨论偏离主题，干扰不断，等等，从而导致会议无效或经常开成马拉松会议，浪费了时间。

杀手四：没有计划

很多经理人工作没有很强的计划性，主要表现在日计划、周计划、月计划上。很多经理人有年度计划、季度计划甚至月计划，但是却不善于每天制订书面的日计划和周计划，结果每天或每周的工作跟着感觉走，每天下班回到家后，想不起来自己一天都做了什么。

杀手五：条理不清

有不少经理人从不整理和思考自己的思路，没有认识到条理的重要性，缺乏明确、有条理的思路。由于工作时间、工作内容没有条理，更不知道如何安排时间，没有条理性的时间计划，每天都在瞎忙。有很多经理人善于行动，不愿意思考和整理工作，结果导致盲目地行动；也有很多经理人害怕承担责任和义务，不愿意将工作细分和条理化，导致工作缺乏具体说明和优先次序；还有一些经理人认为每一件工作都很重要，都应该做，结果"眉毛胡子一把抓"。

杀手六：经常救火

有很多职业经理整天忙于"救火"，救上级的火，救其他部门的火，救本部门的火，救自己的火。你忙于救火，表面看起来好

像是其他人的原因所致，比如下属的事情、下属报喜不报忧、下属
对工作不负责、下属提供的信息不准确等导致工作出现错误和无法
挽回的损失等，你要去"救火"；其他部门没有准备、不配合等而
导致你经常充当"救火员"的角色；上级经常改变想法和决策，使
你措手不及，每天不得不去"救火"。但如果你经常遇到一些"救
火"的事情，说明你自身也有很多问题，你的下属出现这些问题与
你也有关系，其他部门出现这些问题也和你有关系，甚至你的上司
突然出现想法的改变等都和你有关系，比如上司变来变去的想法可
能是由你没有及时向上司提供信息和进行相关沟通引起的。

杀手七：无效授权或不授权

有很多经理人老认为下属不可靠，对下属缺乏信心，所以很
多事情不得不自己来做；很多经理人习惯将自己陷入细节和琐事当
中，每天忙于事务性的工作和合理性的工作，没有对下属授权，导
致下属有职无权；有些经理人害怕下属超过自己，害怕自己丧失对
下属的控制权，害怕自己的权力转移和消失，所以没有去进行授
权；还有的经理人认为只有自己才能做好，况且上级要求得很严、
很急，如果下属做不好，做砸了，自己还要承担责任，与其让下属
做，还不如干脆让自己做来得快、来得好；有些经理人虽然看起来
授权了，但是没有采取控制、跟踪、反馈等措施，导致授权后出现
风险和混乱；有的经理人授权后又对下属的工作控制过度，只注重
细节，不断地过问，使得下属无法开展工作；还有一些经理人想授
权，但不具备相应的资源和条件，自己部门与其他部门相脱节，还
需要自己协调，结果导致授权无效。这些方面都会影响到经理人的
时间管理。

杀手八：想干的事太多

有很多经理人每天想干的事很多，每天都给自己安排很多事情，但从不计划，认为自己能干。他们经常愿意替上级干不属于自己的事情，让上级感觉自己能干，能承担上级的各种事务。他们认为下属什么都不行，只有自己才能做好，不放手，什么事情都紧紧把着，感觉替下属做是必须的。别人求他们帮忙，他们不愿意说"不"，以免得罪同事，以显示自己的权威和威信。他们总愿意表现得非常繁忙，以显示自己的重要性。他们从不制订计划和行动的优先次序，对于部门内部员工人员严重不足、下属能力欠缺和上司加压太多、太大等方面的事情，他们也不在意，所以导致自己每天这也想干那也想干，又不知道先干什么后干什么，结果每天"眉毛胡子一把抓"，反而该干的事可能没有干，不该干的事干了一大堆。

杀手九：无效沟通

有些职业经理由于沟通能力差和沟通方法不够得当，导致缺乏很好的沟通，从而经常跟其他部门或人发生摩擦和误解。一些工作上的问题，又由于没有时间去沟通，导致出现沟通障碍后，不得不花很多时间去解决这些障碍，反而又花了更多的时间。

杀手十：拖延

有些职业经理有非常不好的习惯，喜欢拖延，什么工作能拖就拖，即使是特别重要的工作，比如做预算，制订计划、规划、管理制度等这些重要的事情，也一拖再拖直到截止日期到了，不得不交了，才去办。严重的，会在整个部门、整个公司形成做事拖拖拉拉的作风。

杀手十一：职责不明确

有不少情况是由于职责不明确而引起的时间浪费。有时候经理人区分不清楚自己的职责，经常替下属做不属于自己职责的事或替上级承担不属于自己的工作，自己的工作缺乏工作说明和职位说明书，工作起来没有职责标准，经常和其他部门工作重复，相互扯皮；不同部门的职责不清，上级下达命令含糊不清，信息传达不畅通，职责混乱，职责随命令改变，等等，没有一致性；公司或部门机制造成的人浮于事，没有竞争，这些都会引起时间的浪费。

杀手十二：不会说"不"

有不少经理人不喜欢、不愿意、不敢对人说"不"。对于别人提出的不合理的，可能会影响到自己正在做的很重要的工作的要求，也往往不懂得说"不"。他们很想做一个人人都喜欢的角色，不会拒绝不合理的要求。有很多经理人愿意做没有原则的"老好人"，助长了别人求自己办事的习惯。而有些经理人找不到合理的借口拒绝别人。另外，由于自己做事没有优先次序，从而产生先替别人工作的行为。还有时候，整个部门或公司已形成这样的惯例，有少数人就是非常能干的，他们不能拒绝。还有，你的上司给你加压，你不能拒绝。

杀手十三：工作搁置

有很多经理人的工作往往被其他原因打断，被搁置后，由于没有及时解决和完成，从而引起连锁反应，影响到其他工作。这种工作被搁置的现象是由于工作没有目标，没有计划，造成"眉毛胡子一把抓"。还有一些原因是，没有把时间控制好，总有完成不了的事情压在头上，没有喘气的机会；经常处理紧急事件，忙于危机，负担过重，想干的事情太多，结果是干了这个忘记那个；由于缺乏自制力、惰性、拖延、不敢授权下属等，将工作搁置；经常推迟自己不喜欢、不合意的工作，没有躲避干扰的计划。

杀手十四：个人混乱，缺乏个人管理

有不少经理人缺乏个人管理，办公桌上的文件一大堆，经常丢三落四，甚至有些经理人认为办公桌上东西的多而乱，就是自己重要或不可缺少的象征，认为这才是工作。也有些经理人因为没有工作日志，害怕自己忘记一些事情，所以把文件、工作都摆在手头上，结果却造成个人管理的混乱，从而影响到了时间。

在以上职业经理浪费或耽误时间的现象当中，对于中国企业的职业经理来说，其中最为严重、最容易出现的问题是：

第一，不做日计划或不执行日计划。日计划是职业经理工作的必备的步骤和必须做的一个工作，如果一个经理人连日计划都不会做或者不做，或者没有书面去做，那么实际上就谈不到时间管理。

第二，时间掌握在别人手里。很多职业经理一谈到时间管理，往往说时间不掌握在自己手里，掌握在上下左右、客户、供应商手里。如果对这种现象没有予以有效地解决，那么时间管理也就是一句空话。

第三，会议管理。会议是我们很多经理人要花很多时间来参加或主持的一项工作。有一项统计表明，中国企业的经理人在会议方面要花费将近1/3的时间，也就是说，如果不能有效地利用会议或者加强会议的时间管理，那么将近1/3的时间就被浪费掉了。

第四，经理人感觉到忙就是好，不忙反而心里发慌。

以上四点就是中国企业的职业经理经常出现的问题。针对以上四个问题，介绍以下时间管理的三大方法。

时间管理方法一：日计划

日计划的原则

原则一：必须每日做日计划

做日计划是职业经理每日必做的工作。经理人要养成这种良好的工作习惯：每天早晨一上班，马上把当天的计划做出来，再开始其他的工作。如果不做这个工作，就谈不上时间管理。所以，做日计划是职业经理的基本功。

原则二：必须执行日计划

当日计划制订了之后，就必须坚决地去执行，如果只制订不执行，那么这样的日计划最后也起不到应有的价值和作用。在执行日计划时，经理人经常会说："日计划每天都做，但是由于各种事情的打扰，我不得不将手头的事情放下来，不得不破坏日计划，去做很多别的事情。"如果有这种情况，那就应该：

第一，检查你的日计划做得是否合理。如果日计划做得合理，那实际上日计划被干扰、被修改的可能性就比较小。

第二，问自己对于干扰每日日计划执行最主要的因素，是否做过充分的分析，是否想过怎样克服和解决。总之，要想尽一切办法来保证你的日计划能够被有效地执行。

原则三：必须书面表达

书面表达是日计划的重要原则，如果每日的计划只装在脑袋中，很可能会转瞬即逝，计划就泡汤了。书写成文的日计划意味着减少人脑的记忆量，用白纸黑字定出的日计划，还具有一种心里激励的效应，促使你刻板地去完成每日的工作目标。另外，日计划的书面表达使你再也不会因为任务繁杂而心神不宁。最后，通过检查每日的结果使你不会忽视未完成的事情。

原则四：每天花 15 分钟

你每天不必为日计划花费很多的时间，最多花 15 分钟就可以了，也就是你每天上班后用 15 钟的时间将你一天的时间进行有效的规划，再按照规划的去做就可以了。

总而言之，日计划有改进个人工作技巧的作用。知道自己在当天要达到什么目标，你就会把工作安排得更加合理，排除来自个人及外界的各种干扰，如不必要的电话交谈、不必要的拜访等，专注于你每天的目标。为了这个目标，你会进一步考虑每一次的会见是否必要，某一个工作是否有必要做，对别人提供的帮助是否有必要去感谢，甚至有些电话是否有必要去打，等等。总之，你一天的所有工作都围绕你所要达到的目标来展开，而不是漫无边际地去做很多事情，却不问自己最后的结果是什么，达到的目标是什么。

实际上，日计划应包括你在某日内必须做而且能够解决的事情。一旦确定了目标，只要你愿意为目标付出体力和精力，那么你的时间管理就会越来越有效。

日计划的五个步骤

第一步：列出工作任务

在每日日计划表格相应栏目中填上第二天或当天想要完成的工作任务，这些工作任务包括：

· 周计划、月计划所列出的工作任务；

· 前一日未完成的工作任务；

·新考虑到的工作任务；

·其他的工作任务。

肖经理一天的工作任务有：

·部门例会；

·与财务部经理讨论费用问题；

·与人事经理协商招聘计划中的几个问题；

·给外地办事处以及客户打几个电话；

·准备向销售总监汇报的材料；

·撰写招聘计划；

·替营销总监去开会。

第二步：估计工作需要的时间

在每个工作任务后面，记下估计需要完成的时间，通过累计算出总时间。

任务时间表

任务	所用时间
部门例会	
与财务部经理讨论费用问题	
与人事经理协商招聘计划中的几个问题	
给外地办事处以及客户打几个电话	
准备向销售总监汇报的材料	
撰写招聘计划	
替营销总监去开会	

预估时间可能要注意这几个问题：

第一，准确预估时间可能很难办到。确实如此，但是对具有多年工作经验的经理人来讲，相当一部分工作你是可以预估时间的。比如撰写招聘计划，如果你的招聘计划是关于本次只招聘几个紧缺人员的，那么这个计划你预估几十分钟就可以了；如果这个招聘是关于年度的销售人员计划，或者一个大的销售人员计划，那么这个计划就可能需要比较多的时间。

总之，很多时间你是可以估计的。你可以把多年工作经验的平均值或略高于平均值作为时间管理的一个依据，比如：招聘计划制订需1个小时，或者1个小时20分钟。有句名言说，"一件事工作的时间往往与拥有的时间正好一样"，也就是说，如果你不计划出时间来，你会发现你的时间老是不够用，你计划多少时间、预估多少时间，最后都是不够用的，所以，在预估时间时，尽可能根据过去的经验，以便准确、科学地预估时间。

第二，预估时间可以促使你在无形中不得不按照这个时间来完成任务，给你增加紧迫感及压力，让你尽快去完成，否则你留多少时间都是不够用的。

如果你预估了时间，规定在多长时间内完成，你就会全身心地投入，排除各种干扰，完成任务。

作为一个经理人，你的时间是有限的，不是预估多少时间，而是你总共有多少时间。在有限的时间内，你必须尽可能地完成这件事。虽然你不可能让这件事情尽善尽美，比如你的招聘计划，也许你必须在40分钟内完成，超过40分钟，你其他的工作就没有时间了，而你不可能将所有的事情都停下来，仅仅做这个招聘计划。

所以，预估时间是必须的，你可以试一下。最后，你可以摸索出你的经验值，并且能够很好地去预估时间。

第三步：预留机动时间给意外的工作

预留机动时间，不能将工作排得满满的，一般来讲，要按照 60/40 的原则，安排工作任务的时间不得超过总时间的 60%，要用 40% 的机动时间去处理突发事情。

比如，如果一天的工作时间按照 8 小时来算，意味着你在计划当中所控制的时间不得超过 5 个小时，也就是你的日计划是对这 5 个小时进行的计划，而另外的 3 个小时可以作为机动时间，用于处理突发的事件。

如果你计划的时间超过了 60%，实际上你不得不按照 60% 以内的时间限度来安排工作。你可能要确定优先次序或者删减部分工作，通过授权或者加班加点等来完成。这里特别要注意的是，日计划一定不要把时间排得满满的，只能排出 60% 的时间。

第四步：决定优先次序

如果排出的第二天工作任务很多，预算也超过了预定的 5 个小时，那么就要通过排优先次序的方法把每日的工作需要的时间压缩，限定在 5 个小时以内，并且首先要保证有时间完成当天最为重要的事情。

在肖经理的案例当中，当天的日计划中，最为重要的工作有：

• 撰写招聘计划；

• 与人事经理协商；

• 与财务部经理讨论费用问题；

• 部门例会；

• 准备向销售总监汇报的资料。

如果排优先次序，最优先的工作是撰写招聘计划、与人事经理协商，排序在第二位的工作是部门例会，排序在第三位的工作是与财务部经理探讨费用问题，排序在第四位的工作是准备向销售总监汇报的资料。所以，日计划最大的要求在于，通过排出每天工作的优先次序，保证做属于当天日计划中最为重要的事件，其他事件宁可不做或者少做，也要保证去做当天最为重要的工作。

比如，下属来请示工作或者来抱怨工作中的困难，他们经常是在9：30、14：30、16：20的时候分别来找你，那么就可以通过设定"窗口"时间的方式，把下属的抱怨等问题集中在某一个时间来解决。这样的话，原来下属要占用你近一个小时的时间，现在通过设定"窗口"时间，你就可以在20～30分钟内解决下属的问题，从而节省将近30分钟的时间。你还可以将向外面打电话的事情集中在某一个时间进行，这样，又能节省出一些时间。另外，下属不断来请示，很可能是你的授权有了问题，那么你必须改善授权让下属自己决定和解决。

第五步：事后的检查

每做一件事情后，就在该工作事项后面打"√"，表明这件事已做，并且做完了。如果不能在每天之内完成你当日最重要的工作，那么就会导致这些工作被多次拖延之后，变成又紧急又重要的工作。比如撰写招聘计划，本来在你工作当中属于重要而不紧急的工作，也许这个招聘计划在一周内写出来就可以了，在一周之内你又把它放在周一、周三两次考虑。

工作完成状况统计

任务	是否完成
撰写招聘计划	
与人事经理协商	
与财务经理讨论费用问题	
部门例会	
准备向销售总监汇报的资料	

在撰写过程中，你发现还需要和人事经理协商几个问题，那你在星期三制订你的日计划时，就会考虑到你和人事经理协商会花多少时间，如果这样安排，人事经理的时间也会得到有效的安排，他的日计划里面也会安排上和你就招聘计划当中的几个问题协商的时间。如果你在 15：30 撰写招聘计划的时候发现招聘计划中有几个问题需要与人事经理沟通，就直接去找人事经理，人事经理没有下班就和你谈关于招聘当中的几个问题，一直谈到 17：00，用了一个多小时的时间。在这一个多小时里：

第一，你额外地占用了别人的休息时间或者下班的时间；

第二，你打乱了别人的工作计划，别人的工作计划受到了影响；

第三，由于你是临时找人事经理协商，他没有准备，那么，原本只需花 40 分钟或者更短时间协商的问题，结果花费了一个多小时，还没有得到解决。

所以，当你在做日计划时，应考虑到要与其他人协商，应尽早和别人约定时间。比如，与人事经理协商这件事，实际上是你在昨天下班或更早的时候与人事经理约定了的，可以在今天花费 40 分钟协商关于招聘计划的问题，而不是自己一厢情愿地写在日计划里的。

日计划的制订最需要防止和克服的两种倾向

第一种倾向：流水账法

每天将8：30到17：30的时间以日程表的形式统统排列，那么，最后排列的结果就可能跟肖经理的一天一样——8：30例会，9：00看资料、文件等。由于没有搞清楚每天工作的优先次序，没有充分的时间去保证当天最为重要的事情被做好、做完，从而使很多时间被浪费掉了。尽管看起来是忙忙碌碌的一天，实际上工作效率比较低。这种流水账法是一种错误的日计划。

第二种倾向：备忘录法

有些经理人喜欢在台历上或者自己的日记上写出第二天要做什么。比如：我要给××打个电话，我要开个例会，我要与人事经理协商一下，我要去开一个会，等等。

把第二天最容易忘记的事情写在台历上以便提醒你，这种备忘录的形式只能提醒你某些事件需要花时间去做，但有几点是没有被规定的：

第一，花多少时间去做。这样，每天时间是无计划的，虽然有些事情你提醒自己别忘了做，但最后往往没有时间做。

第二，没有排定优先次序。有些工作别忘了，但是某些工作不一定是你最为重要的，对于别忘了的事情，你花了很多时间，而你最为重要的事情却没有时间去做了。由于没有排定优先次序，你怎么保证最为重要的事情有时间去做呢？按照备忘录式的日计划，很多经理人每天走到哪儿算哪儿，做完一件事又不知道该做什么了，或者匆匆忙忙去做另外的突发事情了，这样，每天的工作效率是会很低的。

可以采取比较简单的方法做日计划，也就是待办单的方法。通过每天填写一份待办单，对你每日的工作列出清单，排出顺序，确定完成日期，以便突出工作重点，避免遗忘，并把未完成的事项留在明日。

待办单主要包括的内容：

• 非日常工作；

• 特殊事项；

• 行动计划中的工作；

• 昨日未完成的事项。

待办单不应包括的内容：

• 日常工作，已形成惯例的一些日常事务性工作不必列出；

• 立即要做的事，工作中要求必须马上就要解决的一些紧急、危机事项。

特别注意：

• 每天在固定时间制定待办单（一上班就做）；

• 只制定一张待办单；

• 完成一项工作划掉一项；

• 待办单要为应付紧急情况留出时间。

待办单具体格式如下：

待办单

年　　月　　日

优先顺序 完成确认	序号	待办事项	完成情况	完成人
	1			
	2			
	3			
	4			
	5			
	6			
	7			
	8			
	9			
	10			

时间管理方法二：会议管理

在很多公司里面，会议是耗费经理人很多时间的一项工作，由于无效会议导致很多时间被浪费掉了。在很多企业里面，会议通常有以下的问题：

会议常见问题

• 开会开成了例会，会前不制订计划和预期结果，经常开一些没有任何目的的会议；

• 没有会议议程，对会议没有控制和决策；

• 开会时间和地点不当，与会者和会议内容很少有关或者根本无关；

• 会议过多、过滥，或者会议缺乏有效的沟通，与会者三三两两进场；

- 偏离会议主题和议题，经常偏离话题，会议没有有效控制；

- 无明确规则；

- 要求不相关人员陪会；

- 会议没有收集到相关资料；

- 没有做出相应决策；

- 不按时结束会议；

- 会议记录不备份；

- 会后没有有效的监督和实施。

开会常见问题

第一个问题：无目标或目标不清

第一种情况：没有界定问题就马上开会。

最近有两个部门都抱怨，行政部在某些工作上配合得不够得力，并且因此出现了几档子事情，老总听了后非常恼火，立刻通知大家就这件事情开会进行讨论。

这个讨论要解决什么问题呢？到底问题在哪里呢？都不清楚。这种会议很可能是种训人的会议或者大家都不吭声的会议。

第二种情况：例会。

例会在很多公司里面是最为常见的一种会议，每周公司都要开一个例会，各个部门也要开一个例会。甚至有些部门或者公司可能要开两次例会，第一次例会是布置工作，第二次例会是对一周的工作进行总结。这样的例会很容易开成一个马拉松式或者效率很低的会议。为什么例会的效果很差呢？例会的特点在于，循例进行，比如每周一上午或每周五下午定期举行，有些例会常规的目的是交流信息，除此之外，其他一些目的，大家在开会前都不知道。例会最大的问题就是由于每次开会前没有界定目标，到底要解决什么问题，要达到什么目标，大家都不清楚，所以有时候例会 10 分钟就开完了，有时候也会出现一个例会开一个上午或者一整天的现象。

第三种情况：没有界定某一个问题本次会议能否解决。

有时候存在的误区是一发现问题就开会，那么这个问题通过本次会议或者一次会议能否解决呢？有多长时间、用什么方式才能解决呢？如果事先没有界定，就开会讨论，而本次开会只有 30 分钟时间，那就根本不足以对这个问题进行展开和解决，那么这一次会议很可能就是失败的。每次开会不仅要解决问题，而且要在有限的时间内解决这个问题，要有事先的判断。

第四种情况：主题太多。

其实每一次会议只能解决很有限的几个问题，达成有限的目标。但是，有些公司开会的时候，不分轻重缓急，把一大堆问题都拿到会上解决，结果会议开得很糟糕。可能重要的问题没有在会上进行展开和解决，而对一些鸡毛蒜皮的小事情却讨论得津津有味。

第五种情况：某些会议只需要在两三个当事人之间相互交流就可以解决，结果却没有做这样的安排，反而拿到经理的会上去解决。

如果把只需要市场部和行政部协商的问题拿到公司的办公会上，就会出现其他人都坐在那里干等，他们两个人在那儿你一言一语的情况，这样的会议效率肯定会很低。

第二个问题：无会议规则

其实，会议是由一套游戏规则所构成的。会议是解决某些问题的游戏。既然每次会议有很多人参加，对于参加的人来说，就要有一套游戏规则，在这个游戏规则的情况下开会，才会达成预期的效果，否则就会出现很多问题。这里需要说明的是，会议规则实际上是开会的一个重要内容。很多经理人往往不懂得事先制定游戏规则，不懂得让大家了解游戏规则，按游戏规则来展开会议，从而造成会议的低效率。

（1）常见的会议规则如下。

规则一：事先将会议的通知（目的、内容、时间）发给每位参会人员。

规则二：守时。无论什么时候都必须按照会议通知的时间准时参加会议，不能迟到。

规则三：会议期间不得大声喧哗、私下聊天、当众接手机、外出办事等。

规则四：所有与会者将每日或者每周的工作表提交给安排人，找出大家最合适的开会时间。

规则五：超过一小时的会议，要有正式的书面通知、清楚的日程表及相关资料。

规则六：准时开会和结束会议。所有与会者在开会前准备就绪，把打扰开会的因素尽可能排除掉。会议在规定的时间内准时结束。

规则七：参会人员对决议是否达成负有直接责任，每一位参会人员对会议是否成功都有不可推卸的责任。

规则八：讨论而不争论。在会议期间有不同的意见可以表达出来，供大家参考和讨论；不进行争论，不针对对方的意见进行反驳性的论证，更不允许攻击他人、羞辱他人。

规则九：不得打断他人的发言。

规则十：按照规定的时间发言，不得超时。

规则十一：当讨论进入僵局的时候，回到原点。

除以上会议规则外，与会者还要明白与会者的责任，也就是自己必须遵循的职责。

（2）与会者职责如下。

职责一：与会态度。取人之长，补己之短。三人行，必有我师。

我们承认他人发言的权利，相信别人能提出比我们更好的建议。但是从每个人的心态来讲，都觉得自己的建议最符合实际、最科学、最合理、最容易被他人理解，虽然我们认为自己的意见不一定都正确，但是往往认为自己的意见比别人好一点。我们很容易在开会的时候发现别人的漏洞或者不足的地方，所以经常想通过自己的发言或者自己的想法来弥补别人的漏洞。

一项调查表明，60% 的与会者都有这种想法。这种以自我为中心的毛病，往往会和别人产生很大的冲突和争论。

三人行，必有我师。不要以自己的意见为中心。作为与会者，应该多综合大多数人的意见，不要想着建议是谁的错，是谁的对，而要想看一个方案或者问题的解决需要哪些建议，需要哪些方案。上面的心态可以转化为下面的心态：

我知道我这方面已有多年的经验，也有很多资料可以提供，但我并没有认为自己懂得最多，因此我需要听听别人的意见，不要只坚持自己的意见，也许在最后的决定当中，我的建议只占了一小条或者一点都没占，但是我们最后做出了一个好的决定，这就足够了。

职责二：发言内容要组织一下。

有许多与会者在参加会议的时候，由于事不关己，没有多做准备，发言的时候云里雾里，让别人听不清楚，从而影响到会议的效果。最好发言前将内容系统地整理一下，把几个要点记下来，按规定的时间去发言。

职责三：一次只讨论一个要点。

如果发言时包含太多的要点，该重视的反而不重视或者产生多种讨论方向，会让与会者不知所措，即使与会者有能力听复杂的发言，你可能也要花很多口舌才能让大家了解，所以除非有必要，不要期望面面俱到，这是不好的。

职责四：让证据说话。

缺乏证据的谈话等于说了白说，有很多观点最好引用来源可靠的数据或者事实来论证，效果会更好。

职责五：仔细倾听他人的讨论。

对于和自己无关的讨论就摆出漠不关心的样子是最令人反感的，这种人是最不受欢迎的与会者。

职责六：避免不当的肢体语言。

肢体语言往往比正面批评更具有杀伤力，你尽可能表示感兴趣，比如身体前倾、目光直视说话者。打瞌睡、接电话等都是最恶劣的肢体语言。

另外，作为会议主持人来讲，也要懂得自己的职责，这也是会议的规则。

（3）主持人职责如下。

职责一：营造和谐的气氛。

当会议显得严肃或硝烟弥漫的时候，与会者就很难畅所欲言。要鼓励与会者发言，主持人要尽力少发言，避免自己一开始就带有倾向性的意见，即使有些观点和自己的不一样，主持人也应该避免不悦或者接话就要反驳，等等。

职责二：照日程进行。

日程是让与会者对讨论的问题有个准备，也方便讨论。日程是与会人员都必须遵守的一个工作进程，是个游戏规则，也就是让与会者都按照这个规则来进行游戏。该讨论什么事情，该讨论什么内容，主持人必须按照日程来进行，对于可能失控的、跑题、时间偏离等情况要及时发现并予以控制，使整个会议按照事先拟订的日程进行。

职责三：正确总结讨论的内容。

主持人应在会议的几个阶段及时进行总结，将大家的共同点加以确认，对于不同点加以引导，促使大家进一步讨论。正确总结和讨论并不是下结论，而是归纳大家达成共识的地方，提出大家共同关心的问题，使会议朝着计划的方向进行，避免忽视有建议性的意见。

职责四：帮助与会者思路清理。

很多与会者在发言的时候容易出现语无伦次、跑题或者表达不清的现象，会议主持人应该懂得在适当的时机拉回他的话题，通过提问、强调、举例子等方法，让对方将不清楚的地方清楚地表达出来。

职责五：尊重少数人的意见。

即使会议上大多数人的意见都倾向某一方面，少数人意见的呼声很微弱，但是，作为主持人，你应该使少数人的意见得到尊重。

职责六：减少与议题无关的争论和辩论。

有时候发言者会情绪化地要求别人承认自己的想法，或试图将别人驳倒，甚至扯一些历史上的恩怨问题。作为主持人，你要立即打断他们的发言，提醒他们可以在以后的其他场合讨论，本次还是讨论这次会议的主题。

职责七：保持中立的态度。

会议主持人要特别注意保持中立，这个中立的态度就是要表明：这次会议是一个集思广益的会议，并不是要做出决定的会议，主要是听取大家的意见。如果是主持人做出最后决定，最好不要在这次会议上做出相应的决策，以便使大家尽可能地发表自己的想法。

第三个问题：没有事先约定如何达成决议

作会议计划的时候一定要事先约定，决议将如何达成。会议可以通过以下三种形式来展开。

形式一：沟通一下信息就可以了。与会者把自己了解的信息或者希望别人所了解的信息在会议上表达出来，就可以了。

形式二：本次会议必须达成一个决议。比如就某一方面内容达成一个决议，那我们就要想怎么才能达成决议，是少数服从多数、由高层拍板决定，还是由当事双方一个说服一个达成决议呢？这要有事先的考虑，否则很多会议会议而不决，决而不行。如果是第一种，大家该了解的信息已经通过会议发言传达了，其中由沟通信息引发的问题已经显而易见。沟通信息就是沟通信息，不去解决其中问题。或者我们本次会议没有时间解决其中的问题，有些人提出的话，我们就采取忽略的方式，让大家以后找时间再解决。

市场部在介绍本月份工作的时候，提出了两个问题：

第一个问题与财务部门有关系。当向广告公司支付预付款的时候，出现一点问题，需要和财务部门协商。

第二个问题是与销售部门的问题。市场部在推广的时候发现，几个问题需要和销售部进行协调。当他们在区域市场广告投放之后，发现销售部门的相应措施没有跟上，实现不了广告和销售的共振，问题出现了。

如果在例会上提出这样的问题，显然不是解决的时候。当市场部提出这两个相应问题的时候，财务部马上站出来讨论怎么来解决，或者去辩解，或者去争论，甚至指责市场部做得怎么样，就可能会导致会议拖延，甚至失败。所有与会者都要懂得，在这个时候最好是将问题记录下来，便于下去解决；如果需要一对一解决，就由销售部和市场部、财务部和市场部去沟通和解决。如果需要更大范围内开会讨论的，另外再协商时间。

另外，有些问题的提出是为了更高一层做出决定，那么经理人应该明白，自己可以提出问题或者提出建议，决策权在于更高一层，不应该在会议上争论或者想通过这次会议讨论做出决定。

在4月的例会上，有几个部门的经理都提出根据第一季度的工作进展来看，可能今年的年度目标定得有些高，其中第二季度的工作目标定得过高。几个部门的经理都提出，考虑到客观经济原因，比如经济环境的影响，是否可以在4月开始就将今年的经营目标做出适当的调整，特别是对第二季度的工作目标适当做出调整，以便使大家能够有信心、有能力完成任务。如果目标还保持原来的不变，而现在客观条件、市场原因等变化比较大，如果完不成，将影响到整个工作。

这个问题提出是很有道理的，也可以在会议上提出这个问题，但是一个季度的工作目标，不是在这一次会上就可以改变的，或者说改变与否，不是上司当场就能表态的。这个时候，与会者可以提出自己的建议，表达自己的看法，同时提出好的建议供高层决策时考虑。但是没有必要让上司当场做出决定，更没有必要花很多时间去论证过去的目标不行。与会者只需要提出自己的想法就可以了。

形式三：有时候在会上的讨论，并不是在交流信息，也不是在通过讨论来影响上司做法改变，而是通过讨论使与会人员达成共识。

第一种情况：有时我们的决议是通过与会人员讨论达成的，而不是某个权威人员决定的。如果是这种情况，与会人员也应该明白什么样的工作、什么样的会议可以由自己讨论，并达成一个决议。大家要知道范围，一般来讲，在一个公司里面，让与会人员通过讨论来达成一个决议的范围是有限的，这属于跨部门协作的范畴。

第二种情况：高层授权的。比如关于公司企业文化建设，大家认为应该怎么搞比较好、比较合适，高层已经授权，最后按照大家的意愿来进行。这里要特别注意的是，如果高层没有授权，通过大家的讨论最后达成共识是很危险的。因为有些决策权本身是在高层，如果大家讨论做出决定，高层是同意还是不同意呢？如果同意，决策权不是由高层决策，但要由高层承担责任，那么这显然是不公平的；如果高层不同意，又会引起高层和与会人员的矛盾。所以对于与会人员能够做出决议的范围，要特别注意，它是有限的，要在授权的情况下进行。

第三种情况：解决一些特定的问题。如果大家懂得达成决议的基本规则，就会根据不同的问题，按照不同的游戏规则去解决，这样就会减少很多不必要的争执和讨论。

第四种情况：会后怎么办？每个会议最重要的就是会后怎么办。每个会议的召开总有几个关键的人物，会议的召集人或者与会议相关的与会者特别关心会议的结果，而直接与本次题目相关的与会者，以及其他一些被动参与者，可能对会议漠不关心，他们只是带着耳朵听，对通过这次会议达成什么目的和效果，不是特别关注。如果主持人是公司总经理，而他自己又没有时间对这个会议进行归纳和总结，有时候就会发现：会开了半天，却没有结果；对于会中大家提出的问题，没有人去回答；对于已经做出的决议，没有人去实施和办理；即使有人去实施和办理，也没有跟踪到底检查办得怎么样。

如果是这样，很多会议开也是白开，时间一长就没有人再对会议感兴趣了。会后怎么办，必须有一个明确的游戏规则，下一次会议要对上次会议做出的决定执行了没有，执行得怎么样等情况，给大家一个反馈。这就意味着，会后一定要落实到具体的责任人，比如谁去做本次会议的执行者，谁去追踪，谁对大家提出的这些问题回答等，以便在下次会上对大家提出的问题给予解决或者即使公司现在没有精力去解决，也要给大家一个解释和说明。

所以，一个会议是否有效，关键在于会议之后是怎么做的。

会前准备

在每个会议之前要按照 6 个 W 准备。

第一个 W：会议的目标是什么（What）

会前应该问自己，能不能不通过举行会议就能实现目标，能不能通过一对一的沟通就实现这个目标，本次的会议能不能实现这个目标，或者本次会议上这么多目标能不能都得到实现，如果不行，就要对目标进行重新界定，目标定得小一点，就容易达成。

第二个 W：谁来参加会议（Who）

很多企业在开会的时候常有无关人员来参加的现象。公司常见的会议有两种：

第一种：例会。只要是同级别的经理就应该参加例会，在很多公司里面，例会实际上是什么级别的人都可以参加的，看起来只要是够了某个级别的人，都是必须参加本次例会的人。这里特别要注意的是，例会一般涉及公司的全体经理人、某一个部门的全体人员或例会所规定的人员。但是我们要清楚的是，例会都包括些什么，例会的内容一般是有关公司的信息发布，要向大家公布公司的制度、公司重大事情或者与会者需要知道和了解的事项，除此以外，一般不要开例会。属于部门之间的、属于几个相关部门协调的、需要进行深入讨论才能决定的，甚至需要其他专门人员讨论才能决定的事情，都不应该在例会上提出或者讨论，所以一般来讲，企业的例会是进行信息交流而不是做出某种决议的，这一点应该非常明确。

第二种：专题会议。专题会议就要精选与会人员，什么样的目标和哪些人有关系，就通知哪些人参加，千万不能按照通知例会那样通知所有人员参加。比如公司最近关于销售方面的某个问题，需要开会讨论，就只需要通知销售部、市场部、供应部、客户服务部门等几个相关部门参加就可以了，其他部门没有必要参加会议。如果有必要让其他部门了解会议的结果，可以在会后发个简报，让其他部门了解一下内容就可以了。

一般来讲，确定与会人员的基本原则是：

• 在会上需要发言的人员；

• 本次讨论问题的当事人员；

• 与本次讨论议题相关的决策人员。

至于其他人员，即非当事人员，不需要在会上发表自己看法的人员，在事先没有任何准备的人员，与本决策无关的人员，都不是与会者，不用通知这些人参加。

第三个 W：会议的时间（When）

会议时间要避免在周末或者假期的前一天，特别值得注意的是，当谈到会议时间的时候，不光包括什么时候开会，关键还要包括什么时间结束，也就是对会议的时间、时限，要事先做一个计划。预测会议时限一般分这几个部分：

• 开场白。一般是 5 分钟以内。

• 大家发言。当事人发言一般 3 分钟。

• 讨论时间。在大家发言的基础上，再一进步地谈自己的想法和建议，按照每个人 3 分钟计算。

• 补充发言。作为会议的其他相关人员进行补充发言。

• 总结发言。最后将大家的成果进行总结，总结发言在公司的会议当中一般是 10 分钟左右。

除此以外，还有其他时间，比如对上次会议进行反馈的时间，这个完全是给大家沟通信息，这个时间比较好预测。对公司事项的反馈，比如公司有关部门介绍公司最近的一些决定，那么这个事情也是好预测的，将以上时间相加就可以预测本次会议所需要的时间。另外打出 30% 的不可预测时间作为预备，最后就形成了本次会议预测的时限。

第四个 W：以什么方式来开会（Which）

这是非常重要的，开会的方式是多种多样的，可以采取头脑风暴的形式，可以采取投票表决的形式，可以采取图文并茂的方式，等等。采用什么方式来开会，关键是看最后要达成什么结果。预先把方式告诉给大家，这样的话会议才可以开好。

至于开会的地点（Where）、怎样追踪结果（How）等，这个事先安排就可以了。做到以上会议安排后，做出书面的会议议程事先发给参会人员。见样本。

会议准备清单

这个会议清单包括以下几点：
• 会议的时间和地点
• 会议的目的
• 会议议题的顺序

会议的议题所涉及的资料经常会影响到会议的议程和时间，所以围绕会议议程可能需要准备许多材料，这些材料要事先发给参会人员，这些相关会议资料如果发放过早的话，有些与会者就会忘记了，一般开会前两三天发给他们就可以了。

• 某些议题将使会议团结一致，而有些议题将会使大家产生分歧，所以要考虑议题的顺序。

- 任何会议初期应比结束后更有创造性。

- 整个会议持续时间不应超过两个小时。

- 会议议程要清楚、明确并且越具体、越少越好。

会议日程安排

一、会议时间：2018 年 12 月 20 日（星期一）上午 9 点
二、地点：公司二层会议室
三、参加人员：全体销售部成员、市场部经理、总经理（列出姓名）
四、主持人：×××　　记录员：×××
五、会议目标：制订一个行动计划，解决顾客最不满意的三个问题

时间	议题细则	执行人员
9：00—9：15	会议开始	主持人
9：15—9：45	呈现顾客调查的背景材料	市场部经理
9：45—10：15	找出顾客投诉的三大问题	市场部经理
10：15—10：30	休息	
10：30—11：15	重新讨论／调整顾客满意的基本原则	销售部经理
11：15—12：00	分组讨论目标和策略	主持人
12：00—13：00	午餐	主持人
13：00—13：20	小组呈现讨论结果	
13：20—13：50	拟订行动计划	销售部经理
13：50—14：10	总经理时间	总经理
14：10	结束	主持人

会议的举行

会议的召开

一个好的会议首先要有一个良好的开端。一个良好的开端有以下特征：

- 准时开始；
- 大家把精力集中于目标；
- 与会者都事先做了相应的准备；
- 与会者都领悟目标，并发表自己的看法；
- 大家都能够遵守会议的规则；
- 大家对自己作为与会者的职责有很好的理解。

而不好的会议开始，会有以下情况：

- 会议延迟；
- 大家不明白来这儿干什么；
- 匆匆忙忙进入会议的内容；
- 大家随心所欲发表意见；
- 一开始就进行争论。

开场白

什么是开场白？就是一段系统准备、明确表明会议宗旨和会议规则的谈话。一个好的开场白不仅有画龙点睛的作用，也能帮助准备不周的会议步入正轨，所以一个好的开场白也是会议成功的前提。一个好的开场白应该有以下几个特点：

- 让与会者清楚开会的目的以及会议的程序；
- 让与会者明白为什么来开会；
- 宣布会议规则，避免一些不相关的主题出现违反规则的事情；

•与会者对会议进行方式的认可。

所以，好的开场白的内容如下：

•简要说明本次会议的目标，或者说明现在面临的问题及本次会议进行的方式。也就是主持人事先让与会者知道会议的程序。

在讨论正式开始前，如市场部和销售部先把本季度的销售和市场的情况向大家做一个通报等。主持人在这个时候，除明确会议目的、议题和程序外，要征大家对会议议程有无修正意见，如有必要修改，修改后再向与会者宣布。

•提供与本次会议有关的情况。

比如本次讨论的目的是重新修订第二季度销售计划或者销售目标。要在事先发给大家的材料中，将数据做一说明：为了本次会议的召开，我们事先让相关部门市场部、销售部、财务部、材料部等做了相关准备，其中有一些调查数据和一些来自客户的反馈及我们财务的统计结果，等等。在这里向大家介绍这些资料时，有几个方面需要大家确认：

第一，我们为什么会提出这个问题，是否有必要向大家陈述；

第二，我们目前的状态是什么样的；

第三，问题可能是由哪几个原因引起的，首先陈述一下；

第四，强调我们这次会议的必要性和重要性。

这是提供和会议有关的情况。

规范议程

主持人在确定会议议程时，应该考虑哪些议程是应该列进去的，哪些是不应该列进去的，应该谁先发言，谁重点发言，每个人发言多长时间，以及大家对这次讨论通过什么方式达成共识，这次会议是要达成一个结果还是把意见谈出来报更高层决定……主持人要把这些方面的规则给大家宣布一下，使得与会者能够讨论的题目始终围绕着解决的问题展开，并使与会者对自己本次会议的决策有准确的把握。作为参会人员，他的角色是一个倾听者、发言者还是决策者，也要做出一个安排。把无关的事情事先排出来，使得本次会议能够围绕最重要的问题进行。向大家宣布会议的记录者，会议的记录者可以在会前指定，也可以在讨论前请某个与会者担任，有必要当着与会者的面确定记录者的职责，主持人可以这样告诉与会者。

本次会议由××担任记录，会议的记录者也可以讨论，但关键是把大家最重要的意见记录下来。当会议每告一个段落的时候，让记录者将主要内容复述一下，使得大家对提出的意见有一个回顾和了解，如果有疑议，请与会者立即提出并立即纠正。

议题的展开

议题的展开，一般来讲有两种方式。

第一种：演讲式。演讲式是一种单项的交流，就是由主持人向大家演讲，介绍本次会议的有关内容，或者由会议的与会者一一将自己的想法谈出来，然后把自己的想法以演讲的形式表达出来，之后大家进行交流。演讲者作为与会人员，能够事先做出充分的准备，并能够对所需要的资料进行准备和筛选，能够充分表达自己的想法。其缺点是单向的，也就是没有和其他人进行交流，往往就是一对多的模式。

第二种：互动式。所谓的互动式就是强调与会者彼此之间的交流撞击，基本形式是当甲把自己的想法谈出来之后，如果乙有不同的意见和想法，可以站出来接着发言，然后丙有不同的想法和意见，也可以谈出来。这样就很可能形成一种连锁效应，也就是由于甲的发言而导致乙、丙、丁等都开始发言，最后形成开放式的、互动的局面，即与会者针对自己不同的意见发表自己的想法。但这种方式也很可能使讨论杂乱无章、无关紧要、离题万里，只谈论自己感兴趣的话题，不感兴趣的就不谈，或者对自己熟悉的话题滔滔不绝，而对自己不熟悉的避而不谈。互动式的发言非常容易造成会议朝着偏离主题的方向发展，而且会造成以下现象。

现象一：该发表意见的时候不发表意见。当讨论告一个段落的时候，有些人突然谈到自己的想法，使得讨论的问题又回到原来的话题，或者突然跳到一个无关紧要的问题上，与会者还没有仔细讨论问题在哪里，就急着找解决问题的方法。

现象二：有很多人发言是在替自己辩解或者推卸责任。

现象三：搞不清楚问题的根源在哪里，把一些不相干的问题放在一起讨论。

现象四：打断别人的谈话，前一个话题还没有讨论成熟又开始新的话题，结果导致话题不断漂移。在这种情况下，对会议的议题、发言者时间长短的控制以及如何进行归纳总结，达成本次会议的共识等，会显得十分困难。

所以，会议的主持人应特别注意这种互动式的会议方式，它虽然看起来能引起头脑风暴，使大家把想法谈出来，却也很可能讨论不出个头绪，导致很多争吵。显然，如果放任与会者漫无目的地争论或者发表自己的看法，就会使会议更加混乱；如果采用强制的方法把大家的讨论拉回来，使每个人必须简明地表达自己的想法，又会导致会议失去了集思广益的好处。这两种效果当然都不太好。所以，一个会议的主持人要懂得让大家在适当的时候互动式地讨论，适当的时候又把话题拉回来，而且即使在互动式的交流当中也应该明白：

第一，在规定的时间内将自己的想法表达清楚；

第二，等别人把话说完；

第三，自己想清楚了再讲。

会议主持

如何掌握会议的进度

也就是控制会议的进度，使大家在开放发言的时候，既不使发言漫无边际，又不强迫别人围绕自己的主题，同时，与会者又要能自我节制，不至于影响别人发言的权利。一般来讲，控制会议的方法有以下几种。

方法一：在同一个话题上打转转。当有些人话题偏离会议主题时，主持人应马上把话题拉回来，继续让大家讨论。

比如，客户服务部在围绕第二季度销售目标讨论时，谈到了由于产品质量有些问题而使销售不利的时候，主持人应该立即把话题拉回来，还是继续围绕为什么要调整第二季度销售目标展开。

方法二：不让别人有插嘴的机会，也就是通过频繁发言导致其他与会人员无从下手。这种方法有时候不太好，但很有效，对于那种经常习惯在会场上发言、表演欲强的与会者，就可以适当采取频繁发言来限制其表现，从而达到目的。

方法三：放大说话音量。对特别重要的、核心的问题，可以采取放大音量的方式，使大家都能够关注它，都能够围绕这一主题展开。

方法四：用暗示性的话语和音调。有些人的发言走题或者发言时间太长，主持人可以面无表情、摇头或者直接说："对不起你超时了。""对不起跑题了。"让发言人停下来思考，回到应该讨论的话题上。

达成决议

每一次会议，我们要事先确定是否达成一个决议。有些会议是沟通信息的，我们让与会者了解信息就可以了；有些会议是就某些问题展开的、集思广益的，但是并不需要达成决议，决议是需要更高一层来做的；有些会议是需要当场达成决议的。如何当场达成决议呢？要让与会者明白：

第一，与会者对事先要达成的决议都要有个预期。假设我们今天的会议是两个小时，我们在两个小时内必须达成一个决议，也就是我们对某些问题的处理必须有个大家共同接受的意见。

第二，决议没有最好，只有较好。大家都要有种心态，就是避免出现争执输赢的心态，一旦出现僵局，找出一个双方都可以接受的方案，双方都要学会妥协。

第三，不为避免分歧或者迎合别人而改变自己的观点。即使自己的观点有时候是少数的，最后没有被别人采纳，但我们可以保留自己的想法。作为与会者必须明白，本次会议是交流意见的还是要做出决议的，如果要做出决议，也要知道在哪个层面上做出决议；我们要知道自己的分寸，谈出自己的想法供更高一层决策的时候参考就可以了。

如果要在本次会议做出决议，一般来说，决策的方式有以下几种。

第一种决策方式：权威式决议。

会议讨论之后，主持人或权威人士听取大家的意见做出一个决议。这是会议最常见的决策方式。这种方式速度比较快，能够效率高速度快，缺点是很可能影响会议品质，影响大家的努力。但是公司里面的重要决策，必须由某个层级上的决策人做出，我们应该对此表示理解，并只能服从，而不能因为我们的意见没有被采纳，就发表怨言：为什么不听取我们的意见呀？不听取我们的意见开这个会还有什么意思呀！不是这样的，我们要了解分寸，这个决议是在哪个层面上做出的。

第二种决策方式：少数服从多数。

少数服从多数，可以使大家比较民主地进行决策。这种方式是在某些层面上，即在与会人员可以相互决定的事情上，通过相互讨论、相互协调就能够决定的事情上，或者上级授权与会者决定的，采取少数服从多数的原则。一定要避免有些人的民主化倾向，让本来是该更高一层决策的事情也要少数服从多数。

第三种决策方式：一致通过的方式。

对某些事情做出决定并全体通过，当然是件好事，但是它的讨论效率低、进度慢。另外，公司里面的很多事情，其实并不用一致通过，就算一致通过也只是对某些事情。对公司来说，重要而不紧急的事，如果与会者可以决策的话，可以采取一致通过的方式。

如果某一次会议当中必须做出某种决议，或者必须由与会人员做出某种决议，最好采取以下决议六步法做出某些决议。

第一步：界定问题。很多会议忽视问题的界定，其实问题的界定是非常重要的。很多会议之所以效率低，就是对问题没有事先界定，比如，没有清楚这个问题是不是个问题，问题的大小，问题由谁来解决，用什么方式来解决等。这就会导致我们不知道要花多少时间才能达成一致，或者这个问题的解决不知会连带出什么样的问题，等等。

本次会议的主题是讨论调整第二季度的销售目标。如果界定这个问题，就会发现关键的问题不是第二季度的销售目标需不需要调整，而是由于经济大环境对于整个市场的影响，有可能影响到公司的销售，或者由经济大环境带来的对我们销售正面和负面的影响。我们需要做出判断，来讨论我们是否需要调整第二季度的目标。所以问题焦点不是需不需要调整第二季度的目标，而是"非典"在第二季度对公司的销售有哪些正面和负面的影响。如果题目转换到这上面，这样的讨论就会更加准确，就不会带来需不需要调整目标的问题。

第二步：分析问题。很多公司的会议，在问题没有得到分析，甚至还没有找出问题的根源在哪里时，就开始讨论各种各样的解决方法，这样的讨论实际上是没有什么意义的。

我们只是从现在的销售数据上看到、感觉到经济大环境对我们销售方面的负面影响，这个负面的影响到底表现在哪里？是表现在终端上还是渠道上？是近期影响还是长期影响？是在全国范围内影响还是在某个地区内影响？是心理影响还是购买力的影响？到底是哪个方面，我们要对此分析。比如：如果仅仅是渠道上的影响，我们就需要在渠道上想办法解决；如果是属于终端上的影响，那也许等"非典"过去之后，终端就会恢复，也许还会出现爆炸式的增长等等，对这个问题的原因要进行仔细地分析。

第三步：拟定解决这个问题的标准。如果不事先确定我们讨论什么样的方案，也就是没有方案评估的标准，会议就会就这个方案本身争来争去。每一种方案都是一种可能性，只有在这种心态下提出的方案，才有可能是一个较好的方案。

第四步：提出各种解决方案。

第五步：选择最为可行的方案。选择可行方案的时候可以采取以下方式：

一种方式是，不要强调方案是谁提出来的，而在白板上写出来。如果我们需要一个新的方案，首先要把大家所公认的要点写下来，然后把大家不公认或者大家分歧比较大的列在另外一边，排出顺序来，对大家分歧最大的，重新讨论或者投票决定，哪个要点写进去，哪个要点不写进去。

另一种方式是，在会议初期列出可能使会议离题的因素，哪些地方是绝对不可能的，否决不可能的因素，使得会议朝着我们所希望的方向进行。

不管最后筛选出哪种方案，都要避免寻求最好的解决方案，而应该寻求可行的解决方案。

在此基础上形成的决议要经过两个步骤：第一，要经过提案者认可；第二，要经过决议者认可。

如果提案者、决议执行者没有认可，最后这样的决议也不可能得到执行。

第六步：完成决策。

如何对付会议中的沉默者和违规者

会议中的沉默者，往往有两种情况：第一种是事不关己，高高挂起；另外一种是他对本次讨论的议题、提出的建议不满意，但碍于某种面子、某种形式，他避而不谈。作为与会者来说，无论是这两种情况中的哪一种，只要他参加会议，如果需要做出决议的话，我们采取的方式是请他发言，请他谈出自己的看法。如果请他发言，他不发言，我们就采取征求意见的方式。

客户服务部经理保持沉默，会议主持人就要征询他的意见："你认为我们销量下降的原因是来自哪方面？是终端方面还是渠道问题？"通过提出这样的问题，迫使他发表自己的看法。

在中国的很多企业里，会议最大的问题就是与会者不遵守会议的游戏规则，比如迟到、中间随时外出、接听电话、私下聊天、闭目养神、随意打断别人的谈话、随意提出一些和本次会议无关的主题等。对于在会议当中违反游戏规则的人员，一定要采取以下措施：

第一，事先告之会议的游戏规则；或者本次他们违反了游戏规则后，专门开一次会议，告诉他们该怎么参加会议，他们的责任是什么，等等，让他们明白会议的游戏规则。

第二，在会议简报上可以点名批评某些经理，说其不遵守游戏规则从而影响会议的进行。

第三，相应的处罚。对于多次参加会议迟到者要以坚决的方式惩罚，比如罚款、通报批评等方式，使得与会人员不能把不违反会议的游戏规则看成一件小事，而是作为职业经理的基本素养来看待。

形成会议纪要

会议纪要要写以下内容：

• 会议名称及目标；

• 会议时间和地点；

• 出席会议人员和缺席会议人员；

• 主持人；

• 内容，分决议部分和待办事项两个内容；

• 待办事项要注明完成人和完成日期；

• 记录人及其日期。

会议的总结

会议结束时，检查一些目标是否达到，并且重复一遍已经做出的决定及与会者达成一致的意见。为避免误解，最后在会议结束的时候进行归纳和总结，并解释今天达成的决议是什么，达成什么样的目标，还存在什么问题，在什么时候以什么方式来解决，然后在预定时间准时结束会议，最后以肯定的、友好的致辞宣布会议结束。

会议追踪

会议追踪主要有以下事项：

• 确定会议的追踪人；

• 对于会议当中大家提出的问题，有人给予回答或者整理；

• 对于会议确定办理的事项，由责任人定期向大家反馈所做决议的执行情况。

时间管理方法三：会见管理

会见管理所解决的问题

会见管理解决的常见问题是：

我们的时间不掌握在我们的手里，掌握在客户和供应商手里。客户想什么时候找我们，我们能不去吗？什么时候想来拜访，我们能不接待吗？客户需要多长时间，我们能不花吗？所以我们的时间往往不由自己决定。我们去拜访客户而他不在或者不按时，耽误我们很多时间，我们有什么办法呢？所以我们的时间总是掌握在客户的手里。

我们的时间还掌握在下属手里。我们的下属经常要请示、要汇报、要反映情况、要和我们交流。他有事情向我们汇报，我们能不同意吗？很多下属找我们，门一推就进了，下属找上司是天经地义的，他不找我找谁呀！难道我能拒绝、推辞吗？而且现在许多企业是大开间办公，下属有问题就要请示，就要问，连推门都省了，所以我们的时间掌握在下属手里。

我们的时间还掌握在上司手里。我们的上司是董事长或者总经理，打个电话说："李经理，到我办公室来一下。"那我去不去呢？我还要跑得比谁都快。上司想找我们就找我们，我们的时间掌握在他们手里面。

我们的时间还掌握在谁的手里呢？掌握在其他经理手里。我是销售部经理，市场部的经理有事推门就进，"肖经理有个事情要找你商量一下"，我能不商量吗？这事急不急呀！门都推开了，能不急吗？我的时间没有办法事先安排，我能预先知道他什么时候找我吗？花多少时间我也没法预测。

所以我们整天在"救火"，时间不掌握在我们的手里，掌握在客户、供应商、上司、下属和其他经理手里。

会见管理就是解决这类问题的。会见管理包括四个要点，可以有效地避免或减少以上问题的发生。

会见管理的四个要点

要点一：约定时间

约定时间对于很多经理人来讲是一个常识。如果你去拜访一个客户，你会和客户事先约定时间，你会事先打电话告诉他："明天上午 8：30 我到你们公司去拜访你，可以吗？""可以，8：30。"你不但约定了时间，而且你还会守时，你会想尽一切办法在明天早上8：30 准时在他们公司出现。跟别人约定时间，并且守时是现在很多经理人的一个基本常识，一般经理人在这方面是不会有问题的。

当然有一些公司外面的人，可能不和你约时间就来拜访。比如说客户、供应商，事先没有和你约时间，就来拜访你了，或者他们在拜访公司其他部门的时候也顺便来看一下你，这种不速之客有，不过越来越少了。

他如果是顺便拜访，你实际上就可以通过很多方式避免打扰，比如，声称自己有急事，声称自己有会议，声称老总要找你，等等，把这种不速之客推掉，除非这种不速之客是专门来找你。

更多的情况是：

公司内部没有约定时间的制度，下属想什么时间找你，就什么时间找；其他经理也不和你约定时间，想谈就谈；上司更不用说了。在这样的情况下，不管是你的下属、其他经理、上司要和你进行谈话，你都要学会提醒他们，要事先约定时间。

要点二：约定时限

会见管理实际上是人与人之间的沟通，而人与人之间的沟通是需要花费很多时间的。经理人有 70% 的时间都花费在沟通上了，开会、会见、拜访、谈判、谈心、下命令等，都是沟通的形式。对于一个经理人来讲，会见占用了你那么多的时间，就你的时间价值来讲，会见是一种非常奢侈的行为。既然是一种奢侈行为，你就要事先对会见做出时间的预估和限制，从而有效地利用时间。

当我们去拜访一个客户的时候，我们不要在电话上说："明天早上 8：30 去公司拜访你可以吗？"应该这样说："李经理，我明天早上 8：30 到你公司将就这次招标事情和你沟通 40 分钟，可以吗？"

约定时限的第一个好处是，只有约定时间段、用多长时间，你才懂得在会见的时候，按照事先约定的时间、时限来展开沟通的内容。你就知道在有限的时间内必须达成什么目标、达成什么共识。就像每次会议一样，事先约定了会议的时限，与会各方就应该知道大家为此做出多大的努力，达到什么样的结果。

约定时限的第二个好处是，由于约定了时限，你就知道时限以外的时间怎么来安排了。比如你给客户约定了 8：30 到他们公司拜访，用 40 分钟沟通，9：10 就可以结束，9：20 你就可以回到公司，9：20 之后的事情，你就可以提前做出计划和安排，这样的话，你就可以有效地利用时间。

约定时限的第三个好处是，如果你设定时限，你就知道约定的时限怎么利用了。比如约定的时限是 40 分钟，你就知道在前期开场白的时间只有 5 分钟，那么双方展开沟通的时间只有 20 分钟，最后可能用 10 分钟时间来讨论双方的不同点，留待以后的时间再加以解决。否则，就会出现这样一种常见的情况：有些人说"我用 10 分钟给你汇报一下，可以吗？"你说"可以"。结果一汇报，他自己就说了 10 分钟，没有留下你和他交流汇报的时间。如果约定了时限，根据会见的基本游戏规则，双方就知道要给彼此留出相应的时间，让双方谈论自己的想法，以便有时间进行交流，而不是单向的。

约定时限，其实也是对别人的一种尊重。约定时限后，别人也知道后面的时间该怎么样有效地安排。

要点三：事先界定目标

事先界定目标是非常重要的。目标的大小与我们用时的长短是有很大关系的。当我们进行会见，也就是两个人之间进行交流、沟通的时候，目标的大小直接决定我们要花多少时间。

财务部的柴经理去找销售部的肖经理，说："上个月有个销售主管的提成算错了，那么咱俩商量一下怎么解决？"

柴经理和肖经理要谈的是有一个人员提成算错了，商量一下怎么办，也许 5 分钟就可以了。那么既然算错了，正确算法是什么？怎么给他补偿？怎么给他说明？其实用 5 分钟就可以了。如果换成另外一个例子：

财务部的柴经理找销售部肖经理说："公司老总让咱们俩商量一下第二季度销售成本核算问题，去制定一个新的报销办法。"

销售费用的标准、报销办法的问题，这是一个比较大的问题，也许 5 分钟不够，50 分钟恐怕都不够。

可以看到，目标的大小直接影响用时的长短。如果不事先界定目标，时限也没办法来确定，所以要事先界定目标。

要点四：设定"窗口"时间

如果像"要点一"中说的，无论上司、同事来找你有什么事情，你都要问他："你约定时间了吗？"全部都这样会很麻烦，而且作为企业管理来讲，什么事情都要约定时间，大事小事都要约定时间，是没有必要的，也做不到。那怎么解决这个问题呢？就是设定"窗口"时间。

作为经理人，你最应该避免的是开门管理或者开门办公。否则，你所有的时间全是开放的，想什么时间找你就什么时间找你。很多经理人认为这样的做法能够很好地和上下左右去沟通，其实这样做，等于把你所有时间都敞开，让别人来掌握，你怎么还有时间去做属于自己的重要而不紧急的事情呢？你的时间会被别人切得七零八碎的，你的效率就会很低。显然这种做法是不可取的。这时候就要学会设定"窗口"时间。

所谓"窗口"时间，并不是你把自己所有的时间都开放，也不是所有的时间都关闭，一律不对外，而是设定一部分时间，在这段时间内，谁想找你就找你。你的"窗口"时间就是用来对待上司、下属就突发事件和你沟通的。

你可以在每天上午10：00—11：30，下午14：30—15：00专门为你的员工设定"窗口"时间或者谈话时间。在这个时间段里，你的下属想找你，推门就可以找你，你随时准备接待他们和他们进行沟通，处理他们面对的各种各样的问题。你也可以对其他经理宣布你的"窗口"时间是几点到几点，以这种方式来管理你的时间。

　　请注意，设定"窗口"时间的目的是要保证你的非"窗口"时间，使你有一定的安静时间。一天里的某个时间段里，任何人不是想打扰你就能打扰你的，也就是在你的非"窗口"时间里面，其他人想打扰你或者想和你会见，就必须和你事先约定时间、时限。

　　经理人一定要设定"窗口"时间，使自己在非"窗口"时间里拒绝任何打扰，包括电话的打扰、手机的打扰和其他不速之客的拜访等，使自己有时间去解决当天最为重要的事情。有些经理人在使用手机时，不注意设定非"窗口"时间，手机一天到晚都开着，随时打来电话找你，你就要去处理。其实，一两个小时不接电话，天不会塌下来。如果天真的塌下来了，你就要看看是不是你在管理上出现了问题。

　　记住，不光是在会见管理上，在手机上、在电话上，同样要保证每天有一定的非"窗口"时间绝对控制在你自己手里，绝对不被别人打扰，只有这样，你才可以真正做自己第二象限上的事情。

管理技能之

三

组 织 沟 通

提　要
　　为什么沟而不通
　　表达
　　倾听
　　反馈
　　如何与上司沟通
　　职业经理之间的沟通
　　如何与下属沟通

常见的问题

● 两个人约好在十字路口的西南角见面。

两个人都按时到达约定地点，可都没有见到对方。于是，等啊等啊，等了快一个小时，还不见对方前来，心里又急又气。心想，算了，不等他了，走吧。一个从东西走向的西南角向西走了，一个从南北走向的西南角向南走了。两人再没有见面……

其实，两个人去的都是西南角，只要一个向东走几步，一个向北走几步，就到一起了。可是，谁也没有迈出这几步。

在工作中，这种情况还少吗？

● 一个新产品发布会需要两个部门协作，需要请一些大客户，也需要请一些重要的经销商。

"他们怎么不来找我们呀？"大客户部经理说。

"他们怎么不来找我们呀？"渠道销售部经理也说。

"上一次搞活动，所有的工作都让我们部门做了，他们坐享其成，将他们的经销商请来参会就完事了。后来有两家经销商没有伺候好，他们部门还向老总说我们的坏话。哼，出力不讨好，这次，也该让他们给我们做个榜样了。"

"这次还不是主要请大客户？我们的经销商好办，产品好，抢着来，产品不好，就不来呗，他们大客户部让我们配合做什么，我们做就是了。"

● "会上也讲了，会下也谈了，也都表示说按照需求去做，但最后做出来的这是什么？与要求相比差了十万八千里，可是，一个个还振振有词地说就是这样要求的，你说气人不气人？"

● "这人怎么这样？每一次不等人把话说完，不是抢着说知道了，就是一条一条反驳，好像他多聪明似的，别人不说他都知道别人要说什么，真理都掌握在他手里，就他行，别人都是笨蛋，以后什么也不用跟这种人说了……"

● 宣传推广中遇到麻烦了，要请市场部来解决。

"好吧，我立即向办事处主任汇报。"销售代表小王说。

"好吧，我立即向华东区经理汇报。"杭州办事处主任说。

"好吧，我立即向销售总监汇报。"华东区经理说。

"好吧，我立即向营销副总汇报。"销售总监说。

"好吧，我立即找市场总监来商量。"营销副总说。

"好吧，我立即让分管片区的产品经理去解决。"市场总监说。

"好吧，我立即去杭州。"产品经理说。

……

按指挥链条沟通，当然谁都会，可这么多环节的沟通，再"立即"有什么用呢？为什么不能直接地、网状地沟通呢？

● "我们这头儿，真让我们这些做下属的难做人。给他汇报勤了，他说他很忙，不要有事没事就找他；给他汇报少了，他又说怎么好长时间没看见你。每一次汇报完之后，本来自己想提一些建议和解决的思路，毕竟自己在一线工作嘛，情况比较清楚。可是，人家头儿可能嫌麻烦，对咱的什么建议不屑一顾，指示马上就下来了。唉，指示就指示吧，反正是按照他的指示做，错了咱可不负责任……"

为什么沟而不通

　　职业经理每天要花费 50% 以上的时间去沟通，可是，职业经理工作中 50% 以上的障碍是无效沟通或不良沟通引起的。那么，沟而不通的原因在哪里呢？

　　沟而不通的原因都隐藏在一个个小小的细节当中。

原因一：沟通前没有准备足够的资料和信息

　　沟通是一个信息交流的过程。围绕某一个题目沟通时，如果双方所掌握的信息不足或极不对称，将大大降低沟通的效果。

　　市场部史经理："刚才我说的这些仅仅是一些不成熟的想法，许多方面还要等你们销售部这个月的报表出来以后才能落实……"（还没有看到销售报表就进行沟通，效果不好，过几天还要沟通）

　　销售部肖经理："你这些想法都还不错，你们刚完成的市场调研报告和一季度的市场推广计划书我还没有看到，只能谈谈我个人的一些建议。"（也许这些建议已经在市场推广计划中包括了，再提是浪费时间）。

原因二：沟通的时机选择不对

不恰当的时机，将大大影响沟通的效果。

销售经理："销售计划已经做好了，我能不能和您谈一谈？"

上司："我马上有一个会要参加，你简单说一下吧。"

原因三：沟通渠道的混淆

应当用正式沟通的事情，却采用了非正式沟通的方式进行，造成了不良后果。

公司每年二月宣布优秀员工升职名单，人事部门通常在一月确定初步人选。人事部职员 A 与销售部职员 B 闲聊时，在 B 职员的一再追问并承诺不外传的前提下，A 职员被迫透露了升职入选的一些内幕，不久，公司内有关升职的传闻沸沸扬扬。职员们纷纷向部门经理抱怨，部门经理纷纷向人事部经理询问，公司正常的工作气氛受到很大影响。

本应非正式沟通的事情，却以正式沟通的形式（在会议上）进行，结果自然是适得其反。

财务部柴经理近来情绪不佳，因为家庭夫妻关系紧张。在一次公司部门经理会议上，总经理以关切的口吻希望各业务部门经理对柴经理要多加体谅，因为"老柴最近遇到了一点小麻烦"。但柴经理对总经理的关切毫不领情，认为暴露了个人隐私。

原因四：缺乏信任

沟通时，双方缺乏起码的信任，从而阻碍沟通的进行。

人力资源部的任经理一直以来就对软件开发部阮经理的人员管理能力感到怀疑，所以，每当阮经理提出用人要求，任经理都想："肯定又是管理不善，把人给挤走了又来要人了。"任经理从心中不愿意和阮经理配合，两人沟通起来不顺畅。

原因五：没有时间

经常会由于种种原因而"没有时间"沟通。

软件开发部阮经理的时间成本

事项	所花时间
要和部门内八名下属每人沟通一次	80 分钟
与外部门沟通一次	30 分钟
与上司沟通一次	60 分钟
与客户沟通一次	60 分钟
参与本部门产品开发	240 分钟
自己写报告、计划	120 分钟
处理其他事务	60 分钟

软件开发部的阮经理一天中工作时间远远超过了 8 小时，因此，平均同每名下属的沟通时间低于 10 分钟，而在这不到 10 分钟的时间内，要解决下属包括技术、心理、生活等各种问题。

原因六：职责不清

有些不良沟通是职责不清、职能划分混乱所带来的。

业务经理："我们要购买专业设备，却要通过他们行政部的人来买，他们根本就不知道设备的价格、性能和供应商，和他们扯不清，应该我们去买。"

行政部经理："公司规定办公设备都要我们来购买。业务部想越俎代庖可不行。"

公司里经常为一些特殊物品的采购而发生争执，应当行政部门管呢，还是业务部门自己负责？彼此之间因为职责不清而扯皮。

原因七：拒绝倾听

人们一般都习惯于表达自己的观点，而很少用心倾听别人的意见。

销售部经理："我之所以认为华南地区的广告投放有问题，是因为我们的人员反映……"

市场部经理："这，我都知道。但是……"

原因八：情绪化

在高兴的时候沟通和不高兴的时候沟通，效果会有很大差别。另外，对其他人的指责和抱怨也会影响到沟通的效果。

财务部小李因家里有事，想早点下班，可是，销售部报来的报表中有一些统计上的错误，小李越看越烦。要在平时，小李也就帮他们改了，然后告诉他们要注意，可是今天，小李却忍不住拿起电话，找到销售部相关人员，气冲冲地说："你们销售部这些人也太……"显然这些指责的、情绪化的表达对于沟通来讲是有害的。

原因九：不反馈

　　销售部肖经理让下属小王与某个大客户洽谈下一步合作的问题。过了好几天，肖经理想起了这件事，不知道有没有结果，就问小王："那件事你回来怎么不和我说一下？"肖经理这种带有批评口吻的说法就是因为小王缺乏反馈所引起的。

原因十：表达不准确

　　语义含混，想说的没说清楚，导致对方理解歧义。

　　下属："他们部门说这件事要赶紧给他们办一下。不过又说，万一我们特别忙，可以再缓几天。"

　　中层经理："他们到底是什么意见呢？"

单元二

表达

没有表达就没有沟通，可以说，表达是沟通的第一步——向其他人阐述你的主张、思想。作为职业经理，你必须明白企业中的沟通要遵循以下表达原则。

选择沟通对象

沟通对象是沟通中最经常被忽视的。当你已经认清你想要表达什么、为什么要表达给别人，以及如何进行表达的时候，你可能会想当然地认为你表达的建议对于其他人来说是绝对重要的，别人理解你的建议应当不成问题。然而，实际工作中并非如此。

听众是你想要与之沟通的对象：可能是购买你产品的顾客；可能是需要听取你汇报的上司；可能是需要你进行指导的下属；可能是组织中同你部门发生联系的其他部门人员；可能是单个听众，也可能是几个或一群听众。总之，需要你去与之沟通的对象多种多样，你必须了解各自不同的特点，有针对性地进行沟通。

选择沟通对象，有两个基本原则。

原则一：按指挥链沟通

原则二：与当事人沟通

沟通对象错位，即应该与当事人沟通，却与非当事人沟通。

错位一：应该与上司沟通的，却与同级或下属进行沟通

人力资源部的任经理对上面交办下来的工作感到非常为难：刚刚经过层层筛选招进来的网络部门的员工，却因为公司经营政策调整要被辞退走人。他感到很不好受。吃午饭时，他和系统集成部的习经理谈起了此事："公司太不负责了。这让我怎么和新员工交代？"

这种问题应当与上司进行沟通，可以直接得到解决的方案，因为沟通对象的错误，将会产生始料不及的后果。

错位二：应当与同级沟通的，却与上司或下属进行沟通

销售部的肖经理对新近人力资源部招来的一批销售代表感到很不满意。在一次同老总的谈话中谈到了此事："不知道现在人力资源部的人都在忙什么，最近给我们招来的人根本就不合适。"老总把这件事记在了心上，在一次部门经理会议上点名批评了人力资源部。人力资源部任经理感到非常气愤，认为销售部觉得招的人不合适可以跟我说嘛，到老总那里告什么状。从此，和销售部有了芥蒂。

应与同级沟通，而错误地与上司或其他人进行了沟通，常常会把事情搞复杂，或是造成当事部门与当事人之间关系紧张。

错位三：应当与下属沟通的，却与上司或其他人员进行沟通

销售部经理发现最近本部门的小王工作不积极，常常请假，他想先向其他同事了解一下情况。于是中午休息时，他对部门的另一位下属小张抱怨道："最近这个小王可成问题了，是不是这样啊？"很快，小张把这件事传给了小王，其他同事也知道了，弄得大家都挺别扭。

切记，解决问题的原则应当是谁的问题找谁。

原则三：按组织规定的渠道沟通

可以按照组织规定的其他沟通渠道选择沟通对象。

沟通的渠道有正式和非正式之分。

正式沟通渠道包括：

• 按照指挥链的沟通；

• 和当事人的沟通；

• 会议沟通。

非正式沟通渠道指私下以及除正式沟通外的其他沟通途径。

在实际工作中，我们常常因为把沟通渠道相混淆，结果把事情搞糟。

错位一：应当会议沟通的，却选择一对一进行沟通

公司近期要改变报销办法，这是一件涉及全公司的事情。但是，老总却认为有必要同每一位部门经理谈谈此事，于是一个人一个人地谈，以每个人 40 分钟计算，8 位经理共花去老总 320 分钟的时间。效率太低了！

对于这样一件关系到各部门的事情还是应以会议的形式来处理，而采用一对一的沟通方式反而使事情复杂化，成员之间相互猜疑。另外，中层经理人员工作繁忙，总是面对各种突发事件，很难单独与下属进行正式沟通，所以更应当注意运用会议这种正式沟通渠道。

错位二：逐级报告与越级申告的混淆

营销副总午休时高兴地拍拍销售部肖经理的肩膀，说："你们最近的工作做得很不错，上次小马（肖经理的地区经理）对我说起他的销售业绩比上一季度提高了一倍。"肖经理感到有些摸不着头脑，暗想：小马怎么没有向我汇报此事？他心中对小马有点不满。

无论是下属还是中层经理，汇报工作应当逐级进行，不可越级汇报，而如果有什么申诉的可以越级进行。

错位三：应当一对一进行沟通的选择了会议沟通

由于职位说明书撰写不当，造成人力资源部招聘来的销售代表不符合销售部的要求。就此事，销售部可以直接与人力资源部进行沟通，商议解决的办法。但是，销售部经理却将此事拿到了部门经理会上。结果是，其他部门的经理只能看着这两位经理你来我往地对话，耽误了会议的其他议程。

错位四：应当是公司内部的沟通却变成了外部沟通

客户向销售部经理提出了延期付款的要求，正巧销售部经理对财务部的一些规定和做法早就不满，于是就着这个话题把公司财务部狠狠骂了一顿："别提了，公司现在乱得很，财务更是不得了……"公司形象在客户心中大大降低。

这种有关公司内部管理等问题应当是内部解决、提出建议，而不能当着外人（客户、供应商、媒体）自揭疮疤。

弄清你与沟通对象的关系

企业中有管理者和被管理者之分，他们掌握的信息不同，决策权力不同，就会出现针对不同对象如何进行表达的问题——不同对象应当采取不同的表达方式。

当你向听众表达观点的时候，你必须使表达与你们之间的关系相适合。

第一种关系：你向下属表达

当你完全拥有权威和信息时，听众就完全处在了被动接受你的观点的地位，这时你可以用"告诉"的方式：你就照着我说的去做吧。听众没有能力提出与你意见相左的看法。这是一种从上到下单向式的方式，可以节省互相交流的时间，要求你的下属完成一项常规性工作时可以采用。

"小张，请把这份资料整理出来，按照这些地址发送出去。"

第二种关系：你向上司或客户表达

当你掌握一定信息，但你的听众却握有最终决策的权力时，你要利用你所掌握的信息去说服听众，引导他们朝有利于你的目标的方向思考，并最终同意你的建议。实际上是你在向听众推销你的想法，你想让你的听众按你的要求做些什么，也就是说，你需要一些听众的参与。

这种情况下，你需要做好充分的准备，特别是对于所"推销"的观点，从不同角度、不同层次向听众展示它的特点和优势；同时，你可能还要学习使用现代营销的方式，为听众着想，否则，稍有不慎，可能前功尽弃，所以，需要耗费大量的时间和精力。在你想要向上司提建议、说服顾客购买你的产品时，你可以考虑这种方式。

中层经理："王总，这是根据前六个月情况做的下半年销售预测以及物料、人员和成本的估算，请您看一下。"

王总："好，放在这儿吧。"中层经理："王总，根据我的估算，我们下半年可以在提高销售的同时，大幅度降低成本开支。"

王总拿起了报告。

第三种关系：你向同事表达

当你期望同其他人对某一行动达成共识时，你与听众双方可能都拥有相类似的信息和权威，你有一个新的想法，你试图使你的听众能够同意你的意见，但你没有足够的力量让听众立即同意你的建议，这时可采用"咨询"的方式，首先征求听众的建议，然后逐渐提出你的建议，经过一定的引导和劝说，双方达成共识。这是一种双向式的、需要平等态度进行沟通的过程，你需要同你的听众交换意见，并控制双方相互作用的过程。在你劝说你的同事支持你的建议等情况下，你可以考虑这种类型的沟通方式。

"我们最近销售额一直停滞不前，请大家想想我们有什么办法可以改变这一状况？"

第四种关系：你向混合听众表达

当你发现有许多和你意见相同的人的时候，就可以省去说服的时间和步骤，而多谈大家共同认可的观点，强调大家共同的利益和要求，寻求更多的共鸣，即使用联合的方式，进行彼此之间的对话。你是在合作，代表部门就共同利益进行沟通。

"大家都有目共睹，公司最近管理上非常混乱，我们必须找到可行的解决方案。"

你同听众进行沟通，还要关注听众目前的态度如何。

听众的态度可能有三种：

• 支持的；

• 中立的；

• 敌意的。

为什么有些人支持你？

持支持态度的听众需要被激发并被告知行动计划，让他们知道他们的重要性及他们能帮助你做些什么，尽你所能使他们的工作轻松并且有回报。

一些人之所以支持你，只因为他们是你的朋友，与你想法的是与非没有关系，不要让这种支持诱使你对其他听众的态度产生错误的感觉，认为你的想法已经得到了很多人的认同。

在部门经理会议上，销售部肖经理提出："要简化费用报销制度，即部门不签字，也能报销。公司现有的费用报销制度需要经过当事人—部门经理—财务经理—主管副总四道手续，而销售部经理由于业务需要，一出差就可能一个月、两个月不在公司，销售部门的员工想要报销只能等经理回来，既麻烦又影响工作。"研发部严经理立刻表示支持。

实际上，研发部很少出差，根本不存在销售部的那种问题。严经理之所以支持这个提议就是因为他与肖经理私交很好，要为肖经理说说话。

另一些人支持你，可能出于他们自身的利益，而与你的动机毫不相干。

系统集成事业部的史经理也对肖经理的提议表示支持。系统集成部为客户设计系统集成几个月不在公司是常有的事。

史经理表示支持是为了他们部门自身的利益。

为什么有些人中立？

持中立态度的听众容易受理性说服方法的影响，使他们参与到事件中来，共同分析、讨论。

需要考虑的是，如果听众对所要讨论的问题已经知道了很多，那么你长篇大论的铺陈就会使听众感到兴趣索然。可能把一个中立者变成敌对者，或把积极的支持者变成中立者。所以，在进行沟通之前，中层经理都应当问自己一些问题：

- 我应概括哪些听众熟悉的信息为自己论证？
- 听众要想理解和判断我的建议，还需要哪些补充信息？
- 我能不能用听众可以理解的语言来表达？

为什么有些人反对你？

持敌意态度的听众可能永远不会支持你，但通过表明你理解他们的观点，并解释为什么你仍相信你的计划，有可能使他们变为中立者。

有时候，听众中的关键成员可能会根据你的建议提出相反的意见，或者可能直接对你的建议予以否决。不管在何种情况下，最好坦白说出自己的想法，虽然你也承认反对者的担忧和他们意见中的优点。

错位一：因为你的成功会使其他同事付出一定的代价

对于肖经理关于简化费用报销手续的提议，行政部邢经理提出了反对意见。现在公司上下有关行政开支方面的费用报销都要找到邢经理，如果简化了报销手续，那岂不是剥夺了他手中的权力？

错位二：上司也许不希望让你更加光芒四射

财务副总也表示不能同意。他心里感到有些不是滋味：这种事情应当是我管辖的范围，你一个销售部经理竟然提出这样的建议？

错位三：同事也许害怕你的工作表现会树起一个迫使他们更加努力工作的标准

市场部经理也表示了不满，说："费用报销是财务方面的事，做业务的还是多关注自己的事。"他心中有些妒忌，为什么自己不先提出这个建议来。

错位四：也许仅仅是不喜欢你

财务部经理平时就和肖经理不和，这时自然是反对了。有些人就因为和你有矛盾，就总是要与你唱反调。反对有时很难克服。在一般情况下，听众不情愿承认他们反对的真正原因，这可能促使他们提出一些非常具有创造性的理由来反对你的计划。

这种情形下，可以考虑的方法是：

· 给你的反对者一条退路——或许通过体现他们的建议、分享荣誉，或在另外一个肯定能成功的事件中支持他们。

· 争取那些拥有更高权威的人的支持。

沟通的内容

对于中层管理人员来说，在一个组织中，他们作为下属，有自己直接和间接的领导；同时，他们也作为上司，有自己领导的下属；另外，他们还要与其他部门的中层经理接触。所以，在日常管理活动中，中层管理者根据所要接触的沟通对象不同，沟通内容可以有：

同上司的沟通

汇报工作

职业经理向上司汇报自己及部门的工作情况。

情况一：完全是中层经理在向上司做汇报，上司可能因为不太了解这项工作，完全处于"听"的状态。

情况二：大部分时间是中层经理在"说"，上司不时问一些重要的问题。

情况三：因为所汇报的工作相当重要，时间非常紧迫，上司会采取主动的态度，不断抛出问题，要经理回答。

向上汇报工作之前，中层经理应当：

• 认真考虑上司可能采取的方式，准备好自己的工作汇报形式。

• 针对完全"听你说"的上司，应当注意汇报工作时条理清晰，有感染力，让上司感觉不枯燥。

• 针对"压迫式提问"的上司，应当在汇报开始之前，特别关注一些上司关注的问题，做好充分的准备。

提建议

职业经理比上司更了解业务的实际操作，对上面订立的规章制度或工作计划目标，会有不同的意见，或者感受到某些情况需要进行调整，这时，就要向上司提出自己的想法，改变上司原来的观点和行为方式。

商讨问题

根据不同上司的性格特征，在掌握事实和一定解决方案的前提下，与上层共同商讨工作中某些问题的原因及其解决方法。

同下属的沟通

命令

"命令"下属做一些事情。命令比自己职务低的人做某件事，可能出于：

· 工作本身的性质。工作本身就非常简单、明了，中层经理和下属之间没有进一步商量的必要。

"小李，把这份文件打印十份。"一个命令更为实用，不拖泥带水。

· 职业经理自身的性格。有的职业经理权力欲很强，一旦自己成为管理别人的"头儿"，就会产生高高在上的感觉，对下属呼来唤去。

· 下属的工作能力较低和经验较少。经理对这项工作非常有经验，而下属又没有什么工作经验的话，采用命令的方式可以使工作更为有效率，下属也不会抗拒。

人力资源部的任经理让新近招来的人事助理去人才中心办理员工保险的事，他告诉助理到中心找谁、需要哪些手续。

批评

下属的行为没有达到预期的目标，或造成了不良的后果，经理就要选择恰当的时间、地点和方式，指出下属行为的错误所在和造成的后果。

讨论

讨论工作的进展，找出更有效的方法完成任务，分析下属所遇到的困难、如何进行克服等，这是一种比较平等的沟通方式。在这个过程中，经理居于主导地位，控制讨论的方向及所要达到的目标。

经理："小李，你对这个设计有什么更新的想法？"

小李："我的想法是……"

水平沟通

职位相同的同事，同他们接触，多为工作上的接触（当然，与同级的经理更可以发展非正式的接触），多采用商谈、讨论以及提建议的方式，找出解决问题、共同完成工作任务的方法，并尽可能照顾到各部门的利益，而不能以"命令"的口吻把自己的想法强加于对方。这里有三种情况：

情况一：你的部门需要求助于其他部门，才能完成工作目标。

销售部需要同生产部、财务部、人力资源部通力协作才能有好的销售业绩。

情况二：其他部门需要求助于你的部门。

公司其他部门都需要行政部门的协助。

情况三：突发事件所形成的部门间的工作关系。

无论与上司、下属还是其他经理沟通，你都应明白，你在与对方沟通什么。选择沟通内容的基本原则：首先是沟通利益，其次才是沟通内容本身。

这个问题是听众分析的核心，成功的管理人员应当站在别人的立场上思考问题，所以，你可以问问自己，如果你处于听众的位置上，什么能激发你提供支持呢？分析听众意味着首先分析你自己，然后才是你的听众，识别出他们支持你所能得到的利益。

不同的听众，利益可能千差万别，但不外乎金钱、尊严、省事、友谊的巩固、获得权威、避免冲突或窘迫、提高地位等，这些利益一般会使工作变得更容易，且处于赢家一边。可以问如下问题：

自我提问一：为什么这种宣布或建议会伤害听众？清楚地找出原因以后，至少表明你理解和同情他们的观点。

肖经理在提出简化费用报销手续之前，可以问问自己：谁会反对他的提议？当然是行政以及总办的经理了，因为简化报销手续意味着削弱了他们手中的权力。

自我提问二：我能否向我的听众证明，不管我的建议是否被采纳，他们都将受到正面的影响？如果能够做到，或许能证明你的方法是众多糟糕的方法中最好的，并证明其他可供选择的策略更糟糕。

肖经理就费用报销的问题在部门经理会议上讲话，他说："我们目前的报销制度对我们大家来说都不是最好的选择。"接着他列举了一些事实，对此各位经理都表示赞同。在分析了各种可能的解决方案之后，他提出了自己的方案，指出这个方案是目前最有效的。

自我提问三：找出听众反对你的理由之后，能否找到缓解对抗的方法？或许可以提出在将来可能得到改善情况的希望，这样做能使你处于听众同盟者的位置上。

肖经理在建议中提出，只要部门经理出差不超过一周，报销时仍然由部门经理签字确认。其他部门经理表示了赞同。

这样就确保了行政等部门经理们的利益。

根据上述步骤进行了听众分析之后，接下来要回顾你的目标，能否仍然确信你的目标是有价值的、能达到的以及值得付出的？你的想法、建议或许在真正有机会推销它之前需要修改？或许可用另外的手段来完成它会更容易获得你的听众的首肯。总而言之，确保你传递给听众的信息前后一致。

常见的误区是，推销内容，而不是推销利益。

许多职业经理认为纯粹的逻辑说服，例如清晰的成本收益分析，就能够说服他人支持某一个行动步骤。然而我们看到，多数情况下这种方法并不被使用或者并不奏效。有力的倡议远远不只是意味着宣布一个清晰、可行的分析结果，它还意味着要解释你的建议与各种听众的担心、利益和观点的关系。

这些听众包括：来自组织不同职能部门的人，公共部门的人员，特定的同事、上司、下属，以及建议需要获得其支持才可能被采纳的其他人。

推销的是利益而不是内容，不管在你看来，这些内容是如何的吸引人、如何的重要和优秀。

职业经理："这种先进的管理系统是目前世界上最好的。技术指标为……能提高公司工作效率 ××%……"

听众预期："这套系统到底能省多少钱？创造多少利润？"

因此，不要问为什么你认为你的想法很棒而没有人理解，而要问："要使听众支持我，他们需要知道或相信什么？"俗话说："讲人家爱听的。"

表达的方式

不良的表达方式

首先应特别注意以下不良表达：

不良表达一：准备不充分

销售部的肖经理正在听取华南地区销售代表的汇报，销售代表反映公司广告在华南地区效果不好，广告的播出时段都集中在下午3点到4点以及晚上的11点到12点，客户根本无法收看到。肖经理马上问市场部经理："你们市场部的广告怎么回事啊，一点儿用都没有。"市场部听后十分反感。

• 在表达之前，应有一个比较完整、系统和成逻辑的计划。对你想要说的事情做到心中有数，特别是要清楚你所要达到什么样的目的和效果，根据所要达到的目的和效果，决定开始说什么、主要的内容是什么；应当如何进行展开，是由浅入深，还是一开始就切中要害；如何结束自己的表达，是自己总结要点，让对方总结，还是暂时得不到什么结果，需要等待听众回去进行思考。

• 没有进行预先的准备，常常导致你在表达过程中，思路混乱，所要表达的内容前后不一致，最后，无法达到自己所要达到的谈话目的。听众听了半天，也不清楚你的真正目的是什么，会非常不耐烦，认为听你讲话是在浪费时间。更为严重的是，听众会误解你的意思，出现与你的初衷大相径庭的结果。

你可能会过分注重自己所要表达的内容，而没能站在听众的角度上思考听众可能的态度，一旦听众的反应出乎"意料之外"，你就会感到措手不及，忙于应付，临时找答案，最后可能发现，你已经偏离了你的本意，或者照此下去，根本就无法达到你的目的。

面对肖经理的质问，市场部史经理说："肖经理，你可要知道下午3点到4点，晚上11点到12点是垃圾时段，广告价格低，而且市场研究表明这些时段是有一些特定人群看电视的，这还是我们部门率先提出来的，广告界给予很高肯定的呢。这个垃圾时段……"史经理给肖经理上广告课了，这可是肖经理没有料到的。

不良表达二：表达不当

即使你事先对所要表达的内容进行了准备，但你常常在表达过程中，不仔细选择用词，在说的时候，不经过大脑的加工，随意说出一些话来，话出来之后，你会突然意识到："我怎么说出这些话了？"

不当的用词包括：

• 不考虑表达对象，语言比较粗俗。

• 一些触到听众痛处的话，比如对方的外号、曾经有的失误、对方不愿意别人知道的隐私等。

会上，老总要经理们讨论对新的财务制度的看法，没有人发言。这时，老总说："来，王揭秘，你说说看。"大家哄堂大笑，王经理很不高兴。王揭秘是他前次捅出公司内部吃回扣问题时别人给起的外号，他因此得罪了不少人，不愿提及此事。

• 在你说到兴头上的时候，可能把不该向听众泄露的信息泄露了出去。

肖经理和行政部的小王中午一起吃饭，聊得很投机，肖经理说："我就看不出你们部门的小张哪点比你强，怎么这次就派他去美国参加培训？"这个消息本来刚刚在公司部门经理会上决定，还没有正式在公司会上宣布。

这样的一些话，一方面泄露了公司的机密，另一方面，很有可能使对方产生其他的想法，传达了错误的信息。

当然，这里所说的只是提醒你，在说的过程中，注意把要说的话先在脑子里过一遍，不要话说了之后后悔。所以，说话不要太快，思考以后再说，没有人会责怪你说话太慢，只会责怪你话说得不对。

不良表达三：不注意听众的反应

在谈话过程中，你可能只顾自己说，不去注意听众对沟通内容的反应。

听众的反应可能来自他们的身体语言：

- 不断地看手表，说明他们可能还有其他的事情要去办；
- 不时改变坐的姿势，可能表示他们对你的沟通不太感兴趣；
- 听众也可能通过急着打断你的讲话，来表示他们另外的想法。

这些都是负面的反应，需要你及时调整谈话思路，快速思考为什么你的听众会如此反应，而从其他的角度、话题着手进行谈话。当然，你也会感受到听众对你的谈话非常关注，他们可能通过把身体朝向你、点头、微笑等表示出来，这些都是正面的反应，说明听众对你谈话的认可，你可以继续这种谈话风格和思路，并利用听众的这种正面的情绪，达到你的谈话目的。如果听众出现负面反应，而你却只顾按照自己的思路一味讲下去，或者虽然注意到了，但不能有效调整自己的思路，那么就无法向听众传达你的信息，当然，听众就无法认可你的信息，你也就无法达成你的沟通目的了。

不良表达四：时间和地点不恰当

进行表达时选择的时间和地点不恰当，也是一个阻碍因素，这种阻碍一方面可能直接就表现在谈话的当时——谈话的地方人来人往，听众听不清楚你所说的话，或听众下面还有重要的活动，你只有很短的时间进行表达；另一方面，不恰当的时间和地点选择也可能出乎你的意料，造成其他的问题。

业务部叶经理手下的一位分部主管，工作一直非常勤恳、认真，最近一家新店的开业就是由她主办的。由于家远，她连续一个月没有回家，但是，开业检查时，却因为店里员工着装不合格而受到了批评，她感到很委屈。叶经理一上班，就把她叫到办公室谈话，这位分部主管说到新店开设过程中自己遇到的困难，不禁哭了起来。这个时候，另一个分部主管敲门进来送一份报告，看到了她正在哭，搞得很尴尬。

不良表达五：错误的"身体语言"

说话时喃喃自语、含糊其辞、拖泥带水，眼睛不看着听众，说话的同时有很多容易令人分心的身体动作：

• 眼睛始终"游离不定"；

• 看表；

• 手里玩笔、小纸条。

这些"小动作"一方面使听众不能集中精力跟着你的话题进行思考，另一方面使听众不重视你的谈话，认为你的心思不在谈话上。

不良表达六：自己对所表达的内容不感兴趣

听众总会通过你的情感流露感受到这一点的。

在这种情况下：

• 如果你不感兴趣，那么干脆别说。

• 出于职责，你必须有所表达时，应当以利益为重。

肖经理请一位客户吃饭。饭桌上又是足球的话题。这位客户是个足球迷，而肖经理却对足球不感兴趣，但又不得不硬着头皮大谈中国足球。

有效表达的要点

• 选择一个恰当的时间。

你自己或委托你的秘书，安排一个时间，使你和你的听众在这个时间里进行交谈，不受外界的影响。如果事情很重要，可以安排一段较长的时间。同时，如果可能，尽量估计一下应使用的时间，告诉你的听众谈话会进行多长时间，并尽量在规定时间内结束。

• 有一个恰当的地点。

思考一下你所要进行表达的事情，什么样的事情需要一个正式的场合，什么样的事情可以在较为宽松或随意的环境下进行交谈。考虑你进行表达的过程中是否不受干扰。一般情况下，同听众以正式的方式进行交谈，需要一个不受干扰的空间，不要一会儿走进一个人要你签字，一会儿来人要你处理其他的事，这样会打断你的思路，同时，也分散听众的注意力，不利于进行正确的表达，有时，甚至会产生其他意想不到的后果。

• 考虑听众的情绪。

• 表达应当确切、简明、扼要和完整。

拖泥带水，说了半天也说不清楚的表达，或是以为你的听众没有明白，一个观点重复了半天，很快就会使你的听众丧失继续听下去的耐心。所以，在你进行表达之前，应尽量做好准备，把要达到的目的、主要内容、如何进行表述等，粗略地组织一下，估计一下需要多少时间，尽可能在这个时间内结束表达。

• 使用听众熟悉的语言进行表达。

• 强调重点。

强调重点可以告诉你的听众，什么内容需要他们格外重视。你可以在重点的地方稍微停顿一会儿，或是重复一下你的观点，或是征询你的听众对此的看法。这样就会避免出现讲了半天，听众听得云里雾里，最后却不知道你究竟想说什么的尴尬局面。

• 语言与形体语言表达一致。

形体语言有时会帮助你加强表达，使你的表达更有力和活泼，但也要注意，有时却会起到相反的作用。

• 在表达的过程中，要花些时间检查听众是否已经明白了你所表达的内容。

尤其对于重点的地方，你可以停下来，问一下你的听众明白不明白，或者采取问相关问题的方式了解听众的状态。如果听众没有完全搞懂你所要表达的内容，你可以再重复一下所说的，或采用其他方法再讲一遍。这样，便于你及时发现问题，调整你的表述方法，虽然这看起来是浪费了时间，但总比花了时间讲了一大堆内容，最后听众没明白来得好。

• 改述或重复。

如果你所要表达的意思对于听众来讲比较复杂，理解起来有一些难度，你可以采用几种不同的方法，从问题的不同侧面进行阐述，或者多重复几遍，直到你认为听众已经明白了你所讲的内容。

• 建立互信的气氛。

　　在表达前、表达中、表达后，最为关键的是建立相互信任的气氛和关系。这样，以上表达的要点才有用。如果大家互不信任，再好的表达又有何用呢？

单元三

倾听

倾听的好处

一说到沟通，人们往往想到的就是"说、写和阅读"。一个人能说、能写，大家就自然而然地认为这个人有很强的沟通能力，能很容易地与其他人进行交流，他说什么，别人就能接受。当然，"能说"确实也是沟通中不可或缺的重要部分，不能很好地"说出"自己要表达的意思，又如何让进行沟通的对方明白你与之交流的目的所在呢？

要成为一名业绩优秀的推销员，没有一张好嘴不行。常有人形容推销员能言善辩，凭着一张嘴，能把死人都说活了。推销员没有伶牙俐齿，怎么能从本来不想购买或还很犹豫的顾客口袋中赚取销售额呢？可是，作为顾客的你，真的会听从推销员天花乱坠的推销，就决定采取购买行动吗？你会喜欢这样的推销员吗？实际上，顾客非常反感那些见到顾客就开始"狂侃"的推销员，他们不给顾客说话的机会，他们的销售业绩并不出色，顾客对这样的销售人员也不喜欢。美国的一项调查显示，消费者非常反感销售汽车的推销员，因为他们总是试图向消费者推销他们销售的汽车。

通过调查研究发现，沟通中行为比例最大的不是交谈、说话，而是倾听。倾听在沟通过程中占有重要的地位，我们花在接受上的，尤其是倾听的时间，要超出其他沟通方式许多。

• "沟通首先是倾听的艺术"。

• "耳朵是通向心灵的道路"。

• "会倾听的人到处都受到欢迎"。

• 松下幸之助说："首先细心倾听他人的意见。"

• 艾科卡曾感慨地说："我只盼望能找到一所能够教人们怎样听别人说话的学院。"

毕竟，一位优秀的管理人员需要听到的至少与他所需要说的一样多，许多人不能理解沟通是双方面的。他认为管理者必须鼓励人们积极贡献，使他们发挥最大干劲。虽然管理者不可能接受每一项建议，但必须对每一项建议做出反应，否则，管理者将听不到任何好的想法。他总结说："假如你要发动人们为你工作，你就一定要好好听别人讲话。作为一名管理者，使我最感满足的莫过于看到某个企业内被公认为一般或平庸的人，因为管理者倾听了他遇到的问题而使他发挥了应有的作用。"

• 美国著名的化妆品公司创始人玫琳凯说："一位优秀的管理人员应该多听少讲，也许这就是上天为何赐予我们两只耳朵、一张嘴巴的缘故吧。"

可以看到，倾听是管理者成功的首要条件。

作为一名在一线拼杀的职业管理人员，每天都要为具体的业务操劳，时间异常宝贵，可谓"一寸光阴一寸金"，哪里有那么多的空闲去听别人瞎侃呢？

而实际上，不管你愿不愿意，你花在倾听上的时间，几乎相当于你用来读、写、说的时间的总和。

倾听有如下好处：

好处一：准确了解对方

对于下属、同事、上司和客户，通过倾听对方的讲话，推断对方的性格、以往的工作经验、对工作的态度和想法，借此在以后的工作中有针对性地进行接触。

销售部的小郭近来工作业绩一直不理想，而且还常常迟到、请假。销售部的肖经理找小郭进行了一次谈话。"小郭，最近工作怎么样？"

小郭避开经理的眼睛，低下头说："还可以。""真的吗？"肖经理继续问，"怎么近来总迟到？上个月的销售额也完成得不好啊。"小郭看了一眼经理："哎，我这个月努努力吧。""有没有什么问题？"肖经理想知道个究竟。"没什么……"小郭欲言又止。肖经理鼓励道："有什么困难就讲出来，千万别放在心里面。"小郭看了一眼经理，又说了起来："上个月……"小郭谈了十几分钟，肖经理明白了。

上面的例子中，肖经理同下属小郭进行交谈，他自己并不急于说一些大的道理，对工作表现欠佳的下属进行批评教育，而是诱导他们讲出真实的想法来，耐心地倾听，希望从中找出事情的原因来。

实际过程中，并不如你想象的那样简单，下属一经你盘问，就会乖乖地说出你期望的东西。在这种情况下，就需要你根据掌握的情况和信息，进行分析和思考，最终找出问题的答案。这一过程，有时往往需要反复多次，特别是对于那些业务骨干的反常行为以及上司的言行等。

好处二：弥补自身不足

俗话说"沉默是金""言多必失"，静默可以帮助我们掩盖很多自身的弱点。如果你对别人所谈的问题一无所知或知之甚少，保持沉默就不会暴露你自己的真实状况，也不用因为说出你不成熟的观点之后，而使别人看轻你的能力。相反，多听对于缺乏经验的管理者来说，可以弥补自己的不足；对于富有经验的管理者来说，可以减少错误的发生。

肖经理对于广告没有市场部经理那么有经验，于是他认真地听市场部经理谈他们的广告设想，而市场经理也感到同肖经理很好相处。

好处三：善听才能善言

让我们反省一下自己，在听别人讲话的时候，你是否迟滞发呆，冷漠烦闷？你是否坐立难安，急于开口？我们常常因为急欲表达自己的观点，而根本无心倾听对方在说些什么，甚至在对方还没有说完的时候，心里早就在盘算下一步该如何进行反驳。以这种消极、抵触的情绪听别人说话，结果会是怎么样呢？

销售部经理向市场部经理抱怨华南地区的广告没有起到促进销售的作用。

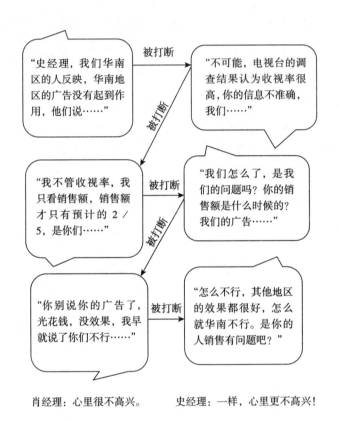

肖经理：心里很不高兴。　　　　　史经理：一样，心里更不高兴！

　　我们常常急于表达自己，而根本无心倾听对方在说什么，甚至对方还没说完，心里早就开始反对。

　　• 只是抓住了对方讲话中的很小的一个方面，就自认为已经完全明白人家所要表达的所有内容，不再去注意对方接下去的内容，而是自己表现了；

　　• 思考怎么样表达自己在听了对方的话之后的感受，或对对方的讲话进行补充，借以显示一下自己的才干；

　　• 思考怎么样驳斥对方的观点，提出自己的观点。

• 寻找对方说话的间隙，赶紧插上几句。

这些都容易让你失去良好的沟通气氛，不能达到沟通的目的。

好处四：激发对方的谈话欲

有利于你了解和掌握更多的信息和情况。对方说话的过程中，你不时地点点头，聚精会神地听，表示你非常注意谈话者的讲话内容，这样谈说话者受到鼓舞，觉得自己的话有价值，他们会兴致盎然。对方的意思得以充分、完整地表达，这不正是沟通所需要的吗?

好处五：使你发现说服对方的关键所在

一说到垃圾时段，市场部史经理就感到非常自豪："垃圾时段可以少花钱，多办事，取得出人意料的效果，这可是我们的一大发明创造……"肖经理认真地听完后说："垃圾时段的开发是一个绝妙的创意。你看，怎样利用垃圾时段或其他形式把销售抬上去? 现在的问题是销售额连预计的一半都没有达到，咱们怎么办?"

多听对方的意见，会有助于你发现对方不愿意明白表露的，或者他自己也没有真正意识到的关键问题；从中发现对方的出发点和弱点，找出关键点，这样就为你说服对方提供了契机。

好处六：使你获得友谊和信任

系统集成部经理有一个特点，那就是他听别人谈话时，神情十分集中和关注，坐姿前倾、点头，时不时夹着"挺好!""请讲!""请接着说!"等，大家都愿意和他沟通。

实际上，人们都非常喜欢发表自己的意见。所以，如果你愿意给他们一个机会，让他们尽情地说出自己想说的话，他们会立即觉得你和蔼可亲、值得信赖。许多人不能给人留下良好的印象，不是因为他们表达得不够，而是由于他们不注意听别人讲话。别人讲话的时候，他们可能四处环顾、心不在焉，或急于表达自己的见解，这样的人不会受到欢迎。心理研究显示：人们喜欢善听者甚于善说者。

为什么不倾听

原因一：没有时间

一种情况是安排的时间过短，对方不能在这么短的时间内把事情说清楚，他可能言简意赅，忽略了许多的细节，需要你仔细去把握。对于作为倾听者的你来说，这么短的时间内既要听清楚对方所要表达的内容，还要明白并做出回应，非常匆忙，容易产生失误。

销售部的小王最近的客户拜访成功率很低，肖经理准备用10分钟的时间和他谈谈。

这种问题用10分钟怎么能够谈得清楚呢？这种沟通起码包括：小王介绍情况，经理要从中发现小王的问题，然后进行指导等几个环节。显然，要在这么短的时间内完成是不可能的，于是肖经理就不可能静下心来听小王的想法，很可能马上就下命令或"支招"了。

另一种情况是在工作过程中的倾听。你根本就没有时间认真倾听对方所要表达的内容，下属临时有重要的事情找到你寻求帮助，事先并没有约定好时间，你正忙着其他的事务，你只是草草地听着对方的简单叙述。

你正接电话，下属进来汇报，你一边接电话，一边说："讲吧！"

原因二：环境干扰

一般情况下，许多经理没有自己单独的办公室，上司、同事、下属都可以随时随地地找到他，而且都是急事。所以，虽然经理和下属整天在一起，但要进行一对一的沟通却很困难。

环境主要从两方面施加对倾听效果的影响：

一是干扰信息的传递过程。

在会议室内向下属征询建议，大家会十分认真地发言，顾虑比较多，只愿意说正确的、不会伤及其他人员的话；但如果换在餐桌上，下属多半会随心所欲地谈谈想法，一些自认为不成熟的念头也会在此得以表达。

二是影响沟通者的心境。

在咖啡厅里上司随口问问你西装的样式，你会轻松地聊几句，但要是老板特地走到你的办公桌前发问，你多半会惊恐地想这套衣服是否有违公司的仪容规范。

原因三：先入之见

在你倾听你的下属、同事或是上司的谈话之前，你可能已经知道了一些事情的原委或经过，你已经有了自己的初步想法，所以这件事对于你来说，已不是什么新鲜事了。这种情况下，谈话者再来向你从头到尾叙述一遍事情的前因后果时：

• 你会感到厌烦，只有很少的耐心继续听下去。

肖经理：又是发明了利用"垃圾时段"的那些炫耀之词。

• 由于你已经做出了自己的判断，对于对方的解释和结论，如果是"英雄所见略同"，你肯定是心满意足；但如果出入很大，你可能会产生抵触的情绪——对谈话人开始反感、不信任，产生不正确的假设，在这种情况下，你又如何能够静下心来认真地进行倾听呢？

肖经理早对市场部经理的"垃圾时段"理论表示异议，现在一听史经理又说到"垃圾时段"，就非常不耐烦。

原因四：急于表达自己的观点

人们都有喜欢自己发言的倾向。发言在商场上尤其被视为主动的行为，可以帮助你树立强有力的形象，倾听则是被动的。在这种思维习惯下，人们容易在他人还未说完的时候，就迫不及待地打断对方，或者心里早已不耐烦了，这样往往不可能把对方的意思听懂、听全。

在下面列举的情况中，你可能更容易急于发表自己的见解：

情况一：对方向你申诉理由

销售部经理："我之所以认为华南地区的广告有问题，是因为我们的人员最近业绩一直上不去，按照……"

市场部经理："你别说了，我都知道。但是……"

如果在这种情况下，你可以稍微给对方一些时间，让对方尽量把他想说的话表述出来，告一段落后，你再提出你的观点，这样可以使对方在发泄之后，平静下来，倾听你的观点。

情况二：对方表达一个你觉得没有意义的想法

销售部经理："在华南地区广告应当是……"

市场部经理：这家伙哪里懂什么广告啊。

如果你是这样认为的，你可能立刻打断对方的谈话，这样做的优点是节约宝贵的时间，缺点是有可能听不到一些看似荒唐、实则有利的新奇想法。

情况三：对方在表达过程中离题

市场部经理："说起广告业这几年的发展嘛，有这么几个特点……"（把话扯远了）

如果是这样，应当打断对方的话，并把谈话引入正确的轨道。

情况四：你有重要的工作要去做

一个重要的客户来访，如果对方的话题重要，你可以约定另一个时间进行交谈。

情况五：对方提出无理的要求

市场部经理："你们华南区的销售人员先把销售拜访的频次增加一倍，再说我们的广告问题。"

情况六：你希望反驳他人强迫你接受的观点

销售部经理："这是你们的广告时段选择不对造成的。"

这种情况下，最好是能够稍微冷静一下，不要急于表达自己的观点；在谈话告一段落后，再以尽量平静的语态表达自己的观点。

原因五：自认为了解了

你不再注意对方的话了，开始东张西望，双手抱在胸前，跷起二郎腿，甚至用手不停地敲打桌面。你这是在向谈话者传递这样的信息："你有完没完？我已经听够了。"谈话者一般在这种情况下，兴致索然，草草收场。

原因六：不专心

在倾听对方的谈话过程中，你没有把心思全部用在听对方谈话，并进行积极思考这件事上，可能在想着要去处理别的工作。

销售部经理："我们认为广告时段是……"

市场部经理："肖经理，你今天的衣服很怪……"

你注意的不是谈话者的讲话内容，而是对方的容貌、衣着，以及旁边其他人员的情况，等等，这样，当然会影响倾听的效果，你只是身体在那里，思想并不在那里。

原因七：排斥异议

有些人喜欢听和自己意见一致的人讲话，偏心于和自己观点相同的人。这种拒绝倾听不同意见的人，注意力自然不可能集中在讲逆耳之言的人身上和言论上，也不可能和任何人都交谈得愉快。然而，如果谈话者会尽量捡你爱听的话说，你如何能够全面地了解实际情况和对方的真实想法呢？

倾听的五个层次

倾听，从低到高有五个层次。

第一层次：听而不闻

这是最低的一个层次。对方讲的话，听见了吗？听见了，知道是怎么回事了吗？不知道。这个层次的行为不是倾听，而只是一种生理行为上的"听"。实际上是浪费了时间，却没有获得实质性的收获。

第二层次：假装听

这一层次的听者可能出于礼貌、出于向上级献媚的心理，或已经意识到作为一名职业管理人员应当具有"倾听"来自下属、同事和上司声音的能力，但是又出于种种的原因，比如工作繁忙、对对方的观点不屑一顾等，假装表现出很理解的样子；或者因为没有掌握倾听的技巧，所以，只能是装出在倾听的样子。他们可能眼睛专注地看着谈话者，不时点一点头以示赞同，但最终的结果是对谈话的内容不得其要领。

第三层次：有选择性地听

听者认为自己的精力有限，不可能总保持高度集中的注意力，所以他们只听他们感兴趣的内容，比如自己感兴趣的话题、同自己观点相同的内容。这时，他们目光同谈话者保持良好的接触，身体前倾，点头，并适时提出一些相关的问题；而对于不感兴趣的谈话内容，则只听不闻。

第四层次：专注地听

听者以投入的姿态面对讲话人，采用开放的姿态，身体向讲话人前倾，保持目光接触和热情的面部表情。认真地倾听讲话，同时与自己的亲身经历做比较。在这个层次上，倾听者专注的还是自我。

第五层次：设身处地地听，即倾听

在这个层次下，倾听者是在用心和头脑来倾听并做出反应，以理解讲话的内容、目的和情感的。倾听者不仅认真听到了对方所表达的谈话内容，并在同自身经历的比较中，产生共鸣。更为重要的是，他们重视谈话者，站在对方的立场上去听，思考对方为什么这样说，要达到什么样的目的，对方的感受是什么，如果换了我会怎样，等等。

倾听的技巧

技巧一：积极地倾听

要求一：集中精力

既然沟通，就应积极投入，做好客观和心理的准备。

具体包括：

• 排除干扰。选择适宜的环境，营造轻松的气氛。

• 随时提醒自己交谈到底要解决什么问题，倾听时应保持与谈话者的眼神接触。

注　意

要适当把握时间的长短，如果没有语言上的呼应，只是长时间地盯着对方，会使对方感到不安。要努力维持头脑的警觉，不仅用耳朵，而且要用整个身体去听对方说话。

要求二：采取开放式的姿态，向谈话者传递接纳、信任与尊重的信号

"请讲。"

"你能不能再介绍一下……"

开放式的态度还意味着控制自身的偏见和情绪，克服先入为主的想法，在开始沟通之前培养自己对对方的感受和意见的兴趣，做好准备积极适应对方的思路，来理解对方的话。

要求三：积极预期

努力推测谈话者可能想说的话，有助于更好地理解和体会对方的感情，但是，"预期"并不等于"假设"，并不是你假设了对方的想法，然后就真的以为对方就是这样想的了；如果你真的相信了自己的假设，你就不会再认真倾听了。

要求四：鼓励

使用带有"鼓励性"的语言使对方尽可能地把其真实的想法说出来，以便于了解更多的信息，采取相应的策略。

"您说的非常有价值，请您再讲下去！"

要求五：恰当的身体语言

给予表达方恰当的身体语言，表明你准备或者在倾听。

倾听的"身体语言"有：

• 可以示意，使周围的环境安静下来；

• 身体坐直，拿出笔记本；

• 身体前倾；

• 稍微侧身面对对方；

• 眼睛集中在对方身上，显示你给予发出信息者的充分注意；

• 突然有电话打进来，你可以告诉对方过一会儿再打过来；

• 不要东张西望，若有所思；

• 不应跷起二郎腿，双手抱胸，这样容易使对方误以为你不耐烦、抗拒或高傲。

技巧二：排除"情绪"

先不要下定论。在谈话者准备讲话之前，你尽量不要就已经针对所要谈论的事情本身下定论，否则，你会戴着"有色眼镜"，不能设身处地，从对方的角度看待问题，以致理解出现偏差。

可能的情绪

情绪	举例
先入之见，导致对对方的话根本无法专心地听下去	"这件事根本就行不通，怎么这家伙又……"
个人好恶	"他的这个话题我根本就不感兴趣，都什么年头了！"
由对对方的个人看法引起	"怎么每次都是这个家伙来诉苦！"
由利益冲突造成	"想和我争？别想！"

要解决这些问题，就要：

• 做好准备倾听与你不同的意见。

销售部肖经理："史经理，我想和您谈一下华南地区推广的事，我们发现了一些情况。"

市场部史经理："好，请讲，我们部门也在关注此事……"

要有心理准备听到不同的意见，不要一听到不同的声音就表现出反感的态度，不想再听下去。

• 抱着友善和体谅人的心情进行倾听，不应抱着冷漠的优越感或试图想从对方的谈话中挑错误的态度。热忱的倾听会给对方更多的关怀和启迪，使对方在真诚的关怀中重新振作起来，以找出解决问题的方法。

史经理："……华南区销售上不去确实令大家焦急，你给我们一点广告方面的建议……"

• 肯定对方，对对方的观点表示理解，但并非表示同意对方的观点。

销售部肖经理："我们认为问题在于……"

市场部史经理："我可以理解。"

技巧三：积极地回应

如果在倾听过程中，你没有听清楚，没有理解，或想得到更多的信息，想澄清一些问题，想要对方重复或者使用其他的表述方法，以便于你的理解；或者想告诉对方你已经理解了他所讲的问题，希望他继续其他问题的时候，你应当在适当的情况下，通知对方。这样做，一方面会使对方感到你的确在听他的谈话，另一方面有利于你有效地进行倾听。

倾听过程中的回应主要有三种表现形式：

• 冷漠——"你说你的，我这里什么反应也没有。"

• 同情——"哎呀，是这样吗？真是太糟糕了。"

• 关切——"真是太糟糕了。我能为你们做点什么吗？你看这样好不好……"

积极地回应应当采用"同情"和"关切"两种形式。

技巧四：理解真义

如何理解真义？

理解对方要表达的意思是倾听的主要目的，也是使沟通能够进行下去的条件。要提高理解的效率，可以从以下几个方面着手：

第一，听清全部的信息，不要听到一半就心不在焉，更不要匆匆忙忙下结论。很多单独无法理解的词句放到整体语境当中就容易被理解，而且听对方说完也是礼貌和尊重的表现。

第二，注意整理出一些关键点和细节，并时时加以回顾。

"它们都有清楚的意义吗？""这些观点有事实依据吗？"如果有疑点，应记下来，准备晚些时候提问。

第三，听出对方的感情色彩。要注意听取讲话的内容，听取语调和重音，注意语速的变化，三者结合才能完整地领会谈话者的真义。

第四，谈话者可能因为一些"背景"因素不便直说一些话。

- 持有不同观点又不便直说；
- 持有不满情绪又不愿表达出来；
- 因个性或面子不愿直说；
- 由于特定环境而不能直说。

分析这些"背景"因素也是倾听中的关键。

第五，克服习惯性思维。人们常常习惯性地对听到的话用潜在的假设进行评价。倾听要取得突破性的效果，必须打破这些习惯性思维的束缚。

下属："经理，我的工作中目前有这么几个困难……"

中层经理："这个家伙肯定又要提什么条件了……"

技巧五：设身处地

站在对方的角度想问题，可以更好地理解对方的想法，赢得对方的好感，从而找到对双方都有利的解决方法。

行政部经理："简化费用报销手续根本不可行，这样无法监督费用的使用情况，很多人会借此乱花公家的钱。"

销售部经理："行政部经理讲的也有一定的道理，而且他也负责行政费用的使用，如果日常行政上的报销也像销售部这样的话，钻空子的事就真不好管了……"

技巧六：学会发问

既然要听懂对方，就要发问。正确的发问方式有以下六种：

发问方式一：开放式发问

能够给予对方发挥的余地，讨论范围较大的问题以便获取信息。即使你不想要答案也要提问，这样可以使你借此观察对方的反应和态度的变化。

常用词语：谁，什么时候，什么，哪里，为什么，怎么样，请告诉我。

"从哪里开始的？"

"你想这为什么会发生呢？"

"你认为有什么其他的原因吗？"

发问方式二：清单式发问

提出可能性和多种选择的问题，目的在于获取信息，鼓励对方按优先顺序进行选择。

"目前，公司员工士气低落，您认为是什么造成的影响？市场环境恶劣？工作压力太大？待遇不理想？"

发问方式三：假设式发问

让别人想象，探求别人的态度和观点，目的在于鼓励对方从不同角度思考问题。

"假设你们事先考虑了这个问题，结果会怎么样？"

发问方式四：重复式发问

重复信息以检验对方的真实意图，目的在于让对方知道你听到了这样的信息，并检查所得到的信息是否正确。

"你谈到的想法是？……"

"你刚才说的是？……"

"如果我没有听错……"

"让我们总结一下，好吗？"

发问方式五：激励式发问

目的在于表达对于信息的兴趣和理解，鼓励对方继续同自己交流。

"您说的……这太有意思了，当时您是……"

"这刚才提到……真是太有挑战性了，那后来……"

"这太令人激动了……您可不可以就有关……"

发问方式六：封闭式发问

目的在于只需得到肯定和否定的答复。

常用词语：是不是，哪一个，或是，有没有，是否。

"过去是否发生过类似的情况？"

"对于这两种方案，你更倾向于哪一个？"

技巧七：避免以下发问方式

• 逼迫式发问。

"你不认为你们总是预想得很好，但效果总是不好吗？"

• 组合式发问。

"我的问题一是……二是……三是……四是……请您分别回答一下。"

• 含糊不清地发问。

"你说……我认为①……，②……，③……，④……，⑤……"

"你们说的我不大明白，然而……可是你能……"

单元四

反馈

什么是反馈

反馈，就是在沟通过程中，信息的接收者向信息的发出者做出回应的行为。

一个完整的沟通过程是这样的：首先是信息的发出者通过"表达"发出信息，其次是信息的接收者通过"倾听"接收信息。对于一个完整的、有效的沟通来说，仅仅这两个环节是不够的，还必须有第三个环节——反馈，即信息的接收者在接收信息的过程中或过程后，及时地回应对方，向对方告知自己的理解和信息的接收状态，以便澄清"表达"和"倾听"过程中可能的误解和失真，从而使沟通双方能够准确地、无歧义地"表达"和"倾听"到信息。

肖经理："……第三，华东区销售额下降与销售代表们没有发展大零售商有关……"（表达）

史经理：（倾听）

史经理："我理解您的意思是，销售代表只注意维护大经销商

而忽视了开拓大零售商……"（反馈）

常见的问题

问题一：不反馈

不反馈是沟通中常见的问题。许多经理人误认为沟通就是"我说他听"或"他说我听"，常常忽视沟通中的反馈环节。不反馈往往直接导致两种恶果：

恶果一：信息发出的一方（表达者）不了解信息接收的一方（倾听方）是否准确地接收到了信息。

肖经理："……第三，华东区销售额下降与销售代表们没有发展大零售商有关……"

史经理：（一直沉默）

肖经理：他到底听明白我说的是什么了没有？他理解了我的意思没有？

在沟通时，我们常常遇到一言不发的"闷葫芦"，你表达的信息往往"泥牛入海"，毫无消息。与这类不反馈的人沟通时，经常会产生种种障碍，最大的问题就是你不知道对方是否准确地理解了你的意思，你根本没有机会通过重复、换一种表达方式、用词等，使对方准确地接收信息，而准确地接收信息是沟通的重要目标。

恶果二：信息接收方无法澄清和确认是否准确地接收了信息。

肖经理："……第三，华东区销售额下降与销售代表们没有发展大零售商有关……"

史经理：（只倾听，不反馈）

肖经理说的意思可能是：

意思一：目前在销售渠道上出现了大零售商（量贩商），而我们仍只盯住大批发商，这种思路有问题。

意思二：销售代表没有发展量贩商是他们缺乏必要的激励。

意思三：与市场部制订的市场推广计划有关，由于市场部的推广活动目前均定位于大批发商，所以销售代表想发展量贩商，有劲也使不出来。

意思四：华东区销售额下降的原因是……

请注意，史经理在接收信息（倾听）时，起码有以上四种理解，到底哪种是肖经理的真实想法和观点呢？这时，最好的办法不是推测，不是猜想，而是通过反馈确认。

史经理："你的意思是否是说我们没有注意到量贩商的崛起这一事实？"

通过史经理的这一提问，肖经理有了澄清和进一步说明他的意见的机会，史经理就可以准确地掌握肖经理的观点了。

问题二：将表达（发表意见）当成反馈

肖经理："……第三，华东区销售额下降与销售代表们没有发展大零售商有关……"

史经理："我的看法正好相反，华东区销售额下降与销售代表没有巩固和开拓批发商队伍有关……"

史经理的发言是反馈吗？不是。

请注意反馈和发表意见的区别

反馈	发表意见（看法）
为了澄清和确认对方发出的信息 例："你的意见是否是说……" "你是否能将你的观点重复表述一下？" "对，我已经听明白了。"	为了表达自己的看法 例："我的意思是……" "我认为……" "你是否知道……"
是对对方发出的信息的回应	可以回应对方，也可以不回应
是在自己认为需要确认和澄清对方表达的准确性时，才通过反馈的方法澄清和确认	在自己想表达看法时
是在自己认为对方需要确认自己对对方发出信息接收的准确性时	在想反驳对方时

常见的误区是，仅仅将发表意见当成反馈。

经常可以听到这样的议论："我们已经将我们的意见反馈给他们了。""谁说我们不反馈？我们经常向各个部门反馈情况。"这都是仅仅将发表意见当成反馈。

问题三：消极反馈

一些消极的反馈，不仅没有促进沟通，通过反馈澄清事实，相反，加剧了沟通中的误解和失真。

"知道了……""我懂了……""大零售商现在是了不得，像苏宁、国美、沃尔玛……"

消极的反馈之所以是消极的，关键在于这种所谓的反馈没有起到确认和澄清对方信息的作用。相反，还给了对方"我已经明白了""你说得对"等错误的、失真的信息。

反馈视窗

沟通有四种区域

区域一：公开区域

这是一个"你知我知"的区域。所有的信息都是公开的，也就是自己知道这些信息，他人也知道这些信息。

这个区域，是良好沟通的结果，也是沟通期望达成的结果。沟通就是要达到公开，达到"你知我知"。在公开区域，沟通双方没有秘密，信息量相等，没有误解，没有障碍。

区域二：隐蔽区域

这是一个"我知你不知"的区域。就是说，就沟通的双方而言，自己了解这些信息，他人不了解这些信息。

由于隐蔽区域的存在，沟通中信息不对称，许多自己了解的信息他人不了解，造成沟通中的误解和障碍。

"单独去拜访一位客户"等工作过程常常属于隐蔽区域。因为拜访的过程只有自己最了解，他人是不了解的，他人也无法了解拜访的整个信息。

由于在许多工作中，上司评价我们的工作或我们评价下属的工作时，往往不仅看结果，即看这次拜访成功了没有，还要看"态度"——努力不努力，积极不积极；看"能力"——会不会拜访的技巧和方法。而"态度"和"能力"主要是通过工作过程体现出来的。由于工作过程的信息常常处于隐蔽区域，也就是处于"我知你不知"的状态，所以，常常导致评价的差异和冲突。自己掌握充分的信息，往往对自己的努力做出较高的评价，而他人不了解情况，往往对自己的努力做出较低的或不客观的评价。

区域三：盲点区域

这是一个"你知我不知"的区域。就是说，就沟通的双方而言，自己不了解而他人了解这些信息，对于自己来说，形成了沟通上的"盲点"——别人看得很清楚，自己却看不见。

盲点区域的存在，说明存在着自己所不了解的信息，由于这种不了解，造成沟通中的误解和障碍。

我们往往只注意下属的缺点。一个报告没有写好，开会发言时话都说不好，衣冠不整就去拜访客户了，一个销售技巧教了几次也没有学会……下属的优点往往就成了"盲点"——看不到下属有什么样的优点。如果不善于寻求反馈，这些"盲点"就大大影响了我们对下属的评价。

区域四：未知区域

这是一个"你不知我不知"的区域。沟通双方都不了解这些信息，对于沟通的双方来说，这是一片未知的区域。

在实际工作中，未知区域是很多的。比如，你和下属沟通时，你们都不了解客户的真正需求是什么，沟通了半天，没有什么成效。这时，需要的是你和下属首先了解客户的需求，然后在此基础上再相互沟通，才能具有成效。

未知区域是沟通中最糟的一种情况。

如何扩大公开区域

显然，公开区域是良好沟通的结果，是沟通双方所期望的最佳状态。沟通，就是努力扩大公开区域的过程。那么，如何才能扩大公开区域呢？扩大公开区域有两个途径：一个途径是"寻求反馈"，一个途径是"给予反馈"。实际上，我们始终处在寻求反馈，又给予反馈的过程之中，这个过程形成了反馈视窗（见图一）。

—— 自我寻求反馈 →

积极地寻求反馈（图一）

所谓寻求反馈，就是主动寻求对方给予自己更多的信息。自己寻求的反馈越多，他人给予自己的信息就越多，自己对外界的了解就越多。

所谓给予反馈，就是自己给予他人信息反馈，以便他人能够更多地了解自己。自己给予的反馈越多，他人对自己的了解就越多。

途径一：积极地寻求反馈

积极寻求反馈，可以扩大公开区域。通过寻求反馈，你的沟通对象将许多他了解而你不了解的信息反馈回来，使你对外界了解的信息越来越多，你们之间的公开区域就越来越多。

请注意，这里的关键在于"积极"二字。就是说，这里的反馈不是被动接收，而是积极寻求的。这一点很重要，因为在沟通中常常存在的误区是：

误区一：所谓反馈就是被动地等别人给自己反馈。

很大程度上，反馈需要你主动地去寻找，特别是在许多还没有良好沟通氛围和良好沟通习惯的公司，每位经理更要积极地寻求反馈，不能等着别人给自己反馈。别人反馈，自己就能多获取一些信息；别人不反馈，自己就只能是一个个"盲点"。

误区二：寻求反馈就是征求意见。

不完全对。征求意见是寻求反馈的一部分，但不是全部。除了"征求意见"，还有"探寻他人对自己表达的理解程度"，"给予自己更多的事实性信息"，等等。

从反馈视窗（见图二）可以看到，积极寻求反馈边界右移，结果是公开区域得到了扩大，盲点区域缩小。如果不积极寻求反馈，边界左移，结果盲点区域会越来越大，公开区域会越来越小。这类中层经理只是埋头于自己的业务或自己部门的事务，不关心周围沟通对象那里发生的事情，消极地对待本来与自己有关的信息，等着别人来告诉自己。这类人的口头语往往是："怎么没有人说起过呢？""怎么早不说呢？""他怎么不告诉我呢？"……

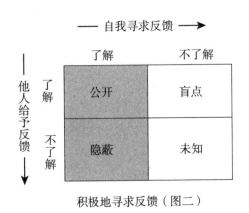

积极地寻求反馈（图二）

但是，在自我寻求反馈的过程中，如果中层经理只是向外界挖掘信息，而没有向他人给予反馈，就会出现公开区域扩大，自我的隐蔽区域同时扩大的现象。对许多经理人而言，在寻求反馈的同时，要注意隐蔽区域同时扩大这个事实。

途径二：积极"给予反馈"

积极地给予反馈也可以扩大公开区域。通过给予反馈，使沟通对象更多地了解自己的信息，使他人对自己的信息知道得越来越多，有助于消除沟通中的误解，有助于他人对自己的准确了解，从而使沟通畅通。

请注意，这里的关键与寻求反馈相同，也在于"积极"二字。这里的反馈不是被动地等着他人前来寻求反馈时才给予反馈，而是主动地、积极地给予他人反馈。

误区一：在他人寻求反馈时才给予反馈。

也就是"拨一下，动一下；拨两下，动两下；不拨就不动"。只要没有他人来寻求反馈，自己是不会主动地给予他人反馈的。

第一种现象常出现在中层经理之间，就是各自以"职责"为依据和借口，"各守边界"，你不过来，我不过去，你不找我，我不找你。

试用期考核这个问题，经常在人力资源部和其他用人部门之间产生一些小小的芥蒂。原因是，试用期考核是由人力资源部和用人部门双重实施的。可是试用期间，新进人员的表现只有用人部门清楚，人力资源部希望用人部门能定期地给自己反馈新进人员的工作表现，用人部门则因工作繁忙"顾不上"，认为"如果你人力资源部门觉得有必要时，就问我们好了，定期反馈，必要性不大，何况定期反馈的许多信息，人力资源部常常连看也不看，让我们白忙活"。两个部门最后都在等……

第二种现象常出现在上下级之间，经常是一些下属不懂得"复命"，不懂得上司最关心什么、最担心什么，干完就完了，等到开会时才汇报，或等出问题时才反馈。

肖经理不在公司，打电话让小王将一份给客户写的"解决方案"从电脑中调出来，立即用 E-mail 发给客户。第二天下午，肖经理还没有得到小王的反馈，打电话回去，小王说已经发过去了，肖经理才放心了。这里，不管怎样，小王应在工作做完后，立即给肖经理打电话，反馈工作结果。

一定要注意，给予反馈一定要站在他人的角度，设身处地，反馈他人关注的、关心的、需要的信息，而不是喋喋不休地向他人发表自己的意见。

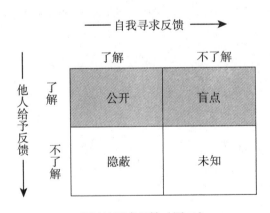

积极地寻求反馈（图三）

从反馈视窗（见图三）可以看到，给予反馈就会导致边界下移，公开区域得到扩大，隐蔽区域和未知区域都相应缩小。相反，如果不能给予反馈，边界就会上移，导致公开区域缩小，隐蔽区域和未知区域扩大，沟通障碍和困难增加。

在给予反馈的过程中，在没有寻求反馈的情况下，从反馈视窗看出，随着公开区域的扩大，盲点区域也在扩大。因此，单纯地给予反馈虽然能扩大公开区域，但是，并不能消除盲点区域。

途径三：积极寻求反馈，同时积极地给予反馈

这是正确的反馈方法，从途径一和途径二中已经看到，单纯地寻求反馈和单纯地给予反馈，虽然能扩大公开区域，但是也会分别导致隐蔽区域的扩大和盲点区域的扩大，并且，不能消除未知区域。只有同时积极地寻求反馈和给予反馈，才是最好的反馈。

从图四可以看出，由于同时寻求反馈和给予反馈，边界同时右移和下移，盲点区域不断缩小，隐蔽区域也缩小，未知区域缩小更多。公开区域比前两条途径都大。

这是最好的反馈模式。

积极地寻求反馈（图四）

如何给予反馈

要点一：针对对方的需求

反馈要站在对方的立场和角度上，针对对方最为需要的方面，给予反馈。

在上例中，用人部门给人力资源部反馈新进人员的试用期表现时，仅仅反馈"该员的表现"是不妥的。因为从人力资源部的角度来看，其期望了解两个方面：一是该人员的表现，二是用人部门的意见。如果没有第二方面，人力资源部难以采取下一步措施。所以，如果仅仅反馈第一方面，就是没有很好地了解对方需求，导致反馈低效率或反馈失败。

要点二：反馈应当明确、具体并提供实例来进行

错误的反馈："小李，你的工作真是很重要啊！"

评述：这种表述方式很空洞，对方也不知道为什么自己的工作就重要了，从而不能给对方留下深刻的印象，用处不大。

正确的反馈："客户非常注重我们报告的外观，外商常常通过报告的装帧来判断我们工作的品质和效率，用我们这份东西，他们要去争取外国公司的巨额投资。小李，你的工作很重要。"

评述：这种对下属的反馈就不是干巴巴的说教，能起到事半功倍的效果。

要点三：尽可能多一些正面的、有建设性的反馈

全盘否定的批评不仅是向对方泼冷水，而且容易被对方遗忘。下属很可能对批评的意见不屑一顾，理由是同严厉的上级无法进行有效的沟通。相反，赞扬下属工作中积极的一面，并对需要改进的

地方提出建设性的建议，更容易使下属心悦诚服地接受。对于大多数人来讲，赞扬和肯定比批评更有力量。

销售部经理："小王，你的工作很有成绩。我这里有个建议，你看对你是否有帮助？"

要点四：进行反馈需要把握时机

市场部的小文找到人事部的杨经理投诉："我在连锁店干得挺好，几天就卖出了四五套门，有一位顾客还特意到店里表扬了我，为什么经理评估给我打了最低分？"他的情绪非常激动。杨经理仔细地听他的叙述，并没有做进一步的说明，只是要小文回去，写一个报告。两天过去了，杨经理找小文进行了一次谈话。

如果杨经理在小文情绪非常激动的时候，告诉小文市场部经理给他打低分的原因，小文肯定听不进去，这样的反馈就不会取得任何的功效，反而可能会加深小文对他上司的不满，也无益于小文改进工作方法。

要点五：集中于对方可以改变的行为

这样可以不给对方造成更大的压力，他感到在自己的能力范围内，能够进行改进。

小罗的字写得不好，但他计算机使用得很熟练，打字的速度很快，那么，当小罗交给你一份字迹潦草的报告时，你可以给予他这样的反馈：建议小罗下次打印一份。小罗认为打字根本没有问题，他会乐意接受你的建议。而另一位小葛，打字很慢，越催他，他越打不快，干脆就让秘书来帮他。

要点六：对事不对人，使用描述性而不是评估性的反馈

你是针对人们所做的事、所说的话进行反馈，通过反馈，不仅是自己，更重要的是使对方清楚你的看法，有助于使人们的行为有所改变或者加强。

"这件事这样处理起来有问题。"而不是："你这个人就是不行。"

要点七：考虑对方的接受程度，确保理解

大多数下属赞赏上司能对他们的工作做出坦诚的和有启发性的反馈，但问题是，这些反馈下属一次能够吸收多少？把反馈的重点放在你认为最重要的问题上，这样因为观点清晰，将确保你尽量少地占用他们的时间。

策划部经理："你这个想法很有创意。"而不是："图案鲜明，很煽情，就好像那天我在……"

有效反馈和无效反馈

有效反馈	无效反馈
建立在信任的基础上，直接谈论真实感受 例："我认为这件事……"	不信任、敷衍了事 例："这件事不错呀，没什么的。"
出发点是帮助信息传送者 具体，举例说明 例："这个项目的好处是一……二……"	出发点是轻视信息传送者 泛泛而谈 例："这个项目就是好。"
描述的 例："这件事在一开始由于……"	评判的 例："这件事从一开始就错了。"
在对方有所准备时提出，而且对方能够改进 例："上面我们谈到销售额，你对此有什么想法？"	在对方无准备时提出，而且对方无能力改进 例："你来谈谈对销售的想法……"

（续表）

有效反馈	无效反馈
及时 对方愿意接受 清楚 例："全面管理发展系统是……"	不及时 对方持防御态度 无法理解
确实 例："华南区的销售代表在上周五通知我这件事……"	不确实 例："我记得好像有销售代表提出过异议。"

如何接受反馈

要点一：倾听，不打断

听比说还难。听是第一位的，作为反馈的接收者，你必须培养倾听的习惯。

向对方传递这样的信息："你慢慢说，我听着。"使反馈者能够尽可能地展示他自己的性格、想法，以便你尽可能多地了解反馈者。

在这个过程中，如果你急于打断对方的话，一是打断了对方的思路；二是由于你的表述，使对方意识到他的一些话可能会冒犯到你，或触及你的利益，所以他把想说的话隐藏起来，并有足够的时间进行伪装，就不会坦诚地、开放地进行交流，你也因此不能知道对方的真实反应是什么。

要点二：避免自卫

你应该有意识地来接受建设性的批评。你的冲动不是倾听，而是设计自我保护的应答。

"别说了！根本不是那么回事！"

如果你打断对方的话以解释对你的限制因素，或者试图引导注意力返回你的目的或兴趣，这种反应会激起对方这样的反应："他根本就不想听我说话！"因此对方就不会认真地对待你。

要点三：提出问题，澄清事实，询问实例

市场部经理："你说我们的广告力度不够，能不能举个例子？"

倾听决不能是被动的，你要提出辨明对方评论的问题，沿着对方的思路而不是指导对方思路，传递出礼貌和赞赏的信号。另外，提问也是为了获得某种信息，要在倾听总目标的前提下，把讲话人的讲话引入自己需要的信息范围。

要点四：总结接收到的反馈信息，以确认对它的理解

"你刚才所说，我是这样理解的……"

在对方结束反馈之后，你可以重复一下对方反馈中的主要内容、要点，并且确认你总结的要点是否完整、正确，保证你正确地理解了对方要传递的信息。

要点五：向对方表明你将考虑如何去采取行动

市场部经理："我们也在考虑你所说的问题，马上会做出个解决方案，到时，我想先和你沟通一下。"

对于同上司的沟通，你可以在结束之后给出一个简单的行动方案，然后，再做出详细的计划。对于同下属的沟通，你不一定要给出一个行动方案，但即使是对于不十分重要的事情（然而对下属来说可能却非常重要），也要稍微表明一下你的态度，给下属一个"定心丸"。这样可以使对方对你感到信任，今后，他们有问题还能够找到你进行坦诚地交流。

要点六：尽力理解对方的目的

销售经理："小王，我看你可以把这个方案放到一边。"实际上是在命令下属停止一项方案的执行。

当你倾听老板或下属的讲话时，如果你不把你的目标暂时放在一边，不把焦点放在他们所想实现的目标上，你就不会完全理解他们。虽然现实的反馈是清晰的，但是可能包含着次要的、微妙的目的。

単元五

如何与上司沟通

职业经理的上司可能是董事长、总经理，或公司的高层管理人员，他们在资历、权力，还有掌握的信息等方面都与职业经理不对等、不对称。因此，双方沟通时就会出现许多沟通的障碍，从而影响职业经理作用的发挥。

常见的沟通障碍

障碍一：只谈问题，不谈办法

平时职业经理总是期望上司多了解自己工作中遇到的困难，但是，却犯了只谈问题、不谈办法的错误，导致上司的反感。

一方面期望上司理解自己工作不容易。

职业经理："李总，现在竞争对手又给经销商两个点的销售返还……华东区又有两个得力的销售代表被人挖走……我们工作起来困难很大。"

一方面倾向于把问题归到上司那里，分散工作压力，把责任推到上司那里。

职业经理："很多问题是我自己根本不能控制的……您看怎么办？"

障碍二：迎捧上司

没有人愿意听到对自己不利的评价，既是领导又是下属的职业经理也是一样，他们惧怕在自己汇报工作之后，领导对自己和工作进行指责："你这个情况怎么能够这样处理！"因此，在同上司的沟通过程中，职业经理小心翼翼，等着领导开口，自己尽量少说话，仔细地揣摩领导说话的意图。

情况一：有不同意见也不提

领导："说说看，你对这个决定有什么不同的看法？"

职业经理：领导说这句话到底是什么意思？他可是对这件事信心十足，早就打定主意一定要这么做了。他问我的想法，只是希望我表示赞同，根本就不是想听我的意见。所以，不能表露自己的不同意见，否则的话，领导肯定不高兴。

职业经理害怕同自己的上司发生争执，于是就顺着领导的意思来说，即使有什么不同的意见，也要先顺着领导的意思说，然后婉转地说上几句，算是点到为止。

情况二：吹捧（变相逢迎）

一方面我们每个人都倾向于使其他人高兴；另一方面，很多人看到，在公司中，拍马屁的人总是能捞到实惠。

职业经理："我认为您的想法太英明了，在您的领导下，我们的销售额肯定会有极大的提高……"

情况三：绕弯子

有些职业经理明知道上司的决定有问题，但又惧怕自己贸然提出不同意见，使领导下不来台，于是采用绕弯子的方式间接地把问题提出来。或者有的时候不知道领导提出一个问题的真正用意，所以就绕弯子来试探领导的意图。

障碍三：自命清高

职业经理面对的是每天的实际工作，他们更注重"工作怎么来做，干好了没有"，他们往往会认为，事情是干出来的。"工作干出来，你当领导的总能看得到，我说多了没用。"很多人对那些有事没事都爱往领导那儿跑的人很反感，不屑一顾，认为他们没有什么真本事，就知道拍领导马屁。所以，他们自己在同上司的沟通中，往往非常被动，领导不找他们，他们就不去找领导。不论有什么问题，都期望自己扛着，自己想办法；而当领导找来时，自己又准备不足，不知道究竟应该说些什么。

总经理让销售部经理与某个大客户洽谈下一步合作的问题，过了些日子，总经理想起了这件事，不知道有没有结果，就找来销售部经理："合作的事你到底办得怎样？"

销售部经理："嗯……反正合作的事一切顺利。"

总经理："你怎么不早通知我一下？"

障碍四：归罪于外

职业经理可以控制自己部门以内的事情，但却不能控制部门外公司的事情，出现问题之后，不是冷静地总结经验和教训，而是冲动地、不自觉地把问题的根源向外推：

• "那时，要是听我的就不会有问题。"

- "公司的管理不行。"
- "这个东西根本就不行。"
- 归罪于计划制订有问题。
- 归罪于过去的事情别人没有处理好，影响了现在的工作。
- 归罪于任务多、压力过重。

这样就在沟通中形成了一道"屏蔽"，将正常的、有助于解决问题的信息挡在了外面。

最近的销售情况不太好，肖经理很容易这样想：

- 上司瞎指挥，月初说他认识的一位大客户要从我们销售部进一大宗货，可是根本没成，大客户泡了汤；
- 库房不配合，运输跟不上，周转速度慢，销售额当然下来了；
- 财务报销上推三阻四；
- 缺人手，人力资源部却不给我们招人；

......

障碍五：关注点不对称

一些经理只需要对部门的工作负责；上司想的是整个组织的状况，一些经理可能会抱怨组织中其他部门的工作效率，上司并不一定不知道，但需要权衡生产、销售、财务、人事等各个部门协调运作，以此达到组织的目标。

职业经理关心的是：

- 是否回款了？
- 支出是否报销了？
- 这个月、季度、年的销售额如何？
- 部门人员的销售奖金能不能有？

• 埋怨销售出去很多，奖金却迟迟不能发到手里。

老板关心的是：

• 公司现金流有多少？

• 人事安排。

• 决策上，上司要考虑整个经济形势、行业政策、竞争者的动态、组织的发展规划等。

上司关心的事情，很多职业经理是不会知道的。有的时候，年初刚刚制订的部门计划，领导说变就变了，职业经理会感到非常不理解："我不知道你为什么要这样干。""瞎吹，这样怎么能行呢？"

障碍六：信息不对称

高层掌握较多信息：

• 公司发展下一步的战略调整；

• 董事会／股东会的关系以及他们对公司的期望和要求；

• 与相关政府部门／相关行业管理部门的关系；

• 公司的产权结果调整，资本运营，收购兼并；

• 公司的资产、负债、现金流量；

• 公司的重大人事调整事项；

• 公司的新部门设立，以及新业务的开拓；

……

经理们掌握较多信息：

• 下属的工作情况；

• 重要客户的情况；

• 计划的进展状况；

· 在开展业务时遇到的具体困难和问题；

· 与各部门的配合和协调中所产生的问题；

· 技术机密；

· 专业性方面，比如人力资源部经理对人力资源管理有较多的信息，软件开发部经理对软件开发及技术拥有较多的信息；

· 自己的工作状态。

由于职位的缘故，上司掌握的是公司战略发展的信息，而中层经理由于直接面对工作、直接进行操作，必然更为了解工作的过程。

与上司沟通的形式之一：接受指示

接受指示、命令、决定是职业经理人与上司沟通的基本形式之一。在这种沟通中，常见的问题有：

问题一：突然

一些经理没有搞清这次同上司沟通的目的是什么，不知道是不是要接受指示。上司突然招你过去谈谈，你全然不知要谈什么：和我商量部门的工作？听我的工作汇报？批评或是表扬我的工作？心里七上八下：听汇报准备得不充分；商量工作，不知道商量什么；又害怕听到领导的批评，因而没有做好准备进行"倾听"。只好是花费时间和精力，先"云里雾里"地听领导说，心里才慢慢踏实下来，明白领导的意图是什么。

解决这种问题的方法就是，事先同领导约好时间、地点以及谈话的内容，充分准备，这样才能保证倾听的效果，明确沟通目标，节省沟通成本。

问题二：指示不明确

总经理说："公司最近风气不好，你们总办要把这个问题抓一下。"

总办主任现在遇到的难题是，总经理说的"风气不好"到底指的是什么。

总经理下达的这个指示，是不明确的、含糊的。

那么，总办主任在接受这类指示时应该怎样处理呢？为了明确总经理的指示，总办主任需要同上司就以下问题进行确认：

• 为什么要纠正风气不好的情况？要达到什么目的？
• 在什么时间内完成老总的指示？
• 风气不好究竟指的是什么事？
• 哪些地方需要予以纠正？
• 是否由总办负责此项工作？
• 如何抓公司的风气问题？

问题三：是商讨问题还是做指示

总经理说："李主任，公司最近风气不太好啊，你们总办看怎么样把这件事抓一下。"这时对于总办主任，他首先要明白老总是在做指示，还是在与他商量这件事。

可以通过发问的方式来解决这件事。

总办主任："老总，对这件事您是要征求我的意见，还是您现在已经有成熟的想法，要总办把这件事抓起来？"

问题四：没有很好地倾听

没有很好地倾听，可能由于：

情况一：一些经理还没有进入角色，仍然在想着他自己的工作。

情况二：个人的好恶，或者利害关系。

有时，领导做了一个指示，很合自己的意思，就很像就此表达自己的想法，导致没有听到领导更多的指示。

总办主任："老总，你说得太对了，这件事早就该抓一抓，我有很多想法和看法，您看这件事要抓的话，是不是先……"

这时，总办主任所犯的错误是：

• 还没有听完老总的话；

• 未通过发问明确老总的指示究竟是什么；

• 没有搞清楚老总是在与他商量问题还是下达指示。

问题五：单向

老总："人力资源部的工作是……销售部完成……市场部……都听清楚了没有？好，散会！"

针对采取"我要你干什么你就干什么去"态度的上司，如果一些经理对指示存在疑问，仍然要找时间同老总进行确认。否则，可能会出现三种结果：

第一种：上司可能认为再这么争下去也不会有什么结果，于是，"那就过两天再说吧"。一是使下级和自己就此事再考虑考虑；二是可能就此不了了之，不再提这件事了。

第二种：上司经过考虑，觉得一些经理的想法不无一定的道理，于是，"你先拿出个计划来吧"，预示下次的沟通转变为同一些经理商讨问题。

第三种：上司认为自己的权威受到了挑战，火冒三丈，采取强压的办法。"我要是知道怎么办的话，还要你有什么用！有什么困难，自己想办法去。"

那么，接受指示正确的沟通原则应当是什么呢？

• 倾听。

• 在进行沟通之前，首先应同上司进行确认，明确指示的时间、地点。

• 明确指示的目的，随时注意，防止沟通演变为诸如商讨问题、向上汇报工作、上司进行工作评价等其他的沟通类型。

• 对上司的指示进行恰当的发问，以最有效的方式同上司就重要问题进行澄清。

• 既然是接受指示，就应当先将指示接受下来。即使有什么问题，也不要急于进行反驳，特别是一些资深的中层经理接受指示时总会抱怨："他们部门不配合……"发一大堆的牢骚。想想看，如果总是这种态度，领导会怎样看待你，你的位置是否能够保得住？

• 除非得到上司的认同，否则不要在这个场合与上司进行讨论和争辩。这是因为，刚刚听到上司的指示，你立即反应，可能会因考虑不周，对问题阐述不清，既不能说服上司，又容易引起他的不快。如果得到允许，可以概括几个问题同上司进行商谈，如果没有想好问题，最好先不要急于表达自己的观点，可以同上司确认下一次的沟通时间，进行商讨。

另外，一般来说，如果接受指示的时间很短，要在很短的时间内把问题搞清楚，也不现实。当然，如果上司的指示非常简明，那么，应当进行反馈，再行确认，当场明确下来。

与上司沟通的形式之二：汇报

向上汇报对于职业经理来说涉及如何进行有效表达的问题。表达时首先应分析你的听众是谁，其次考虑进行表达的过程中是否不受干扰。在进行表达之前，应尽量做好准备，把要达到的目的、主要内容、如何进行表述等粗略地组织一下，估计一下需要多少时间，尽可能在这个时间内结束表达。要使用听众熟悉的语言进行表达，注意强调重点；要使语言与形体语言表达一致。在表达的过程中，花些时间检查听众是否明白了你所表达的内容。

向上汇报中，上司与职业经理的期望是不同的。

对于上司和职业经理来说，工作进度和结果以及相应的指导和建议是两者所共同关注的，但两者关注的问题也有不同，这主要表现在以下几点：

上司的期望是：

• 部门、职业经理工作的进度和结果；

• 通过听取工作汇报，给予职业经理新的信息和工作指示；

• 从原来设定的工作目标角度来审视工作的进度和结果，进行工作评价；

• 给予理解和鼓励。

汇报工作的中层经理的期望是：

• 向上级描述自己的工作结果；

• 通过工作汇报得到上级的指导和建议；

• 获得说明自己和部门工作好与坏的机会；

• 得到领导积极的工作评价。

两者的差异

差异一：出发点的差异

职业经理期望通过工作汇报，说明自己和部门是如何完成这件工作的，遇到了什么困难，是如何克服的，他们为此付出了多少的辛劳，希望上司能够给予理解和肯定，给予自己积极的评价，所以，他们更为重视的是工作的过程。

上司更为关注的是下级工作是否能够按照原定的工作计划，达到预定的工作目标，他们对结果更感兴趣，而且也没有多余的时间听取下级描述怎样进行工作。

因此，在很多情况下，职业经理埋怨上级只重结果不重过程，不体恤自己的辛劳，"自己真不容易"。上司却埋怨下级汇报工作啰唆，没干什么却把自己夸得像朵花。"在这个职位上，那是你应当干的！""过去，我也是这么干过来的，有什么好炫耀的！"

差异二：评价的差异

上司容易发现下属在工作中的不足，特别是对自己所期望的地方更为关注，如果下属没有达到预期目标，得到的评价会很低。一般情况下，上司只关注结果，而很少对过程加以关注。

职业经理对自己的结果给予较高的评价，希望从上司那里得到公正的评价。所谓公正的评价就是即使自己在某些地方没有做好，或者没有达到预期结果，也希望上司对自己的工作态度和努力予以较高的评价。

差异三：表达中的差异

评价的语言中带有感情色彩，容易引起误解。领导可能认为如果说重了，会打击下级的工作积极性，所以就间接地提醒下级。

• 工作评价中，上司面带微笑，拍着下级的肩膀说："好，总的说来不错。"

• 上司对于你的工作汇报，点了点头说："好，总的说来不错。"

• 上司说："好，你的工作总的说来还不错啊！"

这三种表达方式听起来没有什么区别，但是，他们分别代表了上司的三种态度：

第一种是肯定、鼓励性的；

第二种是不偏不倚、中性的；

最后一种是话里有话的，表示的是负面的评价。

如果职业经理没有领悟到上司说话的真正含义，将第三种评价当成领导真心的肯定，就会造成理解的偏差，得到错误的信息。等到上司责备他工作做得有问题的时候，他会感到很茫然："那天不是说好了吗？怎么现在又说不好了呢？出尔反尔。"

汇报的要点

要点一：职业经理向上级汇报工作时，应客观、准确，尽量不带有突出个人和自我评价的色彩，以避免引起上司的反感。

不恰当的——

总办主任："经过我们总办的努力，我们彻底清除了公司这种风气不正的现象。"

恰当的——

总办主任："由于各个部门的配合和全体员工的支持，我们总办较为圆满地完成了这次纠正公司风气不正的任务。"

要点二：汇报的内容与上司原定计划和原有期望相对应。

不恰当的——

总办主任："这次不仅纠正了公司风气不正的问题，还把公司各部门工作的流程和工作关系理顺了……"（原定计划中根本不包括理顺工作流程和工作关系的任务，和本次汇报没有关系）

要点三：不要单向汇报。

一些经理认为汇报就是向上司介绍自己的工作和想法，很少寻求反馈，也很少确认上司是否清晰地接受了自己的汇报。

不恰当的——

"我的工作汇报完了，请您指示。"（这时，实际上首先要确认上司是否准确地听取了汇报，中间是否有歧义的地方，模糊的地方）

恰当的——

"我的工作汇报完了，有不清楚的地方请您指出来。"

要点四：关注上司的期望。

对于上司所关注的重点，应重点或详细进行汇报。

职业经理要注意调整心态，从上司的角度来看待工作和评价。虽然每个人都期望自己为工作所做的努力及其成绩得到上司的认同，并给予较高的评价，但是，并不是每次都能达到自己的预期。所以，对于职业经理来说，要尽量与上司看问题的角度保持一致，不要有不切实际的奢望。不仅如此，组织管理原则也赋予上司最后的决定权，我们必须以上司对我们工作的评价作为最后的结果，至于他的评价对与不对，应当另外讨论。

总办主任："在公司的不良风气中，最突出的是下午不按时上班，很多人总要晚十来分钟，对此我们采取了以下措施……"（这个现象是老总所深恶痛绝并在原计划中重点提出的）

要点五：及时反馈。

对于上司做出的工作评价，如果你有不明白之处，应当当场反馈，加以确认，从而获知上司评价的真实意思，这样就不会出现虽然上司不满意你的工作，但没有明说，而你却自认为得到了领导肯定的误解，造成沟通的障碍。

经理："我们的……您认为还需要再加以改进吗？"

与上司沟通的形式之三：商讨问题

上下级之间商讨问题，应当本着开放、平等和互动的原则进行，但是上下级之间本来就存在着等级关系，实际上很难做到真正的平等、互动，所以，就需要在商讨问题的过程中时刻注意把握分寸，保持良好的沟通环境。

上司首先抛出问题时

职业经理可能的状态是：

• 正合我意。"公司中的风气早就应该抓一抓了。"

• 抵触。"公司风气不是一直很好嘛，我怎么就没有发现问题？"

• 没有准备。"什么！公司的风气怎么啦？"

• 揣测。"老总怎么提到了公司的风气问题？"

上司首先抛出问题时的沟通原则

原则一：重大问题，事先约定。

老总抛出了问题："老李，公司最近的风气可不太好啊，你看看我们怎么办？"

像这样一个重大问题，如果老总没有事先与你约定，你可以说："您这件事是否可以让我考虑一下，您希望最晚什么时候和我沟通这件事？"

原则二：讨论问题时，对事不对人。

原则三：注意形成决定的权限。

一次讨论可能当场形成决议，也可能形不成决议。如果当场形成决议，注意这个决议是由谁做出的。应当按照各自的权限做出决定。

在这里常见的误区是，本来可以由中层经理自行做出的决定，可能由于场合的关系，常常也由上司决定，或者中层经理请示上司做出决定，导致将来的责任不清，相互埋怨。

总办主任："老总，您看我们是不是先抓一抓中午不按时上班的事？"

老总可能有两种处理办法：

一是："这本来就是你们应当处理的事，按照制度执行。"

二是："这次纠正风气不正的工作，抓中午不按时上班根本没有用，要抓你们一起抓，要狠狠地抓。"

过了一段时间，纠正风气不正的这项工作，由于一些原因还没有开展，可能出现如下抱怨：

总经理："老李，中午上班不按时的事，你们怎么还没有抓啊？"

总办主任："老总，您当时说只抓中午上班根本没用，抓风气不是要一起抓吗？"

实际上，抓上班不按时这件事完全是总办主任的职责，根本不用上司做指示。

原则四：注意与接受指示相区别。

在与上司商讨问题时，最容易出现的倾向是上司下指示，职业经理等着接受指示。如果出现这种倾向，商讨问题就失败了。

　　总经理："老李，你对这件事有什么想法？"

　　总办主任："您指示吧。"

经理首先抛出问题时

上司可能的状态是：

• 没有准备。

• 我现在很忙，另外再找个时间谈吧。

• 正合我意。

• 听。

• 反感。"怎么又把这件事提出来了？"

经理首先抛出问题时的沟通原则

原则一：重大的事情事先约定。

　　总办主任："老总，关于整顿公司风气的问题，我能什么时间和您谈谈？"

原则二：上司不愿意讨论时不勉强。

　　总办主任："老总，公司的风气我觉得不大好，您看您有什么办法可以抓一抓？"

　　总经理："这事咱们以后再说吧。"

　　这时，总办主任可能犯的错误是："老总，这事可不能等啊，公司再这样下去可不行啊！今天要赶紧讨论一下。"

原则三：注意当场形成的决议的严密性。

　　在企业中，由于时间紧，对问题的讨论都是匆忙中进行的，最容易出现不严密的地方。

　　总办主任："老总，中午不按时上班的，我们能不能在公司的公告栏中予以曝光，同时，对迟到几分钟的，我们也按照早上迟到的规定来罚款？"

总经理："行，就这样办。"

事后发现，公告栏曝光，有很多外来的客户看到，公司的形象受损，负面作用更大。对于迟到几分钟的予以重罚，在公司的制度上也找不到依据，下面议论纷纷，意见很大。

原则四：重要决议事后确认。

原则五：就事论事。

总办主任："风气不正的现象愈演愈烈，我认为都是这几个新来的销售经理把风气给带坏了。"

这就不恰当，本来讨论的是事，而现在却成了对人的议论。

职业经理每年与上司商讨问题的机会可能会有几十次，但成功的不多，原因在于上下级差异导致商讨问题失败，不能开放、平等、互动地进行。以下因素可能导致商讨问题失败：

- 上司滔滔不绝，变成一言堂；
- 上司将商讨问题变成了下达指示；
- 职业经理将商讨问题变成了"吐苦水"；
- 职业经理将商讨问题变成了工作汇报；
- 职业经理将商讨问题变成了接受指示。

讨论问题的原则

- 平等、互动、开放。
- 正确扮演各自的角色，双方按各自的权限做出决定。上司不要过分关注本该由下属处理的具体问题。
- 切忌随意改变沟通的目的，将商讨问题转变为上司做指示，对下属工作进行评价，或下属进行工作汇报。

• 事先约定商讨的内容，使双方都做好准备。

• 如果当场做出决定，事后一定要进行确认，避免由于时间匆忙、考虑不周而出现偏差。

与上司沟通的形式之四：表示不同意见

职业经理对于一个指示、一个事件有不同意见要明确表达时，最容易出现沟通障碍。

倾向一：强加于人

一些职业经理也会犯强加于人的错误，把自己的意见强加于自己的上司，如果上司不同意、不接受，自己就会不满、发牢骚，或采取各种办法迫使上司接受。

总经理："你们说的最近公司风气不好的事情没有那么严重吧？"

总办主任："老总，你可不能不支持我们的工作啊，这个问题再不解决，我们总办干脆解散算了，我们还干什么？"

倾向二：辩论

一些高学历、技术出身的职业经理，在发表不同意见时，最容易出现的问题是，不是我的对就是你的对，看真理在谁的手里。

总办主任："老总您这件事说得不对，公司的风气还不严重啊？这直接关系到公司的发展和在客户心中的形象问题，不严重的这种看法本身就是问题。"

这样，当提意见的时候，很容易在对与不对、好和坏、同意还是不同意之间画一道鸿沟，造成人为的割裂。表示不同意见是为了增进上下级之间的沟通，辩论这种方式很难达到沟通的初衷。

倾向三：反正我说了

"我说了，听不听是上司的事情。"这是一种纯粹的表达，不期望上司会对所提出的不同意见有什么反应。很多工程技术人员往往会抱着这种观点，在技术实验中发现问题，他们会出具报告向上反映情况，这种报告很可能被上司忽视掉，等到出了问题才被想起来。但工程技术人员的职责，使他们必须提出自己对某件事的看法，无论会得到上司的反馈与否。

倾向四：情绪化

公司每天要复印的文件很多，复印纸的用量很惊人，销售部肖经理看在眼中，感到问题很严重，很多人把用了一面的纸当废纸扔掉，还有人复印时没有计划性，今天想起来了，印上一大摞，明天又说用不着了，全部废掉，浪费太严重了。肖经理把这件事向上面做了反映。过了一个月，上面也提这件事了，但公司复印纸浪费问题还是没有得到什么改善。一天，上面召集部门经理开会，希望大家多提建议，肖经理一肚子火说："还提什么，我上次提的复印纸的事不了了之，没人搭理，我再也不提什么建议了。"

肖经理这种想法到底对不对？

上司对各种不同意见的处理，可能出于不同的考虑：

第一种情况是上司官僚主义，对下面的意见不重视，根本没放在心里。在这种情况下，因为上司掌握组织的全局，考虑的问题较为全面一些，他可能认为所提出的问题不是组织的当务之急，可以放到以后再说。

第二种情况是，可能你所提出的问题同你的工作没有什么太大的关系，或者根本就不是你的权限之内的事情，上司认为虽然你提出了不同的意见，但是没有必要同你反馈，告诉你这件事会怎样来处理。

在上面的案例中，肖经理是销售部经理，主管的是销售方面的工作，复印纸的事情应当是行政部门的管理范围，所以，上司认为同肖经理就复印纸的事进行商讨、反馈没有必要。

但是，为了鼓励肖经理提建议，上司在这里也应适当地有所表示，表明自己知道了下面的建议，但认为没有必要同他再就此谈下去，以避免与他谈论其他部门的管理事情。

第三种情况就是，上司很反感下面总提建议，产生抗拒的心理："怎么老是你提什么不同意见呀？"于是，不客气地甩出话来"这不是你管的事"，或者敷衍了事。

职业经理表达不同意见应遵循的原则

• 表述意见应当确切、简明、扼要和完整，有重点，不要拖泥带水，应针对具体的事情，而不要针对某个人。

• 注意自己的位置和心态。向上司反映的某些事如果超出自己的职权范围或者根本与本部门没有太大的关系，就不要过分期望上司一定会向自己做出交代和反馈。

• 不要强加于人。

• 不要形成辩论。

单元六

职业经理之间的沟通

经理间的沟通为什么难

与上司沟通、与下属沟通、经理间沟通三种沟通中，经理间沟通是最为困难的。那么，为什么它是最困难的?

原因一：经理们都过高地看重自己部门的价值，而忽视其他部门的价值

看看各个部门是如何看待自己，以及其他部门是如何看待这个部门的。组织内必须有部门间的合作，才能体现部门的价值，实现组织目标。就像一个人，全身只有作为一个整体，手才能那么灵活，脚才能那么轻快……

各个部门之间是平等的，互相依赖，互相依存，不存在哪个部门价值大、哪个部门价值小的问题。除非是臃肿的、与组织目标的实现无关的部门。

误解一：自己部门的价值最大。

几乎所有的职业经理都认同自己的部门，认识到本部门在公司中的功能。但是，由此认为别的部门没有自己重要，从心里看不起某些部门，显然是一个误解，或者说是一个很大的错误。

误解二：部门的平等只是级别的平等。

原因二：不能设身处地对待其他部门的工作

无论你从事的是市场、销售、生产、人事、财务还是研究开发，你都会发现，你的自我评价与其他部门对你的评价相去甚远。但是作为一个整体，各部门之间、同事之间的合作却是唇齿相依，缺一不可的。那么，为什么会出现这种现象呢？

销售部的小张急匆匆地找到部门经理："肖经理，您看怎么办？我好不容易发展了一个新客户，人家要的货我也早就填了单子交给了厂里，让他们抓紧时间把货给人家发过去，可是，都过了一个半月了，客户还没有收到货，人家都来电话催了好几遍了。找到张厂长，他们说没货。经理，您说说，这不是要命吗？以后人家还怎么会买我们的东西呀？"

肖经理一听火也直往上蹿："厂子里是怎么回事？我找他们去！"肖经理越想火越大，厂子里是按计划生产的，而这些货的生产计划早已定了，怎么又出问题了！我们的销售人员好不容易才拉到的单子，都要毁在他们的手里，他们每个月倒是有工资保证，我们的收入可全都指望着单子做成了才能拿到钱啊。

张厂长听完了肖经理的一番抱怨，他的火也一下子着了起来："你也不能把你们完不成销售额的责任都推到我们的身上，你有怨气冲我来，我有火冲谁发？我们也希望货赶紧到啊！可最近全国海关打击走私，供应商将价格提高了40%，老总让我们先别发货，我们的工人都歇着了，我还着急呢！"

一出现问题，马上就把责任推到与自己相关的上游部门去，却很少想到其他部门也有他们的难处。这样，各个部门之间就容易产生矛盾，谁都认为自己有道理，对方没理。其实，谁都想将自己的工作做好，如果能设身处地地沟通，即使有困难，大家也都会有很好的解决方法的。

原因三：失去权力的强制性

其实，并不是上下沟通容易，水平沟通难，而是上下沟通中，上司运用权力进行沟通，强制下属执行，从而掩盖了沟通中的许多问题。这说明，水平沟通对于双方的沟通能力提出了更高的要求。

在指挥链中，同级的职业经理处于水平位置，相互之间除平等的沟通外，难以用命令、强迫、批评等手段达到自己的目的，不能像对待不听话的下属那样，拿着"大棒子"来对待同事。

原因四：职权划分的问题

公司的市场部负责公司产品的市场推广、广告投放、市场调查等工作。这一职责是十分清晰的，但是在区域市场上，又与销售部的职责发生重叠——市场部的一些部门职责需要通过销售部的销售代表来完成，而销售代表又隶属于销售部，这样造成职责划分不清，时常出现矛盾。

部门之间出现问题的时候，很多职业经理不认为是沟通的问题，而认为是诸如部门划分、权限划分、职责划分上面的问题。

其实往往是沟通问题，而不是职权划分问题。

原因五：人性的弱点——尽可能把责任推给别人

人力资源部将要招聘一名产品经理，任经理找到产品部的平经理，希望平经理做出一份职位说明书。平经理想：让我写一份，等到以后人招来了不合适，人力资源部又该把责任推我这儿了。于是说："写职位说明书，你们人力资源部是专家，我只能大概说一下我们的要求……"

就这么一件简单的事，大家经常踢皮球，缺乏整体的观念，不能从组织的利益出发，都不愿担责任，最后是工作没效率，搞得大家都不太愉快。

原因六：部门间的利益冲突——唯恐别的部门比自己强

公司手机事业部与电脑事业部经常打架。因为这两种产品的经销商大部分是重复的，经销商多销售手机就会影响到销售电脑。

这种现象在存在业务竞争的组织中尤为明显，甚至会波及部门员工导致员工之间相互保密、攀比。

经理间沟通的三种方式

经理之间如何进行沟通呢？这里有三种方式可以选择：退缩的方式、侵略的方式和积极的方式。选择恰当的沟通方式，可以实现良好的水平沟通。

方式一：退缩

面对柴经理的要求，肖经理考虑到自己不答应，势必影响以后同财务部的关系，报账就会带来很多的麻烦，于是他的回答是："我现在实在没有空。嗯，不过，我可以想想办法，加个班。没关系的。"

实际上，肖经理自己享有准时下班的权利。

沟通中的退缩方式是指不能挺身维护自己的权益，或所用的方法不当，无法唤起别人的重视；表达自己的需要、愿望、看法、感受与信念时不自信，而是感到很愧疚，显得心虚、压抑；无法坦白表现自己的需要、愿望、意见、感受与信念。

退缩行为的出发点

- 别人的需求与愿望比自己的更为重要；

- 别人有应享有的权利，自己却没有；

- 自己可以贡献的才智有限，别人比自己强得多。

由此可见，退缩行为的目的是为了避免冲突及取悦他人。

退缩行为的特点

- 生怕因为积极而招致恶果。

在与同事的交往中，担心因为拒绝对方的请求，对方会不再喜欢你，或是因此而生气，所以，"不"字说不出口，或者担心如果不马上点头答应，就会招致一场争辩，破坏了同事间本来不错的关系，致使今后无法同对方和平相处，影响了部门间的协作。

- 回避问题。

如果对自己的能力没有足够的信心，就会尽量采取低姿态，避免引起别人的注目，对于可能成为众人焦点的场合，也会视为畏途。

- 说话拖泥带水。

退缩的人有时长篇大论，拐弯抹角；有时说话迟疑，语义模糊。"我想也许你可以……嗯……或者……"这种言辞不是旁敲侧击地点出主题，而是期望由对方主动提起。

语句中频频重复或者吞吞吐吐。"喔""嗯""你知道我的意思""或许""只是"……这些都表明说话的人在掩藏什么，或者正在鼓起勇气，来说出他们认为难以直接说出来的话。

• 经常为自己找借口。

"平常我是不会提起这件事的，只是……""我是正好路过这里，所以过来看看……"说这些话的目的在于淡化自己行为的真正用意，以避免过分暴露自己，被别人视为鲁莽唐突。另一方面，这种人往往分不清积极行为与侵略行为的差异所在。

• 语句中常常出现过多的抱歉以及许多征询对方意见的用语。

"真抱歉，我的原义并非如此……""希望你不介意，我是不是可以……"这一类话说得过多，就是将礼貌与退缩混为一谈了。不小心把酒洒在邻座身上时，道歉是一种礼貌。但还没有什么"过失"发生，就总是把道歉的话挂在嘴边，就是退缩行为。另一方面，在交流的过程中，不断地征求他人的意见，寻求他人的认同，无异于把管束自己的责任推到别人的身上。

• 经常使用自我约束的字眼。

"我应该""我必须""我本来应当做好"……使用这些言辞的人是在期望沟通的对方来控制自己的行为，而自己有义务进行服从，造成沟通中双方的地位不平等。

• 放弃自己的愿望。

"我可以另找时间做""我觉得……可是那并不重要""是有些问题，可……我会想办法的"，说这些话虽然可以避免断然拒绝对方所导致的难堪与彼此关系受到伤害，但却在无形中鼓励了对方忽视你的需要。

方式二：侵略

侵略行为的特征

• 懂得维护自己的权利，但所用的方法却已侵犯了别人；

• 忽略或否定他人的需要、愿望、意见、感受与信念。

侵略行为的出发点

• 自己的需要、愿望与意见比别人的重要；

• 自己有应享有的权利，别人却没有；

• 自己的能力非常高，别人都比不上自己。

归根结底，侵略行为的目的在于求胜，即使牺牲别人也在所不惜。

肖经理面对财务经理的请求的可能回答是："什么？我这里的正经工作还没有忙完呢，哪里有工夫管什么报表这些杂七杂八的事！"这种只顾自己工作顺利的侵略行为对事情的影响在于，一是使财务经理的要求得不到满足，二是促使财务经理也做出侵略性的回答："那是你的事！你自己看着办吧。"财务经理的本能反应将会是，告诉自己的下属，今后他们销售部的人来报账，就不能让他们舒舒服服地把事办成。

这样会使两个人都觉得对方严重侵犯了自己的权利，而故意不支持自己的工作，有意和自己过不去，因此，不仅仅使两位同事之间关系紧张，更为严重的是，可能会祸及今后两个部门间工作的合作。

这种侵略型的沟通行为，一方面是由于自身所养成的习惯；另一方面也说明行为者不具备作为组织的一分子所应具备的团队意识，遇事先考虑的是自己的利益，不能替对方着想，更不能从整体利益出发。长久如此，部门经理之间不断产生摩擦，即使对于简单的日常工作，也要首先琢磨各方的关系，只为自己和本部门着想，而不能把精力放在解决问题和组织的发展上面。

既然侵略行为会威胁、降低工作效率，危害组织整体的利益，那为什么还是会有人抱着这种态度不放呢？

做出侵略行为的原因

原因一：有"甜头"。

采取侵略型的行为有些时候是能使人尝到"甜头"的。很多人会说："别的人都是敬酒不吃吃罚酒，我的态度强硬，就会有人害怕我，给我办事；否则，谁理你啊。"另外，有的组织中认为在工作中态度强硬、采取侵略型行为的人有很强的工作能力，是"能干"的象征，所以，这种人就会受到从领导、同事到下属的重视、尊重和敬畏，就能得到更多的晋升机会和其他的好处，事实上是在鼓励侵略型。一个人如果认为只有采用强硬态度才能达到目的，自然会蛮不讲理，长此以往，在组织中就会成为众人仿效的行为。

原因二：采取侵略型的行为也多是出于个人的心理。

认为自己受到了他人或环境的威胁，出于"攻击是最好的防御措施"的考虑，"主动出击"以保护自己的利益。

原因三：忍无可忍。

你可能认为自己在与同事和其他部门的交往过程中，总是一味忍让，虽然自己不断地忍了，但内心却愤愤不平，忽然在一个时刻，"火山"喷发了："你们部门真是欺人太甚，我简直无法再忍受下去了！"对方则会认为你太过了：我们平时不都是这样做的嘛！他们要么感到莫名其妙，要么愤怒至极，认为你是存心在某件事上和他们过不去。你以牺牲自己利益小心维持的关系就此告一段落。

有些人缺乏自信，认为同事的工作能力或其他方面比自己强，因为自卑而产生妒忌与怨恨，所以就对别人采取侵略性的行为，借此向对方施压，以抬高自己，掩盖自己的自卑心理。相反，有些人认为自己什么都比别人强，从心里面就看不上别人，所以，在相互的工作交往之中，就总以"大拿"的姿态示人，说起话来自然就不客气，往往以下命令的口吻对待别人。

敌对和侵略行为是互为因果的，倘若认为他人对自己的态度是敌视的，自己也就会表现"不甘示弱"，用侵略性的行为还对方以"颜色"。于是，你来我往，工作环境就真的成为充满敌意的战场了。到那时，侵略型的行为更成为工作中的"主旋律"，似乎只有采用这种行为才能达到工作目的。实际上，积极行为和侵略行为在处理问题上同样有用，所不同的是，侵略行为暂时能够发挥"立竿见影"的效果，却会产生副作用。

侵略性的言辞

• 惯于自我标榜。

"我的计划总是能够按时完成。"一方面是向别人夸耀自己，另一方面使人认为你在指责别人不能按时完成任务。又如，"我的观点是犯不着为这件事劳神。"这种说法给人的感觉是非常武断，不容许他人有什么不同的意见。

• 以威胁性的语气质问对方。

"我真想不出你为什么这么做！""难道你还没有想出什么好办法来吗？"这种口吻完全是居高临下的、责备的，矛头直指对方的弱点，使对方感到被压迫，把原本应是善意的探询，变成了兴师问罪的质问，对方的反应可能是退缩，但更多会认为："这根本就不关你的事，你管不着。"

• 用命令甚至威胁的口吻提出自己的要求。

"你最好现在就把报告交出来，否则老总会怪罪你的。"不论是明白要求或隐藏威胁的本来意思，这种话都使对方感到你要控制他。

• 不是鼓励对方改正错误，而是一味怪罪别人。

"如果不是你……就不会发生这种事了。""你的态度根本就不对。"这种以偏概全的、武断式的说法，并没有明确指出对方的问题在哪里，根本无法使对方得到提高，以改正其错误。

应对侵略性的行为，就要很好地把握住自己和本部门的职责和权利，学会沟通。

方式三：积极

经理间沟通的积极方式是指，在不侵害其他人和部门权利的前提下，敢于维护自己和本部门的权利，用直接、真诚并且比较适宜的方式，来表达自己的需求、愿望、意见、感受和信念。

财务部经理为了保证提前统计出老总指示的本月的财务报表，找到销售部的肖经理让他交出一份汇总表。肖经理积极的答复是："我希望我能够把销售汇总表按时交给你，但我们以前交报表都没有这么急，恐怕各个办事处都没有准备。我们试一下再答复你，可以吗？"

积极行为的基本出发点

• 你必须坚持原则。

• 你必须捍卫你最重要的权力和利益。

• 你必须按照职权和公司规定的"游戏规则"行事。

• 别人的任何行为都是值得尊重的。

• 双方的沟通都是有共同的目的：把工作做好。

- 一定会有双赢的解决办法。

在沟通中表现积极的人经常使用的语言：

- 多以"我""我们部门"作为一句话的开头。

"我认为……""我的想法是……""我希望……"

表明了说话者是一种明确的而不是暧昧的态度。他们宁愿说"我想改变这个工作程序"，而不是"改变这个工作程序可能比较好"。

- 说话简明扼要。

"我在5点半之前必须完成这个客户订单的处理。"

可以使沟通的对方清楚地了解说话人的想法，而不是支支吾吾，使其他人不能准确地抓住要点。

- 区别事实与意见。

使用"在我看来……""我的意见是……"这类语言可以避免将事情进行非好即差、非对即错的极端化归类，不把自己的意见强加于对方，承认人人都有表达不同意见的权利。"我认为使用这种方式处理问题比较容易"的说法比"这种方式最合理"要好。一方面表达了自己的意见，给对方提供了解决问题的一种建议；另一方面又给对方留有自己做决定的余地。

- 将解释的部分同说话的其他部分区分开来，在解释理由、原因和后果的时候，会加上"因为……所以"等表述原因及结果的词语。

"这份订单也必须马上处理，因为总部人员急需就这份单子做出安排。"

这样向沟通的对方积极说明自己这方的真实需要，避免对方产生误解，并希望对方能够给予理解。

- 提供不带强制性意味的建议。

"你认为我的销售汇总表是否能够在晚些时候交给你？""你可否给我半个小时的时间先处理这份单子？"

这样并没有从根本上拒绝对方的要求，但也表达了自己的想法，不能马上交出表格。这样表达可以缓和对方急迫的心态，虽然现在不行，但过会儿可以办理，并使对方能够自行判断，决定是否接受所提出的建议，而不是充满"火药味"的言辞："不行，我还忙着，明天再说。"既不考虑对方的心情，又不给对方"面子"，导致产生矛盾。

- 提出对事不对人的建设性批评。

"没有通知我们部门现在交汇总表"的说法就比"你们是怎么搞的，平时我们没事你们不要什么表，现在我们忙起来了，却给我们添乱要什么表。是表重要，还是我们完成销售额重要"好，没有直接针对个人或部门直接进行指责。

- 询问他人的想法、意见和期望。

使用"你是否认为这样可以……""你对这件事的看法如何……"等开放式的语言，而不是简单地用"是"与"不是"作答，使对方感到他有发言权，能够维护自己的权利，而不是一切都是你说了算。

如何积极地沟通

坚持原则，维护权利

沟通过程中表现积极的人对自己的权利非常清楚。因为如果不明白自己的权利，就无从表明维护自己权利的立场。

网管部王经理找到人力资源部的任经理，要求对网管部小陈工资调整幅度一事重新加以考虑。王经理拿出小陈一年的工作业绩评估表："任经理，是否可以重新考虑一下我们部门小陈的加薪问题。她去年工作干得十分出色，可是她加薪的幅度却低于公司的平均加薪幅度。"任经理对王经理解释道："考虑到她的薪水在同级别的人中已属高薪了，所以这次年度加薪才没有同意你们网管部提出的要求，以至于低于公司的平均水平。"王经理："小陈的工作大家有目共睹，肯定是高于公司的平均水平，这就理应为人家加薪幅度大些。工资的基数问题，这是公司当时同人家讲好的呀，不能把这个带入到加薪幅度的问题中来，不符合公司的薪资制度……"王经理很清楚公司的制度，明白员工的权利，认为人力资源部的决定已经侵犯到了自己员工的权利，而自己有责任和权利为员工争取。

试想一想，如果王经理不清楚自己的责任和权利，他就会在小陈找到自己抱怨的时候"抹抹稀泥"，进行安抚，犹犹豫豫，不知道是否应该为了自己的员工和人力资源部进行交涉。而这种犹豫，在自己的员工眼中，就会被视为不能给员工做主的软弱表现。

通常情况下，不清楚自己的权利，就不会产生积极的行为，取而代之的可能的行为是：

• 犹豫不决，不知道是否该提出某个问题；

• 好不容易决定提出了问题，又会拿不定主意要采取什么样的态度，"坚持到什么程度"为好；

• 怀疑自己的立场不够坚定，以至于无法不顾一切地争取到底。

由此可见，了解某种情况下自己与他人拥有哪些权利，可以使你进行判断：他人是否侵犯了自己的权利；你是否侵犯了他人的权利；你是否应对某件事情提出疑问；应坚持什么，获得什么样的结果。

积极地提出要求

积极沟通的目标是，直截了当、开诚布公地提出你的要求，而不是将观点强加于人。

• 应该采取直截了当的态度。

"肖经理，为了统计营收，希望你提前两天将你们部门的汇总表交给我。"

这种态度使对方能清楚地明白你的意思，不用费尽心思地猜想你拐弯抹角而没有说出来的话。

• 简明扼要，不必费心找借口。

既然都是为了工作上的事，也是为了节省对方的时间和精力，就没有必要婆婆妈妈地进行解释，否则一方面令人费解，另一方面也容易使你自己开始为自己的要求找各种借口。

财务部经理："肖经理，为了这次统计营收，希望你提前两天将你们部门的汇总表交给我。"

• 说明请求对方办事的理由。

如果你认为有必要向对方说明理由，以便帮助对方做出判断，不妨加以说明，但是应当说出真正的理由，而且要尽量简短，避免给对方留下婆婆妈妈的印象。

"这个月审计部门检查，月底前必须拿出本年度的销售数字汇总。"

• 不要利用别人的友谊或善意，不必以奉承或利诱来"推销"你的建议或请求。

"老肖，怎么样，帮帮忙，汇总表下班前一定做出来。"

"老肖，提前两天把汇总表做出来，到时候我请客。"

工作就是工作，用利诱、奉承同事的方式来达到完成工作的目的，会将个人的感情带入其中。这样做一方面会淡化工作的重要性；另一方面，组织的工作规章制度会逐渐被组织成员认为是不重要的"摆设"，没有个人之间的交情重要，以至于组织中的个人更注重搞人际关系，而忽略个人在组织中所应承担的角色，甚至发展到"经理使不动打字员"的怪现象。

• 不要认为拒绝、争执就是不给面子，就是严重的事件。

在工作当中，尤其是同级的同事交往过程中，往往会认为对方提出要求，即使自己不同意或不能做到，也不好直截了当地回绝对方，那样的话，在以后的工作当中就不好来往了，会影响到彼此之间的合作。特别是认为如果与同事就某件事情发生争执，是非常严重的事，争执会在彼此之间的关系上投下不愉快的阴影，所以要尽量避免这种撕破脸皮的事情发生。

这种观点的错误之处在于，将工作之间的问题、矛盾归结到了具体的人身上，成了"对人不对事"。不是积极地想出各种方法去解决工作中遇到的问题，而是谨小慎微地处理人与人之间的关系，唯恐解决问题的方案会触及某些人的个人利益和"面子"，因此，在实际操作中，无法使问题涉及的每一个人都充分地展示自己的思想。害怕争论，害怕"不给别人面子""人家下不了台"，而忽略了激烈的争论往往是获取最佳解决途径的方式，于是选择四平八稳的、根本不触及问题实质的办法，把问题的根本掩盖起来。

既然要求我们在工作中勇于提出自己的不同观点，敢于对同事的一些要求说"不"，那么，我们同样也应当尊重别人提出拒绝的权利，并对激进的意见抱以宽容的态度，能够认真地倾听、客观地加以评价和分析，采纳有价值的建议。

积极地拒绝

许多中层管理人员经常会发现，很难对工作上的请求说"不"，或者拒绝起来相当的吃力。他们认为：

• 开口拒绝会使对方生气或难过；

• 拒绝会影响双方关系；

• 我无权拒绝；

• 拒绝在别人看来会是自私鲁莽的表现；

• 如果这次我拒绝了别人，就意味着放弃了日后寻求援手的机会；

• 别人的需要比我的需要更为重要。

这些想法使你在面对别人的请求时，心中纵有千万种理由不愿意，也只好勉强答应下来；即使拒绝了别人的请求，心中也非常沉重；要不然就是极力为自己找各种借口，作为拒绝对方的说辞，而这些说辞绝不是真正的理由。

"现在我不能做这件事，我实在没有时间。"其实你真正的想法是，这件工作根本就不值得去做，做也是白做。但碍于彼此的面子，又不好明说。

勉为其难地接受了要求之后，你可能会发现，自己接下来的工作超过了自己的职责范围，根本就不该你管，于是对提出要求的人心存不满。即使不明说，你也可能会在背地里对其他人发牢骚。而实际上，你感到愤怒的真正原因是因为自己不好意思拒绝别人而必须做这件事。你想的是，别人根本就无权向我提出要求；别人应该自己想办法进行处理；如果答应别人的要求，会使别人很快认定自己好说话，以后有事，还会来找自己。认定了这些想法之后，你就会开始怀疑："为什么你总是找到我的头上？"或其他的激进言辞，进而转变为"侵略式"的沟通。

如何积极地拒绝？

要点一：直截了当地回绝。

"请不要见怪，我做不到。"

"请原谅，我无论如何也无法在两天内将汇总表报给你们。"

要点二：说明拒绝的原因。

"由于各办事处主任都在跑客户，要他们两天内将办事处的销售情况报表做出来是不可能的。相当一部分办事处主任人都回不去。"

要点三：不必连连道歉。

要点四：说明你对此事的分析。

"过去我们是按部就班地一个月报一次报表，大家都习惯了。现在突然要求马上交汇总表，而我们手头上的数字不全，加上我们需要办事处、大区、销售总部三层次的统计、汇总和核实，没有一周时间是不行的。"

要点五：请求对方给予进一步说明。

"用前面几个月的销售报表行不行？"

"能不能先不统计销售费用这一块？销售费用统计可是最麻

烦的。"

"最晚周五下午给我们行不行？"

积极地表明不同意见

要点一：明确地向对方表不反对。

"不，我不认为……""我不赞成。"

要点二：积极恳切地表示怀疑。

"这样做会不会有不良的后果？""我发现这其中有一个难题需要解决……"但是不能够把对方的意见批评得一无是处："那根本就行不通。"

要点三：说明你反对的理由。

这样便于对方了解你的观点，并以此进行分析，做出判断。

"我认为这个方案对有的部门来说有利，但对有的部门却适得其反。"

"我同意我们必须在管理上进行更新，但不能像你提出的那样快。"

要点四：承认他人的观点。

"我知道你对此事的看法与我的不同""我明白这件事对你有不同的意义。"

常见的误区在于，如果对他人的观点采用暧昧的态度，而不是采用上述积极的态度面对问题，你就会给提出建议的对方造成疑虑，他可能的反应是，你虽然在这个问题上有些保留，但总的来说还是肯定的；想来想去，不明白你究竟为什么不同意他的建议，那干脆还是他的建议最好；没有最终搞清楚你的态度，还是认为你同意他的观点。这样，不仅不利于问题的解决，信息、观点与构想也得不到充分的表达与交流。采取回避问题的态度，无法集思广益，相互平等地进行协商，找到彼此都能接受的方案。

要点五：清楚地表明你赞成的和反对的。

"我赞成尽快完成这次报表，可两天时间确实难以完成。"

单元七

如何与下属沟通

常见的沟通障碍

障碍一：认为下属应该做好

职业经理："这件工作太简单了，小王承担根本没有问题。"

有一些部门经理过去工作出色，才被提拔到现在的部门领导位置上，所以，他们会自觉不自觉地将所领导下属的工作能力和工作积极性同自己画等号，认为自己根本就没有必要过分参与到下属的工作之中，下属自己就能够把所有的问题处理好，按时按质地完成交给的工作。但这只不过是经理自己的美好愿望。

障碍二：天天沟通，事事沟通，效率低

职业经理："小王，文件打得怎么样？"

"小王，文件中需要空格的地方空了吗？"

"小王，你用的是几号字？"

同对下属的工作能力完全放心、放权，认为不必过问的职业经理正好相反，一些职业经理对下属"关怀备至"，他们总不放心让

下属离开自己的指挥单独完成一件工作，他们要时刻掌握下属的工作情况，下属没有自己的决定权。

另外，一些职业经理同下属的沟通没有计划性，随意进行，有什么事发生，就风风火火地找到下属进行"紧急"磋商，没有一定的章法。

这样做的结果，一方面是无法培养下属独立处理问题的能力，阻碍下属的积极创新精神；另一方面也因为"天天沟通，事事沟通"而占用双方的时间和精力，造成低效率。

障碍三：习惯于单向沟通

一些职业经理认为同下属工作沟通就是"我说，下属听，然后做"的单向过程。

职业经理："小王，你明天上午把这份统计报表做出来交给我。"

障碍四：将沟通多少与关系远近相联系

一些职业经理同自己关系密切的下属沟通得多些，并向他们透露一些"机密"消息；而同关系疏远的下属沟通就少，仅仅是必要的工作上面的沟通。

与下属沟通方式之一：下达命令

下达命令是上下沟通的一个常见的、基本的形式。

要点一：遵循5W1H的原则

在同下属沟通之前，认真思考所要沟通的是什么事情；为什么要同下属进行沟通；在什么时间、什么地点进行；同谁进行沟通及如何进行，以达到清晰、明了地下达命令或指示的目的。部门经理应当根据总的工作安排，确定下属的具体工作内容，明确地告诉下属他所要承担的工作是什么、什么时间完成以及完成的标准。

销售部经理要部门秘书起草本季度的销售报告。肖经理："小王，请你起草一份本季度的销售报告，周三上午交给我。"

要点二：激发意愿

肖经理对秘书小王说："这份销售报告直接体现我们的工作成绩，非常重要，对你自己来说也是一个挑战，你不是也常希望多有一些挑战性的工作吗？这是一次很好的机会，我相信你一定能做好！"

在这里，职业经理常见的误区是，认为下命令就是我说你执行，不考虑下属是否有足够的意愿做这些事情，甚至有些人把下命令当作一种绝对不可怀疑和不可挑战的组织原则。其实，并不是下属对你的决定没有看法或者没有其他的想法，只不过他们不说什么罢了。

要点三：口吻平等，用词礼貌

"请你……""你看可以不可以……"

使用"请""我们"等平等的口吻同下属进行沟通，而不是用"你应当……"居高临下的口吻，以便充分了解下属的心态，及早发现下属及部门、组织中存在的问题。

要点四：确认下属理解

• 确认下属已经准确无误地理解了你的命令。

• 职业经理应当注意如何最好地表述信息，使下属能够理解。

• 下属是否能在第一次就获得信息？信息是否需要进行重复？

• 下属可能会做出何种反应？他们是否会有不同的意见？你将如何解决他们的问题，说服他们或者接受他们的意见？

• 为了得到你希望得到的反应，是否需要对信息进行"包装"？

• 在下达命令时，是否需要当场进行示范？进行这种示范是否还需要做其他的工作？由谁来示范？

要点五：你会为下属做些什么

职业经理在向下属下达指示的时候，还有一点值得注意，即告诉下属，为了完成这项工作，作为职业经理的你会为下属提供什么样的支持："如遇到困难可随时同我进行商量……""我这里有一些资料，你可以拿去参考……"确立下属对完成工作的信心。

要点六：相应的授权

肖经理："小王，各大区的销售资料你都可以调用。"

要点七：让下属提出疑问

肖经理："小王，你看起草这个报告还有什么问题吗？"

要点八：问下属会怎样做。可能的话，给予辅导

肖经理："小王，我想知道你这个报告预计分为几个部分，你会怎么来写？"

与下属沟通方式之二：听取汇报

听取汇报也是上下沟通的常见方式。汇报有时是以会议的形式，有时是以一对一的方式进行的。

要点一：充分运用倾听技巧

小王向肖经理汇报最近他负责的地区的销售情况。肖经理认真地倾听，并不时做些记录。

要注意倾听。一方面你认真地倾听下属的汇报，可以使下属感到自己以及自己的工作受到领导的重视；另一方面，便于你从下属的工作汇报之中发现问题。很多情况下，人们都倾向于淡化自己在工作中的失误，尽量把问题缩小，而夸大所取得的成绩。倾听可以帮助你发现下属不情愿暴露的问题。

很多的下属即使在汇报自己工作的时候，也是尽可能地少讲话——只说重要的事情，或者揣摩着你的意思和好恶来说。

一方面他们是慑于你的权威，唯恐自己说得多，你会不满意；同时，他们害怕自己一时失言把不该说的话说出来了，对自己的职位不利；另一方面，他们不能摆脱组织中所形成的职务、地位的束缚，渴望听到你的高见。

最后，下属向你汇报工作反而成了你向下属下达指示，或干脆变成了批评下属。这时候，你已经忘记了你同下属沟通的初衷是为了了解下属的工作情况以及在工作中遇到的问题，你把"说"的角色"抢"了过来，滔滔不绝地说了起来，下属的话越来越少，最后就只有洗耳恭听的份儿了。结果，你会发现，自己意犹未尽，下属恭恭敬敬地聆听着你的高见，而你并没有得到你期望下属向你汇报的信息。

要点二：约时间

使下属做好充分的准备，在约定的时间内报告工作进展以及遇到的问题等。

肖经理："小王，明天下午3点到4点，你来谈谈最近的工作情况。"

要点三：当场对问题做出评价

对下属做得好的地方予以肯定，发现问题及时予以纠正。

肖经理："小王，最近你的工作做得不错……"

要点四：及时指出问题

为了提高与下属沟通的效率，如果发现问题应当及时向下属提示，以便于下属改进。

肖经理："小王，你与药剂科主任的沟通方式有些问题，你不妨试试其他的方法……"

要点五：适时关注下属的工作过程

小王："这一个月药剂科主任出差，所以最近这个医院的销售情况不是太好。"但据调查肖经理知道，药剂科主任出差并不能解释销售情况不好。

一些下属完不成预定的任务却又总是强调客观原因，你是马上毫不含糊地当面驳斥下属的各种"借口"，还是听之任之呢？这就需要你不仅仅了解下属的工作结果应当是什么样的，还需要了解下属的工作过程。也正因为你对情况很了解，下属自己就不好提出什么客观原因了。在实际工作中，总有一些管理者自认为运用目标管理很到位，根本不注重下属的工作过程和努力程度，使某些下属借以"投机取巧"，真正干工作的下属反而会因为任务多，暂时出现完不成工作的情况而遭到批评。

要点六：听取下属汇报也要采取主动

有些下属在工作汇报中"唠叨"个没完，中层经理就要采取主动，适时打断下属的话，转换话题，或请下属写一份相关内容的报告。

小王："经理，我这次工作完成得很好，发现了……建立了……还有……"肖经理："小王，你这些工作确实完成得不错。现在，我想知道……"

要点七：恰当地给予下属评价

下属的工作完成了，他期望从你这里得到更高的评价怎么办？当然，恰当、正面的评价对于鼓舞下属的士气有很大的帮助，但作为一个部门的领导，过高评价某些下属的工作业绩，并不完全可取。一方面，下属会依照你这次的评价来判断自己的薪酬、奖金、晋升等敏感的问题，而对于你来说，你可能并没有把评价的话当回事；另一方面，又会促使下属养成只能听赞扬，不能接受负面评价的习惯。

肖经理："小王，你的工作完成得很好，我希望你能够再接再厉。"

与下属沟通方式之三：商讨问题

在与下属进行问题探讨的过程中，中层管理人员容易产生的问题主要是，不能摆正自己的正确位置。

可能出现的误区

• 认为下属的问题幼稚，根本不值得一听，所以，认为没有必要同下属商量什么问题。

• 认为下属的问题答案早就有了，根本就用不着和自己商讨什么，采取不屑一顾的、轻视的态度。

肖经理："小王，你提出的根本就不是什么问题嘛，别总是找借口。"

• 认为下属要和自己商讨的事情根本就不是下属应当关心的事，心想干好你自己的事就可以了，想这么多干什么。这也不是诚恳的态度。

• 自己下结论。商讨问题应是双方的事情，但是，最终作为中层经理的你，还是按捺不住自己领导的做派，自己下定论，下属只有在一边听着的份儿。

· 对下属存在偏见，总认为下属同自己商讨问题的目的就是为了推卸责任，纯粹是在诡辩，根本不值得加以重视。

· 认为自己每天都要处理很多的正事，哪里还有时间去和下属商量问题呀？等到真的出了问题，你需要花费的时间却会更多。

· 你同下属商量问题，可是，下属总是一副不关心的态度，从而认为和下属商讨问题没必要。"商讨也没用"，实际上是下属不敢深入地谈一些事情，因为他们早就从你平时的言行中知道了你的观点、处事的态度是什么了，他们又何必冒着"得罪"你的危险而"拔老虎牙"呀！

与下属就某些问题进行意见的交流，是因为你需要由从事具体事务操作的下属那里得到改进的建议，这时，上下级这种职位上的关系应被淡化，取而代之的是交换彼此意见的平等、开放式的交流气氛。在这个过程中，一些职业经理容易仍然把自己摆在相对于下属高一级的位置上，放不下自己的架子，认为自己不论是在工作经验上还是在地位上，都较自己的下属占据优势，虽然现在是在和下属进行面对面的对话，但终究自己都应当是对的，下属无论如何也要听自己的。

而下属的态度是，认为自己有很出色的建议，认定自己的主意一定会比领导强，现在他急切地想把这个主意表达出来，期望获得你的认同，或者至少经过彼此之间的商讨，进行必要的改进。另外，下属会认为自己的顶头上司找自己商量问题是看重自己，所以下属实际上是满怀着期望和热情的。他们渴望把自己在工作上所获得的感受以及发现的问题说出来，并表达出自己对各种问题的看法，提出解决的方法。

当下属满怀激情表述自己的意见时，管理人员的态度会是怎样的呢？

谈话开始，多数的经理还是能够抱着诚恳的态度，希望能从自己的下属那里得到好的建议和解决问题的灵感的。

这时有两种可能性出现：

一种情况是，下属虽然是满怀在领导面前表现自己的想法，但是面对非常严厉的领导，一开始会感到局促不安，不知道应该如何组织自己的话，即使是那些在平时常常发牢骚，对工作总表现得有新奇想法的员工，也可能会出现这种情况。下属的这种表现会极大地影响你的反应：我花时间想和你交流交流工作看法，你怎么说的话都前言不搭后语啊，这不是浪费我的时间吗？接下来你已经没有什么兴趣听下去了。

另一种情况是，开始你还能抱着与下属交流的平等态度，认真地听取下属的意见，然后提出自己的看法。但是，随着时间的延长，你会渐渐地淡忘与下属交流自己应采取的态度是什么，取而代之的是"我是头，这里都得听我的"，你的态度逐渐强硬起来，你的话逐渐多了起来，而下属的满腔热情逐渐被你的气势所压倒，慢慢地，他的话少了，慷慨激昂变成了对你的仰视，规规矩矩地坐好，对你的指示频频点头称是，商讨问题的氛围转而变成了你在开导员工。

很多经理可能会认为就某个问题征求下属的意见，有的时候是白费工夫。有的经理也承认下属们因为接触更多的实际工作，对一些问题更有发言权，但他们会发现，一旦让下属们把自己的想法倒出来，下属们出的都是不符合实际的"馊主意"。"你懂什么，回去好好干活吧。"这样的态度，对于下属来说，无疑是当头一棒，他们再也提不起精神商量什么事，一切还是领导说了算吧。

由于自己在组织中的地位，下属们不可能了解更多有关组织发展的问题和上层的思路，所以与下属商讨问题中，有的经理会告诉下属："这样做不行，我们没有更多的财政支持……""这与公司发展方向不合拍……"一方面，员工会感到原来说来说去，什么都没有用啊；另一方面，对于经理来讲，也会感到同自己的下属商讨问题实际上是在陪下属聊天，白白浪费时间，他们根本就没有什么好主意，从他们那里得不到什么实质性的东西，还不如都听我的来得干脆呢，因而，对和下属商讨问题存在抵触情绪："别说了，你根本就不了解具体是怎么回事！那关系到公司的机密，我也就不说了。"

如何与下属商讨问题

要点一：注意倾听

一方面，由于你同下属职位上的不同，所以多数情况下，下属不愿意直截了当地把想说的都说出来，他们可能采用"婉转"的方式谈论一些事情，而且时刻注意着你的反应，随时准备收回一些话。

另一方面，对实际工作下属接触得很多，但很可能他们的理论性、叙述问题的条理性有待提高，这也需要你倾听，找出下属话中的关键。

要点二：注意多发问和使用鼓励性的言辞

诱导下属讲出自己的真实想法，不要听一遍就完，而没有抓住下属谈话的核心。

要点三：不要做指示

以防止商讨问题的过程演变为下属接受指示的过程。

要点四：不要评价

使下属能够畅所欲言。

要点五：让下属来下结论或者整理归纳

以使下属能够对自己更有信心，同时，把问题当成自己的问题，有归属感。

要点六：事先准备

以便充分利用时间，防止跑题，以提高沟通的效率。

商讨问题的过程中，就工作和某些问题，下属会提出与中层经理不同的看法。这时中层经理如何处理呢？

• 经过短暂的思考就基本认定下属的意见很好，然后进行肯定，给予鼓励。这种情况，一方面对于下属是种鼓励，使下属感到自己在工作中、在部门中的重要性；另一方面，又会使一些很有野心的下属感到自己的上司不过如此，不免生出一些非分之想。

• 经过思考觉得还是下属的主意不错，可是又生怕在下属的面前丢面子，让下属觉得自己的能力比不上他，或干脆就生出了妒忌下属的心情，生怕这位能干的下属将来威胁到自己的位子，因此，就采取尽量压制的手段，对下属的意见只象征性地说上两句鼓励的话，然后说出一堆理由说明这个主意实际上并不实用，为自己为什么没有想出这样的好主意做铺垫。

与下属沟通方式之四：推销建议

如果你想向下属提出一条建议，你当然可以命令和强迫，这是你作为上司的权利。但是下属是否会发自内心地接受，就很难讲了。实际的情况是，你往往不得不强迫下属接受你的建议。如果你能够把下属作为你的客户（就像市场当中你公司的客户那样），把你的建议当成产品（就像市场当中你公司的产品一样），向你的下属推销建议，如果被下属所采纳（就像你的客户那样心甘情愿地购买），他还能不是发自内心的吗？而发自内心地接受，对下属工作积极性的提升是巨大的。

来自经理的障碍

害怕丧失权威

有些职业管理者认为不能同下属走得太近，否则无法保持自己的权威，以使下属"服"自己。而在向下属推销建议的过程中，需要同下属开诚布公地进行探讨，这样，可能自己的一些缺点就会暴露出来。

害怕把下属"惯坏了"

如果把下属当成自己的客户，向他们推销自己的建议，长此以往，下属就会想当然地认为任何事情都需要同他们进行商量，都要同他们好好地谈。这不把下属们"惯"出毛病来了吗？

时间不容许

有些职业经理会说：商场如战场，我们每天要面对很多事情，哪里有那么多的空闲时间同下属"玩这种游戏"。有推销的时间，还不如我说什么，下属干什么来得有效率呢。

来自下属的障碍

拒绝改变

部门秘书："我现在干部门秘书的工作挺好的，又让我写什么销售报告？"

情绪处于低潮

秘书小王刚刚得知自己高教自考的成绩不好，情绪十分低落。肖经理让她起草一份销售报告，她觉得这根本不是自己的活儿，心想："怎么都跟我过不去？"

不认为有必要

部门秘书："销售报告有那么重要吗？报表交上去不就行了？"

怕麻烦

部门秘书："我手头还有那么多的事，要做几天呢，又要做销售报告，工作完得了吗？"

特性和利益（F&B）

当你向下属推销你的建议时，你的建议就像你的产品一样包含了两个方面。

第一个方面：特性（Feature）。

你的每一条建议就像产品一样有它的基本特性。下面以电视机和一条建议为例做对比。

销售部经理向业务员小孙建议道："我建议你做甲级医院的时候，从药剂科主任那里入手，可能会比从处方医生那里入手销售得更好。"

比较

电视机的特性	你的建议的特性
彩色显像 遥控 重置低音 全频道 29寸大屏幕 平面直角	从药剂科主任那里入手 做甲级医院的时候 先不要做处方医生

第二个方面——利益（Benefit）。

产品（建议）给你或他人带来的利益有哪些?

比较

电视机这些特性带来的利益	你的建议给下属带来的利益
方便 音质好 能收看所有的频道 画面开阔 保护视力	提升工作效率 销售时不用绕来绕去 销售额提升 学习和尝试新的销售方法

在这方面职业经理常见的误区是:

误区一:特性不明确。

肖经理:"我给你提个建议,你就别从处方医生那里入手了,你从别的地方想想主意。"

实际上,下属只知道不能怎样,但并不知道应该怎样做更好。

误区二:只注重建议的特性,不注重建议给下属带来的利益。

肖经理:"我建议你去做甲级医院的时候,从药剂科主任那里入手。"

肖经理此处就忽视了向下属说明建议为下属所带来的好处，所以下属很可能因为自己对新的建议心中没有底，或者从药剂科主任入手又要有很多的工作要做，以及现在的销售还过得去等原因，而不去接受这个建议。

如何向下属推销建议

当你推销建议时，下属可能有四种态度：

第一种，认同。下属马上认同并愉快地接受了你的建议。

第二种，不关心。下属对建议持无所谓的态度。

第三种，怀疑。下属怀疑建议的可行性或者有用性："这行吗？"

第四种，反对。下属对这个建议不认可，并明确表示反对。

对此，你应该分别采用不同的处理方式。

处理认同

当你提出建议，下属表示认同，并不表示推销建议的工作就做完了，正像你的客户说"你们的电视机不错，我买了"一样，后面还有很多事情需要做。

要点一：激发承诺。

可能客户说他买了而在买时又临时变了卦，最后还是没有掏出钱来买。与此相似，你的下属表示认同后，并不一定就最后采纳你的建议，他可能也会变卦。这就需要你趁热打铁，激发承诺，促成他下定决心真正采纳这条建议。

要点二：明确授权。

肖经理："小王，既然你觉得我的这条建议不错，那你就放心大胆去做，出了问题我负责。"

要点三：让下属补充和完善。

在下属接受了这条建议以后，还要激发下属的创造性，使这条建议更加完善。

肖经理："小王，这条建议我就想到了这些，你觉得还有什么地方需要完善的吗？比如，是不是可以通过学术会议来联络药剂么科主任……"

处理不关心

下属可能对你的建议不感兴趣，可有可无，认为与自己无关。

处理下属不关心的态度可以采用：首先以正面的态度肯定下属目前的态度；接下来，不是以责备甚至威胁的态度逼迫下属提起精神，非要他关心自己原本不感兴趣的事情，而是以提出限定性问题的方式，将下属的精力集中起来，逐步发现下属的真实想法，以便双方达成共识；最后，提出进一步的建议，并要下属就工作做出承诺。

处理怀疑

当下属怀疑你的建议时，实际上，这个怀疑有三种情况：

情况一：真的怀疑。

情况二：假的怀疑。

情况三：隐蔽的怀疑。

针对这三种怀疑，中层经理应采取不同的处理方式：

（1）处理真的怀疑。

真的怀疑可能以以下形式体现出来：

·"这么做行吗？"

·"考虑考虑吧！"

• "咱们还有没有其他的办法？"

• "头儿，你这个办法真的不错……"

• "以前试过不行，现在做行吗？"

对待真的怀疑的处理办法如下：

办法一：让下属把疑问说出来，看看下属是对建议本身怀疑，还是对利益怀疑。一般来讲，下属怀疑最多的是利益。这些利益包括：能不能使我的销售额增加，减轻我的工作压力，相应减少工作时间，做起来别太累，是否能少跑几趟，多认识几个有价值的人……

办法二：要说明建议的特性和利益的关系，使下属能够相信这些特性确实能够带来这些利益。

小王怀疑做药剂科主任的工作不能使他少跑几趟医院。因为他必须接触到不熟悉的药剂科主任。他要面对很多麻烦，要了解药剂科主任是谁、有什么爱好，想什么办法才能见到他，怎样才能说服他，给他带什么材料……由于小王还没有看到这条建议给他带来的好处，而马上看到的却是一堆麻烦，那他必然要怀疑减轻工作压力这条利益。

办法三：要清楚下属现在最关注的利益是什么。

肖经理说："这条建议可以帮助你大大地提高销售额。"

小王实际关心的是他怎么能够少跑几趟医院，多有点时间陪女朋友。那么，肖经理的建议对于小王来说就没有什么吸引力，因为肖经理所指出的利益与小王关心的利益不同。

（2）处理假的怀疑。

当下属说："这么做行吗？"实际上，有些下属并不是真的怀疑，他很可能是在掩饰自己的不关心或掩饰自己的反对意见。这时，中层经理应当：

第一，首先确认下属是不是反对。

肖经理："小王，如果我们从下个月起推行这个建议，要求大家都这样做，你会怎样做呢？"

或者："你觉得还有什么地方需要补充的吗？"

如果下属认真考虑这条建议，提出补充建议，并开始考虑自己会如何去做，或者提出与这条建议的执行有关联的事项，那他很可能并不反对提出的建议，只不过是对其中的特性或利益没有搞清楚。

第二，确认下属是不是真的不关心。

如果肖经理这条建议确实能够使销售额增长，也确实需要花很大的精力和时间去推广，对于希望有更多私人时间的小王来讲，很可能就是真的不关心了，否则，如果小王现在有很多的时间投入到工作中去，又能够吃苦，又愿意做挑战性的工作，他很可能只是一种假的怀疑。

（3）处理隐蔽的怀疑。

隐蔽的怀疑看似认同，实际上可能是因为怀疑执行时所需要的条件，而怀疑建议本身。

小王对这条建议本身表示怀疑，因为他认为由于公司目前的销售政策不可能改变，对于销售人员和药剂科主任来说都没有太大的实际好处，所以，很可能会遇到麻烦。

对于隐蔽的怀疑的处理办法是，和下属探讨执行建议所需的条件，从而确认下属隐蔽的怀疑到底是什么，然后归结为真的怀疑、不关心、反对等，再分别处理。

处理反对

下属很可能出于以下原因，反对你的建议：

•误解；

•真的反对。

（1）处理误解。

由于所知不完全而造成对工作的误解，这也是下属对你的建议有时反对的主要原因。解决这种问题可以采用：

方法一：你可以将开始对工作情况的描述改变为向下属询问的方式，把下属的不同意见进行改述，在同下属的一问一答过程之中，使下属能够意识到自己原来对问题看法的偏差，下属就会逐渐明白应当怎么去做了。

肖经理："小王，你不认为你的销售成绩还可以进一步提高吗？除了我的建议，你还有什么更好的方法？"

方法二：你可以利用自己领导的身份，直接明了地告诉下属他对问题的看法存在偏差，需要予以纠正，这样可以避免一问一答、时间花费过长，以较快的速度使下属发现自己对问题的看法上的偏差。

肖经理："小王，你的看法存在问题。根据目前掌握的信息，从药剂科主任入手，情况更好。"

最后双方在重要问题上取得一致的看法。这样，使下属能够同意你的建议和工作安排，对工作进行承诺。

除了下属由于不太了解详细的发展计划，而对工作持反对意见的情况，就是下属已经掌握工作的详细情况，或者他本身就是某一领域的专家，他的知识、技能和在这一领域的经验可能比你还要强，所以，他就很有可能对某些工作的安排、计划以及其他事情同你产生意见上的分歧。实际情况就是，一边是你有一套行动方案，另一边是你的专家下属有一套自己的专家看法和工作方案。

（2）处理真的反对。

• 认真倾听下属的不同意见，思考下属的意见是否有道理。随着科技的发展、管理扁平化等的趋势，部门领导很可能对一些专业技术不十分精通。

肖经理："既然你认为我的建议有问题，那你就谈谈你的想法。"

• 将下属的不同意见进行转述，将直接下达命令转换为询问的方式，尽可能发现下属反对的原因所在。

肖经理："小王，你是不是认为拜访药剂科主任不会提高你的销售业绩，为什么呢？"

• 如果认真思考，发现还是下属的意见更有道理，就应当以此为基础，进一步商谈。

肖经理："小王，你说得很有道理，那我们是不是能找到更好的方法……"

• 如果经过思考，你认为下属的意见没有什么道理，只是对某一问题的看法存在偏差时，可以采用的应对方法是，将你的观点换一种方式或其他的形式进行阐述，使你的下属能够走出他原有的思维定式。

"你们现在总是盯着处方医生，思路是不是可以开阔一些……"

• 采用"以退为攻"的方式，先赞同下属的意见，并请下属提出按照他现在的想法开展工作的设想，同下属一同分析和预测最终的结果，以期使下属自己发现自身的错误，最终同下属就工作达成一致。

"好，我们就按照你的思路想问题，如果是这样，那么是不是会出现这样的问题……"

行 动 与 应 用 表 单

自 我 管 理 部 分

表单一：职务说明书样例

一、基本资料					
职务名称		部门		工作代码	
直属上级		直属下级		职务编码	
职等		职级		薪酬标准	

二、工作摘要

三、工作职责（按重要性排序）
1. 2. 3. 4. 5. 6. 7. 8.

四、工作关系

五、工作标准

六、工作权限

七、任职资格
1. 学历，资格证书 2. 工作经验 3. 培训 4. 能力 5. 业绩 6. 体力 7. 性别／年龄

表单二：工作清单分析表

姓名：　　　日期：　　年　　月　　日

工作事项	计划时间	实际时间	延误／浪费	无计划用时	原因
总计					

表单三：工作紧急性分析表

姓名：　　　日期：　　年　　月　　日

紧急性 工作事项	非常紧急 （马上要做）	紧急 （短时间内要做）	不很紧急 （可从长计议）	不紧急 （无时间要求）
频次				
时间				

注：在"紧急性"的四列中打"√"即可。

表单四：工作重要性分析表

姓名：　　　　　日期：　　年　月　日

重要性 工作事项	非常重要 （绝对要做）	重要 （应该做）	不很重要 （可做可不做）	不重要 （可不做）
频次				
时间				

注：在"重要性"的四列中打"√"即可。

表单五：干扰因素分析表

姓名：　　　　日期：　　年　　月　　日

干扰因素　　　　分析	干扰者	排序	后果	对策
缺乏自律				
文件杂陈				
拖延				
不会说不				
职责混淆				
突然约见				
当下想干的事太多				
经常救火				
条理不清				
计划不周				
无效会议				
不速之客				
电话干扰				

表单六：选择正确的听众

相信你也知道，不当的沟通对象——听众，是造成不良沟通的重要原因。无论是在办公室，是工间休息，还是下班后同事出去喝酒、聚会中，都需要选择正确的听众。请寻找发生在你身上或你身边的案例。

一、听众错位
1.应该与上司沟通，却与同级或下属沟通 案例
2.应当与同级沟通，却与上司或下属沟通 案例
3.应当与下属沟通，却与上司或其他人员沟通 案例
二、沟通渠道错位
1.没有按照指挥链沟通 案例
2.应当一对一沟通，却在会议沟通 案例
三、不讲沟通场合
案例
四、内部沟通与外部沟通错位
案例

表单七：倾听改善计划

你是一个善于倾听的经理人吗？如果你不大善于倾听，请立即制订行动计划，加以改进。

阻碍你积极倾听别人意见的因素主要是（请在选择□内打"√"）
□没有时间 □急于表达 □排斥不同意见 □环境干扰 □自以为听懂了 □从心里就不重视 □先入之见 □不专心
你认为在以下积极倾听的技巧中，哪些是你要学习的
□集中精力 □鼓励 □积极回应 □开放的姿态 □恰当的身体语言 □理解真义 □积极预期 □排除"情绪" □学会发问
针对你在倾听方面的欠缺之处，制订改善的行动计划
倾听改善计划 1. 可改善之处有 （1） （2） （3） 2. 你期望通过改善计划达到 3. 你的措施有 （1） （2） （3）

表单八：反馈状态评估

　　以下"反馈视窗"的填入练习，可以帮助你了解你现在的反馈状态，即可以了解在工作方面，你给予反馈和寻求反馈的情况。请在以下四个区域中，填入相关的信息。例：在公开区域中，填入"公司的规章制度""本部门的月度销售收入"等众所周知的信息，依次类推。

	自我	寻求反馈
	了解	不了解
他人	公开区域	盲点区域
给予反馈	隐藏区域	未知区域

　　评估：填入练习完成后，评估一下你的哪个区域最大，并将四个区域排序。

职业经理能力标准

自 我 管 理 部 分

模块一：角色管理

能力点序号	能力点名称	行为规范	证据要求	知识要求
1.1	认知职责	• 能准确描述职位、职责 • 能准确描述工作关系 • 能准确描述工作权限 • 能准确描述任职资格	• 填写职位问卷 • 填写的职位问卷与本职位的职位说明书一致	• 什么是职责 • 了解工作分析的方法
1.2	作为下属的角色	• 能够从职务代理人角度处理与上司的关系 • 能够从职务代理人角度处理职务行为与个人行为之间的关系	• 由上司对其角色进行评价	• 了解组织行为学基本知识 • 什么是指挥链 • 了解对管理者绩效的评价标准
1.3	作为上司的角色	• 能够从管理者的角度处理与下属之间的关系 • 能够从管理者的角度处理管理与业务之间的关系	• 按要求举证处理管理与业务关系的方式 • 由下属对其角色进行评价	• 明茨伯格的角色理论 • 管理者角色的四象限分析法 • 什么是管理 • 管理的四种职能
1.4	经理之间的角色	• 能将其他经理看作内部客户 • 能理解职责与内部客户之间的关系 • 能从内部客户那里发现商机 • 能够建立"约定"	• 由其他经理举出将其作为内部客户的证据	• 管理发展三阶段

模块二：时间管理

能力点序号	能力点名称	行为规范	证据要求	知识要求
2.1	周计划和日计划	• 会做周计划和日计划 • 有做周计划和日计划的习惯 • 能有效执行周计划和日计划	• 抽样提交待办单 10 份 • 抽样提交周计划 3 份	• 计划的好处 • 制订计划的基本要求 • 80/20 原则 • 浪费时间常见的原因分析
2.2	四象限工作法	• 能够根据四象限原理划分工作 • 能够根据第二象限工作法制订计划	• 完成四象限工作划分表单 • 举证根据第二象限工作法制订出的计划	• 四象限原理
2.3	面对面沟通的时间管理	• 事先约定时间 • 事先约定时限 • 事先界定目标 • 设定"窗口"时间	• 举出两个案例，并由关联人证明	

模块三：组织沟通

能力点序号	能力点名称	行为规范	证据要求	知识要求
3.1	选择沟通对象	• 按照指挥链沟通 • 与当事人沟通 • 会议沟通 • 按照公司规定的其他通道选择沟通对象	• 提交沟通对象分析表单	• 什么是沟通 • 为什么沟而不通
3.2	表达的技巧	• 简明、扼要、准确、完整 • 恰当的时间和场合 • 强调重点 • 运用形体语言 • 语速、语调 • 检查对方是否已经明白	• 由其上司或下属或其他经理对其表达技巧进行评价	• 沟通的三个环节
3.3	倾听的技巧	• 约定时间和时限 • 保持目光接触 • 积极地回应 • 听完再澄清 • 设身处地 • 改述或归纳	• 举出一个在工作中积极地倾听的案例 • 举出并分析一个"听不进去"的案例 • 举出并分析一个误解的案例	• 倾听的五个层次 • 什么是噪音
3.4	反馈的技巧	• 直接、明确具体 • 正面 • 及时 • 对事不对人	• 举出一个针对下属的工作错误或过失进行正面反馈的案例，由当事人写出感受	• 按表单举出5种对事不对人的情况 • 反馈视窗
3.5	接受指示	• 倾听 • 明确指示目的 • 接受 • 记录	• 确认理解 • 从本年度工作笔记上抄下某次接受指示的原始记录	

能力点序号	能力点名称	行为规范	证据要求	知识要求
3.6	向上司汇报	• 汇报事实，避免评价人 • 对照原计划 • 关注上司期望 • 确认上司准确了解 • 请上司评价或提建议 • 提交某次定期汇报的原始汇报提纲 • 请你的上司对你的汇报能力进行评价 • 上司对下属的期望有哪些		
3.7	下达指示	• 遵循 5W1H 原则 • 激发意愿 • 确认下属理解 • 用词礼貌 • 表达作为上司的支持 • 填写"下达指示"表单 • 下属对你下达指示的评价		
3.8	听取汇报	• 设身处地 • 听完后立即评价或建议 • 确认自己理解 • 适当关注下属的工作过程	• 提交某次听取汇报的原始记录 • 请某一个下属描述向你汇报工作的感受	• 下属心理分析
3.9	向下属提建议	• FAB • 处理认同 • 处理不关心 • 处理怀疑 • 处理反对	• 举出一个向下属提建议并获得认同的小案例	• 或由下属对你向下属提建议的能力做出评价
3.10	水平沟通	• 维护自己的立场和职责 • 直接、简明 • 主动 • 关注达成共识 • 积极地拒绝	• 举出一个能证明你认为你做了积极沟通的案例，请关联人写出他的看法	• 水平沟通的三种方式

（续表）

能力点序号	能力点名称	行为规范	证据要求	知识要求
3.11	与上司沟通	· 主动 · 从上司期望出发 · 能处理两种形式的沟通 · 由上司对你与上司沟通的能力做出评价 · 上下级沟通的障碍 · 上下型沟通与商讨型沟通		

职业经理 第3版
十项管理训练

中

全三册

章哲◎著

北京联合出版公司
Beijing United Publishing Co.,Ltd.

总目录

职业经理管理能力模型

本册目录

管理技能之六：激励

职业经理能力标准（绩效管理部分）

管理技能之

四

目 标 管 理

常见的问题

● 没有清晰的、明确的目标，摸着石头过河，走到哪里算哪里；

● 目标大而空，听起来像口号，喊起来振奋人心，做起来无从下手；

● 目标变来变去，让人无所适从；

● 上下目标不一，各吹各的号，各唱各的调，各有各的心思，各有
 各的打算；

● 只考虑定自己的目标，不考虑关联部门和其他关联人的目标，结
 果实现目标时得不到资源和相关支持，导致目标执行性很差；

● 自以为向下分解目标时很顺利，大家没有什么意见，其实背地里
 谁也不认可目标，心里都不服，认为上司头脑发热，胡思乱想；

● 生产、销售等定量的目标好定，研发、行政等定性的目标不好定；

● 没有将目标变成计划，或者目标与计划脱节，或者不会制订有效
 的计划，结果是虽然有目标，但目标是目标，计划是计划，工作

是工作，各不搭界，各自脱节；

● 目标定完就完了，不会及时而有效地追踪目标实现的过程。

单元一

什么是目标管理

目标管理的特征

怎样的管理才算得上是目标管理呢？或者说目标管理的特征是什么呢？常常听一些经理人说："目标管理有什么呀，我们公司早就搞目标管理了，我也年年制定部门目标，也经常为下属制定工作目标。说白了，目标管理不就是制定目标，然后再按目标干吗？谁不会呀！"

真的是这样吗？

让我们了解一下目标管理的六个基本特征，然后与传统的管理比较，看看我们正在做的是否符合目标管理的要求。

特征一：共同参与制定

首先，目标是在上司和下属的共同参与下制定出来的。

这里所说的"共同参与制定"的意思是：

• 以下属为主导；

• 充分的目标对话；

- 上司与下属的角色平等；

- 确认双方认同。

共同参与制定的好处在于：

- 了解相互的期望；

- 使下属充分了解组织目标；

- 发挥下属的工作热情和能力；

- 下属认同制定的目标。

常见的假（非）目标管理

情形一："下达式"——逐层下达指标。

情形二："上报式"——下属将下一阶段工作计划报上来，上司审核批准。

情形三："征求意见式"——上司已经胸有成竹，然后"征求征求"下属的意见。

特征二：与高层一致

下一级的目标必须与上一级的目标一致，必须是根据上一级的目标分解而来。所有的下级目标合并起来应等于或大于上一级的目标。

- 与高层目标一致是一件十分困难的事。目标在向下分解的每一步、每一层均有可能出现错位、变形、偏离。

- 上下目标的一致不是一件自然而然的事。然而，许多经理人想当然地认为"目标已经定了""大家都没有意见"，就意味着上下目标一致了。其实不然，职业经理人要善于事先采取措施以保证其一致性。

常见的假（非）目标管理

情形一：下属什么也没有说，将属于他的工作领走了，经理人就以为下属与自己的目标一致了。

情形二：有时目标不一致是理解不一致引起的，如果事先没有确认理解的一致性，表面上达成了共识，实际上对"共识"的含义理解不同，造成过程中和事后的种种问题。

情形三：经理人以为下属应理所当然地向自己的目标看齐，围绕自己的目标工作。实际上，下属们谁也不是白痴，他们都有自己的利益和想法。

特征三：可衡量

目标管理中，所设定的目标必须是符合 SMART 原则的，即具体的、可衡量的、可接受的、现实可行的、有时间限定的。

• 在目标管理看来，不仅定量的目标可以衡量，定性的目标也可以衡量。

• 可衡量的关键，在于双方事先约定衡量的标准，这个标准也是事后评估的标准。

• 凡是不可衡量的目标都是没有意义的，是不可取的。

常见的假（非）目标管理

情形一：定量的目标容易制定，定性的目标束手无策。

情形二：制定的许多目标根本不可衡量，造成误解、混乱和事后的扯皮。

特征四：关注结果

不论对于职业经理人自身，还是对于下属，目标管理关注的都是结果——目的达成了没有？而不是"工作"或"活动"的本身或过程。

• 目标的优先顺序是根据目标结果的重要性决定的。

• 目标管理的关键就是要不断将目标对准结果，通过及时检查、监督、反馈来达到目标。

• 职业经理在目标管理过程中，不是作为动不动就下达指令的角色，而是作为教练和顾问的角色，不断地向下属提供建议和信息，与下属共同商议对策，帮助下属调整行动方案，达成目标。

常见的假（非）目标管理

情形一：经常下指示。经理人觉得下属这也不行，那也不行，老怕下属出错、出事。所以，几乎下属的每一个行动，都不是下属根据目标自行做出的，而是根据上司的指令做出的。设定的目标还有什么用呢？

情形二：关注过程。下属的工作过程一"不对"，经理人就批评或给予下属负面的、较低的评价。

情形三：关注下属的工作态度，甚至只要下属工作态度好，最后没有达到目标也是可以原谅的。

特征五：及时的反馈和辅导

没有反馈和辅导就没有目标管理。反馈就是将下属的工作状况与设定的目标相比较，并将比较的结果告诉下属，使下属自己纠正偏离的行为。这里，反馈是帮助下属纠偏，而纠偏最终是由下属自发地、主动地、自主地实行的。辅导就是在帮助下属提高工作能力。

反馈和辅导的方法本身说明上司在下属达到目标的过程中，不再处于核心的、主导的指挥者的位置，而是站在下属的旁边；不再下命令、做指示，而是反馈和辅导、劝告、建议。

常见的假（非）目标管理

情形一：批评、干涉。下属没做好或没有按上司的方式做，上司就批评、责备、干涉。

情形二：自己亲自干。经理人看下属做不好，怕耽误工作，自己就亲自冲上去了。

特征六：以事先设定的目标评估绩效

事先设定的目标是什么，绩效标准是什么，权重是多少，事后就应当和必须以此为考核和评价标准。

常见的假（非）目标管理

情形一：目标是职业经理给下属设定的，考核表是公司人力资源部制定的，两个对不上号，考核角度不一致。

情形二：事先设定以目标的达成情况作为评估标准；事后又要看工作态度怎样，又要看工作方法，还要看事先根本就没有约定的种种标准和要素。

情形三：没有与激励机制准确挂钩，或者到时候不兑现。

情形四：年末才进行绩效评估，而不是根据工作目标的达成情况及时评估。

目标管理的好处

好处一：抓住重点

每位职业经理和下属都面对大量的工作，在这些工作中，必须用"80/20 法则"分清哪些重要，哪些不重要，哪些是高效益的，哪些是低效益的，哪些对于绩效的贡献最大，哪些贡献不大。目标管理强调一个阶段的工作只设定有限的 3 ~ 5 个目标，这 3 ~ 5 个目标对于企业来说，贡献会最大，抓住这几个目标，80% 的绩效就可以达成了。

人力资源部面临着大量的工作要做：

- 人力规划；
- HRMSC（人力资源信息系统）建立；
- 企业文化；
- 组织设计；
- 工作分析与评价；
- 薪酬改革；
- 建立公司培训与发展系统；
- 改善绩效考核体系；
- 福利制度建设；
- 实施员工持股计划；
- 完善合同与竞业避止制度；
- 招聘制度修订。

显然，在有限的时间内，完成这么多的工作是不可能的。目标管理可以帮助他们从中选取对于达成 2019 年企业经营目标最为重要的方面，作为 2019 年度公司人力资源部的工作目标。

好处二：关注结果

关注结果是目标管理的重要特征。它的好处是，当上下之间、部门之间，以及对外推广发生了问题，随时可以问一句："让我们回顾一下我们设定的目标是什么？我们各自的工作对于目标有什么贡献？……"这一点是十分重要的。企业往往是陷入了事务性的方法、方式的冲突和争论之中，如果用目的衡量，有些问题根本就不是问题。

肖经理与华北区经理小李发生了冲突，小李坚持认为做行业客户可以保证今年的销售额提高，而肖经理认为行业客户不成熟，还是按照企业所有制类型做为好。

其实从关注结果的角度看，双方都是为了销售额的提高，肖经理在下属小李坚持的情况下，完全不用与之冲突，只要看结果就行了，除非肖经理的观点足够说服小李。就是说，如果从关注结果的角度，可以避免冲突，而不是关注方法。

好处三：考核的依据明确

目标管理最大的好处之一就是考核的依据明确，考核者和被考核者都可以预期未来，即可以预期做到什么程度可以得到什么样的评价，什么样的结果是好的评价，什么样的结果是不好的评价，从而实现事先引导人的行为，避免那种事后"盖棺定论"或"追认"的被动考核。

好处四：激发主动性

• 目标是你认同的，你无抵触或很少抵触；

• 目标是共同制定的，你有为目标的实现负责的热情；

• 事先设定了目标，等于做出了承诺，下属会努力实现它的；

• 设定了目标后，把达到目标的种种方式、方法的选择权交给了你，增加了工作挑战性；

• 上司不再天天指手画脚下指示，而是要你自己想办法，不主动不行；

• 潜力得到发挥和挖掘；

· "除非我自己完成目标，否则得不到好的评价，即使态度再好也没有用"；

· 过去按上司指示办，只要把一件件指示做对就行，现在不同了，你可以错好几件事，但你必须把目标达成，得好好动动脑子；

· "我可以不管上司赞同不赞同，按自己的想法去尝试，关键在于达到目标"。

好处五：劲往一处使

公司的各个部门、各个员工不能劲往一处使是很可怕的。由于公司的总目标必须分解为不同部门、不同职务、不同人员的目标，而在不同部门担任不同职务的不同人员，由于角度、职能、责任、利益、能力、性格、偏好、经验、信息、地位、风格等的不同，随时可能使自己的目标相对于公司的总目标产生扭曲和偏离，或者说，经常出现所做的工作与实现总目标无关或无帮助的现象。目标管理的好处就是尽量减少和消除这种扭曲和偏离。

目标管理的这一"好处"对于企业来说是至关重要的。

据一项国际调查，在公司中，30%的工作与实现公司目标没有任何关系，工作中40%的内部问题和大家对于目标有不同的理解有关。对于中国企业来说，相当一部分"内耗"是因为相互抱有不同的目标，或者说是目标的冲突引起的。

好处六：在各自的层面上工作

上司在上司的层面上工作，下属在下属的层面上工作，对于工作的效率和目标的实现是十分重要的。上司的层面主要集中在计划、监督、激励、领导、辅导和重要业务问题的处理上，下属的层面主要集中在计划的执行、业务的展开、事务的处理上。只有各司其职，才能有较高的工作效率和绩效。有了目标管理，上司以目标为核心，对下属实施管理；下属以目标为核心，自主地开展工作。

如果不设定目标，只能出现两种情况：一种是经常布置工作（下指令），另一种情况是"忙着救火"。这两种情况都不能实现有效的管理和领导。

在第一种情况下，下属处于从上司那里领任务、接受工作的被动地位。虽然这是下属的"本分"，但是，谁愿意整天像机器人一样领到工作，唯唯诺诺地接受，又全心全意、不折不扣地执行呢？你自己愿意在上司那里像小学生一样听讲吗？愿意上司像将军给士兵下命令一样向你布置工作吗？

第二种情况为什么经常出现呢？实际上，第二种情况里一部分是出了事需要上司去"摆平"，另有相当一部分是上司怕下属出错或"看不过眼"去指点、指责或"亲自操刀"而造成的。

好处七：下属的能力提升和职业发展快

目标管理实际上是和信任、授权密切结合的，实施目标管理，关键在于设定目标后，信任下属、授权给下属，让下属按照他自己的想法和方法去实现目标。这时，上司的角色不是怕下属出错的"裁判"或担心下属不按自己的风格做事的"监工"，而是教练和顾问。"裁判"和"监工"是可以随意叫停，随时给出"红牌""黄牌"，责令下属限期改正的；教练和顾问则没有这些权力，因为上司知道，一旦设定了目标，如何去实现这些目标的决定权应当在下属手里，而不是在自己手里。否则，就不叫目标管理，而叫过程管理了。

在目标管理下，下属对于工作过程和方法的决定权，上司的教练加顾问的角色，会迫使下属能力不断提高。

目标管理中的苦恼

在目标管理中，职业经理常常会遇到以下苦恼：

苦恼一：权威受到挑战

过去都是上司给我们下指令，拿着各种指标压我们，强制我们一年内要完成什么什么；而我们也是采用这种强制的手段管理手下员工的，我分派工作，你去落实，必须完成，否则，你就走人。三条腿的蛤蟆难找，两条腿的人到处都是。然而搞目标管理，需要我与下属进行沟通、讨论，让他们参与进来，下属会不会认为是我以前的工作没有做好，所以要改变工作方法，从而怀疑我的工作能力，以为是我心里没有底，跑到他们那里讨教去了？我的领导尊严是不是会受到挑战？以后我在部门里说话，还会有人听吗？

一般情况下，有着这种想法的职业经理非常重视自己在公司中的地位，具有强烈的地位等级观念。对上面他们表现服从，上级交给的任务，他们会不惜代价做好；同时，他们也要求下属对自己在部门的权威表现得恭顺、服从，自己说什么，下属就要照着去做什么。在自己的下属面前，他们是绝对的领导，就像他们自己对待上司的命令一样，不容有不同意见存在。他们在自己的部门中，实行"一言堂"管理。

这种绝对的权威是建立在对自己工作能力绝对自信的基础上的，他们认为，没有下属有能力挑战自己的工作能力，下属照着自己下达的命令干活就行了，而没有对命令说三道四的权力。当然，他们也认为下属根本没有可能提什么有价值的建议。他们对工作结果倾注的关注程度远远大于对各种管理工作细节的关注。他们忽视各种各样的冲突，认为在工作中根本就不应当存在和自己、和工作不同的声音。他们下达命令，下属去完成，然后在规定的时间内，下属呈上结果，至于下属在工作中遇到的困难、不同的想法，那不是他们关心的，也不是他们所愿意听到的。

对待目标管理，他们会一下子感到非常困惑，不理解为什么需要下属参与到原来都是自己说了算的工作当中，以至于出现了那么多的不同声音，自己要花费那么多的时间去"摆平它们"。他们搞不懂，除了工作结果，下属为什么还有那么多其他的想法，而这些所谓的想法，是否真的对要达成的工作结果有帮助？同时，他们也不能容忍原本恭顺的下属们突然变得"不安分"起来，甚至有和自己平起平坐的可能了。

苦恼二：讨价还价，没完没了

实行目标管理，就要下属参与本来是我一个人分派工作的程序当中。他们一参与，肯定就是向我强调各种困难、问题，讨价还价，拖来拖去，那么最后谁来完成工作？再者说，他们知道什么，刚刚在这个行业中混两年，论经验没经验，论能力，他们有谁比我的能力高？跟他们谈，只会分散我的精力。

我和下属制定目标，岂不成了讨价还价的谈判了？

与下属共同协商目标的过程，并不是讨价还价的过程，而是引导下属认知目标，与下属共同探讨目标达成的可行性和方式的过程。尽管在这一过程中，有的下属可能要与你讨价还价，但是，这绝不是消极的，而是积极的，总比过去把问题掩盖起来要好吧。

苦恼三：费时间

让下属参与工作目标的制定，我得需要花费多少时间与他们讨价还价，做这个的思想工作，做那个的思想工作。我们部门一共 12 个人，我不仅要制定目标实施方案，辅导他们如何实施目标管理，和他们确认每个人的工作目标、中期绩效辅导和反馈、面谈和评估，12 乘以 3 就是 36 次，按每个人每次 40 分钟来计算，就是整整 24 个小时。此外，我还要和上面进行沟通，制定部门的工作目标，参加公司对我的目标管理。我们部门本来事情就非常多，我又是业务，又是督导，恨不得天天加班，现在一下子多出来这么多的工作量，说不定还会对正常工作产生什么不好的影响呢。用这些时间，我自己能解决多少问题，干完多少活啊，可照现在这样做，简直是浪费时间。

确实如此，目标管理是一件费时的工作。我们知道，传统管理由上而下，是一种单向式的意见沟通，一切目标和计划均来自上一层，工作量少，这就像"击鼓传花"，传到你这里，你再准备着把这"烫手的芋头"传出去；没传到你的时候，你可以轻轻松松、无忧无虑地干手头的工作，大的责任在上一层那里。而目标管理则要求上司与下属在相互尊重的前提下，坦诚相见，共同参与，共同制定工作目标，是一种双向式的意见沟通，当然要比单向式沟通费事。此外，在制定目标和实施目标管理时，上司和下属除了不断地进行口头沟通，还有不少书面表格要填写，费时不少。特别是目标管理不是今天推行，明天就可以看到效果的事情，这样不可避免地会遭到反对。

一项针对目标管理的研究表明：目标管理能够有效地提高员工

的绩效和整个组织的生产效率。例如，通过对 70 个目标管理计划的考察发现，其中有 68 个使组织的生产率得到了改进。这项考察还发现，管理层的承诺与参与，是目标管理发挥其潜能的重要条件。

苦恼四：得不到一个好的目标

定量的目标好办，定性的目标难以量化，不好衡量。

例如：销售费用究竟控制在什么范围，销售额和利润率是否只要比上一年度高一点点就算是完成了目标？这样，在具体的执行过程中，职业经理就会感到非常困惑，没有一个明确的前进方向，当然也就谈不上有什么激励作用了。

苦恼五：目标得不到认可

销售部的肖经理向自己的销售代表传达这一年度销售部的销售目标——完成 500 万元，这一目标是他与总经理两人经过讨论，考虑了各种可能之后确定下来的。可是没想到，下属一听，就表示了不满。"今年咱们部门走了好几个人，工作全都压在我们身上了；再说客户的口味越来越难捉摸了。这个目标太高了，我们完不成。"一席话把肖经理"干"在那里了。

部门目标既然得到了上司的确认，就很少有可能进行更改，那么，职业经理应当如何应对呢？下属对部门目标产生异议，也是可能的——他们对于自己的工作和市场环境毕竟是非常了解的；下属很可能只是了解他们熟悉的情况，而对于组织的目标、可能的变化、资源上面的支持或许都不知道。

另外，下属可能基于自身利益，尽量压低制定的工作目标，部门经理可以运用自身的权威、工作经验、阅历说服下属尽可能与自己达成一致意见，将实现部门目标的条件摆出来，说服下属认同，并在今后的工作过程中，帮助和辅导下属完成设定的工作目标。

苦恼六：目标变来变去

肖经理："本来年初的时候我们部门的目标是主攻大集团客户，我都和我的销售代表们做好计划了，可是，过了4个月，上面又变了，说要把客户目标对准中小客户。"

商场如战场，今天的情况可能和明天的完全不同，今天和下属制定了一个目标，明天就又必须适应情况，进行调整变化。这种目标的变化在多数情况下，是公司赖以存续的社会、市场环境变化快的缘故，企业如果不能迅速调整自己的发展方向，就会面临被淘汰出局的可怕后果。

因此，在设定目标时，可以着眼于近期可以实现的目标，对于不太确定的目标，设定几种情况，分别制定出几套不同的方案，加以考虑。

单元二

目标的设定

常见的问题

在许多公司里目标管理不好的原因是，一开始目标就没定好！

为什么没有一个好目标呢？常见的问题如下：

目的和目标的混淆；

定量目标和定性目标的问题；

多重目标的问题；

目标的冲突问题。

问题一：目的和目标的混淆

有些职业经理认为，一旦自己提出了一个口号，告诉了员工工作的方向是什么，就是有了一个工作目标，按照这个目标就是在进行目标管理了。实际上这是把目的和目标混为一谈了。

有些人认为目标就是目的，目的就是目标，是这样的吗？

目的是组织各种行动最终要达到的、宏观上的结果。为了实现组织确立的目的，需要制定一系列的目标。

例：我们今年要增收节支。

目标是为了达到目的所要采取的步骤，常常附有数字和日期，是对某一个具体目标的具体说明，是同目的联系在一起的，不是孤立存在的，脱离开目的，目标就没有什么意义了。

例：2019年行政费用比去年下降15%。

对于邢经理的行政部门来说，根据公司总体"增收节支"的目的，确定行政部门的本年工作目标是，2019年度行政费用比去年下降15%。

为了达到"增收节支"这个目的，需要明确规定行政部门工作的目标是什么，不仅指明努力的方向，更为重要的是使员工有一个可以依此行动、检验和修正的尺度，这就是工作目标。

"增收节支"这样的部门目的显得过于笼统，缺乏具体的内容予以支持。到底行政开支要缩减到多少？以什么来衡量？这些具体的、指导员工进行实际工作的问题都没有得到回答。如果这样表述——在上一年度的基础上，在保证其他部门正常工作的前提下，节约行政方面的开支15%——就可以使员工对要完成的工作有一个明确的认识，知道怎样才算是工作效率的提高、支出的缩减。

问题二：定量目标和定性目标的问题

目标有定性和定量之分。这是实际制定工作目标时，困扰职业经理的问题之一。

定量目标是可以用数字明确下来的目标。

• 明年全年要在整个区域内达到×产品400万元的净销售额及23万套的销售量，在下半年内整个区域销售额增加15%。

• 在上一年度的基础上，在保证其他部门正常工作的前提下，节约行政方面的开支 20%。

定性目标一般情况下是叙述性地描述的目标，而不使用数字进行说明。

· 年内消除 A 销售区域内的"窜货"问题（销售）。

· 年内制定出公司各部门行政费用的支出标准。

· 年内制定新的报销制度（财务）。

· 年内建立新的考核制度（人力资源）。

· 年内公司管理规范化（总经理办公室）。

· 年内改善文档管理的状况（行政部）。

对于定性目标，有两种错误观点：

错误一：认为无法定量的目标难以衡量。

事实上，不能量化不等于不能衡量。定性的目标完全是可以像定量目标那样进行衡量的，特别是工作的标准以及如何来考核的问题。行政部门的经理在同下属制定工作目标时，可以不提或少提要完成工作的数量，但必须提出定性化工作标准，明确的工作标准同样会起到指导下属工作方向，激发下属工作积极性、创造性的目的。

人力资源部经理的目标是，2019 年 6 月以前制定出公司新的考核制度。

那么如何进行衡量呢？之所以我们平时认为定性目标无法衡量，就是因为事先没有确定衡量目标的标准。如果事先没有确定衡量目标的标准，就会出现这样的情况——6 月，当人力资源部经理拿着自己拟定的公司新的考核制度去和人事副总汇报时，人事副总可能会说："你怎么做成这样了？这可与我们的设想差距太大了，重做！"人力资源部经理一听，完了，白做了！

怎么解决呢？

正确的方式是，在制定这个目标时，同时制定出对于这一目标的工作标准。

上述目标的工作标准是：

• 分类考核原则。改变过去笼统考核的情况，要针对不同的部门、不同的职类采取不同的考核办法。

• 目标管理原则。改变过去公司制定统一考核表和考核要素的现象，公司不再制定统一的考核项目、考核要素和权重，由每一位员工的直属上司负责为其制定工作目标和标准。

• 制定出各部门考核的关键指标。

以上三条形成了制定考核目标的标准。这样，这个目标虽然是定性的，但完全是可以衡量的。

错误二：定性目标无法定，甚至不如不定。

有人说："定目标对销售部门的人来说非常容易，因为可以给下属规定明确的销售额，评估起来也很容易。而我们非业务部门，又怎么明确规定一个数额？目标根本无法量化，总不能非得搞形式，让行政部门定些诸如每月发传真 50 件，打字多少多少，等等，没有任何的价值可言嘛。"

从工作性质的角度来看，行政部门的工作确实难以像销售部门那样进行量化，但是不等于就没有目标。没有了目标，就好像告诉大家"来工作吧"，然后就不管了，大家按照各自的想法和思路，想怎么干就怎么干，这当然是不行的。即使没有具体数字的目标，也要使员工清晰地了解自己要做的工作、努力的方向、要达到的标准。

在公司中，确实有一些工作是不需要制定目标的，或者有一些职位是不需要定目标的。如，公司前台每天接听多少电话，部门秘书每天处理多少文件，等等，定目标没有必要。这些职位既不需要定量的目标，又不需要定性的目标，而是根据工作规范、岗位职责规范或者相关的管理制度进行工作。

例如，公司前台接待员的工作职责是：

第一，接转电话；

第二，来客接待；

第三，信件的收发；

第四，接收传真；

第五，复印。

这些工作职责分别有相应的工作规范加以限定，关于"接转电话"一项，公司制定的工作规范是：

第一，迅速（电话振铃不超过三次）；

第二，声音亲切、清晰（"您好，×× 公司"）；

第三，周到（在分机电话人员不在座位时，准确记录来电人员姓名、电话，以便回复）。

问题三：多重目标的问题

制定目标时，由于你的职责所在，你可能会制定很多的目标。

一名人事助理可能会制定如下工作目标：

目标一：2019 年 7 月完成毕业生接收计划。

目标二：2019 年 5 月前完成公司所有员工档案的计算机管理工作。

目标三：2019年10月前建立公司的人才储备库。

目标四：2019年10月前建立公司副总以上管理人员的专项档案。

目标五：2019年3月底以前对公司所有的职业经理进行招聘面试的培训。

目标六：2019年12月底以前建立起公司的分类测评体系。

应当承认，很多情况下目标并非都是单一的一个目标，尤其是在目前的经济状况下，很多公司都处在创业、发展阶段，管理并不是非常规范，不能确定下来某一个职位就专职负责于某一方面、某一件工作；同时由于资金不宽裕，一个人要能承担多方面的工作，这样才能使组织能够灵活机动地跟随外界出现的问题进行调整。

那么如何解决多重目标造成的矛盾呢？

第一，职业经理人员需要帮助下属找出多种目标中哪个目标是主要目标，应当多花精力进行关注；哪个目标是次要目标，可以少花些精力。同时，分析主次目标的相互关系，协调好各个工作目标，尽量使下属明确自己要做什么，应达到什么标准，如何进行自己的绩效评估。

第二，目标不要多，3～5个即可。

问题四：目标的冲突问题

在实际工作中，有的时候一个目标与另一个目标至少在短期内是冲突的。

让我们来看一位销售经理所面临的问题：

目标一：增加对销售代表的培训次数，以便提高其业务素质，增强生产力。

目标二：短期内增加推广活动，以增加销售业绩。

冲突一：销售代表在这段时间内不能参加推广活动。

目标三：推出一项新产品并迅速达到良好的销售业绩和市场占有率。

目标四：改善现有产品的销售业绩和市场占有率。

冲突二：推广一项新产品意味着减少原有产品的推广时间。

目标五：减少销售费用。

目标六：增加两名业绩最好的销售代表的工资，以作为激励的措施。

冲突三：增加现有销售人员的工资，势必增加销售费用。

不可否认，在实际工作中，不同的目标之间发生矛盾的情况是确实存在的。职业经理应如何进行协调呢？

一般情况下，需要在目标之间建立优先次序，选择较为重要的目标，牺牲或者推迟较为次要的目标。

在冲突一中，我们可以认为加强对销售代表的培训是最为重要的，虽然这样会减少他们进行推广的时间，但是，相信培训之后，他们生产力的提高会弥补短期内销售业绩减少带来的损失。

在有的情况下，我们需要发现和使用新的工作方法或技巧，以便减少时间、费用，提高工作效率而能同时做好两件事情。

在冲突二中，我们可以分析现有产品以及新产品预计的销售情况，重新划分销售区域，让业绩较好的销售代表推广新产品，让其他的销售代表继续销售旧产品。

在实际工作中，我们常常要权衡完成长期目标和面对的当前问题。通常我们有一种倾向：更为关注于当前的问题，而忽视对于未来更为重要的问题。

在冲突三中，销售部经理认为增加对优秀销售代表的奖励、提高他们的工资和奖金可以激励他们以及其他员工的干劲，但是，在短期内，这将造成销售费用的增加。这种情况的改变，通常需要信念、纪律和上司的同意，虽然其中有许多困难，但这却为未来更有效地提高生产力打下了基础。

因此，作为职业经理必须了解不同目标之间可能的冲突：

• 评估冲突的重要性；

• 分析如果不牺牲任何目标，冲突是否可以得到解决；

• 如果必须在冲突目标中选择其一的话，应当牺牲掉或延迟较不重要的目标；

• 如果目标发生冲突时，应当向下层解释冲突的原因，如何解决以及这样做的目的。

SMART 原则

制定目标应当符合 SMART 原则。SMART 分别是五个英文单词的首写字母：

明确具体的（specific）

目标必须是明确、具体的。所谓具体就是与任职人的工作职责或部门的职能相对应的工作；所谓准确就是事先对目标的工作量、达成日期、责任人、资源等都是可以明确的。

可衡量的（measurable）

如果目标无法衡量，就无法告诉人们我们要到哪里去，那么就没人知道经过长途跋涉，究竟到达了目的地没有。如果没有一个衡量标准，就会出现很多问题：具体的执行者会少做工作，尽量减少自己的工作量和为此付出的努力，因为他们认为没有具体的指标要求和约束他们的工作必须做到什么地步，只要似是而非地做些工作就可以了。这种问题通常出现在工作量化起来比较困难的行政部门或者技术部门中，其上司不十分了解具体的业务，无法进行有效的工作控制，同时在最终工作评估时，上下级之间又会产生争执。

可接受的（acceptable）

目标必须是可接受的，即可以被目标执行人接受。这里所说的接受是指执行人发自内心地愿意接受这一目标，认同这一目标。如果制定的目标是上司一厢情愿的，执行人内心不认同，认为"反正你官大，压下来了，接受也得接受，不接受也得接受，那就接受吧，不过对能否完成可没把握，反正我认为目标太高，到时候完不成我也没办法，工资你愿意扣就扣吧"，那就不行。

现实可行的（realistic）

目标在现实条件下不可行，常常是由于制定者乐观地估计了当前的形势，一方面可能过高估计了实现目标所需要的各种条件，如技术条件、硬件设备、员工个人的工作能力等；另一方面可能是错误地理解了更高层的公司目标，主观地认为现在给下属的工作，下属能够完成，但从客观的角度来看，目标无法实现。一个无法实现的目标，从最基本的出发点就无法使目标管理进行下去。

有时间限制的（time-based）

如果没有事先约定的时间限制，每个人就会对这项工作的完成时间各有各的理解，经理认为下属应该早点完成，下属却认为时间有的是，不用着急。等到经理要下属交东西的时候，下属会很惊讶，这边经理暴跳如雷，指责下属工作不力，因此对下属做出不好的工作评价；那边下属觉得非常委屈和不满，伤害了下属的工作热情，同时，下属还会感到上司不公平。

根据 SMART 原则制定的目标符合下面的形式：

制定符合 SMART 原则的目标

要干什么	结果是什么	条件是什么	什么时间
缩短生产周期	18% 本年年底	开发一种功能软件包	达到 3.5 级或更高级别？2002 年 1 月 9 日正式推出

在"要干什么"一栏中，我们还可以使用其他词语来描述目标，它们是：

可以这样描述"要干什么"

开发	设计	发送	修正
完成	训练	制作	生产
销售	编写	检验	执行
解决	提高	研究	达到
降低	维持	运输	修建

而应当尽量避免使用下面的一些词语，它们是：

不可以这样描述"要干什么"

明白	知道	有效的	成为
认识到	实现	合理的	精确的

来看看下面所制定的目标哪些是符合 SMART 原则的，哪些是不符合这一原则的。

目标分析

所制定的目标	分析
今年将行政费用降低 20%	目标具体明确、可衡量、有时间限制，至于现实和可达成与否，视具体情况而定。但很多情况下，订立的费用降低目标并未经过认真的思考，只是心血来潮
今天是 5 月 30 日，6 月 3 日是市场策划书交与客户的最后时间，策划部人员必须到时提交报告	这里有很严格的时间限制，比较具体；由于达成的工作事先早已明确，这里只不过规定了一个呈交的时间而已。这是通知不是目标
小王，你这个月的目标就是要把公司的车辆管好	这个工作目标非常不明确、不具体，更缺乏明确的衡量标准，不明白小王把车辆管成什么样就算完成任务了
你们质检员一定要定期检查生产情况	工作要求不具体，什么是定期，定期的标准是什么；没有时间限制，工作完成以后，没有衡量的具体指标
6 月 10 日之前，为了符合公司互联网业务的发展，人事部经理助理的目标是协助人事经理召开一次招聘会；面试应聘人员；制定出新部门的工作规范，并交公司行政会讨论	目标是清晰具体的，有明确的时间限制和工作要求，从所述及的内容来看，应当是人事经理助理近期能够实现的工作目标。行政性部门的工作目标一般不容易进行量化，但是，工作不能量化不等于工作不能衡量

在具体应用 SMART 原则的过程中，要充分考虑所研究问题的具体情况，制定出现实、可行的工作目标，特别是要注意区分一些概念。可能行政部门的经理们会认为，只有销售部门才能制定出完全符合这一原则的工作目标，因为销售部门的工作好坏本身就必须用量化的数字加以限定和考核，所以制定的工作目标就具有可衡量性；可是，对于其他部门，特别是行政部门的所有工作，用数字说明和限定并不是一件容易的事情，而且也不太现

实。应当明确，SMART 原则中可衡量的目标并不等于必须将目标量化。

设定目标的步骤

设立一个好的目标，应当有七个步骤。但是许多职业经理设定目标时往往只注意到步骤一、二，常常忽略步骤三以后的其他步骤，从而造成设定目标失败。

步骤一：正确理解公司目标

某医药企业制定的 2019 年公司发展目标是：

目标一：公司植物药品的销售占公司销售的 50%。

目标二：开发三个以上国家一类新药品种，并进入国家医药目录。

目标三：2019 年 6 月前完成 GMP 认证。

目标四：公司的营业收入增长 60%，达到 3.8 亿元。

目标五：OTC 药品销售达到公司营业收入的 50%。

目标六：实现公司的股份制改造，并力争实现在主板上市。

根据公司的这些发展目标，人力资源部经理应该做的是，充分与直属上司甚至公司总经理进行沟通，达成对以上公司的发展目标的充分、准确的理解。

常见的问题

问题一：人力资源部经理很可能没有参加董事会或者公司高层制定以上发展目标的过程，因此，一定会有不理解、不清楚、迷惑、怀疑甚至不同意之处。

任经理认为公司的营业收入增长 60%，又要开发出三个一类新药，还要在 6 月以前完成 GMP 认证，以公司现有的人力资源或者以最快的速度招聘相关人才，也难以保证以上工作的顺利、按时展开。所以，任经理从人力资源的角度对以上目标的实现持有怀疑态度。

问题二：对于目标之间的冲突往往容易忽视。

任经理认为，植物药达到 50% 和 OTC 销售 50% 之间是矛盾的，因为，植物药都是处方药，所以，要增加植物药的销量，势必导致 OTC 销量的下降。

对于这类问题，如果没有与高层充分地沟通，带着怀疑或迷惑的心态去制定自己的工作目标，必然会出现起点的错误。

步骤二：制定出符合 SMART 原则的目标

根据公司 2019 年度发展目标，任经理制定出人力资源部 2019 年度工作目标：

目标一：在 2018 年 12 月底以前制定出 2019 年度公司人力资源规划。

目标二：在 2019 年 3 月底以前完成 OTC 销售队伍、新药开发队伍的招聘工作。

目标三：在 2019 年 4 月底以前制定出公司新的考核制度。

目标四：在 2019 年 3 月底制定出公司年度培训计划，并按计划开始实施。

常见的问题

问题一：不符合 SMART 原则；特别值得注意的是，对于人力资源部来说，所制定的大多数目标都是定性的，最容易出现无法衡量的问题。所以，这里必须对每一个定性的目标制定出相应的工作标准，见本章"定性目标与定量目标的问题"中建立考核制度的案例。

问题二：注意目标之间的冲突。

步骤三：检验目标是否与上司的目标一致

此步骤中的重点是，上层目标中的"上层"是谁？关于这一点，常常会被人们所忽略，从而导致目标的偏离。

因为，对于人力资源的任经理来说，所谓的"上层"可能是指：

- 公司；
- 董事会；
- 总经理；
- 人事副总。

公司的发展目标是以公司的名义制定和颁布的，但是，公司目标本身是董事会、总经理、副总经理等进行讨论、协商的"妥协"产物，所以，公司目标代表了公司决策层的意志，但它与总经理的目标并不是完全重合、一致的。一般来说，总经理的目标与公司的目标之间多多少少会有一些差异。

人事副总作为任经理的直属上司，他的目标与总经理的目标、公司的目标之间也会有差异。而一般来说，任经理往往会按照人事副总的目标制定自己的目标，并且认为所谓"与高层目标保持一致"就是与直属上司目标保持一致，也就是与人事副总目标保持一致。

步骤四：列出可能遇到的问题和阻碍，找出相应的解决方法

任经理的目标得到了上司的确认之后，他需要列出和找到：

目标一：在 2018 年 12 月底以前制定出公司 2019 年公司人力资源规划。

实现这一目标面临的问题

问题一：时间不充分——公司的发展目标在 12 月 31 日才能基本确定，显然在 2018 年年底制定出公司人力资源规划的时间不够。

解决方法：与人事副总确认人力资源规划在公司发展目标制定完成后一个月内完成。

问题二：没有工作先例——公司以前没有制定过人力资源规划，因此，任经理不清楚第一次制定该规划的工作标准是什么，到时候很可能与上司扯皮。

解决方法：参照 A 公司人力资源规划进行。

问题三：在人力资源规划中所涉及的几个核心问题仍没有得到确认，可能会影响规划的制定。例如，其中的人力资源政策问题、新的激励机制问题。

解决方法：需要在 12 月 31 日以前，公司专门开会决定。

步骤五：列出实现目标所需要的技能和知识

任经理实现自己所制定的目标，需要的知识和技能有：

• 人力规划技能；

• 招聘与面试技术（已具备）；

• 目标管理考核技术；

……

相应的解决办法：

• 在同行业中寻找一份人力资源规划书；

• 聘用专业的人力资源公司；

• 参加专题培训，尽快学会应用；

……

步骤六：列出必需的合作对象和外部资源

任经理为达到以上目标，需要合作的对象和待确认的事项有：

• 销售副总。确认销售队伍招聘计划；

• 销售经理。确认招聘人员所需的条件，招聘的程序；

• 市场经理。确认招聘人员所需的条件，招聘的程序；

• 研发中心主任。确认招聘人员所需的条件，招聘的程序；

• 生产厂厂长。确认生产厂培训计划以及新的考核办法；

• 行政部经理。确认培训时的软硬件支持；

• 总办主任。起草有关的制度、通知、文件；

• 财务部经理。确认以上计划的预算；

• GMP 推广办主任。确认 GMP 所需的支持人员；

……

任经理为达到以上目标，需要的外部资源有：

• 有一定的预算保证；

• 专业的人力资源公司（包括猎头公司、培训公司、管理顾问公司）；

• 同行业公司的支持；

……

常见的问题

问题一：常常忽视对合作对象和外部资源的考虑。

问题二：常常忘记与合作对象进行沟通交流，了解相互的期望。

步骤七：确定目标完成的日期

任经理要实现目标，必须制定好要完成目标的日期。

单元三

目标对话

如何为下属分解目标呢？职业经理不能采用命令强迫的方式，而应当采用目标对话的方式。

常见的问题

很多公司的状况是，制定公司目标轰轰烈烈，制定部门目标急急忙忙，分解到人无声无息。

问题一：不分解目标

许多职业经理认为自己的下属都有明确的工作职位，承担着各自的工作职责，所以，根本就用不着向下属分配什么目标，到时候各司其职就可以了。

特别是部门一级的职业经理，他们的业务能力非常强，又有下属的辅助，完成今年的部门工作任务根本不在话下；况且，下属的能力在职业经理眼中太差，所以认为根本没有必要把部门工作目标向下属分解，到时候告诉他们干什么、怎么干就行了。

"将部门目标分解给每一个部门成员，还需要为每个人制定出分目标，找每个人或至少要开一次免不了争论的会议——费事，不如告诉下属跟着我这么干来得容易。"造成这种问题的原因是部门内没有明确的工作分工，几乎每个成员都是多面手，在工作中，总是采用工作一来，大家一起跟着"头儿"干，只有职业经理知道是怎么回事就行了。

特别是对于诸如人事、管理等非业务部门来说，虽然每个成员都有比较明确的分工，有专职负责招聘的、专职负责档案管理的，但到了比如举行大型招聘活动的时候，人手不够，部门所有的员工都要参与到这件工作当中去。遇到这种情况，职业经理就会认为把部门工作目标提前分解到每一个成员既费时又费力，完全没有必要。

问题二：没有让下属充分理解公司或部门目标

产生这种问题的原因在于：

• 沟通错误，职业经理所要传达的信息没有有效地被下属接受。

选择了不恰当的地点、时间，对不恰当的人员进行通告。

比如选在咖啡厅这种部门成员没有全员出席的非正式场合，以部门聚会的非正式形式向大家通报公司目标和部门目标，下属没有把这太当回事，所以不能真正地了解部门、公司的发展目标。

• 对公司目标不做说明或解释不清。

职业经理在向下属通告部门目标时，没有经过认真的思考，没能对公司、部门的目标进行有效地阐述，而是如同传话筒一样，公司怎么说，他就怎么传达，传达完了，也不管下属明白不明白。下属有疑问的时候，就凭着自己的理解解释一番。

这样的目标没有经过具体而缜密的分析，没有把部门目标向下分解到自己的部门，使其成为部门每个成员可以达成的子目标。部门成员不清楚自己在部门目标中所要发挥的作用是什么，更不清楚自己所要做的工作对公司整体发展的贡献在哪里，带着一头雾水开始为新的目标工作。说到底，就是没有使下属充分了解公司目标和部门目标。

问题三：将制定下属目标当成分配工作

可能有的职业经理会说："作为一个经理，连一个目标都不能清楚地向下属进行传达，进行分解，根本就与他所担任的职责不相称，这样的人早就该淘汰了，我不会犯这样低级的错误。"但是，公司中经常看到的场景却是：

"今年让小张负责市场方面的事情，小赵负责店内服务质量方面的工作……"不管下属同意不同意，理解不理解，有什么疑问，都要这么干。

"说你行，你就行，说你不行，你就不行"，同意不同意，就这么干吧。

这种情况造成的后果，就是职业经理自我感觉良好，认为自己对下属进行了充分的授权，下属已经很清楚自己要做些什么了，可是实际上，部门经理并没有真正使下属从根本上认同自己的工作目标，使下属不能充分发挥自己的才干。这样，完成部门工作目标就会打折扣，如果一个不是很和谐的团队，还会使团队成员之间产生彼此不服气、相互猜忌等想法，不利于部门工作目标的实现。

问题四：费事

一位部门经理有 8 位下属，制定下属工作目标时需要一对一地与每位下属进行协商和讨论，假设与每位下属协商需要花费部门经理 80 分钟，那么 8 位下属就需要部门经理 640 分钟的时间，部门经理不可能将正常工作日的全部时间用于同下属制定工作目标，所以，我们假定部门经理一个工作日可以同两位下属协商，这也要延续 5 个工作日。

目标管理强调控制手段、激励方法和领导艺术。控制手段和领导艺术涵盖面比较广，采取何种管理下属的方法是管理风格的问题，完全可以置于职业经理自己的有效控制范围之内，自己怎么来做，只要达到完成工作目标这一最终结果就可以了，同超越自己的管理权限没有太多的联系。

进行目标管理，职业经理本身需要花费很多时间和精力，进行工作规划，设定工作职责、行动计划，对目标进行控制和事后评估。在确定工作目标之前，还要与下属反复进行协商，有这些时间和精力，干点实际的事、解决解决部门内发生的问题，不是更好些吗？

因此，职业经理不会重视给下属制定工作目标、工作计划，有时会简单地对下属交代一番了事，抱着出了事再解决的态度，把自己摆在"救火队员"的位置。有些人会认为给下属制定工作目标是件非常容易的事，反正有上司定的目标，把部门总的工作目标简单地给每个部门成员分配下去，不必要浪费宝贵的时间和精力，然后按照自己熟悉的老办法进行操作，完成部门整体的目标就行，从根本上讲不重视给下属制定工作目标。

问题五：难做

制定下属的工作目标时，职业经理感到制定目标是件令人头疼的事。

· 职业经理不太清楚自己的下属都具有什么样的能力，承担什么样的工作比较合适，很难制定出令下属信服的工作目标。出现这种情况，可能是因为部门人员流动大，新人多，职业经理不能很快了解每人的能力；也可能是因为职业经理是由其他公司跳槽来的"空降兵"，对自己公司或部门的情况可能还不如下属清楚。

· 职业经理在公司或部门中的权威受到挑战，可能会认为给某些员工制定的目标非常棘手。公司或部门中资格老的员工，高估自己的能力，认为经理的位子早就应该是自己的，对职业经理不服气，虽然表面上不太敢表露，但常常对职业经理做出的决定或消极抵制，或和其他的同事评头论足。

· 目标的达成常常需要各个分目标之间的有机协调，但如果内部人际关系紧张，职业经理在订立下属工作目标时，就可能因为考虑员工彼此关系的缘故而无法有效地使各个分目标之间进行很好的配合，最大限度地完成公司或部门工作目标。

来自下属的阻力

阻力一：尽量压低工作目标，讨价还价

职业经理在制定下属工作目标时，最常见的一种现象是，下属尽量多提自己的困难，期望把落到自己头上的工作目标降低、降低再降低。

在部门召开这种工作会议时，实际接触业务的人员都会把能导致领导提高对自己的工作要求的真实信息隐瞒起来，几乎没有一个业务人员会在领导给定的任务目标基础上主动加码，谁都希望尽量

轻松地完成自己的工作，少承担工作压力。

这种情况尤其会出现在销售人员的身上，他们的业绩同可实际度量的销售数字结合，标准定得越低，工作的压力越小，获得的提成越高，自己的收益也越可观。同时，他们也知道职业经理不会比自己更清楚自己负责的销售区域的实际情况，因此，会与上司讨价还价，期望得到对自己最有利的工作目标。当然，这是一种普遍的员工心理，其他部门的员工也会有同样的问题出现。看不到对自己有利的前景，员工们不会有太多的热情。

第一种情况

如果职业经理平时比较欣赏某个下属，关系比较近，说起话来比较随意，那么在给这个下属制定工作目标时，他就敢对上司给自己制定的工作目标发表意见，或提出自己执行过程中会遇到的困难，同上司商议、讨论，寻求上司的同情和帮助，最后能够获得自己比较满意的目标，在以后的工作中干起来劲头才更大。

第二种情况

下属认为上司对自己有成见，不欣赏自己，平时，对待上司就是小心翼翼的，不敢多说什么，这时，上司给自己制定工作目标，即使自己有什么不满，也不敢随意表述。这类下属多会对上司的工作目标抱着抵制的情绪，如果目标定得过高，下属会认为这是上司有意和自己过不去，准备把自己排挤走；目标定得低了，下属会认为上司不能正确地认识自己的才干，让自己闲着没事，他可能向其他同事散布些负面信息，扰乱部门工作的进程。

阻力二：相互攀比

出于自身利益的考虑，下属在同部门经理制定自己的工作目标时，常会考虑个人的得与失。"承担的这项工作，我能从中得到什么好处？别人怎么看？其他人因此又得到什么好处？为什么一定要我做这项工作？让别人做不行吗？把工作难度大的交给我，责任大，出了问题拿我当替罪羊。别的人为什么不干呢？！"

阻力三：习惯于接受命令和指示

在给下属制定工作目标时，作为最终工作目标的领受者和实施者的下属常常以一种被动领受任务的心态来面对职业经理，上司告诉他做什么、怎么做，在什么时间和地点来做，他就做，保证不出偏差就算是完成了任务，自己没有任何其他责任。

在这一点上，部门下属的态度与同样是从上司那里接受任务的职业经理不同。职业经理的工作职责和权利使他不仅仅要考虑完成工作目标所涉及的个人利益，还要花更多精力关注部门的利益，因此，职业经理会更主动地对上级交与的目标进行质疑，将部门的利益同工作目标相协调，影响最终部门工作目标的修改、确认。但是下属却抱着无所谓的态度，认为目标管理同自己不相干，不能采取主动的态度同职业经理一起协商制定工作目标。

阻力四：对工作目标无所谓

还有一些部门员工，本身就是在"混日子"，有时对自己的本职工作还是糊里糊涂的，更别说在部门目标管理中发挥什么作用了。

阻力五：个人目标与组织目标、部门目标发生冲突

员工本身的发展目标同部门的目标发生冲突，出于自身的考虑，他们不愿意承担职业经理分配给自己的工作。这里的原因可能是：

• 这项工作超出了他们的能力，不是他们的所长，要做好这项工作需要付出很大的努力。

• 他们对现在负责的工作早已厌倦。

员工小王早就厌倦了每天打打字等事务性的工作，想尝试着做别的工作提高业务水平，认为总做原来的工作，会限制自己的发展。但部门经理却出于人员调配、部门目标完成情况等原因，仍然让小王干原来的工作，小王工作的积极性很低。

目标对话

总的来说，职业经理应当在充分掌握各种信息的基础上，依照所处环境的资源、工作难度、经验和个人能力制定下属的工作目标。最理想的情况就是，职业经理既对本公司部门可以动用的各种资源，比如人员、奖励权限等了如指掌，又非常了解各种具体的业务情况和下属的个人情况，把每一个下属放在最适合他的位置上。

要点一：解释目标带来的好处

下属最关心的还是自身的利益。同下属制定工作目标时，为了降低、消除下属害怕过多压力，不愿意承担更多责任的心理，职业经理可以向下属详细地解释制定某项目标能够带给组织、部门的利益是什么，下属可以从中得到什么，以此使下属看到自己前进的方向，得到前进的动力。

小赵负责策划报告的市场研究部分，需要在一个星期之内把6000个数据处理、分析完毕，并且写出一份 5 万字的报告——工作压力太大了。

史经理："小赵，我知道这项任务很有难度，但是，客户规定我们的时间就这么紧，这纯粹是商业行为。你的工作关系到后面节目策划的成败，我们今后能否和客户保持固定业务就靠这次的结果了。有了这次独立主持这么庞大工作的经验，你就成了这方面的专家了。以后，我们可以把这次的市场分析结果在重要媒体上发表……"

小赵觉得这项工作太有价值了。

要点二：鼓励下属自己设定自己的工作目标

下属对自己的工作，在很多情况下会比职业经理了解得更多。职业经理在向整个部门详细介绍了部门工作目标之后，可以让下属自己先订立自己的工作目标，这样做一方面使下属感到更有责任感，对问题的考虑更为实际，对潜在的问题提出设想和解决方案；另一方面可以培养下属独立思考和解决问题的能力。

要点三：分析实现目标所需的资源和条件

不是在讨论这个目标太高还是太低的问题，而是分析实现目标所需要的资源和条件。找到现有可用的资源和条件，以及在现有条件下完成工作目标所缺乏的资源，知道问题在哪里、自己的优势在哪里。

销售目标：

- 今年的销售目标是 3000 万元。
- 需要重要客户 40 家。

现有的资源和条件：

- 已有重要客户 20 家。
- 宣传经费 50 万元。
- 符合条件的销售代表 6 人。

要点四：循序渐进

在刚刚实行目标管理，下属对此还不习惯时，职业经理要先对下属进行引导，按照目标实现的难易程度来进行设定，循序渐进，逐步推行，可以按照先易后难、近期目标较详细而远期目标比较概括、时间滚动等方式，使下属从过去听从命令、领受任务的习惯做法中解脱出来。

要点五：目标与绩效标准的统一

有什么样的目标就应有什么样的绩效标准。

销售员甲

目标：全年销售额达成300万元。

绩效标准：不少于300万元／年。

激励政策：年销售额超过300万元，超过部分给予销售额5%的奖励。

销售员乙

目标：全年销售额达成200万元。

绩效标准：不少于200万元／年。

激励政策：年销售额超过200万元，超过部分给予销售额5%的奖励。

由于不同的目标有不同的绩效标准和奖励标准，所以，在制定目标时，下属一般来说会追求更高一级的目标，因为，较低的目标会造成下属物质和精神利益的损失。

对于职能部门和服务部门的目标也是一样的，只不过注意在制定了目标后一定要同时确定定性目标的绩效标准。

人力资源部的小王近期工作目标：在2019年3月底以前完成

公司人员资料的汇总。

绩效标准：人员资料要齐全，保证使用方便，便于查询。

要点六：向下属说明你所能够提供的支持

第一，授权。充分授予下属为达到目标所必需的职权。

第二，明确地告诉下属，为达到目标所必需的能力是什么，以及下属的差距是什么。

第三，辅导。由于工作能力、经验上面的问题，下属在制定工作目标以及执行的过程中，很可能会遇到各种困难。所以，要告诉下属，在其达到目标的工作过程中，你将会在哪些方面予以帮助。

在制定目标时，可能出现的问题是：

• 不知道如何制定出有效率的、可达到的工作目标；

• 对潜在的问题估计不足；

• 不知如何利用已存在的资源；

• 其他的相关问题。

职业经理可以对下属进行辅导，为他们提供相关的信息和可利用的资源。

单元四

从目标到计划

　　一旦制定了明确的工作目标，接下来的工作就是将所订立的工作目标转变为详细的行动计划，作为实现工作目标的支持系统，并使下属更好地理解和执行。实际上，计划是描述使用可以动用的资源达到预先设定的工作目标的方法，应当指出谁将要做什么，什么时候、什么地点、怎样做以达到工作目标，是详细的工作方案。

　　目标集中于管理活动，计划提供了路线图。计划是系统的，工作计划将战略转移成日程表，使经理们承诺目标。

计划的好处

　　一谈到计划，很多人都认为："计划有什么难的？工作中出问题，关键不是计划本身的问题，而是执行的问题，我们的计划都制定得不错，关键是大家不去执行，执行得不好。"你同意这种说法吗？

　　其实这种说法是不对的。一项工作从设想到实现固然有多种因素，特别是在执行中做得怎么样，直接关系到最后的成果，但是，如果从一开始制定的计划就有问题，那么，就会做许多无用功。事实上，计划并不像想象的那样简单。工作中出现的很多问题，比如"计划赶不上变化""计划订了还不如不订"等，实际上大都是由于不恰当的计划引起的。

我们的工作当中，有很大一部分是日常性的工作，可以通过制订计划，保证工作的完成。否则，经验不足的下属工作起来会摸不着头脑。他们本来期望一开始从上级那里得到详细的指导，告诉他们从什么地方着手、怎么开展工作，但现在只有你的工作目标，所以他们会很茫然，不知道到底该怎么去做，等到费了很大工夫，实在不行了，就要不断地去找你，询问应该如何办，可能还要对已经做了的工作进行返工。这样，不仅无法达到采用目标管理的目的，下属也不能充分调动积极性专注于工作，而是担心会不会做得不对；职业经理还要不断被员工不时出现的问题干扰，造成资源的浪费，工作效率低下。

另一种情况，对于比较有经验的员工，他们不用职业经理费多少力气，就能很好地领会工作的意图，独立地进行工作，但是他们掌握的资源信息可能并不完全，没有一个计划就贸然开始工作，只能是做到哪里算哪里，等到出了问题再想办法。

除此之外，缺乏工作计划，还会导致各个成员之间无法有效地配合，不能合理分配部门资源、人员和时间进度，事到临头才知道人手不够、材料不足、人员安排发生冲突，造成管理混乱、效率低下。同时，职业经理也不能掌握下属的工作进程，不能有效地进行监控，及时发现问题进行处理。

计划将会鼓励团队精神，并且增强组织的形象

计划过程不仅仅涉及员工自身工作的进展情况，还要考虑其他成员的工作情况，出主意、想办法，彼此相互配合，共同分享相关资源和信息，以实现整个部门、组织的目标。而只突出自身的工作计划，可能妨碍其他成员的工作进展，无法实现整体的工作目标。

计划过程将会有助于组织不断前进，取得组织目标

开始工作之前所制定的工作计划，有助于帮助员工更为仔细地了解所要完成的工作目标，以便其采取方式和方法，进行日常的工作，应对可能出现的问题。总之，制定的工作目标是确定的，一般情况下，很少发生更改，而在目标实现前的一段时间内，将会发生的事件、遇到的问题等都是不确定的，我们最初制定的工作计划，是对今后工作的一个基本的、指导性的文件。

计划是控制的依据

有的人制订计划，完全是出于"为了订计划而订计划"，上头让制定工作计划，职业经理就订了。职业经理也要求下属订计划，目的是了解下属为了完成工作目标所要采取的措施，有没有问题，需不需要自己进行更进一步的指导。而实际上，经过职业经理最后同意的工作计划，会作为其监督下属工作进展和完成情况的主要依据。职业经理可以采用随时抽查、定时与下属开会交流、检查不同时间段应完成的工作情况等方法，加以监督。

计划会根据外界环境、内部环境的变化进行调整

为了适应新情况、新问题，必须对原有的工作计划进行修正。事实上，计划是对各种可利用的资源、各种变化的反映。如果计划不能很好地反映外部、内部的各种变化，就无法完成最初所订立的工作目标。比如，职业经理根据目前部门内部员工的工作能力和经验以及外部的条件，制定了详细的营销计划，可是在计划进行当中，部门内几位员工离职，对原先由这几位员工承担的工作就需要进行调整，可由其他的员工兼做他们的工作、进行招聘找其他的人来做。

制订计划的其他好处

• 制订计划会大大提高成功完成预期工作目标的可能性；

• 制订计划会使工作目标更明确，使下属更了解目标；

• 计划使得工作目标的设定更符合实际情况；

• 计划能够使工作更有序、有系统地开展；

• 好的计划能够减少不可预见的阻碍或者危机出现的可能性；

• 有计划能让人更为轻松地处理突发的事件和问题；

• 计划有助于减少突发情况的发生，并使绩效表现和结果更加可控制和可预测；

• 计划让工作更加有效率，因为每一个成员都能直接投入工作，不需要浪费时间；

• 计划让成员的工作努力能够比较好地与工作结果相匹配；

• 能够通过计划更为客观地评估结果。

制订计划的要点

制订工作计划，一般包括以下几个方面：

• 目前的情况——现在所处的位置；

• 前进的方向——做什么向哪里前进；

• 行动——需要做什么才能达到；

• 人员责任——谁来做；

• 开始日期；

• 计划的阶段性反馈，或突发事件发生时的紧急处理程序；

• 结束日期；

• 预算成本。

以研发部门 2019 年度的研发计划为例：

目标：在 2019 年 10 月 31 日以前开发出目标管理多媒体教程。

目前状况：

（1）已进行过市场调研，对产品的市场前景和销售进行了定性和定量的研究。

（2）目标管理课程已被十余家客户所采用和认可。

（3）公司有开发多媒体教程的丰富经验。

（4）对国际企业先进的目标管理方法和中国企业的目标管理现状有一定的研究，并且积累了大约 20 万字的资料。

前进的方向：在 2019 年 10 月 31 日之前开发出目标管理多媒体教程，并开始推广发行。

行动：本计划共分四个阶段——

第一阶段：筹备阶段。

第二阶段：教材大纲和编写标准制定阶段。

第三阶段：教程内容编写和软件开发阶段。

第四阶段：论证完善阶段。

人员：第一阶段：筹备组成员 5 人……

第二阶段：……

第三阶段：……

第四阶段：……

从而使计划既成为指导工作进行的标准，又能够灵活地应对各种情况的变化。

可能遇到的问题和处理程序：

• 对于大纲的讨论和审定可能的问题：意见不统一，反复讨论，时间拖延。解决办法：由研发负责人最后决定，给研发负责人充分授权，保证时间。

• 标准是什么：

可能的问题：以前没有开发过类似产品，产品没有完整的参照标准，而确认这一标准可能会花费较多的时间。

解决办法：标杆法。参照现在市场上和国外已出版的类似产品。

……

制订计划的要点

• 分析要达到的工作目标。

• 判断所处的工作环境。

• 找出影响目标实现的决定性因素。

• 分析所拥有的资源，如人员情况、产品优势、金钱、时间等。

• 依据所拥有的资源和决定性因素，分析研究各种达到目标的可能方法。

• 选择最有可能的方法。

• 根据所选定的方法拟定具体的实施方案，将各项工作分配给各个人员并建立相应的评估和考核方法，以此对相应人员的工作进行考评。

　　·对于行动进行有效而合理的排序，哪些行动可以同时进行，哪些行动必须按照一定的顺序进行。

　　·决定完成各个行动项目所需要的时间，并得出整个计划完成所需要的时间。

　　·建立追踪计划、评估和修正的方法和程序，这样，有利于及时发现并解决：对执行人员由于自身工作能力、经验等方面原因造成的问题，进行辅导、人员补充、调换；对计划制定本身出现的问题，及时予以修正；由于内部或外部环境发生变化，对计划进行必要的修改。

　　此外，还需要一些其他技巧来保证工作计划能够顺利实施：

　　·正确的工作目标是工作计划得以顺利进行的基础，如果一开始制定的工作目标就出现了偏差，根本无法实行，那么无论运用什么先进的技术和经验，制定的计划都不可能实现。

　　·部门中有效的组织结构和运行系统也是必不可少的保证因素。组织不健全或组织结构混乱，成员之间没有配合，各自为政，需要互相配合的项目实行起来会非常困难，抗御突发事件的能力大大降低。

　　·部门经理的领导方式、下属的工作能力和共同的价值观也是影响工作计划进行的重要因素。一个非常强调团队精神的部门，往往强调成员之间良好的关系，彼此能够接纳，共同对待所遇到的问题和困难，这样一个部门，对于执行工作计划，进而完成工作目标，就是一个比较理想的组织单位。

制订计划的常见误区

误区一：没有注意计划的滚动

对于职业经理而言，长期计划是参照组织制度必须制定的年度计划或季度计划。有人认为既然订了年度或季度计划，就万事大吉了，"按照公司或部门的年度计划不就行了吗？"但是职业经理面对的往往是具体的业务，随时可能遇到问题，需要灵活地加以应对，这就需要职业经理在制定的年度或者季度计划的基础上，制定相应的月计划、周计划甚至每天的计划，以利于实际工作的操作。

误区二：没有弹性

制订了计划之后，想当然地认为凡事都要按照计划行事，不能改变，并且，一旦要变更工作计划，就会埋怨无法集中精力进行工作。"计划变来变去的，让我们怎么工作？"

实际在日常工作当中，工作目标一旦确认下来，很少会发生变动，外部或内部因素变化，需要改变的不是已经确定下来的工作目标，而是为了达成工作目标所要采取相应行动的工作计划。应当明确，工作计划不是制订了以后，就成为一成不变的制度，它需要在实践过程中，不断进行修正，是滚动式的。

好的计划就是要给未来的变化留有一定的余地。计划的修改和完善本身就是计划的一部分。计划发生变化和修改并不能否定计划本身。见"管理技能之三：时间管理"的相关部分。

误区三：没有估计多种可能

在制订计划时，没有充分考虑可能出现的情况，或者只考虑自己所熟悉的情况，或者只考虑自己想到的情况。

制订销售计划的时候，最基本的是要想到三种情况：

第一种：出现有利条件所导致的最为乐观的情形。

第二种：出现最为不利条件所导致的最为悲观的情形。

第三种：正常条件下的情形。

针对这些情况，找出相应的解决方案，做出充分的准备。不要因为计划只考虑了一种情况，其他情况一旦发生，束手无措，临时找人手、紧急加班，或者导致人手富余，造成资源浪费、成本上升。因此，制订计划时，要充分考虑各种不确定的因素，并为处理不确定的因素留有一定的余地，当然，这种余地也要考虑为了留有余地，而产生的成本是否合理。

误区四：没有考虑资源和条件

这种情况主要针对喜欢运用各种管理工具以及凭借自己过去的工作经历进行计划编制的职业经理。偏爱利用各种工具搞出新名堂的职业经理，对自己制订的计划沾沾自喜，非常得意，完全不管下属是否能够接受得了。下属可能碍于职业经理的面子，害怕职业经理怀疑自己的工作能力，一味应承下来，但实际上并没有真正领会工作计划的实质和要求，这样，费了很大心血做出来的工作计划，成了一张废纸，下属无法按照这样的工作计划进行工作。另一种不考虑实际的情况是，仅凭过去的经验来制订工作计划，也就是说，制订计划的前提假设就是错误的或不符合实际情况的。所以，制订出来的工作计划也就无法为下属的工作提供指导，职业经理更无法据此对下属的工作进行监督、控制和评估。

误区五：没有事先沟通和确认

研发计划的筹备阶段，需要从市场部收集和使用已有的资料。

但研发部经理只是在计划中提出调集资料，并未同市场部经理就资料问题进行沟通。进入计划执行期间，找到市场部索要资料时，才发现现有资料需要一个月的时间进行整理，现在无法使用。显然第一阶段的时间不够用了。

好计划的特征

- 详尽并且清晰，使目标不存在疑问：要完成什么？由谁来完成？什么时间完成？
- 完整，以避免行动之中造成脱节。
- 要符合实际，以现有的人员、资源、时间可以做得到。
- 具有弹性，使这个计划能够配合新的情况或者能够充分利用新出现的各种机会。
- 列出优先次序，使行动成员都能了解什么事情是最重要的。
- 界定行动，使成员能明白哪些活动是希望他尽量做到的，哪些是一定要做到的。
- 附有衡量该计划成功的标准。
- 事先同合作者进行充分的沟通。
- 定出日期以便定期检查计划的进展情况。

工作追踪

工作追踪的意义

- 确认工作按照目标和计划进行；

- 确认可以达到预计的工作成果；

- 确认组织的政策、规定、程序被执行和遵守；

- 及时发现潜在危险和问题，并做好准备，采取措施。

工作追踪的五个原则

原则一：适时

适时发现问题，以便问题不会随着时间、情况的变化而变得复杂。

市场研究部的小张近来的报告总是交得稍迟，质量也不如以前，这种情况，史经理可能的反应是：

史经理的反应和后果

反应	后果
谁都可能这样，算不了什么大事	小张的报告交得越来越迟，他带着手上的资料到另一家公司上班了。没人能够及时接替他继续完成报告，造成工作拖延
怎么回事？及时找小张交流，平时多注意观察	知道小张想到其他公司去干，及时找到可以替代他的人，保证报告按时按质完成

原则二：重要

如果没有追踪最重要的活动，而仅仅是关注次要的问题，工作追踪就不能对基本工作目标的完成产生任何的帮助，反而会偏离已达成的工作目标。

为客户提供市场调查报告，帮助客户做出进入市场与否的决定。

市场研究部的史经理在对下属工作进行追踪时，对下属报告的格式过分苛求，结果，下属们将更多的时间和精力放到了编辑报告格式上，忽视了对数据的分析及其他主要的问题，导致偏离了原定的目标。

对报告的关注点

主要的方面	次要的方面
数据准确 深入分析 结论准确、有价值	易于阅读 版面美观

原则三：明确

如果不完全明了目前正在发生的事情，就无法采取有效的补救措施。

明确所要探讨的工作是什么，明确进行的时间和地点，使下属感到上司对他所进行的工作非常重视，同时，也使双方都清楚要谈论的问题是什么，以便双方针对具体问题着手准备，提高工作效率。否则，会有这样一种情况：按照原定的格式，一点小改动就使整个报告的格式都变了。

下属本来想通过与上司的会谈，反映自己遇到的问题，让经理帮助解决。可是经理并不太了解具体的情况，双方没有事先明确到底要谈什么，所以，会谈中经理顺着自己的思路，把问题扯到了别的地方。最后经过热烈的谈论，双方在别的问题上达成了一致，可当下属回去工作时，却感到自己的问题根本没有得到解决。

原则四：讲求实际

如果工作追踪过于复杂、琐碎，就得不偿失。谁希望对一件工作的追踪，比这件工作本身更为复杂和困难呢？

另外，不要讲一些空泛的、不可能实现的话。不切实际的话可能在短期内对下属起到鼓舞的作用，可是一旦下属认识到那是不可能的事情时，对下属的打击会更大，他的工作热情下降的速度远远大于上升的速度。特别是对下属目前所进行的工作进行评价时，切忌因为想鼓励下属的工作成绩，而忘掉自己是否真的有能力实现自己的承诺。

职业经理："小王，你工作干得不错，将来出国进行培训，一定会让你去的。"

这样的许诺超出了职业经理的职权范围，一旦下属得知你的承诺不可能兑现，一方面使你在下属心目中的地位和权威大大降低，一方面下属后面的工作可能就无法正常地做好。

原则五：经济

如果追踪工作需要花费太多，那么整个工作的效率就必然会因此而降低，从而使工作无法成功。

我们可以利用计算机技术，比如 ERP 系统、项目管理的方法，将每个员工的工作目标、计划输入计算机，并同组织其他的部分相连接，进行系统化的管理，直接进行员工的工作追踪，在特定时间和情况下，同员工进行工作探讨。

实际上，工作追踪是一件耗费时间和精力的事情，所以，我们在进行工作追踪时，必须平衡其速度、经济性以及精确性三者之间的要求，有时候，我们必须牺牲一些精确性，以便于工作追踪能够迅速高效地进行。这就需要权衡工作追踪实际取得的效果和所要花费的时间、精力，如果为了某个员工的工作追踪，需要花费很大的精力，设计比较复杂的程序，那倒不如用简单、经济的追踪方法，只要能取得比较令人满意的效果就可以了。

虽然尚未得到下周的净销售数字，但销售部肖经理根据他手上的订货资料知道，小赵的销售状况不佳，肖经理马上与小赵联系，以便找出改进方法，而不是等着最后资料送达再做处理。

这里忽略了准确。由于第一线业务的功能发生了变化，必须迅速对之做出处理。

工作追踪的步骤与方法

追踪什么

有的职业经理认为工作追踪应以下属的工作表现为主，每天都能保证不迟到、不早退，在领导视野所及的范围内勤奋工作的就是好员工。问他们这样做的理由，他们会说："我就看到××工作认真了，所以他就是好员工；至于××我从来没看见他干什么。"

这样的评价对不对呢？晋文公因为介子推没有像别人那样在他面前晃来晃去，而忘掉了介子推的救命功劳，没有给介子推封官，反而烧死了他。职业经理不能以自己的好恶以及简单的影响，作为对下属工作追踪的标准。因为职业经理的精力有限，不可能对所有下属的工作表现都能凭着主观的感觉感受到，一方面造成工作追踪的片面性；另一方面，很可能伤害其他员工的感情，从而起不到工作追踪、进行阶段性工作评价的作用。到头来，没有人再去重视这个过程。

• 如果销售部经理注意到销售人员送来的销售报告中销售量和计划相符合，那么他继续看报告即可。

• 如果销售量没有达到目标，他必须自问：他的下属是否正确地执行了销售计划。

• 如果计划执行恰当，他必须自问：是否使用了正确的标准。如果没有使用正确的标准，他必须另行采用更好的、恰当的标准。

• 如果标准没有问题，他必须检查：计划本身是否有错误。一旦发现问题，他必须立即加以纠正。

• 如果计划看来可以，他必须检查：目标本身是否合乎实际。

但是，也不能否认下属在个人工作能力和经验方面的差别。比如有的员工工作经验少一些，掌握的知识暂时比别人少一些，工作起来可能比其他人慢一些，但工作非常努力，并且在不断寻找好的工作方法，对他们的工作评价，就不应仅仅局限于他们短期的工作成果，还应看到他们付出的努力，看到他们长期的、将会取得的成绩，并对他们的工作加以肯定。

因此，工作追踪应当着重客观性的标准——工作成果，同时要兼顾主观性的标准——工作方法和个人品质。

• 有很多衡量成果和评价工作状况的标准，例如：产品的净销售值（金额或数量），销售费用，市场占有率，销售技巧，不同销售渠道的销售情况，对客户的访问频率、访问的效果，公司形象，报告的品质，个人销售效率，新开发的客户等。

• 已经设定的工作目标是用来作为衡量成果的基础。

例：销售目标与实际完成的销售额之间的比较。预定的销售费用与实际发生的费用的比较。

• 工作计划是工作评估的基础。

例：预计的客户拜访频率与报告中的拜访频率的比较。报告中拜访频率与实际核查出的拜访频率的比较。

追踪的步骤之一——收集信息

方法一：个人工作报告

• 完成工作的数量、质量；

• 出现的问题；

• 解决的方案。

通过下属的个人工作报告，了解下属工作的进展情况及目前取得的工作成果，并且将个人工作报告作为一项制度进行执行。比如，可以让员工每月都上交一份个人工作报告，对每月的工作做出总结，这种做法可能看起来会加重员工的工作量，但是它可以使员工定期对自己的工作进行反省，也有利于职业经理及时了解员工目前的工作状况。然而应当看到，很多人喜欢在工作报告中突出自己的工作成绩，掩盖出现的问题，所以，职业经理应参照其他资料来源，客观看待员工的个人报告。

方法二：部门、公司内部的客观数字资料

如销售额、费用报告、会计报告，生产出来的产品情况等，这些报告和实际的产品，一般都能够客观地反映员工个人的工作业绩，最具有说服力。

然而，对于非业务部门的员工，不像业务部门有明确的销售数字和量化了的工作成绩进行参照，需要建立一套有效的报告机制。比如，公司内部"客户"报告，包括下属、上司和与之相关业务的其他员工的报告，公司外部"客户"即与之有工作接触的人员的报告，可以采用将非量化的评价进行量化处理，以便全面而客观地反映员工的工作情况。

你对于＿＿＿＿＿工作态度的评价是：

非常满意	满意	一般	不满意	非常不满意
5	4	3	2	1

方法三：会议追踪

职业经理同下属一同工作、开会，进行观察，形成评价意见。

会议参加各方——职业经理和相关下属应当做好准备，包括准备好相关的材料，如介绍目前工作进展的情况、遇到的问题、可能的原因和相应的工作建议等，有目的、高效率地进行。这样，职业经理在听取下属的工作汇报的过程中，一方面可以加强同下属的交流，更为直接地了解工作进展情况，提出自己的观点，帮助解决下属的工作问题；另一方面可以对下属的工作状况、个人能力有比较直观的了解。

方法四：协同工作

职业经理在工作现场以下属协同者的身份，在不影响下属工作的条件下与下属一道工作，从而观察下属工作状况，以便于发现下属工作中可改进的地方。

销售员小王今天要去拜访某一客户，肖经理向小王提出以协同者的身份（不暴露肖经理的身份，不参加与客户的交流，不进行现场指导）参加，同时，肖经理准备了协同拜访评估单，以便回来之后对小王的工作进行评估和指导。

方法五：他人的反映

包括本部门的同事、其他部门的同事、客户对于下属的反映。

他人的反映实际上包括了两种情况：

• 第一种情况：对人的。

别的部门的人说："你们部门的小王工作不太积极呵。"（显然这是对人的评价）

• 第二种情况：对事的。

另一位销售员说："我们部门的小王今天跟客户约的是早上8点半去拜访，结果，9点钟了他还没有到约定的地点。"（显然这是对于一个事实的描述）

职业经理对于他人的反映，凡是"对人的评价"的反映，统统不能予以采用；而"对于事实的描述"的反映，应作为以上几种追踪方法的印证。

追踪的步骤之二——评估

要点一：不可能一次使用所有述及的方法

评估下属实际工作的过程中，职业经理还有很多事情要做，而且也不只是评估一位下属的工作，如果要考虑所有的有关方面以达到更精确的评估结果，就会把很多的时间和精力都放在评估上面，而忽略了解决问题、改进目标、计划等重大事情。为了避免这类情况的发生，职业经理可以在事前或最初订立工作目标的时候，就将工作评估因素考虑进去，对评估因素按重要程度进行顺序排列，着重分析重要的评估因素，并找出重大的偏差情况，采取必要的措施予以纠正。

市场部的史经理拿他手下的小李不知怎么办好。小李是市场策划部的主力员工，每次在重大问题上都能显现出他独特的策划能力，交给他的案子几乎不用经理费神进行修改，可是他现在每天上班都迟到，下班又常常不打一声招呼就走，弄得策划部别的员工也纷纷效仿。史经理究竟如何对小李的工作进行评价呢？

公司有制度，制度定了就应该遵守，但是，市场策划工作又有别于其他部门员工的工作，他们可能在别人下班后才正式开始有效率的工作，所以，要么改变公司的考勤制度，要么部门经理只专注于对他们工作情况的评估，而不考虑其出勤情况。

要点二：按照工作重要性进行评估

在进行工作追踪时，也可以考虑采用对不同工作评估因素给予不同权重的方法，即对重要因素给予大的权重，对不重要因素给予小的权重，这样便于各部门、各项工作间全面地进行工作评估。

销售部门员工		人力资源部门员工	
因素	权重	因素	权重
销售额	50	编报工资	30
销售费用	20	记录出勤	30
销售技巧	10	员工手册编制	25
发展客户	10	出勤	10
出勤	5	其他	5
其他	5		
总计	100	总计	100

• 建立优先次序，并选择最重要的考核标准，然后，专注于这些优先事项及标准
• 在分析下属工作时，应采用"例外原则"，仅分析重大的偏差情况，以避免在不重要的事情上花费时间和精力

要点三：发掘发生偏差的原因

在分析这些偏差时，必须首先分清哪些是下属无法控制的因素所引起的，比如分配下属去做市场调研，但是经费迟迟无法到位，下属无法找到足够的调研员，从而延误工作的完成时间；其次还应当分清哪些原因归因于下属本人，比如由于下属工作不得力造成销售额没有完成。因此，职业经理应分清：

• 什么情况是由无法控制的因素引起的？

• 什么情况是归因于下属本身的？

解决这种问题需要职业经理具备经验、智慧以及常识，正确分清这两类原因，之后可以有针对性地采取相应的措施，属于下属本人的原因，可以从下属本人的工作能力、经验、工作态度和品质等进行区别对待，或对其进行工作指导，让其参加培训，或加强对其

的工作监督，或降低其工作职位等；属于下属不可控制的因素，不能因为不可控，就轻易放过，要分析发生的原因、造成的危害，制定应急措施，尽量减少今后类似情况发生时所造成的负面影响。

追踪的步骤之三——反馈

职业经理必须定期地将工作追踪的情况反馈给下属，以便于下属能够：

- 知道自己表现的优劣所在；

- 寻求改善自己缺点的方法；

- 使自己习惯于自我工作追踪及管理。

如果能够分析自己工作的实际成果，而不是被动地接受上司的工作追踪，那么下属将能够更容易地培养出自我工作追踪及自我管理的态度，增加责任感，发挥主动性，完成工作目标。

职业经理应当与下属共同讨论他们的成果，协助下属找出问题所在以及应对措施。

工作追踪中的问题

问题一：进行追踪时，使用的资料有偏差

用来比较成果与目标计划的资料，可靠性究竟有多大？职业经理可能基于不正确甚至错误的资料，错误地认为计划确实在按规定进行，而实际并非如此。这里常常会出现假报告，个人工作报告中过分夸大自己的工作成绩，弱化或不提自己工作当中的问题和失误，或不切实际的报告，等等。

销售部的小李这个月没有完成他的销售目标，肖经理试图找出其中的原因。肖经理知道小李非常了解他销售的产品，也有经验，

知道如何介绍产品。根据小李的报告，他这个月拜访客户的数量和频率也符合要求。不过，一项更为详尽的分析使肖经理开始怀疑小李的报告。小李的报告中称他本月 23 日下午 2 点到某客户处拜访。但肖经理记得自己曾预定在 22 日去该客户处，客户的秘书说该客户出差了，要两天后回来。经调查，小李报告中的许多访问记录都是假造的。所以，单单看小李的报告是无法得到任何解释的。

问题二：不追踪到底

职业经理对下属的工作要追踪到底。不追踪到底，往往是工作失败的原因之一。

工作不能追踪到底的原因包括：

第一，职业经理相信，只要下属同意改正错误，就足以解决问题了。有的时候我们看到，只要下属同意，确实就能够解决问题。不过，大多数情况下，问题却不能解决，这可能是因为下属在执行其原始计划时，就发生了问题，所以，让他执行改正措施并不可能解决其最根本的问题，或者下属迫于上司的压力，并没有真正反映问题、表达自己的意见。

第二，对一个问题追踪到底，需要花费很多的时间。由于工作压力，职业经理可能会认为，问题既然已经解决，就可以把注意力转移到其他的事情上去了。

所以，建议阶段工作追踪结束后，职业经理应书面记录下与下属就工作追踪所达成的新的执行方案、改进措施，双方各保留一份，并在下次追踪工作开始时，先行对其完成的情况进行评估。

问题三：经理的态度或行为

工作追踪过程中，职业经理的态度或行为，会降低或提高追踪工作的效率。如果职业经理一直坚持事先预定的计划，认为无论如何，必须加以执行，下属就会自行培养出完成工作目标所需要的工作习惯，提高他们的工作素质和工作能力，发挥个人的才智。另一方面，如果职业经理对计划内的某些标准及目标，表现出松懈的态度，并且不热衷对工作进行追踪，那么他的下属就不会重视这件工作，从而养成偷懒、工作不规范的习惯，造成计划、目标成为一纸空文，下属各行其是的混乱后果。

公司要求每一位销售人员在向客户介绍产品时，都应当按照公司制定的推广顺序进行。但是，销售部肖经理却认为只要自己的手下能够完成制定的销售额就可以了，从不对下属完成工作的计划和方法注意。所以，销售人员就不再在乎公司的这项制度了——他们只向客户推荐自己认为容易销售的、利大的产品。

销售部经理的态度和行为决定了下属工作的方式，公司的计划和目标无法有效地实施。

问题四：只对做得不好的下属进行追踪

职业经理既要对有问题的工作进行追踪，也要对做得好的工作进行追踪。这样做的原因在于：一方面，培养下属对工作追踪的正确看法和态度，不要让下属认为，一提到追踪工作，肯定就是经理在"鸡蛋里面挑骨头"，给自己挑错；另一方面，因为追踪工作同样起到激励下属的作用，通过了解下属的工作进展情况，肯定下属的工作方法和工作成绩，可以使下属继续向期望达到的目标努力。

问题五：没有制订计划和采用有效的手段进行工作追踪

职业经理要采取秩序井然、合乎逻辑而有效的方式，执行自己的追踪工作，以使其尽可能有效。

总之，在工作追踪过程中，职业经理必须做到：

• 态度客观公正，扮演下属工作辅导员的角色；

也要对下属所取得的阶段性成绩给予积极的肯定，对下属遇到的问题，应协助下属找出问题所在；

也要鼓励下属自己找出解决问题的措施，共同参与到工作追踪的过程中。

所有的追踪工作都指向一个目标：确保目标计划确实被遵循，并且找出纠正计划偏差的方法。

纠正偏差的要点

第一，更好地训练。训练可以是来自外部的，如参加相关的培训课程，提高员工的工作技能；训练也可以来自公司部门内部，同下属一同完成一项工作，演示工作过程，协助下属改进工作方法。

第二，更频繁地讨论，以找出解决问题的方法。

第三，如果证实原因是所订立的目标不实际，或找不到完成该目标更佳的工作方法，那么，就应修改目标或工作计划。

克服追踪抗拒

职业经理在对下属的工作进行追踪时，下属往往表现得不以为然，即使是职业经理知道如何正确地追踪下属的工作，但是，下属不合作、抵触的态度也会使追踪工作达不到预期的效果。

为什么下属会产生抗拒

原因一：下属不想暴露自己的缺点，不愿意同他人合作寻求改进方法

可能近来下属出于个人原因，没有按照计划的进度完成工作，他希望在计划剩余的时间内抓时间，把这一阶段的工作补回来，这时，他就会非常不愿意职业经理按计划或安排进行追踪工作；或者下属目前的工作能力没有达到一定程度，他希望在以后的时间通过自己的努力提高能力，把工作按时、按质、按量地完成，而现阶段他不期望上司了解到他的实际能力。

原因二：下属不清楚工作追踪的目的

总认为是上司对自己不放心，有意监督自己的工作，抱着这种想法，又怎么能够以合作的态度，配合上司进行追踪，共同发现工作当中存在的问题，加以修正呢？所以，职业经理应在目标制定或订立计划期间，事先与下属明确要进行工作追踪，并说明进行追踪的目的。

原因三：下属早在同职业经理制定工作目标时，就对自己的工作目标不认同

为什么要减少费用？公司不是有足够的资金吗？放着行政经费不缩减，却要我们销售节约！

为什么要减少销售费用？现在客户要求越来越高，我必须要更多的开支，才能销售出去。

下属不同意这些目标，有保留意见，即职业经理未能说服下属。

所以，在下属的心目中，做这些工作就只是在机械地完成上司交给的工作，他本身没有什么积极性，谈到工作追踪就更是牢骚满腹了。因此，职业经理在工作开始时，应使下属认同自己所要承担的工作。

原因四：下属虽然认同自己的工作目标，但不认同评估成果的标准，或者达到目标的方法

我们可以增加销售量，但是，要增加 17% 实在是太多了，我只能够增加 14% 的销售量。

这样，在上司用既定的标准对下属的工作进行阶段性的评估和追踪时，下属心中自然不满意。

原因五：下属不相信自己的表现能受到公平、正确的评估

根据公司的说法，我这个月的业绩只有 12 万元，但是，在最后一天，我得到了一份 15 万元的订单，而这一份订单却没有记入我这个月的业绩里。

发生这种情况，可能是因为下属同上司有过矛盾，或者在下属的眼中，上司就是一个不公平的人，明显偏爱某些人，下属觉得再怎么做，也得不到应有的评价。

所以，作为职业经理，应尽可能保持公正、客观。

原因六：下属可能过分相信自己的能力

别人谁也不如我了解这项工作，谁也没有资格说三道四，要想看结果，就看总的工作结果吧，别来打搅我目前阶段的工作。

特别是不屑于部门或者团队以外的人员提出的问题、指出的失误，认为这些人根本没有资格这么做。

原因七：不以为然

认为工作追踪是上司没有事干，想找人谈谈，是在浪费时间，认为工作追踪起不到什么作用。

原因八：**虽然在理论上，下属们同意工作追踪的必要性，然而，他们却认为工作追踪总是与坏消息连在一起的**

经理要和我谈谈我近来的工作情况，肯定是又发现我的什么错了。

针对下属对工作追踪的态度，职业经理应采取怎样的措施呢？

如何克服下属的抗拒

措施一：使下属了解有效工作追踪的必要

向下属解释：

· 计划的偏差是很自然而且是可预知的；

· 及时觉察出偏差是非常重要的；

· 按照这种方式，他们会更容易达到目标；

· 如果下属更清楚自己的错误，他们就更容易进行改进；

· 职业经理越了解下属的需求，就越容易协助他们工作。

措施二：让下属真正明白工作追踪的目的

使下属了解工作追踪不是简单的监督工作情况，关键在于辅助下属更好地完成工作，达成预定的工作目标，通过工作追踪，及时发现存在的问题，及时进行相关的调整，找到解决问题的方法和措施，这样，有利于下属独立工作能力的提高。

措施三：让下属参与追踪过程

在设定目标、计划工作、追踪绩效表现，以及执行改正措施时，要让下属亲自参与。

措施四：在工作追踪过程中，遵循对事不对人的原则，保持客观、冷静的态度

不能因为某位员工以前的表现，就总戴着有色眼镜评价他的工作，如果他没有按预定的计划完成任务，应仅仅针对这件事进行批评，不要牵扯到无关的事情上去；不能在下属之间采用不同的评价标准，否则下属会认为这样的评价不公平，起不到追踪的作用。

措施五：不要以权威的形式、以命令的方式进行工作追踪

职业经理应时刻牢记，目标管理过程中主要角色是完成各项工作的下属，自己承担的是引导、辅助的任务，以便充分发挥下属的工作积极性，从而提高下属的工作能力。在工作追踪过程中，不是职业经理单向地检查下属的工作，对没有达到的地方进行批评，而是互动的、双向式的沟通形式，应当有针对某个问题的争论，这样才能达到总结工作的目的，从而找出工作中存在的问题，最终实现工作目标。

措施六：要理解下属遇到的困难

职业经理要对下属遇到的困难表现出理解，并针对不同情况，努力帮助下属解决困难，对于较困难的与不可避免的问题要有弹性。

管理技能之

5

五

绩 效 评 估

提 要

绩效循环

绩效标准的设定

绩效观察

绩效评估(评分)

绩效面谈

常见的问题

每过一段时间，就要对下属的工作表现做一个评价，看看他们的工作成果是否达到预期的目标，这就是绩效评估。在绩效评估上，常见的问题有：

- 将绩效管理简化为绩效评估，将绩效评估简化为打分或评级。

  （这显然是错误的，绩效管理至少包括了建立绩效标准、评估绩效成果、绩效改进与发展三个阶段，绩效评估只是绩效管理的一个阶段而不是全部。

  将绩效评估简化为打分或评级更是天大的错误。绩效评估中是要给下属一个"说法"，即打分或评出等级，但是，评估更重要的是诊断，即发现下属绩效缺口或差距的根源，以便改进绩效。）

- 将绩效评估看成一年一次或一年两次的例行公事（由公司的考核制度所定）。

（这就错了！绩效评估不仅是给下属过去的表现一个"说法"，关键是关注未来，即发现下属绩效差距，以便改进。你总不能眼睁睁看着下属工作不好而等年底给他评一个"劣"等吧？所以，这里所说的正确的评估应当是经常进行的，在新成立的公司、快速成长的公司、经常发生变革的公司，绩效评估应当经常进行。）

● 绩效评估是根据公司人力资源部的安排进行的。

（也错了！除了公司考核制度中规定的一年一次或几次，作为职业管理者，你要经常自行安排评估。）

● 大多数管理者认为：自己的评估是比较客观的。

（也不对！当你评估下属时，你几乎像法官一样高高在上，或者像球场上的黑衣裁判一样操着生杀大权，你也是人，人性的种种优点你当然有，但是人性的种种缺点你也不会没有，如果不能克服，你的评估对于你的下属、你的部门甚至你自己来说都是一场灾难。你的评估错误百出，只不过很少有人给你指出罢了！）

● 评估表的错误。

（大多数职业经理是手里拿着绩效考核表给下属做评估的，如果你不会用绩效考核表或者绩效考核表本身有缺陷，你就会陷入错误的泥潭当中。）

● 绩效面谈流于形式。

（绩效面谈流于形式，不是因为没用，大多数是因为职业经理没有掌握这门技巧。对于不会的人来说，什么都没用！）

单元一

绩效循环

绩效评估的难点

绩效评估，也有公司称为绩效考核或人事考核，在职业经理中有两个非常极端的、令人吃惊的不同看法：

一种看法认为：

"绩效评估？好做！不就是评评分、排排队吗？我每年做得挺好，很顺利，没有什么问题。"

另一种看法相反：

"绩效评估？太难做了，无论怎么做都费力不讨好，无论怎么做都摆不平。上头说你没有坚持原则，想当和事佬，好的坏的都没评出来。下头呢？有的人说你有私心，有的人说你打击、报复，说你给人趁机穿小鞋，说你和谁亲密接触、关系不一般，所以他分高，说你……"

"背后传闲话还算好的，背后相互攻击的、不满的、咬牙切齿的、公开发泄不满的、提出不同意见的、闹的、上告的、要挟的、要走的……唉，好像一年的矛盾全盖着，一个绩效评估全部出锅了，别提了……"

其实，绩效评估既不那么容易，如果那么容易，只可能有两种情况：一种情况是你给大家都评了高分，皆大欢喜，另一种情况是你自己感觉不错，背后还说不定有什么风暴呢；绩效评估也不那么困难，之所以感到"太难做了"，是因为绩效评估与其他管理不一样。其他管理，如沟通、目标管理、激励、带团队、授权等，都是事先管理或过程管理，或者说，是为了下属有一个好的工作成果，与个人利益没有直接关系。绩效评估则不同，不仅评估出了下属的工作成果大小，有不少下属还认为评估出了下属与你的关系远近，或你对他的看法。你不可避免地以"好""坏"等量级划分、评价你的下属，当然就站在了风口浪尖上。

绩效评估到底难在哪里呢？从公司、职业经理（评估者）两个层面看，这些难点有：

来自公司方面的难点

• 绩效评估制度不健全。

• 已有的制度和规定在公司层面就执行不力。比如制度变来变去、不兑现、人为因素过多等。

• 绩效评估与奖惩没有严格挂钩。

• 绩效评估制度缺乏相应的"接口"支持。比如职位说明书不科学，组织设计与职责划分混乱，目标管理不清晰，激励机制不健全等。

• 绩效评估方法和程序不合理。常见的问题有：将能力、态度、业绩三方面混在一起评估；绩效评估的要素和标准设计不合

理；评估分类不科学、不细致，比如，一般的企业将考核表分为 W
级（工人）、S 级（文员）、M 级（管理人员）或分为业务人员、生
产人员、行政人员、研发人员几类，其实这样的划分是很粗放的，
常常带来许多麻烦：沟通程序少，绩效改进流于形式，等等。

• 不关心考核者（评估者）训练。其实绩效评估作为一门职业
经理必须掌握而且能够掌握的管理技能，是要训练和学习的。

• 复杂的人际关系背景。特别是高层事先在战略和公司目标上
意见不一，或有比较大的分歧，势必影响绩效评估。比如，有一个
研发项目顺利完成，既可以被认为是公司发展的一个"里程碑"，
也可以被认为是花了公司很多钱，导致公司现金紧张，从而影响公
司其他工作的"烧钱工程"。有这些背景，职业经理自然也无法很
好地评估下属了。

来自职业经理方面的难点

• 逃避心态。知道绩效评估不好搞，于是采取各种方式逃避。
如当和事佬，打分时都是 B（良好），就高不就低，等级拉不开不
关自己的事，让公司人力资源部当"恶人"。

• 关注通过绩效评估实现对下属的"控制"和"管理"，不关
注"绩效改进""辅导"等。好事揽过来，说是自己给下属争的；
坏事推出去，说是公司或人力资源部干的，想让下属怕自己，有求
于自己，知道谁是"主宰"。

• 对绩效评估的认同度不高。在绩效评估中，职业经理自己也
是被评估者。自己就对公司的绩效评估认同度不高，评估时牢骚满
腹，不满情绪很大，怎么能做好对下属的评估？

• 观念滞后，仍以传统人事管理的眼光看待绩效评估。具体表

现在：认为绩效评估主要是人事部门的事，自己主要是打打分；认为绩效评估就是打分或评级，只关注评级，不关心绩效的改进；关注下属"有没有意见"，不关注绩效沟通与反馈。

• 对公司的考核制度和程序不甚了解，角色和作用错位。绩效评估是一项十分严肃的组织行为，可是一些职业经理对公司绩效评估的目的、原则、考核期、考核者、等级定义、程序等不了解，不懂得如何向下属陈述公司在绩效方面的立场和政策，不善于与人力资源部配合与沟通，造成了许多麻烦和"后遗症"。

• 方法和技术缺乏。绩效评估是一项专门的管理技术，不掌握这门 技术，可能造成：绩效标准混乱，从而导致评估的尺度混乱；绩效观察不力，导致评估时的依据没有说服力或下属在事实上看法不一，评分时发现"硬"的东西没几条，左右为难，最后还是出现偏差；绩效面谈要么无话可谈，要么大吵大闹；绩效改进计划更是可有可无，流于形式……

传统考核与绩效评估的区别

值得注意的是，许多职业经理对于绩效评估的理解停留在每年给下属打个分、评个级的层面上，对于绩效评估的基本点，特别是与传统意义上的人事考核有什么根本差别并不了解。那么，从下面的对比中，你自己判断一下，你自己的做法，有哪些仍然是按照传统人事管理的旧做法，哪些是现代绩效评估的新做法。

传统考核和绩效评估

	传统考核	绩效评估
出发点	主要关心员工过去做了什么，做得怎么样，基本的出发点是要为员工的过去（一般是过去一年或半年）做一个结论 但是，在企业发展和员工发展中，仅仅做结论不能解决问题，仅仅停留在过去没有什么用	出发点是三维的，即过去、现在和将来。仅关注过去和现在，关注结论性的东西是不够的，甚至会导致极大的偏差。这里，应当重视的是未来会怎样，或者，准确地说就是，如果员工的过去和现在是这样的，那么对履行其职务和职责，达成组织目标会有什么样的影响
目的	一提要考核了，许多人很自然而然地联想到：要发奖金了，要调工资了，要调整位子了。这反映了传统人事考核的目的在于奖惩、调薪和人事调整	绩效评估用于人事决策和绩效改进。而且，最为主要的目的是改进员工的绩效，其他人事决策实质上也是为了促进员工改进绩效，达不到这个目的，整个绩效评估毫无意义
次数	一年一次或两次，在规定的日期进行，不管中间发生多少事件，也不管多么必要，一般情况下，都会等到年中或年终"盖棺定论"，给一个说法	一年多次，根据需要随时进行，除公司规定的评估外（年中、年度评估），根据下属工作表现，根据绩效改进的需要，随时进行，不必将问题积累到"法定评估日"才做评估
主导者	公司高层、人事部门。传统考核是由公司高层决策、人事部门监督执行的，所以在人们的印象中，考核是人事部门的事情。职业经理只是根据公司的统一安排，做本部门人员的评分工作。作为考核对象的下属，更是处于被动、被考核的地位	公司高层、人力资源部、职业经理、员工。现代绩效评估强调全员参与，或者说，绩效评估不仅是公司的事、人力资源部门的事，更重要的是职业经理的事，是员工自己的事。下属自己、职业经理比人力资源部、公司高层更加注重绩效的改善与提升
连续性	每年评估完毕，这一年就算"盖棺定论"了，该奖的奖，该惩的惩。奖惩结束，下一年评估和今年评估没有什么联系，一年是一年的，一次是一次的	强调绩效循环，认为每次绩效评估的结束是下一次绩效评估的开始。每一次按照 5 个环节展开：绩效标准设定—绩效观察—评估或诊断—绩效面谈—绩效改进。在绩效改进中，下一个循环又开始了

	传统考核	绩效评估
职业经理的作用	一般只需做评分和等级评定工作	要做绩效标准设定、绩效反馈面谈、绩效改进等，等级评定只是年终绩效评估的一部分
评估的含义	评分或等级评定。通过评分将员工划分为几个等级，优秀一级的奖，最差一级的惩	主要是诊断，其次才是评分。通过评估，发现下属在工作中存在的可改进之处，并找出改进的方法
上下关系	我是上级，所以我是法官，我是裁判，你的工作表现好坏由我评判，我说了算，我高高在上，点评你的优缺点	上司和下属结成一种绩效伙伴关系。上司离不开下属，下属需要上司。上司不仅对下属工作表现负有责任，关键在于，上司还对于下属绩效的改进和提高负有责任，下属需要通过上司的评估和辅导不断提升自己的绩效。结成绩效伙伴的最终目的是最大限度地提高下属的绩效，而不是给下属评分，所以，上司是顾问，倾听下属的想法，提出具体建议，帮助下属
绩效标准	全公司统一（由人事部门）设计制定，绝大多数公司在考核时都下发由公司统一设计的考核表及附件。其中对于考核要素、权重、等级定义等已有明确的规定，职业经理和下属只要依此办理即可	由职业经理为下属制定。职业经理将公司目标分解到部门，形成部门目标，然后逐级分解到下属，由职业经理依据职位说明书和部门目标，与下属商讨下一步目标，并设定绩效标准、权重等
依据	缺乏数据、依据，凭印象。传统考核虽然也要求客观、公正，以事实为依据，但由于不要求考核者有科学、完整的数据观察与提取方法，最后只好靠主观印象评估。有时怕上司的判断有误，又加上了其他人（同事）评判。其实，其他人也是靠印象	注重绩效观察的科学性和完整性。对如何收集、积累评估的依据有明确的科学的要求，只有按照这些方法采集的数据才能作为依据

（续表）

	传统考核	绩效评估
针对性	针对人，评价人的好坏。传统考核中，注重对人的全面考核，包括"德（品德）、能（能力）、绩（业绩）、勤（态度）"等几个方面。这种考核，必然要对人的"怎么样"，甚至性格"怎么样"做出评价。用你这个人所做的事情或态度等反过来评价你这个人"怎么样"	对事不对人，评估人的表现。只评估与绩效相关的行为表现，其他被列入"私人范围"而不被评估。不评价这个人"怎么样"，不评价人的好坏，而是评价行为或结果与事先设定的绩效标准之间差距在哪里。没有差距，就是优秀的；差距很大，就是差的
沟通	由上而下单向沟通。下属处于被考核、被告知、被表扬或被批评的地位，沟通基本上是由上司到下属，很少反馈。考核过程和结果往往比较神秘	双向沟通。强调事先的沟通、公开性、上下级事先充分沟通，使下属了解绩效期望、绩效制度和相关政策；强调事中的沟通。通过工作追踪和绩效辅导及时向下属反馈和交流绩效问题；强调事后的反馈面谈，使下属充分了解上司评估的过程和依据以及期望，上司充分了解下属的期望和想法
绩效改进计划	没有	上下共同制订切实、有效的绩效改进计划，通过计划的执行最终达成绩效的提升，缩小实际绩效与绩效期望的差距

为什么要做绩效评估

为什么要做绩效评估呢？或者说，我们对于绩效评估抱有什么期望呢？这里，经常被忽略或忘记的是，绩效评估实际上有三个"当事人"。

- "当事人"一：公司；
- "当事人"二：职业经理；
- "当事人"三：下属。

绩效评估是一种组织行为、公司行为，所以制度、政策均由公司制定。公司希望达成的目的与职业经理、下属实际达成的目的有许多共同之处，也有许多差异。在绩效评估中，注意克服、利用、尊重这种差异，是成功的前提。

三个"当事人"各自的目的

公司的目的

- 对全体员工的工作绩效做出评估，了解员工绩效状况；

- 为人事决策（薪酬、升迁、解雇等）提供依据；

- 改善和提升员工个人的绩效；

- 为整个组织的绩效以及组织的发展提供依据：

- 阐述组织对全体员工的绩效期望；

- 了解员工在组织绩效发展方面的想法和建议。

绩效评估——职业经理的目的

- 借此机会表达对下属工作绩效的评估和工作的期望；

- 了解下属对自身的评价，以及对工作目标的看法；

- 给下属一个解释和说明其工作成果和工作表现的机会；

- 了解下属对自己、对公司的看法和建议；

- 与下属共同探讨绩效改进的方法和途径；

- 向下属提供有效的建议。

绩效评估——下属的目的

- 希望了解上司对自己的看法和对工作的评价；

- 希望获得说明困难或解释误会的机会；

- 希望了解自己在公司的发展前景；

- 希望获得上司的帮助；

• 加深了解自己的职责和工作目标;

• 希望了解对自己评估的事实和依据。

可以看出,公司、职业经理、下属三者对于绩效评估的期望具有许多共同的、一致的方面,但确实也存在着一些差异。

某跨国公司绩效评估的目的

排序	目的
1	绩效反馈
2	薪酬管理
3	员工优点和缺点的确定
4	人力资源管理文件档案
5	绩效的识别和确定
6	个人目标在组织中的发展
7	晋升、任用决策
8	个人、团队工作业绩的评价
9	职位分析和工作目标决策
10	培训需求分析

注1:这里的排序是按照绩效评估对公司决策和行为的影响力进行的。

注2:除此以外,还有其他目的,特别是通过绩效评估为组织发展提供决策,如为公司培训、组织结构、管理发展等方面提供决策的目的尚未列入。

绩效评估目的之间的差异

下属与职业经理之间的差异

上司:

• 了解下属对其职责与目标任务的看法;

• 借以阐述对下属的工作评价和工作期望;

• 取得下属对于本人、对公司的看法和期望;

- 给下属解释和说明其工作成果的机会；
- 向下属提供有效的建议，帮助下属改进工作绩效；
- 共同探讨员工的培训和开发的需求及行动计划。

下属：

- 深入了解自己的职责和目标；
- 获得说明困难或解释误会的机会；
- 成就和能力获得上司的赏识；
- 了解自己在公司的发展前景；
- 获得上司的帮助；
- 在对自己有影响的工作评估过程中获得参与感。

公司与职业经理之间的差异

公司：

- 希望通过绩效评估达到公司或高层预定的目的；
- 关心的是通过绩效评估为整个公司的人事决策提供依据；
- 希望通过绩效评估的过程改变和提升公司、公司各部门、各个员工的工作绩效，希望职业经理能够在下属的绩效发展中起最主要的作用；
- 绩效评估后所进行的奖惩、晋升、辞退等人事决策，希望作为公司的激励手段，获得员工的支持和理解；
- 希望职业经理能严格按照公司统一的部署和要求，公平、公正地实行评估。

职业经理：

- 希望通过绩效评估达到部门或自己预定的目的；
- 关心的是通过绩效评估为部门的人事决策提供依据。由于职业经理对于薪酬、晋升、降职、辞退、奖励等只有建议权，所以职业经理在评估时为了部门利益往往会带有倾向性，对于希望从整个公司的角度评估各个员工工作绩效的问题漠不关心。

对于希望他们获得奖励、加薪或晋升的下属，往往予以过高地评估和赞美。相反，对于希望予以降职、降薪甚至辞退的下属，往往会夸大其工作失误和不足。

关注更多的是本部门的利益或本人的利益，虽然也经常从部门的角度评估下属的工作绩效。但是，当本部门没有很好地完成公司给部门预期的绩效目标时，则希望通过评估夸大本部门人员所做的努力。或者，将问题推到本部门的某些下属头上，从而为自己开脱。经常出现的情况是，当一个部门的业绩很好的时候，部门经理往往会认为不需要在提升下属绩效方面做很多工作；当一个部门的业绩很糟时，部门经理往往会认为公司给他配备了一批很笨的下属，或者是上司给了根本不可能完成的任务，并不是自己不行，从而懈怠绩效发展。

公司与员工之间的差异

"公司"实际上是指组织，或者法人实体，并不是具体的人，所以，往往出现"公司的期望"处在一个虚置状态的情况。在许多管理比较规范的公司，"公司的目的和期望"就是指形成正式的文件，并且被全体员工了解和准确领会的公司期望。而在许多管理不很规范的公司，也许指的就是董事长的期望、总经理的期望或者人力资源部的期望，当然也可能是人事副总的期望。总之，谁去期望就是谁的期望。

相反，公司对于绩效评估的期望是原则上的、一般的、条文式的。比如："通过本年度考核，为本年度薪酬调整和人员升迁提供依据。"

公司关心的是绩效评估的总目的是否得到实现，因而，极有可能会忽视员工对绩效的不同期望。

一般员工所了解到的，主要是公司文件上的期望和职业经理（直接上司）的期望。如果公司在文件上不完善，一般员工就少了一个渠道，如果与上司的沟通再有些问题，员工就可能不太清楚公司的期望到底是什么。

这种差异还表现在，公司与员工之间的沟通是通过职业经理实现的，中间经过若干个环节，往往会引起失真和变形。

第三个重要的差异表现在，员工对于绩效评估的期望都是具体的。比如绩效比较好的员工，更多地希望得到赞美、赏识、奖励和重用，可能对于提升自己的绩效并不觉得十分急迫和必要，对上司的绩效辅导和帮助可能觉得不以为然；而绩效较差的员工，有的希望得到理解和体谅，有的则可能拒不承认绩效不高是自身的原因，希望得到解释和说明的机会并说服上司同意自己的看法。

对差异的认知

绩效评估目的的差异，使职业经理应该：

承认差异

实际上就是承认：我们（职业经理）往往可能就是造成绩效评估失败的罪魁祸首。因为我们自己可能就出于个人利益、部门利益（还是个人利益）的考虑而故意扭曲公司和下属绩效评估的期望。公司和员工只有通过我们才能在许多方面达成一致。可能因为我们，这种一致根本达不到，所以，在绩效评估中，我们只有唯谨唯慎、诚惶诚恐，才能做好。

尊重差异

特别是尊重下属与我们的差异。在绩效评估中，搞得不好，职业经理会把自己当成法官或裁判，会把下属当成"审核对象"。职业经理必须尊重下属的想法、下属的利益以及下属在绩效方面与自己的种种不同，甚至冲突。

肯定共同点

虽然公司、职业经理、下属之间有诸多不同之处，但是，更多的是共同点，这些共同点是职业经理和下属必须遵循的。

沟通

许多障碍和冲突是由于沟通不畅，特别是缺乏事先的沟通造成的。如果能够在事先、事中、事后有效沟通，公司、职业经理、下属就会消除差异，达成一致。

职业经理在评估中的角色和作用

传统人事考核的程序是：

人事部门给职业经理发考核表，进行考核动员—员工写个人总结—经理给下属打分写评语—人事政策（奖惩、调薪、调任、晋升）—公司人事部门汇总、统计。

在这种考核中，职业经理的角色和作用主要是：

· 向下传达公司年度考核办法，在部门内动员。让下属写个人总结。

· 根据考核表给下属打分，写评语。

· 代表本部门向公司介绍、宣传本部门工作。为部门员工争取奖励机会。

· 向对奖惩等人事决策有异议、不满的员工做解释、说服和安抚工作。

绩效评估的程序是：

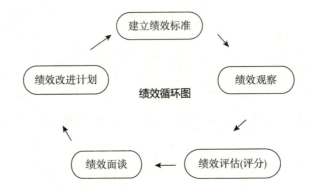

在这个程序中，职业经理的作用和职责如下：

· 与下属共同讨论和设计绩效标准，在每年度初就与下属达成共识并使下属对绩效标准有了清晰的了解；

· 在平时及时观察和记录下属的工作行为；

· 在一年中多次而不是一年一次或一年两次评估下属的工作绩效；

· 通过正式的绩效面谈，与下属沟通，了解下属绩效差异的原因，并就评估结果达成共识；

· 与下属共同制订绩效改进计划，并在计划中承担应有的责任；

· 在整个考核期内而不是考核期满时，经常对下属进行绩效辅导，帮助下属改进绩效，而不是考核期满时才了解和知道下属在绩效方面的不足之处。

特别说明

可以看出：

• 传统人事考核中，职业经理的主要职责是打分；在现代绩效评估中，职业经理的主要职责是绩效改进。

• 在传统人事考核中，职业经理的主要角色是裁判或法官，对下属一年的工作成果做出评判；在现代绩效评估中，职业经理的主要角色是教练和顾问，给下属提供辅导和咨询。

绩效循环

对于职业经理来说，绩效评估过程由五个模块（环节）组成。

环节一：建立绩效标准

建立绩效标准是绩效评估的第一步。绩效标准，就是公司或上司为员工，或者上司和下属共同建立的绩效"标杆""尺度"。有了这些尺度，才有员工或下属努力的目标，后面才会有衡量、评估的尺度。

许多企业都通过考核量表中的 KPI 或"考核要素""考核因素"将绩效标准表达出来。例如：

• 销售额；

• 利润；

• 费用节约率；

……

环节二：绩效观察

有了绩效标准，职业经理就要在日常工作中，主动地、有计划地观察下属的行为。并将其中的一些关键性行为（正面的或负面的都可以）记录下来，以便分析行为提出解决的办法，并在评估时作为评估的事实依据。

6月25日，王东拜访一个比较特别的客户，这个客户由于我们服务不好而发誓再也不买我公司的产品了。这次王东拜访后，该客户答应可以再试一试我们的产品。这说明王东的工作主动性，可以作为一个典型案例让其他人分享。

8月12日，刘海东在与客户签订协议时，未经请示就在客户的再三请求下，将预付款从30%降到20%，将最后一笔款的支付日期从当日延长至1周。虽然由于发现这个问题后，经理告诉安装软件的工程师不拿到支票不走，才没有出事。但其中的问题把3个部门的5个人都扯了进去，加大了公司的管理成本和机会成本。这说明刘海东工作规范性有待改进。

环节三：绩效评估（评分）

评估就是对评估对象的行为或工作成果与绩效标准之间的"差距"做出衡量和评价，或者说，是用绩效标准对工作行为或工作成果的衡量。

使用考核量表时，这种衡量同时要以分值或者等级的形式来表示。

工作能力的绩效标准是，能够按照客户要求的标准和日期计划完成软件程序的设计工作。

实际工作成果是，在全年执行的五次设计计划中，有四次拖延了进度，影响了整个软件的设计工作。

环节四：绩效面谈

在职业经理对下属评估之后，需要及时以面谈的形式，将评估的依据、结果及期望反馈给下属，实现与下属的双向沟通。

在没有绩效面谈的情况下，职业经理和下属都得不到面谈的机会。结果上司与下属之间的许多误解得不到及时解决，绩效得不到改进，绩效评估不但没有了意义，反而由于上司和下属对评估结果的不同看法而导致关系紧张，甚至矛盾重重。

特别说明

绩效面谈是一种正式的沟通。在许多公司里，由于没有绩效面谈这个环节，许多职业经理为了防止某些下属对将要公布或已经公布的考核结果不满，常常花许多时间与下属"谈心"或者"出去吃饭"。这不但造成许多不必要的工作量和误解，关键是，所谓"谈心"或"出去吃饭"并不能解决此类问题。

绩效面谈与"关心"的区别

区别一："谈心"是一种非正式沟通，绩效面谈是一种正式沟通。许多事情，如事实的陈述、评估、改进计划等，都不宜在非正式沟通中提出。

区别二："谈心"是一种情感交流，绩效面谈是一种理性交流。情感交流以情动人，但对于管理规范、管理跨度大的组织来说，做起来十分困难。

区别三："谈心"比较随意，一般是在出现下属情绪波动或对考核不满而引起的工作懈怠之后，职业经理才会安排；绩效面谈是在上司和下属双方精心准备后才进行的。

区别四："谈心"一般"谁有问题找谁谈"，绩效面谈是与每一位下属面谈。

实质上，绩效面谈与"谈心"是完全不同的两种方式。"谈心"实际上是传统的人事考核的一种补充或"思想政治工作"的一种形式，绩效面谈则是科学的绩效评估的形式。对于许多过去习惯于通过"谈心"方式解决下属对考核不满的职业经理，要逐步实现这一转变。

环节五：绩效辅导

在绩效面谈之后，职业经理与下属共同制订下属的绩效改进计划。绩效改进计划就是采取一系列的措施和行动，来改进下属的绩效。及时制订有效的、上下级同意的绩效改进计划，对绩效评估和面谈中发现的问题达成共识，制定出具体的办法。

绩效改进计划是过去的人事考核中所没有的或欠缺的。由于没有这一环节，过去是考核完就完了，考核就只能是对过去的一次"盖棺定论"，与将来的关系，除了升迁、调薪，其他关系都不大。绩效改进计划将过去与将来联系了起来，对如何消除过去一年在绩效方面的差距做出安排。这是科学的绩效评估最具特色的方面之一。

仅有绩效改进计划是不够的，职业经理还要对下属实施有效的绩效辅导，帮助、辅助下属提升绩效。绩效辅导又称在职辅导或工作教导，一般在工作场合或工作当中进行，它是上司对下属的帮助、支持、建议和指导，促进下属提升工作绩效准备的过程。

在过去的人事考核中没有绩效辅导这一环节，所以许多职业经理有一些误区。

误区一：认为绩效辅导与绩效评估之间没有什么关系。他们认为绩效评估或者叫绩效考核，就是给下属评分、评级、"给个说法"，绩效辅导与绩效评估"离得太远""没有关联"。

误区二：自认为绩效辅导很容易，实际上自己也在做，"绩效辅导，不就是帮助下属改进工作吗？我可没少做"，有些人甚至认为"我做得还不错，下属挺感激的"，将自己在工作中的一些"指手画脚""包办代替"，或者"传、帮、带"视为辅导。实质上，两者是完全不同的。

提示

特别需要注意的是，虽然在"绩效循环"中，绩效辅导属于第五个环节，但是，绩效辅导实际上是贯穿于绩效循环的全过程的，或者说，贯穿于每年年度工作的全过程中。

单元二

绩效标准的设定

绩效标准是什么

绩效标准应是具体的、可衡量的

• 年度销售额达到 200 万元。

• 在 1 月底以前制订出公司的员工培训计划。

目前，在许多公司的考核中，最大的问题也许就是绩效标准不具体、不可衡量了。

在许多公司的"绩效评估"中的"工作方法""勤奋程序""理解能力""学习能力""判断能力""应变能力""学习精神""工作态度""责任感""集体荣誉感"等，均是不可衡量的。

绩效标准是为人所知的

考核者和被考核者都应当清楚地、无歧义地了解绩效标准。

"工作效率"所包含的意义是：

• 优：全年中所有的工作提前完成。

• 良：全年中所有的工作按时完成。

●中：全年中的部分工作按时完成，部分工作延时完成。

●差：几乎所有工作都要延时完成或在别人的帮助、补充下才能完成。

●劣：几乎所有工作都要在别人的帮助下才能延时完成，或经常无法完成工作。

绩效标准是合乎组织目标的

绩效标准是配合公司的目标制定的，每一个层级、每一个职级的绩效标准都是依据组织目标分解的结果，而不是另搞一套。

根据对公司目标的分解，某公司研发部的年度目标主要是"在今年年底以前开发出第三代产品"（当然还有其他一些次目标），那么，设计人员的绩效标准应当是：

●按照开发计划按时完成设计任务。

●返工率：虽然都是按时、按质完成了设计任务，但在设计中，是一次通过，还是经常需要上司或别人指出错误后返工重新设计才能通过（这在设计中是一个经常影响整个开发计划的重要因素，因为开发计划是由一个团队在做）。也许，这两个标准就够了。

绩效标准是事先制定的

这里，首先要强调"事先知道"这一点。在许多内资企业中，考核者与被考核者事先都不知道绩效标准，到了该考核的时候，才将考核表发下来，这时，一年都过去了。可见，"事先"应当是在年初，一年工作之先，而不是考核实施之先。

其次，职业经理和下属对于绩效标准的理解是共同的、一致的，是经过双方确认、没有歧义的。这一点做不好，就会成为日后考核时许多矛盾和不满的根源。

许多企业设置的绩效标准实际上是不符合其公司目标或部门目标的。国内许多企业的考核方式和内容，要么是从传统国企或机关的"德能勤绩"考核演变而来的，要么是抄袭别的企业的。因此，基本没有考虑与本企业的结合问题，结果是，考核表上的考核与组织目标、部门目标、个人目标所要求的相差千里。这样，考核还不如不考核。

显然，如果按照"工作态度""工作能力""工作业绩""知识水平"各占 25% 作为标准来考核设计人员，就显然不符合组织目标对设计人员的绩效要求。

绩效标准引导着组织成员的行为，不符合组织目标的绩效标准只会引起组织成员"乱动"。

谁来制定绩效标准

绩效标准的制定者是谁呢？在企业中，通常有三种情况：

第一种：由公司统一制定绩效标准

公司每年度由人力资源部设计出公司各个职级、职类的考核表，这些考核表中已经规定好了 KPI 或"考核要素"和"考核内容"。在年中或年终考核时，就以这些 KPI 或"考核要素"和"考核内容"作为考核标准，对被考核者做出评价和等级评定。

某公司人力资源部设计出 2019 年度公司所有的绩效考核表如下：

根据职级划分：M 级（经理级）绩效考核表、S 级（文员级）绩效考核表、W 级（工人）绩效考核表、R 级（研发人员）绩效考核表。

另外还专门制定了销售人员绩效考核表。

这种由企管部或人力资源部统一制定绩效标准的方法是目前国内企业考核的主要方式。

第二种：由考核者自行制定绩效标准

这种方式是将对普通员工的考核权限下放，由各部门的经理自行设计和编制部门内部人员的绩效考核表，然后在考核表上以"考核要素"或"考核项目"的形式设定相应的绩效标准。

各部门经理自行制定绩效标准的好处

好处一：可以充分考虑部门的工作特点。

在公司里，各部门职能不同，面对的问题不同，绩效标准也不同。谁最了解本部门的绩效标准呢？当然是部门负责人。所以，由各部门经理自行制定各部门的绩效标准，能较充分地考虑到部门的工作特点和要求。

好处二：可以共同商定绩效标准。

一个好的绩效标准，是上司与下属共同制定的。这样，下属有可能认同这个标准，才能自觉、自愿、发自内心地去达成这个绩效标准。由公司制定绩效标准的最大缺陷是强制性的、不由分说的，员工们是被动地接受，这一点十分重要。

由部门经理制定绩效标准时，由于部门经理与下属接触较多，关系较密切，所以，双方一般会在部门内沟通和讨论，共同商定绩效标准。有了被考核者的参与，大大地提高了绩效标准的认同度。

在许多公司中，经理们都以为绩效标准是由公司或上司给下属们制定的，员工必须遵守和达成。殊不知这种由上而下的一厢情愿往往是行不通的，明里暗里会遭到抗拒，只不过公司没有了解或不愿意了解这样一个事实罢了！

好处三：可以适应变化。

公司统一制定绩效标准的一个弊端就是不能适应变化。公司的考核办法、考核表的编制、考核要素和项目的确定，一般来说是一年一次，中间不会发生变化。在公司统一制定绩效标准的方式下，考核期间绩效标准的变化反而是一大忌，容易引起混乱。

由公司统一制定绩效标准是错误和荒谬的，必然导致"两张皮"现象，即：年度考核时用的是公司统一制定的绩效考核表中规定的绩效标准，但是在实际工作中，由于员工的工作目标和工作过程是其上司规定的，所以，其上司必然用他认为符合自己部门或个人目标完成的标准要求和衡量下属，而且，员工的工作目标和需要什么样的绩效标准，只有他的上司最有发言权。所以，经常出现的情况是，公司的考核表是一回事，上司对下属的要求是另一回事，形成"两张皮"。

部门可以随工作目标、工作职责、工作关系，甚至工作条件的变化，及时调整绩效标准。一年的时间，对处于急剧变化的市场和中国企业来说，时间不算短了。一项调查表明：70%的企业，年初制定的目标和计划由于市场因素、改制因素、组织变革因素而要发生30%以上的调整。

自行制定绩效标准所引发的问题

由部门经理自行为下属制定绩效标准常常出现以下问题：

问题一：水平不整齐，不专业。

由于各个部门的管理水平不一，特别是设定绩效标准的能力和方法不一，造成绩效标准的混乱局面。有的设10个指标，有的设3

个指标，有的是定性标准，有的是定量标准。格式不统一，五花八门；要求不统一，千奇百怪。

问题二：公司的要求得不到贯彻。

各自只考虑部门的特点和部门利益，造成公司的统一要求和规范在部门一级发生断裂，部门成了水泼不进的"独立王国"，各自按照自定的标准行事。

问题三：随意性大。

部门经理想怎么定就怎么定，想什么时候变就什么时候变，造成许多考核上的麻烦。

第三种：关键绩效指标 KPI

由公司和被考核者的直接上司共同为被考核者设定绩效标准。其中公司考核管理部门代表公司设定关键绩效指标（KPI），被考核者的上司再根据这一标准为下属设定绩效标准或分解目标。

比较

考核管理部门	上司
负责设定公司层面的绩效标准，这部分比例很少	直接上司负责设定上司层面的绩效标准，这部分比例很大
负责制定政策、组织考核者训练，帮助经理们掌握设定绩效标准的方法	按照公司的要求实施
负责制定标准的标准，即为经理们制定绩效标准而制定标准	根据公司的统一标准为下属制定标准
全公司统一	一对一地制定标准

"关键绩效指标"在设定绩效标准上的特点是：

特点一：由考核管理部门设定公司层面的绩效标准，在全公司范围内执行。

这一部分的比例一般占50% ~ 80%（或根据公司管理水平循序渐进）。

特点二：由考核管理部门制定各部门设定下属绩效标准的"标准"，以及相应的绩效考核的政策、制度和程序。

特点三：除公司统一设定的绩效标准外，其他绩效标准一律由直属上司设定。

特点四：无论是公司层面还是直属上司层面，设定的绩效标准都必须是事先的、公开的、可衡量、有针对性的。

职业经理如何为下属制定绩效标准

员工的大部分绩效标准应当是其上司制定的，那么，职业经理掌握为下属制定绩效标准的方法，就显得十分重要了。可以说，这项工作是职业经理管理中最重要的工作事项之一。这项技能也就是职业经理最常用的、最需要掌握的管理技能之一。

由于公司不同的部门、不同的职位具有不同的职责和分工，所以，职业经理为下属制定的绩效标准是各不相同的。

要点一：需求分析

这一点常常被职业经理们忽略。

需求分析，就是分析影响下属绩效的最重要、最关键的因素，制定相应的标准，用于规范下属的工作成果和工作过程。

任何一个下属都有许许多多的方面需要加以规定，如在能力方面、态度方面、工作的具体指标方面，我们实际上不可能，也没有必要就这些方面都制定出相应的绩效标准，而只能是就某些方面，即与这位下属年度或阶段性工作目标的实现有直接关系或重大影响的方面加以设定，设定出相应的绩效标准。切忌面面俱到。

市场部史经理为本部门产品助理小李设定绩效标准

不恰当的做法	恰当的做法
对照其他公司或公司其他部门的职业经理给下属设定绩效标准样本，或关着门想当然地设定标准 • 工作目标 ——目标Ⅰ：年内完成对中间市场的调查，形成报告 ——目标Ⅱ：2019 年 10 月以前制订出 A 产品的新市场计划 ——目标Ⅲ：2019 年 12 月以前制订出 B 产品的促销计划 • 能力标准 ——调研能力：能主持全国范围的市场调查 ——统计分析能力 ——文字表达能力 ——企划能力 • 态度标准 ——团队合作精神 ——主动性 ——责任心 • 规范性标准 ——提交报告及时、规范 ——规章制度执行情况	分析最关键的工作目标和达到目标的最关键因素 • 工作目标 ——目标Ⅰ：年内完成对中间市场的调查，形成报告 ——目标Ⅱ：2019 年 10 月以前制订出 A 产品的新市场计划 ——目标Ⅲ：2019 年 12 月以前制订出 B 产品的促销计划 • 市场报告表述 所有市场报告的表述必须达到史经理所要求的水平 • 协调能力 事先让合作伙伴准确理解工作目标和工作计划，执行过程中凡是出现合作障碍时，先于合作伙伴去沟通和协商解决方案

对比一下以上两种做法便知：

• 不恰当的做法是面面俱到，最后失去绩效标准的针对性。

• 恰当的做法是根据达到目标所需要的能力、态度等关键要求和任职人的现状，制定他最必须具备、最可能达成的绩效标准。

要点二：事先沟通

制定绩效标准不仅仅是用于事后评估下属工作绩效的，最重要的是用以引导下属的行为，以便下属事先自觉地、主动地按照绩效标准的要求去做。要达到这一点，事先充分的沟通是必须的。

比如，上表中史经理为产品助理小李制定的"协调能力"这项绩效标准。

一些职业经理在制定这类标准时，常常有这样的误区："协调能力都不明白，还需要什么沟通？"或者对下属说："今年对你的考核中，对协调能力的要求比较高。你要搞好协调……"

事先沟通必须是：

• 一定是事先的。不是事中，更不是事后。

• 确认理解。一定要确认下属已经理解了你所说的"协调能力"是什么意思，或者指什么样的行为。通过确认理解，事先消除对"协调能力"在理解上的分歧。

• 做出具体描述。对于"协调能力"这样极容易引起不同理解和分歧的绩效标准，消除分歧和误解并不困难，只要事先以描述性语言对于共同认可的方面做出具体描述就可以了。

对"协调能力"的描述——本年度的"协调能力"是指：

• 事先让合作伙伴了解、理解工作目标和计划；

• 计划的变化要及时通知合作伙伴；

• 执行过程中出现障碍时，先于合作伙伴去沟通和协商；

• 事先向合作伙伴表述合作期望，并事先了解合作伙伴工作特点和合作期望。

在做了这样的描述之后，上司与下属之间关于"协调能力"的误解将大大降低。

要点三：共同商定

传统的人事考核中，绩效标准是上司给下属设定的。在绩效评估中，绩效标准是上司与下属共同商定的，是取得了下属同意的。这与目标的设定过程一致，相当一部分是重叠的，让下属参与设定绩效标准有三种途径：

第一，职业经理先考虑相关要素，草拟出绩效标准，再与下属讨论并最终达成共识。

第二，下属草拟自己工作或工作职责的绩效标准，交给职业经理征求意见，取得一致后即可作为绩效标准。

第三，职业经理、下属分别草拟绩效标准，再在一起讨论，最后达成共识。

第三条途径的效果最佳，产生出的绩效标准最为理想。

要点四：注意两类绩效标准的区别

绩效标准分为两类：

一类是工作目标。制定出工作目标后，以工作目标为绩效标准。工作目标中又分为定量目标和定性目标。（见"管理技能之四：目标管理"部分的相关介绍）

另一类是规范性标准。规范性标准也分为定量的和定性的两种。

定性的规范性标准：

• 责任感；

• 协调能力；

• 团队精神；

- 品德；

- 创新能力。

定量的规范性标准：

- 打字速度90字／分钟；

- 每天下午5：00前上交客户登记表；

- 每月的第一个星期五提交一份销售报告；

- 出勤率不低于95%。

第一类绩效标准，也就是工作目标，主要是针对非重复的、非标准化的工作。这类工作包括中高层管理人员、销售人员、市场人员、计划人员、企管人员、研发人员、公关人员、项目管理人员等的全部或部分工作。

第二类绩效标准，也就是规范性标准，主要针对重复性的、相对标准化的、事务性的、稳定的工作。这类工作包括文秘、助理、会计人员、生产人员、行政人员、品管人员、技术人员等的工作。

单元三

绩效观察

绩效观察中的问题

绩效观察是为了：

· 提供一份连续的、清楚的、建立在事实基础上的、有关下属正反两个方面工作绩效的完整记录，以备绩效评估时使用；

· 尽早发现潜在的问题，以便及时帮助下属改进绩效；

· 收集解决问题所需的充足的、准确的信息；

· 记载绩效改进的措施及效果，以便对下属以及绩效改进方法进行评估。

许多职业经理经常遇到类似的场景：

员工："您凭什么说我的工作态度不积极，我每天按时上下班，出勤率在部门里不算最高，也是排在前面的。对于您交办的工作，我都努力去做，哪次不是按时完成？对于许多没有安排的工作，我也都主动去做，比如……"

经理："我说你的工作态度不是很积极，是有根据的。比如，今年3月，销售部向我们反映，客户投诉我们产品的盖子不严、漏水，当时是你接的，你说知道了，但你一没有寻找新的设计方案，二没有向我汇报；第二件事是……"

员工："谁说我当时没有给您汇报，当时我将销售部反映的几项客户意见都在例会上给您汇报过了，您可能忘了。还有……"

按理说，事实是客观的，上司与下属应该一致认可才对。为什么在绩效评估时，却经常为了事实依据而吵起来了呢？

显然，缺乏绩效观察往往导致：

后果一：绩效评估时靠感觉

一年了，时间很久了，许多事情记忆模糊了，自己小笔记本上的记录也凌乱不堪，不足以说明问题。

这样又会导致：

• 只记住了自己最感兴趣，或者是最擅长的事情。

一个广告人出身的市场总监，对于下属在广告或文案方面的成绩记忆深刻，而对于下属在市场调研方面的成绩就不大记得住。

绩效观察，就是职业经理有步骤、有方法地观察、收集下属绩效行为和成绩的过程。绩效观察包括观察行为、收集数据、做记录、分析等。

• 只记住了最近发生的事情，对上半年发生的许多事情记不清了。

• 只记住了从内部影响来说"最好"或"最糟"的事情，而不一定是最重要的事情。

某位下属碰巧在上班时间玩电脑或看报纸，被总经理看见了，在公司影响很不好，结果职业经理就感觉这位下属很不好。

• 只记住了与自己来往密切的下属，而老老实实、默默无闻干工作的下属的成绩却不大记得住。

有的下属，在工作前、中、后，都向上司"请示"或"讨教"，即使上司感到交给他的工作有一定的难度，又让上司感到"很舒服"，结果，与其他领了任务就自己干，最后结果相差不多的下属相比，上司会感到前者工作更多、更好。

后果二：没有说服力的评估

在绩效评估中，许多职业经理也知道去"摆事实，讲道理"，但是，由于不懂得如何收集事实，结果，下属常常不服气，认为：

• 上司所说的事实以偏概全，挂一漏万，把他最主要的工作成绩给"拉下了"。与此相反，上司可能常常夸大了跟他关系亲近的人的工作成绩。

• 上司不了解工作的实际情况，或者说，由于上司"官僚"或"高高在上"，同样的事实，上司了解得有偏差。

后果三：绩效改进无法进行

特别注意：绩效观察包括对工作过程和工作成果两方面的观察。

对于工作成果的观察，一般来说比较容易进行，只要注意工作成果的排序，就不会引起下属的误解或歧义。

某产品经理在 2018 年度的成果如下：

• 完成了××产品的市场调研工作（5 月）；

• 制作了《××产品手册》（11 月）；

• 完成了《××产品媒体广告研究报告》（9 月）。

但是，对于工作过程的观察，上司和下属就特别容易产生不同看法。

对于职业经理来说，仅仅观察结果是不够的，必须同时观察工作过程。

• 在绝大多数公司的绩效考核标准中，仍充斥着大量的"过程性标准"，如"工作态度""团队合作""动性"等。如果不进行绩效观察，最后就"说不清"。

• 工作成果的好坏只能表示下属"有没有绩效差距"，而观察工作过程，可以发现下属"什么地点""什么时候"，在"什么工作"上发生了"什么样"的绩效问题，从而发现差距在哪里，原因是什么，从而为绩效改进提供依据。

上面那位产品经理，其上司在年末的绩效考核中，在"工作效率"一项上，选取了"较低"，给了 3 分。从工作成果看，给 3 分可能是因为"常常不能按时完成工作，特别是××产品市场调研工作和××产品手册的制作工作，均没有按时完成"。但是，从工作成果上还看不出为什么工作效率"较低"。通过观察工作过程发现：该产品经理的计划、组织能力较强，能很快完成调研和数据提取工作，但是，文字能力比较差，写的报告逻辑较乱、格式不对、表述风格也有问题，仅《××产品市场研究报告》的撰写就返工 4 次，拖延了时间。

可是，该产品经理并不这样认为，他认为自己"工作效率比较高"。

那么，这种不同是怎样造成的？让我们仍用该产品经理的案例加以分析。

原因一：上司一般偏重于从结果看问题，"重结果，轻过程"。

如果下属的工作没有按时、按质完成，上司对于过程的评估往往也是不高的；而下属相反，一般偏重于从过程看问题，"我问心无愧、我确实尽力了"。下属"重过程，轻结果"，对于自己的工作过程、工作中的辛苦往往给予比较高的评价。

原因二：角度不同。

由于市场研究报告多次修改，在上司眼里，说明该产品经理"文字能力不强"，但是，在该产品经理的眼里，却是另外一种看法："这份市场研究报告，是公司的第一份完整、规范的市场研究报告，以前从来没有撰写过，也没有现成的样式可抄，上司你不是也不知道怎样撰写才较好吗？几次修改中，上司拖的时间比我修改的时间多得多，一修改就压到他那里了。再说了，原定 5 月完成，本来就有点紧，有点想当然……"

原因三：信息不对称。

应当说，关于过程，执行人，也就是下属，比上司了解的情况多得多，如果上司不会绩效观察的技巧，在绩效考核中，就过程进行"争论"，结果往往是上司失败，或上司与下属不欢而散。因为当上司谈论一件工作时，下属总倾向于认为上司"轻描淡写"或"不了解情况"，当然也就不会对评估结果服气。

除去这些障碍，并不是一件困难的事情。比如"没时间"，实际上是职业经理怕麻烦，不愿意为此花时间。试想一下，由于不注意绩效观察，在绩效评估时产生的矛盾和麻烦，可能需要职业经理花费更多的时间去解决它，甚至，即使花时间也解决不了这些问题所带来的"后遗症"。

绩效观察的障碍

障碍一：没时间。

障碍二：方法不当。

障碍三：没有抓住关键事件。

障碍四：没有将工作排序。

障碍五：没有及时记录。

更重要的在于，绩效观察是绩效改进的基础，如果没有这些观察、收集、记录，职业经理就不了解下属的"绩效差距"在哪里，原因是什么。显然，绩效改进就无从谈起，绩效评估的目的就达不到了。

绩效观察的步骤和方法

绩效观察的步骤

进行绩效观察，分以下几个步骤：

第一步：收集哪些信息

无论是绩效好坏的事实或工作结果，都要注意收集信息，比如销售额、利润、工作进展情况、客户投诉等。

特别注意：收集那些与组织目标和工作目标相关的信息。

• 绩效不彰的原因：

是外部原因还是内部原因？是个人原因还是工作配合的原因？是计划本身的问题还是计划执行的问题？是工作态度的原因还是工作能力的原因？

该产品经理是常常不能按时完成任务，职业经理应分析：是工作计划有问题，还是产品经理工作方面有问题？什么地方影响了按时完成，是外部的市场调研公司耽误了时间，还是产品经理自己耽误了时间？等等。

· 绩效突出的原因：

特别注意：许多职业经理们经常忽视这一点！

下属工作做得最好的原因是什么？收集下属最好的工作方法，可以使职业经理利用这些信息帮助有相似处境的其他下属，使他们能够以优秀员工或自己最好的方法作为工作基准点，从而改善他们的绩效。

第二步：从哪里收集信息

360 度收集绩效信息：

· 外部客户；

· 下属自己；

· 其他员工；

· 内部客户；

· 你自己。

第三步：记录什么

在观察、收集信息的基础上，记录以下内容：

· 工作目标或工作标准达成情况；

· 下属因工作或其他行为所得到的批语或表扬；

· 证明下属绩效不彰是由于他本人原因的证据；

· 当时为了改进下属绩效而做的努力的记录；

· 关键的事件和数据。

绩效观察的方法

关键事件法

一名员工在一年的工作当中，会有许多事件发生，将其中最为关键的一些事件记录下来，以便作为绩效评估的依据。所谓的关键事件，具有以下特征：一是职业经理与下属事先已经认同的，二是决定其工作绩效的事件。

特别注意：

第一，关键事件是指与工作标准和工作目标相关的关键事件。其他一些事件对于绩效评估具有重大影响，但并不是关键事件，如与客户吵架，上班时玩电脑被总经理撞见，等等。

第二，一些职位看起来没有什么关键事件，比如秘书职位，由于这类职位的工作是重复的、规范的，所以，重复发生的频率是最高的，好的或不好的事件，都是关键事件。

产品经理的关键事件

排序	好	不好
1	调研计划一次性通过	调研计划多次修改、拖延
2		选择了不好的市场研究公司
3	××产品推广达成预期目标	
4		产品宣传失败
5		产品宣传手册中出现法律错误
6	销售部门极力称赞	

秘书职位的关键事件

排序	好	不好
1	客户多次回电表扬	客户有时说"你们的秘书小姐……"
2		文档管理中多次出现文件找不到现象
3	多次及时完成重要文件的打印工作	
4	对于交办的工作进展情况及时、主动回馈	经常需要问及"那件事办的结果如何"
5		经常不掌握上司工作计划和日程

排序法

（待办单、周报表、月报表）本身可以作为绩效评估的事实依据，但是由于是工作的"流水账"，加之需要花费大量的时间，所以，对于许多非重复性的职位来说，这些"流水账"没有太大的意义。

要根据重要性进行相应的评估。

根据公司年度工作目标，产品经理的年度工作排序为：

NO.1 对××产品在××市场的前景进行市场研究并做出报告。

NO.2 制订产品推广计划。

N0.3 实施产品推广计划。

N0.4 与主要媒体建立起良好关系。

N0.5 制作相关的产品宣传资料。

根据这一排序，可将下属取得的工作成果和工作行为作相应的排序。根据这一排序，如果该产品经理在"制作相关的产品宣传资料"方面没有及时完成任务，而其他几方面完成得很出色，应该不影响对他的工作做出"出色"的判断。

单元四

绩效评估（评分）

评分中的误区

大多数职业经理习惯性认为通过评估，给下属的工作表现打分或评级，从而对下属过去一段时间的工作做出肯定或否定，是绩效评估的一个重要目的。

许多职业经理都有这样的经历：从公司已经设计好的考核表中，选取"优、良、中、劣、差"或"A、B、C、D、E"或"5、4、3、2、1"填入相应栏目，然后根据分值的大小对下属的工作业绩做出评价。

最极端但也是最常见的结局是，许多职业经理将打分或评级看成了绩效评估的同义词！

其实，评估更重要的目的在于诊断。我们不是为了评估而评估，不是为了发现下属的错误而评估，也不仅仅是为了给下属一年（或一段时间）的表现"盖棺定论"而评估。过去的表现是过去的，再怎样表扬或惩戒都是无法改变的。何况，我们给下属评级或打分，从中选择出 A 等或优秀员工，加以表彰和奖励，或选择出 E 等或差的员工，加以批评和惩戒，也是为了使他们将来的工作表现能够更好。既然目标指向未来，绩效评估的真正目的是为了提高组织和个人的生产力，改善工作业绩，那么，评估的关键之处就在于：

- 你的下属绩效好时，为什么好？绩效差时，为什么差？
- 其中的差距或"缺口"在什么地方？原因何在？
- 有什么方法或措施可以弥补这些差距或"缺口"？

所以，绩效评估的过程，就是一个绩效诊断的过程！为什么许多职业经理重视打分或评级，忽视绩效诊断呢？

原因一：评估嘛，不就是寻找奖惩依据吗

绩效评估，当然需要对过去的工作表现做一个评价，是好的还是不好的，然后以此作为依据加以奖励或惩戒。但是，如果停留在这里，不去诊断绩效好坏的根源或问题，就不能为下属未来的发展提供支持和帮助，以至于下属不知道怎样做才会更好，所以下一年度或下一阶段（在奖励之后）反而绩效下滑；考评中差的下属往往不知道为什么差，而在下一年度或下一阶段继续表现不好。很多职业经理都认为只要挥舞奖惩的"胡萝卜＋大棒"，下属的绩效能不能改善就是他们自己的事情了。这种想法恰恰忽视了职业经理作为团队教练或下属绩效伙伴的角色和作用。

原因二：打分或评级关系到下属切身利益

许多职业经理认为，打分或评级关系到下属的切身利益——一级工资多少钱！一次晋升的价值！——这些事情中稍有差池，下属将会出现激烈的反应，所以必须十分重视。另外，职业经理既不

能开除人，又不能给人涨工资、升别人的职，管理下属没有其他的"硬措施"，能发挥的地方几乎都体现在这个评估上了。职业经理在绩效评估中给下属打的分低，就相当于在惩戒他，打的分高，就相当于在奖励他，只有这个杠杆操着下属的生死大权，因此有的职业经理对此看得很重。

相反，诊断是帮助下属发现问题、找出差距、寻求解决方案。这些事情都是"软"的，可做可不做。做，可能下属还嫌麻烦呢。不做又不和什么奖惩挂钩，何必呢？

原因三：忽视绩效评估的日常性

绩效评估，实质上是日常性的，就是说，是职业经理经常要做的。只要觉得有必要，就应及时进行绩效评估，以便尽快发现下属的绩效问题，寻求解决方案。许多快速成长的、不断变革的企业，或者是创立时间不长的企业、业绩一直不良的企业，都应当及时或随时进行绩效评估。在这里，许多职业经理有一个误区，认为绩效评估的频次是公司考核制度上规定的。制度上说一年一次，就一次；制度上说一年两次，就两次。实际上，公司考核制度上规定的，只是统一要求的、与奖惩有关的。既然绩效评估的目的是为了帮助下属改善和提升绩效，不同的部门、不同的职位、不同的目标，就应该有不同的要求。所以，绩效评估的频次是，只要你发现有必要，就可以做。也许，这些日常性的评估比你年末的评估更重要，而这些日常性的评估，是不用打分或评级、填考核表的。

原因四：混淆了"考核等级和评分"与"对工作成果的评估"的区别

"考核等级和评分"与"对工作成果的评估"的区别

考核等级和评分	对工作成果的评估
"市场助理小李的考核成绩 A 等"。绩效考核的评分或评级是比出来的。考核成绩优秀、A 等，是与其他许多被考核者一起比出来的。所以，当我们说，小李考核成绩为 A 等时，是指小李相比其他 B、C、D 等的员工优秀，而不是与他的工作目标完成情况相关联的。经常有这样的情况：整个公司没有完成目标或整个部门的人都没有完成工作目标，但公司的考核中，总会有 5%～10% 的人成绩为 A 或优秀。（考核评分的参照是他人）	"市场助理小李达成了工作目标"。对于工作成果的评估是与事先设定的绩效标准相比而言的，达到设定的标准就是优，没有达到就是差。如果一个公司的所有员工都达到了预期的工作目标，比如销售人员都完成了销售指标，行政人员达到了预期的行政目的，按道理，所有人员都应当得 A 或优秀。所以，绩效诊断就是将某个下属的工作成果与事先设定的绩效标准相比，从而发现绩效差距的。（工作成果评价的参照是事先设定的绩效标准）

对绩效评估表的解读

绩效评估表（有许多不同的叫法：员工考核表、人事考核表、绩效考核表等）是专门设计出来供考核者（管理者）使用的，准确表达评估内容及要求的简单好用的评估工具。

绩效评估表的特征

- 专门设计的；

- 统一制定的；

- 评估者使用的；

- 表述评估内容的；

- 简单好用的。

评估分层

企业存在着不同职类、职系的人员，他们分别承担着不同的职务和工作，具有不同的职能、职务方面的等级；等级不同，则考核的要求也不同。所以，考核工作是分层进行的。根据中国境内企业在职类划分上的特点，评估一般分为四个层次，即：管理级（M级）、文员级（S级）、技术级（T级）、工人级（W级）。所以，职业管理者会在公司绩效评估时看到各种不同的绩效评估表，有的公司的绩效评估表会有数十种甚至数百种之多。绩效评估表是由公司的人力资源部门统一设计并下发的，管理者所要做的是充分理解并熟练使用。

绩效评估表的内容

绩效评估表一般由以下几个主要部分组成。"绩效评估样表"（以下简称为"表1"）如图所示。

- 评估要素（或称考核项目、考核因素）；
- 权重；
- 评分等级；
- 绩效改进计划；
- 签名。

评估要素

评估要素一般分为三大类：能力类、态度类、业绩类。也有的分为品德、工作规范、能力、业绩、态度等。

绩效评估样表（表1）

绩效评估表 （经理以上级）□年度	姓名		员工编号		
	入职日期		部门		
	职务		考核期间	年　月　日 年　月　日	

第一部分：绩效标准

考核要素	内容	配分	自我评分	简要说明	评分
KPI	KPI　1	30			
	KPI　2	20			
	KPI　3	10			
	KPI　4	10			
规范性	会议出勤	5			
	制度执行	5			
	呈报情况	5			
	品质管理	5			
品德	积极性	5			
	责任感	5			
满分					

注：评分时按五档计分

第二部分：主要工作成绩 ＿＿＿＿＿＿＿＿＿＿＿＿＿＿＿＿＿＿

第三部分：绩效改进计划 ＿＿＿＿＿＿＿＿＿＿＿＿＿＿＿＿＿＿

1.员工自身的改进	完成日期	
		年　　月　　日
2.经理的协助	完成日期	
		年　　月　　日

（续表）

绩效评估表 （经理以上级）□年度	姓名		员工编号	
	入职日期		部门	
	职务		考核期间	年　月　日 年　月　日

	完成日期
3.建议培训课程、方向	年　月　日
4.期待实现的改进	完成日期 年　月　日

第四部分：签名

经理签名：	职务：	日期：

被考核者说明＿＿＿＿＿＿＿＿＿＿＿＿＿＿＿
本人确认已与经理共同研究过此份绩效考核表内容（不签名照办）
被考核者签名＿＿＿＿＿＿＿＿＿＿＿日期＿＿＿＿＿＿＿＿＿＿＿
高一级经理说明＿＿＿＿＿＿＿＿＿＿＿＿＿
高一级经理签字以示对考核内容的认可

经理签名：	职务：	日期：

送交人力资源部核阅、汇总、归档。
人力资源部核阅人签名 ＿＿＿＿＿＿＿＿＿＿＿ 日期 ＿＿＿＿＿＿＿＿＿＿＿

特别注意：各评估要素的定义是明确的、无歧义的、统一的、被所有评估者所认同的。在评估中，均应以统一的定义作为评估标准，才能进行相同尺度的评价。

许多企业在考核时，下发的"绩效评估表"中，并没有关于各评估要素的定义，也没有关于评估要素定义的附件或补充说明，只是笼统标明"团队精神""工作效率"等，最容易引起歧义、误解或不同的理解。试想，如果绩效评估时，评估者们分别采用不同的尺度，按照各自的理解给下属评估，造成错误和混乱是必然的事情。

某公司评估要素的定义：

敬业精神：具有责任感、安心本职工作、工作尽心尽力、勤奋努力，有主动性、进取心，积极学习业务知识、善于承担责任、遵守职业规则和规范，工作中十分投入。

管理能力：良好的沟通能力，能激励和指导下属完成工作，分配任务合理、下达指示明确，在本部门有良好的影响力，能很好地制订并执行计划。

工作绩效：市场占有率、利润率、营业收入增长率、应收账款回收率、费用降低比率，目标完成度……

评估要素存在的问题主要有：

问题一：许多公司考核表和考核制度中没有评估要素的定义。

问题二：许多职业经理在绩效评估中并不注意、不理会、不去理解评估要素的定义，很匆忙地、想当然地就评起分来。

问题三：定义本身的含糊性和不完备性。比如"管理能力"的定义，并没有涵盖"管理能力"所有最主要的方面，如团队领导能力、授权能力等。由于定义评估要素需要十分专业、专门的技术和知识，而一般的企业靠自己的人力资源部做不到这一点，外请顾问又请不起，所以造成了定义工作的失败。

职业经理需要做的是：

• 事先充分理解各评估要素的定义。如有疑问之处，应及早与公司人力资源部沟通、确认。

• 让下属事先充分了解评估要素的定义。评估要素的定义，实际上就是职业经理对下属的绩效期望，具有十分重要的导向性和规范性。定义是在向你的下属表明：他怎样做是好的，怎样做是不好的。如果你的下属事先并不知道这些定义（即绩效期望），你怎么能够事后这样评估他们的工作绩效呢？或者说，这样的评估又有什么用处呢？

· 千万不要以为将绩效评估表发下去了就完事了。

· 千万不要以为定义评估要素是人力资源部门的事，不是你的事。

权重

权重或权数是指某评估要素在整个评估中所占的比重。权重均以百分比表示，通常称为配分或分值。如下表所示。

评估要素权重示例

评估要素	配分（权重）	说明
KPI	70	其中目标完成度 10、工作效率 10、绩效改进率 10
规范性	20	……
品德	10	……
职业经理需要了解： ·权重（配分）的大小表明了该项评估要素的重要程度。在企业管理与发展中，不同时期、不同发展阶段有不同的侧重点，对于这种侧重点，在绩效评估中，以权重大小的方式表示出来，以便引导下属的行为 ·由于许多企业通常使用的绩效评估表中的评估要素和权重，是由人力资源部事先按照职类、职级设计好的，也就是说，权重是人力资源部（代表公司）给定的，下属的工作侧重点或工作项目的重要性则是由直属上司给定的，所以，两者之间经常会产生矛盾和不一致		

职业经理要做的事情是，要么按照绩效评估表中的权重要求下

属，要么要求公司修正权重。

评分等级

评分等级就是对评估项目采取相对评级的办法，按照评估标准，划分为 A、B、C、D、E 或 5、4、3、2、1 等评分。

评分等级示例

优秀	良好	一般	较差	很差
>95	95-85	85-75	75-65	<65
A	B	C	D	E
一等	二等	三等	四等	五等

评分符号的含义：

优秀（A）：能力、才干超过现任职务（等级）的要求，能够承担更高更复杂的工作任务，具有卓越的才能。

良好（B）：具有的能力、才干满足现任职务（等级）的要求，能够圆满解决和处理工作中的问题，胜任现职（等级）。

一般（C）：具有现职（等级）的要求和起码的能力和才干，基本上胜任。

较差（D）：在现职（等级）所需求的必备能力和才干方面，稍有欠缺，需要在别人的扶持下勉强担任现职（等级），需要努力。

很差（E）：不具备现职（等级）要求的能力，工作中经常出错，力不从心不能胜任表职工作。

职业经理需要注意的是：

• 评估时，首先是按照评估要素（或评估内容）打分。打分时一般按照 5 个等级进行。

表 1 中 "KPI" 一项，目标完成度的打分方式是 10、8、6、4、2；"规范性" 一项，"制度执行" 最高是 5 分，打分方式是 5、4、3、2、1。

各项累计汇总后，总分在哪个区间，就是哪一等级。

总分 >95，即是 A 等或一等。

依次类推。

• 评分等级也应当有明确的定义。

这一点常被职业经理忽略：在评估中，A、B、C、D、E 或 5、4、3、2、1 不是凭感觉给出的，不是任意的，而是有事先规定的、准确的、统一定义的。

表 1 中 "责任感" 的评分等级定义是：

A（5）：有旺盛的责任感、清楚本项职务的重要性，经常超额、超质完成任务。

B（4）：清楚自己的职责，能顺利完成所承担职务。

C（3）：稍欠责任感，但尚能完成分内责任。

D（2）：缺乏责任感，偶尔有逃避责任的情况。

E（1）：无责任感，经常逃避责任。

由于绝大多数企业没有评分等级定义，所以，职业经理们大多数凭感觉打分！

如果你的公司没有评分等级定义表，职业经理可以采取的方法是，在某项评估要素（内容）下，寻找出你所辖下属最好的情况和最坏的情况，再找出一般情况，最后确定 B 和 D 两等。

"呈报情况" 一项：

A（5）：所有呈报均及时、准确。

B（4）：呈报准确，只有1～2次不及时。

C（3）：一些呈报不及时也不准确，但均没有影响工作。

D（2）：呈报经常延误，已经影响到工作。

E（1）：多次催促才呈报，严重影响工作。

· 注意采用同样的标准。

这里指的是，有的职业经理在评估时，通常不自觉地采用两套标准。一套是绝对标准，即以公司所规定的标准或自己心目中所期望的标准来评估；一套是相对标准，即以自己下属或公司中较好的作为 A 等，最差的作为 E 等，作为参照表进行评估。绝对标准和相对标准之间的差距是很大的，以"呈报情况"为案例：

绝对标准

A：所有呈报均及时、准确。

B：呈报准确、偶尔不及时。

C：一些呈报不及时、不准确，但没有影响工作（因为有其他更不及时、不准确）。

D：呈报经常延误、不准确，已经影响到工作。

E：经常需要催促和修改，严重影响工作。

相对标准：

A：呈报很准确，给职业经理留下深刻印象，大多数呈报及时，比其他人及时多了（如小李）。

B：呈报偶有错误，但比较及时，经常比别人呈报得早。

C：呈报比别人不早不晚，大错没有，小错不少（如小张、小王、小赵）。

D：非要你提醒他才想起呈报（如小孙）。

E：丢三落四，催了半天还呈不上来，比大家差多了（说的就是小白）。

由于大多数企业没有制定评估等级定义，也没有绩效评估制度或事先提出必要的要求，结果，许多职业经理并未注意到绝对标准和相对标准的区别，因而在评估时，有时用绝对标准，有时用相对标准，评估下属小王时用绝对标准，评估下属小李时又用相对标准，最后造成评估失败或失真。解决的办法是，或者按照事先统一的要求，统一采用绝对标准或相对标准；或者职业经理采用同样的标准评估下属。

绩效改进计划

绩效改进计划是绩效评估十分重要的一个环节。在表1中，绩效改进计划包括四个项目：一是"员工自身的改进"，二是"经理的协助"，三是"建议的培训方向或课程"，四是"期待实现的改进"。

由于绩效改进计划十分重要，因此，表1中的绩效改进计划是不够的，项目也是不完善的。建议在绩效评估表中，简要说明绩效改进计划，并说明另行制订专门的绩效改进计划。

• 绩效改进计划的制订不一定要多而全，关键是要解决绩效不彰或提升绩效的主要问题，制定出一个或几个有效的解决办法，切实加以实行。

签名

表1的第四部分是签名部分。一般来说，签名部分共有3～4人签名，他们分别是被评估者、评估者（职业经理）、人力资源部核阅人，有的公司可能会加上评估者的上司。签名的意义在于当事

人确认共同研究过绩效评估表的内容，表明评估是公开的、开放的、共同参与的。

绩效评估表的使用

表1所示的绩效评估表，是一些公司通常采用的制式量表，这种表（虽然有多种形式）属于"行为评估量表"，即这种表实际上主要是通过观察被评估者的行为而实施评估的。目前，越来越多的企业开始采用另一类评估表，即目标管理的绩效评估表，如：目标管理的绩效评估样式"（以下简称为"表2"）所示。

目标管理的绩效评估样式（表2）

×××××公司 绩效评估表	姓名		员工编号	
	入职日期		部门	
	职务		考核期间	年　月　日 年　月　日

第一部分：绩效标准。

考核要素	目标与绩效标准	权重	成绩
工作绩效目标以及发展目标（共70分）	目标Ⅰ： 绩效标准：		
	目标Ⅱ： 绩效标准：		
	目标Ⅲ： 绩效标准：		
	个人绩效发展目标：		
	1.公司的各项规章制度执行完成情况	15分	
	2.公司安排的其他工作的完成情况	15分	

第二部分：评估记录。

（1）文字记录。

记录类型	具体内容
被评估者自我评价（摘要）	
评估者评语	
绩效面谈记录	

（2）成绩记录。

日期	第一季度	第二季度	第三季度	第四季度	年度总评
分数					

第三部分：绩效改进计划。

记录类型	具体内容
绩效改进要点	
绩效改进计划	

第四部分：评估认可。

本次评估真实、准确，并予以确认。

项目	被评估者	评估者	人力资源部
评估意见	年 月 日	年 月 日	年 月 日

绩效评估表的特点

这种绩效评估表（表2）的特点是：

特点一：评估的要素和标准不是由人力资源部统一给出的，而是由被评估者和评估者（即职业经理与下属）共同商定的。

这是一个十分巨大的转变。有的公司甚至连权重也由职业经理与下属共同确定。

特点二：由于需要事先商定目标及标准，所以，下属（被评估者）十分清楚自己应当做什么，做到什么程度，上司将会怎样评估他。显然，结果只能是，达到目标就是好的，没有达到目标就是不好的。这是非常硬的指标。

特点三：这种评估是与目标管理结合在一起的。在目标管理中设定目标时，同时设定了十分明确的奖励与惩戒办法。这种奖惩办法是：你达到目标，就有特定的奖励；没有达到目标，就要有特定的惩戒。所以，对于被评估者的激励和约束作用是十分显著的，而行为评估法中，评估的等级实际上是与别人比出来的，所以激励作用不显著。

使用绩效评估表的注意事项

注意事项一：共同商定目标

关键是得到符合上一级目标、符合 SMART 原则的目标。

某公司人力资源部招聘经理的年度目标是：

目标 I ：按时完成年度招聘计划，及时满足各部门的临时人力需求。

目标 II ：2019 年 3 月 31 日前，重新修订公司的招聘制度、面试量表和测评工具，并付诸实施。

目标 III ：2019 年 6 月 31 日前，建立起公司储备人才库。

注意事项二：制定绩效标准

绩效标准是衡量目标达成度的指标必须事先由经理与下属共同确定。

该招聘经理的三大目标的绩效标准是：

目标 I 的绩效标准：

①毕业生招聘应完成计划的 95% 以上，5 月 15 日全部完成。

②职业管理人员、中高级技术人员的招聘应完成计划的 90%，其中，新建网络公司中关键职位应完成计划 100%，7 月 31 日前完成。

③高层管理人员的猎头计划，必须在 7 月 31 日前全部到职。

④招聘费用不得超过预算。

目标Ⅱ的绩效标准：

修订后，招聘制度、大幅度量表和测评工具要达到：

①好使用，即职业经理们在 10 分钟内即可学会使用面试量表和测评工具，无须另行培训。

②克服旧招聘制度中的程序问题，采用年度招聘计划和季度性人力需求计划相结合模式。

③面试量表配备问话提纲和面试要点。

目标Ⅲ的绩效标准：

储备人才库中个人简历不少于 5000 份，全部采用储备人才信息系统管理。

注意事项三：权重（配分）

由职业经理确定下属各目标的权重，在招聘经理工作目标的案例中，各目标的权重（配分）如下：

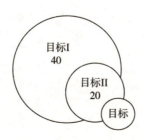

每一目标另有 30% 属于工作规范标准。权重完全根据该下属的职位职责和所定目标在职业经理工作目标中的重要性而定。

注意事项四：评分等级

目标管理的评分等级与行为评估量表中的评分等级完全不同，前者具有两个特点：一是评分等级是由职业经理给下属制定的，而不是由公司人力资源部统一制定的；二是评分等级不是等距离展开的。在表 1 中，评分等级是等距离展开的，在"责任感"的等级评分定义中可以看出，评分是随着责任感的降低等距离 5、4、3、2、1 下降的。对目标管理的评分等级，一般的划分方法是：

A（或 5 分）：超额或提前达到目标。

B（或 4 分）：圆满达到目标。

C（或 3 分）：达到目标，但费用稍有增大或日期稍有延误。

D（或 2 分）：只完成目标的 80%。

E（或 1 分）：完成不足目标的 50%。

注意事项五：绩效改进计划

在目标管理中（见"管理技能之四：目标管理"部分），十分重视下属绩效的改进。在这里，有的职业经理可能存在的误区是，既然是目标管理，当然就是看结果了，达成了目标就奖励，达不成目标就惩罚，过程、行为不用管，是他自己的事情。这显然是错误的。在目标管理中，应十分重视工作追踪和绩效观察，及时发现并帮助下属制订绩效改进计划。所以，表 2 中的绩效改进计划应另附表详细制订。

评分中常见的问题

在绩效评估中，等级的评定对下属和职业经理来说，都是十分重要的，这不仅是因为评估的结果对于下属的薪酬、晋升、培训、任用、奖励或惩戒有着直接的、密切的关系，而且，通过评估，可以发现和诊断下属绩效的不足之处，并帮助其找出改进的办法。

可是，职业经理像一个高高在上的法官，在评估时，操纵着下属的生杀大权。虽然公司的绩效考核制度中，有上司的上司和人力资源部把关、有申告制度。但是，都绕不开职业经理，其下属的等级评定，是 A 等、B 等，还是 C 等，几乎是他"大笔一挥"写就的。职业经理决定着下属一年的功过，可是，他能做到公平、公正吗？职业经理在评估时常见的问题有：

问题一：仁慈或严厉

当评分过高时，就处于仁慈的误区，当评分过低时，则处于严厉的误区。如果职业经理在评估时陷入这些误区，就会极大影响下属对自己的表现做出正确的反映。

比如某下属获得仁慈的评估，他会自以为自己做得不错，从而认为改善绩效是不必要的。

某经理犯有仁慈的错误，对自己部门的下属的评分都偏高，结果在整个公司总评和强制性分配时，引起了其他部门的不满。其他部门认为这位经理偏袒自己部门，评分比其他部门偏高，而不是他的下属们真正有上佳表现。同时引发了下属对奖励等方面的过度期望，以及对绩效改进的懈怠。

过于严厉则会引起士气、工作动机等方面的问题。比如，对某一位下属评分严厉可能会引起这名下属的强烈不满，或以公开的形式，或以背后的形式发泄不满。

某部门所有人员的评分都是B，只有一位员工评分是D，他可能会认为上司在故意整他。

如果职业经理在给下属评分时，整体上评分严厉，则会导致下属们考核的等级普遍低于其他部门的员工，从而引起所有下属的不满。该职业经理的下属们会认为自己的上司不维护他们的利益，没有把他们的表现评估出来。这种情况下，往往引起经理自己的信任危机，极大地打击了下属的工作热情。

评估时出现仁慈或严厉，从而使评分向上或向下扭曲的原因可能是：

原因一：利害关系

一项调查发现，几乎所有的评估都受到利害关系的影响。职业经理在评分时，总是受自己与某个下属利害关系的影响。

某一名下属在部门内属于资深人员，是和该经理一起进公司的，后来该经理获得提升，该下属本来心里就不服气，该经理也知道这名下属心里不服气，但认为他是"老人"了，平时也挺给自己面子，还算得上尊重自己，加上这名资深下属在部门内有一定的影响力，所以该经理不愿也不敢得罪这名资深下属，在评分时就通常会出现仁慈倾向。这种仁慈的错误实际是职业经理考虑到这层利害关系造成的。

某名下属掌握着重要客户资料（比如掌握公司给这些客户返点、折扣、个人好处、销售额等）或与一些重要客户保持着良好的关系。其上司（职业经理）平时就十分担心这名下属跳槽带走客户，并尽量不去惹这名下属，或者其上司想换掉这名下属但准备工作还没有做好，不想因考核时过低的评分刺激这名下属过早地发生变故（跳槽），于是在评分时就会出现仁慈的错误。在公司中经常有这样的人物，即使今年他们的业绩不好，上司也不想就此得罪他们。

原因二：人情分

经理因为没有保持公正，让感情、人际关系左右了自己的判断，从而错误地仁慈或严厉。

可能只是因为经理喜欢这名下属，就对他仁慈地评分，相反，经理会因为不喜欢某一个人，一直对某人有偏见或看法或个人恩怨，从而对某人严厉地评分。又比如，表1"协作性"的评分中，经理可能会凭自己的一些感觉而制定下属 A "协作性"可得4分，下属 B 的"协作性"只能得到 2 分。

经理自认为仁慈或严厉评分的目的

经理自认为仁慈评分是为了	经理自认为严厉评分是为了
• 增加下属的奖金或利益 • 鼓励因为个人问题而表现不佳的下属 • 保护评估结果会被企业以外的其他人知晓的员工	• 实事求是 • 激励下属做得更好 • 让下属的努力有较大的空间 • 让难以驾驭的下属知道谁是主宰
• 避免表现不佳的书面记录，以免影响下属今后的发展 • 给下属一些"改过自新"的机会 • 避免下属因为分数低不高兴而可能发生的冲突 • 鼓励最近才开始表现良好的员工 • 对工作态度良好但业绩不佳的下属给予肯定 • 让有些"头疼分子"或"刺头"因业绩好而赶紧离开	• 让有些人赶紧知趣离开 • 解聘时的依据 • 让下面的人巴结自己

问题二：集中趋势的误区

如果应当给予极高或极低的评分，职业经理都故意回避，将极高的评分降下来，将极低的评分拉上去，结果造成下属们的评分都比较接近，以至于看不出下属之间的差距，这就是集中趋势的误区。

表1中"工作效率"满分是10分，经理在评估时，常常避免打10分，即使下属十分优秀，工作效率超过其他人很多，也经常选9分或8分。同样，也常常避免打1分，即使下属工作效率极低，也经常选2分或3分。特别是另一种情况：某下属在绝大多数考核要素上都表现突出，评分都可能很高时，职业经理倾向于在某个要素或某些要素上，将其评分向下拉一拉，打9分时却打7分，以避免总分比其他人高得太多。如果有这样的错误，最后下属的评分都比较接近，在部门范围内或在全公司范围内，无法分辨最好和最差。

造成集中趋势的错误有两大原因：

原因一：搞平衡

为了避免因下属之间评分差距过大引起下属与自己的对立、下属之间的对立，有意不给予极高或极低的评分。

集中趋势的原因和后果

经理自认为集中趋势可以带来的好处	实际的情形
可以避免与一些下属之间的对立和冲突（对这类下属一般是人为上抬了评分）	在评估的当时，确实能够避免对立和冲突。也许，绩效不佳的下属因此对职业经理心存感激，大多数因此而获得较高评分的下属却不这样认为。他们以为自己的评分就应当是这样的（如B或C，而不是C或D），由此引起的错误导向和错误信号是，我的表现是这样的，我的评价就是这样的（B或C），从而产生误解、扭曲、降低了对自身绩效的要求。如果在正式的绩效评估上，给予的评分是B，职业经理就很难在其他场合劝诫这名下属，告诉他实际上他的评分应当是C，而不应当是B，很难要求他改进绩效
可以避免下属之间的对立和冲突，给的下属评分过高，怕其他下属不服，群起而攻之，从而对这名优秀的下属不利，所以用拉低评分的办法将其保护起来	被人为下拉评分的那名下属会怎样看这件事呢？会认为上司在保护自己吗？一项调查表明，因上司有意平衡而下拉评分的优秀下属，绝大多数会因此心生不满，他们会认为，自己的上司不公正，不能公正、实际地评价自己的表现，对自己是一个很大的损害，"干好干坏一个样，反正最后是个良好"，他们不再信任自己的这位直接上司。许多下属因此会降低自己的绩效标准。"既然小李干得比我差也可以得良好，我为什么要卖力气呢？"这种做法严重挫伤了优秀下属的工作热情
可以给下属们带来多一些实际的利益（如奖金、晋升、加薪）等。职业经理有六名下属，合理的评分下，可能出现一个A、两个B、一个C、两个D的情形，但由于集中趋势，结果出现三个B、三个C。比起来，职业经理会认为后一种会使更多的下属获得实惠	集中趋势，在实施操作中是把烫手的问题抛给了公司的人力资源部。因为，如果各个部门，各个职业经理都这样做，就会出现全公司范围内的集中趋势。人力资源部一般希望评估结果呈"正态分布"，即5%的优秀者、25%的良好者、40%的合格者、25%的较差者、5%的不合格者。在集中趋势下，往往会出现优秀空缺、良好50%、合格50%，较差和不合格没有的极端情况。在这种情形下，公司的绩效评估就失败了

原因二：方法或程序错误

如果某公司的绩效考核制度要求职业经理以大量的文件证明极高或极低的评分，就往往会陷入集中趋势的误区。累赘的文件填写和记录通常会使职业经理评估时打退堂鼓，不愿意给最低分或最高分，以避免被要求出示充分的证据。另外，如果在评估的等级定义中，定义不实际或理解偏差也会造成集中趋势的错误。例如，前面介绍的"责任感"的等级定义，如果有的职业经理的理解是：

职业经理理解的"责任感"等级定义：

A（5）：分内分外事都有极强责任感，没有任何逃避责任的情况，完全像自己期望的那样，完成各种交办的事。

B（4）：认识自己的职责，能顺利完成承担的任务。

C（3）：稍欠责任感，但尚能完成分内工作。

D（2）：缺乏责任感，偶尔有逃避责任的情况。

E（1）：无可救药者。

试想一下，如果 A 是指可以在天上走，E 是指在十八层地狱的话，又有几个能够达到呢？

问题三：光环效应

如果职业经理对某位下属的整体印象不错，所依据的是聪明或外貌之类的某种特点，在评估下属的各方面业绩时，可能会受整体印象不错的影响，从而忽略某些缺点，从而影响评分。

某位下属曾经在两年前为公司做出过十分杰出的贡献，全公司上下都知道，经理就往往会习惯于给他高分。

经理对于动作快、工作麻利的下属印象深刻，极可能会忽略其某些缺点，而给该名员工 5 分的满分，对于动作迟缓者，则全都给 3 分。

光环效应会严重影响评估结果的正确性。犯这类错误的职业经理，无法知道下属有哪些优点和缺点，光环效应通常由以下原因引起：其一是绩效标准模糊不清，其二是经理不能秉公评分。

问题四：近期效应

大多数企业都规定一年或半年对员工的表现评估一次，如果对于员工的某种特征进行评估时，职业经理不记得考核期间的一些事件或行为，常常是忘记早期，比如上半年发生的事情，只容易记住近期发生的事件或行为，比如容易记住近两个月发生的事，就会发生评估上的偏差。

某员工 1—9 月一直做得较差，但 10 月以后表现极佳。职业经理会因为他在 10—12 月的极佳表现而在"呈报情况"一项中给他较高的评分。相反，另一名员工 1—11 月"呈报情况"一直都做得比较好，仅仅是因为 12 月份"呈报情况"做得不好，从而获得较低的评分。

出现这种错误和偏差，是由于职业经理平时绩效观察做得不好。

许多职业经理不善于平时做绩效观察和记录，到评估时只好靠记忆、靠印象，于是难免发生这种错误。

近期效应在对工作态度的评分中，最容易发生。

某位员工过去与其他人的协作性一直很差，缺乏团队意识和团队精神，向来独来独往，不注重与其他人合作，上班经常迟到，也不太负责任。可是 10 月以来，这位员工的工作态度大有变化，上班总是早到 20 分钟，做一些为大家服务（如打开水）的事情，工作也一下子认真起来，常常下班了还不走，与其他同事的关系也有所改善，获得了同事们的积极评价。

虽然评估是对一位员工全年的或考核期的所有行为和表现的评估，但是，在这里，绝大多数职业经理会因为这位下属近期内的改变，在评估时给予较高的分数，而不去计较以前的表现。

问题五：自以为很公正

一般来说，职业经理都认为自己在评估时能够一视同仁，很公正，不会有什么偏袒和有意的偏差。但是在实际上，职业经理面对两种不公正的可能性：

一种是客观的不公正

评估一台机器的功能比评估一个人容易很多。评估下属时，总会遇到以下公平性问题：

• 通常来说，用结果而不是所谓表现进行评估是公平的。但是，上司总是希望能力强的下属有更好的表现才觉得满意，而对能力较差的下属，会认为只要做出很大努力就可以了。

下属 A 科班出身，非常聪明，能言善谈，能力较强。

下属 B 没有专业背景，不善辞令，动作较慢，能力较差。

两者业绩相同，但是下属 A 很容易达成，下属 B 则须花较大的努力。因为两者业绩相同，所以上司认为他们具有同样的水平。但是，上司并不满意下属 A 的表现，因为他可以做得更好。另一方面，上司对下属 B 的进步表示满意。

• 通常只针对目前一段时期的表现加以评估，常常忽略了以前的表现如何，这样可能对于那些进步比较大的下属来说，是不公平的。

下属 A 今年的各项表现都很好, 遵守纪律且守时, 诚实尽责地执行每日计划, 在团队中工作得很好, 和客户有良好的关系, 提供良好的服务, 大家公认他是部门里最优秀的员工, 只因为他一个大客户突然改变经营战略, 不再向公司订货, 导致他的业绩今年有较大的下降。那么, 最后的评估结果是下属 A 得分和等级最低。这样公平吗?

• 经理由于经常和下属在一起, 会对他们产生同情和偏爱, 因而可能失去评估的客观性和公正性。

• 人们的第一印象总是难以改变的、持久的。

当下属 B 在去年显得无能时, 即使今年有较好的业绩, 上司也可能认为是下属 B 碰上了好运气, 而不是能力的真正体现。

另一种是有意的、人为的不公正

你能够做到给一位和你有个人恩怨的下属公正的评估吗?

某位下属曾经背后向高层打你的小报告, 被你知道了, 或者某位下属不买你的账, 在某一次重要会议上揭了你的短, 即使他在各方面表现都不错, 你能做到不找他的"碴"而给他高分吗?

问题六: 盲目的性格理论

有时候职业经理不能全面地观察到下属各个层面的表现, 因此在填写评估量表时, 就必须"填空"。如果这样, 职业经理在评估时可能会根据自己认为的性格类型 (一个认真的人、一个有闯劲的人、一个不可救药的人、一个懒惰的人等) 先将下属分门别类, 再预估"这种人"会怎样做事, 然后对其所没有观察到的行为进行评估和打分。

职业经理认为某一位下属是一个懒惰的人，因为他平时上班老迟到，上班时常常精力不集中、有气无力的，交给他几项工作也常常拖延，但他的业绩不错，个人销售业绩在部门里面名列前茅。职业经理在评估时会如何给他打分呢？

职业经理评估时会：

• 由此推断这位下属拜访客户一定也是不积极，经常偷懒，说不定假借拜访客户回家睡觉去了，因此会在"开拓能力"一项评估中，给予较低的分值。

• 这位下属的个人业绩好，职业经理可能会认为这并不是这位下属的功劳，而是分给他的客户质量好，或者是这个区域的广告最近做得好，或者认为自己某一次的帮助奏了效。

如果职业经理认为某位下属是一个不可救药的人，那么，在评分的各个项目和要素上，可能都会给予较低的分值。所以，这类评估错误会产生与光环效应一样的问题。当职业经理依其盲目的性格理论对下属进行分类时，企业就无从知道员工有哪些优点和缺点。正确的评估就无从谈起。

评估误区及其可能的原因

误区	原因					
	A	B	C	D	E	F
仁慈						
严厉		√		√	√	√
集中趋势		√		√	√	√
光环效应	√	√		√		
近期效应		√	√		√	√

/ 474 /

（续表）

误区	原因					
	A	B	C	D	E	F
自以为公正			√			
盲目的性格理论		√				

说明：
A= 考核方法和制度问题
B= 等级定义或绩效标准不清晰
C= 绩效观察缺乏，凭记忆
D= 搞平衡
E= 看态度
F= 私心

如何消除评分误差

克服评估中的各种误区，是一件很不容易的事情。由于评估者和被评估者都是人，而且评估的结果与个人的利益息息相关，所以，往往会导致失败的评估。对此，有许多的方法可以帮助职业经理。最重要的是事先进行对考核者或评估者的训练。帮助职业经理理解正确的评估是什么、怎样做，这样，可以最大限度地避免这些误区。

要点一：事先的沟通

许多评估的误区或失败，实际上是由于没有事先的沟通引起的。

事先的沟通是指：

• 事先的。在年初，即考核期开始时，就必须让下属了解评估的内容、要素和标准。

• 公开的。评估的标准、方法、程序是公开的，下属们都知道的。

• 无歧义的。对于今后可能在理解上出现的分歧或误解，事先加以澄清，并加以约定。

实际上，许多评估的误区是由于缺乏事先的沟通引起的。

关于"责任感"，公司的等级定义如前所示。但是，在理解上，职业经理与下属可能会存在很多差异。

上司和下属对"责任感"的理解的差异

	某位经理所理解的"责任感"	某位下属所理解的"责任感"
A（5）	对分内分外事都有极强责任感，没有任何逃避责任的情况，完全像自己期望的那样，完成各种交办的事	按照《职位说明书》的要求，尽职尽责，恪尽职守，认真对待并超额完成，从不对上司交办的一些职责外的工作反感和抵制
B（4）	认识自己的职责，能顺利完成所承担任务	尽职尽责，按时按质完成工作
C（3）	稍欠责任感，但尚能完成分内工作	自己工作态度很好、责任感很强，但要在别人帮助下才能勉强完成
D（2）	缺乏责任感，偶尔有逃避责任的情况	自己确实有时心不在焉，责任感不太强，但都是有客观原因的，不是故意的，总比××强吧
E（1）	无可救药者	根本不应该得这种分数

由于各自理解的不同，在评估时会出现：

某位经理对下属"责任感"的评估：

应该打3分。因为这名下属"尚能完成分内工作"，但是稍欠责任感。今年公司不断探索新的业务和新的工作方法，出现了许多新的工作需要有人去做，但这名下属却争辩说，他只做职位说明书上规定的工作，当时招聘他来时就是这么说的，现在给他布置、分

派的一大堆新工作，有些是应该做的、分内的，他一定会做好，圆
满完成，但是对于职位说明书上未记载的工作职责，他不应该做，
做也是尽义务。不能由此责备他责任感不强。

某位下属对自己"责任感"的评估：

应该给我 5 分。因为我十分尽职、尽责，凡是职位说明书上
所规定的，上司平时布置的职责内的工作，我都圆满完成了，还做
了一些上司布置的、本来不是自己的工作，尽了许多义务。我的表
现符合公司关于"责任感"A 等（5 分）的等级定义，这不是我要
的，而是应该得的。

事先的沟通，不仅能消除误解和歧义，最重要之处在于，让
下属十分明确地知道，上司对下属的期望是什么，下属应当向什么
方向去努力，努力后又会有什么样的结果，会是什么样的评价。如
此，会发挥评估的导向作用，引导下属对自己的评价，从而引导下
属的行为。

要点二：评估与绩效有关的方面

一个人会有许多方面，如性格、爱好、做事风格、学历、学
识、行为举止等。而许多评估偏差的发生，如近期效应、光环效
应、盲目的性格理论，不恰当的评分，很多是由于评估者想"评价
这个人"而引起的。

一名销售员，对其评估最重要的或最相关的要素应当是：

• 销售额；

• 回款（或称应收账款回收）；

• 每月报表、报告；

• 拜访次数或频率；

- 销售费用控制情况；

- 新客户开发情况。

需要特别注意的是，对销售员的评估是看他是否或在多大程度上达成了这些指标。这些指标是直接反映出绩效、与绩效相关的。如果把对这名销售员的评估要素换成：

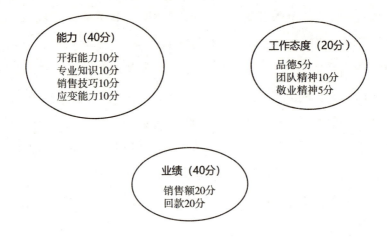

显然，上边的这种评估是许多公司目前采用的。但是我们经分析可以发现：

"开拓能力"是什么意思？与销售业绩之间到底有什么关联？"应变能力"的大小与销售业绩有关系吗？你是希望下属在"应变能力"方面有所提升，还是想让他多卖产品？显然，诸如"开拓能力""应变能力"对于一个人的发展固然重要，但对于一个销售员来讲，如果要求，能够列出几十种甚至几百种所需要的能力。

销售员可能需要的能力及态度

谈判能力	计划能力	人际关系能力
表达能力	解决问题能力	举止得体
说服能力	创意能力	语言规范
感染能力	独立工作能力	撰写报告
收集信息能力	学习能力	仪表得体
协调能力	主动性	谈吐得体
机智	成熟	表现欲
正直	进取心	反应快
幽默	平衡感	自信
稳定	品位好	准时
性情温和	为人随和	脾气好

显然，如果对这些一一评估的话，是没有意义的。

要点三：公开、公平、公正

评估作为一种职业经理个人化的行为，一旦做出之后，就会成为一种公司行为，它代表了一个组织、公司对员工一年或一个时期工作表现的评价。所以，一视同仁、客观公正是基本的准则。前面讨论的评估的几个问题，就是影响评估结果，或出现不恰当评分的原因。

单元五

绩效面谈

好了，市场部史经理经过对产品经理小李的绩效评估，已经"心中有数"了，应该进行下一个重要工作——绩效面谈了！

前面已经谈到，绩效面谈的重要性和好处是显而易见的。可是，在实际当中，往往出现各种问题。

常见的问题

问题一：不进行绩效面谈

经理在会议上介绍："今年我们部门业绩不错，大家的成绩也不错，这次绩效评估，大家普遍在 4 分，即'优秀'这一档上，个别人差一点……"他以为以这样的形式通知大家就可以了。当你问他为什么不搞绩效面谈时，他会说："这次绩效评估，成绩都不错，也没有反映出什么矛盾和问题，就没有必要一个一个面谈了。实际上，大家都大体上知道自己的成绩，工作这么忙，也没有一一安排面谈的时间，谁有问题，可以私下找我谈嘛……"

问题二：有了问题才进行绩效面谈

许多经理认为，评估的分数高还用面谈吗？大家都是 4 分（优秀），也不会有太大矛盾，就用不着面谈了。直到有下属由于这次评分比较低，或者对评估不满，经理才引起重视，从而安排绩效面谈。实际上，这时的面谈已经背离了绩效面谈的初衷，已经是在上下冲突或看法对立的情况下进行的"上下交锋"了。这时再面谈，很难达到预期目的。

问题三：面谈流于形式

有的经理也进行绩效面谈，但这种面谈和一般的会谈没有什么区别。这里特别需要指出的是，由于职业经理与其下属朝夕相处，彼此十分熟悉，许多沟通都很难"严肃"起来，如果职业经理对绩效面谈重视不够，就会出现这样常见的场景：

下属一进门，职业经理就说："这次绩效评估工作已经基本上结束了，你的评估结果不错。你看，这是你的绩效评估表，看看有什么意见没有，有就提出来，没有就把你的名字签上……"

这种情形下，绝大多数的下属能说什么呢？只要评估结果与预期相差不是特别大，或者没有特别的利益冲突，下属一般会象征性地拿起量表看看，说"没有意见"，然后签上他的名字。

所谓的绩效面谈就结束了。职业经理只不过"掩耳盗铃"，对许多应当沟通和解决的问题视而不见、掩盖起来罢了。实际上：

情形一：资深一些的、平时与职业经理关系不错的下属，平时本来就没有正式沟通的机会和时机，经常听不到来自职业经理的评价和反馈。长此以往，会在这类下属的心目中形成"反正头儿是不会亏待我的，反正我干的成绩头儿会看见的"。这类下属在认识上有几种误区：

第一种误区：绩效评估结果的刚性，即评估结果只能是一年比一年好，起码不低于去年，稍有下调，便关系紧张。

第二种误区：将绩效评估理解为给自己打分，分不错就没问题，没问题就不用面谈。

第三种误区：职业经理失去一个十分重要的管理杠杆。通过绩效面谈，告知对下属一个时期工作表现的评估，应该是十分严肃的，在管理中起重要作用。如果在此类重大的管理措施方面非常随意，那么很难设想下属会对职业经理的其他管理行为感到"十分在意"。

情形二：许多下属有不断提高绩效的强烈愿望，希望有机会正式沟通一下。但如果由下属主动提出来，显然不合适。如果没有这样面谈，就没有机会讨论绩效的提升和改善问题，下属改善工作绩效的积极性就会受到打击和削磨，日子长了，就不进取了。

情形三：下属没有正式沟通和说明的机会，就会在下面议论。其实，绩效评估的结果（成绩），无论是杰出、优秀、良好、合格、较差或 A、B、C、D、E 中的哪一级，下属都会有一番议论的，如对自己评估成绩的议论，对别人评估成绩的议论。下属可能拘于上司的权威或压力，即使对自己的评估成绩不满，也敢怒不敢言，心里逐渐对自己的直接上司，甚至对整个公司产生不满、失望，"公司不但不公平，连一个说理的地方都没有"。直接的结果是，一种下属失去工作的信心，"干好干坏一个样，混吧"；另一种下属则会用离职等方式表示自己的不满。

面谈准备

在面谈之前，让下属准备些什么

不让下属做好准备，就匆匆忙忙将下属招来面谈，是导致面谈失败甚至绩效评估失败的原因之一。

面谈准备中一项颇为实用而重要的工作是，让下属写述职报告或个人总结。

述职报告或个人总结是为了：

- 让下属回顾绩效标准；
- 让下属对绩效有一个量化的评估（逐一对照绩效标准）；
- 分析得失的内在原因（而不是外在原因）；
- 提出具体的、可行的绩效改进要点，并制定具体的措施和办法；
- 理清事实。

如何撰写述职报告或个人总结

撰写述职报告或个人总结，是进行绩效面谈一个非常重要的步骤。很多公司的绩效面谈为什么会流于形式呢？就是因为在绩效面谈的时候，实际上就是下属对自己的评价和上司对下属的评价进行了一次沟通，进行了一次对接。而目前的情况是，由于下属对自己在公司里面的评价和上司的评价往往有一定的差距，下属对自己评价的期望比较高，而上司对下属评价往往比较低，所以绩效面谈的时候往往会出现一些冲突，由于害怕或者为了避免这种冲突，很多经理人就不进行绩效面谈，或者用敷衍了事的方式造成绩效面谈流于形式，没有达到通过绩效面谈实现绩效沟通的目的。

要解决这个问题，有一个很好的方式就是，让下属在绩效面谈之前撰写述职报告和个人总结。通过这样一件工作，使得双方在绩效评估方面能够更加接近。

绩效评估的基本原理非常简单：也就是我们事先设一把尺子，事后用这把尺子衡量员工的工作绩效，看是高了还是不足。

在很多企业里面，员工在考核期末也写个人总结。但是，由于没有从绩效评估的原理出发，所以很多企业写的个人总结和绩效评估没有关系。不但没有关系，反而给绩效面谈带来非常大的副作用，常见的个人总结或者述职报告有两种写法。

第一种：优缺点法。

很多人在写个人总结或述职报告的时候，往往是我今年取得了什么样的成绩1、2、3、4、5……还有什么缺点1、2、3、4、5……最后表一下决心。

第二种：流水账法。

很多人写的时候是这样：我今年3月18日做了什么工作，得到领导的肯定；4月15日做了什么工作，得到领导的表扬；6月17日又做了项什么工作，对其他部门有什么帮助和支持等等，到最后表一下决心。

这两种做法都不对，都和我们的绩效面谈没有任何联系。正确的个人总结和述职报告应按照以下四个步骤来写。

步骤一：回顾绩效标准

考核期有时候比较长，时间一长，实际上很多人都对绩效标准忘得差不多了，这把尺子到底有多长、多高，都记不住了。如果尺子不准，怎么能进行衡量呢？所以在写个人总结或撰写述职报告时要将这把尺子找出来。如果下属找出的这把尺子和我们事先约定的尺子是一致的，或者是接近的，那我们双方就可以说是用同样的尺子来衡量表现，这样我们就有可能在绩效评估的时候达成一致。如果连尺子都不一样，下属用自己的尺子来衡量工作做得怎么样，上司用自己的尺子来衡量下属工作做得怎么样，这怎么能达成共识呢？不但达不成共识，还会造成很多矛盾和冲突。所以通过回顾绩效标准，我们要先把事先约定的尺子找出来。

步骤二：对应绩效标准，描述工作表现

一个员工的考核期里面，工作表现可能有很多，哪些工作表现是我们绩效评估的时候要考虑的，哪些是不考虑的呢？如果没有明确这一点，就会造成在评估的时候，员工认为自己应该得到评估的地方，你没有评估；而你评估的地方，员工又认为不该评估。这样，就会出现绩效评估的偏差和冲突。

问题出现在哪里？问题就出现在工作表现一定是对应事先设定的绩效标准。也就是我们在描述考核期工作表现的时候，一定不要漫无边际，想描述什么就描述什么。例：我们事先设定的绩效标准上写的是"责任感"，就要描述"责任感"的表现，其他方面我们就不会提了。

记住，我们在这一次的绩效面谈里面不去考虑的很多表现，就可以事先被剔除出去，凡是和绩效标准没有关系的，即使做了，也不加考虑。

步骤三：自我评价

尺子有了，对应的绩效标准也描述了，那就让下属根据这把尺子对自己的工作表现加以评价。如果这把尺子和我们的比较接近，绩效标准又是按照事先约定的来观察的，那么下属的自我评价就有可能和我们的评价相接近，后面就很容易达成共识了。

步骤四：绩效改进计划

通过自我评价，员工应该提出自己的绩效改进计划，这个绩效改进计划包括三个要点。

要点一：找"短板"。通过自我评价找出自己在绩效发展的那块最短的板。我们不一定要求下属找很多，只要找 1 ~ 2 块最短的板，也就是在能力或者其他方面最缺乏的 1 ~ 2 点就可以了。比如，他的短板是"责任感"比较差。

要点二：自己怎么改进。"短板"找出来了，怎么改进呢？让员工自己提出改进的要点。这些要点应该是实在的、具体的，而不应该是抽象的。有些人表决心："以后我要向领导学习。"这种废话、空话，我们不需要。我们需要的是一些具体的方法和措施。比如，"责任感"差，由于"责任感"差，在工作上出了几次失误的时候，我们就可以这样约定具体的行动：公司规定每一次工作结束的时候，检查两遍，我自己检查三遍，比别人、比公司的规定多检查一遍。这就是做出改变的小小行动要点。这个行动要点不要多，两三个要点就可以了。

要点三：对上司和公司的期望是什么。下属这时候可以提出对公司和上司的期望，让上司在某些方面给他帮助和指导，让公司在某些方面给他培训的机会，等等，都可以提出来，以便在绩效面谈的时候讨论。

面谈之前，职业经理应准备些什么

自己不准备，就匆匆忙忙将下属"招"来面谈，是导致面谈失败甚至绩效评估失败的原因之一。

在面谈之前，职业经理应做以下准备：

第一步：回顾绩效标准和期望

回顾事先给下属确定的绩效标准。如果是以下属的职位说明书作为标准，应事先阅读下属的职位说明书，回顾绩效标准；如果是以事先设定的工作目标作为绩效标准，应阅读制定目标的文件，以及相应的工作计划书。

职位说明书、绩效评估表、工作计划书三者相脱节怎么办？

在不少公司中，职位说明书是不完备的、不准确的，甚至是没有的。绩效评估表很可能是人力资源部统一下发的，考核的项目、因素、标准、权重都已经定好了，职业经理们用就行了。这样的绩效评估表一般来说并没有具体体现职业经理们对下属工作标准的要求，而且往往与职位说明书相脱节。工作计划书一般来说均是职业经理根据职位说明书直接给下属制订的，但也经常容易出现脱节现象。那么，这时职业经理应以以上三者中哪一种为依据实施考核（评估）呢？

一般来说，职业经理们会以人力资源部下发的绩效评估表作为评估下属的依据。这里需要注意的是：

一是绩效评估表是在评估前才发下来的，而不是在本工作周期之前，被评估者事先根本没有看过绩效评估表，这样势必给评估工作造成很大的困难。试想，连在什么方面评估自己都不知道的下属，在绩效面谈时会有一个什么样的结果？所以，绩效面谈准备工作实际上在工作之前就已经开始了。必须在评估期之前将绩效评估表发放到下属手里。

二是充分了解公司在本评估期的制度和政策。许多公司在每年的年中或年终评估前，都要举行专门的会议安排本次评估的事项。这时，特别注意的是，本次评估与上次评估有什么不同的要求？政策上有什么改变？

三是与人力资源部的配合。公司的人力资源部在拟定评估办法和政策时，应当做前期的调研和分析，充分考虑公司各部门、各职位评估的复杂性和多样性，在制作评估表时，尽可能按照本章单元二"谁来制定绩效标准"中的第二种方法来做，这样就能避免公司的标准和员工的标准"两张皮"的脱节现象。

第二步：收集相关资料

收集的资料有：

• 工作表现记录；

• 职位说明书；

• 年初的工作目标及计划；

• 其他人的评价。

对于"其他人的评价"一项，应加以分析，不能盲目使用。这是因为：

第一，"其他人"是什么人？同事、上司、别的部门的人、客户，还是供应商？"其他人"的不确定性会导致评价的不确定性，使用这种具有不确定性的资料对于下属的评估是不公平的。

第二，如何得到"其他人的评价"。得到"其他人的评价"，是需要支付时间成本的，或者说是要花不少时间。得到"其他人评价有三种方式：工作中的评估、闲聊中的评价和正式的沟通。正式的沟通安排起来成本较高，一般不采用。闲聊中的评价切勿采用。只有工作中的评价才可以作为有价值的"其他人的评价"。

第三,"其他人"在什么方面的评价。"其他人"的评价,并非完全都是很合适的,可以采纳的。

"你们部门的小李表现不错呀!上一次我们的一个客户需要10套样品,我们部门的样品刚好全用完了,偶然碰见你们的小李,他二话不说就把培训时留在你们部门的样品全找了出来,帮了我们的大忙。"对于此类的评价,可以采纳的是随后小李帮忙找样品的事实,不能采纳的是"小李表现不错"的评价。

所以"其他人的评价"中,可以利用的是他们评价所依据的事实,而不是他们的评价本身。

第三步:评分

在面谈前,对下属的绩效做出自己的评估,并就绩效成绩的等级做出评判(评分),见本章单元四。

第四步:准备面谈提纲

绩效面谈提纲(要点)如下:

- 如何开场;
- 怎样谈下属的优缺点;
- 怎样告诉绩效评估成绩;
- 下属工作表现的事实和结果有哪些;
- 如何表达期望;
- 下属有不同看法时怎么办;
- 怎样提出绩效改进计划;
- 怎样让下属表达他的真实想法。

在准备面谈提纲这个环节上,常见的几个问题是:

第一,不准备面谈提纲。

大多数职业经理不准备面谈提纲。他们认为没有必要、太麻烦，或者面谈之前在脑子中有个思路就可以了。在这里，职业经理常常犯的错误之一得以明显暴露：职业经理往往忽视管理的细节，无论这些细节对下属有多么重要。

由于职业经理几乎是作为法官居高临下地评价下属的工作，所以很容易忽视下属对面谈的期望。作为一次正式的绩效面谈，特别是一年只有一次或两次机会的绩效面谈，下属是很在乎的，甚至会对每一个细节都很在意。如果职业经理的准备工作不充分，很容易出现以下几种结果：

- 不满、争吵；
- 无所谓；
- 气氛和谐，问题潜伏。

第二，只考虑"刺头"怎么谈。

许多职业经理对于预期到可能会有诸多不满，面谈难以顺利进行的人员，会做较多的面谈准备，会准备面谈提纲；而对于其他人员，如关系不错的下属、表现较好的下属、争议较少的下属或唯上是从的下属，则不准备面谈提纲，认为"好谈"，没有什么必要准备。实际上"刺头"并不是性格引起的，下属们对于面谈的需求都是一致的，并不存在谁的关系好、谁的表现好、谁唯上是从就有所不同。重视"刺头"而忽略其他人，会导致：

- 问题积累下来；
- 绩效难以改进。

第三，对下属可能的不同看法准备充分，对绩效改进准备较少。

虽然绩效评估提倡关注绩效发展、关注未来，但是在实际当中，不可避免的一个环节是，先把考核期的事情"说清楚""给个说法"，这样就导致职业经理比较关注"我给下属评的等级能否被下属所认同，下属不认同时，我怎样办？"而对于怎样帮助下属改进绩效方面，很少准备具体的、有价值的方式或办法。这样自然导致：

· 面谈时，职业经理和下属均围绕着过去讨论不休，根本无暇顾及未来。

· 商谈的绩效改进计划空洞无物，流于形式。

面谈策略的选择

总的来说，下属可以根据工作贡献和工作表现分为四种类型：贡献型、冲锋型、安分型和堕落型。对这四类下属，应在绩效面谈前定相应的绩效面谈策略。

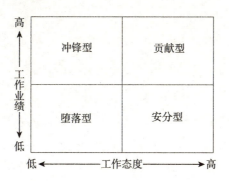

贡献型

贡献型的下属具有良好的工作业绩和良好的工作态度，他们是精英分子，是职业经理创造良好团队业绩的主力军，是最需要维护和保留的人。对贡献型的下属，采取的面谈策略应当是：

• 奖励。给予贡献型的下属以奖励是理所当然的，是一般的经理都会做的。这里需要注意的是，许多奖励是公司层面上的，不是经理可以在面谈中当场做出的。所以，职业经理应充分了解公司的激励政策，以便在面谈时，阐明公司激励政策的方法，达成面谈的目的。

• 提出更高的目标和要求。

冲锋型

冲锋型的下属具有良好的工作业绩，但工作态度不是很好，对工作忽冷忽热，态度时好时坏。这类下属的态度不是很好，多半由几方面原因引起。第一种是性格使然，有些人的性格天生好动、不安分，老喜欢用批判的眼光看待周围的事情，人虽然很聪明，但老是带着情绪工作。第二种是沟通不畅，人际关系或上下级关系不好，导致工作态度不好。

对待冲锋型的下属，切忌两种倾向：一种倾向是放纵。有不少职业经理认为，自己离不开冲锋型的人给自己干，工作态度上不好就不好，只要干出成绩就行。另一种倾向是管死。有一些职业经理认为，光业绩好有什么用，这种人给自己添的麻烦比做的工作多多了。甚至，有的职业经理认为，下属的态度不好，是冲着自己来的，对于这种下属，非要"治治"不可。

以上这两种处理方式都是有偏差的，对于冲锋型的下属，采取的面谈策略应当是：

• 沟通。既然冲锋型下属的工作态度不好，只能通过良好的沟通建立信任，了解原因，改善其工作态度。

• 辅导。通过日常工作中的辅导改善工作态度，不要将问题都留到下一次绩效面谈。

安分型

安分型下属一般来说让职业经理们很为难，这些下属工作态度不错，工作兢兢业业、认认真真，对上司、公司有很高的认同度，可是工作业绩就是上不去。对他们，面谈的策略应当是：

- 以制订明确的、严格的绩效改进计划作为绩效面谈的重点。

- 严格按照绩效考核办法予以考核，不能用态度好代替工作业绩不好，更不能用工作态度掩盖工作业绩。由于职业经理一般倾向于给予工作态度良好者较多的同情和谅解，面谈时，经常容易造成安分型下属的"误解"，认为只要自己工作态度好，就可以取得上司的理解或谅解。其实，在多次的"理解"和"迁就"之后，安分型下属会养成将工作业绩不好的责任推给公司、他人或客观因素的"坏毛病"，面谈时，容易振振有词地或很委屈地自我辩解。更有甚者，如果职业经理因为安分型下属的工作态度较好而对其工作业绩有所"忽略"或"偏袒"，可能会大大影响贡献型和冲锋型下属的士气，后者会认为，只要工作态度好，有没有业绩并不重要。

堕落型

对于堕落型的下属，要做的工作主要是惩戒，包括批评、降薪、降职、辞退等。由于公司的绩效评估制度和政策的程序，一般都是在绩效面谈以后，在公司范围实施惩戒，面谈时职业经理无权惩戒。所以，和堕落型下属面谈时遇到的最大问题是，下属会想尽一切办法来替自己辩解，或找外部因素，或自觉承认工作没有做好，面谈将是十分艰难的。这时的面谈策略应当是，重申工作目标，澄清下属对工作成果的看法。

绩效面谈五步法

绩效面谈的要点:

• 以绩表1中评估因素顺序为绩效标准顺序,肯定成绩和优点,指出缺点和不足;

• 面谈不是评估"人"的好坏,而是评估工作表现和业绩的好坏;

• 必须十分准确而清楚地表达出你对下属绩效的评估(包括定性和定量),千万不可模棱两可或含糊不清;

• 先就无异议之处进行沟通,再对异议之处加以讨论;

• 留有时间让下属申辩,注意聆听和引导;

• 关注未来,关注绩效的改进。

必须注意:面谈双方是带着不同的心态和期望进入面谈过程的。

上司的关注与期望:

• 担心下属不同意评估结果;

• 也做了充分准备,但不一定用得上;

• 下属没有反对,就以为同意了;

• 过去的是十分清楚的,我们应多花时间关注未来;

• 不愿意改变自己的评分,害怕带来更多的麻烦。

下属的关注和期望:

• 关注上司给评了多少分(等级);

• 准备了一大堆理由;

• 过去干的都不承认,还谈什么未来;

· 反正是你给我评估，不是我给你评估，本身是不平等面谈，最后还不是你说了算；

· 一听上司的评分低于自己的期望就急，就产生抵触情绪。

在这种情况下，绩效面谈是艰难的，常常难以达到良好的效果。对于职业经理来说，不可能达到每位下属都同意，也不可能在面谈的各个方面都取得共识。但是，一次绩效面谈最低限度应该达成：

· 准确地表达了你的评估；

· 充分聆听了下属的陈述；

· 双方探讨了绩效改进计划；

否则，就可以认为绩效面谈失败了。

绩效面谈共分五个步骤。

步骤一：陈述面谈目的

说明面谈目的看似简单，但在实际的面谈当中，却常常做不好。其原因在于，说明面谈目的应当是严肃的、规范的，代表公司的一种行为，可是在具体实施中，许多职业经理都很随意。正确的方式应当是：

事项一：严肃地

职业经理与下属朝夕相处，人际关系比较随便，所以，面谈时开场也会很随意，但是，严肃地陈述面谈目的是十分必要的，可以大大提高随后所进行的面谈的严肃性。

事项二：陈述公司政策

陈述公司政策，可以增强面谈的严肃性，并为你随后的评估提供依据和基础。

事项三：准确说明面谈目的

一般来说，绩效面谈的目的是，第一，了解下属对自己绩效状况的认识；第二，让下属了解上司对其绩效的评价；第三，给予说明的机会；第四，寻求下一步绩效改进的计划和步骤。

如果不能准确地陈述面谈目的，容易在随后引起各种误解和争议。

"小李，根据公司绩效考核制度和本次绩效考核的安排（依据），在充分了解和掌握你的工作成果的基础上，对你在考核期的工作绩效予以评估，通过本次面谈将达成两个目标：一是与你沟通评估结果；二是寻求下一步绩效改进的计划和步骤，下面我们开始吧……"

不少职业经理在绩效面谈前往往向下属表示：

"这次面谈咱们沟通沟通。"

"这次面谈，想了解了解你对自己的评价，讨论讨论。"

显然，这种表达都不够准确。

绩效面谈之所以重要，原因在于：

职业经理与下属之间，平时也会有许多机会沟通和交流，但一般是就行为或事件本身，而绩效面谈是唯一就下属的绩效进行评价性沟通的机会。下属借以得知上司对自己绩效的评价，上司借以了解下属对于自己绩效的评价。

下属不改进绩效，往往是由于：

下属并不知道自己对绩效的评价与上司的评价之间有着较大的差异。绩效面谈就是修正这种差异，从而修正下属对自己评价的良好机会。

如果一名下属对于自己绩效的评价与上司的相一致，没有哪一位下属不想改进自己。

步骤二：下属自我评估

在"陈述面谈目的"后，请下属自我评估。

请你对这个时期自己的工作绩效加以总结，并做出评估。

下属的自我评估非常重要。通过下属的自我评估，可以达成以下几个目的：

• 让下属以他自己的语言和理解去总结和评价考核期间的工作表现，可以呈现下属的立场和观点；

• 给予下属一个正式的说明、解释甚至辩解绩效表现的场合和机会；

• 可以了解下属对绩效的自我评估与职业经理的评估之间的相同点和不同点，以及分歧和差距在哪里，等等。

下属的自我评估，一般会有以下几种类型：

摆功型

这样的下属一般工作绩效相当不错。他们在考核期间多次受到表扬和奖励，平日里自我感觉良好，评估时当然不会放过"自我表扬"的大好机会。

某下属："今年以来，我共计与客户电话沟通3000次，登门拜访650次，开发新客户80个，销售额210万元，与年初定的计划相比，超过计划230%。之所以取得这些好成绩，自己有以下几点体会：第一，抓住几个大客户……；第二，搜寻那些正在大做广告的企业……"

摆功型的自我评估总的来说是正面的、积极的，但是也有可能出现两种负面的倾向，值得注意。

倾向一：过高的期望。

这位下属做出了良好的业绩，自然在评估中会获得良好的评分，但是，有一些下属会产生一些过高的期望，如希望过度的赞美和物质奖赏，或职位的升迁，如果此时职业经理不注意，就会造成负面的影响。

倾向二：忽视绩效改进。

这位下属做出了良好的业绩，感觉"春风得意马蹄疾"，自我评估时，往往忽略实际存在的或潜在的绩效问题，特别是忽视下一步的绩效改进。这种以为"一俊遮百丑""成功者是没有错误"的自我评估对于绩效的提高是一个障碍，很可能在绩效面谈时对上司的一些改进建议听不进去。

辩解型

这种下属工作绩效一般不好，他会找一大堆理由来为自己辩解。

某名销售代表："今年销售没有完成计划，主要的原因是：第一，我们前任将几个大客户带着跑了，仅此一项，销售额就下降50%还不止；第二，公司在我的区域投放的广告量大幅度下降，公司的一项调查表明，广告，特别是平面广告量的大小与销售额有很显著的相关性，我的责任区内的广告下降，必然引起销售额的下降；第三，产品老化……"

辩解型的下属很麻烦，他们很可能在后面的绩效面谈中与上司发生直接的，甚至是激烈的冲突。

辩解型的自我评估有几个特点：

第一，自知自己没有达成预期目标，业绩不好，但确实做过努力，所以认为业绩不好是客观因素造成的；

第二，在比，与其他人比；

第三，希望多评价他的努力程度，少评价他的实际成果。

观望型

这种下属工作绩效不好或者平平，抱着一种观望的态度自我评估。

下属："今年，我的工作有得有失。所得是……所失是……"

观望型自我评估可能有几种倾向：

倾向一：无所谓。

反正评判大权在上司手里，自我评估是走过场，愿杀愿打随便吧。这种倾向，势必抵制或削弱绩效面谈的意义和效果。

倾向二：看给别人怎么评。

自己的业绩虽然平平，但是心里也有不少怨言。如果上司给其他下属的评估中有一些不公平之处，或者自认为不合理之处，他们就会以一些方式表示不满。如果可以比的人或事不多，抗拒力度会大大降低。

倾向三：心存侥幸。

知道自己业绩平平，得不到优秀评分是情理之中的事情。但是又认为自己在考核期内，干了几件与众不同的工作，或者平日里在上司那里的表现比其他人要突出，或者认为自己有比其他人更高明之处，比如，在自己的责任区内推行新型的一种销售模式或促销活动，他们认为也许上司会因此给自己较高的评估。

通过下属的这些自我评估类型，职业经理应立即确定相应的面谈策略。总的来说，下属的自我评估与四种下属类型（冲锋型、贡献型、堕落型、安分型）是一致的。

步骤三：向下属告知评估结果

用简要、准确、清晰的语言向下属告知评估结果。

告知评估结果时应注意：

• 简明扼要；

• 准确、清晰、不模棱两可；

• 定性和定量并重；

• 不要过多地解释和说明；

• 利用事先设定的目标和绩效标准评价。

某网络公司的频道经理向其下属编辑小李告知评估结果："小李，你刚才对自己的自我评估，许多方面我有同感。纵观你今年全年的工作表现，回顾我们年初时设定的四个目标，今年你圆满地达成了其中两个目标。第三个目标，即'建立起所负责内容的基本资料库'，虽然资料库的容量与最初的设想有差距，但还是按时完成了；第四个目标则没有完成。综合以上目标的完成情况，根据我们事先设定的绩效标准和权重，目标 1 获得满分 35 分以及 5 分的加分，祝贺你在目标 1 上取得如此成绩；目标 2 也获得满分 30 分；目标 3 得到 15 分；目标 4 没有完成，没有分值。汇总结果，今年你的绩效总分为 85 分，等级为 B 等。"

在告知评估结果时，应避免以下情形：

情形一：拐弯抹角，绕来绕去

有些职业经理预感到与下属可能会有较大分歧，或者看到下属的自我评估与自己的评估差距较大，认为接下来面谈会有较大困难，不好意思或不想直接进入主题，于是绕来绕去，半天切入不到主题，不直截了当地告知评估结果。

今年你总的表现还不错，刚才的自我评估还算客观，可是有的工作还有待改进。总的来说，今年我们部门遇到了十分严峻的形势和挑战，人手不齐，其间走了几个，又新来了几个，原来定的公司战略8月又做了较大调整……小李呀，你说你的工作我支持得够不够？你这一块工作我可是花了不少心血呀，光与外边的合作我就帮你谈了五次，有一次公司老总还出了面……

情形二：模棱两可，或只定性、不定量

今年总的说来还不错，但是也出了一些不该出的问题。比如，目标4本来应当按时完成，但没有完成。当然了，话又说回来，许多事情不能完全怪你……

• 扯到形势和战略是什么意思？是为下属开脱还是想说下属能干？

• 扯到自己和上边的支持是什么意思？想说下属没有好好干吗？

• 下属不知你想说什么。

• 谁都不傻，下属不管你葫芦里卖什么药，他关心你最后给他打多少分。

• 由于下属最关心分数和等级，所以不管你是绕来绕去，还是模棱两可，他可能一句都听不进去，只等你那几句关键性的话。

• 面谈到最后才告诉评分和等级，很可能问题才刚刚开始，可是你已经没有时间和下属沟通了。"今天就到这里，以后找时间接着谈"，实际上以后不知到什么时候去了。面谈实际上失败了。

情形三：过多的解释和说明

有的职业经理害怕下属对自己的评分有异议或不满，一开始先长篇大论一番，解释和说明为什么给下属打这么多分或等级为何如此，实际上是为自己的评分做辩解。

其实，这时的长篇大论和过多的解释是不必要的。一是从下属的自我评估中可以发现，与职业经理相同或相近的评估没有必要再做过多的解释，二是对于与下属的不同之处，先不用详加解释，而是让下属自己谈，然后在下属谈的基础上再加以解释和说明。

在下属的自我评估中发现，下属并不认为某项工作没有达成是自己的错，显然，上司的评估会与下属的自我评估之间有较大差距。在告知评估结果时，职业经理如果长篇大论进行自我辩护，会丢失让下属开口说话的机会。也许下属的嘴被你所谓严密的论证给"封"上了，也许下属心服口服了。但是更多的情况是，下属并不服气……

建议：

• 简明、扼要、准确、直接地告知评估结果，不要顾忌下属与你不一致或可能的冲突之处，反正你是要面对的，不如直接面对。

• 告知评估结果后，马上给下属解释和说明的机会。

• 在下属陈述后，再进行解释和说明。

步骤四：商讨下属不同意的方面

在告知评估结果后，职业经理可以让下属拿出述职报告或个人总结和该下属的绩效评估表进行比较。

经理可以对下属说："让我们看看绩效评估表与个人总结有哪些相同之处，哪些不同之处。"

商讨时，有以下几个要点需要注意。

要点一：首先从看法相同或相近之处开始

这样做有两个好处：一是如果先从不同之处开始，容易引起双方的争执或深度讨论，其结果是随后没有机会或忘记对相同或相近之处的讨论；二是相同或相近之处容易达成共识，容易讨论，这样可以增进绩效面谈的良好气氛。

这里，职业经理常见的误区是：

误区一：认为相同或相近之处没有什么可讨论的，好像既然大家看法一致或接近，就可以在轻松气氛中很快结束面谈了。特别是绩效比较好的下属，或者自我评估与上司评估十分接近的下属，也认为没有什么可面谈的。这样的看法是错误的。

误区二：也许下属与上司对评分或等级评定上的结果看法相同或相近，但实际上，对如此评定的理由会有很大的分歧或潜在的不同，面谈是一个很好地沟通和交流的机会，失去这个机会，也许在相当长的时间内双方一直误解着。

误区三：就相同或相近之处而言，也有许多需要讨论之处。因为绩效面谈的目的不仅仅是告知评估结果，更重要的是商讨下属绩效的可改进之处。就可改进之处而言，即使最优秀的下属也有，怎么能说没什么可讨论的呢？

要点二：不要辩论

常常有职业经理将与下属的商讨变成你来我往，你一言我一语的辩论，这样导致的结果是：

要点三：关注绩效标准以及与此相关的事实

商讨下属不同意的方面是一件相当困难的事情。面对下属的不同意，职业经理一般有几种做法：

（1）先发制人，立即弹压，特别对于绩效不佳的下属，尤其如此。

一般来说，当下属陈述自己与上司看法不同之处时，是想改变上司对自己的看法，乃至改变评估结果。毕竟评估结果，如A等、B等、C等与实际的利益，如奖金、薪酬、职位、名誉、股权、分红等结合在一起。不同的等级，这些方面会有着很大的差别。所以，除非十分清楚地理解绩效标准与成果之间的关系，或清楚知道自己争也白争，否则，下属会为自己的评分努力争一争的。许多职业经理最头疼下属在绩效面谈时与自己争，与自己讨价还价，自己不好收拾，以至于从下属的自我评估中发现下属可能会与自己的评估有不同之处，特别是自己的评分比下属的评分低很多时，有的职业经理采取批评或不给下属发言机会和解释，企图将下属争评分、争等级的想法压制回去。

职业经理："小李呀，你不同意的心情可以理解，但是关键还是要把绩效搞好，绩效不好，说什么也没用，你找了半天客观原因，其实都不成立，小王、小赵不都有这些客观原因吗？人家绩效怎么那么好？……"

（心里想，这就算不错了，今年就这样的表现，还有脸申辩？）

下属可能的反应：

• 沉默。下属心想："你话都说到这个份儿上了，我还能说什么？反正你是头儿。"（内心很不满，但不再辩解。）

• 表示同意。下属立即改变自己的立场去迎合上司的看法，不一致消失。

• 争辩。不服气，坚持自己的看法，并试图改变上司的评估结果。

总之，面谈中途就失败了。

（2）和颜悦色，百般安抚。

职业经理对下属的安抚

职业经理	分析
对下属的不同意见表示理解	对，应当这样做
平息下属激动的情绪	也对，情绪激动时什么也谈不了
谈论没有完成工作目标的客观原因。例：人力资源部经理与招聘助理面谈时："今年的招聘计划没有完成，许多方面不要说你，就我们人力资源部也控制不了……"	可以这么做，但是要十分小心。不可引起下属的误解，以为是不可抗力造成的，自己没有责任。另外，注意随时提醒下属：我们是在谈论他的工作绩效，不是全面总结某项工作的得失（许多下属会将此混为一谈）
与其他下属比例："×××今年也挺努力，评分还没有你高呢。"（潜台词：你这个评分就不错了）	最好就事论事，否则适得其反
大包大揽责任例："今年高级人才的招聘没有搞好，主要是我的责任，你不过是执行嘛，不能怪你……"	下属会想：既然责任在你，为什么给我们评分那么低？……
许诺明年怎样怎样，许诺在工作上怎样怎样，或许诺一些其他恩惠平息下属的不满	"不见鬼子不挂弦"，你那些空头支票谁信呀！更多的是愿意抓住眼前加薪晋升等的好事

职业经理	分析
在评分上让步。 看到下属委屈的样子，有的职业经理就用评分上的让步息事宁人，求个顺利。 有的职业经理，早就准备在评分上让步，于是故意事先将评分压下来，然后在面谈时，装出关心下属，或恍然大悟的样子，再将评分升上去。 例："呀！小李，你刚才谈的这个情况很重要，我一点也不知道，看样子是我错怪了你，这一项的评分得改，不是5分，应该是8分……"	千万别让步，除非你错了； 让步对于绩效改进一点帮助也没有

注意：

• 面谈是沟通和交流的过程，不是说服的过程。

• 面谈是让下属获得解释和说明的机会，上司不能强迫下属同意自己。

• 评估是自上而下的，是上司对下属的评价，既然裁判是你，谁说服谁就没有意义。关键在于，你通过面谈了解到哪些是下属同意的，哪些是下属不同意的。

• 错了就改。

（3）辩论。

前面刚刚避免的问题这里又出现了！上司与下属你一言我一语，你想驳倒我，我想驳倒你。

常常有一些上司与下属在绩效面谈时陷入辩论的泥潭，不能自拔。

下属："我认为'责任感'才给我三分是不公平的，因为……"

上司："我认为这个评分恰如其分，因为……"

（4）有效反馈。

通过有效的反馈，达成共识或彼此的理解，同时为商讨绩效改进计划奠定基础。有效反馈的技巧有：

①建立信赖，创造良好气氛。

相互信赖是绩效面谈的前提。如果面谈开始，下属认为什么面谈不面谈，还不是上司借此机会整自己，还装出一副"听取群众意见，宽宏大量"的样子；上司认为下属又会借此机会和自己闹一闹，发泄一下不满，或给自己出一出难题。彼此处于相互对立的境地，怎么能进行有效的面谈呢？

• 要建立相互信赖，首先要"设身处地"。

面谈的最大威胁，是不能"设身处地"，即不能站在对方的立场上去考虑问题。面对下属的不同意见，上司只从自己的角度看，认为"这么一件事情都没做好，还有脸说""这么一件小事还值得表功""不就是今年想加薪……"下属也只从自己的角度认为"你根本不了解实际情况，你干干试一试……"职业经理应当从下属的角度，换位思考，将心比心地分析和理解下属的观点和行为。

• 由于职业经理与下属在日常的工作中朝夕相处，彼此十分熟悉和了解，所以在面谈时，会将日常的相处方式带入面谈中。

一种是平时彼此私人关系好，面谈时就容易随便，看似气氛好、彼此信赖，但容易降低面谈的价值；一种是平时私人关系不好，本身就有一些成见，面谈时一上来就很容易对立。这两种情况都是要防止的。

不同面谈气氛比较

彼此信赖的气氛	缺乏信赖的气氛
• 轻松、自在 • 友善、温馨 • 舒适 • 敢于开诚布公 • 信任 • 倾听 • 明白 • 觉得批评是为自己好 • 不计较 • 对事不对人 • 理性 • 不指责和攻击	• 紧张、急躁 • 敌意、冷峻 • 不舒服、希望立即结束、掩饰真话 • 不信任、挑战和辩解 • 打断 • 不明白 • 觉得批评是偏见 • 怨恨于心 • 过分地评价人 • 情绪化 • 指责、攻击

②对评价结果进行描述而不是判断。

经理在评价下属的服务态度时，不应直截了当地告知其结果（优、良、中、差、劣等），而应描述关键性事件，如下属曾经与顾客争吵；把顾客的食物或饮料弄洒了，而没有向顾客道歉；让顾客等待过久等。这些事件一经描述，下属便会自己进行判断，得出一个结论，从而避免下属对否定结果的抵触情绪。

③评价结果应具体而不笼统。

评价结果过于笼统，会使下属怀疑上司对他们所从事的工作缺乏了解，将会降低评价结果的可信性。

上司对下属的工作态度进行评价，不应笼统地指出其迟到、早退的现象，还应指出其迟到、早退的次数，发生时间，耽误的工作时间以及对工作效率所产生的具体影响，这样，下属对评价结果才能心悦诚服。

④评价时既要指出进步又要指出不足。

在通常情况下，对下属的批评越厉害，下属的抵触情绪就越大。所以，可采用"沙丁鱼罐头"的表扬方式。即先对下属进行表扬，使下属不致过于紧张，接下来批评下属的绩效，最后再表扬下属，使他们能带着愉快的心情离开。这样，有助于解决下属的抵触，增强下属根据绩效反馈结果改变行为的自愿程度。

⑤评价时应避免使用极端化的字眼。

极端化字眼包括：总是、从来、从不、完全、极差、太差、决不、从未、绝不等。一方面下属认为上司进行的绩效评价缺乏公平性与合理性，从而增加不满情绪；另一方面，下属会感到心灰意冷，并怀疑自己的能力，对建立未来计划缺乏信心。因此，上司在面谈时必须杜绝使用这些字眼，多使用中性字眼，还要注意用相对缓和的语气。

⑥通过问题解决方式，建立未来绩效目标。

在面谈中要建立未来的绩效目标，采取"单纯劝说"方式（上司告诉下属应怎样做）和"说—听"方式（上司告诉下属长处和弱点，让下属自己说怎样做）都不能取得良好的效果。应当采用上司与下属双方共同讨论的模式，让下属高度参与，这就要求上司使用热情洋溢的语言，不停地鼓励下属，而且在言语中要使用建议性的语句，如"你说说看""你谈一下吧""你看怎么办"等，主动倾听下属的意见。这样，下属对面谈的满意感和提高绩效的动机将增强。

⑦注意非语言沟通。

非言语性沟通是绩效评价面谈中另一个不容忽视的环节，它对绩效反馈也有很大影响。非言语信息一般表现为面部表情、体态语言等。这些信息对上司和下属双方都具有某种意义，但是他们互相理解的意义有时会出现偏差。

一个下属有点无精打采，上司可能就会认为下属对绩效评价的结果不关心、无所谓或者反感。其实，可能是由于过于紧张造成的。

在整个面谈期间，上司始终不笑，下属就会认为上司对他的绩效一定很不满意，而实际上很可能是上司希望下属对绩效评价的结果给予重视。

为消除这些错觉，上司对非言语性信息的流露应有所重视，并需注意以下细节：

第一，空间场所的选择。

上司不应选择空旷的大房间作为面谈场所，并且面谈时，上司与下属之间不应距离太远。面谈时，下属对空间距离很敏感，空间距离太大，下属与上司之间的亲密感降低，会使下属感到孤立无助，导致紧张感增加。较好的选择是在一个比较小的工作间（此工作间的环境是下属熟悉的）进行面谈，而且上司与下属之间应坐得比较近。

第二，身体姿势的选择。

上司坐在沙发上不要陷得过深，或身体过于后倾，这些都会使下属产生被轻视的感觉，也不要正襟危坐，使下属过分紧张。最佳选择是下属平时所见到的自然状态。

第三，注视方法的选择。

面谈时，上司不应长时间凝视下属的眼睛，也不应目光游移不定，这些都会给下属造成心理上的负担。比较好的方式是将下属下巴与眼睛之间的区域作为注视范围，不仅使下属对上司增加亲切感，也能促使下属认真聆听评价结果。

步骤五：商讨绩效改进计划

见《管理技能之八：教练》的相关内容。

负面反馈技术

正面反馈和负面反馈的区别

正面反馈	负面反馈
表扬	批评
指出优点	指出缺点
认可与赞美	剖析问题的根源
评分或等级较高	评分或等级较低
气氛良好	气氛容易紧张
理性	容易情绪化

所谓负面反馈，就是在绩效面谈中，对绩效平平或绩效不彰的下属，指出其缺点和不足，甚至予以批评的反馈。显然，这种反馈一般都让人不高兴，甚至会爆发激烈的冲突。因此，给下属负面反馈，是一件难以启齿的事。许多职业经理不得不做负面反馈时，不是支支吾吾、模棱两可，就是绕来绕去、云里雾里，半天也切入不到主题，尽可能让下属感受不到批评或指出的不足；要不然干脆将下属的评分都打高一些，大家等级都差不多，"天天低头不见抬头见，别得罪人"。

所以，在绩效面谈中，往往缺少负面反馈。评分高的，一美遮百丑，指出一两个不足之处，还可以接受。评分不高的，本来就一肚子气，再指出一大堆缺点，那不是火上浇油吗？其实，负面反馈最为宝贵。通过负面反馈，开诚布公，将平日里积累的负面看法，乃至敌意释放出来，可以大大缓解上下级之间的紧张关系。同时，下属得到上司的指点，制订改进计划，对于自身的提高和发展也有很大帮助。

某位下属工作起来，往往比期望的"慢一点点"。比如计划15日完成的任务，往往是到了15日，他还留一个小尾巴没有完成。让他写一个报告，要求15日交上来，他往往会在15日下班后加班才赶出来，或者刚好在14日、15日找一个冠冕堂皇的借口，将交报告的时间拖一拖。因为这一点，他已经几次影响到工作的正常进行，上司对此十分恼火。可是，平时这名下属就因为"慢一点点"，完成时又是加班又是加点，搞得上司又不大好意思正面或正式地指出他的这一缺点。

那么，上司是等到有一天耽误了工作而将积累的不满或怨气一起爆发呢，还是在绩效面谈中予以指出呢？

这名下属的这个缺点，可能是一个让职业经理很气恼的"小事"，所以经理平时不愿意为此"小题大做"。实际上，许多方面如果"忍而不发"，总有一天要爆发的，如：

• 下属工作老是不到位；

• 时不时地不按指令办事；

• 老犯同样的错误；

• 绩效不彰还振振有词。

显然，负面反馈虽然困难，但总比不爆发或眼睁睁看着问题爆发要好得多。

绩效不彰的下属常见的防卫反应

当指出缺点或不足时	典型的行为
抗拒：当职业经理指出缺点或不足时，十分生气，马上抗拒，不愿意承认或不认可上司的评价，并且不愿沟通和进一步面谈	"头儿，我可不这样认为，你这样说我不能接受。" 敌视的目光
攻击：当职业经理指出缺点或不足时，有的下属会以攻为守，通过攻击一些人和事发泄不满	"头儿，你这样处理不公平。" "×××在这方面的缺点和工作失误比我多多了，你怎么不管？"
找借口：千方百计地寻找各种理由和借口，为自己开脱	"今年我负责的区域销售量下降，许多原因都不是我们所能控制的。一是总的经济形势不好，市场饱和；二是降价大战打得大家晕头转向；三是我们公司的促销做得不好，也不知道市场部的人都干什么了……" "你不是和我们一起开过会，找过原因，最后也没办法嘛……"
委屈：一些下属认为，自己完全是按照上司的要求去做的，现在上司指责自己没有干好，自己实在很委屈	"我完全是按你的要求做的，当时你也说不错，现在又说不好……"
检讨：一些下属不是与上司充分地沟通，而是一听上司指出自己在绩效方面的不足和缺点，就开始自我批评、检讨不足、承认错误，甚至痛心疾首地说自己没有把工作做好，对不起上司的栽培，等等	下属这么做，有的是真心反省，有的也许是想从上司那里取得同情分、态度分
不作声：明白自己是被评估对象，争也没有用，干脆不作声，"由你去，反正就这样了"	不作声是可怕的
攀比：与其他下属比，与其他部门比，与自己的过去比	"我的责任感总比小王强吧？" "听说人家××部门像我们这样的表现都得了 A 等，咱们部门，连 B 等也得不到吗？……"

当指出缺点或不足时	典型的行为
回避问题，强调与上司的关系：这种下属，关心的是评分和等级，认为自己争也无用，他平时与上司关系不错，强调这种关系，回避真正的绩效问题	"经理，咱们平时关系不错，我从来也没有把你当外人，我相信你，你说我是B等就B等，说我是C等就C等，我没有意见，我支持你的工作……"
避重就轻：这种下属也是只关心评分，不关心绩效的缺点和不足，所以，上司指出其缺点和不足时，他们唯唯诺诺，照单全收，一概接受，一旦触及评分，他们不满意，就跳起来，一百个不愿意	这种情形在那种注意"能力"和"态度"的考核中最容易出现。说自己责任感不强可以，但若只给自己3分则不行

消除防卫反应的方法

方法一：注重平时的绩效辅导

在公司里，与人事决策（奖惩、晋升等）相挂钩的绩效评估一年就那么一两次。在传统的管理中，许多职业经理习惯于在法定日期（即公司规定的考核期间）与下属做绩效面谈，不注意平时的绩效辅导。这样，一年只做一次绩效评估的公司，职业经理就只做一次绩效面谈；一年做两次绩效考核的公司，职业经理就只做两次绩效面谈。这样做显然是错误的。

第一，发现下属绩效不佳，应及时通过面谈进行诊断和辅导，不应等年中或年末，否则，问题会积累下来，更大地影响工作绩效。

第二，绩效评估主要的目的并不是为了追溯过去，而是为了关注未来，为了在未来让下属提高和改进绩效。等年中或年末，将未来全等成了过去，绩效评估，特别是绩效面谈就失去意义。年终的绩效面谈，一般来说自然而然地关注评分和等级评定，如果平时注重绩效面谈，就不会有很多绩效方面的看法差距，或者说，有平时绩效面谈的铺垫，年终的绩效面谈就会有充分的基础，很容易达成共识，评分也容易得多。

方法二：多给正面反馈

一般来说，人都希望将事情做好，并且希望获得好的评价。如果一名下属事先准确地知道上司的绩效期望是什么，或者达到什么样的成果会得到什么样的评价，他一定会努力做好，并且不会与上司有不可调和的分歧。就评估而言，负面反馈之所以困难，很大程度上与绩效期望模糊不清有关。这些，完全可以通过事先正面反馈解决。

下属知道／不知道上司的绩效期望

下属知道	下属不知道
"责任感"就是严格认真地履行职位职责，并且对公司中一时无人负责自己又遇到的工作负责	下属将按照自己的理解去履行"责任感"
在"责任感"上，可以获得 A 等或满分 5 分评价的表现是指：凡是职责内的各项工作均会主动去做，不需要上司说才动；对工作中遇到的问题是先解决，再找责任人；以上两方面有获得客户或同事们好评的事例；在以上两方面没有出现较大差错（相比其他同事而言）	下属的许多错误，或者说你对下属的许多负面的评价，是因为下属不知道怎样做才是好的，或者说不知道怎样做才会获得怎样的评价

下属知道	下属不知道
在"责任感"上，下属通常容易获得 B 等（4 分）或 C 等（3 分）。上司对于 B 等和 C 等应有更加准确、具体的标尺。例，下属已经知道以下表现是得不到 4 分的：有工作中遇到职责不清而自己能解决但又较为紧急的问题先找上司或他人的事例；有工作中出现障碍、困难就抱怨公司、抱怨客观条件、抱怨上司、抱怨同事、抱怨产品的事例；有对职责内的一些工作需要提醒几次才去做的事例；有工作紧急时仍然下班就走或没有加班费就不干，以及不愿意牺牲休息时间处理紧急公务的事例	下属不知道在工作中只要出现一次遇到自己能解决又较急，职责又不清的事情，自己不是先解决而是先找责任人的事例，就不能得 B 等的话，你因此给他 C 等时他就会不服或不理解，从而引起评估时的抗拒或怨恨
"责任感"，每一等级的评分均有准确的定义，也有具体的表现	下属不知道你会在这时候（一年一次，决定加薪、升迁的时候）给他负面反馈，指出他在许多方面的不足，冲突就很容易发生

请问，在绩效评估之前，你的下属对于绩效标准的了解与你一致吗？你是否事先花工夫让下属清晰地知道这些？因为正面反馈少，所以负面反馈多。显然，这些都可以通过正面反馈做到。

方法三："夹心面包"式反馈

一般不可以直截了当地、开门见山地指出下属的缺点与不足。即使上司和下属私人关系再好，在这种正式的面谈时也不能随意，否则下属会认为这时你的看法才是真的，平时都是假的。

先对下属好的方面加以肯定和赞美，再指出不足之处，最后描述改进之后对下属及公司可能带来的好处，以及改进的计划。

（1）先认可与赞美。

职业经理一般不喜欢那些绩效不彰的下属，特别不喜欢那些绩效不彰又不思进取的下属。所以，要认可与赞美这样的下属就显得十分不情愿或言不由衷。职业经理要克服这种心理和看法，真诚地认可与赞美下属。

再糟糕的下属，也有值得认可之处，也有值得赞美的方面。

某下属等级评定为 D，几乎不能胜任工作，工作态度也比其他人差，工作漫不经心。这样的下属有认可与赞美之处吗？

也许他曾经做得很好，也许他在某项工作或某一段时间里表现出色，也许他有某种特殊才能，总之，一无是处的人是没有的，何况他能成为你的下属，总会有他的优点。

注意：不要整体上赞美这个人，更不要无原则地赞美。

如何赞美

具体行为	分析
不可以说："其实你这人相当不错，也有人缘，为人善良，能力也挺强的……" 可以说："你在报告与报表方面做得相当不错，每次都准确及时地呈报报告和报表，使我这里及公司其他部门能及时了解进度。特别是你在每次报告中所提的几条建议，很中肯，也有新意，给了大家不少启发和帮助，很不错……"	• 赞美不应引起下属的误解 • 赞美不应无原则，如"能力挺强的"这种赞美应当避免，既然这名下属几乎不能胜任工作，那么他的什么能力挺强的 • 认可下属所做的贡献，哪怕这种贡献微不足道，如果获得你认可的话，下属会感动的 • 赞美具体的工作或具体的行为
认可就是认可，赞美就是赞美，在赞美时不要夹杂一些批评或遗憾之类的话。 "当时你在每次报告中所提的几条建议，很中肯，也有新意，很不错。可是，你自己却没有采用，结果销售额一直上不去，这个缺点以后可得改一改……"	赞美的话还没说几句，批评的话就上来了，谁会高兴呢？谁会有好心情呢？更何况，在这里的"这个缺点以后可得改一改"的话并没有积极的意义，因为这名下属如果绩效不彰，一定有更重要的原因需要你与他沟通
赞美要真诚而充分。一些职业经理，还没有赞美几句就立即转入指出不足阶段，起不到应有的效果	应充分认可下属的贡献，真诚地赞美下属值得赞美之处

（2）指出不足之处。

在认可与赞美后，指出其工作表现中的不足和缺点。

如何指出不足

具体行为	分析
"但是，有两方面存在的不足阻碍了你取得更多更好的成绩，其中，新客户开拓可能是影响你今年成绩的一个重要因素。今年，你的新客户仅增加15%，新客户为销售额做的贡献为25%，大大低于年初你计划中的30% ~ 50%的预期。对此，你有什么想法……"	• 要充分。指出不足要充分，不能三言两语带过去 • 要描述事实，然后让下属追溯原因 • 在此基础上你再分析要直接。已经是"夹心面包"，不要再闪烁其词，不好意思，否则起不到应有的作用
"谈到你需要改进和努力之处，我认为有两点你应该做得更好一些……"	• 不要争论。如果下属与你争论的话，应向下属表明，你们今天是交换看法，不争论
批评、指责："今年由于你的销售业绩不好，几乎影响了整个部门的业绩……""关于拓展新客户，我当时给你说了好几次，你就是听不进去，一意孤行……"	• 不要批评或指责！指出不足之处和批评、指责是不一样的

要注意指出不足与批评、指责的差异。

指出不足与批评、指责的差异

指出不足	批评、指责
陈述性的、描述性的 "今年，你的新客户增加15%，大大低于你年初计划中30%的预期。"	评价性的、结论性的 "关于拓展新客户，我当时就给你说了好几次，你就是听不进去，一意孤行。"
理性的 "这些你认为原因何在？"	多带有感情色彩 "你怎么搞的？真是的。"
关注于改进和提高 "关于这一点，你认为可改进之处有哪些？"	关注已经造成的结果 "这是你主观不努力造成的，你承认不承认？"

（续表）

指出不足	批评、指责
• 关注于下属的绩效改进计划 "你有什么好的绩效改进计划？"	关注于下属认错不认错 "错了就是错了，没错就是没错，别模棱两可……"
既往不咎 "我希望你将来在这方面会做得更好……"	追究责任 "由于你的业绩不好，几乎影响了整个部门的业绩。"

（3）表达期望和信任。

在指出不足之后，应对下属进行鼓励。首先描述改进之后对公司和下属本人带来的好处；其次表达职业经理期望他有什么样的改进，或者对下属提出的改进计划加以肯定或指导；最后，表达对下属的信任和信心。

如何表达期望和信任

具体行为	分析
"如果在新客户拓展方面得到加强，达到30%的水平，你的销售业绩就会翻一番，不仅会超额完成你的销售指标，而且，公司的其他业务员都像你这样的话，公司明年销售收入会有不少于50%的增长。那我们就为公司做出了重大贡献……"	描述可带来的好处，增加改进的动力。避免负面的语言，如"如果你不这么做，就会造成……"
"我希望，首先，今年你的客户拜访量增加50%，以扩大对新客户的搜寻范围；其次，新客户有50%集中在IT行业，50%集中在大型国企；最后，针对不同的客户，分别制订不同的拜访计划。如，针对IT行业，强调创新和变化；针对大型国企，强调规范和简单好使……"	表达期望，应先让下属提出改进计划，然后上司在此基础上提出期望 期望要具体，笼统无意义 避免负面的语言，如"希望这是最后一次提出这种期望……"
"我相信你一定会做得更好。"	表达对下属的信心

管理技能之

6

六

激　　励

常见的问题

- 虽然与下属朝夕相处，几乎天天打交道，却不了解他们，不了解他们为什么有的积极努力，有的士气低落；有时情绪高昂，有时无精打采。

- 自以为自己没问题，自己对下属都挺了解，业绩还可以，自己威信又挺高，人际关系也好，所以激励根本不是大问题。也许，这只是你的想法，也许是因为真相被掩盖了。

- 认为激励是公司的事、老板的事。自己作为职业经理又不能随便给下属加薪、晋职，所以，激励没搞好是公司没搞好，与自己无关。

- 将激励等同于奖励，将奖励等同于发奖金和加薪。一提起激励就是钱，好像有钱激励的事都好办，没有钱什么激励的事都不用做。

- 只抓业务不管激励，心想只要业务做好，下属的奖金也有了，积极性也高了，成就感也来了。殊不知，没有工作热情的下属怎能做好业务？是先抓业务还是先抓激励？许多职业经理陷入了业务与激励的二律悖反。

- 把激励当成救火。谁闹情绪了，谁提出要走了，才想起激励。平时，感觉不到激励的必要。

- 随意、无原则的激励。看得上的人什么都行，怎样都好，高度肯定，积极评价，封官许诺；看不上的人什么都不好，什么都不行，当然用不着激励了。

- 不讲策略，不讲方法。认为反正自己是好心，反正自己是为了下属，殊不知你的一厢情愿，常常不仅没有起到激励作用，反而打击了下属的积极性，引起下属的不满。

激励的误区

这就是士气低落的表现：

· 工作无精打采；

· 经常迟到或早退；

· 有时大发牢骚和抱怨；

· 完不成任务；

· 经常拖延、推迟工作；

· 工作被动；

……

为什么缺乏士气

下属士气低落不是一时、一事偶发的，而是有其长期的、内在的、累积的原因。

原因一：需求长期得不到满足

下属的需求长期得不到满足

一些常见的情景	下属想得到什么	经理的做法
工资长期没有得到增长	满足基本生存需要	工资制度我管不了
工作场所缺乏安全措施	希望得到改善	那是公司的现状
没有晋升的空间	能实现自己的一些抱负	你上来我去哪儿
没有学习、深造的机会	追求自我发展和个人价值	你干好工作就行了
不能发挥自己的能力	喜欢挑战性的工作	你能干好吗？——不信任
不了解自己的未来职业发展	希望能干得比较明白	从来没有考虑过

在员工看来：

薪酬——当然是多多益善！

职位——谁没有官瘾？

表扬——哪个人都喜欢！

如果这些比较正常的需求长期没有得到满足，会阻碍下属工作积极性的发挥，造成士气低落，对工作产生负面影响。

原因二：控制过严

控制过严

一些常见的场景	职业经理的想法	下属的想法
下属工作时时受监视	不看着就不好好干活	像个监工，讨厌
下属工作事事要请示	没有我你们干不好	有些事情我可以做好
下属没有丝毫的权力	我是职业经理……	我没有办法进行工作
你要这样和那样	我有经验你懂什么	什么都把着不放，能做好吗
下属做的都不随职业经理的意	我不管不行	你就一定都对吗

（续表）

一些常见的场景	职业经理的想法	下属的想法
下属处处有问题	一点也不让人放心	你也有第一次和干错事时
受压制的下属	就要管严一点儿	我需要挑战和成长
过分关照下属	他没有经验又年轻	我又不是小孩子
制度政策没有灵活性	理所应当的事	死板、教条

作为职业经理你是否在工作中存有这种心理：

• 对下属不放心、不信任；

• 对下属不愿意放权和放手；

• 可能比较注重过程和细节；

• 更注重自己当官的威信和威严。

形成控制过严原因是多方面的，既有制度性的也有非制度性的，制度性的严格管理是一个企业所必需的，因为它是从管理角度，从公司的组织结构、政策、工作程序等方面对员工相应的约束。然而影响士气的非制度性的控制过严却是职业经理自己造成的，是其管理风格形成的。

原因三：目标问题

• 目标太低没有挑战；

• 目标过低干着没劲；

• 目标过低不需费力；

• 目标过低等于大锅饭；

• 目标太高我够不着；

• 目标过高干也白干；

· 目标过高干脆别干；

· 目标过高形式主义。

除了目标过高或过低，目标在标准、实施、结果等几方面也是造成士气低落的原因。

· 目标的标准不合理。

某公司给销售部门下达的 1 亿元的销售量中只允许有 1% 的呆账，而同行业的呆账率平均是 7%。

· 目标的实施无控制。

这 1 亿元的实现与广告的宣传力度分不开，但是广告宣传工作由市场部负责，他们做得怎样，销售部不能控制和参与。

· 目标的结果无检查。

为了达到 1 亿元销售目标，要发展 50 家大客户，但公司对此没有检查措施。

· 目标朝令夕改。

才定下 1 亿元目标没几天，公司又宣布 1.5 亿元的目标，既不解释原因又不做出书面通知。一说什么事就风风火火要干，没两天却杳无声息。

因此，目标问题也是影响士气的一个主要原因。

如果目标过低或过高不符合实际情况、不符合目标的实施原则，下属会对公司和部门目标失去信心。同时，若目标不连续、不检查、不控制、朝令夕改，下属同样会对工作失去耐心和责任，甚至拒绝服从。

原因四：老挨批

如果你这个职业经理在实际工作中由于没做好、没想到、没汇报……经常挨上司的批评，你还有心气儿干好工作和充满热情地发挥你的能力吗？你会说："不行，有牢骚，不会那么尽心尽力，我会多一事不如少一事，我会得过且过，我会有其他的想法……"此时你的士气受到了打击！

你的下属若经常受到批评，会也与你一样。

职业经理由于处于上下级之间，工作繁忙，心情急躁，工作方式方法有时比较直接，尤其对下属，更容易采取一些不太受欢迎的方式，诸如老爱批评、指责、命令下属等。

职业经理在实际工作中，几乎都会把批评作为一种简单可行的工具和方法，认为这是一种最简单的工作方式。有时对下属适当的批评是能起到良好的作用，但批评却是一种最伤害人的方式，特别是对某一员工的经常批评，会极大地伤害该员工的自尊心，挫伤其工作的热情和干劲。

关键是你对下属的批评是否妥当，是不是总爱批评某个人，是不是某个人不符合你的口味或你刚刚受完你的上司的数落，愤怒的情绪还没有发泄，正巧一位员工你看着不顺眼，结果他当了你倒霉的出气筒。

常见的批评

场景	下属的可能反应
总是批评下属的能力不行	自信心逐渐丧失——大概我就不行，不用说创造性和主动性了
当着同事的面批评下属	感到难堪——不会接受，辩解和不服
没有事实根据的批评	没有理由——加以抗拒、抵触和不满
习惯性的偏向主观的批评	愤怒——怨恨、反感、情绪极端化

特别注意：

- 不管什么样的批评，效果一般是反面的；
- 批评不是一种简易可行的工作方法；
- 不恰当批评的确会产生许多负面影响；
- 下属老挨批，士气会被极大挫伤；
- 指责、命令式的方法都是不恰当的。

原因五：不公平

在实际工作过程中，如果职业经理处理问题时总是不公平、偏心，下属就会对此提出强烈的抗议，以示不满，而此种的不公平对员工的士气打击最大。

不公平的情况

不公平的事例	分析
小李有做某事的决定权，小张则没有，要请示	权力不等、不公平
小李可以去培训进修，小张则只能干工作	机会不等、不公平
小李的奖金提成多、报销也好报，小张报销则不好报	制度因人而异
小张经常遭埋怨和批评，小李有错则没事	职业经理的偏心、一贯的成见形成的不公平
小李刚一进公司就提拔他，小张一直勤勤恳恳却得不到晋升	晋升等公司政策不透明、不公平
总让小张去做困难的事，做不好就挨批，小李却总做露脸的事	工作安排不根据职责划分，职业经理随意性太强

不公平有两种情形：

第一，确实不公平。

职业经理在主观上偏心，由于事实不全、材料不准造成的。

第二，感到不公平。

制度、政策等不透明，操作的人为性，下属凡事都要求公平。

作为职业经理，你的态度、工作方式，你对员工的工作评价、领导风格，甚至你对员工的了解程度都极易引起员工的不同感受。

员工的不同感受：

• 他对每个下属都一样对待吗？他公平吗？

• 为什么我与××干得一样多，提成就不一样？

• 为什么我对公司的贡献这么大，领导就是看不见？而大李工作一般，却当上了我的领导，这口气怎么也咽不下去。

• 我在公司工作这么多年了，一直干得不错，经理也已经许诺我准备让我当地区经理，可没想到竟然让一个刚毕业没多长时间的毛头小伙子指挥我。

• 我们两个一同毕业、学历一样，工作也差不多，为什么让他去进修，不让我去……

你是经理，你有权安排下属的工作，根据员工的工作能力、业绩表现、部门平衡、工作需要等进行诸如提成、晋升、进修等方面的安排。但是在实际当中，你是否做到了一碗水端平，如何能让你的下属服你，把每个人、每一件事摆平，就要靠你的本事了，不然的话，下属的不公平感会日益增强，从而导致不必要的麻烦。

不公平对下属最有影响的是职业经理的公平力度，你应理解下属对公平的要求和消除偏见的方法，在部门、公司创造一种公平的气氛和良好的公平竞争的环境，形成公平的空间和土壤。

常见的激励误区

误区一：激励是公司的事情

职业经理有时会认为，自己既没有加薪的权力，又没有升职的权力，所谓的激励应该是老总的事情、公司的事情，公司也已经制定了统一的激励政策，然后自己照章执行不就得了。

激励的方法和决定者

激励方法	决定者
参考同行业及本地区的薪资水平，定期调整员工的工资水平	老总
定期设立公司部门业绩排行榜，如利润比赛、销售比赛等	老总与人力资源部
设立一些特殊成就奖，如超额奖、节约奖	老总拍板
定期改善工作环境并提高工作条件	公司统一规定
根据任务完成情况等指标，安排员工携带配偶出去旅游等	老总
给员工配股	董事会

怎么样，没有经理的事儿吧？"激励都是公司统一规定的，都是老总或人力资源部门制定的，还有董事会决定的，那可不是我的事儿，我只管完成任务。"你是否也如此认为呢？

激励不仅仅是上述一些制度性或政策性的激励，它是一个更广义的概念，包括工作的软环境即组织气氛、人事关系、经理与下属之间的协作等关系，以及职业经理的工作风格、对公司和对工作的责任与态度、人格魅力、威信、对下属的认可与赞美、与下属之间彼此的信任程度、下属的成就感与满足感……

一位下属工作成绩突出，按照公司政策应予以奖励，下属对职业经理提出要求，职业经理认为是人事部门的事而一推了之。

人事部门去做的结果：

人事部门由于不了解具体情况，或忙于其他事务等，耽搁和延误了奖金的发放。下属认为领导说话不算数，士气低落。

职业经理激励的效果：

对下属的工作及时给予肯定、认可，与人事部门协商奖励问题，对下属给予解释和沟通。下属感谢职业经理的认可和注意，工作还会更努力。

因此，激励不仅仅是公司的事情，职业经理对下属的激励起着非常重大和微妙的作用。真正的对下属的激励在于职业经理本身，你才是激励的源泉所在。

误区二：重业务不重激励

一些职业经理在实际工作中，往往只注意员工的业务成绩，诸如是否完成了工作、是否达到了工作标准、部门的工作业绩如何、所定的指标是否完成。但是，对员工的工作态度、内心想法、有无积极性、是否发自内心认同等不很关注，更不要说如何去激励下属了。

经理的想法：

"小王，这项工作要在元旦之前完成，只能干好，我要的是结果，我不管你怎么完成。做完了，还有另外的事情要做。我招你来是让你工作的，不能讲什么条件……"

下属的想法：

"光知道催我完成工作，许多条件都不具备，时间又这么紧，这么累也不让喘口气儿，还不给加班费，谁愿意这么玩命地工作，再催，老子不干了……"

从管理方格理论可以看出：

方格网的纵轴表示对下属的关心度，横轴表示对业务、对任务的关心度。

管理方格

1，9								9，9
			5，5					
1，1								9，1
1	2	3	4	5	6	7	8	9

（1，9）型经理，此类职业经理对下属关心体贴，人际关系良好，组织内气氛非常友好，有点像俱乐部，不适合管理和目标的完成
（9，9）型经理，他们对业务和下属都极度关心和爱护，职业经理使下属清楚地知道工作目标和利益关系，与下属建立起相互信任和尊重的人际关系，能圆满高效地完成工作
（5，5）型经理，适度型职业经理，这类职业经理对业务和工作都不是太关心，又能平衡二者的关心度，他们在保证完成工作的同时，也注意将士气保持在适当的水平，使二者达到必要的平衡，使团队达到较好的绩效水平，是一种比较好的管理模型
（1，1）型经理，这类职业经理对工作和下属都不关心，对业务也不强求，只是维持组织中成员的关系，是最低级的一种管理方式
（9，1）型经理，可以说是权威型或重业务型，这种职业经理对业务、任务高度重视和关心，对下属的关心明显不足

　　因你是个重业务不重激励的职业经理，你可能就是（9，1）型的职业经理，你应更加注重你的下属，关心你的下属，逐步成为（5，5）型，再过渡到（9，9）型，达到管理的最高境界，这是当今人力资源管理的重心。

　　对下属的关心是多种多样的，下属也同样有各种需求和要求。不能只重业务而忽略了下属的正当要求，别忘了要适时地激励下属，包括对过程、对结果。所以，激励在管理过程中充当着重要的角色。

误区三：激励＝奖励

激励，不就是奖励嘛！

- 发发奖金；
- 送个红包；
- 买件礼品。

激励与奖励的差异

奖励	激励
对员工或下属的工作给以一定的表彰，或奖励一定的金钱、奖品、礼物等，是对结果加以表扬和鼓励的行为	从下属的内在动力出发，使员工在开始工作时就充满热情，发挥潜在的能量，它是一种内在的、更深刻的激励下属工作的方式

　　因此，激励与奖励不是一回事。奖励侧重于事后，激励侧重于事前。奖励是激励的一个方面，但不是全部。

误区四：激励主要是钱的问题

- 下属跟我说这困难、那困难——要钱；
- 下属要求涨工资——要钱；

- 下属要求晋升——还是要加薪；

- 下属辞职时——加钱就能解决问题；

- 下属业绩突出——奖金、提成。

说来说去不就是一个"钱"字吗？

对于激励来讲，钱是一项重要的激励资源，一项不可或缺的物质基础。没有钱是万万不可的，但只有钱也是万万不可的。而有的经理却把这当成了万能的金钥匙，不管遇到什么情况，都用这把钥匙去开，结果是有的打得开、有的打不开。这种想法只相信金钱的巨大力量，没有考虑到钱同时也会造成一项巨大的成本，要知道你的财力资源是有限的，为什么不试着使用一些投资少或者不用投资而同样产生激励的方法呢？

在你的工作过程中请想一想，下属真的都是只要钱就行了吗？或钱是万能的吗？

误区五：我的激励没问题

有的职业经理自认为形成了一套管理方法：

- 我的下属工作都很努力，在激励这方面没有什么问题；

- 我的部门业绩挺好，用不着激励；

- 我在部门威信高，他们都服我；

- 我手底下都是哥们儿，从不给我丢脸；

- 我的下属好对付，给点小恩小惠就行；

- 谁不好好干我就开了他；

- 我有权，谁敢不听。

殊不知这常常是职业经理的一厢情愿，你知道下属是如何看待自己的上司的吗？

一项国际调查表明：下属认为 80% 的麻烦来自于上司，80% 的下属认为上司是笨蛋。

误区六：随意的激励

你是不是或滥用激励、毫无原则地激励下属，或没有方法地随意激励你的下属呢？

• 激励时有时无，下属做同样的事今日有激励，明天就没了。

• 激励时大时小，同样的业绩，激励的力度和范围此一时彼一时，不一样。

• 激励时强时弱，有时激励的力度太大，资源耗尽，有时不使用任何激励。

• 激励言行不一，经常口头答应，没有实际的激励，或实际与所说的激励不一样。

• 激励因心情而变，高兴时或心情好时将下属猛夸一顿，情绪不好时大发脾气。

• 激励因人而变，与自己关系好或听自己话的大大激励一番，反之⋯⋯

如果激励经常是随意的一种行为，这样的激励还不如不激励。

単元二

探寻激励之源

需求的探寻：下属在想什么

　　销售部有位高级销售代表小李非常适合做销售，他极聪明，善于沟通，有良好的学历背景，能言善辩，极具吸引力，同时也了解自己的产品，并懂得如何销售，部门的人都挺尊重他的。但是，销售部经理发现，小李并不拜访更多的客户，通常他的拜访总是到足以达成其业绩时即停止，很少依规定的频率去拜访新的客户。每月销售目标的完成情况在销售代表中属于中上之列。多年的工作习惯使他变得很散漫，宁肯去和朋友、同学聊天，也不愿意再多拜访几个客户。实际上，在他的个人生活中及其朋友圈子里，人们都说他是一个挺严谨的人，并拥有多方面的兴趣和爱好。

　　销售部经理和小李谈话，以便了解他、激励他，因为经理知道小李可以做得更好。小李表示他现有的收入不值得他投入更大的精力。他说他比团队内的其他销售代表教育程度更高，知识更加丰富，在公司服务时间最长，但并没有比他们多得到多少。销售部经理告诉小李，如果他想赚更多的钱，他必须比同事表现更好，而不单单是达到销售目标就可以了。小李似乎被说动了。

在下一个季度，小李明显付出了更多努力，做出了更好的业绩。销售部经理给他增加了工资。在以后的一个月里，小李的业绩继续上升。但是渐渐地，他又开始懈怠起来，几个月后，又成了老样子。

销售部经理承认：看样子小李想的并不是钱，但是，确实搞不懂"这小子在想些什么"。

需求层次理论可以帮助我们

需求层次理论认为每个人都有五个层次的需求。

第一层次：生理需求。食物、水、住所、性满足以及其他方面的生理需求。

第二层次：安全需求。保护自己免受身体和情感伤害的需求。

第三层次：社会需求。包括友谊、爱情、归属及接纳方面的需求。

第四层次：尊重需求。内部尊重包括自尊、自主和成就感；外部尊重包括地位、认可和关注等。

第五层次：自我实现需求。成长与发展、发展自身潜能、实现理想的需求。这是一种追求个人能力极限的内驱力。

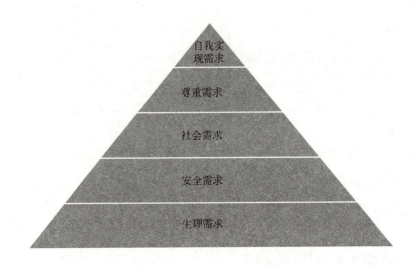

图中从上到下依次为：自我实现需求、尊重需求、社会需求、安全需求、生理需求。

　　人们首先希望满足较低层次的需求，其次才会希望满足较高层次需求。因为当前一个基本需求未满足时，人们通常不会想到下一个需求，就如同一个快要饿死的人不会去想他是否喜欢吃山珍海味，而是想赶快吃饱；一个人现在急需一份工作来养家糊口，他不会挑剔工作舒适、稳定与否，也不会考虑今后是否可以升职，而是赶紧先得到一份工作。

　　当一种需求满足后，更高层次的需求就会占主导地位。个体的需求是逐层上升的。从激励的角度来看，没有一种需求会得到完全满足，但只要其得到部分满足，个体就会转向追求其他方面的需求了。

　　这五种需求分为高级和低级，生理需求和安全需求属于低级需求，社会需求、尊重需求与自我实现需求称为较高级的需求。低级的需求主要是从外部使人得到满足，高级需求主要是从内部使人得到满足。

从中可以得到的启示是：

启示一：下属的需求层次及程度是有差异的、不同的。

不要以为你的下属的工资都是每月 1500 元，他们的需求就都是一样的。每个人的背景、家庭、经历、性格、对未来的期望等都不同，因为他们作为独立的人、个体的人，分别处在不同的需求层次上，需求的程度也不尽相同。所以，职业经理要分别了解他们的需求，并根据他们的需求层次，采取相应的激励方法，千万不能一刀切。

启示二：一旦下属某一层次的需求得到满足，满足下一层次需求的愿望就油然而生。

职业经理要及时采取措施，通过满足下一层次需求激励下属。

常见的错误是，认为"金钱是永不满足的，所以金钱没有层次性，什么时候都好使，或者说什么时候用钱激励都不会错"。

但是实际上，金钱是无法满足一些层次的需求的，比如尊重和自我实现。难道只有你有远大的理想，而你的下属没有？只许你心安理得地获得同行和同事的尊重，而下属只想要钱？何况你能给下属的钱总是有限的，而下属对钱的欲望总是无限的，你怎能期望那点钱就能不断地激励他呢？

上例中的小李，显然最高期望的需求不是金钱。他认为靠所挣的这些钱已经生活得不错了，再挣更多的钱需要付出更多的辛苦，他没有失去工作的压力，希望有更多的时间做一些感兴趣的事。他认为，为什么还要为了多挣一点而辛苦呢？

启示三：有些需求可能永远不会满足，例如荣誉、尊重、权力、自我发展等。

启示四：工作可以带来两个方面的满足——心理上的和经济上的。

工作带来的满足

需求	工作本身可以间接满足	工作所得到的直接满足
自我实现需求	职业发展 能力提升 新的责任 有意思的工作 晋升的前景	个人发展、享受生活所需的金钱
尊重需求	职位 做出决定 被赏识 责任感 权力 成就	"受人尊敬"的生活所需的金钱
社会需求	工作中的朋友，被团队所接纳，在公司里的归属感	维持某种社会地位所需的金钱
安全需求	精神上的安全感（同事间的信任、对未来的信心）	物质上的安全感（稳定的收入、医疗保险、退休金）
生理需求	在良好的气氛下工作，可以带来——生理上舒适、快乐、自信	在工作中挣到金钱，可以带来经济上的——用钱来满足物质需求

经济上的满足是有限的，因为：

• 职业经理无权调整下属的薪酬、奖金等，下属的收入与公司奖励政策和下属的努力有关，与职业经理无关。

• 下属由于职位和工作特征所限，通过努力工作取得更高收入总是有限的。

• 公司的支付能力也是十分有限的。

很明显的一个事实是，一个业绩很好的下属，其薪酬比不过一个傻瓜经理。

既然工作本身可以带来心理上的满足，可以满足人的多个层次的需求，所以，职业经理应当想办法通过工作本身满足下属的需求。

如何了解下属的需求

首先，下属的需求是难以了解的。

一个人不会轻易对别人，特别是对他的上司说出他的需求，一般来说，他会把他的大部分真实的动机掩盖起来。

一般人，特别是我们中国人，比较喜欢委婉地表达自己的想法。

许多人，不能够准确地表达自己的需求和动机，除了薪酬、晋升等比较直观的需求，对其他许多需求，如被赏识、主动性、独立性、责任感、认同感、有趣、信心等，只有一种比较模糊的感觉。

其次，职业经理在思维方面的"定势"。

职业经理往往会用自己的思维方式、站在自己的角度来分析下属的需求和动机。有的职业经理比较关注晋升，当下属有懈怠表现时，就比较倾向于认为下属希望得到晋升。

职业经理的思维"定势"还表现在，过去某位下属的需求是加薪，那么以后对这位下属的激励办法也就是加薪。

职业经理认为下属都是一些比较低的需求。由于地位的不同，下属只有满足较低需求时，才能满足较高需求。所以，"高层次"的激励手段对他们没有什么用处。

职业经理和基层人员对激励的不同看法

职业经理		基层人员	
看自己	看基层人员	看自己	看职业经理
成就感	薪水	成就感	薪水
工作兴趣	进步	工作兴趣	与上司的关系
进步	被赞赏、肯定	薪水	地位
薪水	安全感	进步	安全感
责任	工作兴趣	责任	公司政策
职务成长	地位	职务成长	进步

了解下属需求的方法之一：问题清单法

问题清单法是职业经理了解下属需求和动机的基本方法，职业经理应在工作中首先罗列下属可能的问题清单，然后逐步分析和排除，直至发现下属的需求顺序和层次。

问题清单：

• 他的教育程度和知识程度如何？他的智力水平和他在工作中及工作以外的兴趣如何？

• 他是否经常试图表现自己在知识和理解力方面的优势？

• 他的社会地位如何？

• 他是否喜欢和他人接触？喜欢和哪一类人接触？

• 他内向外向？

• 他是否经常想表现自己或表现得超越自己？为什么？

• 他是否肯定自己，如果不是，为什么？

• 他是否由于缺乏知识、缺乏表达自己的技巧或是和他人在一起时会紧张？

• 他是否工作主动？

- 他是否有创造力?

- 他是否有挫折感?

- 他是否有压抑感?

- 他是否有任何情结? 这些情结如何表现出来? 是由什么造成的?

- 在其工作和私人生活中他想寻求什么?

- 他和什么人在一起比较自由自在?

- 他有没有干扰其工作的个人问题? 这些问题如何影响他的工作?

- 需要哪些额外的资料来了解他?

- 上一次加薪后他是什么反应?

- 他是否有足够的信任来开诚布公地讨论?

- 他是否对你有信任感?

- 他原来和你有过什么误解没有?

了解下属需求的方法之二: 对抱怨的分析

下属的抱怨是很重要的消息来源, 可以暗示甚至明示工作缺乏动机的原因, 或者是用来衡量其性质和严重程度。职业经理必须在自己和下属之间创造相互信任和坦诚的气氛。这样, 下属才会将抱怨公开地、理智地、建设性地、直接地表达出来, 职业经理才能由此解决问题及改善整个团队的工作动机。

下属的抱怨有两种: 一种是积极的抱怨, 一种是消极的抱怨。积极的抱怨是指那些提及工作执行障碍的抱怨。消极的抱怨是指和工作没有直接关系的抱怨。

- 公司的宣传资料准备得不好;

- 市场部给我们的市场信息太少；

- 公司部门之间配合不够；

- 不能及时供货；

- 代理商没有实力；

- 人际关系；

- 薪酬；

- 交通；

- 招待费、福利；

- 费用不够。

这类抱怨反映出好的工作动机，因为它表示下属努力地想把工作做好，他们经常被一些干扰因素所烦恼，想通过抱怨提醒上司来解决。

这些抱怨有充分的理由，也可能是一种由更深层次原因造成的，如：

- 不了解管理制度或管理制度不合理；

- 经理处理问题不当。

下属抱怨："公司真抠门，连这点打车费都不给报。"

职业经理应当理解为：或许是公司制度不合理，或许是下属事先不了解，这位下属的某一次打车费没有予以报销。

了解下属需求的方法之三：问卷法

向下属发放经过精心设计的问卷，通过问卷的统计与分析，了解下属的需求。参见"需求调查问卷"。

奖与惩的探寻："胡萝卜"还是"大棒"

用"胡萝卜"还是用"大棒"？也就是奖励还是惩罚？这涉及对于人性的基本判断。

X 理论

有些职业经理对下属常用"大棒"，即采取胁迫、强制严密监控的方式，因为他们认为：

· 员工天生不喜欢工作，只要有可能就偷懒。

· 由于员工不喜欢工作，因此必须争取强制性措施或惩罚办法，迫使他们实现组织目标。

· 员工只要有可能就逃避责任，安于现状。

· 大多数员工喜欢安逸，没有雄心壮志。

Y 理论

有些职业经理对下属常用"胡萝卜"，即采取信任、授权和参与的方式，因为他们认为：

· 员工视工作如休息、娱乐一样自然。

· 如果员工对某项工作做出承诺，他们会进行自我指导和自我控制，以完成任务。

· 一般而言，每个人不仅能够承担责任，而且会主动寻求承担责任。

· 绝大多数人都具备做出正确决定的能力，而不仅仅管理者才具备这一点。

说明：

根据 X 理论，较低层次的需求支配个人的行为，因此，采取

"大棒"政策，员工才会好好地工作。

根据 Y 理论，较高层次的需求支配着个人行为，因此应采取"胡萝卜"政策，员工才会好好地工作。

X 理论和 Y 理论的假设是两个极端，很可能没有完全只信奉 X 理论或 Y 理论的经理。信奉 X 理论的管理者相信自己会做正确的事，与员工相处时采用控制导向型管理；信奉 Y 理论的管理者相信自己和员工都能做正确的事，与员工相处时，采用授权导向型管理。

X 经理的通常做法

- 独自做决定；

- 保持控制权；

- 对自己观点的正确性充满信心；

- 以目标为导向，有时很苛刻；

- 为达目标可能会采取高压手段；

- 对于那些不能正确做事的人会进行纪律处分；

- 行动果断，可能得到不佳的业绩；

- 不想听到同事的批评。

Y 经理的通常做法

- 取得广泛一致后才做决定，帮助员工树立主人翁责任感；

- 鼓励员工发挥创造性和首创性；

- 对员工进行辅导，为员工完成工作提供便利；

- 以身作则；

- 对工作出色的员工给予赞赏；

- 帮助员工在工作中有所发展，并承担更多的责任；

· 重视并鼓励团队精神；

· 不想听到同事的批评。

常见的问题

宁愿相信 X 理论，而不相信 Y 理论

也就是说，宁可控制也不敢放开手让下属干，怕下属偷懒，怕下属耽误事，怕下属把工作搞砸。

不知什么时候使用 X 理论

有些情况下，使用 X 理论，采取"鞭策"的方法，会比使用 Y 理论有更好的结果。这些情况包括，当下属错误使用权力或滥用权力给组织带来伤害时，当下属向公司的制度和工作规范挑战时，当下属忽视公司政策和危害公司的利益时，当下属的工作能力和认知度较低时。

某下属迟到后，偷偷在考勤表上给自己签到。对此行为必须惩罚。

公司规定，必须每天拜访五个客户。凡是违反这项规定者，必须惩罚，并且，在下属有可能违反此规定前，事先声明违反此规定可能带来的后果。

其他情况下，最好不要使用 X 理论。

"胡萝卜"加"大棒"吗

有的职业经理认为：既然人性中有 X 成分又有 Y 成分，那么，干脆就来一个"胡萝卜"加"大棒"好了。这种观点对吗？

这种观点是错误的。说它是错误的，是指这种笼统地谈论"胡萝卜"加"大棒"的所谓理论是没有任何意义的。管理中不需要，而且也必须避免陷入这种所谓的辩证观点的泥潭中去（有不少经理认为："胡萝卜"和"大棒"缺一不可，互相依赖，必要时还可以互相转化）。特别注意：这种思维方式一点帮助也没有。因为：

"胡萝卜"加"大棒"的想法是错误的

对职业经理来说，重要的是首先进行需求分析和调查，了解下属的动机和需要，特别是不同下属的不同需要。

使用 X 理论还是 Y 理论，不是职业经理的管理风格问题，不是说你想"胡萝卜"加"大棒"就会有好的效果。关键在于下属的发展阶段、工作中的状况等等。也就是说，关键看什么事情。也许有的下属采用 X 理论就很好，不用 Y 理论。也许有的下属采用 Y 理论就很好，不用 X 理论。这就是说，你必须根据下属的情况决定采取什么激励方式，而不是自己的喜好或一厢情愿。

职业经理能够采用的"大棒"是十分有限的。许多经理没有降职权、降薪权、辞退权，仅有的批评权、指责权、警告权、降职建议权等，都不足以构成"大棒"，至多算"小棒"而已。而且，在公司中，无论你用"大棒"还是"小棒"，对于那些工作中积极性不高，"大错不犯，小错不断"的下属来说，都不是很好用的。实际上，由于管理的这一特点，职业经理平时不得不多用 Y 理论而少用 X 理论。

满意的探寻：为什么满意，为什么不满意

- 员工对薪酬不满意，加薪就能激励他吗？
- 员工对工作条件有怨言，改善工作条件，热情就会高吗？
- 与下属关系紧张，关系搞好就能提高积极性吗？

我们一些经理的回答是："当然可以。"但是实际上，事情并

非你想象的那样简单。让我们用双因素理论进行分析。

双因素理论

双因素理论认为，有一些因素会激励员工，给员工带来满意，还有一些因素可以消除不满意，但是并不能带来激励。能够带来满意的因素叫作"激励因素"，能够消除不满意的因素叫作"维持因素"。

双因素理论

激励因素	维持因素
成就	监督
承认	公司政策
工作本身	工作条件
责任	工资
晋升	同事关系
成长	个人生活
……	地位
	……

启示一：并不是所有的因素（措施）都能够带来激励。有些因素会使员工满意，激励员工；有些因素只能消除不满意，而不能激励员工。

启示二：在这两种因素中，能激励员工的叫激励因素，只能消除不满意而不能激励员工的因素叫维持因素。

启示三：激励因素是成就、承认、工作本身、责任、晋升、成长等，维持因素是监督、公司政策、工作条件、工资、同事关系、地位、保障等。

启示四：就激励因素而言，满意的对立面是没有满意；就维持因素而言，不满意的对立面是没有不满意。

根据这一要点，当员工对薪酬等维持因素不满意时，加薪并不能使员工满意，也就是说，并不能激励员工，只能消除员工的不满意，使员工没有不满意。因此，要想激励员工，必须通过激励因素。

启示五：激励因素多为内在因素，也就是说，当对工作满意时，如取得成就、承认、成长、晋升时，员工倾向于将这些归因于他本身，认为是他自己努力得来的。相反，维持因素多为外在因素，也就是说，当员工对工作不满意时，则常常抱怨外部因素，如公司的政策、管理和监督、人际关系、工作条件等。

如何消除不满意

消除不满意虽然不能使下属满意，但是可以使下属维持中性，也就是没有不满意。消除不满意的方法如下：

方法一：检查公司制度、政策和管理。

方法二：职业经理的管理风格及工作方式。

改变指挥型领导方式，对于业务能力很强的下属来说，虽然不能激励他们，但是可以消除他们的不满。

方法三：改善工作条件。

给销售代表每人买一只精美的提包，可以使他们产生"业绩好不好都与工作条件没关系"的念头。否则，他们可能会认为，由于连一个好看一点的包都没有，影响了他们的业绩。

方法四：改善人际关系。

方法五：增加工资、福利。

方法六：增加安全感。

如何提高下属的满意度

要使下属满意，从而激励下属，只有在激励因素上下功夫：

方法一：帮助下属取得成就。

小李拿下了一个十分难啃的大客户。这一成绩极大地鼓舞了小李，建立了小李的信心，小李说，以后将难啃的客户给他，让他去。

方法二：认同。

小李拿下了一个难啃的大客户，这次他采取了与以往不同的方法。以前，销售代表们都采取请大客户吃顿饭和许诺回扣的办法。这一次小李采用了让这家大客户的客户说话的办法。当小李提出这个想法时，销售部肖经理表示认同，并表示出对这种方法的信心。虽然这种方法周期长、工作复杂，但是做好了效率很高。

方法三：工作兴趣。

变换工作方式和不断提出新的挑战，从而保持和提高工作兴趣。

方法四：责任感。

对下属充分地授权，增加其责任感。

方法五：职业发展。

方法六：晋升。

双因素理论提出了一个重要问题，即职业经理应把自己的时间、精力、努力和资源花在哪里？或者说，职业经理首先要解决什么问题？许多职业经理习惯于把努力花在维持因素上，但最终的回报来自激励因素。所以，职业经理应当做到以下两点：

要点一：必须注意，在消除不满意之后，再设法提供满意。

小李对薪酬不满，加薪并不能激励小李，使小李满意，但是，还是要首先消除小李的这一不满，再设法激励小李，否则后面的激励措施效果将大打折扣。

要点二：把努力的重点放在激励因素上，而不是放在维持因素上。

在给小李加薪后，不要再拿加薪和更多的收入来激励小李，这时应努力通过授权，帮助提升工作能力和提供晋升的机会以激励小李。

公平的探寻：为什么不公平

员工不是在真空中工作，他们总是进行比较。对于学历、工作经历、业绩均相同的两位员工来说，如果收入不同，他可能会很失望，即使他的绝对收入不低。但这并不是问题所在，问题的关键在于相对的收入和你本人的公平观念。大量的事实表明，员工经常将自己的付出与所得与他人进行比较，而由此产生的不公平感将影响到此人以后付出的努力。

公平理论认为员工首先考虑自己的收入与付出之比，然后将自己的收入、付出之比与其他人的收入、付出之比进行比较。如果员工感受到自己的比值与别人相同，则为公平状态；如果感到二者比值不同，则产生不公平感。

员工选择的比较对象可以是"他人"，即公司内外的他人；可以是"制度"，即薪酬制度和政策；可以是"自我"，即自己的过去或自己的生活标准。

员工的收入与付出之比

比较	员工的评价
所得 A/ 付出 A ＜所得 B/ 付出 B	不公平（过低）
所得 A/ 付出 A＝所得 B/ 付出 B	公平
所得 A/ 付出 A ＞所得 B/ 付出 B	不公平（过高）

小李的几种评价：

情况一：小李认为不公平。

小李与另一名销售代表小张虽然工资和奖金一样多，但是，小李认为自己的客户更难做，需要付出的努力更多。也就是付出 A（A＝小李）＞付出 B(B＝小张)。结果当然是认为自己所得过低了。

情况二：小李认为公平。

小李认为自己比小张更努力，付出的更多，销售额也更大，收入也比小张多。

一般来说，员工对所得不会有"过高"的评价。也就是说，一般不会认可自己"占便宜了"。如果下属感到不公平，他可能会：

• 抱怨。如果他们的抱怨得到重视并按他们的期望纠正，则得到激励。

• 改变自己的付出或所得。常常是减少自己的付出，提高自己的所得。

• 改变他人的付出或所得。常常是想办法增加别人的付出，减少别人的所得。

• 选择另外的参照对象。人们一般都选择对自己最为有利的参照对象。

小李与小张相比之后，感到自己并没有吃亏，后来又听到小王的几个客户都是肖经理的朋友，是肖经理将这几个"肥"客户给了小王，所以对小王奖金比自己拿得多大为不满。

产生不公平的原因

原因一：公司的政策（游戏规则）上的不公平。

例：销售部按销售额和回款提成，不必考虑公司盈亏，而研发中心的奖金是与公司的利润额拉在一起的。

原因二：职业经理在执行政策时没有"一碗水端平"。

例：财务部出纳小赵认为，自己表现不比出纳员小陈差，柴经理却给了小陈更高的奖励。

原因三：事先没有充分了解"游戏规则"。

例：财务部出纳员小赵认为自己的表现不比小陈差，是将自己目前的表现与过去比，她认为自己进步很大，得到了主管财务的副总的表扬；而财务部年初制定的考核办法是根据"出错率""报表完成日期""票据管理"等方面来评估出纳员的，小赵的"不公平感"是没有了解或误解了考核办法所致。

特别提示

公司中的大多数关于不公平的议论和不满意，是事先没有与员工沟通"游戏规则"引起的。

单元三

激励的方法

　　激励的方法是多种多样的，不同的公司可以根据自己的情况编制自己"激励的资源"，即激励的方法汇编。值得注意的是，在公司里，激励的方法实际上分为两类：一类是公司制度层面上的，需要公司高层决定的，经理不能直接动用，必须经过授权或公司做出决议后才能动用；另一类是经理可以直接动用的，自己就可以决定的激励方法。

制度层面的激励方法

制度层面的激励方法

激励方法	特点
设计未来奖励方法： 在遵循公司的使命和目标的前提下，由全体员工共同设计公司的未来，提出设计方案，全体员工都是奖励的对象，整项奖励计划都由员工来推动；全体员工不仅每个人都有资格得奖，而且每个人都有资格参与选拔得奖人 方法：自由提名、分级筛选，员工投票 类似的奖励：品质奖、卓越奖、平均奖（找出最大问题）	优点： • 提高员工的参与感 • 提醒员工关注公司未来 • 通过对共同未来的认同，增强归属感和凝聚力 • 花费不多 缺点： • 可能会占用较多时间
百分俱乐部 方法：全勤 20 分、完全遵守规则 20 分、客户无投诉加分、节省成本 20 分 类似的奖励：最高得分奖、最低得分奖、百分百沙龙	优点： • 使员工为荣誉而努力 • 使员工了解和明白可以改进的方向 • 操作简单方便 缺点： • 处于得分中间的员工可能比较无所谓
排行榜 方法：设立全公司的业绩排行榜，每月（季）将员工的销售业绩或生产业绩进行排行，同时举行打榜比赛。获胜者有奖，可设"奖之奖"对排行第一名者予以奖励；可设"榜主奖"，对于连续 3 个月名列第一者发奖 类似的奖励：销售额比赛、利润比赛、质量比赛、其他游戏活动	优点： • 举行打榜比赛，活跃工作气氛的同时提高工作效率 • 对业绩不好者有压力 • 简单、方便 • 是一种竞赛活动 注意事项： • 要有一定的企业文化环境 • 了解员工目前最关注的是什么 • 规则不能复杂 • 奖励要有诱惑性 • 活动结束，尽快奖励

（续表）

激励方法	特点
旅游 方法：让员工携带配偶或同伴出去旅游或团体旅游 类似的奖励：考察、参观、听音乐会、做专项研究、露天联欢会、看足球比赛	优点： • 较高层次的奖赏 • 85% 的员工希望带着自己的配偶去想去的地方，这是很好的奖赏 缺点： • 昂贵 • 离开工作岗位 • 耗费体力，可能影响工作
职业发展 方法： • 让员工依据各自的业务，送他们去外面参加会议、讲习班或研修班 • 让员工在职攻读更高的学位或学历，如MBA • 举办内部培训，让员工参加 • 为员工制订专项职业发展计划 • 公布明确的职业发展路径	优点： • 87% 的员工相信，给予员工特殊的在职培训，是一种积极的激励 • "MBA 热"，使 75% 的中国雇员认为，如果公司出钱让他们读 MBA，对他们是一个很好的激励 缺点： • 比较昂贵 • 可能影响工作，如脱产学习
晋升 / 增强责任与地位 方法： • 升职或升级 • 让他主持一个项目 • 让他做顾问 • 给予充满荣誉的职务 • 给予特别任务	优点： • 一般来说激励效果明显 缺点： • 职位有限 • 增强某个人的地位可能会有些负作用 • 难以多次重复使用
公司股份 方法： • 将公司的若干股份作为奖励，给员工以期权等形式或直接奖给员工 • 员工持股计划 • 每名员工都有分红的权利 • 内部股	优点： • 使公司成为员工自己的公司 • 为了自己的事业而工作 缺点： • 股权变更敏感 • 有时代价很高 • 难以操作

激励方法	特点
加薪 方法： • 增加其基本工资标准 • 增加津贴额 • 增加其他取得更多收入的机会	优点： • 加薪是一件令人高兴的事 • 对于迫切希望挣很多钱的员工来说，具有激励作用 缺点： • 有不少员工认为是应该的 • 成本较高 • 由于加薪一般是定期进行（年度），有不少员工认为是应当的、例行的
特殊成就奖 方法： • 表扬员工在职责之外的特殊表现 • 奖励员工的重大成就 • 改善服务奖 • 明星计划 • 革新奖 • 内部发明奖	注意事项： • 只奖励第一次的表现 • 有弹性、易操作 • 优秀员工获得满足感和成就感 • 需要明确什么是特殊成就，不可滥用
福利 方法： • 美味的工作餐（免费） • 严格的社会保障 • 额外的商业保险 • 为员工提供饮料或食品 • 报销子女的部分入托费或学费 • 交通补贴 • 住房补贴 • 班车 • 住宅电话 • 健康保险储蓄 • 购买健身卡 • 送健身器械 • 节日礼金 • 付钱为员工订杂志 • 美容	优点： • 培养员工的归属感 • 感受到公司对员工的关怀 • 与其他公司相比，有优越感 • 稳定大多数员工 缺点： • 费用比较高 • 如果公司没有很好的竞争机制，福利项目很容易养出惰性 • 与员工工作成就无关

（续表）

激励方法	特点
业绩奖 方法： • 提成 • 季度奖 • 年终奖 • 先进业绩奖 • 赠送贵重物品 • 赠送住房 • 赠送轿车	注意事项： • 促进员工努力完成公司最重要的目标——利润 • 奖励业绩良好的员工，刺激业绩增长 • 奖励与业绩之间要有准确的关系，使员工心服口服
显示身份 方法： • 配专车 • 配秘书 • 宽敞的办公室 • 令人尊敬的"名分" • 弹性工作时间 • 会员卡、贵宾卡	注意事项： • 适用于较高职位的人员

非制度层面的激励方法

非制度层面的激励方法

激励方法	特点
• 道贺：职业经理亲自向下属道贺 • 公开表扬 • 让员工到办公室，当面感谢 • 帮助员工做一件他最不愿意做的事 • 请公司的老总或让你的上司会见你的下属，表示感谢	• 不要经常做 • 选择关系到公司的重大工作完成后进行

激励方法	特点
• 一块儿去吃饭，你请客 • 看到员工做得好，立即表扬他 • 员工有哪些地方做得好，立即告诉他 • 告诉其他员工，你对某个员工的工作相当满意 • 讨论员工的想法或建议时，首先对这个建议予以适当的肯定，或者将这个建议称赞几句 • 写工作报告、总结时，要提到执行工作的员工姓名，以求不埋没员工的功劳 • 替员工承担过失	• 只要你能承受 • 随时 • 偶尔
• 使用优秀员工的姓名，来为某一计划命名 • 部门内部"排行榜" • 送鲜花给有成绩的女职员 • 把高层人士向杰出员工祝贺的情景拍成照片，送给员工	• 注意分寸
• 一个项目完成后，外出放松半天，干什么都行 • 让优秀员工做某个项目的临时负责人 • 请公司总经理向杰出员工写贺信 • 员工工作受挫折时，表示理解 • 送下属虚拟的业绩，使他的业绩达到某一数量	• 请示后进行 • 只要项目决定权在你 • 注意分寸 • 分清场合
• 将你手中的客户交给他做，增强他的信心 • 把其他一些好差事交给他做 • 你替他应付一些难对付的客户 • 让他代表部门参加公司会议	• 对新入职者 • 特别有必要时
• 给予他更多的辅导 • 和他在一起讨论问题 • 在业务会上，专门提到他的业绩 • 把公司给部门的旅游、出国等名额给他 • 帮员工处理家庭难事	• 让其他下属知道
• 集体旅游 • 会餐 • 让员工参加同业大会或专业性会议 • 让他去拜访大客户 • 让他去风景好的业务点出差	• 请示后，部门集体自费 • 只要有机会

（续表）

激励方法	特点
• 陪他一起健身 • 让他坐部门里位置最好的座位 • 出差买玩具给他的孩子 • 给他接触公司高层的机会 • 请下属到家里做客 • 当着你朋友或配偶的面，表扬下属	• 座位的位置可以显示重要性 • 偶尔 • 只要你的配偶同意
• 介绍名人或专家给你的下属 • 围绕杰出下属成立项目组 • 表扬那些能够替别人着想的员工 • 当你听到别人对你的下属正面评价时，尽快让下属知道，必要时当面告诉他	• 公开表扬 • 立即
• 向公司上层反映下属的建议，提到下属的名字，并把上层的肯定意见及时反馈给下属 • 用图表或三角板展示部门员工业绩 • 生日祝贺 • 让下属主持部门会议	• 立即 • 部门内 • 可以轮流
• 定期向员工通报公司的状况，把其他员工的特殊表现或其他部门的特殊贡献提出来 • 与下属商量部门内的重大决定 • 设立一个部门特别奖 • 搞小活动，给员工一个意外惊喜 • 部门内小型聚会	• 取得上司同意 • 单独进行
• 为祝贺某位下属取得的成就，在部门里举行一次未事先通知的庆祝会 • 选拔"最酷的男士""最柔的女士" • 授权给优秀的下属 • 让下属诉苦 • 让下属自己制订工作计划 • 让下属挑选某项工作	• 就某件事的授权 • 非计划内工作

单元四

激励的四个原则

通过对激励需求的分析，了解了下属的内在动机和需求之后，根据激励的方法，是不是职业经理就可以照此菜谱实施了呢？不是。在实际操作过程中，必须遵循一定的激励准则。

公平原则

公平原则就是相同的业绩给予相同的奖赏或者不同的业绩给予不同的奖赏。

公平原则示例

	甲	乙	丙
职位	销售代表	销售代表	销售代表
责任	A 产品销售	A 产品销售	A 产品销售
客户定位	大客户	大客户	大客户
销售方式	拜访	拜访	拜访
基本工资	5000 元 / 月	5000 元 / 月	5000 元 / 月

（续表）

	甲	乙	丙
一季度销售额	50 万元／月	50 万元／月	50 万元／月
奖励提成	3800 元／月	3800 元／月	3800 元／月

由于销售员代表甲、乙、丙在某一阶段的销售量相同、做出的努力相当，同时双方销售的产品类型一致、销售背景类似、顾客结构相同等，因此在对三人实施奖励时必须是一致的，这样才能体现和贯彻公平的原则。

六种不公平现象

既然有公平的原则，就一定存在着相应的不公平，而实际中经常是不公平的现象大于公平现象。不公平主要体现在：

现象一：对不同的业绩给予相同奖赏

销售代表甲、乙、丙的销售额不同，本年年终，肖经理考虑到销售代表甲虽然销售业绩不如乙，但是甲是在极度困难下取得这一业绩的（几个大客户出现不可预见的问题），所以给甲同乙一样的奖励。甲虽然感到一丝安慰，但乙感到不公平。

现象二：对相同的业绩给予不同的奖赏

销售代表甲、乙、丙每年业绩、各方面付出的努力大体相当，但是在发年终奖时，肖经理考虑到甲的客户以新客户为主，难度大，所以给了甲比乙多的奖金，结果乙的心里很不平衡，认为自己虽然以老客户为主，但是老客户的潜力已经饱和，其实比新客户的难度要大，业绩都一样，头儿反而要给甲更多奖金，不公平……

现象三：下属之间的攀比

销售部有销售代表小李、小赵、小王三人，在分配工作时，小王常常被分到工作环境好、顾客收入高、有固定关系户的区域销售，小赵、小李则常常需要自己开辟新客户，环境较差、消费群体收入较低。在工作初期，小赵和小李就感觉不公平，到年底发奖金时，尽管经过努力，他们的销售量达到了标准，但是奖金的发放对他们仍然不利，他们的业绩属于刚刚达到销售指标之列，只有一小部分的提成。他们认为虽然销售奖励办法看起来公平，但由于部门工作安排不合理，实际上这种奖励也是不公平的。

现象四：部门之间的攀比

某公司销售部门制定的节约成本的奖励提成办法是，每位销售代表每月销售费用降低五个百分点，可得到其中一个百分点的提成，不足五个百分点的没有奖励，销售费用没有降低的还要扣减其工资。此办法一经公布，立即引起销售代表的极大不满。他们说：其他部门都在涨工资，而我们的销售成本本来就不高，根本没有再下降的余地了，这不是明显的不公平吗？

现象五：公司之间的攀比

某 IT 公司某系统工程师的月薪是 12000 元，他听说在另一 IT 公司的同学，同样的职位，但月薪是 18000 元，于是，他心里感到很不平衡。

现象六：今昔对比

员工小王今年工作很努力，成绩也较突出，销售额比去年增加了 30%，由于今年的销售目标增加了 50%，所以小王的奖金提成与去年比较反而少了，他心里就觉得别扭，感到不公平，觉得受了委屈。

影响公平原则的非制度性因素

前面已经提到，影响公平原则的因素有两类：制度性因素和非制度性因素。制度性因素主要是公司政策和制度，这些是职业经理无法决定的，而非制度性因素是职业经理可以掌握的。所以，以下只考虑非制度性因素。

因素一：职责不明

职位说明书所规定的岗位职责不明确或根本没有职位说明书，每位员工对自己的职责不熟悉或不明白。所以相应的业绩评估、工资奖金的发放就没有一定的规则和标准，不是凭能力和工作内容、职责大小等发放。

某一公司人力资源部门的人事行政经理对于总经理交代的去追讨债务的工作不积极，认为不是属于自己的职责范围内的工作。而总经理认为，我一个小公司，人事行政上的事情本来就不多，你的职责应包括一些其他的事务，我临时交代的一些事项你也应该照办。二者在职责问题上产生了分歧。在实际工资发放和奖金等方面，双方都各有各的理，都认为自己的要求是公平的，对方的要求是不公平的。造成这一问题最根本的原因就是职责不清。人事经理的职责范围、权责大小等，都应该有行文上的明确规定，并且得到双方的认可与同意之后，才能在实际中实施和操作。

因素二：规则不清晰、不透明

下属对公司或部门的工作规则，包括每一个下属的工作内容、工作重要性、工作的相关程度、工作的难易性等规则不了解；对评估标准，包括评估绩效考核要求、条件、评估内容、评估条件、评估者的资格、评估的具体规则也是模糊的；对考核后实施的激励规则不清晰，不知道相应评估后有什么样的激励措施、激励手段、激励方法、自己和别人有什么激励的规则等。

一些有名的外企或大公司，都明确规定了一些晋升的规则：一般销售业务员业绩好可提升到销售职业经理，销售职业经理业绩突出可提升到销售代表，销售代表再往上可提升到销售经理，销售经理再可提升为地区销售代表—区域部门经理—营销副总裁—销售总裁等。晋升有明确的规则，使下属知道和了解自己的工作标准、奋斗目标、努力方向。

因素三：不信任

上司及员工之间彼此不信任对方，上司对员工缺少坦诚，认为员工无论工作能力还是经验都缺乏，不能被委以重任；对员工所干的事情吹毛求疵、追求完美；由于一时或一事的表现不好或业绩不佳而轻易否定一个人，没有与员工建立起一个长期持久的信任关系。而不信任的结果是，上司不信任员工，即使员工工作突出、表现好，上司对其仍不会轻易实施激励，满足其内在的需求；员工认为上司安排任务、交代工作、业绩评估时都是不公平的，最终造成员工的积极性下降，工作能力或业绩表现不突出，而他们本来是可以有更佳的表现的。

下属小李由于比较内向，缺乏经验，开始工作时出了一些小差错，上司就由此认为其不可靠、能力低、无意愿，即使后来小李干得很好，也得不到上司的认可；而小李认为上司对他存有偏见，自己工作再努力也是不行的，大概自己的水平和能力就是如此，就这么凑合着混吧。

因素四：不准确

上司对下属的工作完成情况，如工作量、工作时间、工作目标等了解得不清楚或不准确，结果激励的人员、激励的事件、激励的内容都不符合实际情况，这时下属会感到不公平，从而使激励的效果被抵消了。

甲和乙虽然都是销售代表，公司按照同样的销售政策考核和奖惩两人，但甲主要是做行业内的大客户，乙主要做行业外的大客户，甲每谈成一家客户周期为一个月，而乙谈成一家客户周期为三个月（因为是行业外客户，需要对客户进行启蒙教育，不但周期长，而且对销售人员要求更高）。显然，两人的工作量、工作难易度、对工作能力的要求是不一样的。目前的公司政策显然有问题。

此类问题在企业中是最常见的，如人力资源部的招聘助理和培训助理，可能会被同样对待、同样考核，但两者工作的差异性较大。如不考虑，会导致不公平。

因素五：老想搞平衡

也许你知道不公平的后果，于是你就事事、时时让大家一个样，不想得罪任何人，你好我好大家好，这种老想搞平衡的想法最终会把事情搞得更糟。能力强、业绩好的员工会认为是极大的不公，能力一般、业绩也一般的员工也不认为自己的工作不好，不会去改进去努力。平衡的结果是员工没有积极性，都不愿意为工作多付出一点的努力，而是吃着大锅饭，直到吃完，却没有人再去做饭。

某位职业经理害怕员工说他偏心，一旦表扬某下属时就连带表扬一些工作不太突出的员工，奖励时也是照顾一片，结果失去了激励的作用。该受奖励和表扬的认为不公平、不服；而其他下属一旦失去这种激励，有时也会抱怨和嫉妒。结果部门内是干好干坏一个样，干与不干一个样。

因素六：职业经理没有"一碗水端平"

这与每个人的主观判断或与每个人所持的公平标准有关。职业经理由于有个人喜好、偏见、私心等，都会形成不公平。工作没开始，职业经理就已经形成了奖励谁、不奖励谁的认识，或认为"某人与我平常不错，总得照顾吧"。因此有什么好处时，职业经理已经成竹在胸了，别人再好也插不进来。

肖经理掌管着一些短期培训、去外地学习的权力，当公司要求派人去上海参观或出国考察时，他经常挑选对自己有利的员工或关系不错的人，而且理由很充分：派业绩差的人时，他说正因为这人业绩差，所以需要培训；派业绩好的人时，说正因为这人业绩好，所以才要奖励一下。反正他什么时候都是理由十足。

因素七：评估上的偏差

由于在实际中，对下属进行评估总会存在着各种各样的偏差，诸如是按工作成果的数量还是质量，是按工作的努力程度还是付出的劳动量，是按工作的复杂、困难程度，还是按工作能力、技能、资历和学历，不同的评定方法会得到不同的结果。各种方法都存在着或大或小的偏差，而评定人员不同也会产生偏差。

无论是领导评定、群众评定还是自我评定，不同的评定人会得到不同的结果。由于一个组织内往往不是由同一个人来评定的，而且即使是同一个人，也会存在评估时的松紧不一、回避矛盾、姑息迁就、抱有成见等现象，因此评估中的偏差也是常见的。

公平原则的要点

要点一：特定目标（职责）与特定激励相适应

公平本身是一个相当复杂的问题：是以工作成果的数量和质量，还是按工作中的努力程度和付出的劳动量？是按工作的复杂程度、困难程度，还是按工作的能力、技能、资历和学历？不同的工作方法会得到不同的结果。所以最好的评价应该是按特定的工作目标（复杂、难易程度划分不同的职责）——努力程度和付出的劳动量不同，结合工作成果的数量和质量，用明确、客观、易于核实的标准来衡量，再与特定的激励相配合，这才能体现公平。所以你一定要协助公司针对本部门实际建立一套公正的评价体系，从而形成良好的激励体系。

要点二：规则公布于前

对绩效的评估结果及与之相应的激励都要在实施之前做好充分的准备，并一定要在公布之前让员工有一定的了解，包括评估的标准、评估的方法、评估人、评估条件等，以及相应的激励方法、激励措施、激励标准、激励范围等。若能组织员工进行讨论提出，建议和措施则更佳。

要点三：及时解释和说明

规则公布之后，员工有什么问题，职业经理要尽可能地解释清楚；在规则执行过程中，若员工有疑虑，职业经理更要及时说明问题的原因及制定的条件等；规则执行后，员工有抱怨，不要置之不理。

要点四：为下属确立比较的参照物

可供下属比较的参照物有很多：同事、其他部门、其他公司、自己的过去等。职业经理应引导下属关注于自身的工作目标，关注于公司的政策。

刚性原则

激励只能上，不能下，即物质上的激励只能是物质利益的不断提高和增加，精神激励的方式也只能是档次的上升、水准的提高，一旦下降或减少，则以往的激励效果也将失去作用。

激励具有"抗药性"，一种方法用几次就不管用了；一旦满足了较低层次的需求，被激励者就会立即追求较高层次的需求；有些需求，如自尊、权力、自我发展，是永不满足的。

公司的激励资源，无论是物质上还是精神方面，都是极其有限的，不是取之不尽和用之不竭的。激励资源的有限性，要求职业经理一方面要合理有效地使用可用的资源，另一方面也要不断开发和创新新的激励资源。

激励的效果是有限的。每一次激励不需要耗尽所有资源，也许有时一个小小的激励就够了；但是另一方面，不管动用多少资源，激励的效果也只能是一定的和有限的，不能设想你一旦使用资源后，其作用就是万能的或能解决所有问题。因此，必须善用你的激励资源，使之发挥出最佳的效果。

所以，激励的力度只能是先弱后强，先小后大。不能将激励的资源一次用完，也不能将激励的资源用于一个人。

某位职业经理时常激励自己的某位员工："小李呀，你很能干，公司缺不了你，好好干。"——小李当时听了这话，心里美滋滋的，感觉自己的工作首先得到了上司的认可。好多次都是这样，经理没有丝毫别的表示，在下一次分配任务时又对小李说了同样的话，小李心里就有一点不满意了："你只是拿好话哄我，一点效果都不见，现在天气这么热，哪怕你给买个冰糕、吃块西瓜也行，我这么卖力地工作，累得要死……"过了一段时间以后，经理还是不断地表扬而仍然没有其他的表示，小李也还是比较努力地工作，但他在琢磨："我在这里，经理只知道拼命地用我，并没有什么实惠给我，同时在这里，我也没有培训等个人职业的发展机会，既没'钱'途又没前途，我还在这里干个什么劲儿呀！"

分析：

认可和表扬是一种不花费成本的较好的激励方法，上司在适当的时机和场合对员工的工作表示认可和赞赏是有效的，上述案例刚开始时给予的表扬和认可起到了激励的作用。

但是后来上司对这位下属反复使用却不灵了，关键是下属对这样的表扬和认可已经产生了"抗药性"，反复的使用就不能产生预期的激励效果了。

对员工不断地激励，要有激励资源的投入，这样才会有员工的回报和相应的产出，才有相应的激励效果产生。激励效果的产生是基于资源的投入。

上司要进行激励，必须真正从员工的内在动力和需求来实施，不要停留在激励的形式和表面化阶段；下属小李的需求也是不断变化的，工作既然得到了认可，他现在需要的是物质需求进一步得到满足，因为一旦某项需求得到了满足，马上就会有新的需求出现。

目前盛行读MBA，某公司选派5名员工就读，公司这样做是否合适？

分析：

公司要为员工支付学费每人 8 万元左右，合计 40 万元，同时员工学习要在半脱产情况下进行，公司还要支付其在学习期间的工资，既定每名员工的工资年薪是每人 18 万元，学习期限是一年半，合计工资支出是 135 万元。最重要的是在这个过程中被耽误的工作，即所付出的机会成本超过 135 万元，费用总计要花去公司 175 万元。

如果学成后，读完 MBA 的员工能给公司创造出大于 175 万元的价值，公司的这笔投入就是划算的；但是如果创造的价值低于这笔费用，或员工有了资本，要求公司给予更高的职位提拔或工资水平，甚至干脆辞职走人，公司又该如何呢？

如果公司是以此来激励员工，那么，对于这笔激励资源的投入，公司一定要充分考虑其产出即激励的效果如何，是否能够达到相应的激励效果。因此，公司在涉及重要的物质资源的投入时，一定要谨慎行事。

公司培训员工的原则是，用有限的投入，在有限的时间，达成有限的目的。公司的培训与教育支出，应首先解决员工工作能力、工作态度、工作知识中最需要解决的，与直接的业绩有关的问题。一句话，公司不应为下属的学历教育或学位教育花钱。

• 在动用金钱等物质性资源时要进行充分的投入与产出分析。

• 如果产出很小，即使激励效果明显，也不能承担过大的投入损失。

一名下属希望晋升和加薪，由于他表现比较突出，你刚开始答应了他的要求，提升他作为经理助理，又相应地涨了工资，随后他还是不满足，进而提出更高的要求（或以辞职等要挟），你的权限到此为止，你无权再给他晋升——晋升的空间有限，你不能满足他的薪酬条件，因为他的要求离谱了，你的激励资源似乎用尽，下属也由于没有得到他所期望的需求而士气不振……

分析：

此例说明，由于晋升的空间有限，即公司或企业激励资源的有限性，而且由于你没有很好地利用激励的其他资源，你的激励资源接近枯竭，你处于被动局面。这样的结果是就激励不符合刚性原则造成的。

常见的问题

激励的力度不够

正如前面的例子中，上司只是给予下属小李不断的表扬而没有相应的物质刺激，激励过软，没有力度或力度不够。

滥用激励的资源

前面的例子就是一个过度使用和没有限制地使用激励资源的例子。因为公司的激励资源是极其有限的，选派员工就读 MBA，公司是冒着极大的风险的，这就滥用了激励的资源。而这样的投入对公司来说一是激励资源的极大浪费，二是对其他员工的极大不公平。不仅激励效果不明显或在多年后才能看到，还会极大地挫伤其他员工的工作积极性。

想一次解决问题

前面例子中，上司想一次给下属晋升到位，殊不知激励是一个长期、逐渐、累积、上升的过程。忽略了激励的刚性原则，想一次性解决问题是不现实的。

面对下属不断增大的胃口惊慌失措或置之不理

上述例子中，由于晋升空间有限，上司没有能力和资源再给下属晋升，下属以辞职等相要挟，职业经理一听说要走人则惊慌失措，马上又许诺提升和加薪，结果自己非常的被动，其他员工也觉得不可理解。这都是违背了激励的刚性原则的。

刚性原则的要点

要点一：员工的需求是有一定层次的

根据需求层次理论，人的需求可以划分为：生理需要、安全需要、社交需要、尊重需要、自我实现需要五个层次。员工首先需要生存，他要有基本的物质生活来源来满足他的生存，即衣食住行的需要，只有当他的这一级需要得到最低限度的满足之后，他才会追求高一级的需要，如此逐级上升，成为继续努力的内在动力。

人的需要层次建立在满足——上升的基础上；还有挫折——倒退的基础上，即较高的需求得不到满足时，人们就会把欲望放在较低的需要上。因此，对于员工的需要，你要仔细去分析，观察他们各自的需求分别在什么层次上哪些得到了满足、哪些没有得到满足，哪些能够给予其满足、哪些不能给予满足，使用什么方法能给予其满足并起到激励的作用，应该提升员工的哪些需求。

能够只满足员工的某一个需求吗？所有的员工的需求是一样的吗？照此看来，需求也是具有很小弹性的，因为每一位员工的需求不同，满足的层次也不同，每一个需求层次、需求的程度又不同。

要点二：激励的效果也是有限的

每一次的激励效果都是在一定时期内起作用的，是针对特定的人特定的事发生作用的，有些需求，如自尊、权力、自我发展等是永不满足的，所以不要指望你能满足下属的所有需求，对于那些永不能满足的需求，一定要给予控制。因此每一次的激励不能耗尽所有的资源，要细水长流或有张有弛地满足需求。

要点三：对激励资源的投入与激励效果的产出要进行对比分析

一般来说你的金钱资源的投入要与对员工的激励相适应，即你给员工发的奖金、你给予员工的提成或加薪等物质资源的投入，与你的员工由于此种激励所产生的积极效益相比的结果，必须是后者大于前者或基本上持平，因此在做这项投入时，一定要有一个所获利润的测算。你需要投入多大比例来保证你的回报最多，并不是投入越多回报越多，而是寻求二者的最佳组合。所以物质资源的投入是基础，而金钱等也是最重要、最好的激励手段之一，但必须恰当地运用金钱的手段，如果用得不恰当，将会带来一系列的恶果：成本上升、业绩下降等。但要记住，如果把钱和其他因素结合起来，那么，对每个人来讲都永远是动力因素。

要点四：表扬、工作的参与、自由、喜欢的工作、趣味性等激励方法不大需要资源，而是需要职业经理的一种精神激励

如果职业经理在工作中真诚地欣赏下属，创造良好的工作气氛，发自内心地赞扬认可下属，例如职业经理早上一声有朝气的"早"即能带动下属一天高昂的士气，再结合其他的激励资源就可起到非常有效、收益不菲的产出。这种资源是发自职业经理内心世界的，是挖掘不尽的宝贵资源，你尽可充分发挥，体现你的人格魅力及领导力艺术。但请记住，不能只是空口说白话，要结合适当的其他资源做基础。

时机原则

激励的时机原则就是职业经理在适当的时机和场合给予下属适时适当的激励，使激励的作用发挥到最大、激励的效果最佳。在实际激励过程中，时机是非常难把握的，经常是在时机未到时去激励、时机已过才想起要激励。为什么时机难把握呢？

原因一：时机的难以判定。

职业经理对时机存有一些误区：

误区一：有时认为下属有所要求时或表现出来时，才是激励的时机到了。

误区二：认为自己想激励时就是时机到了。

误区三：认为激励有一系列的方法和政策，工作完成了就是激励的时机。

由于存在着这样那样的误区，职业经理往往不会去主动寻找激励的最佳时机，对时机缺乏准确的判定和把握，总是以自己的喜好和习惯去激励，因此对正确的激励时机判断不准或延误最佳时机，使激励没有发挥其最佳的效果。

原因二：年终情结。

有些职业经理认为年终才是激励、奖励的时机，因此所有的激励方法、措施要等到年终时才去实施，而在日常的工作中错失激励的大好时机。一般情况下，晋升、涨工资等是以年为标准的，所以职业经理对年终就情有独钟，殊不知，激励是灵活的、适时的、适事的、因人而异、因事因情而变的，对激励的掌握不是教条的、死板的、硬性的。

在年终时对下属晋升、加薪或口头表扬等，常常会发生这样一些现象：有时一些该激励的事情，由于时间太长了，人们几乎都忘记了，有时职业经理也忘记了，只是凭着自己的印象在表扬或晋升某人；有时职业经理的年终总结是模糊的、不切实际的、不就事论事的，这样都导致了激励时机的不恰当。激励就要在需要激励的恰当时机去激励。

原因三：职业经理激励的随意性。

职业经理在激励时往往是随自己的性情、喜好、偏好、成见、情绪来随意激励下属，不顾及下属所处的场合、事情的进展状况、事物的发展方向、激励的机会等，随意奖励某人而没有一定的标准，随意奖励某件事而没有激励的规则，随意地、不分时间和地点地进行激励，不遵从激励的原则、方式和方法。职业经理激励的随意性使得激励的标准丧失、激励的原则消失、激励的方法和效果不起作用，有时导致激励的负面效果和员工积极性极大受挫。这样的激励不仅起不到应有的效果，反而造成不良的后果。所以职业经理在激励下属时万不可随意而为。

恰当的时机

- 在上次表扬的一段时间后再表扬；
- 在下属最渴望某种需求时能适时地满足他；
- 在气氛最佳时表扬他；
- 不要在人们把一件事快要忘记时才去激励；
- 灰心丧气时给予激励；
- 加薪之后不适宜马上又加薪；
- 没有晋升时公布晋升的规则；

- 在正式场合公布重要决定。

不当的时机

- 刚表扬完又马上接着表扬；

- 下属提出要求就马上许诺和应承；

- 刚批评完又表扬；

- 已忘记好长时间才实施激励；

- 正在得意时表扬他；

- 在你刚给下属加薪后又加薪；

- 其他人晋升后说他能力很强；

- 在非正式场合公布晋升等重要规定；

- 业绩不好时表扬其态度等；

- 为搞平衡附带表扬一下其他人。

清晰原则

清晰原则是指激励的标准，激励谁、针对什么来激励，激励的理由应当准确、明了。

你在会上表扬有些员工时这样说："有的员工最近表现不错，工作主动，进步很快，值得表扬，我们将给予奖励。"

分析：

你在表扬谁？具体的什么事情值得表扬？是否还有其他的规则？等等。一句话，这样的激励不清晰。

清晰原则的要点

要点一：对象清晰。

要点二：标准清晰。

要点三：内容清晰。

要点四：透明度及共识性。

要点五：实施细则。

激励不清晰的后果

后果一：激励的效果大大降低

用于激励的资源是十分宝贵的、刚性的，有些甚至是不可再生的。如果激励是不清晰的，被激励的对象得到的激励与你运用的资源和预期的效果将相去甚远，激励本该达成的效果与你实际达成的效果之间差距甚大。

下属小王感到受到了从未有过的重视，自己暗暗下决心，一定要把柴经理交办的这项工作做漂亮，给其他人瞧瞧，也对得起柴经理的"知遇之恩"。

下属小王感到受到了重视，但从柴经理的话里得知，同事小李、小孙也被列为这项工作的骨干成员，所以，小王认为受重视的不仅是他，还有其他人，于是就认为所谓受重视其实差不多人人有份。

后果二：负作用

激励不但没有达到预期效果，反而产生了负作用，使激励的对象心生芥蒂，激情顿失，是激励不清晰的突出表现。

柴经理的表扬："这次我们财务部为了配合公司上市，做了大量工作，大家工作都十分努力，特别是会计主管小王，每天工作到快12点才回家，第二天还准时上班，一个多月以来，几乎牺牲了所有周末。这种精神是我们这次顺利、按时完成任务的重要保证，特别提出表扬，并建议公司对小王等几位员工进行表彰。"

小王的反应："哼！光提加班这件事，财务部的人这一段时间谁没有加班？都加班了。我这次给公司的贡献可不只加班这么简单，要不是我，公司前几年的预计费用就不好做，上市要求连续三年盈利的条件就根本达不到。加班谁都能做，小李、小孙他们也都能做。可是，解决预计费用这个难题不是谁都能做的，这需要很强的财务管理水平和对公司财务状况的透彻了解。就凭这个，公司怎么表彰我都不过分。可现在提都不提这件事，反而将我的工作与小李他们的加班混在一起，真没意思。"

后果三：误解增多

不清晰的激励会在下属与上司之间以及下属中间造成许多误解。

比如，在上面的案例中，小王从此以为柴经理怕自己的业务能力太强，故意压制自己。

激励不清晰的表现

表现一：搞平衡，在表扬 A 时又顺带表扬其他人

柴经理："这次工作中小王表现很突出……小李、小孙表现也很优秀。"（如果是表扬小王，就不要提及小李、小孙。）

表现二：事先无标准

柴经理："这次工作中，小王主动将去年一个项目的财务凭证又重新做了分类归档，这种精神……"（事先没有要求重新归档，而重新分类归档需要花时间和金钱，工作应按计划进行，重新分类归档属于计划外的工作，事先并没有鼓励财务部的所有人，如果可能的话，对过去的一些遗留工作做一下处理。）

表现三：评先进

目前许多公司"评先进"的做法是激励不清晰的典型表现。因为：

（1）"评先进"混淆了"组织标准"和"群众标准"。

公司作为一个经营实体，对于员工的表现、激励等只能以员工的表现是否达到组织目标为标准。就是说，激励的依据是公司事先制定的，是公开的，所以才具有导向性，才具有激励作用。而"评先进"用的是"群众标准"，各人有各人的理解，各人有各人的好恶，各个员工的好恶是不能代替公司对于员工的评价和要求的。混淆这两者，就容易出现先进是各种力量和各种人际关系的"成果"，最终离组织目标相去甚远。

（2）"评先进"用的是事后标准。

因为"评"之前，谁也不可能将自己的评选标准公开，让其他人了解。所以，如果想当"先进"，又不知同事的评选的标准，只能是搞好人际关系，而不是按事先规定的标准做事。

（3）"评先进"造成"先进"的认定人和"先进"的奖励人错位。

"先进"的认定人是"群众"，也就是同事们，而"先进"的奖励人是公司，或者是部门经理。在这种错位的情况下，作为奖励人的经理或公司高层如果不能决定谁是好的、谁是不好的，怎能让下属对自己负责？如果奖励人用他人的认定来激励下属，那么，他如何有效地激励下属呢？如何让下属按自己的意图和目标工作呢？

表现四：事实不准确

激励下属，必须依据准确的事实，才能达到预期目的。否则：

柴经理："小王，你这次做的这个预算报告非常好，特别是你发明的表述格式有突破，以后在全集团推广你的格式。"

实际上，这个格式是公司的财务顾问刚刚建议的，不是小王的发明。

表现五：标准不清晰

激励的标准应当清晰、准确，员工应当确切地知道他做什么会得到赞赏和奖励，做什么会得到批评和惩戒。

许多公司都倡导"团队精神"，那么，什么是"团队精神"？或者说下属们的工作或行为哪些符合"团队精神"，哪些不符合"团队精神"？这方面的标准常常十分模糊。

对"团队精神"有以下种种理解和规定：

• 部门内部和部门之间要团结，不搞"窝里斗"；

• 要围绕团队的目标工作，不要各部门各自为政，各吹各的号；

• 要共享，不要你防着我，我防着你，各部门不要把资源分割在各部门；

• 要相互理解各自的角色，不要看别人与自己不一样就指责；

• 要有共同的价值观，不要一人一个想法；

• 要有归属感，不要老想"跳槽"；

• 要勇于奉献，不要一说工作就讲条件；

• 要有"一盘棋"思想，按照公司统一要求做，局部牺牲也是光荣的。

当你倡导"团队精神"时，下属怎么从这么多的"意思"中理解公司的期望呢？"团队精神"的要求这么多，是肯定做不过来的，那么，什么是公司所倡导的呢？不知道。仅从"团队精神"四个字看，是不清晰的。

表现六：对象不清晰

应当激励最需要激励的人，激励的对象必须准确。对象不清晰是指将时间和精力花在不是最需要激励的人身上。

由于职业经理的时间、精力和拥有的激励资源是有限的，所以，在特定的时间和条件下，只能进行特定对象的激励。

表现七：方式不清晰

每一次的激励必须是激励对象所能明显感受到的，也就是说，激励方式必须准确、有力度，以便使激励对象能明显感到（最好其他人也能感受到）这次激励。

柴经理帮助下属小李制订了一个职业发展计划。柴经理认为这是对小李的最好的激励方式，可是小李并没有感到这对自己有什么激励。

单元五

激励的五个策略

策略一：创造良好的工作气氛

如果我们能在这样一种气氛下工作：

- 宽松、和谐、较自由的气氛，管理有条不紊；
- 办公场所整洁温馨；
- 团队成员的相互帮助，精诚合作；
- 人际关系简单明了；
- 成员敢于尝试，不会受到指责；
- 你的微小进步和成绩都获得了上司和同事的认可和赏识；
- 都在静静地工作。

显然，我们会心情开朗，工作节奏加快。不努力工作就会被人"另眼看待"，这种"不协调"的感觉迫使我们努力工作。

相反，在以下气氛中工作：

- 一干活就出错，一出错就有人指责你；
- 大事小事都要请示；

- 办公环境乱糟糟的，干什么的都有；

- 周围尽是聊天、打私人电话、吵架、不干活的；

- 团队成员相互拆台，不负责任；

- 人际关系复杂；

- 上司总是板着脸。

显然，我们的心情是不会愉快的。自己要么同流合污，要么比那些自己看不起的人还要"坏"。所以，创造良好的工作气氛，是职业经理的重要责任，别人替代不了。

特别提示：职业经理实际上不可能激励下属，只能创造一种良好的工作气氛，诱导下属自我激励。

改变先入之见

有些职业经理经常存在偏见，认为下属本质上都是散漫的、想偷懒的，他们工作的目的只是赚钱，从而逃避工作，天生倾向于不好好干工作，而老想偷懒。所以，他们认为，为了维护纪律，需要采取专制的态度。这些职业经理想用"鞭子"来让下属工作。

实际上，即使下属开始对工作抱着中庸的态度，但如果工作气氛和谐，工作也能满足个人需要，他会对工作采取积极态度，自然也开始热心工作，希望承担责任，发展主动精神。

创造良好的气氛需要：

- 让下属参与制定自己的工作目标和计划；

- 使他们感到个人对于工作品质和成果负有责任；

- 让下属感到工作的变化、新奇；

- 鼓励下属独立思考及决策；

- 融洽的私人关系；

- 良好的人际关系（亲切、开放、互信）；

- 有张有弛；

- 宽容；

- 信任。

职业化的面孔

经理人如何通过创造良好的工作气氛来激励下属呢？其中很重要的一点就是，自己有一张职业化的面孔。

所谓"职业化面孔"，就是一张充满自信、微笑的面孔。也就是说，作为职业经理，无论是在家庭当中遇到麻烦、在工作当中遇到挫折、在上司那里受到批评……在下属、在客户那里，你永远都是面带微笑、自信的，你的自信和微笑就像一缕阳光一样照耀着你的办公室，照耀着你的下属。当员工看到上司永远是面带微笑、自信地去工作和面对他们的时候，他们就会感觉到轻松，感觉气氛和谐，感觉受到鼓舞，感觉到自信。如果经理人每天上班哭丧着一张脸，天天都像谁欠了他多少钱似的，天天都像天要塌下来似的，心事重重，员工看到他的时候，往往会想上司要发火了，公司又出了什么事情了；就会猜测又要批评谁了，公司又有什么坏消息了。随时面临的都是批评，都是上司的发火，都是天要塌下来了，谁还有心思工作呢？大家都在非常压抑的气氛中工作，工作热情就很难发挥出来。

其实职业经理都有两张面孔。

一种是"自然人"的面孔。在家庭、社会中，"自然"的面孔可以想什么样就什么样，想轻松、想哭泣都可以表示出来，你可以按照你的个性想怎么样就怎么样。

　　另一张面孔就是当你在职场当中，面对你的上司、下属和客户时的面孔，要自信、微笑。作为职业经理人，你没有权力去沮丧，没有权利去哭泣，没有权利去发火，你要永远保持一张充满自信、微笑的面孔。

　　有一个公司里面，搞了一个内部电子意见箱。在内部电子意见箱里，一个员工写了这样一段话："每当年初公司老总在描绘公司的发展的时候，我听得热血沸腾。但是当我每天走进办公室，看到我们经理那张脸的时候，我一分钟也不想在这个公司待下去了。"

　　是啊，我们有很多经理往往不注意这一点，认为我就是这样，这是从娘胎带出来的，我就是性格内向，我这人没坏心眼，我这人就是这么严肃，没办法。真的没办法吗？职业经理人很多方面都是可以训练出来的。实际上我们每个人都可以改变自己。

　　著名体操运动员刘璇，她的技术很好，就是不会微笑，她的教练跟她说："你现在技术很好，就是因为不会微笑，很严肃，给人感觉很不好，所以每次评委给你的打分都比较低，什么时候你学会微笑了，你什么时候就会成为世界冠军。"刘璇听到后，就下决心改变这点，天天去训练。结果我们现在看到的刘璇的微笑是灿烂的。这个灿烂完全是通过训练得来的。

　　一个人很多地方看似不可改变，其实是可以改变的。特别是作为一个经理人，如果你真想给你的下属创造一个良好的气氛，你就必须在一分钱不用花的、能够长时间给下属创造良好工作气氛的面孔上下一点功夫。如果连这一点都做不到，你怎么能很好地激励下属呢？

批评的技巧

在创造良好的工作气氛中，批评是一个影响气氛的负面因素。

这种方式往往比较直接和简单，职业经理在管理中由于对批评采取的一般是单向行为，把批评的话说了，而不去注意听者的反馈，也不向听者提出建设性的修正意见；找出一点小的不是就把被批评者其他许多可取之处都抹杀掉了；总是在事情发生后以不满的口吻指责，或以偏概全。这样的批评方式一般是不被下属接受的，他们抵触、恼怒、不满甚至怨恨，导致积极性不高及情绪受到压抑，以至于形不成一个良好的激励的氛围。

如果能把批评作为一项艺术来使用，运用良好的批评策略，则能起到一定的激励作用，尤其在工作中的批评，可以：

• 从中了解我们工作的成败；

• 从批评中求改进；

• 彼此沟通、形成融洽的工作环境，对效率、士气都有很大的帮助。

每一名员工都不希望听到与自己不一致的观点，特别是关于自己的工作能力、态度、效果的评语。他们往往把批评看成负面的，甚至把你的批评当成一种威胁、一种压力。来自上级的批评尤其会造成下属的心理恐慌，他们往往会拒绝和抵抗，进行否认和不同意，认为不公平。但要知道，批评是经理人工作中不可缺少的一部分，如果你能了解批评，进而利用批评，那批评就能使你的员工变得更为优秀。

合理使用批评

不恰当的批评方式	恰当的批评方式
• 简单粗暴的批评 • 不容下属解释和说明理由 • 你必须服从于我、听我的命令 • 以主观印象决定自己的判断 • 全盘否定、一无是处 • 羞辱、埋怨、贬低 • 受自己的情绪控制 • 态度强横	• 一种建议性的有效批评 • 与下属进行沟通，以商量的口吻进行 • 允许下属创新和改进，给以鼓励 • 以事实为依据注重客观 • 具体、有针对性和肯定某一方面 • 维护自尊、信任。使下属感到受到重视 • 理智、不受感情支配 • 态度温和，有理有据
你的批评方式	如果换成另一种方式
• "你看你，怎么搞的！" • "好好的一件事办成了这样。" • "什么也别说，我才不听你的所谓的理由和解释。" • "我说你不行，结果就是不行，你也真够蠢的了，烂泥扶不上墙……"	• "工作有什么困难，需要帮忙吗？" • "你应该及时找我一下"。 • "说说你的想法，你认为怎么解决好，我的建议是……" • "我也曾经历过类似的情景，我相信你的能力和水平……"

策略二：认可与赞美

当你的上司经常对你的工作加以认可并赞美时，你感觉如何？美滋滋的，感觉不错吧！你会更加努力地工作。如果你的下属得到你的认可与赞美呢？

为什么很少运用认可与赞美

原因之一：归因错误

我们的工作方式倾向于找下属的毛病：尽管我们在评价他人的行为时有充分的证据支持，我们总是倾向于低估外部因素的影响而高估内部或个人因素的影响，这称为基本归因错误。个体还有一种倾向：把自己的成功归因于内部因素如能力或努力，而把失败归因于外部因素如运气，这称为自我服务偏见。就像你在评论下属时，当你的销售人员业绩不佳时，你有 80% 的倾向将其归因于下属的懒惰，而不是客观地分析外界因素的影响。

原因之二：怕下属"翘尾巴"

没有分清认可与赞美、表彰与表扬的区别。认为对下属进行赞美会引起下属的误解，怕下属由于经常受到赞美及表扬而骄傲、"翘尾巴"，自认为了不起而不服从管理。其实认可与赞美本身并没有任何错，运用恰当会起到积极的激励作用，运用不当才会导致不良的后果。（表彰与表扬是比较正式的，所以比较少、稀缺；认可与赞美是非正式的，所以比较多。）

原因之三：不注意平时

只注意每年一度的制度化、正式化的员工业绩的评估和奖励，不注意对下属工作进步的随时肯定和鼓励。殊不知管理工作是贯穿在日常的、随时的、个人的、非正式的工作过程中的。其实，只要不到"肉麻""令人不舒服"的地步，你尽管认可与赞美就好了！

认可与赞美的常用语

- "真不错！"
- "小李，你报告的第三部分写得真出色！"
- "非常好！"
- "真能干！"
- "没关系，思路挺好，顺着这个思路干下去肯定不错。"
- "就这么干吧。"
- "挺好！"

•"干得漂亮。"

如何认可与赞美

常见的障碍	若能这样
这么一点小事不值得赞美呀	真心认可与赞美下属的每一个小的进步、每一个进步的细节
我对他的大部分工作不满意，如何认可	那就只认可满意的部分
总赞美下属，他们不就翘尾巴了吗	诚实的赞美使人进步
认可他们的想法不就否认了自己吗	赞美下属的同时也提高了自己
我的威望是干出来的	威望是能力等的结合体
我这人就是这样，不会恭维别人	适当改变自己，你也喜欢被赞美，不是吗
我哪里有时间去琢磨赞美他	能花多少时间呢
下属已经够难管的了，还要赞美	就因为你老是看不惯，他们才抵制你

策略三：金钱激励

金钱激励的优点和缺点

金钱激励的优点	金钱激励的缺点
• 人人都喜欢 • 容易支配、容易处理 • 谁都能接受 • 可以在长期的工作计划里，随时注入一剂强心针	• 没有保存价值和纪念意义 • 没有特殊感觉 • 大家都猜得到是什么，没有意外惊喜 • 感到比较俗气 • 成本高

　　从调查及排行榜可以看出，金钱仍是最重要的、最好的激励手段之一。需要强调的是，必须恰当地运用金钱的手段，如果使用不恰当，将会带来一系列恶果：成本上升、业绩下降、不公平感上

升、员工懈怠……

十大奖励方式排行榜

（1）金钱；

（2）表扬；

（3）休假；

（4）工作参与；

（5）喜欢的工作；

（6）升迁；

（7）自由；

（8）自我成长；

（9）趣味性；

（10）奖品。

　　一位缺乏工作动力的员工通常会抱怨其薪水太少，那这是否真是他缺乏工作动力的理由呢？给予加薪（即使这是可能的）可能无用，并会降低其生产力。如果他缺乏工作动力的理由持续存在，一旦他习惯新的薪水后，他仍然会缺乏工作动力，通常会在几个月后，他将要求再一次加薪。如果他的同事看到他毫无理由地加薪，也会来向你提同样的要求，因此薪水是缺乏工作动力的理由很可怀疑。以销售代表为例，以相同的底薪，销售代表可通过实现更多销售额来拿到更多的佣金和分红，从而增加他的收入。他为什么不增加自己的生产力呢？他为什么不这么做呢？

　　在使用金钱奖励时一定要考虑到：

• 最需要的是什么？不要动不动就猜想员工是为了钱。

• 金钱的奖励必须与业绩有十分明确的相关性。

• 金钱的奖励标准和规则对于所有人都是一样的。也就是说，金钱的奖励是正式的、制度化的。

• 金钱的奖励是其他奖励的基础。就是说，金钱的奖励、奖励标准应当较早制订出来、较早实施，在此基础上，辅以其他激励手段。

• 在同样业绩的情况下，需要不同的其他激励手段。

既然金钱地位如此之重要，运用起来又如此之复杂，而作为职业经理，你没有权力给下属加薪、涨工资、发奖金、给补助等。可是实际中你却经常面临员工的有关金钱的问题，你应该采取什么策略呢？你可能有以下几种选择：

选择一：回避

你对员工不做正面的回答，因为你知道自己做不到。考虑到你的员工会有什么反应了吧？他们会从此不再对你提出此要求，但他们工作起来也不会再尽心尽力，有时候还会突然爆发出对公司、对上司的不满，让你丈二和尚摸不着头脑，打你个措手不及，原因原来在此。

选择二：推诿

"这是人力资源部门的事，你去找人力资源部门说，要不你去找老总说，他掌握着财权。"这可能吗？你最了解你的下属的能力、业绩等情况，老总会说你对下属管理不佳，下属也不会因此去找老总；即使你的下属去找了人力资源部门，人力资源部门也会同样推诿："我们做不了主，找你的职业经理，我们得向上级汇报一下商量商量，你回去等着吧……"显然，问题并没有解决。

选择三：共鸣

你的内心也对公司的薪酬政策不满，下属要求加薪时，你正好借此与你的下属大发牢骚，一起发泄对公司的不满。"是啊，我们公司的薪酬政策太不合理了，像你这样的员工，像你这样的业绩，工资早该涨了。"你要注意，你的这种"共鸣"没有解决任何问题，相反，可能会使你的下属坚定了"给我的工资不合理"的信念。你想想，你这种处理方式对吗？

选择四：陈述政策

当下属和你谈及此事时，你采取陈述公司政策的方法，同时表示理解。

小李，关于加薪的问题，咱们公司是有明确政策的。公司每年调薪一次，调薪的依据是年末的绩效考核结果。特殊情况下的加薪需要老总特批。你说其他公司像你这个职位的人的工资比你现在拿的要多不少，关于这一点我可以向人力资源部反映，并请他们对公司的薪酬水平问题做一个答复，你看怎么样？

公司调薪一般都是以年度为单位进行的。下属中间提出加薪问题，一般都是听说其他公司的同等职位薪水怎样，心理不平衡引起的。公司的薪酬水平，一般应根据人才市场的供求关系、劳动力价格水平、企业支付能力、企业盈利状况等多方面来定。如果有较多下属有此反映，职业经理应向人力资源部和老总反映，由公司予以正式的答复。应避免：

• 打官腔。官腔十足地陈述完公司政策就完了。

• 信以为真。对于下属的说法，要分析，不要轻信。因为企业的薪酬水平，特别是各个职位薪酬水平的确定，是一件比较复杂、严肃的事情。一般的下属不懂得其中的复杂性，可能仅仅因为同学、朋友的闲聊中的"说法"，就认为自己在本公司拿少了。很多人根据道听途说来判断一个公司的薪酬水平和一个职位的薪酬水平是不对的，是会出现偏差的。

选择五：运用手中的资源

在给下属加薪这个问题上，职业经理可以动用的资源有：

• 考核等的决定权，从而影响下属年度调薪。

• 晋升职等、职级，甚至职位的建议权：职位的晋升会大大增加下属薪酬水平。

• 特殊调薪的建议权。

在这三类资源中，最难动用的是特殊调薪（特批调薪）的建议权，因为除非下属有重大贡献，通常情况下，公司不会仅仅因为一名下属提出加薪要求，就为其加薪。

所以，当下属希望加薪时，职业经理应考虑运用前两类资源，而前两类资源归根到底还是下属业绩的提升和发展。

策略四：晋升激励

晋升对人的激励作用是非常大的。晋升伴随着地位、荣誉、薪酬、尊重等多方面的提高。可以说，晋升激励是所有激励中最为有力、最为持久的方式。但是，晋升激励也是许多职业经理用得最少的激励手段，对于组织结构简单的部门来说，更是这样。

晋升激励的障碍

障碍一：职位太少

公司里的组织结构、人员都已经比较稳定，下属晋升的空间不大。现在又比较盛行国外的做法：部门不设或少设副职。导致职业经理可以决定或可以推荐的职位太少，影响晋升激励。

其实，在哪家公司都存在职位少的问题，公司也不可能为了某个人而专门设一个职位。关键在于，公司要有明确的、透明的、竞争的晋升政策。这样，才能激励所有的员工努力工作，争取晋升。如果公司的晋升政策是神秘的、不确定的、变来变去的、因人而异的，晋升的导向性就大大减弱，晋升的激励作用就大大降低了。

障碍二：逃避

当员工提出晋升要求时，你由于做不了主，只好采取逃避的办法。"我可没有那么大的权力""我的工作是让你们多干活"或推给人力资源部门，"找他们去，你们的考核结果、工作评价都是人力资源部门管，他们有权"，或者说是老总定，等等。

关键在于，你逃避不了。晋升的意愿是人性中最重要的一种需求，你不是也想"上"吗？逃避只能使下属垂头丧气，毫无干劲。

特别提示：职业经理不能回避和推诿，必须正视问题，你对员工负有解释企业晋升政策、强化公司组织原则、推荐晋升职位的职责。

障碍三：怕下属取代或超过自己

当员工比较能干并有这方面的要求时，职业经理唯恐其会直接威胁、侵犯到自己的利益，"他这么能干，我往哪里去？总共就那么几个职位，我可不能让他超过我"，因此对下属进行哄和骗，更甚者对下属打击报复，对下属的成绩进行压制或归到自己的头上，生怕下属夺了自己的饭碗，而不给予他们任何权力或发挥能力的机会。

　　不管你愿意不愿意，"长江后浪推前浪，一代新人换旧人"，下属总是要赶上并且超过你的。聪明的管理者明白，只有比下属跑得快一些，才能得到晋升或起码保住职位。另外，提拔下属的同时也抬高了自己，既然手下的人都这么能干，不更表明你领导有方吗？你的上司也会认可你的工作能力及表现，反之会有损你的形象，让人轻看你。

　　障碍四：用自己人

　　职业经理虽没有直接晋升的权力，但承担着推荐和培养手下的责任，一些职业经理以自己的印象、偏见、自私的角度去推荐下属。"我当经理，手底下得有自己的人，提升谁，第一条是听话，自己人……"他们不关心下属的成长，不能客观、准确地评价下属，提升下属的能力，主动为企业培养和选拔接班人。

　　这样你还能激励所有下属吗？充其量你只能激励"你的人"。

　　障碍五：装聋作哑

　　晋升，是所有需求中埋藏最深的。许多人想升职，只能把这个想法藏在心里，无法告诉别人。没法给上司说，是怕上司说"这人是个官迷，没来几天就好高骛远，想接替我了"；没法给同事说，因为同事们都是竞争对手；没法给老总或人力资源部说，人家会反感，说"这家伙要官来了"；甚至，回到家里没法给妻子说，妻子会说"你真窝囊"。

　　职业经理有时与下属在晋升上可能是利益关联人（下属可能晋升到职业经理目前这个职位上），加上这种事情牵涉许多人的利益，所以，许多职业经理采取装聋作哑的办法，自己不提这些事，下属暗示也好，明说也罢，都装作没听见、没看见，或者让人力资源部去"摆平"。

掩耳盗铃者的下场你是知道的。你整天高喊激励、激励，现在，这么现实的激励问题摆在你面前，你能躲过去吗？躲得过初一，躲不过十五。

解决的要点

要点一：不要逃避，也逃避不了

你必须直接地、正面地面对下属的这种需求，因为你整天和下属在一起，你的绩效要靠他们。

要点二：不要封官许愿

晋升的机会只有公开、平等、公平，才能起到激励作用。封官许愿之后能不能兑现还是一个问题，一旦不能兑现，或者不能如期兑现，你就惨了。

要点三：转换问题

晋升激励有两个阶段：第一个阶段是追逐职位阶段，在没有获得某个职位前，由于追求晋升而激励；第二阶段是在获得晋升后，任职时所表现出来的工作热情。职业经理所面对的晋升激励主要是在第一阶段。职业经理所能做的是，将晋升问题从"我何时能升职"转换成"那个职位需要什么任职资格"。将升职看成一种结果、一种认可的话，职业经理在晋升激励上的角色和作用就会变成：

- 让下属充分了解那个职位需要什么样的任职资格。
- 下属的晋升计划实际上就转换成职业发展计划，职业经理应当协助下属制订职业发展计划。

• 作为教练，帮助下属执行和推进职业发展计划。

策略五：根据人格类型进行激励

有四种人格类型：指挥型、关系型、智力型、工兵型。对这种人格类型的下属，要分别采取不同的激励方式。

方式一：对指挥型的下属

指挥型的人有如下特点：

• 以自我为中心，能够承担自己的责任，对管理他人感兴趣，但不是个人主义者；

• 重事不重人，公事公办，务实而讲效率，喜欢奖赏；

• 重视结果，懂得竞争，以成败论英雄，轻视人际关系。

提示

对于指挥型的人，你要表明你的建议是合情合理和卓有成效的，是从他的角度设想的。你只提供有限的选择余地，不要把权力过于下放。让他们带头去做，还要注意其他员工的想法，不要为了照顾某一名下属的性格而忽视了其他员工。要加快工作节奏，让他们较高效地工作。要支持他们的结论，同时摆事实，重结果，提出更好、更完整的看法，不能放任他们，否则后果不堪设想。

对指挥型下属的激励技巧

• 让他们在工作中自己弥补自己的不足，而不要指责他们；

• 别让效率低的人和优柔寡断的人去拖他们的后腿；

• 容忍他们不请自来地帮忙；

• 巧妙地安排他们的工作，使他们觉得是在自己安排自己的工作；

• 别试图告诉他们怎么做；

• 当他们抱怨别人不能干的时候，给他们支持。

方式二：对关系型的下属

关系型的人有如下特点：

• 重人不重事，善于处理人际关系，比较随和乐观，很少盛气凌人；

• 优柔寡断，希望别人关注他们，没有观众，他们是不能努力工作的。

提示

争取一个关系型的人的合作，你在对他们陈述时要表现出热情和激动，使陈述和讨论迅速进展，不要吝惜表扬。不要与他们的关系过于亲密而形成酒肉朋友，导致公私不分，影响正常的工作关系和交往，使自己处于被动的局面，从而对其他的员工没有说服力和失去领导力。

对关系型下属的激励技巧

• 对他们的私生活表示出兴趣，让他们感到被尊重；

• 与他们谈话时，要注意沟通技巧，使他们感到受尊重；

• 给他们安全感；

• 给他们机会充分地和他人分享感受；

• 别让他们感受到拒绝，他们会因此而不安；

• 把关系视为团体的利益来建设，将受到他们的欢迎；

• 安排工作时，强调工作的重要性，指明不完成工作对他人的影响，他们会因此为关系而努力和拼搏。

方式三：对智力型的下属

智力型的人有如下特点：

• 偏于思考，富有探索精神，对事物的来龙去脉总是刨根问底，乐于收集信息，不讲究信息的实用性；

• 他们是完美主义者，工作起来条理分明，但过分注重细节，常常因局部小利益而造成全局被动；

• 他们懂得很多，但是不懂的更多。

提示

争取一个智力型的人的合作，与他们交流时必须有充分的准备，有事实和数据的支持，避免空谈观点和意见。不要让他们总处于思考阶段，要协调他们的业绩、目标。另外，不要让智力型的人把你拐带跑，让你脱离了公司的大环境。

对智力型下属的激励技巧

• 肯定他们的思考能力，对他们的分析表示出兴趣；

• 提醒他们完成他们的工作目标，别过高追求完美；

• 别直接批评他们，而是给他们一个思路，让他们觉得是自己发现了错误；

• 不要用突袭的方法打扰他们，他们不喜欢惊奇；

• 多表达诚意比运用沟通技巧更重要，他们能够立即分析出别人诚意的水平；

• 他们喜欢事实，你必须懂得的要和他们的一样多；

• 别指望说服他们，除非他们的想法和你的一样；

• 赞美他们的一些发现，因为他们想来想去得出的结论可不希望别人泼冷水。

方式四：对工兵型的下属

工兵型的人有如下特点：

· 他们是天生的被管理者，忠诚可靠，但缺乏创意，他们乐于从事单调重复的工作，因为这样让他们感到心里踏实；

· 他们遵守规章制度，善于把握分寸，喜欢在旧环境中从事熟悉的工作，能弄清职责的极限，决不会越线；

· 他们只做分内的事，不愿指挥他人，而且只要自己应得的那份报酬。

提示

争取一个工兵型的人的合作，要注重友谊和感受，给他们以关心和培育，对他们支持和帮助，因为他们不轻易地改变决定。要与他们建立一种牢固的工作协作关系，给他们制定明确的目标和计划，帮他们克服犹豫不决，培养自信心和果敢性。

对工兵型下属的激励技巧

· 支持他们的工作，因为他们谨慎小心，一定不会出大错；

· 给他们相当的报酬，奖励他们的勤勉。

行 动 与 应 用 表 单

绩 效 管 理 部 分

表单一：SMART 练习

　　设定的目标必须符合 SMART 原则。你是否按 SMART 原则设定目标？你掌握 SMART 原则吗（在定量的或定性的目标中）？

* 请你设定一个定量的目标	* 请你设定一个定性的目标

* 用 SMART 衡量（请从你设定的目标中找出 SMART 各要点）	
S	S
M	M
A	A
R	R
T	T

表单二：目标管理表

* 设定的目标
目标 I
目标 II
目标III
*达成标准（绩效标准）
目标 I 的达成标准
目标 II 的达成标准
目标III的达成标准
* 次目标
* 可能的障碍
* 可能的解决方法

（续表）

* 行动计划
* 有关的部门和人员
* 工作追踪计划
* 过程记录
1. 目标变化
2. 工作辅导
3. 授权
4. 其他
* 绩效评估

目标Ⅰ	目标Ⅱ	目标Ⅲ	总分
权重			
自我评估			
上司评估			
* 总结			

表单三：设定目标的步骤

请按照以下七个步骤设定一个目标。如果你已经这样做了，就不必练习了。

步骤一：理解公司目标或上司目标

步骤二：制定符合 SMART 原则的目标

步骤三：检验目标是否与上司的目标一致

步骤四：列出可能的阻碍及解决方法

步骤五：列出实现目标所需的授权、技能、知识

步骤六：列出为达到目标所需的合作对象和外部资源

步骤七：确定完成日期

表单四 ："团队合作"的等级定义

　　"团队合作"属于规范标准。对这类绩效标准进行可衡量的等级定义，是设定下属绩效标准的重要环节。其他类似的规范标准的等级定义，可以根据本练习类推。

部分一：各自定义		
等级	你的定义	下属的定义（请下属独立定义）
A（优秀）		
B（良好）		
C（一般）		
D（有差距）		
E（很差）		
部分二：与下属充分沟通。在双方定义的基础上，确定双方认同的、无歧义的、可衡量的等级定义		
A（优秀） B（良好） C（一般） D（有差距） E（很差）		
部分三：将"部分二"的等级定义与"部分一"的等级定义对比一下，看看如果没有事先的沟通，会出现什么结果		

表单五：如何使用绩效评估表

本绩效评估表的格式可能与贵公司正在采用的绩效评估表不一致，没关系，把本表作为一次演练好了。

××有限公司绩效评估表

姓名		员工编号	
入职日期		部门	
职务		考核期间	年 月 日 年 月 日

第一部分：绩效标准

考核要素	绩效考核内容与标准	权重	评分
工作目标（60分）	目标 I		
	目标 II		
	目标III		
规范标准（20分） 公司统一制定的规范标准（20分）	责任感		
	团队合作		
	1. 公司价值观		
	2. 个人职业发展计划完成情况		

本期考核成绩：＿＿＿＿＿＿＿分（＿＿＿＿等）

第二部分：绩效面谈

记录类型	内　容
下属自我评估	
面谈要点	
绩效面谈记录	

第三部分：绩效改进计划

1. 员工自身的改进	完成日期 年　月　日
2. 主管的协助	年　月　日
3. 建议培训课程／方向	年　月　日
4. 期待实现的改进	年　月　日

第四部分：签名

主管签名	职务	日期

被考核者说明_____

本人确认已与主管共同研究过此份绩效考核表内容（不签名照办）

被考核者签名_____

日期_____

高一级主管说明_____

_____

高一级主管签字，以示对考核内容的认可。

主管签名	职务	日期

送交人力资源部核阅、汇总、归档。

人力资源部核阅人签名_____　　　日期_____

表单六：绩效面谈练习

　　请两位同事，与你进行绩效面谈演练。你扮演上司，你的一位同事扮演下属，利用附表五评估；另一位扮演观察员，在旁边以此表观察。

* 第一步：面谈准备
1. 资料表格准备
2. 阅读案例材料熟练程度
3. 时间、地点的选择
4. 面谈提纲准备情况
5. 其他
* 第二步：面谈
1. 面谈气氛调整
2. 面谈程序（四步骤）、掌握情况
3. 面谈技巧
1）倾听
a. 非言语倾听
眼神接触
非言语提示（肯定地点头示意、适当的脸部表情、运用沉默等）
开放的姿势
其他
b. 言语倾听
言语提示
运用言语表达
运用和蔼声调
反复关键词
提出澄清
其他
c. 倾听时定位
尽可能确保隐私性
排除障碍
利用周围事物营造气氛

其他
2）发问
3）反馈
4）引导
5）对意见分歧的处理
6）其他
*第三步：制订下属绩效改进计划
对经理扮演者的评估水平评分（评分以10分计）
1.优秀（A，或9~10）；2.良好（B，或7~8分）；3.一般（C，或5~6分）；
4.有差距（D，或3~4分）5.很差（E，或0~2分）。
经理扮演者
下属扮演者
观察员

表单七：你了解下属的第一需求吗

　　每个人都有不同的需求，有的人比较喜欢钱，有的人比较喜欢名，有的人渴望晋升，有的人最希望有一个良好的工作环境。那么，你了解下属的这些需求吗？

　　请你标出每位直属下级目前的第一需求：

需求〔下属姓名〕	薪酬	稳定	晋升	良好的人际关系和工作环境	更多的学习和培训机会	被赏识和重用	换个岗位

注1：请在你认为是下属第一需求的栏内打"★"即可。

注2：如果你认为下属有两个第一需求，可在两个相应栏目内打"★"。

　　如果下属的第一需求大都是你所不能满足的（如下属的第一需求是"薪酬""晋升"等，需要公司定，你定不了），你将怎么办？

表单八：认可与赞美

选一名下属，这名下属的工作能力、工作态度在下属中均处于中等水平。请你对他采用如下策略：

1.只要发现他有小小的进步、小小的可赞美之处，你就认可和赞美他。

例：只要他及时地将报告交给你，你就说："效率挺高嘛！"即使报告写得不好。

2.多公开、当众赞美。

3.坚持3个月。

以下是你对这名下属"认可与赞美"的3个月记录：

现在下属的状态（能力和态度两方面）	你计划如何认可与赞美他
1个月后，下属的状态	第1个月，你有哪些认可与赞美
2个月后，下属的状态	第2个月，你有哪些认可与赞美
3个月后，下属的状态	第3个月，你有哪些认可与赞美
评估：下属有所改变吗	评估：你在认可与赞美方面的可改进之处

職業経理能力標准

績 效 管 理 部 分

模块四：目标管理

能力点序号	能力点名称	行为规范	证据要求	知识要求
4.1	按照 SMART 原则设定目标	• 能够运用 SMART 原则分析目标 • 能够根据 SMART 原则制定目标 • 能够解决定性目标的可衡量问题	• 根据表单要求分析若干目标 • 提交自己制定的年度或月度工作目标原始记录	• 什么是 SMART 原则 • 好目标的特征
4.2	设定目标的七个步骤	• 能够运用要求的步骤设定出一个工作目标 • 能够在工作中运用七个步骤	• 按表单的要求设定一个工作目标 • 提交一个按七个步骤设定出实际工作中目标的案例，由关联人证明	
4.3	为下属制定目标	• 解释目标带来的好处 • 鼓励下属自己设定工作目标 • 循序渐进 • 同时确定绩效考核的政策和方法 • 说明你的支持	• 举出一个按照能力标准为下属制定目标的案例，请下属证明	• 了解制定下属目标的常见错误 • 理解来自下属可能的阻力
4.4	制订工作计划	• 掌握工作计划的标准步骤和格式 • 能进行 SWOT 分析 • 制定具体的行动和日期 • 人员、预算 • 可能遇到的问题和处理程序	• 提交一份月计划原稿复印件 • 提交一份项目工作计划书复印件 • 提交按给定的标准格式制订的一份月计划	
4.5	工作追踪	• 定期、及时 • 收集信息 • 评估 • 反馈	• 由下属对你的工作追踪做出评价	• 工作追踪的五个原则

模块五：绩效评估

能力点序号	能力点名称	行为规范	证据要求	知识要求
5.1	认知绩效	• 准确把握绩效的意义 • 能够准确地向下属介绍公司绩效政策和考评流程 • 了解绩效考评的目的 • 了解绩效循环 • 认知自己在绩效评估中的角色和作用	• 请描述你在绩效评估中扮演了什么角色（300字） • 由下属对上司的角色做出评价	
5.2	为下属设定绩效标准	• 可运用KPI方法 • 事先沟通 • 共同确认 • 平时多表达期望	• 制定一份下属的KPI • 设定一个下属的规范性标准	• 什么是KPI方法 • 什么是规范性标准
5.3	评分技巧	• 依据事先设定的标准 • 做好绩效观察 • 防止仁慈或严厉 • 防止集中趋势 • 克服近期效应	• 由下属做出评价	• 关键事件法 • 行为锚定法
5.4	绩效反馈	• 平时多反馈 • 正式 • 事先约定 • 事先预期成果 • 按五步骤进行	• 由下属做出评价 • 你认为下属对绩效反馈的期望有哪些	
5.5	如何写述职报告	• 回顾绩效标准和期望 • 对应绩效标准描述工作表现 • 自我评价 • 制订绩效改进计划	• 将上年度（月季度）述职报告复印件作为证据	

模块六：激励

能力点序号	能力点名称	行为规范	证据要求	知识要求
6.1	分析下属需求和动机	• 能用问题清单法分析 • 能够对抱怨进行分析 • 能够运用"需求调查问卷"了解下属需要	• 按表单要求分析下属抱怨 • 提交两名下属"需求调查问卷"答卷及你的评语	• 什么是激励 • 需求层次理论 • X 理论和 Y 理论 • 双因子理论 • 公平理论 • 期望理论
6.2	认可与赞美	• 立即 • 具体 • 认可满意的部分 • 表扬于前	• 由下属评价或举证	• 了解多种多样的非制度性激励方法
6.3	自信与微笑	• 在工作场合表现自信 • 经常面带微笑 • 工作不情绪化	• 由下属评价或举证	• 了解制度性激励与非制度性激励
6.4	批评	• 少批评 • 批评于后 • "三明治"式批评 • 对事不对人 • 描述性而不是评价性 • 理性、不情绪化	• 由下属评价 • 由下属举出一个你批评他的案例	

职业经理^{第3版}
十项管理训练

下

全三册

章哲 ◎ 著

北京联合出版公司
Beijing United Publishing Co.,Ltd.

总目录

职业经理管理能力模型

本册目录

管理技能之八：教练

管理技能之九：有效授权

管理技能之

7

七

管理技能之

领　导　力

· · ·

常见的问题

● 一只羊站在高高的屋顶上，看见一只狼从屋旁走过，于是骂道："你这只笨狼，你这只傻狼……"狼向上望了望，对羊说道："你之所以能骂我，只不过是因为你站的位置比我高罢了。"

——摘自《伊索寓言》

● 有的人以为当了经理就有了权，要在下属面前有权威、有威信，就要用权，除了运用权力，不知道还有什么办法领导下属。结果时间一长，不用权吧，下属不听话；用权吧，下属抵触情绪很强烈。进也不是，退也不是。

● 认为领导是公司高层的事情，自己只是一个职业经理，没有什么权，没有管多少人，不能算什么领导。因而，建立领导力、领导形象、领导风格都不是自己的事情，自己只要抓好管理就行了。

● 领导就是影响力，而不是权力，经理人应当努力得到下属的信赖、爱戴和追随，而不是玩弄权术得到的"敬畏"。然而，许多职业经理不善于，也不努力建立自己的影响力，反而迷信权力。

● 对待不同的下属需要有不同的领导风格，对于在不同发展阶段的同一下属也需要有不同的领导风格。可是，许多职业经理就一种领导风格，反而认为"我这人就这样，变不了，反正我是为了工作，诚心诚意为了下属，时间长了他们会理解的"。殊不知，你是好心，但是，可能正是因为你的领导风格过于"强硬"或者过于"放纵"，从而导致无效的、失败的领导。

● 领导就是教练，领导就是让团队学会如何工作。可是，许多职业经理冲锋陷阵没问题，培养下属就头疼。要么认为没什么可教的，要么认为怎么干不用自己教，要么认为下属太笨学不会，要么认为下属不想学，要么认为不是自己的事……其实，你能干不等于下属就能干，你能干不等于你就会做教练。一个不会做教练的经理，如何能带出一支高绩效的团队呢？

单元一

领导力分析

权力是什么

　　在公司里，股东大会的权力最大，其次是董事会（由董事长代行权力），接下来是公司总裁（总经理），再下来是副总裁、总监、部门经理、业务经理、主管，最低一层是普通职员，如销售代表、秘书、打字员、技术员等。由上到下，形成一个职位序列。

　　为什么你有权？为什么下一级的权小，上一级的权大？或者说，为什么上一级可以命令下一级呢？对这个问题的分析，可以帮助我们探究权力的奥秘。

　　你是行政部经理，管着公司里面的吃喝拉撒事宜。你手下有五个"兵"：前台接待员小王、物品管理员小赵、行政主管小孙、打字员小刘、司机老叶。那么，为什么这五个人是"兵"，你是"官"（上司）呢？

　　你说：因为职位。因为你的职位高，是行政部经理，因为他们的职位低，是司机和打字员，归你管，所以你是上司，他们是下属。

那么，为什么这五个人要听你的？或者说，为什么你可以对这五个人下命令，而这五个人不能不听从呢？

原因一：你具有以下权力

• 向你的下属分派工作的权力。你可以决定向谁分派什么工作，显然你下面的这五个"兵"各司其职，各有各的工作和职责。但是，每个人做什么、不做什么、什么时候做等，都是由你分派的。

• 费用支出权。在职权范围内，行政部的各种费用支出，都需要你审批，需要取得你的同意，你如果不签字、不点头，下属就不能花这笔费用。

• 采购决定权。行政部经常要采购办公用品，在一定的范围之内，每一次采购的数量、品种，选用哪家供应商，签订购销合同，均需要你"拍板"。

• 考核权。你的下属工作表现怎样，是好还是不好，由你直接判定。也就是说，你有权考核你的下属，并给出相应的评估（等级、分数），你给出的评估代表了公司对该下属的工作绩效的评价。当然，你必须在公司的制度、规范、程序的范围之内考核下属，不能随心所欲。

• 奖惩权。一般来说，公司都赋予职业经理一定的奖惩权，比如：批评、警告或口头表扬、书面表扬等。同时，有记小过、记大过或表彰、奖励等奖惩措施的建议权。

• 给假权。下属的请假、加班、加点、公出等，都要取得你的同意。

• 用人否决权。职业经理一般无权辞退一名下属，但可以有用人否决权，即可以向公司人力资源部提出不用某人，将某人退回人力资源部。没有用人否决权的，最低限度也有建议权。

• 晋升、加薪等方面的建议权。当然也有对应的降职、降级的建议权。

原因二：下属之所以听你的，是害怕不听指令而受到惩罚

显然，如果某一位下属不听你的，你可以采取以下惩罚措施：

• 责备。"你为什么不执行？"

• 改派工作。"既然不执行，那好，你不用做这项工作了，你下午把这项工作交给小孙。你的新工作是……"

• 考核时给予较低的分值或等级。通过降低不听指令的下属在公司考评中的成绩来惩罚某人。

• 惩罚。对于不听指令者予以批评、警告乃至建议给予记过处分，直至开除的惩罚。

• 减少或不给予晋级、加薪、外出培训、出国等机会。

由于害怕你采取这些惩罚措施，下属不得不执行你下达的指令，无论他们赞成不赞成、理解不理解，都不得不执行。

原因三：下属之所以听你的，是知道听从会得到好处

下属知道，如果听从你的指令，会得到以下好处：

• 不用承担责任。按照上司的指令去做，即使错了，责任也在上司，与自己无关，不会因为错误而受到惩罚。

• 更多的成功机会。一般来说，上司是从公司的目标，从组织的发展需要给下属发出指令的。听从上司的指令，意味着你在做公司期望你做的事情，意味着你做的工作对公司的发展和运行是有益的事情。显然这些工作最容易得到组织的认可，从而取得成功。

相反，有的员工在没有上司指令的情况下，私底下做一些工作，比如设计一个新的工作流程等，花费了不少个人的时间和精力，最后提出来时，得不到完成上司指派工作时所得到的评价；搞不好，还会被称为"不务正业"。

• 奖赏。听话的下属总是会令上司愉悦的，而上司的愉悦意味着将会给听话的下属更多的奖赏，比如职位的升迁、加薪的机会、表扬、嘉奖、外出培训、出国等。

显然，权力，就是对他人产生预期效果的能力。或者说，是将意愿施加于他人身上的支配力量。

权力的三个特性

特性一：强制性

• 让下属做本来不会去做的事情，或者让下属做本来不愿意去做的事情。

肖经理："小王，你今天下班之前将销售报告交给我。"

没有肖经理的指令要求，小王本来今天不会写好销售报告并交给肖经理的。小王是在肖经理的命令下做的这件事。

下属不是你想开就开、想关就关、让走就走、想停就停的机器。可是，权力的强制性被人们认为是很自然的事情，好像上司就是要下命令，下属就是在随时待命，等着接受命令，好像下属非常情愿、非常乐意地执行上司的种种指示。其实，这是权力强制性带来的错觉，让经理人以为只要自己是上司，下属就自然而然地要听自己的。实际上，你的下属是具有理性判断力的人，甚至他的聪明才智一点不比你低。他是下属，知道要听你的指挥。但是，他绝对不愿意被人整天呼来喝去，整天做自己认为不对的事情，或者做自己根本不愿意做的事情。如果你强制他去做这些事情，他反抗、违背的办法实在是太多了。

这里特别注意：人不是机器。

• 一旦下属不按照指令去做，将会受到惩罚。

你之所以强迫别人做事，是因为你有惩罚别人的手段，或者说，组织赋予你惩罚"不听话者"的力量。权力的强制性在于，你是用惩罚或惩罚的威胁迫使别人不得不去做事情。

拥有权力后：

肖经理的潜台词：小王必须按照我的指令去做事，否则，就会受到惩罚。

小王的潜台词：我必须服从肖经理的指令，否则，肖经理将会给我某种惩罚。

权力的强制性，使小王在处罚的威胁下，不得不去做上司交给的工作。

特性二：潜在性

权力是潜在的，也就是说，并不一定要行使权力才表明你有权力，权力拥有者并非一定要通过对别人处罚或奖赏才能迫使别人做事，而是把惩罚和奖赏作为潜在的手段。这其中的道理显然是：

• 权力之所以有用，并不是因为你用它，而是因为你不能经常用它。实际上，你管理下属，给他布置工作，发布指令，是因为你有权力，并不是因为你用权力。权力，作为一种潜在的，并不一定采用的力量，在管理中发挥着作用。

• 如果你天天用权，权力也就没有了威力。试想，如果你每次向下属布置工作时，都要用权力迫使下属接受和服从，你这个经理也就当到头了。可是，正是在这一点上，许多职业经理往往忘记了，以为自己有权力，就可以随时动用权力。特别是当下属对于指令不理解、不情愿时，经理动用自己的权力，用"如果明天早上一上班我还看不到这个报告，你就别来上班了"之类的办法迫使下属去做事。其实，这样做已经是"黔驴技穷"了。

• 权力是潜在的，还意味着权力是最终的、最后的手段。

动用权力，是没有办法的办法，或者说，是你让下属服从你的意志的最后的办法。在其他的方法没有采用或者失效之前，不必动用你的权力。

特性三：与职位相联系

在公司里，权力总是和职位联系在一起的，在什么职位上，就有相应的什么权力。董事长有董事长的权力，总经理有总经理的权力，财务经理有财务经理的权力，销售经理有销售经理的权力……

职权，就是管理者做决定的权力，并且这些决定将指导那些向他们汇报工作的人的行为和活动。

• 你的权力是具有一定范围的，你不可能在大街上随便找一个人对他指手画脚，让他做事，因为他不在你的组织中；你也不能对公司其他部门的人指手画脚，让他做事，这样不仅人家不听你的，还会引起部门间的矛盾，因为他不在你的职权范围内；你也不能干涉下属的私生活，因为你的权力仅仅局限于工作中。

• 职权并不总是以直接命令的形式体现出来的。职权有两种，一种是直线职权，另一种是职能职权。直线职权就是某一职位的人可以对另一职位的人行使直接命令。

销售部肖经理向部门秘书小王下达指令。

职能职权则是某一职位的人可以对另一职位的人提供建议却不能行使命令，职能职权通常是以计划、建议、咨询的形式完成的。

人力资源部任经理与公司各部门的关系，就是计划和建议关系，而不能是命令的关系。

• 职权和职责是密切相关的、相伴存在的。

当你有职权的时候，同时也有了相应的职责。或者说，公司之所以赋予你职权，是因为需要你承担相应的职责，你是为了履行职责而行使职权的。任何与履行职责无关的职权行使，都是错误的。

权力的作用

作用一：权力是实施领导的基础

下属之所以是下属，上司之所以是上司，首先在于下属没有相应的权力，而上司拥有相应的权力。正因为如此，下属必须服从，即使在不情愿的情况下也是如此。没有组织赋予的这些权力，上司就无法对下属施加影响，领导下属也就无从谈起。

作用二：权力是地位的象征

公司作为一个有序的组织，具有自上而下的权力结构。权力越大，地位就越高；权力越小，地位就越低，这是无法回避的事实。

就拿你与总经理相比吧，地位的高低意味着：

总经理和部门经理的地位差异

总经理	你（部门经理）
全公司范围内的影响力 更大范围的尊重 更多的身份象征，如名片、专车、独立的办公室、较豪华的装饰、自由支配工作时间 更多的报酬和福利，公司股份或期权等	部门范围内的影响力 较小范围的尊重 没有专车或只有低一档的工作用车，没有独立的办公室或只有较简朴的办公室，上下班要签到或打卡 与总经理相比，薪酬和福利一般要少许多，没有或有比总经理少许多的公司股份或期权

特别注意：这种地位上的差异，对于实现对下属的领导来说，是有很大不同的。地位较高，会更容易获得下属的服从；地位越低，越难于获得下属的服从。

总经理对销售部秘书小王说"将你们销售部这个月的销售报告给我一份"时，小王很可能有一种荣幸的感觉，从而十分快捷地将报告递交到总经理手里；而当销售部肖经理让小王把报告给他时，小王在工作十分忙碌的情况下，可能会很不情愿地或者打折扣地执行这一指令。

作用三：权力是管理的资源

下属们知道，一旦你动用权力，将对他们的个人利益、他们在公司的发展、别人对他们的评价等产生重大的影响。即使你对调薪、升迁、辞退等不是最终的决定者，但是下属知道高层会尊重你的意见，并且如果理由充分，高层会采纳你的建议。

所以，权力在某种情况下可以帮助你获得你所希望的结果，或者说，可以帮助你引导下属的工作绩效和活动。你会引导下属做公司和你所期望他做的事，避免去做公司和你不赞成的事。

权力戒律

权力是一把"双刃剑"，可以带来好处，也很容易带来麻烦和不幸。权力很容易腐化和被滥用，因此，一方面，公司需要一定的政策、制度和规定来限制和规范权力；另一方面，职业经理必须明白权力的种种戒律。

戒律一：权力不能用来激励

权力可以帮助管理者迫使下属做事，但是，权力却不能激励下属做事。或者说，权力无法激励下属的工作热情和积极性。

许多职业经理会陷入这样的误区：自认为有权力给予下属奖赏或者有权力影响下属的奖赏，所以就认为"有权就好办""有权就能激励下属""如果我有给下属加薪、晋升的权力，我就能够激励下属"，等等。这种观点的错误在于，有权给予下属奖赏与激励并不是一回事。

对于一位想得到较高职位的下属，加薪对他没有激励作用；也就是说，并不是权力，如加薪、晋升的权力本身带来了激励，而是因为满足了下属的某种需要或动机欲望，从而带来了激励。

戒律二：权力不能使人自觉

权力的特点，在于迫使别人服从自己的意见。这就意味着，当你运用权力时，你的下属是被动的、不自觉的，或者说，是你说一下，他动一下；你说怎么办，他就怎么办。

销售部肖经理不可能通过命令的方式使下属小王自觉地按照自己的种种期望做事。因为如果小王不理解、不情愿，他并不会因为肖经理的命令而发自内心地自觉地去做肖经理期望的事。实际上，只有小王理解了肖经理的期望，并且肖经理的期望与小王个人的期望一致时，他才会自觉地做事。

许多职业经理，在自己拥有一定的权力之后，往往有一种潜意识，认为既然我是你们的上司，你们就应当自觉地服从我的意志，自觉地按照我的想法去做事。然后，他们会奇怪地发现，自己已经明白地强调了多次的问题，下属就是"死不悔改"。

肖经理要求全部门的人每天早上一上班必须首先填写"待办单"，用 10 分钟的时间计划好全天的工作，然后下班时自我检查。但实际上，真心按肖经理要求做的下属没几个。

这里的错误在于，你是运用权力、命令要求下属自觉地去做事，你的命令可能会使下属在某时某事上按照你的要求去做，一旦你不命令了，他们又会回到原来的状态。显然，是你错了，你以为命令可以带来自觉的行动。

戒律三：权力不能产生认同

小王的销售报告没有能在肖经理要求的时间交上去，肖经理大怒，在部门开会时狠狠地批评了小王。小王觉得很委屈，对肖经理的批评不太接受。部门的其他人虽然没有说什么，但会后却议论纷纷，认为肖经理做得过分了，因为大家都十分忙碌，而肖经理却因为这么一点事就狠批小王，有点小题大做。

职业经理经常会遇到此类情况。显然，下属们并不认同肖经理的做法。这时，肖经理有再大的权力也没有用，或者说，公司总经理也没有办法让大家必须认同肖经理的做法。

戒律四：权力不能滥用

我们经常可以看到社会上、某些机构中滥用权力所带来的危害。

一名村主任像"土皇帝"一样将村民私自关押；

某些部门利用手中的权力"寻租"；

……………

其实，在企业中权力的滥用给企业造成的危害一点不亚于滥用国家权力给社会造成的危害，只不过在企业中，这一问题常常被人忽略罢了。

在公司里，权力的滥用常常表现为：

• 仅仅因为拥有一定的权力，就凭主观意志，凭个人好恶采取某些如任用、辞退、晋升、奖励的行为；

• 为了个人用途私自动用组织资源；

• 以授权的名义将个人职责推给下属；

• 在工作决策时，不让他人参与，不征求下属建议，就武断采取措施；

• 主要依据权力（惩罚或奖赏），而不是运用影响力去改变下属的行为；

• 给予和自己关系好的下属额外的好处，给予和自己关系不好的下属额外的惩罚；

• 运用权力"统一"下属的思想和行为。

在公司里，职业经理滥用权力的现象是较为严重的。但长期以来，人们只注意到公司层面的种种权力，如战略决策、投资决策、经营决策、财务管理、人事安排等，并不关注中层经理的权力滥用问题。实际上，职业经理滥用权力有以下特点：

特点一：依赖权力统一思想和行为。有些职业经理，以为自己颇有"权术"，或者说会"用权"，"将下属们治得服服帖帖的"。显然，下属们十分害怕自己的上司，上司也以自己在部门里说一不二而沾沾自喜。

特点二：在部门这一层，许多事情是很微妙的——有的工作好做，有的工作不好做；有的工作容易出成绩，有的工作不容易出成绩；下属总会有优点和缺点，谁的优点被认可，谁的缺点被公开批评，等等，都有着很大的个人色彩，或者说，很大程度上是掌握在经理手里的。正因如此，一些经理很容易将个人的好恶与行使某种权力相结合，对"自己人"倍加关照，对"不是自己人"大加排斥，而且做得"不显山，不露水"，极容易被人忽视，或被人认为是正常的、合理的。

特点三：缺乏监督。

请注意，在公司，部门经理的权力是最缺乏监督的。

总经理与部门经理监督机制比较

总经理	部门经理
董事会（对重大投资、股权变更、经营战略做出决策，并监督总经理执行）	直属上司监督（可能是总经理、副总经理，一般是关注其业务开展情况及部门内重大决策）
董事长（对公司的年度目标、经营计划、财务状况、高层人事变动进行监督）	无
监事会（对公司运营进行监督）	无
财务经理（一般由董事会或董事长委派，对财务监督管理）	无

（续表）

总经理	部门经理
公司各部门（部门分设客观上起到监督的作用，例如公司设有人力资源部，客观上造成总经理必须通过人力资源部才能实施人事决策，不能随意决策）	公司各部门（由于部门之间是平级，并且相对独立办公，部门之间很少相互了解内部情况。另外，部门经理实际上是部门内部的财务、人事、业务"一肩挑"，无监督者）

公司中长期存在的对中层管理特点的忽视，造成在微观管理层次上，"门一关，就是土皇帝"，其他部门、公司高层都只有职业经理这一个正式渠道来了解部门内部的人和事。

戒律五：权力对下属影响有限

对于一位早就想离职的下属，辞退对他并没有影响力。对于一位觉得公司的工资水平低的下属，增加一级工资，根本不能使他高兴。权力不能消除不满，不能消除误解，不能消除消极抵抗，不能消除背后议论，不能消除不同意见，不能消除下属的惰性，不能消除下属的低能力，不能消除下属之间的矛盾……权力的作用是十分有限的。

常见的误区：并非权力的作用有限，而是不会用。有些职业经理认为，有了权力，事情还不好办？下属还能不"巴结"自己？沉溺于对权力的迷信。

戒律六：慎用权力

慎用权力，就意味着你必须依据前后一致、公平、公开的规则做出奖赏或惩罚的决定。

销售部肖经理在给销售代表们分派销售责任区和销售指标时，

必须用事先确定的划分标准和原则，否则，可能会因为客户的购买力不同而引起销售代表的不满。

慎用权力，还意味着你不到万不得已，不要运用权力。

你的下属小王最近经常迟到，你怎么办呢？如果运用权力的话，你只能是：

- 批评；

- 扣工资；

- 辞退、开除。

问题是，这种惩罚常常是消极的、没有必要的。如果下属行为出现偏差，首先应当寻找原因，他可能有问题需要你的帮助，而不是你的惩罚。而且，一旦你采取了惩罚的手段，常常很难再取得下属的好感和认同。

小王经常迟到这件事让肖经理很恼火，批评他几次也不见好转，于是有两次小王请事假时，肖经理就不予批准，还把他调整去开发一个新行业的客户，加大其工作难度，作为对他的惩罚。后来肖经理才了解到，最近小王的父亲住院，而小王又不愿意和上司谈及此事。由于肖经理与小王的关系已经僵了，尽管肖经理后来表示理解，小王仍耿耿于怀，不久就离开了公司。

你必须让下属明白，你为什么要这样行使权力。这样，你行使权力才能对他们未来的行为产生你所期望的影响效果。

当只有一个主管职位空缺，而表现不错的销售代表有几位时，你必须对那些有资格但最终未被升迁的人解释，决定升迁的因素不单是他们现在的工作表现，也考虑到升迁者能不能成功地胜任销售主管的职位。

显然，如果你事先就让下属们明白，什么样的表现可以升迁，或者升迁的标准是什么，不仅可以引导下属的行为，而且在做出升迁谁的决定时，争论和不满会被降低到最小程度。相反，如果你事先什么也不说，下属们不知道升迁的标准，你决定了升迁者后，才告诉他们标准，不仅不会引导下属的行为，还会引起激烈的冲突。

影响力分析

影响力是一种不运用权力就使他人或下属做事的能力。

影响力的特点

特点一：影响力是一种追随

某位经理人具有影响力，他的下属就会追随他。上司做什么，下属们就会马上向上司看齐，也去做什么；上司号召什么，下属们马上就会响应；上司如果离开这家公司，有的下属甚至也离开这家公司，跟着上司去新公司。"跟着××干，没错！""听××的，没问题！"是追随者的典型心态。

特点二：影响力是一种自觉

下属们追随上司的行为完全是自觉自愿的，没有任何威胁和强迫的因素在里面。具有影响力的上司是不用下命令的，他只要行动或号召就可以了，下属们就会自觉地、发自内心地追随。

特点三：影响力是一种认同

有影响力的上司，其行为、想法、给下属设定的目标等，很容易得到下属的认同。相反，有的上司，虽然说什么下属也听，布置什么下属也做，但是，下属们内心并不认同。

特点四：影响力是非制度化的

也就是说，公司没有也不可能规定，什么职务的影响力应当有多大、有多少，也不可能规定什么人的影响力是什么样的，更不可能规定谁可以有影响力、谁不可以有影响力，也不可能为影响力做什么制度上的安排。

常见的误区

误区一："影响力有什么用？"

许多经理人认为"影响力没有什么用处"。

有的认为，让下属追随和爱戴太难了。"你对他好，他不一定会对你好。""在下属那里建立影响力花了很大的精力，结果扣了他一次奖金，他就大吵大闹起来了，还到处讲你的坏话。"

有的认为，就现在这些下属的素质，强迫命令还来不及呢，哪里还能考虑什么影响力？有些人"只可使用之，不可使知之"，否则，将下属惯坏了可不得了。

有的认为，"现在这些下属就吃硬的一套，有什么工作，就给他布置和下命令，干好就奖，干不好就惩，没有什么好说的"。

误区二：将权力当成了影响力

有的经理认为："谁说我在部门里没有影响力？部门里的人都拥护我，匿名考核我得分也很高，平时说话也有人听。"是的，你是有人拥护，你说的话是有人听，但是，你要问问自己，问问别人，你的下属是否"不敢不听""不得不听"？有的经理经常运用自己的权力，软硬兼施，在部门里造成了一种很有影响力的样子——"没有人敢说经理的不是，都说经理怎么怎么好，经理说一句话没有人敢不听"。但是，下属真的是出于信赖、爱戴和追随吗？不是，之所以如此，是有的上司经常采用威胁的方式——"谁不听我的，哼！"下属们常常感到来自上司的一种威胁，不听上司的，没有好日子过呀；相反，听上司的，上司经常会关照关照，给一些方便和好处。

误区三：权力大影响力就大，权力小影响力就小

有的人说："你看总经理一句话，就在全公司有影响，部门经理一句话，就在部门里头有影响，一般员工说话就没有影响。"其实，这种看法仍然是混淆了权力与影响力。总经理的一句话，固然可以在全公司产生影响，但是，并不一定能引发追随、认同和自觉。不合理的一句话，全公司的员工可能迫于权力，不得不服从，但是，决不会产生出超过权力的影响。也就是说，权力所带来的影响和领导的影响力是两回事。

权力与影响力

北风自恃风力强大，要求太阳俯首称臣，太阳则不甘示弱，双方争执不下。最后看到前面有一个行人，于是相约以此人作为争斗的对象，看谁能使行人脱掉大衣，即为胜利。北风杀气腾腾，不断施展其强烈剽悍的雄风，而那个行人却把衣服裹得紧紧的，最后，北风只得作罢。轮到太阳施展身手，只见太阳露出笑脸，天气变得暖和起来，行人将大衣脱掉了。

这个寓言说明：北风虽然令人生畏，却使人极力反抗。这就像权力一样，虽然使人敢怒不敢言，但不能使人心服口服。太阳没有使用权力，而是用自身的温暖使人心甘情愿。这就是影响力的作用。

权力与影响力的差异

项目	职务权力	影响力
来源	法定职位，由组织带来和规定	完全依靠个人的素质、品德、业绩和魅力而来
范围	受时空限制，受权限的限制	不受时空限制，可以超越权限，甚至超越组织的局限
大小	确定，不因人而异	不确定，因人而异，同一职位上的经理，有的人有影响力，有的人没有
方式	以行政命令的方式实现，是一种外在的作用	自觉接受，是一种内在的影响
效果	服从、敬畏，也可以调职、离职的方式逃避	追随、信赖、爱戴
性质	强制性地影响	自然地影响

虽然权力与影响力有以上不同的、差异的方面，但是，对于职业经理来说，权力和影响力是实现有效领导必不可少的两个方面。职业经理应当学会运用权力和影响力，这里的要点是：

要点一：要学会使用权力

如何使用权力，首先是一门技巧，其次才是一门艺术。由于中国几千年来的"官本位"文化产生出了"厚黑学"等等教人如何玩弄权术的方法来。这里应提醒注意的是，在企业中的权力和权力的运用，特别是在现代企业制度中，与传统政治中所说的权力是不同的。其中一个最大的不同是企业中的员工与公司是劳动契约关系，他随时可以自由地选择离职来躲避不好的权力，而传统政治中，人是无处躲避的。所以，千万不要将现代企业中所规定的权力与传统政治的权力混为一谈。

要点二：建立影响力

不建立影响力，就没有领导力，也就没有有效的领导和管理。

从影响力与权力的关系来看，权力是实现领导的"核心"或基础。在企业中，没有权力的人是无法对别人实施领导的。反过来，影响力是权力的"外层空间"。这说明，实施领导时，首先运用和接触的应当是"外层空间"，即影响力，而不应当是权力；这还说明，影响力是最常见、最频繁、最直接的领导方式（这与传统权力的最直接、最频繁刚好相反）。因此，"大气层"的厚度（影响力的大小）对于实现领导起着至关重要的作用。

此外，对于一些经理来说，由于不掌握企业职权系列中最重要的一些权力，实际上的职权是相当有限的，这就更要求一些经理通过建立影响力来实现有效的领导。

要点三：慎用权力

权力与影响力成反比关系，你越使用权力，你的影响力就越弱，权力的效果就会越差；你的影响力越大，就会越增强和提高你使用权力的成效；你的影响力减少，也会降低权力的使用效果。

为什么中国企业的许多经理，甚至高层管理者，缺乏影响力呢？一方面是有的经理不注重建立自己的影响力；另一个很重要的方面是，有的经理过多地使用权力，降低甚至破坏了影响力的成效。工作中使用权力简单易行，处理起问题来往往立竿见影。经理由于日常不注重建立影响力，又缺乏一些基本的管理技能，在遇到紧急事件或沟通障碍时，往往是除使用权力外，不知道还有什么别的有效手段。下属不听话时，经理不知所措，"再不用权力进行'弹压'，那还了得"。

但是，管理中常见的情形是，使用权力如同"饮鸩止渴"，你越是使用权力，效果就越差，随着使用次数的增多和使用强度的增加，要达到同样的效果所需要的权力"剂量"就会越来越大。尽管效果越来越差，你却越来越离不开权力——离开权力就无法使下属工作，就无法在部门内实现有效的领导。直至有一天，某个下属在你指示他去做某项工作时，与你吵起来，表示他的不满和抗拒，并且，这时他很可能对你的权威不再认同，你的任何威逼利诱都不再起作用，他要么到高层那里"告你一状"，要么在不犯大错的情况下与你对抗，要么在下面与其他心怀不满的下属串通一气，大搞"地下抵抗运动"，要么干脆一辞了之。

单元二

好领导的八项特质

特质一：要有一颗"公心"

"公心"是站在公司的立场上来谈的。职业经理是经营者的替身，只有维护公司的利益，才是真正的公心，才能够真正为他的部门和团队着想。所以，公心的"公"是公司的公，而不是部门的"公"。只有"公心"，才能"齐"部门这个"小家"，才能赢得下属的尊敬与信赖。

要点一：坚持原则。很多职业经理面对问题，在原则面前往往"和稀泥"，进行调和、平衡，这就不是"公心"。

要点二：不偏不倚，一视同仁。

要点三：一心为大家。

要点四：积极奉献。

作为一个领导者，你对企业所做的贡献和企业给你的报偿之间并不是能够完全重合的，也就是说，你做的贡献也许得到了认可，也许因为某种原因没有得到认可；你为下属和其他同事所做的事情，也许得到了他们的理解和回报，也许并没有得到他们的理解，甚至他们还可能产生误解，使你好心办了坏事；也许你很多的付出，并没有得到回报……但是，作为一个领导者，你必须首先考虑的是付出，你总有一部分付出是没有回报的，这就是奉献。

特质二：成为业务的"领头羊"

你在业务方面比你的下属要强，你必须是你业务领域中的专家。这里有一些误区：

误区一：领导是从宏观上、总体上来把握业务，具体的事情都是由下面去做，业务上没有必要都比下属强

职业经理面对的是具体的业务工作，一方面要带领部门成员进行实际操作，一方面也需要自己亲自操作，特别是在下属遇到问题的时候，更需要职业经理到第一线解决问题，辅导并为下属做出榜样，否则，你又如何期望使下属的工作能力得到提高呢？业务能力对于职业经理来说尤为重要。

销售部小王："经理，××客户的单子我总是谈不下来。您看怎么办？"

销售部经理："好，你和我一起到××客户那儿去一趟，我来处理这件事。"

误区二：有些人认为我的工作经验多、学历高，我自然就是业务的领头羊

所谓的业务领头羊是对现在的和未来的业务来讲的，如果你所学的以及你目前所拥有的经验，与业务的发展需要是一致的，那么你可能就是业务上的领头羊。

你取得了 PMP（项目管理资格证书），你现在正要负责运作一个房地产项目，而你过去也有若干年房地产开发的经验，那么这个证书和你的工作经验就可能使你成为业务的领头羊。

误区三：有些人曾经是业务的领头羊，就永远以领头羊自居，殊不知在当今高速发展的知识经济时代，过去的已经成为过去，而未来所需要的业务能力可能还没有具备

误区四：有些人认为"领头干"就是领头羊

特质三：诚信

一个领导者，必须说到做到，不能只说不做；也不能只做不说。不光对外要诚实讲信用，对下属也要诚实讲信用。

在这里，应该说许多职业经理都懂得"言必信，行必果"的道理，但是，为什么在实际当中却常常有这样或那样的偏差呢？这是因为他们存在以下的误区：

误区一：归罪于外

很多职业经理说到却没有做到的时候，常常归罪于外部和客观的原因。

人力资源部经理承诺 4 月底以前为研发中心招来系统工程师三名，但是，到 5 月，一个人都还没有招来，显然，这是一个说到没有做到的例子，但是，我们常常听到人力资源部经理为自己做出如下的辩解：

"本来 3 月初有一个面向 IT 业的大型招聘会，那个会上肯定能招到合适的系统工程师，结果没想到由于 3 月召开人代会，上边通知这样的大型活动都暂停，结果当然是没有招来人了。"

"我们也想过其他的办法，比如通过猎头公司赶紧招人，结果猎头公司说我们公司给的这点钱根本找不来人。你让我们怎么办？

"我们最后还在网上发布过招聘信息，发来申请表的人不少，符合标准的也不少，最后不是你们研发中心面试时都给否了嘛。"

你能说他是说了没做吗？

误区二：有的职业经理总认为"说到做到"指的是对于下属个人的一些承诺要说到做到

研发中心主任："小王，这件事完成了，我保证下一次出国有你。"

研发中心主任对给下属的这类承诺看得很重，说了将来想方设法一定兑现，而对于其他的工作却不会如此严格要求。

研发中心最近制定了一套新的工作规范，要求从3月1日起执行，但是，3月1日以后仍然有不少人不执行新的工作规范。研发中心主任以最近大家工作忙等为由，对大家的这种行为表示理解，也不追究。

实际上，制度一旦制定，就要做到"令行禁止"，也需要"说到做到"，甚至这种"说到做到"比对个人的承诺还要重要。

特质四：预见性

职业经理作为领导，应当预先觉察到重大事件的发生，或者能够预见到好的和不好的结果。由于多次准确地预见到未来，从而在下属心目中树立起领导的威信。

• 比尔·盖茨预见到 DOS 系统的市场价值，在大家都不看好以及自身财力拮据的情况下，毅然买下 DOS 系统，成了微软成功的开端，也奠定了比尔·盖茨的领导地位。

• 联想公司的高层预见到未来销售通路在 IT 业竞争中的价值，在困难重重、连续亏损的情况下，坚持做利润很薄的 PC 机，最终建立起全国性的销售通路，推动了公司其他产品的销售，从而树立起了联想高层的领导形象。

相反，如果你为大家指的道、预见的未来总是走不通，总是碰壁、失败，那么，你可能在职位上是领导，但在大家的心目中你早已经不是领导了。

特质五：感染力

作为领导，你应该具有把你自己的想法变成大家的想法的能力，或者说，你具有用你自己的想法感染下属、说服下属的能力。特别是在处于困境的时候，能够把大家的积极性调动起来，看到光明美好的未来，一同克服困难，取得成功。

特质六：坚持

作为领导，在困难的时候，你要有坚忍不拔的毅力，比你的下属更能够承受困难和压力。

如果希望自己具有影响力，你要问问自己：

• 你是否是最后一位坚守阵地的人？

• 你是否在公司遇到了前所未有的困难的时候，仍然坚持你自己的信念和工作，并去影响你的下属？

• 当你在困难面前也感到难以承受的时候，你是否比你的下属更早想到了退却？

• 当你的下属在困难面前牢骚满腹、怨言四起的时候，你是否表现出与他们相同的看法？

• 当上下左右都对你的做法表示怀疑和抗拒的时候，你是否能够在孤独当中仍然"奋然前行"？

古今中外的领导者之所以被公认为领导者，就在于他们是坚持到最后的一个。

有人采访美国苹果电脑的董事长乔布斯时问道："你成功的秘诀是什么？"乔布斯说："坚持！"苹果电脑经过了风风雨雨，正是因为坚持，才取得了成功。而乔布斯因此成为苹果电脑的精神领袖。

20世纪90年代中期，联想电脑公司和四通公司都开始做PC机，都同时遇到了前所未有的困难，当时大家都认同国外的品牌IBM、Compaq等，以及兼容机，根本不认同国内的品牌，所以刚开始时，都出现了巨额的亏损，在这种严重的困难下，联想选择了坚持，四通选择了转型。今天，四通人在总结时遗憾地说："四通缺少的就是一个坚持。"

特质七：亲和力

领导的个人魅力虽然是自己不断修炼的结果，但有没有魅力、有多大的魅力，主要还在于其他人，尤其是直接下属的感受与评价。这就需要领导具有亲和力。亲和就是领导与下属彼此坦诚相待，相互支持，相互打气。领导充分信任下属，"你办事我放心"；下属对领导知无不言，言无不尽。

美国柯维领导培训中心创始人柯维把良好人际关系的建立形象

地比喻为在银行建立"感情账户"，它可以储蓄，以备不时之需，而且交往双方不断存入、增进彼此的感情。柯维认为存入账户的首要前提就是彼此之间的相互信赖。

职业经理与下属"朝夕相处"，有极好的条件去建立自己的亲和力，但是为什么有那么多的管理者却没有亲和力呢？究其根源，主要是职业经理对亲和力存在一些错误认识：

错误认识一：认为亲和力就是大家在一起热热闹闹，能一起聊天、喝酒吃饭，彼此之间称兄道弟

这不是领导的亲和力，而是个人之间的友谊。亲和力只是针对职场而言，友谊则是私人之间的情感。

错误认识二：亲和力就是对下属有求必应

对下属有求必应只会增强下属的依赖性和惰性，使下属失去锻炼、提高自我的机会，其结果是下属没有能力去独立完成工作，也使你对下属的信任感逐渐降低。同时，下属又因为你对他们态度的转变而产生抱怨情绪。另一方面，职业经理职位的特点也决定了你只拥有有限的职权和权力，不可能对下属有求必应。一旦有求不应，就会怨声四起，原来建立起的信任格局就彻底瓦解。

错误认识三：亲和力就是大家一团和气，彼此之间没有争吵、冲突，甚至不存在不同意见，追求全体的一致

这样的组织不可能有活力，只能是一潭死水、一群乌合之众。一致同意通常是不可能的，除非你使用强权进行威胁。没有原则的一致赞成并非群策群力，有时争执、不满情绪反而更为难能可贵。它一方面产生了更多的观点，迫使我们从不同的观点看待问题，少犯、不犯错误；另一方面也使成员间的负面情绪得到释放，否则负面的情绪只能被隐藏起来，造成更多的误解，转变为暗中挖墙脚、相互使绊子，最终破坏组织的凝聚力，士气和共有的价值观遭到削弱。

错误认识四：与和自己性格、脾气相投的人亲和

"物以类聚，人以群分"，这本来无可厚非，但是作为领导者，你要有一定的胸襟，要宽容、大度，对于性格、脾气不同的成员，更需要同他们交往，否则他们会因为"你不是和他们一路的人"而疏远你，导致形成小集团，破坏团队的战斗力。

错误认识五：亲和力对影响力有负面影响

认为和下属亲和，就会让下属把自己"看透了"，自己就没有"秘密"而言了，也就无法建立起自己的影响力。这实际上是职权和权力思想在作怪。

正是种种的错误认识，使不少职业经理采取了错误的做法——与下属拉开彼此之间的距离。有些管理者还以"距离产生美"来为自己的行为进行辩护。那么，同下属拉开距离有没有必要呢？

不可取！

职业经理的职位决定了你不得不和下属"朝夕相处"，还要和下属一道从事具体的工作，不可能像高层管理者那样高高在上，专注于计划、决策、协调等管理工作。一旦拉开了你同下属之间的距离，不要说提高不了影响力，恐怕连部门的工作任务也无法完成了。

亲和力不需要也不应该拉开你同下属的距离。

亲和力就如同磁铁一样，相互吸引、相互作用，距离拉开了，吸引力就失去了作用，也就没有亲和力了。

问一问自己，你为什么要拉开同下属的距离呢？

拉开距离只是一个表面的假象、一个美丽的谎言，实质上是你对职权和权力的迷恋，期望用强制性的力量来建立自己的影响力。然而，影响力无法依靠强权来建立，亲和力更是不能依靠强制来维持的。

不过，领导对下属亲和也要有个"度"。有的职业经理容易犯"过于亲和"的错误。"过了"和"不及"都是有损领导的影响力的。即使你能和下属建立亲如家人的关系，但不能忘记你是部门的领导，你与下属之间还有一层上下级的关系。当部门的利益和下属的利益发生冲突时，你该怎么办？是按照公司制度规定维护公司利益，还是"睁只眼、闭只眼"，通融通融？对于关系非常密切的上下级关系来说，这确实是两难的问题。由此可见，不能过于亲密。

建议：同下属维持良好的关系，遇事给予关心，但要讲原则，在原则问题上绝不能松懈，这样，即使与你关系很好的下属，也不会在原则方面的问题上要求你网开一面。

特质八：关心下属

领导是通过别人来工作的，因此，只有真正关心下属，下属才会为你效劳，你也才能真正建立自己的影响力。这个道理几乎每个人都知道，但在具体操作时却往往走了样。

误区一：把关心等同于小恩小惠

这一现象在职业经理中相当普遍。一些人认为自己既然对下属最为关心的加薪、晋升没有生杀大权，那么只能靠小恩小惠来表明自己对下属的关心。

小恩小惠只能博得下属一时的欢心，而随着下属欲望的增长，一旦你满足不了下属更高的需求，下属就觉得你不再关心他们了。另外，小恩小惠往往以牺牲组织整体的利益为代价，一旦被曝光，轻则受到上司的斥责，重则会受到组织处分，使你无地自容。

　　贪小便宜的人有，但更多的人更关注于自身职业的发展、综合能力的提高，以求得加薪、晋升，最终实现自我。所以，应当在这些方面对下属进行辅导、帮助。

　　误区二：对下属许诺空头支票

　　经理："小王，这件事完成之后，下一次就送你到国外进行培训。"

　　小王："啊，太棒啦！"受到很大的鼓舞，工作更带劲了。心想：还是经理关心我。

　　结果：下一次去国外培训的机会给了别的部门。小王感到受到了很大的打击，工作不那么带劲了。

　　每一位员工都期望获得加薪、晋升等好机会，即使不直接和你坐下来谈，也可以从他们的言谈举止中表现出来。作为他们的经理，你想抓住他们的这个需求激励他们，那么你是直接向下属许诺吗？告诉他们你能为他们做什么吗？

　　告诉下属你会向上司推荐他，建议提拔他，送他去培训；与人力资源部斡旋，提高他的薪水。下属会领你的情吗？下属真的会感激吗？

　　下属可能会认为并不是你的努力才使他得到提拔、晋升的，因为如果你没有被提拔到更高层的位置，你不可能那么好心，冒着自己位置被顶替的危险做这件事。另外，你这样做，也使上司对你产生不满，认为你有野心，在窥视他的位置。

　　下属会认为你对他许诺加薪、晋升，只是为了让他好好工作而说出的不负责任的话。

　　成熟的公司都有自己的一套关于加薪、晋升等的规定和程序，你不可能去更改这些，你也无权更改，这些都是人力资源部管辖的事，你只有建议的权力。

　　这么看来，你对下属的评价，有关他加薪、晋升等的问题，还不如不直接告诉下属。"可是，不告诉下属，下属怎么知道我在关心他呢？"

　　是否告诉下属其实并不重要，重要的是让下属感觉到你真正在为他们的期望努力，在于你的行动。你可以在上司、其他同事面前夸奖你的下属，让下属有机会展露自己的才华，放手让下属去锻炼。

　　许诺空头支票对经理来说没有什么好处，但是，在日常工作中，这种情况又不能完全避免，你需要去激励下属好好工作，你必须做出承诺。所以，你应当在有把握的情况下做出恰当的承诺。如果情况发生变化，或是自己判断失误、职权有限，以至于无法兑现，这时最好的做法是向下属道歉，并坦诚地告诉下属不能兑现的原因，以得到下属的谅解。下属会体谅你，而且还会感激你对他的关心与爱护。

　　误区三：认为关心下属的工作就是关心下属

　　管理者都会非常关注下属的工作，因为这关系到经理自身的业绩好坏。而下属作为一个人，有多种需求：家庭、休闲、情感、尊重、职业发展等。过于关心下属的业务，反而会使下属反感，觉得你只知道工作，除了工作之外，什么也不关心，你更为担心的是上司对部门、对你这个经理的要求；另外，还会使下属产生这样的印象：你的行为是建立在对他不放心、怀疑他的工作能力、监督他干活的基础之上的。

误区四：不能一碗水端平

实际工作中，一些领导对一些下属倍加信任，视为心腹，对其他人则戒备森严，处处防范，并让心腹去监督其他人。下属被分成了三六九等：对心腹有求必应，给予特别的优待；对那些不听话的、有棱角的"刺儿头"，则"处处关心"，以便抓个机会给小鞋穿。

不能一碗水端平还表现在对男女下属不一视同仁，总认为女性成就动机低，希望稳定、舒适的工作，所以很少关心她们在职业发展等方面的需求。

不能一碗水端平，常常会造成下属之间相互嫉妒，产生内耗，不利于组织的团结。

误区五：认为关心下属就是对下属有求必应

满足下属不合理的要求，会损害组织整体的利益。人的需求是无止境的，一个需求满足，又会产生新的需求。下属的需求中有的同组织的目标一致，有的却与组织的目标背道而驰，如假期多、工作轻松、薪水高等，作为经理，你只能尽量满足下属那些与组织目标一致的需求，对不合理的需求必须予以拒绝，恰当的时候还要给予批评。

误区六：关心下属就是不批评下属

批评也是关心下属的一种方式，它可以促使下属反思自己的所作所为，达到进步、提高自己的目的。如果下属有了问题，你不及时进行批评，将会使下属走得越来越远，犯的错误更为严重，上司也会追究你管理不力的责任。当然，批评也会造成如使上下级关系紧张等的副作用，所以，批评下属时一定要选择恰当的时间，采用正确的方法，注意下属的自尊心、面子，遵循对事不对人的原则。

如何关心下属

领导是做"人"的工作的，不关心下属是不行的，但是这里所说的关心下属是带有功利色彩的，它要求有所回报——要求下属对你要忠诚，建立你的影响力。

要让下属感到你在关心他

如果你在关心下属，但是下属没有觉察到，就不会产生你所期望的效果。原因可能是：

- 你关心的"剂量"不够；
- 关心的内容不是下属的实际需求；
- 与下属沟通得不好。

成本高的别做

经理的职权和权力是有限的，关心下属一定要适度，讲求成本。如果为了区区几十元的交通费去和上司、人力资源部据理力争，一是有失领导的度量，二是影响部门之间的关系，不利于今后的合作。如果为了体现自己关心下属，冒险去违反组织的制度、损害组织的利益，那么关心下属的成本就太高了。

不能完全控制的少做

如上面提到的加薪、晋升等，不是职业经理可以控制的事，如果你告诉下属你在这些方面对他们很关心，他们也不会相信。

关心下属与组织目标一致的需求

对不合理的需求要加以引导。

让员工感到是你在关心下属

如果下属认为是组织而不是你在关心他，他也就不会感激你，更不会为你效劳。在这方面，经理容易表现出一些不妥当的行为：

· 完全归功于自己。

认为组织之所以关心下属，认同下属，是因为自己管理得好。实际上，下属不一定这么认为，他们认为这是自己的付出所得到的应有回报。

· 认为是自己的推荐。

他们常对下属说："你之所以获得……都是我向上面极力推荐的。""因为我的据理力争，你才……"下属真的会感激你吗？下属会认为这是你的分内工作。所以，在与下属谈及此事时，要分清主次，肯定主要是下属工作努力的结果，顺带提到自己也尽了推荐的微薄之力。

· 把不好的向外推。

遇到办不到的事，管理者常说："不是我不想办，都是上司的问题 / 别的部门故意刁难 / 官僚主义 / 大环境不好……"这样做的本意是希望向下属表明你确实很关心他，但是无能为力。但造成的后果是，下属感到组织不关心自己，对组织失去了信任，认为自己不必为组织尽心尽力，遇到合适的机会就跳槽；同时下属也感到你没有能力关心他。

四种领导方式

领导方式的多样性

在运用领导技巧方面，不同的管理者会有不同的领导方式，这些不同的领导方式有：

- 支持型的领导方式；
- 授权型的领导方式；
- 教练型的领导方式；
- 指挥型的领导方式。

最近一段时间以来，下属的工作表现一直欠佳：迟到，早退，上班聊天，对客户的要求反应冷淡，业绩不理想。作为领导，你可能采取的做法是：

- 召集全体下属开会，重申公司的规章制度要求，提醒他们加以注意。
- 分别找各位下属私下进行谈话，提醒他们注意规则以及对部门的影响。

• 对几位违反公司制度、工作情况很糟的下属当众进行严厉的批评，以起到杀一儆百的效果。

• 同下属就最近工作的低效率问题进行沟通，认真听取他们的意见，并与他们一起找到解决问题的有效方法。

• 了解下属在工作中遇到的问题，尽可能为其提供技术等方面的帮助、支持和辅导。

• 不听取下属的意见，认为他们总在为自己找借口。对原先交给下属独立完成的工作进行严格的监控，要下属完全按照自己的意思操作，认为这样可以使下属在最快的时间内完成任务，少走弯路。

• 同下属就出现的问题进行交流，使下属自己能够发现问题，并给予下属更大的权力进行工作。

那么，哪一种领导风格是最好的呢？

很多人认为领导方式不是民主的，就是专制的，民主的领导方式就是重视下属的个人感受，自然是好的领导方式，在工作中肯定是高效率的，下属会欣然接受；而专制的领导方式就是不顾及下属要求的，肯定没有什么好结果——下属在高压、专制的管理下工作效率高不了。

而事实上并非如此。不管采取哪种领导方式，其目的都是要取得预期的效果，增强领导的有效性。所以，领导风格并没有好与坏之分，关键在于你在什么场合、对什么样的人，采取什么样的领导风格。

市场部受命要在两周之内对公司的目标市场进行调查，做出一份市场报告，时间紧、任务重。市场部的员工几乎都是刚毕业的大学生，缺乏实际的工作经验。市场部史经理是一位管理温和、遇事总让下属自己拿主意的领导。这次，他让下属们自己拟订调查实施计划、报告内容。下属们感到不知所措。

在工作压力大、时间紧急，下属不具备丰富的专业知识、技能和经验的情况下，温和、民主型的领导方式反而不能达到工作目的。在这种情况下，史经理采取比较专制一些的领导方式反而会取得更好的效果。

"小张，你负责划定调查区域。区域图到电脑的 D 盘区域目录下找，划定调查区域的依据是……"

"这是我拟定的市场报告提纲，请大家按照里面的内容扩充资料和撰写……清楚了吗？"

下属们非常佩服史经理的工作能力，各自工作去了，顺利地完成了任务。如果这时史经理不告诉下属该如何去做，下属们是不知道应当如何去做这些工作的。

所以，我们需要了解的是，下属的发展阶段和层次，以及上司的不同领导风格。

事实上，无论采取哪种领导风格，其效果都取决于两个方面的因素，其一是下属的因素，其二是上司的因素。下属的因素是指处在不同职业发展阶段和层次的下属具有不同的特点，这些不同的特点和层次需要有不同的领导风格与之相适应；上司的因素是指任何一个领导者都有多种领导风格可以选择，虽然，看起来不同的领导者可能有某种特定的领导风格，但是实际上，任何一个领导者都可以改变自己的领导风格，用与下属相适应的领导方式去带领下属完成企业的目标。

下属发展的阶段性

影响下属发展的因素

下属的发展层次受到两个因素的影响 —— 工作能力和工作意愿。

工作能力

工作能力是知识和技术共同作用的表现，反映出一个人的工作成熟程度，它可以经过教育、训练及经验的积累而获得。工作能力强的人拥有足够的知识、技能和经验，以完成他们的工作任务，不需要他人的指导。

刚刚大学毕业进公司的员工，工作的熟练程度比较低，工作能力相对较弱，需要其他员工、部门领导的指导，经过培训和工作经验的积累才能达到较高的工作熟练程度。

下属的工作能力会随着时间的推移发生三个阶段的变化，总的趋势是逐步增强的。

第一阶段（刚进入公司）：工作能力低，仅有一些书本上的知识和基本的工作能力，缺乏独立完成职责所要求的专业知识、技能和经验。

第二阶段（一段时间之后）：一般是在试用期，公司会对新进人员进行相关的培训，新进人员也会在上司的指导下逐步开展一些工作，但总的来说，工作能力还不足以达到独立完成职责的程度，只部分具有了所要求的工作能力；同时由于这时公司已经给新员工布置了一定的工作任务，而员工此时的工作能力还不足以完成工作目标，所以员工处于工作的低沉期。

第三阶段（低沉期过后）：员工得到了系统的培训，也在工作中经受了历练，掌握了完成工作职责所需要的专业知识和技能，积累了足以独立完成工作的经验，工作能力达到公司的要求，甚至是很高的水平。

下属的工作意愿却呈现出先高后低，然后逐步回升的过程。

工作意愿

工作意愿是指人们在缺乏监督的状况下所表现出来的工作愿望，它是信心和动机的综合体。信心是一个人在没有监督的情况下能达到目标的那种信念，动机是一个人圆满达到目标所展现出的兴趣和热忱。有时候，当人们意识到实际工作比想象的要困难得多，就会失去信心；或者当他的努力被忽视，他也会感到厌倦而丧失兴趣。工作意愿反映出一个人的心理成熟程度。

在同等工作能力的情况下，工作意愿高昂的下属与工作意愿不高的下属相比，更容易达成工作目标。

第一阶段（刚刚进入公司）：对公司充满期望，对未来充满理想，对周围的人和事充满热情，工作意愿高昂。

第二阶段（一段时间之后）：由于较多地了解了公司的一些实际情况，很多理想化的东西被现实所代替，周围的人际关系和工作都不是很顺心，工作意愿低沉。

第三阶段（低沉期过后）：这时候如果理顺了周围的人际关系和工作关系，工作得以顺利开展，工作成果也得到了上司以及同事的认同，工作意愿就会高昂起来；相反，如果这时没有理顺周围的人际关系和工作关系，工作不能顺利开展，没有得到上司以及同事的认同，工作意愿就会继续低沉下去。

第四阶段（融入公司之后）：工作意愿高昂而稳定。在经过第三阶段之后，新进员工必须适应公司的环境和要求，工作意愿低沉的员工被淘汰，从低沉期走出来恢复了高昂工作意愿的员工将得到公司的认同，成为公司的业务骨干。

下属发展的四个阶段

对于下属的发展来说，工作能力和工作意愿是同步进行的，两者的结合就可以反映出下属在不同发展阶段的特征。

在不同的发展阶段，下属表现出不同的特征：

阶段一：低工作能力，高工作意愿

处于这个阶段的员工工作能力不高，对工作还不够熟悉，还没有接受一些专业培训，缺乏工作技能和相关的专业知识。正因为如此，他们非常渴望学习新东西，表现出很高的工作意愿、热情和学习兴趣，但往往是心有余而力不足。

小张上个月大学毕业后，进入公司的销售部做起了销售员的工作，他对新公司和这份工作都非常感兴趣，期望自己也能像其他的同事那样出差、同客户谈判、得到大的订单。但他对公司、对销售部的运作方式还不太了解。

销售部的小张处在他工作发展的第一阶段。

阶段一并不是一个不好的阶段，我们每个人从事一项新工作时都会处于这个阶段。需要注意的是这一阶段的下属常常表现出强烈的自信心，他们为开始一项新的挑战而感到兴奋，不能实事求是地正视问题和困难，有时甚至言过其实。

阶段二：部分工作能力，低工作意愿

随着工作的不断增进，人们的工作动机和自信心反而呈现下降的趋势，这是第二阶段下属的典型特征。下属在工作中逐渐体会到工作难度超过了他的预期，而工作所带来的乐趣比预期的低，从而降低了工作意愿，但同时他们也掌握了一定的工作技巧。

小张很快被分配了具体的销售工作，经常与资深的销售人员一起出去拜访客户，他学到了很多，比如怎样向客户介绍自己的产品，如何同客户谈判产品价格，等等。但是，小张也感到过多的出差、陪客户吃饭占用了他太多的时间，同时，他经常遇到客户的拒绝和冷遇，自尊心受到伤害，感到业务很难开展，他认为自己风里来雨里去，不知道什么时候才有出头之日。

这时，小张处在他工作发展的第二阶段。可以说，在这一阶段下属的工作意愿从热情万丈一下子跌到了谷底，他们开始对工作产生怀疑的情绪，自信心受到打击。

阶段二也并不是一个坏的阶段，每个人都要经过这么一个过程，历练自己。

阶段三：高工作能力，变动的工作意愿

处在这个阶段的下属多数都具备了完成工作任务的能力，但因为工作意愿不稳定，可能高可能低。当工作意愿高时，工作能力得以发挥，工作就完成得好；当工作意愿低时，工作能力就难以得到发挥，工作完成得就不好。如果工作意愿能够保持高昂的状态，下属就能进入工作发展的第四个阶段。

半年的时间过去了，小张参加了一些时间管理和谈判技巧的培训，他现在对自己的时间管理充满了自信，在与经验丰富的同事一起拜访客户时信心也很足。但是有时当他独自与客户进行谈判时，他心里感到有些没有把握，总担心是否能够与客户达成一致。

这时，小张处在他工作发展的第三个阶段，具备了较高的工作能力，但是由于经验、阅历等方面的不足，自信心时高时低。

第三阶段对于公司和员工个人来讲都是不利的。对于公司来说，处在这个阶段的员工，往往不能放心大胆地使用；对于员工个人来说，处在这个阶段，工作表现忽高忽低，长此以往将被淘汰。

阶段四：高工作能力，高工作意愿

处于这一阶段的下属，工作能力不断增强，高昂的工作意愿得以稳定，他们已经成为优秀的工作骨干，对工作总是充满了自信，士气高昂，对他们而言，唯一需要知道的就是工作目标。

小张已经在销售部工作两年了，他非常了解自己的客户，与客户谈生意他感到轻松了，客户对他也很满意，他已经为公司带来了三个大的订单。小张的同事们决定为他开个生日晚会，小张感到有一个光明的未来在他面前展现。

小张已经处在了他工作发展的第四个阶段。

值得注意的是，并不是一旦达到某一工作发展层次，就不会发生变化。特别是下属在达到第四个发展阶段的时候，可能会：

· 由于工作环境发生变化而变化，如更换了领导，长期配合的同事调离，更换新的工作、部门等，又退回第三阶段、第二阶段。

由于工作需要，小张被指派去开发华东地区的销售，原先的客户由其他同事接管。虽然小张已经拥有丰富的销售工作经验，但面对全新的市场和工作，他也感到自信心不足。

· 对物质、精神方面的不断需求，促使下属的工作满足感很快低落，他们可能会有加薪、晋升的愿望，如果不能得到满足，就会另谋高就。

做了几年的销售代表，小张已经不满足于自己目前的地位和公司的薪酬了，常常口生怨言："看别的公司给的提成多么高……"

· 双高阶段对于公司和个人来说都是最好的阶段，但是，这个阶段是最难保持的。

很多经理也抱怨高工作能力、高工作意愿的下属很难找到，确实，多数情况下，我们只能将普通员工培养成一时之需。事实上每个人的潜能都是无穷的，问题就在于领导者要知道如何去挖掘和利用。

领导方式分析

两种典型领导行为

领导者有两种典型的领导行为，一种是指挥性行为，一种是支持性行为。

指挥性行为

指挥是一种单向沟通，领导者将内容、时间、地点和方法明确告诉下属，并且严格监督下属的工作过程。下属的工作过程和工作步骤都是由领导所决定的，下属只是执行领导的决策。我们可以用组织、控制和监督来形容指挥性行为。

支持性行为

这种行为意味着领导对于下属的努力进行支持，领导倾听下属的意见，帮助下属之间增进关系和交流意见。领导可以通过鼓励和称赞来增强下属的自信心，促使其自动自发地达到目标。支持性行为强的中层领导很少与下属讨论如何解决某个问题或达成某个目标，他们习惯于利用扩展下属的思维和鼓励下属冒险的问题来引导下属自己找到解决问题的方法。

	支持性行为 —————→	
支持性行为 ↓	支持型 低指挥 高支持	教练型 高指挥 高支持
	授权型 低指挥 低支持	指挥型 高指挥 低支持
	指挥性行为 —————→	

支持性行为的关键词有：鼓励、听、问、解释。也有人用称赞、倾听和辅助来形容支持性行为。

四种基本领导方式

将指挥性行为和支持性行为进行不同的组合，正好可以得到四种基本的领导方式。

指挥型的领导风格：高指挥，低支持

指挥型领导明确提出目标和具体指示，并严格监督执行，他们的特征是对下属的工作进行高度的控制，自己为下属的工作制订出详细的计划，告诉下属在什么时间、什么地点、使用什么方法干什么，操纵下属的行动，严格地进行监控，但是对下属的工作不提供支持性的帮助，不倾听下属的建议、意见和困难，只是一味让下属按照自己的意志工作。

指挥型领导的典型行为是，命令、规定。

几个月来，销售部销售代表们的表现一直处于低谷，业绩不尽如人意，而他们也不在意工作是否达到预计的目标。肖经理仔细分析了当前的问题，重新为他的团队成员设定了目标，告诉下属们应该采取新的销售办法，之后小心地监督下属的工作。

教练型的领导风格：高指挥，高支持

教练型领导除了明确指示和监督，也欢迎下属成员提出建议。

教练型领导的特征是，对下属的工作进行高度的控制，自己为下属的工作制订出详细的计划，告诉下属在什么时间、什么地点、使用什么方法干什么，操纵下属的行动，严格地进行监控；同时认真倾听下属意见，并引导下属扩展思路，使下属参与到决策的过程中来。

教练型领导的典型行为包括：

• 为下属制定明确的工作目标；

• 建议；

• 辅导；

• 咨询；

- 倾听；

- 示范但不替代。

（请参见"管理技能之八：教练"单元一"做一个好教练"）

支持型的领导风格：低指挥，高支持

支持型领导对下属的努力采取辅助和支持的态度，与下属共同做出决定。

支持型领导的特征是，对下属的努力予以鼓励、支持，引导下属拓展思路，找到解决的方法，让下属参与到决策的过程中。

支持型领导的典型行为包括：

- 在下属工作完成时给予赞赏和表扬；

- 对于下属的要求不超过下属的能力所及；

- 帮助下属解决个人问题；

- 不在他人面前批评下属；

- 虽然发现下属的做法有点冒险或者与众不同，仍然给予支持；

- 不坚持一定要下属按照自己的方式去做事情；

- 下属的工作中只要有好的方面就予以表扬；

- 及时奖励；

- 不拒绝下属有关变更知识或计划的建议；

- 愿意向下属解释自己的行为和计划；

- 公平对待所有的下属；

- 不因为下属的笨拙而指责下属；

- 站在离下属最近的地方；

- 愿意寻求变革。

销售代表们建议改变目前的订单处理程序，肖经理也正想这么做。肖经理对下属的建议予以认可，给予赞扬，和下属们共同拟定新的订单处理程序，并进行变革。

授权型的领导风格：低指挥，低支持

授权型领导将决策和解决问题的权责都授予下属，采用完全不干预下属工作的方式，让下属自己发现问题、解决问题，制定目标，并且独立实现目标。

授权型领导的典型行为是，授权。

（见本书"管理技能之九：有效授权"）

怎样运用指挥型的领导风格

当采用指挥型的领导风格时，有两种很典型的行为：一种是命令，一种是规定。

运用命令的指挥性行为

领导者通过命令和指示，使下属知道他们所要做的，或者公司要他们做的事情是什么，成功的领导者有赖于他是怎样向下属下达命令和指示的，许多经理想使自己的下属工作效率更高，但却感到困难重重。实际上，很大程度上是因为下属所得到的命令和指示不精确甚至自相矛盾。

• 让下属事前参与。一般来说，如果你让谁执行，你最好事先就让谁参与决定的前期工作。

• 让下属明白工作的重要性，以便激发下属的责任感、成就感和关注感。

• 在同下属谈之前，应当清楚知道你所要下达的是什么样的命令、谁来执行、何时执行、有什么样的结果、为什么等。

• 事先准备对命令的解释。了解下属的知识程度和能力，以便准备进行相应的解释，最好将命令的背景、产生和希望达成的结果等向下属予以解释。需要注意的是，不是解释该项命令是否应该执行，而是解释这样做可以达成什么，怎样才能保证命令的顺利实现。

• 态度和善，注意用词。不是板着面孔下达命令，是用"请你……""这次想请你……""需要你在……协助一下"的语句，不能用"我让你……""你必须……"等。或者可以用反问的方式："你看如果这样做是不是会更好？"

• 简短、清楚、明白、合乎逻辑。

• 承担责任。

"这次这项工作请你全权处理，出了事我来负责……"

• 让下属提出问题。下属可能不会提出问题，应当引导他们就工作实施所相关联的问题发表意见。不要让下属认为你觉得他所提的任何问题都很幼稚、没有水平，即使下属提出的问题不恰当，也应当予以肯定并指导他们；对于下属的好建议，则应当予以表扬。

"关于这个问题，你提的意见很好，很有道理，就按照你的意见处理。"

• 让下属清楚地知道相关的支持。一项工作可能会涉及许多的部门或人员，作为部门的领导，你不但对相关的情况比下属知道得多，许多相关的支持和合作也要由你去协调，相关的情况应当使下属清楚地了解。

经理："采购供应部那里我已经联系好了，具体由他们部门的小赵负责，到时候你找他就行了。"

• 对所下达的命令予以记录。

无论命令的重要程度如何，都应当将所下达的命令记录下来以备查询。

如果下属用很多的精力来完成你交代的任务，而当任务完成时，你却忘了，或记不清楚当时是怎样要求的，就会对下属产生很大的负面影响。

如果命令有效而你不关心执行的结果，你将会失去下属的尊重，在下达命令时就难以让下属执行。相反，如果下属知道你是一个认真的人，对于自己下达的命令会经常检查命令的执行情况，关注执行的结果，下属就会认真执行命令，自觉去完成命令。

如果命令错了，就要及时加以改正，如果一味任由命令错下去，你失去的不仅是下属的尊重，还可能包括你的工作。

运用规定的指挥性行为

一个组织，总有许许多多的规定，有效地运用这些规定，达成对下属的领导，同样非常重要。

规定又有积极的规定和消极的规定两种。

积极的规定和消极的规定

积极的规定	消极的规定
工作程序 对个人能力的要求 工作目标 培训 沟通 明确的政策 ……………	不准迟到 不准在办公室内吸烟 不准浪费纸张 拜访客户时必须带齐所有资料 交通费超额部分自理 …………

积极的规定是倡导某种良好的行为导向，消极的规定是压制某种不良的行为导向。消极的规定使用强制的办法规定下属不要去做什么，如果不执行或者没有很好地执行，就会引发争执、不满或处分。如果一个领导以这种方式进行领导，就会使下属产生紧张、憎恨、不服从等，严重时会爆发激烈的冲突。但是在实际工作中，我们又常常不能离开消极的规定。应当怎样有效地运用消极的规定呢？

第一，在需要采取惩戒性的行动时，注意任何规定的行动都应当是有利于解决和改正问题的，而不是为了惩戒而惩戒的，目标在于避免在未来犯同样的错误，而不是惩罚已经犯下的错误。惩戒性的行动不单是针对犯规者，也是在影响团队其他的成员。

第二，必须在犯错事实与犯错者的感觉开始被淡忘之前，进行惩戒行动，同时需要在错误行为及其产生后果这两者之间的联系变得模糊之前行动。

第三，避免情绪性的反应，不要在情绪烦躁时采取行动。

第四，收集所有的事实，以便熟悉事情的整个情况及其发生的原因。

第五，让每一位下属知道，按照公司的政策，犯了哪些错误将会受到什么样的惩戒；同时，让下属清楚地知道什么样的行为是公司所希望的，什么样的行为是公司不能容忍的。

常见的过错比如：

• 无故迟到；

• 不能按照客户的要求履行职责；

• 编造一些不真实的数据；

- 不按照公司规定做产品演示或随意夸大；
- 不执行上级命令和指示；
- 私下捞取个人好处。

第六，如果需要进行惩戒，需要注意实施的惩戒应当与过错相匹配。不仅仅考虑所犯过错的严重性，也需要考虑引起过错的原因。

惩戒时应当注意的事项如下：

- 立即与当事人面谈；
- 不要与之进行争论；
- 不要提及以前的事，要就事论事；
- 询问当事人原因；
- 阐述公司规定，说明惩戒原因；
- 让下属了解对别人也是同样做法；
- 不要抱歉；
- 不要让步；
- 不要许诺；
- 希望下属不要再犯；
- 给予鼓励；
- 即使有客观原因而犯错，也应当按照规定惩戒，除非发生不可抗力。

第七，保证一致和公平。如果下属认为惩戒的决定不公平、有所偏袒，那么采取的手段就无法达到教育和预防的效果。

领导方式的运用

成功的领导者能够恰到好处地依据员工的发展阶段来选择适当的领导风格。

对不同的人采用不同的领导风格

要点一：对于处于阶段一的员工采用指挥型的领导风格更为合适

员工在开始新工作时，更需要得到领导的明确指示和监督，对领导的赞扬或修正型的反馈也乐于接受。

常见误区是：

误区一：对第一阶段的下属采用教练型的领导风格。

这种误区通常因为新进员工是科班出身或高学历出身而出现。

人力资源部新进的培训主管小王是毕业于某师范大学的教育学博士。

一般来说，他的上司不论从学历上还是从知识上都比较尊重和信任他，容易采取教练型的领导风格。而实际上，当采取这种领导风格时，最容易出现以下问题：

• 学历不等于能力。

无论小王的学历多高，他毕竟还处在职业发展的第一阶段，对公司的业务还不了解，不掌握履行职责的具体技能和经验，还不足以独立地完成工作。从这个意义上说，下属所处的阶段是和学历的高低没有关系的，但是，许多公司中的职业经理往往把学历和能力等同起来，特别是在中国这个重学历的社会中，当招聘这名博士进入公司时，实际上，就认为"我之所以招博士进来，就是因为他有较高的工作能力，要不我招个博士干什么？"

• 学历不等于良好的工作关系。

在教练型的领导风格当中，需要为下属提供更多的工作支持，这就要求上司和下属有良好的工作关系。然而处在第一阶段的下属，由于刚进入公司，虽然热情很高，但对上司、同事并不了解，顺畅的工作关系并没有建立起来，那么此时采取的很多支持性行为往往达不到预期效果，甚至适得其反。

任经理让小王做出下一年度的培训计划，当小王提交培训计划时，任经理看到小王的计划带有很多的学院色彩，与企业的培训需求和培训方式有相当的距离。这时如果任经理采取典型的支持性行为，他就"不坚持一定要小王按他的方式去做事情"，显然，如果不坚持让小王改变，培训计划根本无法采用。

误区二：对第一阶段的下属采用授权型的领导风格。

这种误区通常因为新进人员拥有行业或专业背景而出现。

销售部新近了一位华东区销售主管，这位销售主管原来也是这一行业的，而且也是做华东区。

一般来说，他的上司对他的工作能力和工作经验都比较尊重和信任，想当然地认为他一进入公司就能独立开展工作，这时容易采取授权型的领导风格，马上就把他派到华东去开拓市场。而实际上，当采取这种领导风格时，最容易出现以下问题：

• 行业背景不等于能力。

这是目前许多公司最容易陷入的一个误区，以为招现成的，"拿来主义"，就可以马上见效益。但实际上并非如此，即使在同一个行业当中，不同公司的产品定位、目标市场、客户群等都不尽相同，在一个企业能够做好的人并不一定在另一个企业也能够做好。

更何况，一个人的能力不是单纯地、抽象地可以脱离他的环境的，一个人要能够体现出他的能力，离不开他所依赖的公司的制度、管理、文化、渠道，以及其他部门和人员的合作。如果一个人到一个新公司之后，还没有融入这个公司，还没有把这个公司所有的资源都运用起来，他的能力实际上是得不到发挥的。

• 让野鸽乱飞。

无论是什么样的新进人员，无论他的行业和专业背景有多深，在进入公司后，都需要通过很多指挥性的行为帮助他尽快地了解公司的规章制度、工作流程、目标、上司的期望等，然后他才能开展工作。如果这时采取授权型的领导风格，就意味着较少的指挥型行为，这无异于让还没有驯养的野鸽乱飞。

误区三：对第一阶段的下属采用支持型的领导风格。

要点二：对于处在阶段二的员工采用教练型的领导风格更为合适

这些员工之所以需要指引和监督，是因为他们的经验不足。除了继续指导他们完成任务，管理者还必须通过说明决策、征求建议、多加鼓励等方式来加强员工的工作意愿。

要点三：对于处在阶段三的员工采用支持型的领导风格更为有效

第三阶段的员工工作意愿变动，常常让职业经理感到很难管理。采用支持型的领导方式，利用在职培训加强下属的工作能力则更为有效。一旦下属解决问题的能力增强，他们的工作意愿也会相应得到提高。同时，当员工取得进步时，职业经理要通过表扬于众的方式鼓舞下属的士气。

要点四：授权型领导风格对于处在阶段四的员工更为有效

不同的人采用不同的领导风格

员工发展阶段	对应的领导类型
阶段一：低能力、高意愿	指挥型：组织、监督和控制
阶段二：些许能力、低意愿	教练型：指挥、支持
阶段三：高能力、变动的意愿	支持型：赞扬、倾听、辅助
阶段四：高能力、高意愿	授权型：授权、保留

对相同的人实施不同的领导风格

一位经验丰富的高级工程师刚刚升任维修部主管，管理八名维修技术人员，本月你交给他两项任务：第一，给八名维修技术人员做工作考核；第二，为新员工做专业维修示范。对于这两项任务，是否能够采取同样的领导方式？

答案显然是否。这位工程师在维修方面有卓越的才能和强烈的自信，所以对于第二个任务，可以对他进行充分的授权；但同时这位主管又是一位资历很浅的管理者，对于给员工做考核，他还是处于低能力、高意愿的第一阶段，所以需要你采取指挥型的领导方式。

常见的误区是：

误区一：认为只要顺应下属的职业发展阶段实施相应的领导风格就可以了。

下属的职业发展阶段在实际当中是比较复杂的，特别是对于大多数的职业经理来说，经常面对的不是新进人员，而是在公司已经工作了较长年头的"老人儿"，这些人的状态经常处于第二阶段、第三阶段和第四阶段的变化中，而这种变化并不好把握。那么如何实施相应的领导风格呢？

其实，公司中的"老人儿"不管是在哪个阶段，总可以分为以下两种类型：

类型一：高能力，低热情。

类型二：低能力，低热情。

在"老人儿"当中，几乎不可能有"高能力，高热情"和"低能力，高热情"的人，因为这两类人要么高升了，要么早就被淘汰了。

对于类型一，可以采取授权型和支持型的领导风格。因为这种类型的"老人儿"之所以"低热情"，很可能是因为没有得到晋升，与上司有矛盾，显然，在这种情况下，采取指挥型和教练型只会引起对方的反感和抵触。

对于类型二，可以采取指挥型和教练型的领导风格。一般来说，低能力又低热情的人之所以能在公司混这么多年，很可能是因为人缘好，或者是以前的功臣，或者是公司的体制存在漏洞等所造成的。无论哪种原因，都必须使他们尽快跟上公司发展的脚步，提高业务能力和工作热情，这就必须采取指挥型和教练型的领导风格。如果他们仍然不能跟上，就要被淘汰掉。而采取授权型和支持型的领导风格，则只能导致对他们的放纵。

误区二：认为领导风格只要因人而异就可以了。

实际上，领导风格不仅仅要因人而异，还要因事而异。

部门要实施一项新的业务拓展计划，下属们以前都没有接触过这项业务，这时需要采取什么样的领导风格呢？

　　这时虽然下属们可能是"老人儿"或是处在不同阶段，但由于这项工作的特性，在工作的前期都要采取指挥型的领导风格。

　　招聘主管小李的工作分为两大块，一块是根据招聘计划实施每年几次的招聘工作，一块是公司日常的人事信息系统管理。

　　对于第一块工作可以采取授权型或支持型的领导风格，因为这种工作是按照计划进行的，是可控的，也是可以预测的。而第二块工作更多的是要采取指挥型的领导风格，随时发生随时汇报，随时下达指示。

管理技能之

8

八

教　　　　　练

单元一

做一个好教练

企业学习与学历教育的区别

在一次上海召开的 500 强年会上，主持人采访了美国通用电气副总裁："您对 MBA 怎么看？"通用电气副总裁说："MBA 吗？不需要，不需要。"主持人大吃一惊："难道你们不需要 MBA 吗？"通用电气副总裁说："对不起，不是，我们不是不需要 MBA 毕业生，也不是不认可 MBA 教育，我们只是认为 MBA 是属于学校学历教育的一部分，是员工自己的事情，不是我们企业的事情。"

这里很明确地说明了企业的学习和学历教育是不同的。企业的学习与学历教育的不同如下：

企业培训和学校教育的区别

项目	企业培训	学校（历）教育
目的	改善绩效	学习知识
基础	以能力为基础	以学科、知识为基础

项目	企业培训	学校（历）教育
依据	培训需求分析	以学制、时间为依据
进度	依据个人掌握进度	根据群体掌握进度
反馈	工作中反馈	课堂反馈
评估	四级评估	考试
教材	特设教材	统一课本
方式	演练、案例、讨论	讲授为主
周期	周期短、时间宝贵	周期长，时间充裕
场所	课堂、现场	课堂

由上表可以看出，学校教育与企业学习的最大不同在于：

第一，企业学习是从问题出发，而学历教育是从教学大纲出发、从系统的知识出发的。

第二，企业学习是从离开教室开始的，企业学习的最大特点是为了达成改变，最后提升企业的绩效，为企业取得效益；而学历教育是为了学习知识通过考试。

第三，企业学习的特点在于企业学习是在繁忙的工作中进行的，经理人没有充裕的时间，而且对于许多特定岗位的经理来讲，需要对大量的事情进行仔仔细细的研讨和探索，他没有时间参加所谓的培训。对经理人来说，机会成本是很高的。正因为如此，企业学习永远是就事论事、针对短板展开的。对于企业的员工来讲，对于企业的经理人来讲，他有许多不足之处需要改进，而在这特定的时间里，在这特定的学习当中，他只能针对某个具体问题，先把那些对企业发展最为重要的短板补上，以后有时间再补上其他短板，而无法像学历教育那样有充裕的时间去学习。

很多企业花费了很多时间、很多金钱，让管理者和普通员工进行所谓的系统学习、知识学习，结果效果却很差，不仅耽误了时间，关键的问题还没有得到解决，所以我们要注意企业学习与学历教育的区别，才能培育下属。

什么是教练

企业学习一般有两种形式：

第一种形式：脱产培训

就是让员工或者经理离开工作岗位，利用专门的时间，请专门的老师把他们集中起来针对某个专题或系统进行培训。

请老师、有专门的时间、将特定的人群集中起来这种形式，容易造成一种错觉：参加培训者的上司或者职业经理以为自己无事可做。当公司安排这样的脱产培训的时候，作为上司，他的职责就是让下属去参加。即使这样，有些职业经理也有很多抱怨：由于经常参加培训，抽调他的人了，影响到他们的工作，等等。培育下属这项工作，看起来脱产培训好像是公司培训部门的事情，是老板的事情，其实作为直接上司，职业经理也负有非常重要的责任。

第一，谁对这位下属培训什么内容最了解呢？应该首先是他的上司。培训什么内容，下属本人了解吗？可能了解，也可能不了解。如果员工自己的爱好或者自己感觉什么地方需要培训，公司就安排什么样的培训，那么有些员工爱学英语，有些员工爱学计算机，有些员工爱学程序编写，等等，各有不同的爱好；即使围绕他们的工作，他们也有不同的兴趣点，如果他在工作绩效中有问题，也许他"不识庐山真面目，只缘身在此山中"。也就是说，他不知道他的问题在哪里。上司需要经常给下属设定目标、布置工作等，应该对下属的工作最了解，如果不参与下属的培训，那么公司的培训效果就会很差。

第二，培训内容谁说了算呢？很多经理人不重视培训，下属参加完培训之后，回来就完了。他们认为，培训是公司组织的，就当是一种福利提供给下属的，大不了让下属回来后给大家说说你都参加了什么培训。这样就行了吗？当然不行。当下属参加完培训后，上司有职责去监督、督促、激发、引导下属去充分地实践和运用，并在运用中巩固他们所学到的东西。不管是老师、公司培训部门还是老板，都无法替代直接上司的这种作用，如果没有上司的这种监督、激发、引导的作用，很多下属培训完了就完了，效果肯定不理想。

第二种形式：在职辅导

所谓在职辅导，从狭义上讲就是我们平时讲的教练，其特点就是在工作现场，不脱离岗位，不脱离工作考核，通过上司对下属实施培育工作，也就是我们所说的在职辅导或者教练。本章介绍的管理技能就是教练或者在职辅导。

在职辅导与脱产培训的区别

注意，辅导与脱产培训是不同的！

辅导与脱产培训的区别

	辅导	脱产培训
时间	工作中，无专门时间	专门的培训时间
地点	在工作现场，不停止工作	离开工作现场，放下手中工作

（续表）

	辅导	脱产培训
培训师	上司（直属上司）	专业的培训师或专门人员
教材	没有	有
需求	针对某个人的特定问题	共同的问题
人数	一对一	集中，数人或数十人

教练，就是上司在工作中向下属提供他们自我发展和提高绩效所需的技能、知识和工具的过程。

领导才能的最大原则是，最接近领导的人将决定该领导的成功程度；反之亦然，最接近领导的人将决定该领导的失败程度。换言之：在你身边的人，或成你，或败你。领导的业绩全依赖于是否有效地开发身边人的能力。

成功的领导者可以定义为，最大限度地利用下属的能力。衡量领导者的贡献不是看其个人的业绩，而是看他所领导的团队业绩。

如果你不想独自承担所有的重任，就需要开发人才。

辅导下属成长不是水落石出，而是水涨船高，我们都曾经得到别人的辅导而成长。

在这里，经理常犯的错误是，培养员工是公司的事情。

注意：下属工作能力的 70% 是从工作中得来的。

更应注意：这 70% 的能力，大部分不是自然而然生出来的，而是在上司的辅导、教练下成长起来的。

辅导的机会和场合

辅导，是在工作场合通过工作对下属的培训和指导。所以，辅导一定是不脱产的，是在工作场合（场所）中的。其中，又有两种情况：

第一种情况：日常的自然场合，也就是指在工作过程中自然而然地产生的机会和场合。

自然的场合

• 指示、命令下属时	• 开会结束时
• 下属汇报工作时	• 通知工作时
• 部门开会时	• 送客户离开时
• 让下属一同接待客户或处理工作时	• 让下属代行上司工作时
• 检查工作时	• 讨论工作时
• 协同拜访时	• 处理冲突时
• 一天的工作结束时	• 内部沟通时

第二种情况：专门安排的机会和场合。这类情况，也是在工作场所，也是不脱产的。但是，它是专门安排的辅导机会、场合。

专门的场合

• 制订辅导计划书	• 请高层座谈
• 专题研讨会	• 反馈考核结果
• 由上司巡视整个工作场所	• 内部培训用教材
• 内部报告会	• 案例研究小组
• 辅导面谈	• 角色演练……

教练的障碍

在教练中，可能的障碍来自下属的态度与经理的态度和能力两个方面。

障碍一：下属的态度

从理论上讲，教练对于下属来说，是有百利而无一弊的，但是，在实际的工作中，由于经理与下属的角色和职责不同，一些下属有可能产生以下态度，从而妨碍教练。

习惯于服从命令，上司说怎么办就怎么办

许多下属习惯于接受命令，不习惯接受教练。"你就下命令吧，会做的工作我一定会照命令去做，不会做的工作我会及时请示的。"还有一些下属认为，说来说去，我是下属，最终是要按照上司的指令去做的。所以，对下属来说，教练也好，命令也罢，道理不同，结果都是一样的：上司说怎么办就怎么办。

推卸责任

"上司你不是比我高明吗？你不是有教练我的责任吗？那好，我什么事情能偷懒就偷懒，能让你教练就让你教练，大事小事请示，大主意小主意让你拿。"如果这时候碰上一个喜欢包打天下的上司，就正好遂了"懒"下属的意。

根据心理学的研究：大约有50%的下属倾向于积极地迎接挑战，另有50%的下属倾向于推卸责任。

混日子

"什么教练不教练，什么大家共同发展，都不关我的事，即使知道教练是为了我好，那也没有什么意思，我们是下属，是低级打工仔，只要工作过得去就行了。"有的下属认为自己在这里没有什么发展前途，或者由于过去在某件事情上受到打击，心灰意懒，不肯再在自己的工作上下功夫。

有自己的老一套

特别是一些资历比较老的员工，经过许多年的工作，已经形成了自己的一套工作习惯、工作方法和工作程序，很难改变，特别是下属认为老一套"挺不错""行之有效",并不需要改变。

对于上司来说,教练这类下属"相当头痛"。但是,如果在教练当中,不针对这类下属制定特定而有效的教练策略,不仅教练进行不下去,其他工作也难以推动。

认为教练没有什么效果

不少下属认为,在职辅导没有什么作用。有的下属认为,"上司和我们朝夕相处,一起工作多年了,上司的本事我们也学得差不多了,该给我们教练的,能给我们教练的,都通过教练进行了,再做教练,已经没有新东西了"。

还有的下属认为,培训的最好方式就是公司组织的内部培训,这种培训有专门的时间、专门的培训师、专门的教材,并且对培训后的效果有追踪和教练,因而效果比较好。而这种由上司进行的教练,由于时间没有保证,内容随意,准备不充分,因而往往没有效果。

将教练与人际关系混为一谈

这里有两种情况:

一种是上下级关系不是很融洽,当上司实施教练时,下属会认为是上司瞧不起自己,自己做得不好才需要教练。当上司给别人教练时,下属又会认为上司忽视、疏远自己,和别人关系比较近。

一种是上下级关系很融洽,个人关系比较好,下属倾向于认为教练是上司与自己关系好的表现,反而忽视教练的内容。

障碍二:经理的态度和能力

经理作为教练的策划者、组织者、推动者、执行者,其能力和态度如何,将成为教练下属的障碍。

经理的能力不高

在职教练成功的关键，必须具备两个条件：一是上司和下属之间的能力差距，也就是说，上司在工作方法和分析能力等方面要比下属明显的高；二是上司必须有丰富的业务经验和管理经验，方能应付教练中的复杂情况。

"就这么两下子，还不如我呢？居然来辅导。"

这种情况是较为普遍的，原因有三。一是中国的国有企业和民营企业进入市场较晚，管理人才较为稀缺，不少人原来是机关工作人员、事业单位工作人员、科学技术人员等，由于专业和学历的关系，进入企业后担任了经理。换句话说，目前中国相当一部分企业的经理并没有多少管理经验，他们与下属在工作方法和工作理念方面的差距并不是很明显，这当然会增加教练的难度。二是企业中有不少优秀员工，由于他们的业务能力或优异表现而很快得到提升，但他们的业务经验和工作能力与下属相比，并没有明显的差距。三是大多数国有企业、民营企业及中小型外资企业，其职业经理没有或很少接受严格的、规范的培训，因此，不少经理除了比下属多一些经验外，在工作方法和理念方面难以给予下属较新的、更好的支持。

没有时间

作为经理，你是否以工作异常忙碌为由而取消或延迟教练下属呢？在实际工作中，许多经理都借口没有时间，而不去实施教练。"工作还忙不过来，指标还完不成呢！哪里还有时间和下属就教练做出安排。"

跟没有工作热情的下属谈教练，简直是对牛弹琴

销售部肖经理曾经满腔热情地教练下属小李，结果碰了一鼻子灰，小李对肖经理的教练并不感兴趣。原来，小李对做销售代表并不感兴趣，认为压力太大、太辛苦，没有什么发展前途。

这样的下属多碰见几个，经理教练下属的热情就会大打折扣，经理会认为，我教练你们是为了你们好，你们自己都不感兴趣，关我什么事，将来工作不好，被淘汰可别怪我。

下属水平高了我怎么办

一般情况下，经理是不怕下属水平高的，因为下属水平高了，工作干好了，也是经理的"功劳"，同时，下属水平提高，也是自己调教有方的结果。水涨船高，下属水平提升了，职业经理自己的能力、地位都会随之提高，如果没有这点自信和能力，这种经理迟早要被淘汰。

但是，确实有的经理比较担心，认为自己之所以是上司，别人之所以是下属，也就在能力上差了一点点，如果自己这点本事被下属学去了，下属本事和自己差不多，那么下属随时都可以取代自己。

他连这个都不会，要他做什么

不少经理认为，公司为他招聘来的下属，或者原来就有工作经验，招聘来之后稍加调教就可胜任，或者是一些毕业生，来到公司之后，公司一般会安排他们进行入职培训、实习、试用期工作等，他们作为正式人员成为自己下属时，应该在基本素质和工作能力方面没有太大问题。如果事事都不到位，事事都要自己教练，那就正好说明这名下属不是一名合格的下属，也许该被辞退了。

单元二

教练的目标——塑造行为

　　作为一个经理人，你做教练就是通过一些方法使员工某些好的行为能够得以强化，成为一种良好的习惯，使得员工的不良行为得到纠正和消除，从而朝着你希望的方向前进。你要通过你作为企业的经理人掌握的组织资源以及其他资源，去引导和迫使员工的行为发生你所希望的改变，常见的三种方式是：

第一种方式：正强化

　　所谓正强化，就是当某种行为出现时，他会得到一些好的结果，也就是某些行为会带来奖励、认可和提升等我们所说的好事。我们通过这些认可、赞美、晋升、表扬等，对他的某个行为进行肯定和奖励，从而使得这个行为在今后的时间里重复出现或者得到加强。

　　小李超额完成第一季度的销售目标之后，公司予以重奖。由此，小李知道只要超额完成公司目标和任务，他就能够得到重奖。

那么第二、三季度他就会更加努力，积极地超额完成，从而使得他这种超额完成任务得到强化，成为大家学习的榜样，大家都去超额完成任务。

小赵在拜访客户方面提出一个改进方法，即当把资料给客户发过去之后，一定要打电话到客户那里问谁接到了宣传资料，最后转交给谁了，谁对这个资料发生兴趣了，等等，总之要知道这个资料最后到谁那里，以便我们销售。这是个非常好的方法，肖经理在会上对这个方法给予积极的表扬。对小赵而言，他的这种行为得到表扬，以后他会为了得到表扬而更加努力。

人性的基本特点之一是每个人都希望得到别人的欣赏，或者说每一个人对奖赏的事情会更加重复地去做。人们都去追求奖赏或者认可的事情，这就是你改变下属的行为的出发点。人的本性就在于被欣赏，你可以通过这个特点去对好的行为、你希望的行为、为企业带来绩效的行为，及时地认可和赞赏，通过奖励的方式将其强化。

正强化有六个基本的要点。

第一个基本要点是，事先使员工知道这个规则。也就是他做到什么样的程度，公司将给他什么样的奖励和认可。比如一种情况就是奖励，那么就要让员工知道做到什么程度，能得到什么奖励，他超额完成任务会得到什么奖励；虽然没有完成任务，但是他努力了，又会得到什么奖励。

第二个基本要点是，要有一种正面的文化，使得员工知道他的一点点进步会得到大家的认可，或者得到上司的认可，会得到别人的赞扬等。这就使得员工提前产生一种期望，从而导致其正面行为的出现。另外，强化的时候要注意使员工的行为和你采用的强化方式相对应，对于员工的一些重大贡献或者重大成果等，要给以足够力度的奖赏。

对公司发展有促进作用的建议，重大损失的挽回，等等，你必须给以足够力量的奖赏。

晋职、高额的奖金、重要福利措施、予以隆重的表彰活动等和员工做的贡献对应，员工的这种行为就会得到强化，就会给其他员工做出一个表率。对于员工在平时工作中的一个小小的进步，如：销售建议书写得好一些了、客户拜访勤了些、销售准备充分一些了，甚至有一些员工愿意把事情和其他销售人员一起分享，进行小小的讨论，等等，都可以通过口头认可、当面鼓励、小组会议的表扬或者让更高一层提及等的方式予以认可。总之，一定要针对不同的行为，采取不同级别的、不同力度的强化方法和措施。

第三个基本要点是，不同力度的强化方法要让员工事先了解。员工所期望得到的奖励和你所理解的期望是一样的。很多员工对希望得到的或者能够得到的奖赏和你作为上司的期望值往往是不一样的，有时候有些员工做了一些事情，他就希望得到奖励或者鼓励，而你奖励的力度不够，或者不仅力度不够，而且不及时，等等，都会影响奖励的强化作用。所以当谈到通过奖励、认可、赞美等来强化正面行为的时候，一定要注意强化的力度，不是你想当然的力度，而是你事先与员工进行了沟通的力度。

第四个基本要点是，职业经理对员工制定的目标和标准要适宜、准确，目标过低，员工没有多努力就能得到，员工就会趋于懒惰，因为他们认为混日子就可以得到很多奖励。为什么很多企业里面出现随大溜、混日子、不思进取的人？其中一个原因就是给这些人定的目标模糊或者过低，使其轻而易举地就能够达到目标。此时若加以奖励，就会强化他随大溜、不思进取的行为。

第五个基本要点是，作为职业经理，你希望下属重复出现的行为是什么呢？是最后的业绩吗？是结果吗？还是工作过程当中的种种行为呢？你所希望员工出现的行为和你给他进行强化的行为是一致的吗？如果你关心的是最终的业绩，那么事先约定对业绩达成或超过进行奖励；如果关注的是过程或者他的某些行为，那么应该对这些过程或行为进行奖励。这点非常重要。作为一个经理人，你一定要清楚关注的是什么。如果在日常当中花心思过多关注员工的工作过程，细节做得怎么样，做得好不好或者达成你的要求没有，可能大家对最后的结果就不太关注。如果我们的奖励过分地强调工作过程，那么员工就会过分地强化工作过程中你所希望的行为，他们就可能不太关注工作的结果。如果是根据达到目标或者阶段性目标的达成而奖励、赞美，他可能就会重点关注工作的结果。

有一个公司特别强调员工的工作态度，在预期的业绩没有达到的时候，往往看你的态度怎么样。如果你的态度好，公司对于你没有达成的业绩表示理解，甚至可能调整；如果你的态度很不好，业绩又没有达成，你可能会受到非常严厉的处分。在强化的时候对这种情况怎么处理呢？关键在于我们事先约定的是什么。如果事先约定的是业绩，那么我们就根据业绩达成与否进行最后的奖励：没有达成业绩就不能奖励，达成就奖励。

如果这时候改变规则，没有达成业绩去奖励，实际上就是在鼓励达不成业绩的行为。对于其中的工作态度，我们可以放在另一个层级上去考虑，比如口头的表扬等，对他的工作态度予以强化。假如你事先设定的标准是大家努力的程度如何，下属是否拜访了足够的客户，对这些客户下属是否做了相应的拓展？如果我们事先设定的目标是接触多少个客户，而不是按照成交量，那么我们的强化行为就围绕他工作的努力程度，从而强化他的努力行为。

第六个基本要点是，重申。在工作中经常重申你所主张的行为，重申你的主张、看法，重申你对很多事情的工作态度，重申你表扬什么、鼓励什么、认可什么，重申什么是你希望的文化，重申你希望得到的结果……通过不断的重申，去强化员工的行为。

第二种方式：惩罚

所谓的惩罚就是用各种方法让人产生不高兴的、不痛快的感觉，使其不再做某些你不主张的行为。

员工有一些不好的行为，迟到早退、背后说闲话、老完不成业绩、工作不主动等。我们可以通过批评、降级、降职、记过、警告等表示不满意，表示不认可，表明大家不赞赏、大家不欢迎这些行为，使得这些行为不断地降低直至消除。

一般来讲，可能受到惩罚的行为，重复出现的可能性比较小，所以惩罚的目的就是让员工减少我们不主张的行为，或者错误的行为。关于惩罚，要注意以下几点：

第一，什么是你反对的或者不主张的。其中有些是清楚的，比如不得迟到、不得早退、上班不得打私人电话、不得做有损于公司的事情……但是很多你不主张的事情，有时候就不那么清楚。

当员工没有完成自己的工作目标和任务的时候，这算什么事情呢？通常这是你不主张的、反对的行为，但实际上在企业里面，你通常奖励的是企业优秀的员工，也就是80/20原则的20%的员工，即表现比较好的员工，而对于另外80%的员工，没有进行奖励，没有进行表彰，没有进行重奖。那么这80%员工的行为，你怎么看呢？难道惩罚吗？没有。对于大多数人员的行为，公司往往没有重奖罢了，他们并没有得到惩罚，因为没有得到惩罚，所以大多数人并没有认为这种行为是不好的。能不能通过另外一种方式让他们明白呢？

公司原来设定了绩效工资，凡是没有完成任务的，绩效工资就统统没有，从而惩罚那些没有完成任务的行为。

这种方式当然是可以的，这是一种通过惩罚来消除员工不良行为的方式。我们不主张的行为，比如完不成任务。你可以通过使其得不到绩效工资来惩罚这种行为，使得这种行为消失。但是经理人在工作当中最怕的是这种现象面比较广——相当一部分员工都没有达到绩效目标，如果经理人为绩效工资设定的绩效标准是模糊的、不清楚的，就更麻烦了。在这种情况下，你是不是可以通过不发绩效工资的方式对这些人惩罚呢？当然可以。

很多公司也是这么做的，但处理的结果是，很多人并没有认为是自己做得不好，相反，会认为各种客观原因使这么多人都没有完成，或认为公司的目标有问题，交给自己的任务太重了，标准太高了，等等，从而影响我们的效果。另外，如果取消很多人的绩效工资，就会导致一种消极的文化，大家认为公司只有罚而没有奖，或者公司动不动就罚。而且这种惩罚方式也不会让员工的这种行为得到消除或者纠正。

特别是，当公司的业务正处于开拓时期、转型时期，目标正在调整、组织架构正在调整、业务正在发生变化等时期，员工都会对于你在绩效方面，对于什么是你主张的、什么是你反对的，产生一些疑虑、一些误解，从而降低惩罚的力度。对此，我们应该采取以下对策：

对策一：不断地在公司反复强调、反复重申，凡是和你设定的绩效标准相比，没有达成的都是不好的，都是你反对的、不主张的。也就是将你不主张的、反对的事先说清楚，然后采取一些惩罚，比如降职、降薪等。

对策二：对于绩效特别差的，一定要予以惩罚。你不能惩罚大多数人，但对绩效特别差的人一定要惩罚。

用杰克·韦尔奇的话来讲，在企业里面"要给 20% 的人加薪再加薪，20% 的人淘汰再淘汰"。公司一定要有一个非常明确的信号导向，就是对做得不好的人、对绩效差的人，一定要予以惩罚。只有对绩效差的人进行惩罚，才能使你不希望的行为得到纠正和消除。请注意，企业里很多职业经理往往对于员工是否能达到目标、是否能达成任务、是否听话、是否有好的态度，予以很大的关注，但往往忽视另外一类我们不主张、反对的行为，从而影响到员工行为的塑造。

例如：

• 说话不算数；

• 对公司的战略、目标以及人和事评头论足；

• 背后说闲话；

• 行为偏离组织目标；

- 不求上进；

- 搬弄是非；

- 得过且过。

如果一个员工的绩效不好，一定是积累下来的，也就是说，是种种行为的集合造成的。"冰冻三尺，非一日之寒"，这就意味着对员工惩罚仅仅关注在他的最终结果的话，可能对员工行为的改变有一定作用，但如果对员工在工作过程当中的某些不良行为不加以纠正，恐怕对于一个整体团体的工作，包括他自己的绩效，会产生很多不好的影响。所以我们纠正的不仅仅是不好的绩效结果，还有员工在工作过程中的不良行为，要通过惩罚的方式予以纠正，如果不能予以纠正，就等于你在鼓励他们的这种行为。

第二，我们所说的"惩罚"是指什么呢？请注意：我们所说的"惩罚"是由以下三个方面组成的。

（1）员工的行为糟糕到了你不得不采用记过、降职、降级、开除等的方式去惩罚。这些惩罚方式一般是针对公司里最差的10%的员工的，但激发的并不是这10%的员工，而是另一类人，我们希望大多数人看到这种惩罚行为，引以为戒，从而减少这种行为在其他人身上出现的现象。

（2）批评。批评有口头批评、书面批评、大会上点名批评、记过等方式，这种方式主要是针对员工重大的工作过失、重大的工作失误等进行的。作为一个职业经理，当员工出现重大工作过失、重大工作失误的时候，你一定要采取惩罚的办法，使他们意识到这种行为是我们坚决反对的。

销售员小李连续三次没有及时将销售报告上报给他的地区经

理，对于这种行为，你就要及时地予以惩罚，比如通报批评，甚至扣除奖金、扣除绩效工资等，坚决杜绝这种行为的出现。如果这种行为不能及时得到纠正，就会越积越多。我们尤其不能够以各种理由、各种例外等客观原因来减少或者撤销对这种行为的惩罚。

比如小李连续三次没有及时将销售报告上报，小李也许会强调他的这种行为是由于最近工作比较忙，进入销售旺季忙着做客户了，另外家里还有点什么事情，所以导致耽误了几天，等等。对他过分强调的这些客观理由，如果我们予以认可，那么就等于鼓励小李以后找更多的借口。作为一个职业经理，如果我们不能坚决地，稳、准、狠地，不讲情面地对这种不良行为进行惩罚，我们的制度就会松弛，我们的威信就会丧失，很多正面强化的措施就会大打折扣。

（3）对于你不主张的就要进行惩罚。你要营造一种氛围，经常重申和强调你对这些行为不满意、不高兴、不认同、不欢迎。

对公司的计划、预算、目标、决策等，下属是不能随意评价的，你要通过事先让员工知道我们态度的方式，去引导员工的行为，从而使得员工的这些不良的行为能够得到减少和纠正。

第三种方式：自然消退

自然消退也是塑造员工行为很重要的方式。这种方式通常有三种：

第一，对某种行为不予理睬，以表示对这种行为的否定或不认可的态度，从而使这种行为自然消退。

你期望的行为是不要背后议论人。有时候会出现员工背后议论人的行为，你可以采取不予理睬，对于背后议论人的人表示冷漠、不予理睬，使得背后议论人的行为没有得到鼓励，这种行为自然而然就消失了。

第二，对于通过奖励、赞赏等促成的好的行为，如果不再进行强化，或者当同样的行为出现的时候，你不再给予奖励、赞赏，这种行为可能就会下降或者消除。

也就是说一个好的行为，会因为奖励而重复出现，如果取消对这种行为的赞赏，这种行为就会逐步减少或者消失。这类的消退是我们应特别予以关注的，其实所谓的消退，很大程度上就是不予以强化造成的。如果你对员工很多好的行为，不予以认可、赞赏、奖励，本身就是给这种行为泼冷水、撤火，就是不表态的表态，实际上就会使得这种行为逐步减少、退化和消失。

很多职业经理人有一种错觉，"以为他的这种表现、他的这种做法很好，我不是已经奖励过肯定过了吗？""他做了一件好事，我还要表扬吗？还要肯定吗？"他们往往认为没有必要了。其实这时刚好错了，如果这时候没有继续强化的话，就相当于让好的行为消退。

第三，对于你不主张的行为，如果你没有及时惩罚，表明你不主张这种行为的态度，其实就等于使这种行为得到了默认、鼓励或者加强。默认、不表态的行为是很多经理人在企业当中最为常见的行为，很多经理人认为我没表态，这事情我没说什么呀！甚至很多人对于企业里面的很多是非，没有明确看法，没有明确的界限，没有明确表明自己的态度。如果你好坏不分，什么是你主张的，什么是你不主张的，什么是你赞扬的，什么是你反对的，你的下属都不明白，他们就会按照自己所理解的正确的或者不正确的行为去做，他们的行为就会发生混乱。所以一个职业经理，一定要是非分明。所谓的是非分明，包括两个层面的意思。

第一层面：对错分明。什么是对的，什么是错的，一定要非常明确地表明你的态度，你的态度是一种组织态度。组织所主张的、反对的，一定要表示清楚。组织所主张的、反对的与个人所主张的、反对的是完全不同的。组织所主张的，从自然人角度上不一定是主张的，组织所反对的也不一定是自然人所反对的，你要明白，在这个时候，你不是一个自然人，你代表公司，代表一种职务行为，所以你一定要把代表组织的态度表达出来。

第二层面：什么是你期望的，什么是你不期望的，这一类型并不是对与错的问题。

比如，你期望员工做完工作的时候及时给你一个反馈。

第一，你希望员工在工作当中出现问题的时候能够及时提出；希望员工遇到困难的时候，向你提出问题的时候，同时提出一个相应的解决办法和建议，即使这个办法和建议很幼稚或者不是很高明，但是也要提出来。你不期望员工没有和你沟通，没有和其他人沟通，就在下面议论纷纷。还有很多员工工作非常被动，做完就完了，你给他指到哪儿就到哪儿，这也是我们不期望的。我们还不期望员工背后说人闲话，做有损于公司的事情，等等。不管是哪种情况，你都要明确我们的态度和主张。

第二，不仅是你主张的，还有你不主张的、反对的，都要表示出来，而且要事先表示出来，以便让员工事先就知道这些事情是你不期望的，是你反对的，他们就会对做这种行为有所顾忌，有所减少。有许多职业经理人没有及时把不主张的、反对的事先表示出来，等员工犯了错误才批评。事后的批评不是不可以，但最好事先讲清楚，什么是不该做的，什么是不应该的，从而减少这种情况的出现。

综上所述，塑造员工行为的三种方式：

（1）人们会去做受到奖励的行为。也就是人们的行为在受到奖励的时候，会继续保持、重复这种行为。你要通过奖励、赞赏，使得员工这种好的行为重复出现。

（2）人们会减少或回避受到惩罚的行为。这就意味着你对于员工不良的行为或者你不主张的行为要及时予以惩罚或者指出，从而减少这种行为的发生。

（3）对于你所希望的行为或者我们所主张的行为，如果你停止用奖励强化这种行为，这种行为就会消失；对于你不主张、不希望的行为，如果你没有采取相应的惩罚，甚至奖励这种事情，实际上就相当于认可，这种行为就会不断出现。

可以看出，一个企业的教练，不光是新的理念、新的技能的教导者，给员工新的理念、新的技能，关键还是员工行为的塑造者，要通过种种管理行为去塑造或者引导员工朝着我们所希望的方向去改变和发展。

单元三

教练的四个策略

策略一：创造环境

看看大自然，就会明白：有限的环境、恶劣的环境将阻碍人的成长。领导者必须是环境变化的动因。你必须是恒温器，而不仅仅是温度计。温度计是被动的，它只能记录环境的温度，但对于改变温度无能为力；恒温器是主动的，它决定并改变着下属赖以成长的环境的温度。

通过在以下三个方面投资，你才能影响周围的环境，从而为下属的成长创造出良好的环境。

你作为一个典范

作为一个领导，"跟我来"比"冲啊"更容易激发你的下属，没有人能够强迫另一个人学习和成长，通过做一个对发展做出承诺的典范和探讨发展的益处，也许可以说服下属自觉学习和成长。

"做比说有用。"当你希望下属成长时，你要问自己：你是否为下属树立起了一个善于学习，不断进取的榜样？你是否有很好的学习习惯和方法？当你遇到工作中的难题时怎么办？下列建议可以增加你作为一个发展的典范的个人影响力——定期地给出你想发展的几个方面的概要。

- 从别人处寻求反馈和教练；
- 当你吸取教训时，分享你的心得；
- 为你自己找一个教练员；
- 让下属看到你是如何克服困难的；
- 让下属和你一起庆祝你的成功。

提供成长的机会

与成功人士接触，提供一个安全的环境，让下属放心冒险。不要怕下属"办砸了差事"。亲自遵循101%的原则，即找到下属身上你认为最宝贵的那一点，然后在那方面给予100%的鼓励。在自己的球员而不是外籍球员身上多下功夫，大多数赢家是培养出来的，而不是找来的。

下属成长的快慢，与你给他提供的机会成正比。

团队学习

建立学习型的组织，形成学习型的企业文化，形成团队学习的环境。在团队学习的环境中，每个下属的学习是多层次的，形成了"个人学习环"。在团队学习的环境中，每个人都积极地、正面地影响着他人，激发着他人学习的热情。这样，对下属的教练就十分容易被下属所吸收和运用。

策略二：绩效伙伴

如果教练者和被教练者之间没有伙伴一样的关系，即绩效伙伴关系，那么教练实际上是无法进行的。

建立相互信任和相互理解的关系

上司和下属的不良关系

如果上司这样看下属	如果下属这样看上司
• "这家伙，我一不在就偷懒。" • "这小子真笨，我说了几次都听不懂。" • "小李好高骛远，干什么事都不踏实。" • "上一次他把一份十分重要的单子谈砸了，造成的损失很大，这次这个客户再交给他，我们部门的奖金可能就全完了。" • "小王是名牌大学毕业，我看他是从心里瞧不起我这个土八路经理。" • "大李这个老油条，在公司混了这么多年，恐怕是什么新东西都学不进去了。"	• "瞧你那样，还教练我呢？" • "我知道他对我有看法，我这个人反正就这样了，江山易改，本性难移。" • "人家小孙和头儿关系好，经常能得到经理的关照，咱们是没娘的孩子，没人疼。" • "头儿不就是怕我们比他强吗。" • "哼，说是什么教练，实际上是整天盯着你找碴，这也不是那也不是，真不知怎么办才能让头儿满意……" • "教练，不就是想说我水平不高吗？"

　　显然，在这种情况下，什么样的教练都无从谈起。如果上司和下属转换角度，换一种方式去看对方，会得到完全不同的效果。

上司和下属的良好关系

如果上司这样看下属	如果下属这样看上司
• "他们都想把事情干好。" • "他们有责任心和事业心，如果我再加以引导，他们的责任心和事业心会更强。" • "虽然下属的工作还有些不得法，但是只要他们保持这种闯劲和热情，很快会提高的。" • "大李还有很多潜力，正需要我去教练和激发。"	• "头儿不管做什么，都是为了我好，为了帮助我提升业绩，只不过有时恨铁不成钢罢了。" • "我可不能给我们部门、给上司丢脸，得把事干漂亮一点。" • "我应该先把头儿的能耐全学过来，然后站在他肩上不断提高。" • "只要自己努力工作，头儿才犯不着对自己有什么偏见呢！"

　　显然，上司会以一种积极的心态看待教练，而不是看成一种苦

差事。当下属们业绩提升后，上司的业绩才会提升。同样，下属会从上司的教练中获益匪浅，期望上司给自己"开小灶"，给予更多的教练，而不是逆反和抗拒。

可信任的行为

伙伴关系不是一句口号，伙伴之所以是伙伴，就是在一起经历了风风雨雨，甚至同甘苦共患难。领导者要取得下属信任，就必须通过可信任的行为来一步步实现。这就要：

• 长期坚持你的行为。

能够长期地、坚定不移地信任你的下属，是十分不容易的。

中国古代有"三人成虎"的故事。一个人大喊"老虎来了"，你根本不信，青天白日，哪里来的老虎？第二个人又跑过来喊"老虎来了"，你就会将信将疑。第三个人又跑来，失声喊道"老虎来了"，你就会和他们一样，抱头逃跑。

在公司里，当下属第一次把事情搞砸时，你可能会说"没关系，下次再来"。第二次，下属又把事情办砸时，你就可能说"总结教训，下次注意点"。当下属第三次又把事情办砸时，你就可能会说"是成心还是怎么的"。

看来，长期坚持一件事很不容易，但是，如果你不能坚持，又如何取得下属的信任呢？

• 诚实、开放的沟通技巧。

当你"犹抱琵琶半遮面"时，下属只会比你有过之而无不及，你想让下属敞开心扉就是不可能的。

• 保持开放的态度，鼓励下属提问。

• 包容。

下属的观念和行为"离经叛道"的肯定不少，与你相左的也很多，如果你不能包容，伙伴关系就无从谈起。

一名下属很"犟"，一定要尝试一种看来古怪的销售方式，你也同意了，可是这名下属试了多次，都没有成功，你劝他放弃，他就是不听，他的业绩已经很惨了，怎么样，你还能容忍他吗？

• 收集每一个和你接触的人的信息。

• 警惕各种传言。

倾听

教练去建立伙伴关系的关键，是做一个好听众。有四个原因使高质量的倾听成为你教练成功的关键所在。

• 当把教练与一个人的目标和价值观联系起来时，它是最有效的。

倾听使你了解你的员工看重什么。当你的一位员工经历了意外的成功或失败时，做员工的好听众使你了解很多他的价值观。了解一个人内在的价值观和需求使你能很好地把自然的力量与自主的目标和需求结合起来。

• 人们需要知道你把他们的利益放在心上。

你倾听的方式表明你是否真正把他的利益放在心上。

• 大多数人知道怎样解决他们自己的问题。

教练并不只是解决问题。它是帮助人们发展自己的过程，通常人们只是需要一个倾吐的对象，通过倾听和交流，你可以加上你的信息和观察。

• 你可以通过接受反馈来改善你的教练。

你教练的对象可以就你的教练技巧给予你最好的反馈。寻求他们的意见，然后仔细地倾听，建立伙伴关系意味着创立一种"给予和接受"的关系。

策略三：激发承诺

如果下属没有意识到自己目前的表现与完成组织目标之间的差距，如果下属自己没有学习和提高从而消除差距的意愿，教练的功夫就会白费。所以，激发下属消除差距的承诺，是教练的重要策略。

步骤一：识别下属的"差距"

你可以运用GAPS法识别下属的"差距"（GAPS在英文中是"差距""缺口"的意思）。下属的"差距"从四个方面来识别：目标、能力、看法和标准。

目标（goals）：此人的目标是什么，价值观是什么

目标是内在的推动力，个人目标和价值观驱使着行为，同样也是个人自我评估的依据。

要了解一个人的目标，需要了解他在工作和生活中什么是重要的，为什么这些东西是重要的，工作在实现这些目标中有什么样的作用。

小李凡是遇到公司里涉外（与外国人往来）的事，都自告奋勇，不惜在假日去接站、陪同、送站等。为什么小李愿意做这些本来不该他做，又十分辛苦的事呢？原来，小李给自己定的三年目标是出国留学。所以，他想抓住一切机会练习外语，了解国外的情况。

能力（abilities）：此人具备什么能力，缺少什么能力

要评估一个人的能力，需要知道此人哪里是成功的，使他成功的能力是哪些，如何强化这些优势，然后，看看他还缺什么能力，什么是他将来发展的最大阻碍。

使小李获得成功的能力是小李丰富的专业知识，小李所欠缺的是他大客户销售的技巧。

看法（perceptions）：别人对此人的看法是什么

一个人对自己的评价和看法，与别人的观察以及对这些观察的解释是不同的。一个完整的图画需要背景，一个人的目标和能力一定要包括或考虑到别人怎么看。通过要求给予反馈，能够得到别人的看法。

标准（standards）：组织和别人的期望是什么

标准是公司和其他人的期望，根据不同的组织、环境、文化背景和职位，标准也会不同。在标准中，直接上司对下属的期望显得尤为重要。

通过 GAPS，我们可以看到：

GAPS 法

	此人现在何处	此人将去哪里
此人自己的看法	能力（A）	目标（G）
别人对他的看法	看法（P）	标准（S）

步骤二：通过有效反馈激发承诺

什么是有效的反馈

• 赞赏性的反馈。

赞赏性的反馈能保持和提高绩效，加强能动性，承担义务，树立自信心。为充分发挥这一作用，我们应当在提供赞赏性反馈时列举具体的行为和成绩，与下属交流这种行为及其结果，鼓励他及时地、继续不断地保持下去。

• 建设性的反馈。

不是要惩罚，而是为提高以后的绩效提供指导和支持。在提供建设性反馈时应注重将来的积极成果，而不是纠缠于过去不好的情况，应注重具体的行为而非行为者，用第一人称"我"叙述并提出提高绩效的建议。

职业经理如何提供反馈

• 用具体的事例反馈，不要空谈。

要："小李，就像昨天天津那个客户的来访，建议你今后提前给我说一声，人家总经理来了我们要提高接待规格。"

不要："小李，昨天人家总经理来访，都不给我说一下，哪有你这么办事的？"

• 对事不对人。

要："小李，天津那个客户可能会对我们有看法，因为人家来的是总经理，我们公司只有你出面……"

不要："小李，你真够傻的，把我们这些人扔在这儿不用，你自己单独接待人家总经理，你和人家总经理差了多少？人家能高兴？"

• 用第一人称"我"叙述。

要："小李，我认为天津那个客户……"

不要："小李，你认为天津那个客户……"

• 征询／提出解决方法。

反馈不是责备，不是穷追谁的责任，不是反复追究原因。关键在于，要有解决的方法。你可以征询下属的意见，请他提出新的解决办法，也可以由你提出解决的建议。

· 鼓励双向沟通。

运用"反馈视窗"发挥双向沟通的作用。

——定期地给予具体的、赞赏性反馈。

下属如何征求和接受反馈

· 负有责任，积极地随时征求反馈；

· 选一个合适的时间，准备开会；

· 坦率听取并能迅速接受反馈；

· 虚心听取建设性反馈；

· 请经理举出具体行为表现的例子；

· 提出你对具体行为事例的观点；

· 表示你对反馈来的信息的重视；

· 找出你需要的资源和发展工具，以提高你的技巧。

如何处理反馈中的困难局面

处理反馈中的困难局面

困难局面	处理方式	例
对方很恼火	直接表示理解其感受	"我理解你的意思……"
你不明白恼火的原因	问一些公开的问题并试探着找到根本原因所在	"更详细地告诉我……"
非常激动的讨论	采用应答的方式听取意见以减少激动情绪（语义上解释对方表达出来的思想和情绪）	"你似乎对节日、周末让你工作感到恼火……"
你不同意对方的观点	采用"理解"一词，以表示对对方所表达的观点的理解，但不必要表示同意	"我可以理解为什么你有这种感觉……"

困难局面	处理方式	例
出现了另外的一些话题，掩盖了所讨论的主题	必要时澄清或再次说明这次讨论的主题，以保持讨论的重点	"我认识到最近情况有了许多变化，但在这次讨论中我希望具体地集中在……问题上。"
对方想退出或者没有投入到讨论之中	理解在讨论中个人的希望以及这种希望对你及讨论带来的影响，但指出要讨论的问题	"我可以理解，这种情况会使你不愉快，但我需要你的合作。如果我不理解你的观点，我们如何能够前进呢？"

步骤三：提供有价值的教练

作为一名教练，请问你自己：

- 此人是需要教练来强化其优势的骨干员工吗？
- 此人是需要强化其优势的员工吗？

要向员工提供有效教练，关键在于因人而异，记住教练的目的，凡是员工需要的，不论是激励，帮助他们解决工作中的疑难问题，还是指导他们取得最优的绩效，你都应当给予他们，使他们完成期望目标。

下面提出三种教练方式，经理可用来向员工提供获得成功所需的指导帮助。

教练员工迎接新的挑战

教练员工迎接新的挑战是一项定向未来的活动。它的目标在于用新的技巧、新的项目或任务，帮助他准备承担新的或更重的责任，面对生疏的或新的局面从而使员工走向成功。教练员工迎接新挑战的讨论，不仅为帮助员工迎接新的挑战做好准备，也为教练员鼓舞员工再接再厉，继续努力提供了机会。在很多新情况下，员工会运用一些他们已掌握的技巧。有时候新的情况需要新的技巧，或者仍需使用已有的技巧。你要帮助员工制订计划，成功迎接新挑战，同时提醒他们记住以往的成绩，对他们的能力表示深信不疑，这是一个取得积极结果、长期的过程。

激发员工的进取精神

作为经理，你有责任通过鼓励员工积极进取、坦率交流，营造一种有益的环境气氛。员工与你交流和相互间讨论都需要感到放松自在。你要做到能迅速接受他们的思想，当某人有了一个好主意来找你时，你的工作才刚刚开始，这是开发激发进取心讨论的时候了。你不要马上做出评论，你得帮助这位员工来看待这一主意的利弊，制订实施的计划，并找出需要的资源的支持。如这一主意并不适合采纳，你也要使他自己得出结论，而不是从一开始就"镇压"。这有助于营造一种环境气氛，激发人的进取心。

教练员工提高绩效

如果在检查绩效时，你看到某个员工正偏离方向，可能完不成他自己设定的某个期望目标，这时你要适时提供教练，帮助员工提高绩效。当员工的行为或绩效对员工或他人的生产效率产生负作用时，你应适当组织讨论，协助员工改进工作。为这一类讨论会准备的情况可包括过多的缺勤或迟到、工作质量低劣、超过规定时间、未完成既定任务，或任何别的有碍公司完成任务的绩效或行为。我们可以运用最佳（BEST）的反馈方法来处理这一差劲的绩效，安排员工参加教练讨论。

步骤四：集中重点

如果人们的发展志向有什么缺陷，那一定是他们好高骛远。人们需要：

- 明确目的；

- 对可以完成的目标有一个实际的判断；

- 在一堆枯燥的分析数据和选择项目中搜索；

- 筛选意向表上的所列，形成可行的目标计划。

如何集中重点？可以分三步进行：

第一步：评出 GAPS 中的差距

教练角色：提出有关看法和组织期望目标。

员工角色：

- 审视他自己 GAPS 完成的情况；

- 从多种渠道收集信息：从经理、同事、直接上司、顾客处收集，或从以前的评定中收集。

第二步：按顺序列出对员工和组织都最有价值的重点

教练角色：

- 向员工介绍有关业务动向；

- 提供目前工作所需的信息；

- 提供组织内其他工作的有关信息；

- 指出组织目标和员工个人目标之间的密切关系。

员工角色：

- 确定要追求的刺激——他想从工作中得到什么？

- 审视他目前工作中最重要的那些方面。

- 审视他今后工作中最重要的那些方面。

- 确定他如何可为完成组织目标做最大贡献。

第三步：选择一项或二项开始着手

教练角色：

• 从组织观点出发帮助员工按顺序列出可能进行的项目；

• 和员工一起做出最终抉择。

员工角色：

• 确定那些可行的重点项目会带来的最大回报；

• 和教练员一起做出最终抉择；

• 寻找现在的各种机会。

策略四：善于学习

值得注意的是，在工作当中，人们（成人）的学习与学校里的学习是不同的，尊重并根据这种特点，然后在了解下属发展需要的基础上，通过学习，帮助下属提高技能。

注意成人的学习方法

千万不要将下属当成学校里未毕业的学生，把你自己当成学校的老师，那样教练的话，就大错特错了。

下属的学习

在以下情况下，下属才能真正学习	下属通过以下方式学习
◆ 有学习的愿望	• 每次吸收消化一样东西
• 准备好	• 理解所学的东西
◆ 了解情况	• 采取捷径
◆ 学习的观念、学习目标是和满足个人需要相一致的	• 实践
• 除了学习以外，并有一些其他的奖励	◆ 复习和反复
◆ 有前进的方向、支持和自主权	◆ 犯错
◆ 有一个相互尊重、信任和真诚的环境	• 反思

在培养和提高下属能力时，上司都倾向于：

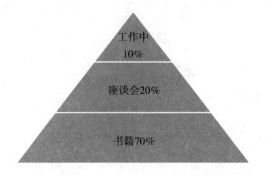

然而，下属作为在职的成人，最好的培训方式应当是：

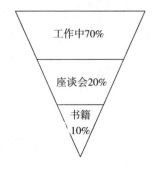

教练时机

当被问到教练的障碍是什么时，经理们通常会说"时间"是最大的障碍。实际上，可教练的时间每天都有，学会怎样在这些可教练的时间上投资，帮助你在完成日常工作的同时，也能教练需要你发展的员工。

在可教练的时间上投资包括三个重要步骤：

第一，抓住机会，意识到你的员工的需要和对教练的承诺是发现和利用可教练时间的关键。

第二，你对行为的观察要具体，描述为什么要改变和怎样改变。

　　第三，把你的意见与员工的发展目标结合起来，使你的员工不仅可以把你的教练应用到目前这件事情上，还可应用到其他的情况中。

教练参与

　　提高你的教练参与程度会使你变得更有效。下面是对于你帮助员工获得新技能时，教练参与的几点建议：

- 把任务分解成一系列可行的步骤；
- 在他们试着完成任务的过程中不断与之沟通；
- 把实践的阶段分隔开；
- 寻找机会，为员工提供经你观察使用得较有效的技能；
- 帮助员工挤出时间来练习新技能；
- 对于提问应有额外的时间来处理；
- 当他们试用新技能时，倾听他们的感受；
- 用提问的方式来帮助他们反思他们的经验；
- 帮助他们从已掌握新技能的同事中获得信息；
- 利用可教练的时机；
- 当员工执行任务时，提供及时的反馈；
- 寻找一些培养这种特殊技能的课程；
- 树立一些模范；
- 召开定期的会议来评估进展；
- 强调达到标准的重要性。

确保学以致用

　　以下是你能帮助你的员工学以致用并使他们发生永久行为变化的实践方法：

- 给员工试用新技能的任务和机会。

- 为员工冒险和尝试他们的新技能创造一个安全的环境，提供一个安全网："我相信你会做好的。如果你有什么问题，可以来找我。"

- 让员工对已学到的技能做一下分析。

- 利用可教练的作用。

- 提供不断的反馈来承认和奖励取得的进步。

- 帮助员工对自己的发展进行思考。花时间提问，来帮助员工评估进展和吸取经验教训。

- 鼓励员工做出承诺以获得其他人的支持。定下完成日期，在公众面前做出承诺，来创造一种内在的紧迫感并寻求支持。

- 给予员工实践的工具，使学习变得长久。

与你的员工一起讨论制定创新的、可不断提醒他们发展目标的方法，包括电脑的工作记录、一条保护荧屏的口信、一个放在桌上的小东西、电话上的小字条、一本写满检查问题的日历和表扬卡。

- 让其他人也参与鼓励员工运用新技能。

建议这些人可以提供不断的反馈和利用员工的新技能的方法。

- 帮助员工意识到他们的成功来自于他们自己的努力。

人们通常总是认为他们之所以在新的技能上成功是由于运气。向员工展示他们学习的原因与结果的关系，从而使他们获得好结果。

- 鼓励员工庆祝所取得的成就。

获得奖励的行为会重复出现，员工也会以此成功建立起自信心和个人价值感。邀请工作伙伴一起来庆祝，确保奖励的是所做的努力而不是成功。

单元四

教练的方法

　　做得对了不起，教别人做得对更了不起。你可以采取以下四种方法教练你的下属。

方法一：我示范、你观察

具体方法

· 受训人员从观看你的示范开始。这时你要尽力让下属看完整个工作的过程。

· 把握适当的教练时机，示范之前先说明，遵照整体、步骤、重点、提问的顺序，结合当下发生的问题。

· 领导者训练下属时，常会从中途开始，使得受训者迷惑不解。

· 当下属看见任务被正确、有效、完整地完成时，他们就会有典范，去"克隆"。

· 你的标准就是团队的标准。

常见的误区

有的经理看着下属干得不好，心里着急，一气之下，让下属"一边歇着，看我的"。"让我来"的目的本来是给下属示范，让下属观察和学习，结果成了"还是我干吧，要是让下属干这件事，肯定会出问题，干不好"。这样，根本起不到教练下属的目的。

方法二：我指导，你试做

具体方法

• 先给下属做一些基本要领的讲解。

肖经理："小李，这次你可以采取假设 Close 法，基本要领是，以一种如果或想象推定的模式来提出要求承诺的询问，提出假设性的询问来暗示客户同意我们所建议的下一步行动。比如，你可以对客户说：'假如给你公司的电脑上装我们这个软件，你们电脑的内存够不够？'"

• 给下属一些鼓励。

当你指导完后，下属要做新的尝试，总会有很大的心理压力，总是怕新的方式风险太大，总倾向于用保守的、稳妥的、过去的方式。这时，你应当给下属一些鼓励，增加他的信心，否则，他可能"临阵脱逃"，不试做。

• 及时总结和反馈。

下属试做完后，一定要及时总结和反馈，以便帮助下属。

"小李，你这次按我说的这个方法去试，出了问题我负责。"

试做后，如果效果良好，必然会增强下属接受教练的热情和信心，提升下属的工作能力和业绩。你可以通过总结，让下属举一反三，不断提高。

试做后，如果不尽如人意，你要及时寻找原因，及时解决问题。

试做不尽如人意时，后果是严重的，你千万不可掉以轻心，因为下属极易产生怀疑、动摇和不信任，从而不再愿意接受。

后果一："原来上司的水平不过如此！"

后果二："上司都没有办法，我更没有办法了。"

后果三："别看说得好，其实教练没有什么意思，一点用没有，还不如不教练呢。"

后果四："我真笨，头儿都给我教得很清楚了，就差上场替我踢了，我都学不会，我真没用！"

常见的误区

这种教练方法的关键在于"你试做"。由于日常工作的忙碌和繁乱，如果不是当场试做（许多工作无法当场试做），下属很容易忘掉。倾向于真正用的时候又按照老一套做，倾向于做成什么样子算什么样子，倾向于好坏都不给上司反馈。显然，如果上司也倾向于说完就完，对试做结果的好坏都不了解，或者倾向于等下属给你主动反馈，那就错了。

好的做法一：给下属指导后，明确要求下属向你汇报，反馈试做的结果和体会。

好的做法二：在工作追踪中检查。

好的做法三：不轻易采取"我指导，你试做"，一旦采取，一追到底，一定要看到最后的成果。

我指导，你试做，是职业经理采用最多的、最日常性的教练方法。实际上，如果不克服几种错误，这种教练的效果并不好。

错误一：喋喋不休，天天指导。

错误二：不能"言必行、行必果"，说完就完。

方法三：你试做，我指导

具体方法

• 互换位置：按照示范的步骤，由下属模仿试做。

对于某些类型的工作，在采取方法一、方法二的基础之上，可以采用方法三，有些类型的工作则无法采用方法三。

可以 / 不可以采用方法三

可以采用方法三教练的工作	无法采用方法三教练的工作
• 协同拜访 • 撰写报告 • 电话技巧 • 时间管理	• 谈判 • 单独外出的工作 • 向上级汇报

• 花时间解释每一步骤：如何做？为什么？

小李认为最难的是接近客户，许多客户很难接近，如果能够接近的话他就有信心将来拿下。肖经理于是向小李解释"接近"怎样进行：

第一，不要怕。开始客户的反应几乎都是不关心，都显得难以接近，他不是针对你，不是真的抗拒你。因此，销售是从拒绝（不关心）开始的。

第二，接受谈话。先应对客户的借口，借助名片、宣传资料，自我介绍说明来意。

第三，在客户表现出不关心时，采取限定性询问，比如……

• 鼓励每一点进步。

在试做的过程中，或在每次试做后，对下属加以鼓励，促进其尝试改进，不要半途而废。

• 一旦下属受挫停止尝试，请他解释原因。如有必要重新示范。

小李采用肖经理教的优缺点 Close 法，效果不好，于是就停止再用。肖经理这时一定要让小李搞清楚：到底是优缺点 Close 法不妥当呢，还是不会很好地利用这种方法？

常见的误区

方法三中，经理最常见的误区就是站在一边指手画脚，下属刚一尝试就大喊不对不对，应该怎样怎样，不能怎样怎样，搞得下属手足无措，左也不是，右也不是。

"你试做，我指导"的缺点和优点

缺点一：比较费时间和精力。这种方法比较关注下属在处理问题过程中的不足之处，需要很多观察、沟通、反馈、评估、指导的时间。

缺点二：很容易成为指手画脚，时间长了让下属反感。

缺点三：许多工作不能用这种方法教练。

优点：针对性强，力度大，对于某些难以克服和常见的重大不足，用这种方法效果会比其他方法好。

方法四：你汇报，我跟踪

由下属向经理汇报自己的改进计划，经理不指导，而是把自己放在观察者的位置上，跟踪下属的工作状况，对下属的改进进行评估并将评估结果反馈给下属。

• 自我启发，自己制定改进方案。

并非下属像学生一样无知，你像老师一样有知，有知对无知，居高临下，给他们东西。实际上，在许多问题上，下属有着很大的潜力，可以想出、提出很好的办法和解决方案，上司不要指手画脚。

当小李做大客户失败后，肖经理请小李自己制订一个新的做大客户的工作计划，在失败的环节上提出新的设想和方法。

常见的误区是，老是觉得下属这也不行那也不行，认为他们自己制定的方案太幼稚、不完整等等，经理忍不住要给下属"支几招"。

• 让下属定期汇报采用这种新方法的效果和体会。

注意：在下属汇报后，不要给予指导和反馈，你只要"知道了"就行了，还是让下属按照他自己的思路做下去，要充分地信任下属，不要干涉。

• 跟踪主要是采用观察、报告、报表、协同工作等方式进行的。

小李经常在缔结协议（也就是签单的那一刻）时失败。小李提出的新的方法是，运用"最后期限 Close 法"和"附加价值 Close 法"。

小李过去采用 优缺点 Close 法 （帮客户比较购买后所得到的利益和优缺点）	小李计划采用 • 最后期限 Close 法（为客户定一个最后决定的日期，创造出一种压力，让客户优先同意） • 附加价值 Close 法（现在下订单，会有增值服务和相关的优惠）

那么，跟踪时要把握的是：

如果小李的方法失败了，机会点在哪里？或者说，是哪个地方没有做好而导致了失败？或者说，导致小李采用新的 Close 法失败的主要原因是什么？

如果小李的尝试失败了，机会点在于：

也许，只要采用附加价值 Close 法就可以了。

也许，客户确实不是十分急需我们的产品，客户根本就不是在几种候选产品中选择一种，而是哪种也不急着买。

如果小李的方法成功了，帮助小李分析这种新方法的优点、条件和要点。

· 集中反馈

在一个阶段结束时，根据汇报和跟踪的情况，给下属一个集中反馈。反馈中首先让下属自己谈采用这种新方法的体会，然后由职业经理进行评估，最后再提供建议。

C5 教练法

C5 教练法是根据企业培训的基本特点提出的，C 就是 change，就是改变，5 就是五个步骤。C5 教练法就是带来改变的五步法。企业的学习关键是为了改变员工的行为，那么怎么才能改变员工的行为呢？ C5 教练法就是针对改变员工的行为而提出的，包括以下五个步骤：

步骤一：激发意愿

这是改变下属行为的第一步。我们经常会看到这样的现象。

小李在拜访大客户的时候，往往给客户的销售建议书都写不好，纠正几次他也改不了，老是让人替他操心。

为什么会出现这种情况呢？我们经常会看到员工在有些地方存在不足，他就是改不了，经常犯同样的错误，屡教不改，那么关键的就是了解下属的意愿改变，你特别需要注意的是下属不懂的地方，就是你教练的地方。教练的基本出发点是下属做不好的，下属最需要改变的，下属的"意愿"＋"改变"。如果下属的"意愿"在某个方面不足，但他自己没有充分意识到，也没有强烈改变这种"意愿"的想法，这可能还不是给下属做教练的地方。职业经理往往认为下属最欠缺的、最需要改进的地方，就是他最需要教练的地方，因而对下属进行自以为是的、强加于人的教练工作，而最后结果可能是适得其反。

小李在大客户销售方面的教练需求可能有：

需求一：目标客户甄选。

需求二：客户的接近。

需求三：如何让客户认知我们产品的品质。

需求四：如何使 F&B 效果最佳。

需求五：SPIN 中哪种探询最有效，或者在什么情况下用哪种方法？

需求六：哪种 Close 最佳？

教练应该首先改善最影响销售的那个因素，整体的工作业绩才有可能有一个大的改善。如果在极其繁忙的工作当中，在下属的众多的教练需求中，不先解决最影响业绩的那个因素，那么，这种教练常常是徒劳的、毫无意义的。

在小李的这些教练需求中，最影响小李业绩的在 Close（缔结协议）上，显然，肖经理应立即在这方面实行教练。其他方面，如目标客户的甄选、接近等方面有不少不足，也需要教练，但比较而言，还是"缔结协议"问题最大，因此，小李的教练需求应当是"Close 教练"。

步骤二：确定问题点

企业学习的特点就是补"短板"，也就是针对下属的最短的那块板进行教练，所谓的教练只能针对这一点。

由于教练是在工作场所进行的，因此是围绕着当下发生的或下属常见的、特定的问题，而实施教练的。教练切忌贪大求全，对下属恨铁不成钢，这也想纠正，那也想提高，结果只能适得其反，搞得下属手足无措。

小李向肖经理报告说："一个大客户费了九牛二虎之力也没有拿下来，这个客户已经和竞争对手签了协议。"肖经理怎么办呢？

比较

正确的教练	不正确的教练
就其中某一个关键环节，或者是导致销售失败的环节进行讨论	认为小李不掌握大客户销售的技巧，从头开始教练

你对下属教练，要让下属能够直接、马上运用在工作上，而不是别的。

比较

正确的教练	不正确的教练
既然问题出在缔结协议（Close）的时候，我建议你下次采用优缺点（Close）法：明确帮客户列出购买的原因，及反对的原因，利用这种方式来取得客户承诺	给小李讲市场销售学的基本知识
可以直接用在销售上	不能直接用在销售上（间接）

　　教练容易犯的最大错误就是对所有人员一视同仁。注意：教练下属是为了提升下属的工作业绩，而不是让每一名下属高兴或给予每名下属相同的时间、精力和资源。

　　这里，许多经理很容易将公司组织的脱产培训与教练相混淆。公司专门组织的入职培训、提高能力的专门培训，会将所有相同职位的人员集中起来，统一参加、统一培训，如所有的销售人员都参加"专业销售技巧"的培训或"客户的拓展"培训，这里考虑的是销售人员的"共同培训需求"，它无法考虑每一个人特殊的培训需求。教练则与脱产培训不同，甚至相反：只考虑个别的、单个人的需求，不考虑共同的需求，所以，不能对下属一视同仁地教练。

步骤三：制订行动计划

　　既然问题找着了，接下来就应该确定一个小的行动计划了。

制订"面谈的时间管理"的行动计划

　　要点一：约定时间。约定时间看起来很简单，实际上很难。有很多人在跟别人约时间时总是说："材料我正在准备，下午给你送过去。"企业当中的同级经理，经常是一推门就进来了，一说一个小时，下属也经常推门就进来了，"哎，经理，这个事请示一下您……"

　　要解决这个问题，第一步就是要约定时间。包括自己的下属要请示、汇报，也集中到一个相对固定的时间点，比如下午4点以后。

　　要点二：约定时限。就是在约定时间的时候，确定在哪一个时间段，30分钟、一个小时，或是一下午。

　　要点三：事前充分沟通信息。一个公司的人员到另一个公司拜访的时候，先要介绍自己的公司，然后对方要介绍他的公司情况，再到具体事项，如果没有事先沟通、准备，时间成本就太高了。这些前期的信息沟通，完全可以通过电子邮件或传真就能够解决，没有必要全部等到面对面时再做沟通。

要点四：确定目标。大家约见时经常是光说要谈的事，但不说要谈什么，要达成一个什么目标。如果不确定目标，不确定主题，讨论时就容易延伸到其他方面去，时间上就完全无法控制。

步骤四：应用与行动、间隔重复

在行动当中改变

面谈的时间管理，从培训的角度来讲，我们给受训经理提的要求就是一个月内要去学、去用。一个月过后，每个人都要举出三个例子，来证明他在会见当中按照这个去做了。

人的习惯改变是一件很困难的事情，教了一项方法之后，如果期望经理们马上都会按照这个方法来做，那是不可能的。但是如果经理们能够举出三个例子，表明经理已经开始有具体行动了，而行动是产生效果的至关重要的前提。

间隔重复

在经过一个月的实践后，月底需要做总结。这时候，大家会发现实践当中会碰到各种各样的问题，有人可能不好意思约定时限，有时会因为意外情况而不能守时，有时是因为事前的沟通不全面而超时。大家再根据这些情况，提出改进的方法。然后就是继续实践，反复间隔应用：行动—总结—行动—总结。

步骤五：评估、认可

　　如果计划此次培训行动是三个月，那么三个月后，一定要进行评估，看大家到底改变了没有。这时事先约定的奖罚机制必须兑现，只有这样，下一次的培训才能站在一个更高的起点上，实现良性循环。

管理技能之

9

九

有 效 授 权

常见的问题

● "哪敢授权呀！盯着做还做不好呢？唉！现在的年轻人呀……"

● "我手里都没权，还谈什么给下面授权？老总把权揽得死死的，
我一个部门经理，其实就是整天听吆喝的，何况他们呢？"

● "谁说我没授权？我很信任下面，经常授权给他们，让他们大
胆地工作，有了问题我负责。下面也真给我争气，事都办得很
好……"（可是，你知道下面的人是怎么说你的吗？）

● "现在这些人，你不给他点权，他说你不授权，没法工作。你授
点权给他，他又在下边胡来，拿着鸡毛当令箭，真不知怎么办
才好……"

● "你授权给下面，他们不知道该怎么做，不知道做成什么样。到
头来，做得一塌糊涂，不符合要求，最后还要自己亲自做。真是
劳民伤财，还不如不授权呢。"

- "不是不授权，是火候没到，下面的人能力不够，等什么时候他们能力达到了之后再授权吧。你以为我想大权独揽？这哪里是什么权呀！这全是苦、是累，谁愿意累个半死却让下面人闲着？这不是没办法嘛！"

- "这些事我都做不好，还授权给下面？这样不负责任吧？"

- "授权？授给谁？授给张三？办事老不到位，误了几件事了，敢授权给他？授权给李四，刚来没几天，东南西北还不清楚呢，怎么授权？授权给王五，那个老油条，你拨一下他动一下，不拨不动。你授权给他，他整天早请示晚汇报，表面看来很尊重我，实际上是他自己拿不出个主意……"

可以授权吗

说到授权，许多经理有不少的困惑和疑虑，他们不能准确地理解和掌握到底什么是授权。他们要么认为自己的工作权限和职责安排得好好的，为什么要授权，要么因为没有实施授权，不能理解和体会到授权所带来的种种好处。即使经理想在工作中实施授权，却由于不了解授权时的一些特点而导致授权时准备不足，收效甚微，从而认为是授权本身出了问题。

在此我们主要阐述如下问题：

• 授权是什么；

• 授权不是什么；

• 为什么不授权（经理授权的障碍）；

• 经理授权的特点。

授权是什么

作为一个经理，当你的上级委派给你一项工作，你将采用什么工作方法呢?

两种不同的工作方法

一种做法:认真研究上级交给的工作,制定工作方案,分析完成任务的可行性条件及资源,并把每一项具体的工作落实到你下面的每一个成员。你自己准备所有的工作,安排每个员工的工作,并由你自己去解决工作中出现的每一个问题,并一直关注工作的进展,直到它们被完成。

还有一种做法:当上级分派任务后,你把安排具体工作的权力分解到你的下级,由他们做出决定,而不是由你告诉他们每一个人应当做什么。一旦工作中出现什么问题,员工不必每次都得征得你的同意,他们自己有权做出决定。你的工作是汇总信息以保证整个工作方案顺利进行。

其实,前一种工作方法不能使你与你的下属在规划和实施某项工作时享有共同的决策权,也不能让员工增强协作精神,发挥主人翁的精神。这不是授权,而且与当今"以人为本""团队精神"的管理方法相违背。

后一种做法是一种真正的授权,因为你把管理者的权力分享给你的下属,让你的下属在工作中拥有一定的决策权。

工作过量是当今管理者的通病,今天的管理者们承担着越来越多的责任和更大的工作压力。有效的授权可以帮助管理者们缓解工作的压力,从大量烦琐的事务性工作中解放出来,把时间用在更重要的、战略性的工作上。同时,组织内部每一个被授权的对象也感到受尊重和被信任,他们在完成被授权的目标和任务的同时,也提高了工作的士气和能力。

市场部的史经理最近工作繁忙，因为随着新项目的投产及产品投放市场，他要做许多产品推广和宣传促销的活动，他要亲自制订推广和促销计划，安排下属的每一项工作，并解决在产品推销及促销过程中出的所有问题。一会儿他要解决这个问题，一会儿要解决那样的困难，花费了大量的时间和精力，结果却是他疲惫不堪，很多工作由于要等他决定而丧失了机会。

而史经理的下属们工作积极性也不高，他们被动地工作，事事请示，甚至到手的买卖由于没有史经理的签字，只好眼睁睁看着自己的努力付之东流，下属凡事不愿意多做，也不愿意动脑筋去解决问题。有一次下属发牢骚说："你累不累呀，放手让我们去做一些事，让我们自己去处理一些可能出现的问题，给我们一些权限，我们有这个能力胜任的，老把着不放，你自己累个臭死，下面的人也没有说你好的。"

显然，史经理需要授权！

授权具体是什么

授权是：

• 通过别人来完成工作目标，而不是不分青红皂白随便把工作分配出去。挑选合适的员工给予完成目标的相应权力，让他们自己制订工作计划、整合资源条件、面临可能出现的问题、设想解决的办法。如果给出执行这项任务的人较多的背景资料，授权过程就会越简单和快速。对于经验多些的授权对象，你可以先提供一些资料给他们，然后提示他们怎样获得更多的资料。

• 表示你应该授予权力，而不应该授予责任，也不是将你自己没有时间做或不想做的工作推给下属。明确下属的权限范围，有意识地通过授予权力让下属去完成目标。但是你应从一开始就控制授权的工作，因为适当控制不仅可以防止麻烦的发生，还能给被授权人信心。你要有计划地安排你的授权，也要把你喜欢或最擅长的工作授权让下属去完成。

· 让下属拥有恰好完成工作任务的适当权限和自主能力。授权不是放弃自己的权力，授予下属的权力既不能过大又不能太小，也不是放弃你自己的管理权限。针对某项具体的任务和目标，放手让你的员工去干。

· 决策权的下放。授权是给予你的下属一定的决策权，而不是让某个人帮你暂时代理，也不是寻找你的代理人。

授权不是什么

在授权过程中，由于以往的管理经验或主客观条件限制等，很容易将授权与其他的管理方法、概念等混淆，这里需要特别注意的是：

授权不是参与

授权不是员工参与对决策进行讨论或与经理制定标准的程序、方法等的过程，而是在经理与下属制定工作标准和目标后，由下属自己在实施过程中决策。

史经理的授权过程就不仅仅是让下属参与讨论、制定一些方法等，而是真正将决策权下移，让下属在目标完成过程中自己做决定。

授权不是弃权

授权不是将许多事情交给下属而主管就放弃不管，不是没有对下属的决策范围做出界定、没有目标的具体要求、没有考核的标准等。

如果史经理授权的同时又没有规定相应的工作标准、决策范围等，授权后也不再对下属实施有效的控制，不通过听取工作报告等方式来控制、监督工作过程，他肯定会使自己陷入一系列的麻烦中。

授权不是代理职务

代理经常是经理由于要处理一些特殊或重要事项，而手头又有其他事项需要处理时，临时任命某位下属代理自己的职务，同时负有管理部门的相应的权限和责任。授权并没有让别人代理自己的职务，更不是只有在自己缺席时才进行授权。

授权不是授责

如果授权的同时，让下属承担相应的责任，这样的授权可以说是经理推卸责任的一种表现。责任是经理不能授予下去的，不管下属获得了怎样的决策权，相应的职责却始终是经理承担的。

史经理授权下属去做广告宣传，当下属把工作做砸了，史经理对这些错误的后果负有不可推卸的责任。

授权不是简单的分工

分工是组织内的一种工作切割过程，以保证整体的工作任务被完成；分工是在组织中，根据工作的特点、个人特长等，将工作恰当地分下去，使每个下属各负其责，各自都有独立的工作领域。授权则指受权者在任务完成中是处于决策地位的，是对权力进行创造性分配的过程。

销售部门各工作之间有许多内在的联系，不适宜将工作分割开来，因此这种授权式管理不是分工所能表示的。

授权不是助理或秘书的职务

助理和秘书的工作只是帮助经理工作，完成一些事务性的工作，或提供给职业经理一些决策性的意见，但他们不是决策人和执行者。授权是指下属包括秘书或助理在被允许的决策范围内，对工作有独立的决策权和执行权。

为什么不授权

授权的好处

• 使你有更多的时间去进行更重要的工作。

• 缓解工作中的压力。人在中等压力下工作绩效更佳。

• 有时间发展新的技能，有利于自我发展。

• 培养下属及团队的能力，进而提高部门业绩，更快达成部门目标。

• 提高下属士气，增强信心，为团队合作注入活力。

• 使中级主管从繁忙的事务性、例行性的工作中解放出来。

• 使部门各位下属工作的职责分明、权限清晰。

• 充分调动下属和员工的工作主动性和积极性。

• 有利于选拔和培养接班人，培养得力的助手。

既然授权有那么多的好处，对我们的工作大有益处，可是很多职业经理为什么不去授权呢？关键是经理在授权时面临着几大障碍，使他们不愿意、不敢、不能有效地实施授权。他们的障碍主要是：

来自上司的障碍

经理一般愿意上司对自己多授权，这样可使自己的工作更好地开展，但是他们面对的可能是这样的上司：

本身就不愿意授权的上司

员工的招聘每年都有一定的计划，公司总经理应该对计划进行审核，最后对录用签字，而其他事项应授权给人事部经理和具体录用部门的经理来操作。但是这位老总由于以前对人事工作比较熟悉，不愿意授权，他亲自组织面试、考核，做了人事部门和具体录用部门经理的许多工作。面对这样不愿意授权的上司，经理当然也就没有权可授予他的下属了。

不会和不善于授权的上司

当老总已经对招聘计划签字表示同意和授权，将招聘工作落实给了人事经理和业务部门经理，可是总经理却时时对经理的工作不断地干预，对招聘来的员工也不认可等，面对如此的老总，经理其实是左右为难。

来自下属的障碍

经理愿意上司授权，可是经理的下属却不都是愿意接受授权的，他们可能会有各种各样的想法和做法，因此下属的不同又形成了经理授权的一大障碍。

下属的障碍主要体现在：

怕承担责任的下属

"我可不想担当那么重的责任，我又不是经理，我只是个小兵而已。"

对上司有依赖的下属

"反正经理什么事都会想得到，也能拿出好办法来，我就不用操那么多心了。"

总怕出错的下属

"这事我可不能自己去做，出了差错我得吃不了兜着走。"

多一事不如少一事的下属

"多干活没好处，还尽落埋怨；你看那些什么也不干的人，人家什么事儿都没有，我看还是少找事吧。"

来自组织内的障碍

除了来自上司和下属的障碍，公司的组织结构、职责分工等也在无形中形成了阻碍经理授权的障碍。

公司的组织构架、职责分工本身存在着问题，使得授权不力

比如公司在一开始初建时，各项组织活动，如职位说明书、部门权限、在岗人员任职资格条件等设计与编排不合理、不切实际、混乱、重叠，导致职业经理无法授权；或者随着公司规模的扩大、部门的延伸，而公司相应的组织设计没有与之相配套，导致经理无法实施有效的授权。

有的公司虽有良好的组织划分，却流于形式

比如职位说明书等高挂在墙上，实际中不照着做的却大有人在；组织设计、职责划分等都有，但是执行者仍不得要领。为什么会是这样？

许多职位说明书等规定了职责是什么，也规定了相应的权限，但是却过于简单，如对什么时候做没有界定，需要另外去计划和去进一步确认，还需要上司的认可和同意。

因为每一个管理者得到的都是有限的授权，不是无限的授权，都要进行确认。如公司的人力资源规划问题，虽然已规定了人事部门经理的责任，并且负责人也得到了授权，但是当执行者实施时，人事部门经理还需要在人员招聘、任职资格、投入经费、具体招聘计划等方面得到进一步的确认和授权。如果不是这样，职业经理在授权上就会存有这样那样的疑问，从而导致授权障碍。

授权包括各种资源的动用权限

如人事经理负责招聘，但是他没有相应的用人权，实际招聘需要调用下属时还需请示，招聘时所发生的财务费用人事经理要得到总经理的批准和签字等。

因此，授权的同时是否也授予了相应的动用各种资源的权限，是否形成障碍的一个原因。

授权的同时应当规定工作标准

许多职能部门，像人事部门的招聘广告的撰写，任经理交给了下属去做，但是招聘广告的标准却掌握在上司手里，任经理会因为下属的广告写得不符合自己的标准而将下属的广告改得面目全非，结果又是任经理亲自做了这件事。人事经理应给下属授权工作的同时规定几条工作的标准，如规定要很好地反映公司的文化、职位描述要清晰、任职的资格和条件、版面设计的规格和标准等后，事情的结果就会不一样了。

来自于职业经理自身的障碍

障碍一：害怕耽误事

害怕一旦授权出去，下属把工作搞砸了，自己要代为受过、得不偿失。

由于对下属不信任或不了解下属的能力、水平等，经理对授权的工作没有把握，唯恐下属把事情办砸，对自己今后的工作不利，会引起上司对自己的不信任和责备，所以造成了不愿授权。

任经理曾经授权下属做招聘的展位设计和布展，结果下属把展位搞得花里胡哨，公司形象一点也不突出，不仅没有招到合适的员工，还在同业中造成了不良影响。总经理知道后将任经理批评一通。从此以后，任经理再不敢轻易授权了。

不是不授权，实在是不放心呀！

障碍二：自己熟悉的工作自己做比较快，授权给别人做会浪费时间

因为自己已经做惯了某件事情，对方法和路子比较熟悉；因已经打好了工作的基础，自己来做既顺手又快，为何还要安排给下属去做呢？授权给下属，还要浪费时间教他们，他们本身还要有一个适应、学习的过程，自己的时间浪费了不说，工作也会被他们给耽误了。

任经理提拔前是做培训主管的，非常熟悉和了解市场培训状况，对公司员工的培训，每次他都是亲自安排计划，找培训师，商谈培训价格、培训内容等。他觉得将此工作交由下属去办，还不如自己去做更省事，因为要告诉下属公司的培训背景、培训市场的良莠、如何去砍价格等，又浪费时间又麻烦，自己做是轻车熟路，授什么权呀？

障碍三：下属要是比我做得还好，那不就要取代我吗

把某项工作授权给下属，下属完成得非常好，他们当中几乎总会有人表现突出，他们中也几乎总会有人惊讶于自己原来有这样的能耐，一个很难避免的现象是，下属可能会沾沾自喜，别人也许会因此觉得他比经理都能干、做得好。而职业经理最害怕自己的位置因此被取代，个人利益受到损害。

　　任经理授权下属做招聘展位设计等工作，下属在这次招聘中将展位设计得公司形象突出，不仅招到了高水平的员工，而且整个展示期间，公司受到媒体和公众的极大关注，无疑做了一次极为有效的宣传广告。连老总都对下属非常满意，还经常提起说这是最成功的，任经理觉得自己的经理职位似乎摇摇欲坠。

障碍四：手底下没有可以授权的人

　　经理经常抱怨下属中没有千里马，没有值得信任可以授权的合适人选。经理从不去培养和提升下属的工作能力、经验、知识和技巧，从不锻炼和提高下属的工作能力，不给他们任何机会和挑战，只让他们做一些没有挑战性、主动性、创造性的工作，结果下属永远都不是合适的受权人。

　　任经理的下属中有些人已经习惯于照指示、听命令地工作，他们机械的、麻木的办事风格和不担责任与风险的性格，任经理已经习以为常了。一说授权，任经理就会说："扒拉扒拉手下的人，没有一个能干的，没有一个让我放心授权的，你叫我如何授权？"

障碍五：我什么事都得亲自参与，还得监督下属

　　你觉得必须亲自参与工作，以便密切监督。下属们不会完全领悟自己想要的东西，把工作交给他们，自己不会满意，到头来自己还要亲自去做，所以凡事自己都要亲自参与，以便下属犯错误及时指出加以纠正。这样的经理经常站在员工的背后指手画脚，一旦不盯着，心里头就有一种失落感。有的甚至认为经理的角色就是盯着下属们的。

　　任经理虽授权给下属做招聘工作，可是他要求下属时时要向他汇报，光计划的起草就给下属改了许多遍；面试他要在旁边看着，

招聘员工的资格条件他也要逐个审查……

障碍六：经理偏爱权力或是一个工作狂

授权者如果热爱权力胜过热爱工作，此时管理对他来说只是意味着权力的掌握和行使，能让他从别人求他行使权力的过程中获得乐趣；他是一个极端的权力主义者，他不会授予下属任何的权力。如果经理是一个工作狂，他以工作为乐，迷恋于自己主管区域内的具体工作，几乎从未想过要把这些工作交给别人去做，由于以前长期搞业务，担任经理后，还未意识到自己已经从技术人员变成了部门的经理，工作的性质已经发生了变化。

任经理非常看重自己的人事经理的权力，掌管着全公司的人员招聘、人事调动、考核、奖惩、评估等，他觉得这是自己的地位和威信所在。所以，必须自己亲自掌管这些工作的签字权和"点头"权。

经理授权的特点

位于公司中层的经理们经常处于比较尴尬的两难境地，他们大多数的工作内容处于一个上传下达的过程。在公司的组织构架中，其实经理们起着非常重要的桥梁作用，他们是公司高层领导首脑授权的受权者，又是对下属的授权者，他们起着承上启下的关键作用。然而，实际中往往不是如此，经理们在接受授权和授予权限时，所遭遇的困难很多、冲突很大，他们每天都要为处理这一过程中的烦琐事情而奔波和劳累，因此职业经理的授权有着其独特的特点。

特点一：经理的授权更多地受到上司的控制和影响

如果上司没有给职业经理较多的授权，那么经理就没有什么相应的权限授予下属。同时，经理所处的地位和职位使他可支配的权限有限，想要授权无奈受到上级的控制。经理对许多工作的处理也只是具有建议权，想授更多的权？不行，你不能越级！

经理的权限级别

	经理	老板
聘用	建议权	决定权
辞退	否决权	最终决定权
薪酬	建议权或没有	决定权
奖惩	权限范围内	较大的奖惩决定权
考核	决定权	最终决定权
培训开发	建议权、在职辅导实施权	决定权

特点二：经理的授权经常受到财权、人事权的控制以及其他部门的控制和影响

经理的工作与其他经理的工作互相关联，彼此牵制，特别是关系到财务支出、人员调配等问题时，更是直接受到财务部门和人事部门的控制和影响，所以使经理在授权过程中独立性较弱，要考虑部门左右的利益关系等，要在人力的使用中受控于人力资源部、在财务费用的支出中受控于财务部，不是一个人就能说了算的。

销售部门的员工在销售产品时，由于顾客居住地的地理环境较差等，在送货中的费用超出了预算支出，销售部肖经理已给下属一定的费用支出的权限，即下属在费用的使用中具有一定的灵活性，当他签字后下属去报销时，财务部门拒绝报销多出的部分开支。

特点三：经理授权比上司的授权面临的困难更多，所需技巧性更强

上司或老总的授权一般针对可数的几个经理，而且经理也愿意接受授权，上司对他们的授权也是针对各个业务部门的，具有很强的政策性和惯性；但是经理的授权面对的是一般不愿意受权的下属，对不同的下属，授权的工作也有更大的灵活性和不可控制性，需要掌握更多的授权技巧。

销售部肖经理的下属，有业务水平较高的，也有业绩平平的；有知识层次较高的，也有知识较低或一般的；有能力高但不愿意接受授权的，也有能力一般爱管事儿的下属；既有 X 型（需要大棒子的员工），也有 Y 型（需要胡萝卜的员工）；等等，就这么个销售部门，可以说汇集了各种各样的人，而肖经理在授权中面对的事情又复杂多变，常令他措手不及。

特点四：经理经常要面对下属的"反授权"

经理在实施授权后，要经常面对为了减轻工作负担的下属、为了绕过难题的下属、为了逃避责任的下属、个别惯性使然或恶作剧的下属，总之，经理要经常面对"反授权"的下属。

下属在工作中碰到困难时，经常会对经理说："您是这方面的专家，又主管着这项工作，您要去做肯定特别棒，别人准会对您大开绿灯；我就不行了，既缺少经验、水平又不够，这件事还得您出马！"主管会非常乐意地说："没问题，交给我，你就不用管了。"

本来应该下属去做的事，但是下属躲避困难或逃避责任，成功地交给了经理去做，经理一不小心就落入了下属"反授权"的圈套。

特点五：经理授权的日常性较强、事务性较强

职业经理的授权一般比较琐碎，尤其是一些日常性的工作需要不断地授权，这是由经理的工作性质所决定的。而上司对经理的授权一般是阶段性、决策性、整体性都较强。

人事部任经理如果授权下属招聘工作，则许多招聘的细节不可能都事先交代给下属，只能在其工作实施过程中进行不断的授权。招聘的费用预算要经过财务部的同意和签字，这要临时授权才能定下；招聘的具体审批程序要经过公司有关部门的认可，需要就事授权；有关录用的标准、录用的程序、面试时间地点等也需要总经理或职业经理制定、参与。这样，整个授权过程实际上贯穿在了整个招聘过程中，很容易被各类事务性的工作淹没和掩盖。

这是由于下属是工作的执行者、任务的完成者，而工作任务的实施和完成过程就是一个不断处理出现问题、解决问题的过程，其日常性和事务性和工作的真正意义也在于此。

单元二

授权的三要素

授权，作为一种将权力转移给其他人以完成某种工作的过程，包含着以下三个要素：

第一，职责描述。

某个职位的职责是什么？管理规范的公司都以职位说明书的形式，对每个职位的职责做了准确的、负责任的描述。职责描述规定了职位的"管辖范围"或"责任田面积的大小"。这样，职责描述实际上就规定了向这个职位上的任职人的授权范围。

第二，工作分派。

某个职位有了这些职责，但是，在特定的时间只能完成特定的工作。那么，在特定的时间做什么工作呢？通常是由上司分派工作或设定工作目标的。如果公司招聘主管有 10 项职责，但本年度第一季度只去做其中的 3 项职责，其他职责则主要放在其他季度去完成。

第三，权力分解。

将权力进行分解，看看一项工作的完成究竟要授予什么权。

职责描述

职位说明

在管理当中，首先应当明确的是，工作职责不是因人而异的，而是因职位而异的。在公司里，不同的职位有着不同的职责，这些职责以职位说明书的形式加以描述和记载，作为工作分派和授权的依据。

某公司人力资源部招聘主管的"工作职责"

职位名称	招聘主管	职位代码
所属部门	人力资源部	职务级别
直属上级	人力资源部经理	薪资等级
工作职责 • 人力需求调查和规划 • 人员素质测评 • 招聘工作的组织、实施与协调 • 负责面试工作 • 中高级人才的访寻 • 人才库管理 • 新进人员入职管理 • 劳动合同管理 • 其他交办的工作		

需要说明的是，职位说明书是员工做什么，不做什么的合法依据。值得注意的是，职位说明书是公司内部的"法律文件"。这意味着，某个职位上的工作职责是什么、不是什么，不是由其上司随随便便一句话就可以决定的，而是由职位说明书加以规定的。而且，这个规定具有公司内部的"法律意义"。也就是说，一旦职位说明书制定出来，上面的工作职责描述就成为规范组织行为、上司

行为和任职人行为的"法律"，大家都必须执行、遵守。所以，职位说明书也是上司给下属分派工作和授权的依据，上司不能超出职位说明书所规定的职责范围，给任职人分派工作或授权。

上司不可以分派招聘主管负责公司"物品采购"工作。

常见问题

问题一：没有职位说明书

一些企业没有编制过《职位说明书》，工作职责的随意性很大，任职人的职责"全凭领导一句话"，让干什么就得干什么，不让干什么就不能干什么；或者在有的公司，按照职位名称认定工作职责。你是销售部经理，销售方面的工作职责就都是你的了；你是人力资源部经理，人力资源方面的事就都归你管了，"这还用说吗？"

有些企业没有职位说明书，是可以理解的。如刚成立的企业、快速成长的企业、规模较小的企业等。这些企业没有能力或精力去编制职位说明书，就要相应地承受没有职位说明书所带来的缺失和代价。这些代价是：

代价一：难以有效授权。

在没有职位说明书的情况下，下属做什么、不做什么都是上司"即时"指派的，下属经常处于"执行上司的指令"和"等待上司的指令"两种状态中的一种当中，因为职业经理也常常不知道下一步自己该做什么，自然就无法有效授权。严格地说，有效授权的基础——职责不确定，授权就不确定。

代价二：团队冲突多。

没有职位说明书，不仅不能准确地了解自己的职责，也无从了解别人的职责。所以，经常出现的现象是，"我以为这件事归他们负责""事先谁也没说这件事由我们部门负责"，要么无人管，要么抢着管，扯皮、推诿、指责的现象时常发生。

代价三：组织功能不稳定。

严格地说，职位说明书是企业组织功能和组织架构稳定的产物，一个混乱的、没有章法的、盈利模式不清晰的、没有经营战略的公司，谈不上什么编制职位说明书，也谈不上什么有效授权，只能是处于"让干什么就干什么的状态"。反过来，对于经营战略和经营模式逐步清晰、正在走向规范化的企业来说，通过职位说明书这样一套文件，将组织架构和职位系列描述和规定下来才能使管理规范、组织功能稳定。

问题二：职位说明书流于形式

在不少企业里，编制职位说明书的工作做了，职位说明书有了，但谁也没有把它当一回事。写的一套，做的是另一套。出现这种问题，一方面是职位说明书编制当中的问题。比如，编制时找了别的公司的职位说明书样本，照猫画虎地"编"出自己公司的职位说明书。由于这种"编"的方法不是从经营战略和组织设计的角度出发，所以，这样"编"出来的职位说明书与组织的真正需要有一定的距离，结果是"中看不中用"，时间久了，谁也就不把它当回事了。

另一方面，许多公司里，从高层到中层到普通员工，都没有把职位说明书当成内部法律文件，当成和公司的考勤制度、考绩制度、财务管理制度同等重要的文件加以执行和遵守。大多数人对于职位说明书的强制性及其不遵守所带来的恶果没有感性的、深刻的了解。结果，许多公司的职位说明书编制完成以后，就束之高阁，变成"有它不多，无它不少"的"鸡肋"。职位说明书流于形式与没有职位说明书的后果大同小异。

问题三：职位描述中的错误

由于种种原因，企业的职位说明书中存在一些错误，这些错误也影响员工对"工作职责"的理解和确认。

职位说明书的常见错误

常见的错误	后果
职责缺失 例：在招聘主管的职位说明书中，"招聘管理的改进""子公司的招聘管理"两项职责缺失 职责模糊 例："人员素质测评"就是一个十分模糊的"职责"。因为"人员素质测评"这一工作包括了测评方法、测评问卷设计、测评方案设计、测评工具的选择、测评工作的组织、测评结果分析、测评结果运用等，仅仅描述为"人员素质测评"十分模糊 职责交叉 例：招聘主管的"工作职责"中有一项"协助分公司和控股公司建立和完善招聘管理体系"，显然，这一职责与下属公司的人力资源部的职责相交叉 "其他上级交办的工作" 在许多公司的职位说明书里，最后都有一项"其他上级交办的工作"，"以防万一"	职责是授权的前提，他不负责此事，你凭什么向他授权 到时候又会事事请示，影响授权 导致无法授权或授权的不确定性 这一项如果过大，或者任职人经常做的工作是"上级临时交办的其他工作"，就不用编制职位说明书了

• 职责是任职人的"管辖范围"。所以，通过职位说明书将工作职责加以描述，就是首先界定了任职人的"管辖权"；

• 上司只能在任职的职责范围内分派工作和授权，不能随心所欲；

· 某一职位的职责必须清晰、准确、稳定、合理，才可以作为授权的基础。

工作分析

通过工作分析你的职位在组织中的地位和作用，观察和分析你工作的内容、责任、特征，必要的资格条件等，从而判断你的职位与其他职位的性质差异，为有效授权奠定基础。

工作分析可采用工作分析问卷（见本书后"行动与应用表单"中表单三）进行分析。

注意事项

· 获得上司的支持。

运用工作分析问卷，一定要在事先与直属上司沟通、交流后填写。填写完毕后，由直属上司签字予以确认。

· 收集有关工作的特征，以及所需的各种信息数据。

· 自我填写。

· 特别注意"是"和"应当"的区别。

是：即你现在的状态。如"我每周外出的时间占正常工作时间的20%"。

应当：即按照组织发展目标和直属上司要求的状态。如"我每周外出的时间应当占正常工作时间的40%"。

填写时，应填写"应当……"，不能填写"是……"。通过与直属上司和相关关系人沟通确认。

填写示例

· 工作时间。

查阅工作日志中的日程记录或工作记录填写，不可凭感觉和印象。

· 工作目标。

销售部肖经理的"工作目标"是，"实现公司年度销售收入5000万元"。

· 工作概要。

销售部内经理的"工作概要"：承担公司所有产品及服务在全国范围的销售；对于销售计划、渠道建立、销售队伍管理、销售费用管理、供货、应收账款回收负有重大、直接责任。

· 工作内容。

认真、准确、全面地填写所有工作内容。工作内容，又是工作职责。

比如销售部内经理的工作内容：

——编制本部门年度、季度、月度销售计划及销售成本预算方案并实施控制管理；

——制定公司销售工作规程和标准并负责指导、监督和检查；

——确保公司销售队伍在产品知识、管理系统和销售技巧方面得到系统的培训，不断调整销售队伍的规模、结构以迅速适应市场；

——正确推行销售管理系统，制定公司销售的方向、策略及售后服务管理办法并负责检查、监督和指导；

——负责公司销售合同的签约管理工作；

——制定公司产品销售统计、结算管理办法并负责检查、监督和指导；

——发展各区域销售计划，包括分析、判断、跟踪竞争活动及行动实施以达到目标，公平、合理地设定每个地区的销售目标；

——指导下属分类整理部门营销原始单据、销售合同、销售统计台账、客户名录及其他文件，建立、健全部门内部工作档案；

——发展、保持与大区内商业单位、政府机关和社区公众良好的协作关系；

——定期撰写公司产品市场调研、预测报告并向副总经理提交产品营销宣传方案；

——维持本部门员工良好的业务协作关系，负责本部门员工的考勤管理和员工激励；

——每月对本部门员工进行一次绩效考核，检查部门全体员工的工作业绩和劳动纪律并在本人职权范围内做出奖惩决定；

——全权负责公司销售产品出现的重大质量问题和重大客户投诉处理；

——完成交办的其他工作。

· 费用支出。

销售部肖经理签批的支出项目

费用支出项目	肖经理的权限
各办事处费用支出	计划内审批权
差旅费支出	国内差旅 100 元 / 天
销售代表销售提成	销售政策
……	……

· 失误造成的损失。

肖经理如果出现工作失误，可能带来的损失如下：

肖经理工作失误的损失

工作	经济损失	公司形象损害	管理损害
供货不及时	5	5	3
同意零售商自行降价	3	3	
经销合同中有漏洞	4	2	4

· 内部接触。

肖经理的内部接触频率

对象	频率
公司总经理	经常
营销总监	非常频繁
市场部经理	非常频繁
销售部秘书	非常频繁
财务部经理	经常
生产厂厂长	偶尔
储运部经理	经常
人力资源部经理	经常
总办主任	经常
各大区经理	非常频繁
研发中心	偶尔
资本运营部	偶尔

· 外部接触。

肖经理的外部接触频率

对象	频率
经销商	经常
消费者	偶尔
行业主管部门	偶尔
行业协会	经常
行业专家、教授	经常
媒体	偶尔

• 监督。

肖经理的监督范围：

直属下级人数：350 人。

直接下级人数：8 人（5 位大区经理、2 名经理助理、1 名经理秘书）。

直属上司：1 人（营销总监）。

• 管理。

肖经理对于下属有分配工作、监督指导和考核的责任。

——肖经理对整个部门负责；

——肖经理做出的决定对整个部门有影响，但一般不影响其他部门。

• 工作内容与能力要求。

——肖经理在每天要非常频繁地迅速做出决定；

——肖经理的手头工作非常频繁地被打断；

——肖经理需要非常频繁地关注细节；

——肖经理所处理的各项业务彼此完全相关；

——肖经理工作中要求高度集中精力的时间占100%。

肖经理经常起草、撰写的文字资料

文件	频率
通知、便条、备忘录	非常经常
简报	非常经常
信函	非常经常
报告	经常
报表	经常
总结	经常
合同（经销合同）	经常
研究报告	偶尔
公司文件	偶尔

工作分派

确定了职责，相当于给任职人划定了他所管辖的"一亩三分地"的边界，种植这"一亩三分地"的责任就是他的了。但是，在这"一亩三分地"上种什么，什么时候种，什么时候收，并不能由任职人自己说了算，而要根据公司的经营战略和年度经营目标逐层分解下来，具体到某个特定的职位，这就是工作分派。

方式一：设定目标和制订计划

在"目标管理"单元我们已经了解到职业经理运用目标管理，将高层的经营目标和管理目标分解到下一级。所以，为下属设定工作目标并让下属根据目标制订工作计划，就是在向下属分派工作，下属将根据要达成的目标和制订的工作计划展开自己的工作。

人力资源部任经理为招聘主管设定好一季度的工作目标，但由于担心招聘主管做不好这件事（在 2012 年 3 月底以前招聘到新建的 6 个部门的部门经理），所以，从这件招聘工作一开始，就全部按照任经理的思路和招聘方案进行，招聘主管实际上像一个办事员，按照任经理的指示跑腿而已。

所以，设定目标，实行目标管理，本身就伴随着授权。目标管理特别强调，下属做什么的权力是不能授予下属的，不能让下属自己决定工作目标，必须由其上司为其设定。不仅如此，上司还有权监督和纠正，防止下属"擅自做主"地按他自己的目标工作。同时，目标管理也强调，一旦目标设定，就等于已经向下属做了授权，由下属自己决定什么时候、采取什么方式去达成。如果每年或每季度都"认认真真"地制定工作目标，到工作的时候又这也不放心，那也不同意，横加干涉，这种工作分派的方式就名存实亡。

方式二：下达命令或指示

下属的一部分工作是上司以命令或指示的方式分派的。

人力资源部任经理让招聘主管明天去人才市场管理办公室办理招聘广告审批手续。

财务部柴经理指示会计核算员 5 日以前向地税局和国税局报送纳税申报表。

命令或指示带有强制性，无论任职人愿意不愿意都必须执行。必须注意，无论谁，无论其职务高低，都不喜欢被别人"呼来喝去"。也就是说，谁也不愿意在别人的命令下工作。许多职业经理在这里常常犯的错误就是，将向下属下达命令视为理所当然。一方面，认为下属的"天职"就是服从和接受命令，自己命令下属做的事"都是下属职责范围内的事，也就是下属本来就应该做的事"；另一方面，认为下命令的方式效率最高，对自己和下属来说都比较省事，下属们好像也很"习惯"。实际上，谁会习惯于别人的命令呢？你习惯吗？

下达命令与授权正好是相对立的两个方面。

下达命令和授权

下达命令	授权
不授权，上司自己做出决定	给下属授予完成工作所需的权力
上司决定怎么做	让下属自己决定怎么做
下属处于被动执行命令的地位	下属处于主动实现目标的地位
下属对上司的命令负责，只要"正确地"做事就行了，最后这件工作的成败如何是上司的事，自己不用操心	下属对结果负责，要做"正确的"
单向、指令	双向、沟通
不考虑下属意愿	充分考虑下属意愿
完成工作的主角是上司	完成工作的主角是下属
一事一议	确认目标和职责

所以，凡是经常下达命令，或者经常以下达命令的方式分派工作的上司，就较少给下属授权；反之，有效授权的上司较少下达命令。这一点，可以作为检验职业经理是否有效授权的标志，即：命令越多，授权越少；命令越少，授权越多。

方式三：制定工作规范

通过制定具体的职位工作规范的方式分派工作。这种方式的特

点是将经常重复的、事务性的、可以规范化的工作，事先制定详细
的、具体的工作规范，由任职人按照工作规范自行开展工作。

除上例外，公司生产部门的一些岗位，如装配工、检验员、储
运员等，行政部门的司机、电工、接线员、前台，店面的业务员、
接待员，各部门的文秘等，其大部分工作是按照工作规范自行开展
的。从"某公司会计核算员"的工作规范可以看出：

某公司会计核算员的工作规范

工作职责	工作规范
负责出口业务会计核算	逐笔登记出口业务会计分录，计算出口成本，做销售账处理，当出口结汇时，当月做账
负责现金出纳	按照公司的财务管理细则收支现金和管理支票，每周一至周四接受员工报销、开支票、编制银行存款余额调节表，每天核对账单
负责申报缴纳税款	每月 10 日以前，向税务机关报送纳税申报表，办理各种税收申报和缴纳
负责出口退税	每月收集已核销报关单、核销单、外销发票、记账凭票，及时报送税务机关预审，报送经委稽核，最后正式申报税务机关，办理出口退税
装订凭证，打印报表	每天编制会计分录和报表的同时，打印出会计凭证和报表，装订成册，注明序号

• 这些工作规范是基于任职人的职责，与职责对应的。通过工
作规范，将一项项职责转化成一项项可操作的、规范化的活动。按
照这些工作规范去做，可以有效而圆满地履行职责。

• 按照工作规范展开工作时，一般不再需要上司下达命令或指
示，任职人可以主动地，或者说"有权"决定去做这些工作。从这

个意义上，工作规范一旦制定，等于已经给任职人做了"授权"。如该会计核算员可以自行决定在每月上旬的哪一天去税务机关报税。

• 制定可操作的工作规范，是一种可以很好地解决"职责""工作分派"和"授权"三方面关系的方式。工作规范一旦制定出来，职责也就明确了，工作也分派下去了（不需要再不断地下命令），权限也界定清晰了。所以，如有可能，对那些重复性的、事务性的工作，尽快制定出工作规范，以便下属今后按照规范去工作，不需要再事事请示。

初次面试和复试是招聘时经常要做的工作，可以制定出相应的工作规范，如"初试后一周内必须寄出辞谢或复试通知"，"复试前三天将申请人的申请表、初试量表、职位说明书送达用人部门经理，以便用人部门做复试准备"，等等。

可以看出，工作分派采用设定目标和制定工作规范的方式较好。对于中长期的、关注结果的、非重复的工作，可以设定目标，然后根据目标制订计划，从而为授权提供平台；对于事务性的、关注过程的、重复性的工作，可以制定工作规范，直接明确责、权、利。下达命令的方式，可以作为特殊情况、突发性情况下的一种补充。

权力分解

分派工作的同时，要授予任职人相应的权力，以便使他能够利用资源完成工作。那么，授权到底是授什么呢？

平时我们会谈论到"老总有权，经理权少，普通员工就是干活的，根本就没有权"。在许多人的理解中"普通员工能有什么权"？让我们先看看平时所说的"权"的含义是什么。

权有三方面的含义：

- 人事权——人员的任用、考核、奖惩、给薪、开发……
- 财务权——预算审批、费用支出、利润分配、成本控制……
- 业务权——什么时间、在什么地点、以什么方式、做什么事……

显然，我们所说的"授权"就是要向任职人授予完成工作所需要的"人事权""财务权""业务权"。如果授权不能或没有落实在这三个方面，授权就是一句空话。那么，职业经理需要而且能够怎样在这三方面授权呢？

人事权

有两种情况：一种是经理的直接下属也有下属，即基层管理人员，如职业经理下的项目经理、班长、线长、拉长、高级主管、二级部门经理等；一种是经理的直接下属是最基层人员，无下属，如秘书、助理、办事员、业务员等。这两种情况，在人事权的授权上是有差别的。

可以对基层管理人员有较大的人事授权，由于一般基层人员无直接下属，无员可辖，所以基层人员实际是无人事权可授。

经理可以向下授予的人事权

基层管理人员	基层人员
• 任用权（建议权） • 考核（有） • 奖惩（权限范围内有） • 辞退（一般不授予） • 给薪（无权授予）	• 由于无下属，所以无正式人事权 • 可以授权临时调动有关人员，但在临时调动时无考核、奖惩、任用等权力

企业常见的问题是，高层向职业经理授权，相对来说比较清晰、明确，职业经理向基层管理人员的授权较为随意。在部门经理这一级，由于公司一般都有正式的组织架构和部门的划分，部门一般都有明确的职能说明书，对部门的职能、权限、编制等有规范的说明，所以，一般来说，部门这一级在人事权上比较明确，通常也有较大的权力；在部门以下的二级部门或项目经理一级的基层管理人员那里，常常没有明确的职能说明，加上没有专门的人事部门，往往造成在部门内部人事权大权独揽于部门经理一人身上。

某公司资产管理部内设有三个部门，三十余人，但并没有设人事部门或人事专员。这三个部门的普通员工的考核权和奖惩权都由资产管理部经理一人决定，三个二级部门的经理没有任用、考核和奖惩权。

这种人事权"滞留"在中层的现象是比较普遍的，而且对于授权、目标管理、绩效评估等都有负面的影响。

基层人员可以被临时授予某些"人事权"。这些"人事权"实质上是一种协调权或代理，一般只能以沟通的方式取得当事人的配合和支持。

财务权

一般地，各层经理自己拥有的财务权有三类。第一类是预算权。有的经理有权做出年度或项目预算，由上司批准后执行。第二类是预算内或权限内的费用支出权，如在权限内批准下属的差旅费、交际应酬费。第三类是与业务有关的财务权，如折扣权、返点权、付款方式决定权、付款期限延长权等。

以上三类财务权，当经理的预算获得批准后，在预算范围内，就有了批准下属预算的权力。这时，可以授予下属预算权。

经批准公司年度培训预算为 100 万元，举办某次培训时，授权培训主管做出本次培训的预算，由人力资源部经理批准。

第二类财务权即费用支出权，大多数公司采用制定费用管理办法的方式，将各层级人员的费用支出权限规定了下来，各层级人员只要按照统一的费用管理办法执行就可以了。从这个意义上看，一些费用支出权不是经理授权给下属的，如手机费、交通费、交际费等；一些费用支出权是可以授权的。

人力资源部经理已经批准本次公司内部培训的预算，等于授权培训主管自行决定预算内的费用支出，如教材费、教室费、授课费等。

但是，由于大多数公司实行"一支笔"管理，少部分公司向各部门经理一层做了费用支出授权，部门的费用支出只认部门经理的"一支笔"。也就是说，即使部门经理向下授权了，最后还要部门经理签字方可支出。但是，由于经理批准预算后，一般不会不同意预算内各项费用的支出，"支出凭单"上的签字也是走手续，所以，可以认为部门经理可以向下级授予费用支出权（有限度的）。

第三类财务权，各层经理可以在取得高一级主管同意后，向下一级授权。

销售部肖经理有给予客户七折的权力，肖经理给予大区经理八折的折扣权。

可以看出，在财务权上，经理可以向下授权的有：预算权、费用支出权、折扣权等。

业务权

业务权，也就是事权，一般包括以下几项权力：

• 做什么？

• 达成什么目标？

• 用什么标准来衡量？

• 什么时候起？什么时候止？

• 用什么方式做？

• 在什么地点做？

那么，在事权上，我们所说的授权是什么呢？

情况一

"小李，请你在 5 点下班以前，将这份合同传真给 ×× 公司的李经理。"

在这个指令中，已经明确了的有：

• 做什么？	发传真。
• 达成什么目标？	发给 ×× 公司的李经理。
• 用什么标准来衡量？	×× 公司的李经理收到传真。
• 什么时候？	下午 5 点以前。
• 在什么地点？	没有说，等于已经明确了。
• 用什么方式做？	还能用什么方式？

可以看出，在给小李的这个指令中，所有的事项全部明确了，小李不用也不能用其他方式在其他时间做这件事。也就是说，在完成这项工作中，小李没有任何权力做出任何决定，只能完全按上司的指令去做。显然，这里是没有任何授权的。

注意，这也就是下达命令和指示时与授权相对立的原因。

情况二

"每天编制会计分录和报表的同时，打印出会计凭证和报表，装订成册。"

在会计核算员的这个工作规范中：

- 做什么？　　　　　　装订凭证，打印报表。
- 达成什么目标？　　　装订出凭证，打印出报表
- 用什么标准来衡量？　按时、完整等。
- 什么时候？　　　　　每天。
- 在什么地点？　　　　公司内。
- 用什么方式做？　　　不用再多说了吧？

可以看出，在工作规范中，事权的六个方面均已确定，会计核算员无权自主做出决定。

情况三

"小李，你抽空将咱们部门的客户档案重新设计一下。"

在让下属做的这项工作中：

- 做什么？　　　　　　重新设计客户档案。
- 达成什么目标？　　　未定。
- 用什么标准来衡量？　未定。
- 什么时候？　　　　　起、止日期均未定。
- 在什么地点？　　　　应该是在公司内，也可能在家里，谁让头儿说抽空来着。
- 用什么方式做？　　　未定。

可以看出，在这种情况，除了做什么已经确定，其他五个方面的事权均未定，都可以由下属自主决定，也就是说，给了下属这个

方面的授权。

请注意，这种情况实际上是不当授权。由于将"达成什么目标""什么时候做"等方面的事权都交给了下属，理论上讲，下属可以决定今年做还是明年做，可以决定达成什么目标。实际上，这项工作已经不可控制，下属也是在做"不可能完成的任务"（因为不知要重新设计成什么样，最后还是要让头儿满意才行，也就是目标和标准都在头儿那里，但事先又不说）。

情况四

2019 年 3 月底以前，为新建的六个部门招聘到六名部门经理。

在为招聘主管设定的这个目标中：

• 做什么？	招聘。
• 达成什么目标？	按时招聘到六名部门经理。
• 用什么标准来衡量？	应有具体的任职标准和招聘条件，另行拟定。
• 什么时候起？什么时候止？	开始这项工作的时间未定，结束的时间已定。
• 在什么地点？	未定，一般是公司内或招聘会现场。
• 用什么方式做？	未定。

在给招聘主管设定的这个目标中，已经确定了的方面："做什么""达成什么目标""用什么标准衡量""完成日期"等。没有明确的方面有"开始日期""用什么方式""在什么地点"。可以看出，采用目标管理的方式实际上在三个方面给下属授予了事权：

• 什么时候做——由任职人决定。

• 用什么方式做——由任职人决定。

• 在什么地点做——由任职人决定。

总结以上四种情况，可以看出在事权上授权的特点：

第一，"做什么"实际上是任职人的职责。职位是什么，职责就是什么，就必须做什么，这是不能授权的，或者说不可能由任职人自己决定自己的职责。

第二，"达成什么目标"是自上而下分解而来的。虽然说任职人的目标可以是与上司共同设定的，任职人甚至可以自己提出目标，但考虑到下属设定的目标必须与高层的目标相一致，必须是从高层目标分解而来，必须最后取得高层的同意。所以，设定目标一般不能授权。

第三，用什么标准衡量呢？或者说由谁来制定什么样的衡量标准呢？显然，必须由上司来制定衡量标准，这个标准就是考核任职人工作绩效的标准，是任职人的工作规范，这是不能由任职人自行决定的。所以，制定标准也不能授权。

这里常见的有两种错误倾向。

一种错误的倾向是，授权时没有制定出具体的、准确的、量化的衡量标准，导致下属在达到目标的过程中，不知道究竟做到什么程度才算达标。没有标准或标准模糊，最令下属手足无措，只好在工作过程中事事请示，事事汇报，导致授权失败。

另一种错误倾向是，授权让下属制定衡量标准。

第四，"采用什么方式做"是可以充分授权的。完全可以由任职人决定什么方式最佳。但是，由于以下原因，工作方式也是最容易导致授权失败的地方。

原因一：如果采用的方式涉及财务权的问题，而财务权事先又没有授权，届时又要请示并等候上司批准。

招聘主管根据以往经验，要按时招聘到六名新建部门的经理，必须采用"猎头"的方式，即委托猎头公司去"挖人"，这就涉及较高的费用，如果这笔费用得不到批准，"猎头"也不能进行，实际上等于这种方式要事先得到批准，等于"采用何种方式"的权力被收回。

原因二：如果采用的方式涉及人事权的问题，而任职人又没有相应的人事权，届时也要请示上司。

招聘主管准备以参加秋季人才招聘大会的方式招聘，但是参加招聘会从筹备到现场招聘，招聘主管一人是不够的，还需要其他人员的参与，招聘主管并没有调用其他人员的权力。

原因三：上司对工作方式吃不准，怕由此耽误工作，于是指定下属采用某种方式或"纠正"下属的工作方式。

人力资源部任经理知道招聘这六名新建部门的经理对于公司新业务的开拓非同小可，如不能按时完成，将在老总那里无法交代。于是，不敢让招聘主管自行决定招聘方式，而是下达指令，要求这次必须采用"招聘会""猎头""报纸广告""网上招聘"一起上的方式，以求及时完成这个任务。这样，实际上没有授予招聘主管工作方式决定权。

原因四：上司对于下属的能力怀疑，怕下属在工作中"出事"或完不成任务，于是，在任职人的工作中"频频支招"，搞得任职人手足无措。

新建部门不属于传统产业，业内相同经验的从业人员很少，如新建的"虚拟运营商事业部",几乎找不到现成的从业人员,任经理担心招聘主管在筛选申请人资料时将"千里马"筛掉,于是亲自动手筛选。显然,授权又被收回了。

原因五:工作过程的复杂性和多环节导致在"采用什么方式"上实际没有授权。

"在2019年3月底以前,为新建的六个部门招聘到六名部门经理",完成这个工作目标需要经过以下环节:

• 职位描述、职责和任职资格;

• 招聘政策、薪酬、考核、奖惩、合同期、竞业避止协议;

• 招聘广告的拟定;

• 广告媒体的选取;

• 猎头公司的选取;

• 申请人资料的筛选;

• 面试的方法;

• 面试安排(面试官、时间、地点、量表)。

如果笼统强调授权,将"采用什么方式"的权力授予任职人,就意味着以上环节和过程均可以由任职人自主决定。但是,在实际工作中,以上这些环节每进行一步,任职人恐怕都要与上司(人力资源部经理)沟通、请示,导致任职人的权力大大"缩小"或"无权"。那么,为什么任职人在实现这个目标的过程中,不得不请示、汇报,等待上司点头呢?因为在这些环节上,又出现"衡量标准""财务权"等授权问题。

假如将"采用什么方式"去招聘完全授权给招聘主管去做,在"广告媒体的选取"环节上意味着完全由招聘主管做出决定。但是，在实际中：

　　•"上哪个报纸"往往招聘主管说了不算；

　　•涉及广告费的问题可能需要高层（人事副总）签批；

　　•一旦广告效果不好，又花钱又误事，招聘主管担心负不起这个责任，于是请示上司。

　　显然，这是一些不规范的公司经常出现的问题，口头上说授权了，也愿意授权，但是在实施的过程中，又不得不步步请示，步步等待批准。

　　第五，当给下属授权时，经理通过权力分解的方式，首先明确下属达成该项工作需要何种授权。

　　第六，授权中，最容易出问题的是事权的授权问题。在事权中，只有"什么时候做""做什么""什么地点做"三项是可以授权的，其他事权均不可授予下属。

　　第七，由于工作方式的复杂性和不确定性，最容易引起上司与下属对于"风险""衡量标准"的担忧和争论，从而导致权力收回，授权在不知不觉中失败。所以，解决工作方式的授权是整个授权的关键点。

单元三

授权的四种工作类型

从上面对于人事权、财务权、业务权的分析可以看出，并非所有的工作都是可以授权的。授权，实际上就是在上司和下属之间划分和分配权力，从而保证上司和下属各自拥有保证工作效率和品质的权力。

根据对权力的分析，经理可以依据授权风险的大小、工作难度、所需技能、信息披露等，事先将授权的工作分为四种类型。

类型一：必须授权的工作

必须授权的工作就是无论任何原因都不能亲自去做，必须交给下属去做的工作。这类工作如果仍由经理在做，就是不正确的，是经理的"失职"。

必须授权的工作有以下几个特征：

特征一：授权风险低。这类工作授权给下属去做，几乎没有什么财务、商誉等风险。

如：接听电话、接发传真、整理文件、外出购物等。

特征二：经常重复。在工作中反复出现，运用的经验、智力、处理方法和技术每次都几乎相同，有工作规范、操作手册和多次的经验。

按照操作规范所进行的生产工序。

特征三：下属会做得更好。许多工作下属做起来无论从技能和经验等都会比上司做得更好、更专业，上司反而做不好。

网页设计员设计网页，会比上司设计得更好；系统维护工程师在系统维护方面更专业、优秀。

特征四：下属能够做好。凡是有经验和实例证明某些工作下属能够做好，就必须授权给下属来做。

招聘主管小周有较丰富的初次面试应聘人员的经验，而且做得很专业，人力资源部任经理很放心，以后公司的初次面试工作就必须授权小周去做。

类型二：应该授权的工作

这类工作目前下属已经完全能够胜任，只是过去不能胜任或由于某些原因而没有担任，应该立即授权下属去做。

应该授权的工作具有以下几个特征：

特征一：刚任职时不具备完成此项工作的能力，在上司的辅导和专业培训下，逐步掌握或基本掌握了此项工作的方法和技能。这类工作一般都是由于当时下属不具备相应的能力，上司不得不"替"下属来干，或不得不让下属按照指令去干的工作。

招聘主管刚任职时，由于没写过招聘广告稿，起草了几次任经理也不满意，于是在以后的招聘中，广告稿都由任经理亲自撰写。

最近，招聘主管已经能写出比较像样的广告稿了，这时，撰写广告稿就成为应该授权的工作。

特征二：过去从来没有做过，对上司和下属都具有挑战性，但风险不大。

公司销售一直是走渠道，销售状况也令人满意，现在华东区销售人员提出试一试做大客户，如果成功，将开拓出新的销售模式；如果不成功，对销售业绩影响也不大。做大客户费用也不高，销售部肖经理应该授权华东区试一试。

特征三：虽然将整个工作授权给下属可能有很大风险，但可以通过划分权限对关键环节进行控制的工作。一般来说，这类工作上司具有丰富的实战经验，对整个工作进程十分熟悉，知道需要什么工作标准，知道哪个环节可能有较大风险，知道采用什么方式可以有效地克服困难、防范风险。同时，下属在这类工作上没有实战经验，或没有操作全程的经验。这类工作应该授权。

公司要求人力资源部在规定的期限为新建的六个部门招聘六名部门经理，如果不能按时入职，将对公司的发展计划产生很大影响。任经理根据过去的实战经验知道这项工作的关键在于"事先确定合理的薪酬标准"和"选择恰当的招聘渠道"两个环节。于是，任经理要求除这两个环节必须由自己点头外，其他环节都授权招聘主管去做。

值得注意的是，"应该授权的工作"是授权要解决的重点。大部分的不授权现象发生在这里，许多经理出于对下属能力的担心和传统的工作习惯，将下属过去做不好但现在已经能做好的工作仍然"揽住不放"，使授权无法进行。

类型三：可以授权的工作

按照常规，这类工作一般都由经理去做，有一定的难度和挑战性，经理自己也面临一定的风险，需要较高的能力方可胜任。这类工作一般都带有探索、探路的性质，做好了是一大突破，做不好问题多多。对这类工作，经理可以在适当的时机授权下属去做。当然，不授权也没有什么错。

华东区发生"窜货"现象，造成零售价混乱和经销商之间打架。销售部肖经理委派经理助理前去解决，并让他相机行事，大胆地工作，"出了事我负责"。

授权下属做这类工作，一般是出于锻炼下属的考虑，或者是经理实在脱不开身。这类工作由于有较大的不可控制的风险，所以，授权时不能将相应的责任也计入对任职人的考核和评价中，而是"错了算我的，对了算你的"。这样，才能解除下属的顾虑，让其大胆地在授权范围内开展工作。

类型四：不应授权的工作

由于组织的结构是层级化的，总有一些工作是无法或不能授权给下属做的，这类工作包括：

• 需要身份的。如客户要来公司和部门经理谈谈，参观公司的经理办公室，等等，无法授权下属。

• 设定工作目标和标准的。这些必须由上司来亲自确定，不能授权下属制定工作目标和标准。

• 重大决策。关系到公司和部门的发展方向和发展计划，虽然可以"听取员工建议"，但决策最后必须由上司做出。

- 新进人员甄选，直接下级的考核与奖惩。
- 财务签字权和采购审批权。
- 信息披露受限制的。

通过授权的四种类型的划分，可以帮助经理对自己将要或正在授权的工作作一个清晰的梳理和明确的界定，以便在"职责""工作""权力"之间做出合理的配置和划分，从而为有效授权奠定良好的基础。

单元四

授权五原则

原则一：权责对称

授予任职人多大的职责，就必须授予相应的、完成职责所必须的权力；同样，授予任职人多大的权力，就必须授予相对等的责任。

问题一：责大权小

这是最常见的问题。在许多公司里，任职人的职责和责任都是以职位说明书的形式加以界定了的，而相应的权力却没有或无权以书面的形式界定，需要经理届时再授权，而经理常常忘记了授权，造成授责不授权、责大权小，事事请示的局面。有效授权就是要解决这个问题。

问题二：责小权大

这也是常见的现象。任职人的权力大大超出了其履行的职责和所负的责任。在一些公司里，有一些部门或职位的人，权力很大，许多事情只认老总，其他人一概不认，甚至连主管、副总也不认。

有的公司，甚至鼓励连老总都不认，只认制度。这种只对制度不对人的做法是对的，应当坚持的。但是，这种制度必须按照权责对等的原则设计，否则，将会出现许多麻烦。

滥用权力

公司授予质量工程师质量否决权，质量工程师有权对不合格的工程勒令停工、返工。但由于只规定了质量有问题时质量工程师所负的连带责任，没有规定质量工程师错误的判断所负的责任。因此，造成质量工程师一怀疑哪里的质量可能有问题，就令其停工。结果，造成许多不必要的停工损失。实际上，质量工程师在怀疑的情况下就停工，显然是在滥用权力。

越权

公司老总让行政部邢经理处理公司旧办公设备。当老总出差回来时，旧办公设备已经全部卖掉了，财务部门也不知道。实际上，处理旧办公设备时邢经理没有定价权，必须取得财务部门折旧审核后才可以卖掉。显然，邢经理有越权行为。

分责不分权

由于公司今年招聘的工作量很大，招聘主管一个人忙不过来，于是人力资源部任经理将一部分招聘工作交给原来负责考核的小孙负责。由于没有及时授权（任经理考虑到这些工作原来是招聘主管的"地盘"），结果招聘主管实际责任减少了，权力没有减少。

临时授权

临时性授权容易出现权大责小的问题。

销售部肖经理授权经理助理小周去华东区，纠正华东区违反经销商政策的现象。结果小周搞得不好，华东区的销售人员和经销商意见都很大，肖经理只好让小周回来。在华东区的时候，小周的权比华东区大区经理的权都要大，但不用对出现的麻烦，包括纠正工作中出现的麻烦承担什么责任。

代理职务

代理职务不是授权，其中的原因就是代理职务时是有权无责。所以，代理职务时往往工作难以搞好，除非代理是为了下一次的晋升。

问题三：关于"授权不授责"

"授权不授责"是授权中的重要概念，它指的是，当上司将权力授予任职人时，并不是将责任也授出去，自己可以不负责任了，而是自己仍然要承担因下属工作过失造成损失的责任。

任经理授权招聘主管刊登公司的招聘广告，广告审批时批的是集团的核心企业科技公司，但招聘主管在广告里私自将招聘单位换成了集团。结果，受到政府有关部门的查处。任经理因此受到老总的严厉批评。

"授权不授责"与"权责对等"并不矛盾。"授权不授责"并不是说只授予任职人权力，不授予任职人责任，而是说，授权给下属后，自己仍然对授权的工作负有最后的、全面的责任，自己"脱不了干系"。但是，这并不等于说责任仍然"留"在上司这里，下属不用承担任何责任。任职人得到的授权必须是与职责相对等的。任职人有多大权力，就必须有多大的责任。否则，就会出现"不负责任""滥用权力""以权谋私"等现象。

有时会出现上司大包大揽，"你们大胆地干，出了事我负责"的做法，但是，类似的做法（即只授权，不授责）只在某些极其特殊的情况下才可以采用。

销售部肖经理授权经理助理小周去华东区解决"窜货"问题。小周临走时，肖经理说："你大胆工作，出了事我负责。"

对于这种风险无法预测、责任大小无法预测、结果无法控制的工作，上司采用只授权力不授责任的领导方式，可以鼓励下属的工作主动性和创造力。但是，对于任职人职责范围内的、经常重复的、责任可以预测、风险可以预测的工作就不能用这种领导方式。

原则二：适度授权

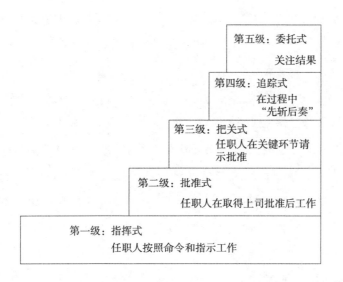

授权要适度，既不能授权过度，也不能不及。授权过度不仅会有很大的业务风险，还会有很大的职业道德风险；授权不够，会影响下属主动性的发挥，上司也会天天在下属的请示和汇报下疲于奔命。可以根据授权受制约的程度，将授权的程度分成五种方式（或称为五度）。

第一级：指挥式

授权程度最低，以命令和指示的方式控制任职人的工作行为，任职人除非得到命令和指示，不能擅自行动。

没有得到任经理的指示，招聘主管不去做招聘工作。

第二级：批准式

任职人自己提出或拟订行动计划和工作方法，但在行动之前都必须得到上司的批准。未得到批准的想法和计划不得实施，凡得到批准的，可以在批准的范围之内实施。

招聘主管必须在招聘的每一步行动之前，向任经理请示，如什么时候招聘广告登报，什么时候开始安排面试，等等。取得任经理批准后，招聘主管去实施。

第三级：把关式

大部分工作由任职人做出决定，任经理只对招聘中的某几个关键环节把关，也就是在关键环节任职人必须请示并获得批准后方可行动。

在为新组建的六个部门招聘部门经理的工作中，任经理要求招聘主管在选取招聘方式、猎头公司的选取和面试官人选三个环节上必须取得同意后方可行动。招聘的其他环节由招聘主管自己决定（经费问题早已解决）。

第四级：追踪式

也就是"先斩后奏"之权。所有的事权、人事权、财务权全部授权任职人，任职人完全可以自主决定，但是在关键环节和过程中必须及时向上司汇报，上司根据工作进展状况判断授权是否适度、是否需要采用其他授权方式。这里值得注意的是，任职人必须在上司指定的环节和步骤中及时向上司汇报。这种授权方式一般意味着上司十分重视工作进展的时限。

招聘主管在选取猎头方式并定下猎头公司后，立即向任经理汇报工作进展情况。

第五级：委托式

上司给任职人授予开展工作所需要的全部权力，让任职人充分发挥主动性和创造性，按照自己的方式去行动，上司只对目标是否按时达成感兴趣，不再在工作过程中干涉。

任经理授权招聘主管招聘新组建部门的经理后，只要求招聘主管达到目标，也就是在公司要求的期限内招聘到这六名经理，对招聘过程不做任何评价和介入。

原则三：个性化授权

个性化授权就是"不一刀切"，是根据不同任职人的能力、意愿和工作目标的不同，分别以不同的方式和不同程度授权。

个性化授权经常为职业经理所忽视，其原因主要是，通常授权的程度是依据职位的高低划分的。所以，就容易产生"什么职授什么权"的现象。按照这种"什么职授什么权"的思路，不同的职位，就有不同的授权；相同的职位，有相同的授权。这样，当然就不考虑个性化授权了。

之所以"什么职授什么权"的思路被中层经理广泛认同，是因为：

原因一：受组织层级和权力金字塔的影响，在经理的概念当中，什么职位具有什么权力是理所当然的事。高层有高层的权力，中层有中层的权力，基层有基层的权力。同一级别，一般具有同样的权力，否则就要"乱套"了。比如都是部门经理，因此具有同样的用人否决权、考核权、奖惩权等。

原因二：一般来说，公司的高层、中层管理人员的权限是书面化的、标准化的。基层员工的权限一般不是书面化、标准化，但是，职业经理容易"比照"这种标准化，对相同职位的下属做出相同的授权，认为这样才比较规范。

原因三："什么职授什么权"意味着"一碗水端平"，不会引起下属之间的矛盾。

原因四：比较容易操作。而个性化授权是一件比较复杂和麻烦的事情。

其实，相同的职位在授权的基本面上确有相同之处。比如所有的高级销售代表均有同等的打折权和签约权。

但是，基层员工是直接面对客户、供应商、研发课题或内部事务的。市场实际上是个性化的，客户是个性化的，一项项具体工作也是各不相同的，针对这些形形色色、个性化的工作，当然需要员工们采取适当的、有效的方法来解决，这些方法很可能是各不相同的，这就需要上司给予任职人以不同的授权。显然，"一刀切"的授权是不行的，是不能解决变化的、复杂的工作中的问题的，必须个性化授权。

原则四：循序渐进

任职人的能力对于授权的成败有重要的影响，授权的大小和程度必须与完成工作所需的能力相适应。

这里常见的问题是：

许多经理是根据任职人的职位说明书中的"任职资格"作相应授权的。也就是说，是根据任职人"应该"具有的能力给予授权的。但是，在任何公司，任职人实际具有的能力与"应该"具有的能力之间总是会有差异的，有时甚至差异是相当大的。

招聘主管的能力差异

职位说明书中要求的任职资格	现任职人的实际状况
• 学历要求 ——大学本科以上学历 ——人力资源管理专业或其他相关管理专业 • 工作经验 外资企业或大型股份制企业三年以上人力资源管理工作经验，其中一年以上专职招聘工作经验 • 培训要求 接受过人力资源管理、劳动合同法规、面试技术、人事测量技术等方面的技能培训 • 能力要求 ——核心能力：具有很强的组织能力、策划能力和沟通能力 ——基本能力：掌握人力需求规划技能、面试设计技能、工作分析技能、面试技能 • 专业知识 ——劳动合同专业知识 ——人才市场专业知识 ——人事测量专业知识 • 心理品质 ——具有高度的全局意识和团队协作精神，处事严谨、周密 ——责任心极强，具有承担巨大竞争压力的心理承受力 • 生理特征 28岁以下，男性，身体健康，精力充沛	• 学历 毕业于北京师范大学历史系（勉强算文科吧） • 工作经验 毕业后分到部委下属的国有企业人事处工作了三年，有招聘大专院校毕业生的经验 • 培训经历 接受过劳动合同法规培训，没有接受过其他培训，正想去呢，领导说没钱 • 实际能力 组织策划能力强，参与、主持过公司不少活动，就是比较毛糙，老出点小错，让人不是很放心 其他基本技能缺乏，以前没做过 • 实际知识 专门研究过劳动合同，自己又对人力资源管理感兴趣，写过不少相关文章，如《人才市场价格机制探讨》《如何签订竞业避止协议》等；对人事测量不熟悉。 • 心理 有全局意识，能从全公司的角度看问题，但有书生气，遇事老想分出个"对错"来，老想问问对方工作规范不规范，搞得别人不是很愉快；责任心很强，做事大大咧咧 • 人事资料 2013年毕业于北京师范大学历史系，现年28岁，女性，有一孩

这种"应该的能力"和实际能力之间的差异，往往导致两种倾向：

第一种倾向：

"这是你应该做的，或是你应该能做的。把你招聘进来，你任这个职位，拿着这份工资，你就应该能做。不能做或做不好是你自己的事，反正你'当一天和尚就要撞一天钟'，拿这份薪水就要干这份活，干不了或干不好可不行……"

这是一种十分普遍的、被许多职业经理采用的，在工作中经常引起上下关系紧张或矛盾的做法。在公司里，职业经理承担着沉重的、重要的业绩目标或任务，高层在给中层布置工作时，考虑的首先不是这位职业经理能不能做，愿不愿做，而是公司经营和发展的需要。在企业生死存亡和经理的能力之间，高层当然首先考虑企业，你要真做不了，可以换了，可以辞退，但绝不能因你个人的能力达不到就不做或降低标准。职业经理也面临着同样的抉择，一般都是首先考虑工作。当任职人的能力达不到工作的要求时，就会出现冲突和不满。

请注意：职位说明书只能规定职责、工作关系、基本权限和任职资格等，不可能规定工作的质量（品质）和数量（工作量）。所以，在实际工作中，任职人接受到的工作任务会因为上司要求的不同而出现工作品质和工作量的巨大差异。这种差异意味着对任职人能力的不同要求。

A、B 两公司对招聘主管能力要求比较

A 公司对招聘主管能力要求	B 公司对招聘主管能力要求
• 将各部门用人需求汇总成人力需求计划 （懂简单算术即可，高中学历即可） • 比照其他招聘广告拟出广告稿即可；中文 （一般文字水平，会抄就行，不用懂英文） • 对申请人资料筛选后，通知申请人面试。面试由任经理和用人部门经理分别进行。招聘主管负责通知申请人、任经理、用人部门经理面试日期，准备面试量表（从电子版的《现代人力资源管理工作方案》取下一份面试量表使用即可） （要求有事务性工作的能力即可，谁都可以马上做好） ……	• 利用数理统计方法，建立本公司的人力需求数学模型，然后用数学模型预测下年度人力需求计划，最后用各部门的最新人力需求数据加以校正 （懂数理统计，需大学本科理科专业学历） • 要求广告稿具有创意，能代表公司的品质，对应聘者有冲击和吸引力；中英文双语 （要求有文字能力、懂创意、理解公司的品质和价值观，能熟练运用英文） • 能针对不同部门的申请人设计不同的面试方案 • 能自主设计面试量表 • 能设计"问话提纲" • 能主持和实施专业的面试 （要求有设计能力和专业招聘素养） ……

通过对比 A、B 两公司对招聘主管能力的要求，可以看出，不同的公司对几乎相同的职位、相同的职责上任职人的能力要求有着巨大的差异。同时，这也意味着，在一个公司内部，不同的上司或上司在不同的情况下，会对某一职位上的任职人提出不同的、差异很大的能力要求。显然，如果什么情况下，上司都认为任职人"应该"胜任工作，因而按照胜任工作的状态授权，就会出问题。

现实的情况是，任职人往往比上司认为"应该"具备的能力要低，而上司又恰恰认为任职人"应该"具备这种能力，否则就"不应该"拿这份薪水。任职人经常是在不知深浅或硬着头皮的情况下将工作接了过来，然后按照自己所理解的或按照过去的习惯开始工

作。结果，在工作的过程中，上司是按照自己认为下属应该具备的能力要求任职人的工作品质和工作量，下属是按照自己实际的能力完成着工作。所以，在公司里经常出现上司不满意下属工作，批评和训斥下属的现象。在这种倾向下，出现的结果只能是，就按照任职人"应该"具备的能力授权，谁达不到"应该"的能力，就将任职人换掉。这也是许多公司经常发生的故事。

第二种倾向：

"既然你能力不行，工作又紧迫，又不能出事，那就按照我说的去做，等你什么时候能力具备，再授权吧……"

在这种倾向下，出现的后果只能是，下属永远得不到授权。因为下属的实际工作能力与上司认为应该具备的能力之间总有一定差距，总像"阿基里斯追不上龟"一样，永远追不上上司的"应该"。这也是经常出现的出于能力的考虑而不给下属授权的原因。

可以看出，任职人实际的能力和应该的能力之间存在着很大的差距。在"管理技能之七：领导力"中我们得知，走过这段差距，下属需要走过四个发展阶段。经理需要根据处于不同发展阶段的下属，循序渐进地实施授权。

阶段一：低工作能力，高工作意愿

当员工处于第一发展阶段时，下属的表现一般是能力比较低的，这是由于员工刚刚开始接触某类工作，业务不熟练或工作经验的缺乏，短时间内的能力和水平不会有太快的提高和长进，但是他们在工作中要求做好的意愿非常高，他们充满热情和干劲，乐观但是盲从，对困难没有充分的准备和预测，对授权的风险和责任估计不够，行使权力仰仗于自认为拥有了权力范围，把事情办过头。

对处于这一阶段的员工进行授权时，必须小心行事，选择稳定和踏实的下属进行指导和教练，详细描述和规定授权的规则和标准。

授权的权限级别应采取指挥式为主，再辅以批准式，授予必须授权的工作内容，并多加以辅导和帮助。更多的决策要由经理做出，因为此时的下属还没有自己做主和处理事务的能力。

阶段二：部分工作能力，低工作意愿

当下属处于发展的第二阶段时，由于经验的积累和进一步的锻炼，下属已具备了一定的能力，但曾经失败的挫折使其意愿降低到最低阶段，下属对挑战或授权已经有一些恐惧，不敢或不愿意承担授权的任务，他们唯恐再做错了什么事情，上级不再对他们进行授权或委以重任，处于这一阶段的下属工作能力和工作停滞不前，认为自己干什么都不行，认为反正经理也认为自己不能干某事，能力欠佳，自己也就丧失了信心，在以后的工作过程中，他们会因此而没有士气和干劲。如果经理能及时鼓励和带动下属，帮助下属及时总结经验和教训，找出分析失败或挫折的原因，再实施授权，下属会十分感谢经理对他们的信任和认可，从而从失败中站起来，并会以更加饱满的热情和干劲去完成授权的任务。

这个阶段的授权应该是提高下属的意愿，增强下属的自信心，进一步培养和锻炼下属的能力，这时对下属的辅导和指导仍然是不可缺少的，对授权后的工作实施有效的控制也是必然的。

这时的授权权限级别是对下属采取批准式或把关式的方式，要与下属进行比较充分的沟通，但决定还要由经理做出，授权的工作内容属于应授权范围之内，信任和鼓励下属，同时辅以必要的指导和控制。

阶段三：高工作能力，变动的工作意愿

第三阶段时，下属能力处于上升阶段，意愿却处于变动阶段。下属有了较高的能力，职业经理可以比较放心地授权了，但是由于下属的意愿忽高忽低，他们会对授权有较多的想法和看法，而且他们也经历了授权的一些过程，相对来说对授权会提出更多的条件和要求，若不符合他们的意愿他们会不接受授权，关于授权的级别、授权的权限、授权的工作内容、标准、绩效考核和奖励的标准等，他们都会要求经理给以明确的答复。

这时对他们授权更多的是采取把关式或追踪式，这个层次的授权工作的重要性相对来说比较重大、复杂，具有一定的挑战性，下属也必须有相应的能力与之对应。应该说，这一阶段的下属是授权的最佳接收者，对他们授权一般是容易成功的，若符合他们的意愿或者说已经充分地调动起了他们的意愿，他们也会对授权起到良好的推进作用。处在这个阶段的下属，授权应该是步入了正轨，下面要做的是及时的奖励和兑现，进而达到一种有效的授权，减少受挫折（包括主管和下属）的层次。这时，尤其要与下属就一些具体的事项沟通：

- 下属担当此事的具体责任；
- 下属权力的级别范围；
- 下属获得成果的奖励范围；
- 授权工作内容的具体目标和标准；
- 授权后的反馈与跟踪等事项。

让下属在经理权力认可的范围之内，能够比较自由和充分地

发挥其主观能动性，给下属在履行职责的过程中实现自身价值的机会。对经理来说这时的授权是最充分的授权，经理可以从中体会到从授权中所获得的"解放了"的感觉，当然，这一阶段的员工是在前两个阶段的基础上培养和锻炼的结果。

阶段四：高工作能力，高工作意愿

对处于第四阶段，即高能力和高意愿阶段的下属，其由于自身的努力和经验的积累，能力已经能够独当一面，知识和技能也基本上达到了相当的高度，他们自己也是踌躇满志，准备大干一场。经理的授权任务已经不是仅仅局限于授权了，他还要担当起培养和选拔接班人的重任，这是一件对公司长期发展和对经理有利的大事，此时的授权一般都要采取追踪式或委托式授权，要求下属自己做决定，自己控制。

原则五：建立"约定"

授权是上司与任职人之间的一种约定，有了这个约定，任职人就取得了某种授权，上司让渡出去某种权力，这个约定就对于双方都具有约束力。约定，意味着授权不是强加的、赐予的、不平等的，而是自愿的、选择的、平等的。如果授权不能"约定"，而是"宣布"，就很难达成授权的目的。

在实际工作中，上司和下属对于授权有着不同的想法。

上司和下属对于授权的看法

经理的想法	下属的想法
• "授权出去，他会不会把事情搞砸了，给我惹麻烦？" • "授权给他，完不成任务还不是我的事？" • "这小子太笨了，还能授权？" • "这小子会不会有权了，乱搞，以权谋私？现在这人心……" • "我干了这么多年的好方法，让他照着干就会出成绩，授权给他会不会舍近求远？" • "我给他授权他还不高兴！" • "本来就应该他干的事，过去都让我这个经理给他干了，现在还政于他，他还嘀嘀咕咕地说这些不该他干，真是好人难当！" • "给你授权你就按照授权去干，哪来那么多废话。" • "大胆干，出事有我顶着！" • "这是你分内的事，职位说明书上早写清楚了，授权给你是按章办事……"	• "别授权授权的，我是当兵的，按你的指示办就行了，反正要听你的。" • "按自己想法干好了，头儿说应该的，干不好，一顿臭批，何苦！还是不要授权吧。" • "头儿就以为自己行，其实那一套早过时了，自己错得一塌糊涂了，还怕我们出错？" • "别虚情假意的，什么事不请示你行吗？" • "既然授权给我了，就让我按自己的想法干，怎么干你别管。" • "又给了我这么多工作，还打着授权的旗号，又不给我加钱，凭什么呀！" • "头儿，别说那么多了，咱们交情不错，你说咋办就咋办。" • "干好干坏一个样，授权不授权一个样，授什么权。" • "今天授权，明天又指手画脚，到底是什么意思呀？" • "授权行，出了事别怪我……"

上司与下属之间对于授权的这些不同期望，将会导致他们在授权上有着许多矛盾和冲突，只不过，在实际工作中，这些冲突往往不是在授权过程中表现出来的。通常的情况是，授权时上司自以为是，下属一声不吭或唯唯诺诺，好像没有什么问题，天下太平，一切顺利。其实，问题已经潜伏下来，只等在工作中、考核时、奖惩时、总结时，以这种或那种形式暴露或爆发而已。

建立"约定"意味着上司与下属要：

沟通期望

通过事先的、充分的沟通，使双方了解对方在想什么，对授权的建议、顾虑、疑问等。特别是上司，应充分了解下属的想法，比如上一次下属"办砸了差事"，受到了严厉批评，心里有着委屈和不满，这时给予授权，下属会以自己特有的方式来对付（比如多请示、多汇报）。

上次招聘主管接到招聘任务后，第二天就在网上发布了公司招聘的信息，结果由于任职资格描述不准而导致大量无用的应聘登记表进入公司邮箱，当时任经理很生气。以后任经理再交给招聘主管招聘任务时，招聘主管总是事事请示，许多授权都流于形式。

下属的这种心态，如果不做很好的沟通，上司很可能长期不知情，从而造成无效授权。

在许多公司里，年轻的下属接到一项工作后，往往自以为是，一心想按照自己的想法将工作做好，往往容易忘记或忽视授权的规则、权限等，实际上是容易忽视上司的期望。这也是需要上司通过沟通解决的。

平等对话

所谓"约定"，其重要的特征就是平等对话，就像两个平等的人在谈一份"契约"一样。在实际工作中，由于上司与下属地位上、权力上的不平等，造成许多职业经理误以为授权就是不平等的，就是一种强制行为。其实，授权并不是"授"，即"我给你权"，而是"约"，即我和你之间约定了什么权。

约定"条款"

约定"条款"就是双方对授权的目的、程度、资源、可能出现的问题、担忧、处理方法等，以"条款"，即逐条确认要点的形式加以约定。

在前面的"招聘主管能力的差异"和"A、B两公司对招聘主管能力要求比较"两个例子中，我们已经清楚地看到：同样的职位、同样的职责，由于不同的公司或不同的上司对工作品质有着不同的要求，因而对于下属的工作能力有着不同的期望和要求。而且，下属的实际能力与上司期望的能力之间总会有很大的差距。显然，上司对下属能力的看法如何，对某项工作需要什么样的能力以及对下属有什么相应的授权都会有自己的想法。这时，上司不应当根据自己的想法立即对下属给予某种授权，正确的做法应当是与下属沟通，约定授权的要点（条款）。通过约定"条款"。可以将下属的能力提升、意愿与授权相结合。

人力资源部任经理可以与招聘主管约定，在 A 公司招聘主管的水平时做什么程度的授权，达到 B 公司招聘主管的水平做什么程度的授权。

约定"硬约束"

一旦约定了"条款"，就对上司和任职人都具有约束力。这种约束力不应是"软约束"，而应当是"硬约束"。由于以下原因，常常导致约定得不到执行，导致授权失败：

一是授权约定只是口头约定，不是合同，没有形成文字。所以，在操作中，很容易随意和变形。

二是中间发生这样那样的变故，使人搞不清到底是谁先违约。既然大家都违约，最后就不了了之。

三是上司常常怕出错，横加干涉，或是下属怕出错，请示汇报，结果又回到指挥命令的老路上了，双方都觉得这样最保险。

由于地位的不对称和权力不对称，一般来说，这种约定在下属心目中很重，很当一回事；而上司往往对此看得比较轻，不大当一回事。所以，违反约定的常常是上司。同时，由于上司在员工心目中地位很重，当下属违反时，可能今后改正就可以了，而上司违反一次，就可能在下属的心里留下很重的阴影，形成"反正到时候还得请示""还是等上司下指示吧"等思维定式后，以后再推进授权就难上加难了。

所以，上司应当比下属更加遵守授权的约定。

管理技能之

10

十

团队建设

常见的问题

● 说起来，都说团队重要，做起来，都是自己重要；说起来，都想建设团队，做起来，都是别人的不是。

● 各吹各的号，各唱各的调，名为一个团队，实为一盘散沙。

● 一个人干工作是一条龙，二个人一起干工作就成了一条虫，三个人一起就只会"窝里斗"了。

● 自以为是，就自己行，别人都不行，你看不上我，我看不上你。

● "你把你的做好，我把我的做好，大家只要能各司其职，各自把各自的'一亩三分地'种好就不错了，团队精神？等素质提高再说吧……"

● "不是我不想和人家合作，是人家不和咱合作，咱总不能硬逼着人家和我们建立团队吧？……"

● 办公室政治泛滥，不是你的人就是我的人，山头林立，各有靠山。跟对了人，飞黄腾达；跟不对人，活该倒霉。

- 你好我好大家都好，只讲人情，不讲原则，看起来其乐融融，像个团队，实则没有业绩，缺乏效率，不像企业。

- 一个团队需要不同的角色，需要特色鲜明、各不相同的团队成员。可是，就是有人一看见别人与自己不一样就大惊小怪，大喊"异端"，非要把大家磨成一个模子、一种尺寸才舒服。

- 只认同组织角色，不认同团队角色。官是官，兵是兵，不得越雷池半步。

- "地方割据"，只顾局部利益，不顾整体利益。要么"鸡犬之声相闻，老死不相往来"，能不打交道就不打交道；要么睚眦必报、锱铢必较，整天冲突不断，打个不停。

好团队的七个特征

在非洲的草原上如果见到羚羊在奔逃，那一定是狮子来了；如果见到狮子在躲避，那就是象群发怒了；如果见到成百上千的狮子和大象集体逃命的壮观景象，那是什么来了——蚂蚁军团！

从这个古老的寓言中人们可以得到的启示：

启示一：蚂蚁是何等的渺小微弱，任何人都可以随意处置它，但它的团队，就连兽中之王也要退避三舍。

启示二：个体弱小，没有关系，与伙伴精诚协作，就能变成巨人。

启示三：蚂蚁的精神值得我们永远铭记学习。蚂蚁是最勤劳、最勇敢、最无私、最有团队精神的动物。势如卷席，勇不可当，团结奋进，无坚不摧——这就是由一个个弱小生命构成的团队力量！

启示四：蚂蚁只是小小的低级动物，其团队尚且如此威猛无敌，作为万物之灵的人呢？两千年前管子说过："一人拼命，百夫难挡，万人必死，横行天下！"

这正是团队的价值所在。那么在我们的企业中团队的价值又是怎样表现的呢？

团队的七个特征

我们期望的好团队是什么样的呢？团队有哪些特征呢？或者说，有哪些特征的团队才是一个好的团队呢？坏团队又是什么样的呢？

好团队和坏团队的特征

好团队的特征	坏团队的特征
特征之一：明确的团队目标 团队中的每个成员都能够描述出团队的共同工作目标，并且自觉地献身于这个目标；成员对团队的目标十分明确，并且这个目标具有挑战性	特征之一：没有共同的目标 团队中各有各的目标，这个部门想这样，那个部门想那样。市场部想通过推广扩大公司的知名度；销售部想增加销售业绩，还想增加点销售费用；公司老总们想的是资本运营和回款……销售部也不是按公司的计划销售的，什么好销就销什么。他们各有自己的想法，他们对团队的目标根本不关心，更不用说去努力实现团队的目标了
特征之二：共享 团队成员能够共享团队中其他人具有的智慧；能够共享团队的各种资源；能够共享团队成员带来的各种信息；团队成员共享团队的工作责任	特征之二：团队成员之间不能共享 在部门中成员之间很少谈与自己工作有关的话题，生怕与别人交流多了，言多语失，说出自己的经验被别人学去；成员之间总是你防着我，我防着你
特征之三：不同的团队角色 一个团队中应具备不同的团队角色：实干者、协调者、推进者、创新者、信息者、监督者、凝聚者、完善者	特征之三：团队中角色单一 "咱们都是螺丝钉，组织让干啥，咱们就干啥。"在许多人的头脑中，特别是在管理者的头脑中，这种想法根深蒂固。它强调的是团队成员虽然具有不同的分工，但充当的却是相同的角色。这种团队中只有两个角色：领导与群众、管理者与被管理者、老板与打工仔

（续表）

好团队的特征	坏团队的特征
特征之四：良好的沟通 团队成员之间肯于公开并且诚实地表达自己的想法；团队成员之间互相主动沟通，并且尽量了解和接受别人，团队成员积极主动地聆听别人的意见；团队成员中间不同的意见和观点能够受到重视	特征之四：沟通不畅 部门与部门之间很少往来，甚至不是一个部门的员工见面连招呼都不打。有些人在同一个部门内工作，一天下来也说不上一句话。有人常常出来挑拨成员之间的关系；有问题出现时互相推诿，相互埋怨；有人就喜欢背后议论别人，说别人的闲话
特征之五：共同的价值观和行为规范 团队成员拥有共同的价值观。共同的价值观像电脑的操作系统一样，为不同的团队成员提供共同的、可兼容的统一的平台，否则，就像电脑无法操作一样，团队成员之间根本无法合作与沟通	特征之五：没有共同的价值观 有的人认为企业就是挣钱的，挣钱是企业的唯一目标，不需要考虑什么社会责任感，有了钱什么都好，没有钱什么都不好；有的人认为企业挣钱的同时要有社会责任感；有的人则认为技术第一……在团队成员之间没有共同的价值观
特征之六：归属感 归属感也就是凝聚力。成员喜欢他们的团队，愿意属于这个团队，具有一种自豪感。他们非常愿意留在自己的团队中，并且在必须离开这个团队时依依不舍。在具有归属感的团队中，成员之间可以分享成就，分担失败带来的忧虑和不能按时完成工作的焦急。团队成员之间愿意帮助别人克服困难，自觉自愿地多做工作	特征之六：一盘散沙 部门中成员之间互相钩心斗角，你争我斗。各顾各的事情，对其他成员漠不关心，即使能够相互帮助的也不帮助，而是看别人的笑话，企业中如同一盘散沙。团队成员把在团队中工作作为谋生的手段，成员与团队之间完全是一种雇用关系，与团队之间并不存在什么感情，如果有人出高薪聘用他们，他们会义无反顾地离开
特征之七：有效授权 团队领导使成员有渠道获得必要的技能和资源，团队政策和做法能够支持团队的工作目标；在团队中能够做到人人有职有权	特征之七：不授权 作为企业经理的你感到工作越来越忙，每天总加班留在办公室里处理白天没有来得及处理的工作，而你的下属们却每天优哉游哉，无事可做，他们看着你这位忙碌的经理，却帮不上忙

对团队的误解

误解一：把组织等同于团队

把集体理所应当地当成团队

在实际生活和企业工作中，人们经常会看到或听到以×××人名或以×××有象征意义的事物命名的突击队、作业组。有的人把像突击队、足球队这样的集体当成团队。这显然是一种误解，一支突击队当然可以成为一个团队，但是，一支突击队并不是人一到齐，团队就建立了，而是必须通过努力，具备以上七个特征，团队才算建立起来了。所以，集体不等于团队。

把部门理所应当地当成团队

经理常常把企业中的部门当成团队，这是最为普遍的现象。当有人一提到团队这个概念时，许多人马上想到的就是企业中的某个部门，例如营销部、人力资源部、开发部等。这种情况是混淆了团队与组织的区别。企业中的部门只是一种组织形式，是把工作性质、工作内容相近或相似的人安排在一起工作，组成一个工作群体，以便企业领导者的监督与管理。团队不是组织，而是组织的一种表现，所以企业中的部门并不是真正意义上的团队。

误解二：把与团队之间的关系看成雇用关系

我是企业招聘来的，与组织是聘用关系，我干活，企业给我工资。我要遵守企业的各项规章制度，如财务制度、人事制度、劳动纪律等。这些都是组织行为。组织中个人与个人之间的关系是平行的，他们都是被组织雇用的，为组织工作的，他们之间没有互相交流、互相沟通的必要，工作上是链锁关系，一环扣一环，只要各自对自己的工作负责，对上司负责就可以了。这实际上是混淆了组织与团队的区别。个人与公司是聘用关系，但个人与团队之间却不是聘用关系，团队成员是平等的、没有组织意义上的上下级关系的。

误解三：把个人与团队的关系当成依附关系

在过去的许多年里，人们有句口头禅："有困难找组织。"由于人们长期受计划经济的传统思想影响，使得个人对组织产生了依赖关系。这种依附关系表现为：组织是我的，生是组织的人，死是组织的鬼。因为我把自己融入了组织，所以我是组织的，组织要负责我的衣食住行，负责我的福利待遇，负责我的养老、医疗，总之我的生、老、病、死一切依靠组织。在现代企业制度中，这种依附关系已经不存在了，个人与团队的依附关系更不存在。

误解四：狭隘的集体主义

团队精神与狭隘的集体主义存在着差别。

集体主义与团队精神的共同点是：

• 成员都具有"归属感"；

• 成员具有共同的价值观和规范。

狭隘的集体主义与团队精神的区别

狭隘的集体主义	团队精神
强调的是组织目标	强调的是共同的目标
虽然强调不同的分工，而实际却是相同的角色	强调不同的分工，不同的角色
集体的利益大于个人的利益	注重团队与个人双赢的原则
强调成员绝对服从组织	强调团队领导对成员的有效授权
运用的是金字塔式的沟通方式	运用的是矩阵式的沟通方式

误解五：很多人根本不相信团队

一些人对团队表示出不相信的态度。一说到团队，他们就会说："甭提什么团队不团队的，那离我们太远，看人家国外搞团队就以为咱们中国也能搞团队，这种想法太天真。""我们目前有上级管理者监督、明确的组织结构、严格的公司纪律和制度，组织成员还不听话呢？""有多少组织都搞得一团糟，还能谈得上搞什么团队，等把组织搞好了再来谈什么团队也来得及。再说团队那东西也是可望不可及的，都说得挺好，你看哪个公司的哪个部门真的搞团队了，真的用团队来发展组织了？"

误解六：把自己湮没在团队中

大家可能都听过滥竽充数的故事，故事中的南郭先生本来不会吹竽但也混到吹竽的乐队里，别人吹他也胡乱地跟着吹。在团队中同样有像南郭先生这样的人，这些人把自己完全湮没在团队之中，他们认为我是团队的人，有什么事发生，有团队领导在，还有团队中的其他成员呢！自己只要跟着大家走就行了，不用多操什么心，于是整天混日子。这种人他们不注重自己的团队角色，不知道自己作为团队中的成员之一，在团队中应该担当一定的角色，在团队中起到一定的功能，而是对团队过分地依赖，完全靠别人来担当一定的角色和功能，自己坐享其成。

误解七：局外人

有这样想法的人认为"团队是团队，我是我"，每当自己在工作中遇到困难时，就想到向团队求助。而每当自己对工作负有责任时，又要把责任推卸给团队。他们不是把自己当作团队中的一员，而看成是我之外的东西。当团队出现问题时，他们不是抱着积极的态度去想办法为团队解决问题，而是不把自己当作团队中的一员，像旁观者一样，站在一边看笑话，指责团队这样不对、那样不好。每当他们在工作中遇到困难时，就想到向团队求助。而每当他们对工作负有责任时，又要把责任推卸给团队。他们与团队之间保持着一种若即若离的关系。当团队积极发展取得成绩时，他们又会来分享团队取得的成绩，以及由于成绩给团队成员带来的好处。

误解八：对团队期望的偏差

有些人对团队的期望有偏差。他们认为既然称得上是团队，那么团队成员就应该在各方面都表现出一致性，无论在自觉性方面，还是在个人的性格爱好方面，以及对问题的看法和处理问题的方式方面，而且做什么事情都要步调一致，决不允许有个体差异的存在。

误解九：把团队当成一种工具

"我所管理的部门是我的，一切事情都要由我来决定。不管我的部门发生什么事都要先跟我说，由我来解决。最好是在部门内解决，不经过我的允许不准出去对团队以外的人说团队里的事，家丑不可外扬，否则便是没有团队精神。"这种经理把部门当成自己的一亩三分地来经营。

有些中层领导在部门中遇到他们解决不了的问题或是下属不听他们的话时，他们就会拿团队这个工具来压制组织中的成员，把团队这顶帽子搬出来，给人家扣帽子："你们总说团队，瞧！就像你们这样能建设团队？我们现在就是要把我们的部门建设成一个团队，那么就看谁为了这个团队，谁支持团队建设，谁在破坏团队建设！"

为什么会有坏团队——从"我"分析起

从好团队与坏团队的比较中，我们都会感觉到，好团队真的是很好，可能有人不禁会想，如果自己能在这样的团队中工作该是多好呀！那么为什么在企业的实践中却有许多坏团队呢！团队是由个人组成的，其实根源就在我们自己身上，看看"我"在团队中都是怎样表现的吧！

表现一：物以类聚、人以群分

"我"在团队中常常有这样的表现，看谁顺眼就愿意和谁搭伴，看谁不顺眼就不想与之往来。

销售部的业务员中，张三和李四性格、爱好相投，两人的关系很好，在工作中两个人配合得很好。但张三却不喜欢王五的处事方式，而与王五合不来。所以在工作中处处与王五过不去。

由于团队中的成员来自于社会的各个阶层，他们的生活背景、个人经历存在着很大差异。他们的个人工作能力、智力水平不尽相同。这些差异决定了他们的性格、爱好也不相同。这种性格、爱好、性情的不同无意中就将一个团队拆成了几个"投脾气"的"小团伙"了。

表现二：他有什么了不起

软件开发部的李工由于在 x 软件开发中贡献突出，最近受到部门阮经理的表扬，并决定上报公司给李工加薪 1000 元。听到这个消息后，软件开发部中有些人为他高兴，他们认为李工应当受到奖励。另一些人则是这样想的："你既然能干，'头儿'又看得上你，你的工资又比我们的高，以后再有开发软件的活，你就多干吧！"

以后阮经理再给这些人分派工作时，他们就会对阮经理说："我的水平不行，你还是去找李工吧！"，李工也体会到了做"出头鸟"的滋味。李工心里感到委屈，心想："我累没少受，活没少干，到头来还惹得人家不高兴，以后也别那么卖力干了。"

"我"对待别人取得的成绩，不是抱着积极的态度去认可，自己下决心向人家学习，努力工作，而是抱着嫉妒、不服气或自暴自弃的不正常心态来；老觉得自己吃亏了，不应该多干工作。人性的弱点中往往过低评价别人的努力和成绩，往往过高地评价自己的努力和成绩。

表现三：谁的人

某公司里有一批人是王总的朋友，还有一批人是李总的亲戚。这两批人势均力敌，所以表面上他们之间彼此都比较客气，谁也不愿意轻易冒犯对方，但暗地里谁也没把对方当回事，都在维护自己帮派的利益。帮派之外的人则要在两个帮派之间找平衡，得罪了哪一边都没有好果子吃。

由于有复杂的人际关系在团队中存在，所以"我"不可能在工作中坦诚地表达自己的观点，与别人似乎隔着一堵墙，不可能进行真正的沟通。这样的团队表面上看起来风平浪静，大家都不说什么，但实际上是各怀心事，团队一盘散沙。

表现四：总是看别人身上的缺点

某公司人力资源部中只有老张和小黄两个人，是一个小得不能再小的部门了。老张年龄大一些，办事比较沉稳，很讲条理，做起事来慢条斯理。小黄人很聪明，做事手脚麻利，老有新点子。其实这都是人性格上的特点，本无可厚非。可为此老张和小黄之间却产生了很大的矛盾，两人谁也看不上谁。老张认为小黄今天一个想法，明天一个主意，老在变，简直累死人，没法和他一起工作。小黄却认为老张做事太保守，做什么事都求四平八稳，效率太低，跟这样的人干活能干出什么呀！

因为人的习惯性思维方式，总是看到别人的缺点，看不到自己的缺点，拿自己的优点去同别人的缺点比，其结果是你看不上我，我看不上你，从而影响工作。团队成员之间不应该把别人身上的性格特点非要按自己的标准机械地给分成优点和缺点。在不同的场合、不同的时间里，人的性格特点有时会表现为缺点，有时又会表现为优点。

表现五：各人顾各人

在公司销售部中，业务员小王从展览会上拿到一批有关客户的资料，回到公司后赶紧锁到自己的抽屉里，业务员小赵过来问："搞没搞到什么资料？"小王不想把资料拿出来，就打岔说别的事。小赵心里明白是怎么一回事了，心想：以后你也别想在我这得到任何的信息，我就是自己用不上的也不告诉你。

在大多数企业的许多部门中，实行的是以个人业绩为考核指标的绩效标准。于是在部门内部成员之间就出现了自己不愿与别人进行业务上的交流，想方设法保护自己已经占据的各种资源，不愿拿出来与部门其他成员共享，造成资源浪费的情况。这样一个部门从表面看起来像是个团队，实际是各人顾各人，没有显示团队的力量。

表现六：严于律人，宽于待己

在工作中，你可能看到过这种事情发生，或是曾经就发生在你自己的身上：当你做错一件事时，你会极力找各种理由为自己错误的行为进行辩解，以减轻自己的责任；而当别人做错一件事时，你会毫不留情地指责人家，不听人家的辩解，甚至怀恨在心。

这种"严于律人，宽于待己"的做法实际上出于人的本性。但它在处理人与人之间的关系上，特别是在处理团队成员之间的关系上是极其有害的。团队成员应学会严于律己，宽于待人。这是团队成员之间能够拥有融洽的工作气氛的前提，如果做不到这一点，团队就不成为团队了。

由于"我"在日常的工作中，是以这样的方式去看待别人，以这样的方式去处理自己与别人的关系，试想一下，"我"有这么多的坏毛病，有这么多坏毛病的"我"们聚在一起，怎么能形成一个高绩效的团队呢？能不是一盘散沙、同床异梦的"乌合之众"吗？

团队发展五阶段

一个人会经历生、老、病、死的成长过程，团队也是一样的，要经过五个不同的发展阶段，从产生、兴盛，最后走向衰亡。这五个阶段是：

第一个阶段：成立期

第二个阶段：动荡期

第三个阶段：稳定期

第四个阶段：高产期

第五个阶段：哀痛期

```
成立期 → 动荡期 ↘ 稳定期 ↗ 高产期 ↘ 哀痛期
```

第一个阶段：成立期

团队刚刚组建，成员们的士气高昂，对自己、对公司的未来充满了希望。但由于都是新员工，没有经过任何的培训，所以他们的工作能力很低。

　　某互联网公司是一家刚刚成立的新公司。这个公司营销部肖经理及下属的八位营销人员全部都是刚招来的新人。这些新员工对公司、对本部门充满了热情和好奇，彼此之间没有任何的成见和恶意，每天早晨一见面就互相热情地打招呼，相互之间彬彬有礼。不用肖经理说话，每人都主动加入到收拾办公室、打扫卫生的行列。一会儿办公室就变得干净整洁，显示出新团队的一派生机。每个人都对公司的前途、对自己在公司的发展充满了希望，为日后能正常开展工作，做着各项充足的准备。对部门肖经理的话，大家言听计从。由于他们都是新招聘来的，他们中的四五个人以前没有从事过网络产品的销售工作，不懂这样的产品该怎么销售，所以前两三个月根本就没有销售业绩。

　　成立期，团队成员的行为特征：

　　• 对公司未来的发展具有很高的期望。

　　• 每一位成员在新的团队都表现得那么热切、那么投入。

　　• 团队成员之间表现得彼此彬彬有礼、很亲切。

　　• 表现出对管理者权力的依赖。

　　• 表现出较低的工作能力。

　　成立期，职业经理常见的误区是，认为大家都是刚来到公司，对公司的情况都还不熟悉，出现一些问题都是小事情，所以对团队中出现的问题不以为意。他们会有这样的认知误区，是因为有以下想法。

　　原因之一：团队刚刚成立来的都是些新人，热情都很高，也很听领导的话，没感到有什么问题要解决。

原因之二：团队里来的都是新人，目前我对他们还不了解。把团队建成什么样的团队我自己心里也没有很好的目标，标准也不明确。等过一段时间对新人都熟悉了，对情况也了解了再说吧！

原因之三：对我要做的那些事情，我自己就不是很懂，我以前所在的团队他们也没做过，所以我也不知道该怎么做，目前没出什么问题就先干吧，等有问题时再说！

原因之四：团队反正要经历五个阶段，专家都总结出来了，第二个阶段的"动荡期"是必然的，想躲也躲不过去，还需要我做什么？即使做了什么也不一定有用，可能是到头来白费力，不如就顺其自然吧！

这时，职业经理应当采取的对策是：

· 通过召开部门大会、小组会来创造沟通的机会和场合；

· 为团队制定发展目标，并着手准备开始工作；

· 制订团队的培训计划，有计划地对团队成员进行培训；

· 提升成员的各方面能力，接受新的工作带来的挑战；

· 制定团队的各项规则。

例：所有人员不允许在上班时间打私人电话。

例：凡是在会上同意的，不允许在背后又发表反面意见。

例：开会不允许迟到。

第二个阶段：动荡期

团队成员感觉到原来的期望与现实之间存在差距，所以他们的士气很低。这时他们的能力还没有培养起来，所以能力也很低。

遗憾的是这种状态没有坚持多久，问题就出现了。在划分市场区域问题上，销售人员与肖经理之间出现了矛盾。销售人员谁都想要像北京、天津、上海、广州、深圳等经济比较开放，互联网又比较发达的地区。为市场区域划分的事，部门内争吵了好几天，闹得不可开交。没分到好市场区域的销售员对肖经理的领导产生了抵触情绪，不再是言听计从了，而是消极对抗。营销员们的业绩很不好，大多数人都完不成销售指标，又不知道从哪里入手，一片茫然。起初那份对公司、对工作的热情荡然无存，甚至有三个营销员对于自己在公司的发展前景很不看好，灰心丧气，干脆提出辞职，走了！另外，部门内人员经过一段时间的彼此互相接触、共事，都开始暴露出自己的性格特征。这时就出现了你跟我好，我却看不上他的局面。于是在部门这个团队内出现了"小团队"拉帮结伙现象，把整个部门闹得乌烟瘴气。

动荡期，团队成员的行为特征是：

· 团队成员感觉到了自己原有的期望与现实的差距。

· 对眼前的现实感到不满。

· 团队成员之间开始争夺职位和权力。

· 领导者的威信开始下降。

· 团队成员感到自己很迷惑而无法战胜。

· 团队成员开始流失。

· 团队中有"小团体"出现。

在动荡期，经理常见的误区是：

对团队的这种现状抱着听之任之的消极态度，认为工作是"大浪淘沙"的过程，公司的情况本来就是这样，工作也只能这么安排，肯定会出现有人满意、有人不满意的情况，我也没有什么好办法。你们谁爱干就干，不爱干就不干，谁看这儿不好要走，我也不留你，你觉得哪好就去哪！至于人与人之间的关系，我更是管不了，谁和谁关系好，谁和谁关系不好，那是人的性格、爱好问题，是人家的私事，我管得着吗？

这时经理应采取的对策是：

• 要和团队成员一起建立共同的目标。

如果没有共同的目标，大家就不会心往一处想，劲往一处使。

• 确立和维护规则。

发现有人上班打私人电话，怎么办？有人开会迟到怎么办？

规则规定不能上班打私人电话，开会不能迟到，如果有人不按规定做，该罚款就罚款，该通报批评就通报批评。

• 同团队成员一起进行讨论，鼓励团队成员们就有争论的问题发表他们自己的看法。让大家懂得团队中的"游戏规则"。

• 对积极的现象及时给予表扬和肯定，对团队中出现的消极的、不利于团队的东西，应给以及时的纠正。使团队建立起良好的团队文化氛围。

• 引导团队成员正确认识团队成员之间的性格差异，并在团队中允许这种差异的存在。利用这些差异有意识地培养团队各种角色，使团队能够有效地工作，从而消除团队中的混乱局面。

• 尽快提高团队成员的工作能力。

第三个阶段：稳定期

这一阶段，人员基本上稳定了，成员也具备了一定的工作能力，开始为公司创造效益了。

经过了上一个阶段的动荡，这时人员基本开始稳定下来，该走的走了，该留的留下来了。同时，一些营销人员的工作能力开始显现出来，他们已经建立起了自己的营销网络，开始为公司创造业绩。肖经理每天满脑子就是这个月的销售额是多少，现在已经完成了多少，这个月能不能完成任务。只要同销售员一见面，张口闭口都是产品、销售额、客户。而且肖经理本人的缺点也逐渐暴露出来了。有一些员工发现肖经理并不像他们想象的那么能干，做起事来总是拖拖拉拉，而且处理问题没有自己的主见，在公司总经理面前不敢像其他部门经理那样为本部门员工争取利益，显得无能。

稳定期，团队成员的行为特征是：

·团队成员基本稳定。

·团队的冲突和派系开始出现。

·团队领导对团队中的派系表现出倾向性。

·团队成员的工作能力开始显现出来。

·团队领导把主要精力从关注团队成员转移到督促团队成员创造工作业绩上。

·团队领导自身的缺点开始暴露。

真不容易，团队总算度过了动荡期，稳定下来了。自己可以松口气了。

这个时期经理常见的误区是：

团队领导这时可能认为团队的各项工作已经步入正常轨道，自己可以松口气了，这时只要能维持现状就行了。主要任务是多为公司销售产品、创造利润，其他都不那么重要。

这时经理应当采取的对策是：

措施一：树立起自己的个人良好形象。

团队领导的影响力在团队中至关重要，你的一举一动都会对团队成员有着很大的影响。比如，你倾向于某个派系，偏袒这个人，打击那个人，这样势必影响团队的正常工作。团队领导的个人魅力直接影响到他对团队的凝聚力，以及在团队中的权威性，这一点是以往常常被许多领导者所忽视的。

这时如果大家知道肖经理私下吃回扣，那就完了。

措施二：让团队成员学习良好的沟通方式。

学会正确地表达自己观点的方法，认真听取别人的意见和建议，并做出积极的反馈，从而消除"小团体"之间相互的不信任，使团队成员之间渐渐形成团结、合作的良好氛围。

措施三：消除团队目标中的"不谐之音".

肖经理他们销售部有明确的目标吗？肖经理以为有，不就是销售额吗？但是这时常常出现的问题可能是没有团队共同目标。很可能肖经理关心的是整个部门的销售额，这是肖经理的目标，部门里的其他人可能会关心他们自己的销售额，或者关心拓展客户是否容易、外出的多少，有的关注的是自己能不能多学一点本领，显然肖经理一厢情愿的目标并不是所有人认同的目标。所以，必须及时发现并消除不符合团队目标的行为。

销售代表小王销售额不错，每个月都能够完成任务。但是，小王的目标客户远远偏离了原来的定位，这将引起客户资源的枯竭，肖经理采用加大考核中客户权重的办法及时予以纠正。

措施四：应尽可能多地授权给团队成员。

尽可能多地授权给团队成员，以使他们在工作中有更多的自主权。这样有利于调动团队成员的主观能动性，把团队的工作当成自己的事情做，真正负起工作的责任来。

肖经理把手里的大客户交给有的销售代表去做。

措施五：学会激励团队成员。

积极认可他们的工作，及时给予赞美并予以正确的指导，而不是否定他们的工作。

事实证明，许多团队，包括"老化的团队"，都出现了停留在稳定期。它既进入不了高产期，也不是很快走向衰痛期，而是处于团队成员工作能力、工作热情都比较稳定的半死不活的状态。那么，怎么能使团队摆脱这种状态，进入产出效益的"高产期"呢？

第四个阶段：高产期

这一阶段，团队的士气空前高昂，团队成员关系和谐，团队成员的能力也达到或超过期望。

业务员们每个月都能完成自己的销售额，甚至两三个表现突出的业务骨干，能完成两三倍的销售额。业务员之间关系比较融洽，经常一起组织一些活动，显示出团队的气氛。业务员们心气很高，都在为自己的将来发展目标做计划，会主动为肖经理分担一些工作。

高产期，团队成员的行为特征是：

• 团队成员能够胜任自己的工作。

• 团队中的派系观念淡化甚至基本消除，团队成员之间开始合作。

• 团队成员对团队的未来充满了信心。

• 团队出现巅峰的表现。

• 团队成员能为领导分担工作。

这时经理常见的误区是：

被眼前的成绩和荣誉冲昏了头脑，确信自己所带的团队不会再出现什么问题了，于是放松了对团队的管理，把对下属的承诺也扔到一边。整天忙于对外应酬，结交各路朋友，不再把心思放在营销部的事情上了。同时，团队领导认为已经形成团队的力量，哪一位成员离开他也不怕，不再重视成员所取得的工作成绩以及他们的个人发展问题，看不见团队中隐藏的一些问题。

这时经理应当采取的对策是：

团队发展的五个阶段是团队发展过程的必然规律，是不以人们的意志为转移的，即使是再优秀的团队，也会有走向衰败的那一天。但是，团队领导可以经过努力使团队延长停留在高产期的时间，这是能够做到的。

建议一：团队领导与团队成员共同研究制定更高、更具有挑战性的目标，使团队成员能够看到新的希望，感觉在这个团队中工作有奔头，自己无论在工作能力方面、个人发展方面，还是在经济收入方面都有所提高。

比如改进销售奖励机制，扩大产品销售区域，向潜在市场进军。

建议二：团队领导要想方设法留住团队中的优秀员工，帮助员工制订个人发展计划，鼓励员工发展。

比如送优秀业务员去读 MBA 班，为他们制定在三五年内的个人发展目标。

建议三：对团队成员的工作成绩及时给予积极的肯定，并对已经给下属的承诺及时兑现，使团队成员的个人价值得以体现。否则下属会感到失望，感到领导说话不算数，干得没劲！

比如年初给业务员承诺今年销售额达到 500 万元，可以去泰国旅游一周；销售额达到 1000 万元，奖励捷达汽车一辆，到年底就要兑现。

建议四：团队领导应保持清醒的头脑，及时发现高产期繁荣的表面下蕴藏的潜在矛盾和问题，并严肃、认真对待所出现的矛盾和问题，给予及时的解决。

有些业务员已经不满足于为公司打工，准备拉走公司的客户，自己办公司。

第五个阶段：哀痛期

团队再往前没有多少发展空间，已经到头了。成员的能力很强，他们不满足于目前的处境，想得到更高的回报。团队成员们的想法多起来、乱起来，团队不再有共同的目标，工作意愿也不强了，团队成员之间在利益层次上的矛盾多了起来。

伴随着肖经理的高枕无忧，营销部的问题出现了。营销员看到他们的销售业绩再也不受肖经理像从前那样的重视，部门内早已定好的有关销售业绩的奖励办法常常不能按时兑现，甚至有时他们怀疑有些奖励根本就是领导有意拖着不想给兑现。他们感觉到他们的工作成绩不能及时得到认可。

另一方面，他们觉得营销部这样也就发展到头了，看肖经理目前的状态，营销部能维持现状就不错了。而这时由于他们经过了前一段工作，能力已有了很大提高，他们希望寻求更新更高的发展目标。当他们的需要不能得到满足时，他们中的优秀者开始向外寻找发展的机会，带着他们已经建好的销售网和客户，做好了跳槽的准备。一旦有别的公司工资、奖金等待遇比目前好，或对方许诺可以升职时，他们就会毫不犹豫地跳槽。

哀痛期，团队成员的行为特征

- 团队成员认为自己的工作业绩得不到及时的肯定。
- 团队的发展空间不大了。
- 团队领导不再关心团队成员。
- 有些团队成员个人的发展速度远远超过团队的发展速度。
- 人心散乱。
- 业绩下滑。

这时经理常见的误区是：

- 不能正确看待现实，客观分析问题，总是怨天尤人。
- 不能从自身找出问题。
- 仍自以为是。

哀痛期经理应采取的对策

措施一：重新界定或制定一个新的团队目标。

这时肖经理提出新的目标和挑战，比如：我们可以在华北区、华东区销售得很好，那么现在我们可以开发华南区、华中区、西南区，甚至海外市场。还可以给大家提出路由器销售得好，调制解调器销售得不好，我们下一步可以考虑怎样提高调制解调器的销售量；现在我们主要靠大经销商的方式，目前专卖店的方式蓬勃兴起，我们以后可以进入专卖店；我们过去的销售，中小型客户比较多，大客户比较少，我们怎样开发一些大型客户……这些新的目标的制定，哪一个目标不是对团队成员具有挑战性和大的吸引力呀？

措施二：重新调整团队的结构和工作程序。

也许肖经理他们的团队已经开始走下坡路，是由于结构和工作程序不合理引起的，或是人形成工作的固有习惯引起的。比如：过去公司是按区域划分销售队伍，存在着许多的弊端，当产品增加时，这种按区域划分就不太适应了。这时就可能要按产品划分，按客户划分，甚至按行业划分。比如：路由器的销售可以分为向 IT 公司销售的部门和向传统企业销售的部门。

措施三：消除积弊。

老团队累积了许多消极的因素，如过去积累下来的问题有：奖励不兑现，在区域划分上不公平，肥瘦地区的考核指标拉不开。如果这些问题不能得到有效的解决，或看不到解决的时间表，大家就看不到希望了。

老化团队的发展问题

某 IT 公司的软件开发部很让阮经理头疼：人家别的公司各方面条件跟我们公司差不多，可人家公司每隔三四个月就有新的软件产品面市，而且在市场上销售得还特别好。再看看我们公司软件开发部，一年能开发出一个新软件就不错了，三四年来一直是这样，年年都是业绩平平，部门中整天死气沉沉，给人一种半死不活的感觉。大家对开发新产品、创造高效益，似乎都不感兴趣。无论什么似乎都激发不出他们身上的热情。而公司其他的部门像销售部的发展都很快。

显然，这支团队已经老化了！

老化团队具有以下特征：

老化团队的特征

实际情况	老化特征
软件开发部是这家计算机公司中最早成立的部门之一，已经有五六年的历史了。阮经理看了许多有关团队方面的书和资料，可就是搞不懂软件开发部处于团队发展的哪个阶段，因而感觉自己很茫然	我们这个部门已经有好多年的历史了，所以我们不知道我们部门现在处于团队发展五个阶段中的哪个阶段了
软件开发部这么多年来，积累的问题很多。冰冻三尺，非一日之寒，想要解决问题却无从下手	我们这个部门这些年来积累的问题太多了，现在要想改变，可不是那么容易的事，不知该从哪里下手去找解决问题的突破口
虽然软件开发部存在许多问题，也有人员流动，但它却不像销售部那样大起大落的，还算比较稳定。说他们干得不好吧，可每年也能开发出一两种新产品，创造出的效益也够使本部门得以维持的	目前我们部门的状态是一切比较稳定。人员的工作能力比较稳定，工作热情也比较稳定，说高也不算高，说低也还能过得去。整个部门处于半死不活的状态
因为软件开发部是公司的核心部门，公司能不能得到迅速发展很大程度上取决于软件产品开发的速度。因此公司王总对软件开发部极为重视。这几年先后为软件开发部调换了几位部门经理，并且都是他认为能胜任的人。这几任部门经理也是想了许多的招数，但效果都不尽如人意	对于我们这个部门，过去几位经理在任时什么办法都试过，没什么用。这么多年，部门内人与人之间彼此都太熟悉、太了解了。大家似乎把一切都看透了，谁也不能把谁怎么样。大家都对团队的新生失去了信心，认为想让我们部门像其他新成立的部门那样富有朝气，那是不可能的事，想都别想

你是否在工作中也遇到了和阮经理同样的问题？

当你面对其他团队各个成员生龙活虎、一派生机，而你所领导的团队每个人都萎靡不振、毫无进取心时，你该怎么办？

面对如此现状只能做出两种选择：一种选择是继续维持现状，另一种选择是大胆变革。

让我们将维持现状的好处和坏处来比较一下。

团队领导维持现状的好处与坏处

维持现状的好处	维持现状的坏处
• 工作上的事情不用太操心、太费力 • 现在多少还算有一些生产力 • 不得罪人	• 这种维持现状的情况只会使团队走下坡路 • 因为其他团队在发展，市场也在不断变化，到时候，团队领导想主观上维持现状势必很困难，实际上是冒着巨大的风险 • 如果上司对团队及团队领导提出更高工作目标要求时，团队领导会因感到不适应，而不能胜任 • 等死

结论：维持现状的好处小于维持现状的坏处。

让我们再对大胆变革的好处与坏处进行比较。

团队领导大胆变革的好处与坏处

大胆变革的好处	大胆变革的坏处
• 发掘团队的机会点 • 证明自己的能力 • 如果成功团队成员都有好处 • 总比等死强	• 业绩下降甚至垮掉 • 变动现有利益格局和旧习惯，招人嫌 • 自己不一定能驾驭，说不定声名扫地

变革的好处大于变革的坏处：

• 维护现状的好处是看得见的，但是好处已少到不足以维持的成本。

• 变革的风险大于维持的风险，但是其中孕育的好处远大于维持的好处。

显然，对于任何一个老团队的领导来说，大胆变革是明智的选择。

老化团队的"突破口"

老化团队的"突破口"在哪里呢？如何改造老化团队，可以有多种选择，哪个"突破口"最为有效呢？可能的突破口有：

第一个突破口：做思想工作

阮经理抱着很高的热情分别找到部门中的几位软件工程师，并与他们谈话："你看咱们部门现在这种半死不活的状态多不好，公司王总对咱们部门挺重视的。咱们应该干出点样子给他看看。你不应该像现在这个状态，这种状态哪能做好工作呀！咱们不能一心就想着自己多挣钱，只有把部门搞上去，大家才能有更多的收入和发展。努力工作改变部门目前的状态是我们每一个人义不容辞的责任。我们这些老同志，要发挥带头作用，过几天，我们开展一个向市场部学习的活动，再去微软研究院参观参观，我就不信软件开发部就没救了。"

阮经理找员工话也谈了，活动也搞了，微软也学了。阮经理累得够呛，其结果却很令阮经理非常失望，软件开发部该怎样还是怎样，没起到什么作用。"为什么做思想工作效果有限呢？"阮经理感叹道。

分析：

• 有些团队领导可能选择给团队成员做思想工作，以提高团队成员的工作热情，作为改变团队现状的突破口。这是传统企业经常使用的一种调动团队成员工作积极性的方法。历史和事实都证明，用这种做法来改变团队面貌的效果是极其有限的。

· 团队领导是把团队的事当成"我"的事，而不是"我们"的事。从而，使团队成员认为团队变革是团队领导的事，与自己的关系不大。

· 这样做没有触动到团队成员的根本，他们的热情只是一阵，很快就会过去。

· 采用这种方式实际上是团队领导首先把自己的积极性调动起来后，再去影响团队中的其他成员。在这个过程中，团队成员只是被动地接受由团队领导传播来的热情，而不是发自团队成员内心的变革动力。

· 从人性的角度来看，只有变革与团队成员的切身利益相关，比如：与加薪、晋级、荣誉等等相挂钩，团队成员才有可能产生发自内心的变革动力。

· 单一的思想工作是行不通的，所谓思想工作是想解决动机问题，老化的团队不会为荣誉所打动，老团队被"想了很多办法，都没有用"的悲观气氛所包围，思想工作没用。

第二个突破口：更换新人

阮经理和王总商量，决定采取部分换人的办法。先辞去那些部门中他们认为工作表现不好又比较具有影响力的人。然后，再招聘新人进来，看看效果怎么样。

经过一段时间，发现新来的员工很快就与老员工混熟了。为了能与老员工在工作上配合得好，他们常常学着老员工样子做事。结果不是新员工影响了老员工，而是老员工影响了新员工。部门仍是老样子。

分析：

• 如果是团队领导人不换，领导思想不从根本上发生改变，团队的规则不改变，使用老规则、老观念，即使团队成员全部是新人，也同样会走老团队的路，不会有新的变化，从而实现不了团队从根本上变革的目的，反而浪费了人力和财力，到头来只能得到事倍功半的结果。

• 如果团队中的成员全部换成新人，那么这个团队就变成了一个新团队，它就要重新经历新团队发展的五个阶段，并首先处于五个阶段中的第一个阶段。假如团队领导引导不得当，团队能否经过第二个阶段动荡期，顺利进入第三个阶段稳定期还是个问题。而一般老团队大都是停留在第三个阶段稳定期。因此，直接改造老团队比把团队成员全部更新的效率要高一些，风险也要小一些。

• 在实际工作中，把团队中的老成员一下子全换掉也是不现实的，一般只能采用逐步更换新人的方法。可这样，老的团队成员还是按照老的方法去处理问题，团队老的规则得不到改变，新来的团队成员也会受老的团队成员的影响，被老的团队成员给同化了。这样做仍然不能从根本上改变团队的面貌，达不到变革团队的目的。

——除非你把人全换了，否则少数的老人也能同化多数的新人。

——该换的往往换不了，这正是团队老化的一个原因。如果能把该换的换了的话，当然好了。

——如果有别的办法，就不要采取换很多人的办法。

第三个突破口：从技术层面上引进管理方法

阮经理看了许多管理方面的书，又了解到许多其他公司从技术

层面上引进管理方法来变革团队的案例，决心试试这种方法，看看
效果如何。于是，公司的发展计划部为软件开发部设计出一套非常
好的工作流程，阮经理看了很是满意，心想这次完成部门变革应该
有希望了。但让阮经理没有想到的是，软件开发部的员工已经习惯
了过去的工作方式，对流程重组抱着抵触的态度，拒不接受。到头
来阮经理的努力又白费了，仍然没有得到预想的效果。变革再一次
以失败而告终。

分析：

· 从技术层面上引进国外先进管理制度来解决部门的管理技术
问题的做法是值得肯定的。但单纯用这种办法解决老化团队停滞不
前、死气沉沉的问题是行不通的。因为老化团队不单存在管理技术
落后的问题，而技术层面解决的只是管理技术落后方面的问题。老
化团队的问题最关键的是，人的思维方式、工作习惯、绩效标准老
化等，是人的积极性调动不起来的问题。要解决老团队的问题，根
本上是要解决人的问题。要从人力资源管理的角度解决这个问题才
是关键所在。

· 只能解决一些具体问题，仍难以解决老化问题。

第四个突破口：使用"空降兵"

王总决定向别的公司学，从外企花高薪招来一个新经理，这位
新经理新官上任三把火，用了一套在外企用的规则，对软件开发部来
说是一套全新的规则，并起到了一定的作用，但也遇到很大的阻力。

"空降兵"可能遇到的挑战：

· 外企招来的新经理觉得自己是从外企来的，所以高高在上，
把自己当成是救世主，瞧不起部门中的其他人。

• 由于新经理是用高价引进的，所以公司对他的要求太高。见他烧了几把火，不像想象的那么见效，就表现出不满和失望的情绪。

• 企业是整体，各部门之间都是相关联的。公司的整体的管理、制度和其他部门的做法等，制约着"空降兵"的作用，特别是在职业经理这一级。

• 对于部门成员来说新经理实行了一套新规则，使他们眼前的好处没有了，将来的利益现在又看不见。所以他们理所当然地产生抵触情绪，不支持新经理的变革。

"空降兵"的好处：

• "空降兵"带来了新的团队规则，新经理把这些年从外企学来的国外企业中先进的团队规则应用进来，从而改变一些固有的对团队发展不利的老规则，使团队的发展有一个飞跃。

• 正因为"空降兵"对原有企业中的情况不了解，才不会受老的规则的束缚。新经理就不知道老团队有什么成文或不成文的老规则，所以处理问题时不会受到老规则的束缚，觉得怎样做对，就怎样做。

• "空降兵"在工作中顾虑少，不像老经理是老团队中的人，与成员之间都是多年老同事，有许多事情碍于情面，不好说、不好做，怕得罪这个，怕得罪那个。他认为怎样做对团队发展有利就怎样做，不存在情面问题。

• 空降兵是"旁观者清"。新经理对于老团队来说是局外人，所以有些问题，看得很清楚。不像老经理这么多年来对团队中的固有的老规则都习以为常了，也觉不出哪对哪错。

结论："空降兵"能够带来一定的变革，可能的话，还能达到预期的目的。但是，"空降兵"受到公司大环境的困扰，常常难于有所作为。另外，"空降兵"就是"救世主"吗？从哪里能找到这种力挽狂澜的人呢？

第五个突破口：改变团队规则

让我们先来看看老化团队有什么样的规则吧：

• 员工上班可以习惯于经常迟到；

• 只看工作态度不看工作效果；

• 在部门内员工之间可以背后议论别人；

• 平均主义；

• 在部门内谁做得好就压谁，枪打出头鸟；

• 在工作中遇到不顺利的时候，总是怨天尤人。

老团队之所以老化，正是因为这些老规则造成的。这些老规则往往会造成两种后果：

第一，"只看工作态度不看工作效果"的后果。

在许多企业中，一些领导，特别是部门领导，他们为了在部门中营造一种人人认真努力工作的气氛，往往有意识地在部门内提倡团队成员要有好的工作态度，所以过分地强调团队成员的工作态度。团队领导认为人的能力有大小、水平有高低，但只要你尽力了，就是好的，说明你的工作态度是端正的，在部门中就会起到积极的作用。这样做，在部门中就会产生重工作态度轻效果的后果，势必在部门成员心目中造成领导只看谁的工作态度好，谁在领导的心目中就是好员工的印象，使部门成员没有追求工作效率的动力。久而久之，在部门内就会自然而然地形成只看工作态度不看工作效果的规则。

第二，"平均主义"的后果。

几乎所有的老化团队都有平均主义，奖惩不分明的问题。如软件开发部虽然奖金分等，但等级之间差额那么小，实际上还是搞大锅饭，搞平均主义。这样的结果是，干得好的人觉得自己吃亏，觉得没有动力，心里不平衡，以后工作也不那么卖力了；干得不好的人觉得自己这样干挺好的，自己家里的事也不耽误，还能交交朋友，少拿那么几十块钱的奖金无所谓，值！这样奖惩不明，势必使团队的工作状态越来越不好。长此以往，努力工作的成员的积极性也调动不起来，团队就会处于半死不活的状态。

团队成员没有行动起来，不能说是大家不想动，而是大家习惯了过去的工作考核标准，习惯了对工作的好与坏没有明确的赏罚。这时的团队就好像一潭死水，没有任何的生机，是老的、僵化的规则在起作用。为什么是老规则一直在起作用？就是因为没有新的规则。老团队可能会有许多老的规则，但对老团队改造最重要的是改变绩效标准规则。

如何改变团队规则？可以从三方面考虑：

方面一：确定新的团队规则。

• 确定新的绩效标准：与成功的企业相比我们有什么差距。如：上班有人打私人电话，哪个成功企业能允许上班打私人电话？

• 看工作业绩，不看工作态度。

• 不能把看能力当成看学历。

• 严格业绩标准，改变平均主义。

方面二：使绩效与奖惩严格结合。

如果团队成员获得了高的绩效，是否就会得到团队领导的奖励？如果团队成员认为，团队领导的奖励不明确，或团队领导的奖励不只和工作绩效有关，还与团队成员的资历或学历，团队成员对团队领导的巴结程度、忠诚度有关；或团队领导对奖励出尔反尔，如团队成员付出了巨大努力所取得的成绩，却只获得了微不足道的奖励；或团队成员努力工作以期望获得晋升，但得到的却只是加薪；或团队成员期望得到一个比较有挑战性的工作，但得到的仅仅是几句表扬或某种荣誉，这些都会降低团队成员的积极性。

同样，如果偷懒的人、平庸的人、没有业绩的人，甚至已给团队带来损失的人没有得到惩戒，甚至还得到了好处，优秀的团队成员就会失望、懈怠和不满。

方面三：维护新的团队规则。

老化团队的改造，经常遇到的困难不是制定不出新的团队规则，而是新的团队规则不能运用。想重奖，大家有意见；想批评，大家有看法。左也不是，右也不是。结果，又开始用旧的团队规则来处理事情，改造就失败了。

老规则和新规则

老规则	新规则
• 员工上班可以习惯于经常迟到 • 部门领导只看工作态度不看工作效果 • 在部门内员工之间可以背后议论别人 • 部门领导的初衷是看人的能力，但最后变成了看人的学历 ◆ 业绩平均主义 • 在部门内谁做得好，枪打出头鸟 • 在工作中遇到不顺利的时候，总是怨天尤人	◆ 鼓励先进 • 看工作业绩，不看工作态度 • 不能把看能力当成看学历 ◆ 绩效与奖惩挂钩 • 一旦同意，不能背后议论

单元三

如何处理团队冲突

　　软件开发部阮经理要求人力资源部在 9 月之前为他们招聘到五位程序员，否则，开发软件的工作就会拖延。到了 10 月，人力资源部只给软件开发部招聘到一位比较满意的程序员。阮经理带着一肚子的气找到任经理，人力资源部的任经理也不示弱，于是两位部门经理吵得不可开交……

　　像这种团队之间的冲突太多了，比如：软件开发部与财务部之间，软件开发部与生产部之间，生产部与销售部之间，生产部与采购部之间，生产部与人力资源部之间，销售部与财务部之间，以及团队成员之间的种种冲突……

　　出现团队冲突，我们怎么处理呢？

团队冲突的五种处理方式

　　我们有以下两种行为方式：

　　一种是合作性行为。

　　合作性行为，就是一方力图满足对方愿望的行为，越努力满足对方的愿望和要求，合作性就越强。

　　财务部没有打印纸了，到行政部去领，这时恰好行政部已经没有打印纸了，行政部为了不耽误财务部的工作，马上派人去买。行政部想方设法满足财务部门的要求。

　　另一种是武断性行为。

　　武断性行为，就是力图满足自己愿望的程度，其越想让对方满足自己的愿望和要求，武断性也就越强。

　　"我无论什么时间去财务部报销，你财务部都得给我报，财务部就是干这个的，要不然公司养你们这帮人干什么！"

　　将武断性程度和合作性程度用两维模型表示出来，就是"托马斯-基尔曼模型"。从这个模型可以看出，团队冲突有五种处理方式。

处理方式一：竞争

　　这是由于团队冲突的双方都采取武断行为所形成的。在这种情形下，双方各自站在自己部门的职责或利益上，各不相让，"要么你们对了，要么我们错了"，一定要分出个胜负、是非、曲直来。

　　竞争方式的特征：

　　· 正面冲突，直接发生争论、争吵或其他形式的对抗。

　　· 冲突的双方都高度武断、高度不合作。冲突双方在冲突中都寻求自我利益的满足，而不考虑对他人的影响。

　　· 竞争的双方都试图以牺牲他人的目标为代价而达到自己的目标，试图向别人证实自己的结论是正确的，他人是错误的。出现问题时试图让别人承担责任。

- 只顾胜负、曲直，不顾冲突带来的后果。

处理方式二：回避

冲突的双方既不采取合作性行为，也不采取武断性行为。"你不找我，我不找你"，双方回避这件事。

10月已经过了，程序员还没有到岗，阮经理虽然一肚子气，但就是不找人力资源部，"管它呢！老总问起来再说吧。"人力资源部任经理也采取多一事不如少一事的态度，不找阮经理商量招不到程序员该怎么办。

回避方式的特征：

- 既不合作也不武断。
- 这时的团队冲突是以双方回避冲突的形式出现的。
- 双方试图忽略冲突，这种冲突极易被忽略。
- 双方都意识到冲突的存在，但都希望回避，不发生正面对抗。

处理方式三：迁就

团队冲突的双方中有一方是高度合作的、不武断的，也就是说，只考虑对方的要求和利益，不考虑或牺牲自己的要求和利益；另一方则是高度武断的、不合作的，也就是只考虑自己的利益，不考虑对方的要求和利益。

阮经理对任经理说："实在招不到就算了。"

迁就方式的特征：

- 高度合作、不武断，愿意牺牲自己的目标使对方达到目标。尽管自己不同意，但还是支持他人的意见，原谅他人的违规行为并允许他继续这样做。
- 迁就是一方为了抚慰对方，可能愿意把对方的利益放在自己的利益之上，为了维护相互关系，一方愿意做出自我牺牲。

处理方式四：妥协

冲突双方都有部分合作性，但又都有部分武断。在这种情形下双方都"你让三分，我让三分"，双方都让出一部分要求和利益，但又保存了一部分要求和利益。

销售部和软件开发部都到行政部申请明天上午 9 点至 11 点派车，可行政部只有一辆车可以外派。这时，销售部就与软件开发部商量，软件开发部的同事做出一点牺牲，明天早上早点到公司，8 点至 10 点用车；销售部的同事决定明天 10 点至 12 点用车，牺牲一点自己中午休息的时间。

妥协方式的特征：

• 界于武断与合作中间。当冲突双方都放弃某些东西，而共同分享利益时，则会带来妥协的结果。

• 没有明显的赢者和输者。他们愿意共同承担冲突问题，并接受一种双方都达不到彻底满足的解决方法。因而妥协的明显特点是，双方都倾向于放弃一些东西。

• 冲突双方的基本目标能达成，团队成员之间的关系也能维持良好。

• 团队冲突得到暂时解决。

处理方式五：合作

冲突双方高度合作，并且高度武断。就是说冲突双方既考虑和维护自己的要求和利益，又要充分考虑和维护对方的要求和利益，并最终达成共识。

阮经理与任经理共同合作，达成按期招聘到合适人员的目的。

合作方式的特征：

• 对于自己和他人的利益都给予高度关注。冲突双方均希望满足双方利益，并寻求相互受益的结果。在合作中，双方的意图是坦率澄清差异并找到解决问题的办法，而不是迁就不同的观点。

合作的双方都试图找到双赢的解决办法，使双方目标均得以实现，寻求综合双方见解的最终结论。

相互尊重与信任。

• 团队冲突得到完全消除。

解决团队间冲突的五种方式

方法	行为特征	使用此种方法的理由
竞争	正面冲突，确定的，有野心的，不管付出多大的代价，一定要赢	适者生存。一定要证明自己的优越性，在道德上与专业上你的坚持都是正确的
回避	不会造成正面的冲突。忽视或根本不理会这个争论，不把这项争论当作问题	差异太小或太大而根本不用解决。这种解决方法可能会破坏关系，甚至制造出更严重的问题
迁就	这是一种彼此同意，但是并不彼此信任的行为，这种合作要付出牺牲个人目标的代价	冒险破坏彼此关系与整体和谐是不值得的
妥协	主要冲突者的基本目标都能达成，彼此间的关系也能维持良好，有野心，但能彼此合作	没有一个人或一种想法是完美无缺的，能够圆满处理问题的好方法不会只有一个，所以你必须先付出，才能有所收获
合作	形成冲突的双方需求都是十分重要的，而且对彼此的支持也相当的尊重，互信又十分合作	当双方都能坦诚地讨论争执点时，就可找出一个相互都能获益的解决方法，并且不会让任何人做出重大的让步

对五种处理方式的分析

五种不同处理冲突的方法来解决同一案例会得到不同的结果。

现在我们还是以计算机公司软件开发部阮经理与人力资源部任经理之间有关程序员招聘所产生的冲突为例。

如果采取竞争的方式

阮经理当仁不让："开始让你们招时，你们可没说这么多，你们也没说招不到。这么长时间，才招到一个人，真不知你的人力资源部整天都在忙什么！"

任经理辩解道："现在做广告效果也不好，人才交流会哪有什么好人才。请猎头公司招，老总又觉得费用高，不同意。真是，让我们怎么办？"

阮经理生气地吼道："不管怎么说，软件开发部要是完不成任务，你们人力资源部有不可推卸的责任……"

"你们部门提出的用人要求不对，条件太高了，你们要求的那种人咱们公司的薪资水平人家根本不来。招来的人，你们又不满意。"

为什么会出现各持己见的局面？

原因一：站在各自角度。

软件开发部阮经理为了能按时完成新软件产品开发的任务，必须要找人力资源部任经理，要求他给招聘程序员，他对工作的态度是认真负责的，是出于为公司的利益着想，不怕得罪人。

人力资源部任经理确实尽了最大努力，他也做到了为工作尽职尽责。所以当阮经理找上门来指责他时，他感到很受冤枉。

他们双方的出发点都是好的，都想把工作做好，都出于工作考虑，对工作都是负责任的。由于各自角度和立场不同，无法形成一致，导致冲突。

原因二：关注于责任的归属。

公司总经理给软件开发部下达三个月内完成新软件产品开发的任务，如果到时候完不成，总经理会认为阮经理做事不力，耽误了公司的发展计划。实际情况是，人力资源部确实没有按时招聘到合适的人，已经延误了研发工作。于是阮经理把责任推给了人力资源部的任经理，认为是由于人力资源部做事不力，没有按时为软件开发部招到人，责任理应由人力资源部承担。

任经理当然不愿为软件开发部承担完不成任务的责任，他认为首先是阮经理对所需要的人职位描述不对、条件过高。"要三年以上工作经验，大学本科以上学历，学计算机专业的，结果招来一个你们不满意，再招一个还是不满意，到头来费用也没少花，人力资源部的招聘费都给你们花了。我们有什么办法，我们有什么责任。"

在企业中，各部门之间互相推卸责任的情况时有发生。推卸责任是人的一种本能。当某一个部门完不成任务时，就会埋怨资金不到位、公司的硬件跟不上、人力资源方面的激励机制不健全、其他部门不配合等，从而推卸本部门的责任。

通常的结果是：

结果一：双方发生激烈的争吵，甚至将官司打到老总那里去，让老总评一个是非曲直。双方的裂缝和矛盾不断加大，可能会影响到其他的合作，甚至因这次冲突产生个人恩怨。

结果二：问题还都在。争吵半天，问题一个都没有解决，而且通常在争吵当中，又耽误时间和精力，造成新的问题。

结果三：通常只好让双方的上司来"摆平"。如果人力资源部上面有人事副总，软件开发部上面有技术副总或总工，可能会产生高层之间的矛盾，特别是如果招聘的事影响到业务推广的大局时。

结果四：也许会将两个部门的各自成员都拖入这场冲突当中，引发更大范围的不和。

结果五：问题的根源还在。即使老总采取强硬或怀柔的办法消除了这场冲突，将来在其他工作上可能仍会出现冲突。其实，这场冲突是结果，不是原因。

结论：无论如何，要避免采用竞争的方式。

如果采取回避的方式

阮经理："你们人力资源部不能按时给我招聘到程序员，我也不去找你要。我该怎么干还怎么干，软件开发部现在有几个人，我们就干几个人的活，那没办法，谁让招不来人啊！到时候完不成任务公司总经理问起来，我也有说的，是人力资源部招不来人，不是我们软件开发部不干活。"

任经理："我也不说你软件开发部职位描述不清楚等问题。我就按你提出的条件给你招，招来你愿不愿意留下，那是你软件开发部的事。反正省下招聘费用也是公司的，我自己一分钱也拿不回家。只要有人才招聘会，能给你招尽量给你招，这也是对工作负责任，但实在招不到我也没办法！到时候公司总经理问起，我就实事求是。现在人才市场竞争这么激烈，软件开发方面的人才本身就少，再说软件开发部要求又那么高，招不来是正常的。我也尽心尽力了，也对得起公司了！"

为什么双方都回避？

原因一：得过且过。

不管是软件开发部的阮经理还是人力资源部的任经理，他们当初都认为：没什么大不了的，有了问题再谈吧，懒得为当初的事情争吵。多管闲事多操心，多一事不如少一事。

原因二：各守职责。

阮经理认为，招聘是人力资源部的职责，我们提出用人要求，就尽到我们的职责了，后边的事，不归我管，也管不了。

任经理认为，招聘是我们的职责，但招聘不到人却是由公司的政策、招聘条件、人才市场等多方面原因造成的。我们只要尽力就行，犯不着与软件开发部争吵，反正这时候我们没有责任。

原因三：沟通不畅。

如果沟通的渠道畅通、沟通的氛围好、沟通的方式得当，就不用回避，或者没有机会回避。由于沟通不畅，双方都怕在沟通时引起不必要的麻烦和不快，所以都回避这件事，直至事情发展到不可收拾的地步。

原因四：缺乏共同的团队目标。

一条船上的两个人，任何一个都不会看着船往里渗水而不管的。为什么？因为两个人有共同的目标。如果任经理关心的不仅是自己的职责履行没有，自己有没有尽力，还会关心软件开发部研发工作的拖延是否影响到公司目标的实现；反过来，阮经理如果不仅关心研发工作，而且关心如何才能配合人力资源部，从而及时招聘到合格的程序员，他俩都不会回避的。显然，两位经理都对公司这一目标不认同，不愿意主动承担责任。

通常的结果是：

结果一：矛盾潜伏下来。等到某一日回避不了时，冲突爆发。

结果二：问题一个也没解决。有的问题拖得时间长了，本身就成为问题。有些问题会带来连锁反应，甚至导致形成一种团队规则；凡遇到可能引起冲突的工作都躲着走，最终导致整个团队绩效降低。

结果三：解决问题的时机错过或拖延，增加了今后解决问题的成本。

结果四：公司的事情没人管。团队成员失去共同的目标。明哲保身，但求无过，不求有功。

如果采取迁就的方式

软件开发部阮经理对人力资源部不能按时招到五位程序员，采取迁就的态度，在公司总经理面前为人力资源部任经理说好话："任经理他们也不容易，又是联系打广告，又是上人才交流会，连星期六、星期日都不能休息，还要忙着面试。虽然只招到一个人，也比一个没招到强。现在人才市场竞争这么激烈，软件开发人员本来就缺乏，再加上咱公司给的工资也不多，哪那么容易招？他们也确实尽力了，再给他们一个月时间吧！"

任经理对阮经理在总经理面前为他们人力资源部说好话毫不领情："我们每次有招聘会都会为你们招，实在招不到我也没办法，不用说再给我一个月的时间，你就是再给我十个月的时间，就是把我们杀了，该招不到也招不到。"

为什么会有一方迁就？另一方仍不让步？

原因一：迁就方不想得罪人。

阮经理来公司已经有几个月了，他从同事们的口中得知任经理是老总面前的红人，说话有分量，可不是好得罪的。从公司的现状看，搞好人际关系比干好工作重要。自己要想在公司能站得住脚，能不能完成工作任务是小事，得罪了人力资源部经理才是大事。

任经理看阮经理对他如此客气，彼此之间也是第一次打交道，本来互相就没有什么成见，也就对人家客气点算了！

原因二：有迁就的余地。

阮经理知道软件开发的其他工作没有准备好，人招来也不一定就马上开展研发，由于方方面面的原因，其实整个工作都推迟了，晚几天招人也没关系。再说，即使其他工作都准备就绪了，程序员没有招聘到确实影响工作了，人家老总还没有说什么，咱算什么人，只要老总同意，迁就迁就怕什么。

原因三：武断方认为自己没错。

任经理认为在招聘的事情上人力资源部一点错都没有，让我们给招程序员，我们就尽力给你们招，那招不到我们也没办法，我们又不是没做。

原因四：武断方给他们点颜色看看。

"你以为你软件开发部是谁，在公司牛气得不得了，以为公司离开你们就不行了。要我们招人，我们就一定得给你们招到，我们人力资源部不吃你那一套，以后有事找我们也得客气点。"

通常的结果是：

结果一：冲突暂时被防止，也许以后不再发生此类矛盾，也许以后又会重复发生。

结果二：一方总要做出牺牲和让步。这种让步表面上看来是以牺牲某个部门或某个团队成员的要求、权力和利益为代价的，实质上是牺牲了整个团队的利益，换取了暂时的合作。

结果三：管理严谨的企业是环环相扣的，一般很难做出较大让步，或者说，几乎没有让步的余地。如果能让步，要么说明这些工作并不重要、不必要，要么说明整个公司的管理是懈怠的。

结果四：如果让步总能换来安稳和团结，谁不愿让步呢？当让步形成一种团队风气或传统时，团队绩效无疑会不断下降。

结果五：团队成员平等关系丢失。

如果采取妥协的方式

阮经理找到人力资源部任经理："你们虽然没有按时为我们招到人，我们也很清楚你们也确实做了许多工作。你不知道，这一说要开发新软件，每天一大堆事，又是技术问题，又是人员安排问题，手底下的人手又不够用，事太多，真是忙不过来！我抽时间把职位描述写得再清楚点，这事就先这样吧！招来一个人我们先干着，下个月你们一定得尽量帮我们招到人。否则到时候完不成工作任务，公司老总怪罪下来，我们谁都不好交代。你说是吧？"

任经理见阮经理很给自己留面子，也表现得很有风度："上个月没给你们招到五个人，真是不好意思，影响你们工作了，我有责任。你可能不知道现在人才市场竞争有多激烈，新成立了许多软件公司，你知道本来软件开发人才就缺乏，再加上咱公司给的工资又不算高。我说咱们用人这么急，又想要水平高的，就找猎头公司帮我们招，可老总又嫌费用高！这个月我再去找老总说说，多拨点招聘费，努力一把争取这个月把人招到。你看怎么样！"

为什么会出现你让三分、我让三分的局面？

原因一：双方势均力敌。

无论是软件开发部的阮经理还是人力资源部的任经理，在公司都有一定的实力。公司里的人都知道，任经理是老总办公司时带来的，是老总的智囊，大事小事老总都要把他叫去商量商量，他能为老总当半个家。而软件开发部的阮经理是博士研究生毕业，又具有好几年的实际工作经验，在软件开发方面很有一套，是老总好不容易从别的公司挖来的，在公司里最得老总赏识。阮经理和任经理深知自己在公司的实力，也深知对方的实力，如果不采取这种处理冲突的办法，最终只会两败俱伤，对谁都没有好处。

原因二：没有时间为这件事争来争去，要做的事情太多。

由于这家计算机公司是一家新创建的公司，所以要做的事情很多，无论是软件开发部的阮经理还是人力资源部的任经理，都没有时间和精力为招聘的事过多地计较。

原因三：有妥协的余地。

大家都努力了，到时候干不出来，也没办法。我们都尽力了，干不出来，大家就慢慢干吧。软件开发的事说得那么急，其实也没那么急，你想咱公司什么时候按时完成过计划呢？什么时候干完什么时候算，也不能因为工作不要命。人力资源部和软件开发部都没事，反正有客观原因嘛！谁让咱们公司没有吸引力呢？

通常的结果是：

结果一：起码表面上，事情得到了"圆满"的解决。团队的团结与"友爱"得到维护，一团和气，甚至皆大欢喜。

结果二：处理冲突的成本较低，又能维护团队成员的面子和平等关系，又能很快处理分歧，操作容易。

结果三：可能丢失原则。本来应该坚持的制度、规则和目标要求等，可能就在妥协当中被放弃。从而引起公司管理松懈、纪律松弛、目标降低等一系列"并发症"。

结果四：以延误工作为代价。

结果五：问题没有得到根本解决并且积累下来，到双方都无法妥协的时候，可能会出现总爆发。

如果采取合作的方式

软件开发部阮经理抱着一种为解决问题而来的平和心态事先找到人力资源部任经理："你们人力资源部一向对我们软件开发部的工作很支持，我们真是从心里表示感谢！可这次招聘程序员的事可能有些问题，比如：软件开发部对职位描述得不太清楚，我回去把职位描述重新写一份。你看你还有什么不太清楚的地方，或是需要软件开发部配合的地方，你别不好意思说，咱们不都是为把工作做好嘛！"

人力资源部任经理："招聘的职位描述是写得简单了点，其实，这也不能全怪你们。我向搞人力资源管理的专家咨询了一下，关于职位描述说明书的事，应该由人力资源部来组织，总经理参与，并组成包括你们软件开发部专家在内的专家组来评议。这件事我马上就办。我也向总经理请，这个月全力以赴为你们招人，为你们解决人手不够的问题。放心吧！你们的任务也是我们的任务。"

为什么双方能够达成合作？

原因一：双方都能设身处地为对方着想。

在工作中遇到不顺利时，抱着对工作负责任的态度，双方都主动检查自己什么地方做得不好，从而给对方工作带来了什么不便；都设身处地为对方着想，而不是去指责别人的不对之处，多看到别人为工作付出的辛苦，多理解别人的困难。

原因二：双方能够事先沟通。

软件开发部阮经理能以平和的心态，抱着解决问题的态度与任经理进行事先沟通，是很重要的。事先沟通使双方更加了解对方，既表明自己对这件事的态度和观点，又了解了对方的态度和观点。事先共同讨论解决问题的方法，防止问题的发生，而不是事后才争吵。

原因三：双方都对工作具有较强的责任心，以完成团队目标为目的。

双方都把实现团队的工作目标放在第一位，而不是首先考虑个人的得失，他们是在想怎么样能在10月底完成新软件产品的开发任务，而不是在想完不成任务由谁来负责任的问题。对待工作的态度端正了，双方就会想方设法为完成团队目标而努力，而再不会出现各自摆困难，互相推责任的局面了。

通常的结果是：

结果一：问题被事先预防或被消灭在萌芽状态。

结果二：某个问题或影响团队合作的某个问题得到彻底的解决或根除。由于是从对方的角度、从整个团队目标的角度考虑问题，本次良好合作将出现良好的循环，此类问题的发生也将得到避免或大大减少。

结果三：团队价值得到提升。

结果四：双方的工作目标均得以达成。

不同情况，用不同的冲突处理方式

既然五种处理冲突的方法中，使用合作的方法处理冲突是最好的，那么所有的团队冲突就都用合作的方式解决不就行了吗？不！实际工作中的情况要复杂很多。

特别需要指出的是，采用合作的方法处理团队之间的冲突，相对其他解决冲突的方法而言，所需要花费的成本要高一些。它需要花很多的时间和精力进行沟通、讨论，最后还要达成共识后才能采取行动。或许，在合作过程中还需要有大量的财力支持。在时间和财力不允许的情况下，使用合作的方法是不现实的，也是不经济的，不能达到团队效用的最大化目标。那么，怎样才能达到团队效用的最大化目标呢？在团队实际工作中，如何正确运用五种冲突处理技巧？

在工作中，有些工作是重要的，有些是不重要的，工作的重要性有大有小；有些工作是很紧迫的，有些是不紧迫的。我们可以根据工作重要性和紧迫性的不同，分别采取五种不同的冲突处理方式。

竞争

对于那些既具有重要性又具有紧迫性的问题，我们通常可以采取竞争的方式。一提起竞争，就会想到两败俱伤的结局，就认为是不好的、不可取的。其实并非如此，并不是在任何情况下采取竞争的方式都是不可取的。在有些情况下，采取竞争策略是十分必要的并且是行之有效的，甚至在有些情况下还必须使用竞争方式。

那么，在什么情况下应采取竞争的策略呢？

情景一：当处于紧急情况下，需要迅速果断地做出决策并要及时采取行动时

"有一份重要合同明天就要与其他公司签约了，你们部门如果不管这件事，我们部门就要管了。"

在这种情况下，最好的策略就是竞争。

这时，假如双方都采取回避的策略，你们部门不管我们部门也不管，势必影响公司按时签约，从而使公司的利益受到损失。

假如其中一个部门想与另一个部门进行合作，但首先需要两个部门进行沟通，而沟通本身就要花费时间。在明天就要签合同的紧急情况下，是没有时间等两个部门沟通好了再来合作的。

情景二：你想要实施一项不受团队成员欢迎的重大措施时

财务部决定要缩减公司开支，严格公司报销制度。

在这种情况下财务部必须采取竞争策略。

对于公司员工来说，哪一个员工都不希望公司的规章制度松一些，但公司要缩减开支就必须这样做。

这时假如财务部采取迁就或妥协的策略来对待公司的财务制度，就是财务部对公司不负责任的态度。久而久之，必定会造成公司制度的混乱，甚至给公司带来财务危机。

情景三：在你知道自己是正确的情况下，并且问题的解决有益于团队，需要对付那些从非竞争性行为中受益的人

阮经理的部门不能在 9 月份有五名程序员到岗，工作计划就要拖延，整个公司计划受影响，这是绝对不允许的。

如果这时采取回避、迁就、妥协的策略，软件开发工作可能就会被拖延，就会使公司的利益受到损害。

请注意，一个公司经常面对的如果是紧急又重要的工作时，说明管理本身有问题，需要尽快解决和克服。所以，竞争方式的采用是由于管理背景和状况所造成的"没有办法的办法"。

回避

对于那些既不重要又不紧迫的问题，通常可以采取回避的方式。不要以为回避就是不负责任，其实并非如此，在实际工作中，许多时候采取回避的策略会得到意想不到的结果。

什么情况下应采取回避的策略呢？

情景一：发生冲突的事情是微不足道，或者还有更紧迫、更重要的问题需要解决

行政部下达通知，销售部经理问："这个通知别的部门都是 15 日收到，我们怎么是 16 日收到？"

情景二：当你认识到不可能满足你的要求和关心时

我今年关心的是涨工资，而今天是评先进，我并不感兴趣，所以我不关心自己能否评上，也就没有劲头去和他们争论。

情景三：当收集信息比立刻决策更重要时

我们感觉销售部在东北区的市场推广计划中存在问题，没有按计划来做。这时如果直接指责他们，就会引起冲突，所以我们要事先搞清楚是怎么回事。

情景四：当一个问题是另一个更大问题的导火索时

销售部的销售奖励政策大家都很不满意，以前讨论过多次要改，这时，如果销售部经理提出对手下的某一个特别优秀的或特别差的业务员，采取特别的奖励或惩戒办法，这时就会引起更大的冲突。所以肖经理不急于处理某个业务员。

情景五：当你认为部门之间职能划分不清楚，但现在又不影响工作时

新成立的公司就年度审计问题，财务部给各部门下达了详细规范的要求，但目前各部门还没有搞，双方不必现在纠缠此事。

这时假如利用竞争的方式解决部门之间的冲突，就不太合适。因为公司刚刚成立，要做的事情很多，这时部门职能划分与公司的其他事情比起来是小事，没有必要在这点小事上花费太多的时间和精力。

情景六：当发现不是解决问题的最佳时机

人事部经理没有按计划为软件开发部招聘到程序员，软件开发部经理正想去找他问问怎么回事，为什么没招到。他走在路上听说人事部经理正在为××事情生气呢！于是决定不去了。

如果软件开发部经理采取竞争的方式与人事部经理正面接触，去谈为软件开发部招聘的事，本来人事经理心里正有气没有地方撒，搞不好会把矛盾引到自己身上，甚至会产生更大的冲突，成为其他问题的导火索。在这种情况下，最好是采取回避的策略。暂时先回避一下，以后再说。

迁就

对于那些既不具有重要性又不具有紧迫性的问题，通常可以采取迁就的方式。不要以为迁就说明自己软弱，就是自己害怕对方。迁就往往是先退一步，为的是后进一步。

什么情况下可以采取迁就的策略呢？

情景一：当你发现自己是错的时

市场部本月有好几次加班，由于他们没有把加班单及时交给人力资源部，所以加班费没有按时发下来。这显然是市场部的责任，市场部负责人去找人力资源部说明没有及时交加班单，并承认是自己的错。

情景二：当你想表现出自己通情达理时

既然市场部已经承认是自己的错，责任在自身，以后早点把加班单送过来。

情景三：你明知这个问题对别人比对你更重要

前面例子中人力资源部坚持的是公司的考勤制度，制度是绝对不能随便受到破坏、受到挑战的。显然制度比几十元钱的加班费更为重要，你应该知道不要向制度挑战。这时，你可以迁就人力资源部的态度不好等。

情景四：当别人给你带来麻烦，但这种麻烦你可以承受时

本月销售部交来的报表，有许多格式填得不对，财务部人员想销售部也不常犯这种错，于是他们就花了一个多小时的时间改报表。

情景五：当融洽和稳定至关重要时

公司进行一项重大的推广计划，这项计划关系到公司的生死存亡，市场部和软件开发部为谁写这个产品说明书争论不休，这是没有必要的。这时采取迁就策略是最恰当的。

情景六：当你允许别人从错误中得到学习和经验时

人力资源部收到各部门报来的人员需求表，看到上面填得五花八门。这时，可以采取迁就的办法，以后在适当的时候和他们讲清楚应该怎么填。

情景七：为了对以后的事情建立起责任感时

刚刚来到公司的任经理为软件开发部招聘软件工程师，但由于任经理对情况不熟悉，招来的人软件开发部不满意。任经理主动上门检讨自己，听取软件开发部对招聘工作的意见和要求。

妥协

对具有紧迫性但不具有重要性的问题，通常可以采用妥协方式。妥协表面上看是双方都后退了一步，好像是双方都吃亏了，实际上结果是双方都达成了目标。

什么情况下应采取妥协的策略？

情景一：当目标十分重要，但过于坚持己见可能会造成更坏的后果时

计算机公司的软件开发一部、二部就联合开发一种新软件的具体合作事宜，由于种种原因一直没有达成协议，而双方又都不具备独立开发的实力。这时国家一项重点工程正准备招标这种新软件产品，于是两个软件开发部决定在双方合作条件上各做出一些让步，使双方达成协议共同开发这种新软件产品，以便在竞标中获胜，从而使双方获利。

在这种情况下，如果软件开发一部、二部采取竞争的策略，双方谁也不让步，双方的实力又都不够，可能中标的就是其他具有实力的公司。最后的结局会是双方都劳民伤财，而没有结果。

如果两个部门都采取回避的策略，两个部门谁也不理谁，自己又都知道自己没有竞标的实力，而默默地放弃参加竞标，这样两个部门都会失去一次发展自己公司的机会。

所以在这时最好的办法就是双方都采取妥协的策略，你让三分，我让三分。从而使两个部门增加了竞标的实力，都获利或减少损失。

情景二：当对方做出承诺，不再出现类似的问题时

如果销售部的报表需要财务部花很大的力气来修改，这时若销售部经理承诺以后不再发生此类问题，财务部可以采取的是，"好，这次就算了，下不为例。"

情景三：当为了对一个复杂的问题达成暂时的和解时

由于用人部门对于职位说明书的填写不准确，往往使人力资源部招来的人不能达到用人部门的准确要求。但是，如果要解决这个问题，就需要公司进行整体的组织设计和职位分析，而这项工作没有几十万元和几个月的时间是完不成的。这时用人部门可以和人力资源部达成一个暂时的和解：由用人部门先提出招聘的条件，由人力资源部进行修改完善，再由用人部门加以确认之后即可。

情景四：当时间十分紧迫需要采取一个妥协方案时

我们经常在工作中会出现第一套方案、第二套方案、第三套方案，就是为妥协用的。

合作

对具有重要性但不具有紧迫性，有时间进行沟通的问题，必须采用合作的方式。合作是在五种冲突处理策略中最好的一种。通过事先的沟通达成共识，既满足了自己的愿望，也站在对方的立场上为对方的利益考虑。

什么情况下可以采取合作的策略？

情景一：当你发现两个方面都很重要，不能进行妥协时

财务部要出台新的财务管理办法，这件事与销售部和行政部的关系最为密切，因为销售部和行政部在费用方面比较特殊。财务部事先与这两个部门进行沟通，为的是既能坚持财务制度，又能便于这两个部门报销费用。这两个部门要考虑怎样才能既使本部门报销时方便，又要遵守公司的财务制度。

如果在这种情况下，采取回避、迁就、妥协的策略来处理冲突，都会使双方的利益，以至于公司的利益受到损害，造成或是公司的财务制度不够严密，或是销售部、行政部的工作效率被人为地降低的结果。

情景二：当你需要了解综合不同人的不同意见时

公司将进行整体的品牌推广，这件事不只是企划部的事情，它涉及产品开发、市场定位、销售、企业文化……这本身就要听取发展部、市场部、销售部、人力资源部的意见。这就需要合作。

情景三：当部门之间在主要的职责上相互关联时

市场部做一个大的推广计划，这个计划的成败实际上要在销售的业绩上得到体现和检验，而销售业绩又是销售部工作的结果，这时市场部不能离开销售部。两个部门的业绩是相关的，所以必须采取合作的方式。

情景四：当有可能扩大双方共同的利益时

前面例子中软件一部、二部可以不合作，各自有各自的业务范围，但是合作可以扩大双方的利益。对于软件一部、二部来说，及早建立合作关系和战略，比应急的妥协要好得多。

单元四

团队角色

团队角色分析

西游记中，唐僧、孙悟空、沙和尚、猪八戒去西天取经的故事，是大家都耳熟能详的，许多人会被这个群体中四位性格各异、兴趣不同的人物所感染。人们不禁会感到诧异：这么四个在各方面差异如此之大的人竟能容在一个群体中，而且能相处得很融洽，甚至能做出去西天取经这样的大事情来。难道这真是神灵、菩萨们的旨意，而绝非凡人力所能及的吗？

不是的，这是因为他们分别扮演了不同的角色。唐僧起着凝聚和完善的作用，孙悟空起着创新和推进的作用，猪八戒起着信息和监督的作用，沙和尚起着协调和实干的作用。

　　这个由不同角色组建的团队，虽然有分歧、有矛盾，但是，他们有着共同的目标和信念，那就是去西天取经；他们各有不同的作用，关键时候总能相互理解和团结一致，最后形成了一个有力量的团队。

　　公司作为一个团队，更是由不同的角色组成的，一项国际性研究表明，团队中一般有八种不同的角色，它们是，实干者、协调者、推进者、创新者、信息者、监督者、凝聚者、完善者。

实干者

　　他们对于社会上出现的新生事物从来不感兴趣，甚至对新生事物存在着一种本能的抗拒心理。他们对喜欢接受新生事物的人很是看不惯，常常和对方水火不相容。他们对自己生活的环境很是满足，并不主动去寻求什么改变，给人一种逆来顺受的感觉。当上司交给他们工作任务时，他们会按上司的意图兢兢业业、踏踏实实地把事情做好。他们常常会给别人，特别是领导留下一种务实可靠的印象。

实干者的优点和缺点

实干者的优点	实干者的缺点
• 他们在工作中有一定的组织能力，并具有较丰富的实践经验 • 他们对工作总是勤勤恳恳，吃苦耐劳，有一种老黄牛的精神 • 他们对自己的工作有比较严格的要求，表现出有很强的自我约束力	• 他们往往对工作中所遇到的事情缺乏灵活性 • 他们对自己没有把握的意见和建议没有太大的兴趣 • 缺乏激情和想象力

协调者

他们遇到突如其来的事情时，表现得沉着、冷静，正如人们经常所说的遇事不慌。他们对事物具有判断是非曲直的能力；对自己把握事态发展的能力有充分的自信；处理问题时能控制自己的情绪和态度，具有较强的抑制力。

协调者的优点和缺点

协调者的优点	协调者的缺点
• 他们比较愿意虚心听取团队内、外部其他人对工作有价值的意见和建议 • 他们能够做到对来自其他人的意见，不带任何偏见地兼收并蓄 • 他们对待事情、看问题都能站在比较公正的立场上，保持客观的公正态度	• 一般情况下，他们在智力水平上表现得比较一般，他们身上并不具备太多的非凡的创造力和想象力 • 注重人际关系，容易忽略组织目标

推进者

他们常常表现得思维比较敏捷，对事物具有举一反三的能力；看问题思路比较开阔，对一件事情能从多方面考虑解决问题的方法。他们往往性格比较开朗，容易与人接触，很快能适应新的环境；能利用各种资源，善于克服困难和改进工作流程。

推进者的优点和缺点

推进者的优点	推进者的缺点
• 他们在工作中不论做什么事情，总是表现得充满活力，身上有使不完的劲 • 他们勇于向来自各方面的落后的、保守的传统势力发出挑战 • 他们永远不会满足于现在所处的环境，勇于向低效率挑战 • 他们对自己的现状永远不能满足，并敢于向自己的自满自足情绪发出挑战	• 他们在团队中往往表现得有些好激起争端，遇到事情表现得比较爱冲动，容易产生急躁情绪 • 瞧不起别人

创新者

他们具有鲜明的个人特性，思想比较深刻，对许多问题的看法与众不同，对一些问题有自己独到的见解，考虑问题不拘一格，思维比较活跃。

创新者的优点和缺点

创新者的优点	创新者的缺点
• 他们在团队中表现得才华横溢 • 他们具有超出常人的非凡的想象力 • 他们头脑中充满了聪明和智慧 • 他们具有丰富而渊博的知识	• 他们往往给人一种高高在上，像一个救世主的印象 • 他们不太注重一些细节问题上的处理方式 • 他们给人们的印象总是随随便便，不拘于礼节 • 往往使别人感到与他们不好相处

信息者

他们性格往往比较外向，对人、对事总是充满热情，表现出很强的好奇心，与外界联系比较广泛，各方面的消息都很灵通。

信息者的优点和缺点

信息者的优点	信息者的缺点
• 他们喜爱交际，具有广泛与人联系沟通的能力 • 他们对新生事物比其他人显得敏感许多 • 他们求知欲很强，并且很愿意去不断地探索新的事物 • 他们勇于迎接各种新的挑战	• 他们常常给人留下一种事过境迁，兴趣马上转移的印象 • 他们说话不太讲艺术，喜欢直来直去，直言不讳

监督者

他们的头脑比较清醒，处理问题比较理智，对人、对事表现得言行谨慎，公平客观。他们喜欢比较团队成员的行为，喜欢观察团队的各种活动过程。

监督者的优点和缺点

监督者的优点	监督者的缺点
• 他们在工作中对人对事表现出极强的判断是非的能力 • 他们对事物具有极强的分辨力 • 他们总是讲求实际，对人对事都抱着实事求是的态度，有一是一，有二是二	• 他们比较缺乏对团队中其他成员的鼓动力、煽动力 • 他们缺乏激发团队中其他成员活力的能力

凝聚者

他们比较擅长日常生活中的人际交往，能与人保持和善友好的关系，为人处世都比较温和，对人、对事都表现得比较敏感。

凝聚者的优点和缺点

凝聚者的优点	凝聚者的缺点
• 他们喜欢社交活动，对周围环境和人群具有极快的适应能力 • 他们的言行具有以团队为导向的倾向，能够促进团队成员之间的相互合作	• 他们常常在危机时刻表现得优柔寡断，而不能当机立断；在团队中不能起到决定性作用

完善者

他们做事情非常勤奋努力，并且很有秩序；为人处世都很认真，对待事情力求完美。

完善者的优点和缺点

完善者的优点	完善者的缺点
• 他们做事情总是持之以恒，而决不会半途而废 • 他们在工作中表现得很勤奋 • 他们对工作认认真真，一丝不苟，是一个理想主义者，追求尽善尽美	• 他们在工作中，处理问题时过于注重细节问题，为人处事不够洒脱，没有风度

团队角色的启示

启示一：每一种角色都很重要

• 协调者是团队中必不可少的。团队是企业或某组织的团队，它是与外部有关联的，而不是独立于企业或组织之外的，团队内部由多名成员组成，因此团队对外有大量的联络、沟通工作，对内有许多沟通、协调工作。对外协调作用，显而易见；对内协调作用，却常常会被人忽视，其实对内协调作用也是很重要的。

在进行拔河时，比赛双方各自都要有一个人出来喊号子，而这个人往往是比赛获胜的关键。大家听到他的号子声就会一起使劲形成合力。否则，如果没有人喊号子将是什么样的一种局面：你用劲时他不用劲，因为没有号子声，谁也不知道别人什么时候用劲，这样就难以形成合力。这个喊号子的人就是拔河团队中的协调者，从这个例子中，我们可以看出协调者在团队中的作用。

• 实干者在团队中起着非常重要的作用。任何企业中的团队都不是为摆样子而成立的，而是为了完成一个共同的任务目标组成的。正因为如此，任何企业和团队都离不开实干者。实干者会把团队中其他角色的想法和计划变成现实，人们可以设想一下如果在一个企业中没有实干者，其结果会怎样？将会是企业不成为企业，团队不成为团队的局面。

同样是在拔河比赛中，如果没有人真正卖力去拔，喊号子的人就是喊破了嗓子，拔河比赛也不会获胜。

• 在一个团队中也不能缺少推进者、创新者、信息者、监督者、凝聚者、完善者。

• 因此，在一个团队中，每一种角色都十分重要。团队成员不能因为某一种角色人数多，或在某一时间"出了力"，就认为自己重要别人不重要。团队角色是平等的，是没有等级之分的。

启示二：一个人不可能完美，但团队可以

从《西游记》中，我们看到，不管唐僧、孙悟空、沙和尚、猪八戒中缺少谁，他们可能都完不成西天取经。因为在他们当中，任何一个人的身上都不具备他们四个人的所有优点。从这个角度看，团队角色没有一个是可以完美无缺的，总表现出来这样那样的缺点，不尽如人意，让人遗憾。

一个人不可能具有以上八个角色的多种特征，所以一个人不可能承担团队中的全部角色。但是，团队可以通过不同角色的组合而达到完美。比如：在一家计算机公司的软件开发部，把这个部门作为一个团队来看，它不但需要实干者，也需要创新者、信息者、协调者……一个人即使是人们公认很能干的部门经理，他也只能担当一种角色，而不可能担当起一个团队的所有角色。俗话说：三个臭皮匠，顶个诸葛亮。软件开发部可以通过招聘吸纳不同角色特征的人，组成具有八种角色特征的团队，以达到完美的目的。

启示三：团队中的每一个角色都是优点、缺点相伴相生的，团队领导要善于用人之长，容人之短

没有一种角色是完美无缺的，团队中每一个角色都是优点和缺点相伴相生的。如创新者，他们勇于创新、才华横溢，头脑中充满聪明和智慧，有渊博的知识，但又免不了高高在上，不注重细节，好夸夸其谈，有瞧不起别人的"坏毛病"；如实干者，他们在人们的眼里是"老黄牛"，团队的收获离不开他们的耕耘，勤勤恳恳、任劳任怨，又脚踏实地，但是，他们也免不了有应变能力不强、墨守成规、不思进取等方面的缺点。如果一个团队中全是实干者，团队就会变得毫无生气。

一个完美的团队既然是由不同角色组成的，要组建高绩效的团队，团队领导就必须用人之长、容人之短。你不可能让一个人只有优点，没有缺点，你也没有必要让一个人只有优点，没有缺点，因为一个完美的团队并不是由一群完美的人组成的，相反，恰好是由一群并不完美的人组成的。团队领导并不是让团队成员没有缺点，而是设法发挥团队成员各自的优点。一个由不完美的成员们组成并且发挥了各自优点的团队，不仅是真实的团队，而且是一支高绩效的团队。

启示四：尊重团队角色差异

每个人的角色特征都是长期养成的，不能断言哪一种角色类型就是绝对好或绝对坏，领导者应该允许不同角色特征的存在，接受人与人不同这个事实，并尊重别人的不同。特别是有些领导对与自己角色有差异的人横加指责，看不惯别人的想法和做法，给下属造成很大精神压力，使其工作的积极性大大受到挫伤，甚至导致较高的离职率。现在许多企业人员流动频繁，跳槽的人很多，特别是那些具有鲜明角色特征，并且能力很强的人，往往离职率高。

• 情景一：自己是实干者，容不得胡思乱想之辈。

软件开发部的系统工程师小张总是爱向属于实干者的部门经理提出一些新想法、新思路，可阮经理不爱听，总觉得他不踏踏实实做事，整天异想天开。所以每当他向阮经理提建议时，阮经理就会皱着眉头，表现出一脸的不耐烦："别瞎想了，干点正经事！"

这给团队领导者提出了应该反思的问题，如何对待这个问题，关键要看你是否能恰当地使你的下属从事与他自己的角色特征相契合的工作。团队领导要使每一个团队成员的角色特征得到充分发挥，最好的方法就是将适当的人在适当的时候安排在适当的岗位上。

• 情景二：特色鲜明的人为什么爱跳槽。

小黄是一位软件开发工程师，他的工作能力挺强，这是与他共事的人公认的。他的想法做法总是与团队中其他人不一样，而他又不愿意改变自己与众不同的风格。他给人的印象是我行我素，与人合不来，性格比较"怪"。

因为小黄是一个特色鲜明的人，所以他在团队中常常不被团队成员特别是领导所接受。在团队中，创新者、监督者往往都是特色鲜明的人，他们也往往不被团队所接受。其实团队领导应该认识到，要想使团队变成一个好团队，团队中不能缺少这种人。看团队成员最主要的是要看他们对团队有没有贡献，而不是看他身上有什么个性，只要他对团队有贡献，团队就需要他。领导应该允许团队成员的个性差异，并尊重这种个性差异。

· 情景三：团队成员之间的相互尊重。

人力资源部的小李办起事来风风火火，但有时显得不够细心，经常不是这出点错，就是那出点错。而部门中的老张办事有条不紊，但很慢。于是在工作中，小李看不上老张，嫌他干活太慢不出活，老张则烦小李办事总出错，老不让人放心。

这就是由于人的不同的角色差异而产生的矛盾。团队成员不要以自己的标准去衡量别人，只看别人的缺点，不看人家的优点。其实小李和老张的性格是很有互补性的，如果两个人在工作中都能相互尊重，取人之长，补己之短，将是一对很好的搭档。

启示五：合作能弥补能力不足

每个人的能力都有一定限度，怎样能使每个人有限的能力在团队中发挥更大的作用？答案是合作。事实证明：善于与人合作的人，能够用别人的长处来弥补自己能力的不足。团队领导应该善于引导团队成员不同角色之间的合作，从而使团队做到超水平的发挥，达到不合作所达不到的目的。

软件开发部中的老李是实干者的角色，小张是创新者的角色，小赵是信息者的角色，小杨是完善者的角色。需要开发新软件时，就可以由小赵先收集资料，小张来构思新软件产品，老李将它变成实实在在的产品，再由小杨来检查这个产品的各种性能及可靠程度，最终使产品能够市场化。

团队角色与组织角色的差异

某计算机公司有一个软件开发部。这个软件开发部共有九名员工，其中部门经理一名，部门秘书一名，其余七名为软件开发人员，他们分别是软件工程师和系统工程师。在公司内，首先，软件开发部受主管生产与开发的副总经理直接领导；其次，软件开发部要经常与市场部、财务部有业务方面的往来；另外，他们有时也要与人力资源部打交道。对外，他们要了解同行业市场情况以及软件开发的情况，以便做出本部门的研究开发计划及对策。

为了处理里里外外的事情，软件开发部阮经理整天忙得不可开交。最近，阮经理不知哪根神经不对劲了，开始在部门里倡导团队精神："我们部门是一个团队，大家有着不同的团队角色，我是团队的一员，与大家是平等的，只能充当创新者这一角色，大家都充分发挥自己的角色特征，优势互补，形成一支高绩效的团队……"当阮经理慷慨激昂时，有的人就在下边唱起了反调，议论道："别提什么团队角色！在公司里总经理就是总经理，部门经理就是部门经理，像咱这就是干活的老百姓，谁认你是什么团队角色呀，甭听这一套！"

为什么有这种议论？因为团队角色与组织角色之间，确实有着很大的差异。

组织角色与团队角色的差异（一）

	组织角色	团队角色
角色种类	在组织内的每一个人，都有其不同的组织角色。在案例中，这个部门中有部门经理、经理秘书、软件开发人员，表现为他们有不同的职务、职位	团队中有八种角色，他们是实干者、协调者、推进者、创新者、信息者、监督者、凝聚者、完善者

	组织角色	团队角色
产生方式	组织任命	自发产生。与组织角色的产生方式截然不同，团队的这八种角色是由个人的性格特点，以及他们的生活经历、个人阅历决定的
强制程度	无论他是软件开发部经理、经理秘书，还是软件开发工程师，在任命或招聘时都有对他们的职务要求，并用职位说明书加以规范。企业管理者对他们是有明确的职责要求的。由于所担任的组织角色不同，就会产生不同的分工。组织角色强调个人完成他们自己职责内的任务，没有共同的责任；公司通过考核与奖惩强制他们履行自己的职责	直觉、自愿。与组织角色不同，团队角色是在团队成员之间，通过长期接触自发产生的。正因为团队角色是自发产生的，所以团队成员之间的地位是平等的，没有组织角色中的上下级、领导与被领导的关系。就像软件开发部的九位员工，经过了一段时间的共同工作以及参加一些其他集体活动，彼此之间更深入了解每个人的长处和短处，于是就自然而然地产生了团队角色，没有谁能任命团队角色
奖励与惩戒	当组织目标完成得好时，组织角色就有可能会受到表扬、奖励，甚至晋级、升职、加薪 当组织目标完成得不好时，组织角色就有可能得到各种惩罚 组织角色有特定的、制度化的奖惩办法	当团队目标完成得好时，团队的绩效自然而然地就提高了；团队绩效提高了，团队成员就会分享团队的成果 当团队目标完成得不好时，团队的绩效就会跟着降低；团队绩效下降，从而使团队角色间接受到惩罚 没有制度化的奖惩办法
领导方式	上级给下级下命令的方式 领导向下属进行授权 下属在工作中表现得不好就会受到领导的批评 更为严重者组织会给予各种处分	引导成员认知自己的角色，从而自觉发挥作用 补充团队中缺少的角色 给团队成员当顾问
地位	在组织角色中存在着明显的地位差异，他们中间分为上级下级，有经理、秘书和工程师	在团队中成员之间都是平等的，只有角色的不同，没有地位上的差别

组织角色与团队角色的差异（二）

	组织角色	团队角色
描述	职位说明书	互相认知
产生方式	任命、聘任	自觉、自愿、自然
强制性	组织强制	成员之间的自觉约束和规范
做得好时	表扬、奖励、晋级、晋升、加薪	团队绩效提高，从而奖励个人
做得不好时	惩戒	团队绩效下降，从而惩戒个人
实现方式	履行职位职责	充当合适的角色
地位	依组织中指挥链而定	平等

组织角色与团队角色的互补

团队建设的组织角色问题

在企业的团队建设中，经常遇到的两个问题是：

问题一：重视组织角色，忽视团队角色。

问题二：用组织角色看问题。

软件开发部的张工程师是个非常关心国际、国内计算机及软件行业发展动向的人，喜欢看有关这方面的一些资料和最新报道。并且常常在部门里发牢骚，抱怨目前开发的软件过时了："开发这种老掉牙的软件卖给谁！真是劳民伤财！'头儿'们也不知是怎么想的。跟人家的屁股后面跑，什么时候才能和人家竞争？有什么干头呀！"

对此，有两种处理方式。

处理方式一：按照组织角色来处理

阮经理在软件部当着大家的面，很不给张工程师留面子，狠狠地批评了一顿："软件部开发什么产品是公司领导开会讨论决定的，不是你我能说了算的！你瞎操什么心！有你什么事呀！再说，就你看那点东西就觉得自己了不起了，年纪轻轻的，踏踏实实干点事出来，别一天到晚地瞎咋呼，动摇军心，影响多不好！你以为就你行，别人都是笨蛋？"

听了阮经理的批评，张工程师也可能会出现以下两种表现：

表现一：张工自己心里想明白了，阮经理说的是对的。自己又不是公司领导，又不是部门经理，操那份闲心干什么！惹得"头儿"们都不高兴。以后自己真要改掉这个坏毛病，像王工那样闷头工作。

表现二：张工心里对阮经理的批评很不服气。虽然以后在部门中不再公开说类似的话了，但私下里仍经常与几个要好的哥们发牢骚："他们平时什么新东西都不看，什么新信息都不了解，还是搞软件开发的呢。你们说就这样一不了解本行业的前沿水平，二不了解市场的最新动向，搞出来的软件能卖得出去吗，谁要呀！你们说跟这样的领导能干出什么事来，没劲，太没劲了！"没过几天，张工辞职走了。

处理方式二：按照团队角色来处理

阮经理以前看过有关团队方面的资料，意识到张工是团队中与其他人不同的角色，可能是一个在团队中自然形成的信息者。阮经理认为这对把软件开发部建设成一个团队是一件好事，自己应该利用这件事情，有意识地培养部门中的团队角色。于是阮经理把张工叫到他的经理办公室："小张，听说你经常看一些有关软件行业发展新动向的资料，这对我们软件开发部来说真是好事，如果部门的同事都像你这么关心软件开发部和公司的发展，那该有多好。我也可以不用像现在这样事事操心，整天忙得焦头烂额的，效率还那么低。你提的建议很好，值得我们注意，今后要多了解市场信息和行业信息，及时调整产品开发策略，使我们的产品有竞争力。以后看了什么新资料，有了什么新想法就直接来找我，咱们能在工作中采纳的尽量采纳。但是，我要提醒你说话要注意场合，有些话不要在部门里随便说，这样影响不好。"

听了阮经理的话张工可能会有两种反应：

表现一：张工听了阮经理的话心里很高兴，心想阮经理还真不错，能听进下属的话。俗话说"士为知己者死"，阮经理也能够得上半个知己了。从这以后，张工的工作热情变高了，对自己的本职工作软件开发工作更加认真去做好，同时着手系统收集当前国内、国际软件开发方面的新信息。过了一段时间，他写出一篇有关软件开发方面新设想的报告，交给了阮经理。这份报告受到了公司总经理的重视和赞赏，阮经理也因领导有方受到公司的奖励。

表现二：张工想，我只是随口说说而已，阮经理还当真了。真让我给公司收集信息，我才不愿管那些闲事呢！公司给我多少钱呀？我不过是对这方面有点兴趣罢了。

对于"二领导"的现象，管理者应该怎样对待

软件开发部有个软件开发工程师王工。这个王工很有点特色，用部门其他同事的话说，是个"二领导"。他总是喜欢自觉、自愿地监督部门内其他人的工作，看别人的工作进度，看别人的工作态度指手画脚。

处理方式一：组织角色

如果从组织角色的角度来看，部门中的监督者只能是部门经

理。只有部门经理的监督才是名正言顺的，谁也说不出什么来。而王工充当了监督者的角色，结果引起了部门经理和其他同事的反感。

部门经理需要一个人监督八个人，可他除了是名正言顺的监督者，还有许多别的工作要做。其结果只能是名义上的监督者，而实际上根本就很难监督过来。

处理方式二：团队角色

如果从团队角色的角度看，王工充当了部门中的监督者。而这种角色是团队八种角色中不可缺少的一种角色。假如部门经理能够进行良好的沟通和正确引导，部门其他同事是能够认同他的这种角色的。团队中有了监督者这种角色，会促使部门中的其他成员自觉遵守规则，也会为部门经理减轻一些工作压力，对整个团队有益。

综上所述：

• 在部门中用组织角色和团队角色两种不同角度处理同一个案例，得到的结果是不同的。用团队角色比用组织角色处理的方式效果更好。

• 以组织角色为主导地位的组织，同样可以从团队的角度出发，使用团队角色来处理组织中经常出现的问题。

• 在一些情况下，运用团队角色的方式来处理那些用组织角色的方式处理起来比较棘手的问题，会得到意想不到的好结果。

• 企业中经常存在的问题是，忘记用团队的眼光看问题，只是空喊团队精神、团队建设。

为什么需要发展团队角色

在软件开发部中，在组织角色的情况下，只会出现一个结果。

这个结果就是，只有部门经理这一个人对整个部门负责，而其他人都只能各司其职，都只对部门经理负责。

在这种情况下，部门经理有三种对策：

对策一：忙碌的部门经理

这是目前许许多多的职业经理常见的状态。特别是管理跨度比较大又没有副职相助的部门经理，就成为"忙碌"的经理，部门里大事小事都要管、都要抓。下属们遇到什么事都要找你，你整天忙得不得了但却效率很低，你忙不过来，你没有时间做一些早就想做但一直没做的事，你疲于奔命……

对策二：设置相应的职位（增加职位）

这是许多公司都采用的办法，既然阮经理已经实在忙不过来了，那就增加职位，加强管理吧。如：

• 设置副经理职位。

通过增加设置副经理职位来分担部门经理目前的工作，以缓解部门经理的压力。

• 设置二级经理职位。

在部门经理下一层设置信息经理，或公司另设立信息部技术经理、人事行政经理，或将七名软件开发工程师分成二至三个小组，每组再设组长一名。

增加职位设置的后果是，部门内的机构变得膨胀起来，增加了管理成本。

对策三：发展团队角色

在软件开发部中，可能有八种团队角色：

软件开发部中的团队角色

现有成员	组织角色	可能的团队角色	团队职责	组织职责
小王	秘书	实干者	使团队成员务实	行政
小李	工程师	协调者	协调团队成员关系	软件设计
老孙	工程师	推进者	推进工作的开展	软件设计
大李	工程师	创新者	好的思路和方法	软件设计
小赵	工程师	信息者	收集市场和专业信息	软件设计
小钱	工程师	监督者	监督成员遵守规则	软件设计
小朱	工程师	凝聚者	促进成员的相互合作	软件设计
小杨	工程师	完美者	挑剔，追求完美	软件设计

软件设计在软件开发部发展团队角色的话，就会出现以下良好的结果：

结果一：对于团队中的某一件事来说，可能有两个或两个以上的人来做。

结果二：团队角色是自觉形成的，所以做起工作来，更迅速，办事效率更高。

小赵是软件开发部的信息者，当部门要开发新软件产品时，他不用经理安排，就会主动地去收集这方面的资料，经常利用业余时间干到半夜，从无怨言。

如果在组织角色中，经理给小赵安排收集资料的工作，小赵可能就放下手中的工作专门去收集资料，甚至会与经理讨价还价。

结果三：团队的领导有时间去考虑团队发展方面的事情。

结果四：对于团队中发生的意外事件，有人去管，有人去做。

一项调查表明，组织角色所规定的职责实际只能是一个组织所真正需要的职责的30%，而余下的70%组织所需要做的事情是无法通过组织角色来完成的，或者说，无法用职位职责来加以规定。这70%的事情的完成，必须发挥团队角色。

所以在组织中，单凭组织角色这种单一角色方式，无论如何也弥补不了组织真正需要的职责与组织角色能够完成的职责之间的差距，必须通过团队角色这一方式进行补充，使组织真正需要的职责得以完成。

团队角色的认知

发展团队角色中的障碍在哪里？

· 成员自己不知自己的团队角色。

在组织角色为主导地位的组织中，人们认为自己的角色是被动的。

· 感觉认知自己的团队角色没有什么用。

- 有人认为承认自己的角色有时会吃亏。
- 有些人特别是团队的领导，总认为自己是多重角色。

要点一：认知自己的团队角色

在团队中为什么会出现自己不认知自己团队角色的问题呢？

原因一：在组织中对认知自己的团队角色没有迫切需要

在组织中，组织角色是具有强制性的，因此人们总是习惯于认为自己的角色是被动的。另一种原因是，在传统的思想体系下，人们往往比较重视组织角色，认为组织角色是领导任命的，具有权威性，也比较容易为别人所接受，即使别人不想接受也得接受，因此会认为组织角色比较有价值。更被人们看重的是，组织角色是与个人的工薪收入直接挂钩的。

软件开发部经理有部门经理的工薪标准，经理秘书有部门秘书的工薪标准，软件开发人员也因他们个人的水平、资历不同有他们各自的工薪标准。而团队角色由于是自觉产生的，所以它并不直接与工薪挂钩，于是团队成员认为对自己的团队角色认知没有迫切需要。

原因二：团队角色模糊

有些人认为自己是多重角色，对自己的角色认识不清，对团队角色的概念比较模糊。有些人，特别是中层管理者存在着对自己的团队角色认识不清的问题，认为自己是部门经理，就什么事都要参与，什么事都要做主，把自己看成万能的人才，对什么事都大包大揽，听不进下属的意见，从而忽略了部门中其他人员的团队角色。长此以往，势必挫伤下属的积极性，淡化了具有鲜明团队角色特色的下属的团队角色感，造成部门中团队角色概念模糊。团队角色模糊的人对团队是极其有害的，因为团队的特色就是有不同的团队角色，如果团队角色模糊了，团队的特色没有了，组成团队也就失去了真正的意义，团队将不再有别于其他组织形式。

原因三：承认自己的角色会吃亏

团队中的八种角色都是优缺点相伴的。因此，谁承认了自己的团队角色，就等于承认了自己的缺点。而组织角色中不存在这个问题，它只是在肯定你的职责，所以有人认为承认自己的团队角色会吃亏。

出于人的本性，谁都存在侥幸的心理，希望自己的缺点模糊一些，尽量不让别人看出来，有时即使有人提出来也能不承认就不承认。

如果软件开发部经理自己承认了自己是团队中的某一种角色，比如实干者或协调者，就等于公开承认了自己的缺点。

另一种想法是，认为自己承认自己是某角色，会引导别人，特别是自己的领导或主管将自己归类到某种团队角色，这样对自己的前途发展不仅起不到好作用，反而起到限制作用。因为根据企业实际情况，比较普遍的规律是，你的上司属于哪种类型的团队角色（尽管他自己没有公开承认），他就比较看得上与自己相同类型的团队角色，而不认同其他类型的团队角色。

如果软件开发部经理是一位实干者，在他的八位下属中他就会比较认同实干者，表现出对实干者的特别信任，会给这位实干者委以重任，一旦有机会，就会在上司面前为他说好话，以便使他得到更多提升的机会。与此相反，软件开发部经理对八位下属中的创新者会怎样看待呢？可能会认为他整天胡思乱想，不知天高地厚，不干一点实事，不踏踏实实干活；会认为他是部门中创造价值比较少，甚至是不创造价值的人，一旦有机会，有可能把他赶出软件开发部。

不管你自己承认不承认你的缺点，它都是客观存在的，不能因为你不承认它就不存在。即使别人不公开说出来，也不等于人家不知道你的缺点。受中华民族悠久的文化传统影响，中国人习惯于在公开场合多说别人的优点，闭口不谈别人的缺点，比较爱"面子"。这样一来，人们就习惯于只爱听别人说自己的长处，而不习惯于听到别人说自己的短处。团队角色恰恰给人以客观的评价。团队角色正是帮助你正确地看待自己，使自己能有意识地发挥自己的长处。如果你适合做实干者，你就踏踏实实做一位实干者，就不要想入非非地做创新者，这样对你个人的发展是有利的。俗话说：知己知彼，百战不殆。这样，你会很快找到自己的位置，使自己少走弯路。

要点二：认知别人的团队角色

有这样一个故事：在原始森林中，有一对瘸子和瞎子结伴而行。瘸子走路很慢，瞎子因为看不见，走路深一脚浅一脚，也走不快。这时天就要黑了，瘸子心里很着急，于是就埋怨瞎子："都是因为你看不见路才走得这么慢！"瞎子也不甘示弱："我的腿又没有毛病，你要是走得快，我不就跟着走得快了吗，还埋怨我！"

这个故事中我们可以看到，人的习惯思维方式是总是看到别人的缺点，看不到自己的缺点，拿自己的优点去同别人的缺点比。

在团队中也如此，团队成员不应该把别人身上的性格特点完全按自己的标准机械地分成优点和缺点。在不同的场合、不同的时间里，人的性格特点有时会表现成缺点，有时又会表现成优点。性格特点是相辅相成的，团队成员要学会尊重别人的性格特点。领导者要正确认识下属的优点和缺点，不要总是盯着他们的缺点，或以其缺点掩盖其优点。领导者要学会善于发现别人的优点，特别是他扮演团队角色所需要的优点；要发挥下属的长处，包容下属的短处。

团队成员之间团队角色的认知需要有一个过程。就像前面提到的软件开发部，如果在部门组建开始时没有考虑到团队角色的搭配问题，现在根据工作需要要把它建成一支团队，可以通过一些部门活动和外出度周末等与工作目标无关的活动，使团队成员对其他成员有更深入的了解。经过一段时间的努力，团队成员彼此之间就会对别人的团队角色有一定的认同。

要点三：让别人认知自己的团队角色

告诉别人你喜欢成为哪种角色

直截了当地将你成为某种角色的愿望告诉别人，求得别人对你的团队角色的认知。

让别人表达对你的角色的印象和评价

小张请小李谈谈，在小李印象中小张在团队中充当了什么样的角色。

如果别人的看法与你自己的自我评估或期望不一致，一方面你需要自我改进，另一方面要向对方反馈，促进别人对你的团队角色的认知。

小李认为小张属于创新者的角色，其实小张特别希望成为推进者。这说明，小张自己期望的团队角色与其他团队成员感受到的小张的角色之间还有一定的差距。

通过与其他团队成员的表达和反馈，加深别人对你团队角色的认知。

単元五

团队建设的四种途径

建设团队的阻力

很长时间以来，无论是我们的组织机构，还是中层管理者和员工，都习惯于以组织机构、组织角色为主导地位的传统管理方式。这种方式在他们的头脑中根深蒂固，而且他们从来就是以此来塑造自己，衡量别人的。所以当有人提出组建团队这种与传统的管理方式完全不同的组织形式时，必然会遭到来自各个方面的阻力。主要有以下三个方面：

组织的障碍

障碍一：等级和官僚结构

很长时间以来，我们实行的都是等级分明的管理方式，总经理就是总经理，部门经理就是部门经理，员工就是员工。员工就要绝对服从部门经理的领导，部门经理就要绝对服从总经理的领导。而团队这种形式恰恰削弱了这种分明的等级制度。在很多时候，团队角色不如僵硬的组织等级差别重要，这种组织等级差别对有效的团队工作来说是严重的障碍，因此，那些采用团队工作方式的组织常尽力去减少等级标志，这无疑会遭到来自传统管理方式的阻力。

障碍二：自上而下的管理方式

在组织中，长期以来一直保持着自上而下的金字塔式的管理方式，常常是一个部门经理管理所有的部门成员。而团队所采取的是矩阵式的管理方式，部门中的每一位成员都参与部门的管理。

障碍三：死板、无风险的企业文化

一个企业、一个部门多年一直这样维持着，大家都感到很正常、很习惯，现在要搞什么团队，谁知道团队到底是什么样子？人们不相信团队能够带来什么效果，甚至有人会认为个人比团队更容易管理，弄不好搞团队还会带来更多的麻烦，还不如维持现状呢！

障碍四：信息的传递往往是自上而下的

在自上而下的管理方式下，人们已经习惯于听领导自上而下地传递着各种信息；而团队的管理方式是矩阵式的，并且在团队中有信息者这样的团队角色，所以信息的来源不再是唯一的，这是传统的管理方式所不容易接受的。

管理层的障碍

障碍一：管理者害怕失去权力和社会地位

组织机构自上而下的管理方式决定了在组织中，管理者具有很多权力和相应的社会地位，而团队的工作方式削弱了管理者的权力。管理者出于自身利益的考虑，害怕失去自己的权力，动摇自己在成员心目中的地位，就会极力反对团队这种形式。

障碍二：管理者害怕团队不再需要他们

在组织机构中领导对于成员是唯一的管理角色，只有他能对别人发号施令，而成员没有权力管他的事情。而在团队中有八种不同的团队角色，他们都分别担当着相应的管理角色，团队领导也只能担当其中的一种角色。所以领导们会感觉团队不再那么需要他们了，他们就会出来反对团队这种形式存在。

障碍三：管理者没有及时授予他人权力

团队与组织机构的不同之处中有一点是很重要的，就是管理者要给团队成员及时的授权。在传统的管理方式下，管理者习惯于自己独揽大权，什么事都要向他请示汇报，成员则是上司让自己干什么自己就干什么。在这种情况下，成员的角色是单一的，大家都是一种角色。而团队需要有八种不同的团队角色，所以在管理者不及时授权的情况下，是组建不成团队的，它将成为组建团队的阻力。

障碍四：管理者没有提供足够的培训和支持

团队是与传统的组织机构完全不同的新的一种形式，成员对团队这种新的形式不了解。比如：他们不懂得在成员中怎样表达自己的观点和看法，不懂得自己应该在团队中扮演什么团队角色，怎样扮演这个角色，等等。这就需要管理者为成员提供足够的培训和指导。同时，组建团队也需要有一些资源，这就需要管理者的鼎力相助。如果缺少了管理者足够的培训和支持，也将会成为组建团队的障碍。

障碍五：管理者没有让员工担负起应负的责任

在团队中，管理者在向团队成员授权的同时还应向团队成员授责。每一位团队成员在团队中担当不同的角色，他们都应该担当起相应的责任。如果管理者没有让员工担负起应负的责任，那么他们就不会真正担当起团队角色，团队仍然组不成。

员工的障碍

障碍一：害怕失去个人回报和个人成就的认可

有些员工，特别是优秀的员工，他们独立干工作做得很出色，并且能得到很好的回报，与此同时也显示出了他个人的能力。而在团队中，更多的是体现整个团队的力量和价值，个人的作用显现得不明显。所以他们对组建团队是持反对意见的。

障碍二：害怕失去个性

有些成员会想："我们都是这样长大的，要想改变可真不容易。"我们从读书、考学到工作，都一直在追求自己的成绩、个人的表现，习惯于单打独斗，现在要转变理念和目标，以团队为中心，的确很困难。

障碍三：害怕团队会带来更多的工作

在组织机构中，员工只要完成自己的工作职责，按照组织规定的绩效考核标准去做，就会得到应有的回报，而不用花太多的时间和精力去考虑其他的问题。在团队中，除了这样工作还要担当某种团队角色，参与团队的管理，增加了许多工作量，所以对组建团队有抵触情绪。

障碍四：害怕承担责任

在团队中工作肯定要比在组织机构中工作承担更多的责任。在组织机构中，只要对自己的工作负责任就可以了，而在团队中工作，还要担负起你所担当角色的责任。比如：你是一个信息者，那么团队中如果因为缺乏信息而影响了团队的工作效率，你就要负责任了。有些成员因为不愿承担责任而反对组建团队。

障碍五：害怕冲突

在组织机构中，由于采用的是自上而下的管理方式，成员都是受管理者的统一领导，成员之间直接表达自己观点的机会比较有限，大多数时间都是你干你的，我干我的，与其他成员之间发生冲突的机会也就比较少。在团队中，成员要担当一定的角色与其他成员发生冲突的机会就会增多。比如：你在团队中是一个完善者，你就要经常给其他成员的工作挑毛病，其他成员不服气，这时就会发生冲突。所以，有些成员因为害怕冲突而拒不接受团队这种形式。

建设团队的四种途径

怎么才能克服组建团队的阻力呢？可以通过四种途径组建团队。

途径一：人际关系途径

通过增进交往，增进团队成员之间的感情、了解和信任，建立团队就是人际关系途径。

运用人际关系途径，团队领导采用的方式有：

方式一：找自己的人

阮经理到软件开发部后不久，就意识到自己要想在软件开发部长干下去，必须在部门内有几个"贴心人"，在关键时刻能为自己卖命，把他们笼络住。再不能像在原来公司那样，自己觉得自己做事公正不搞帮派，到头来闹得孤家寡人，想跟总经理讲条件都没有砝码，最后只好换地方，多惨啊！

团队领导为了在团队中扩大自己的势力范围，在团队成员中找自己的人。许多团队领导认为只有在团队中有一批人一心一意跟着自己干，自己心里才踏实，才会稳固自己在团队中的领导地位。在任何团队中，不可能所有的成员全都是拥护团队领导的，一定会有些团队成员站在团队领导的对立面，或者对团队领导采取不冷不热、不予理睬的态度。

方式二：人际关系朋友化

人力资源部的任经理认为，部门内有一个团结和谐的气氛对部门来说是至关重要的。所以他把很大精力用在搞好部门团结上。于是他经常找下属谈话，为他们解决他们之间的矛盾和冲突，把大家团结得像一家人一样。

团队领导为了维持团队的和睦，把与团队成员搞好关系放在团队工作的第一位。团队领导认为团队存在的基础是团队成员之间的和睦相处，只有在这个前提下才能称得上是一个团队。否则大家在一起别别扭扭没法工作，更不用说达到团队的工作目标了。因此团队领导会花费很大的精力用于他自己与每一个团队成员搞好关系，有时还要帮助处理许多团队成员之间的矛盾和问题。

方式三：为下属争取利益

销售部的肖经理认为，只有自己对员工好，员工才能死心塌地地为自己好好工作。于是，他把很大的精力花在为下属争取利益上。公司本来规定员工每天 10 元钱午餐补助，可肖经理觉得销售部的业务人员经常中午在外面吃饭，10 元钱的补助不够用，于是就向公司申请，把销售部业务员外出时的午餐补助增加到 15 元。所以在部门中一提到肖经理，大家都有几分的敬重，认为他是一位好经理，跟他干活值得。

有的团队领导为了在团队中提高自己的威望，过分地关心下属，为下属争取利益。他们通过给团队成员争取过分的利益来收买下属的人心，认为作为团队领导，自己只有关心下属的利益，让下属感觉到跟自己干不会吃亏，才能死心塌地跟着自己干，这样自己在团队中的威望提高，领导起团队来轻松自如。

通过人际关系途径建设团队，团队领导容易出现以下三种不恰当的类型：

表现一："老母鸡"型。

这种类型的团队领导对待团队成员表现得像"老母鸡"对小鸡一样，把团队成员都护在他的"翅膀"底下，把团队成员看成自己的孩子；要求团队成员尊重"我"，什么事都听"我"的，由"我"来安排你们的工作，由"我"来为你们争取利益，而不能由你们自己选择。坏事"我"为你摆平，好事"我"为你争取。

"老母鸡"型的优点和缺点

"老母鸡"型的优点是	"老母鸡"型的缺点是
• 使团队成员具有安全感 • 使团队成员具有"归属感"，把团队当成自己的家，把团队领导当成自己的家长 • 有些团队通过这种工作方式能够达成团队的目标	• 团队领导不能对成员进行有效的授权 • 团队中不可能共享智慧、共享信息、共享资源 • 不利于团队达到目标 • 团队中角色单一

表现二："我的人"型。

有些团队领导在团队中培育自己的心腹，并得意地称之为"我的人"。这些团队领导认为这样做就可以稳固团队中的骨干力量，有了这些骨干力量，就没有必要去团结团队中的每个成员。团队好像一棵大树，团队领导好像是这棵大树的树根，这些团队中的骨干分子好像大树的枝干，其他团队成员就是树叶子。树叶子可以随风飘落，但只要树的枝干不受损伤，这棵大树就会茂盛生长。因此，团队领导对不同的团队成员采取不同的政策。对所谓"我的人"另眼相看，有时甚至为此做出丧失团队原则的事，对"我的人"表现出明显的偏袒情绪。

这种团队领导根据团队成员与自己关系的远近和能力的高低，分别采用"重用""利用""死用""弃用"的策略。显然，这样已经将团队成员分成三六九等了。这样形成的团队，不健康，也很容易出问题。

"我的人"型的优点和缺点

"我的人"型的优点是	"我的人"型的缺点是
• 有些团队通过这种工作方式能够达成团队的目标 • 使团队中少部分成员具有"归属感" • 使团队中少部分成员能够得到有效授权	• 使团队成员没有共同的价值观和行为规范 • 使团队中的大部分成员没有"归属感" • 使团队中的大部分成员得不到有效授权 • 不利于团队中资源共享、信息共享、智慧共享

表现三："团结"型。

所谓"团结"型，就是团队领导过分强调团结团队中的每一个人。团结团队中的每一个人是团队领导应该做的，但是，以丧失团队的根本原则为代价，过分强调团结团队中的每一个人，是不可取的。因为一个团队，特别是一个高效团队，它的最主要任务是完成团队的工作目标，而不是其他的东西。如果团队领导花费过多的时间和精力用于搞好他与每一个团队成员的团结，用于使团队每一个成员之间搞好团结，这样做的后果，可能是失团队工作目标。最终，可能是团队领导和成员搞得一团和气，人际关系好了，组织目标没了。许多传统的国有企业就是这种局面：为了职工的团结，牺牲了利润和管理。

"团结"型的优点和缺点

"团结"型的优点	"团结"型的缺点
• 团队中具有良好的沟通 • 团队成员具有"归属感" • 有利于团队中资源共享、信息共享、智慧共享	• 往往会失去团队的目标 • 往往会失去一些团队应该具有的原则和行为规范

为什么会出现以上的问题呢？

问题在于怎样理解人际关系出现的偏差。

无论是"老母鸡"型、"我的人"型，还是"团结"型，他们都是把人际关系的定义给歪曲了。他们把别人能帮自己办事、能在关键时刻出来为自己说话，以及他对我比对别人好等，看成人际关系。建设团队所需要的人际关系，应该是建立在团队领导与团队成员之间、团队成员相互之间的沟通、尊重、了解上的，是建立在能接受别人，主动聆听别人的意见，不同的意见和观点受到重视等基础之上的。

途径之二：目标导向途径

目标导向途径的优点是：

优点一：比较容易操作。

通过目标导向途径建设团队只要团队领导制定好团队目标，并且让成员明确团队目标，成员就会自己想方设法达到目标。由于在

日常工作中经常需要制定工作目标和计划，所以大家都十分熟悉和
习惯。

销售部的肖经理在月初制定出本月的销售额是 500 万元的目
标，部门中有 10 位业务员，平均每位业务员的销售额就是 50 万
元，业务员完成了这个销售额就是完成了本月的工作目标。至于每
位业务员是通过什么样的方式完成，部门没有规定。

优点二：促使员工与管理者之间更好地沟通。

由于团队成员明确了目标，所以他们在完成目标的过程中出现
问题时会积极主动地与团队领导进行讨论，商量解决问题的办法。
需要什么样必备的条件，他们也会向团队领导提出，以使目标得以
实现。

销售部的业务员小张在做业务时找到一个大客户，但由于自己
的经验不足，一直谈不下来，于是小张找到肖经理，向他汇报了情
况，并寻求肖经理的帮助。肖经理为他出了许多的点子，并决定必
要时自己亲自出马和小张一起去谈这个大客户。在肖经理的帮助和
指导下，小张最终谈下了这个大客户。

优点三：对员工进行有效的授权。

由于团队成员明确了团队的目标，团队领导就可以向成员进行
授权。至于通过什么方式，就可以由成员自己来决定，而不需要向
领导早请示晚汇报。

在上面的例子中，规定本月每位业务员 50 万元销售额的目标
后，肖经理只是每周要求业务员汇报一次销售额的完成情况，以及
工作中遇到的问题。至于业务员是开发新客户还是挖掘老客户，是
做大客户还是做小客户，是由关系介绍客户还是自己去拜访陌生客

户，肖经理并不限制。

优点四：利于对员工的工作成绩与评价标准比较。

由于团队中每一位成员对团队的目标、对自己的任务都很明确，对自己任务的完成情况都很清楚，对团队中其他成员任务完成的情况也比较了解，因此团队领导在评价成员的工作表现时，就可以用事实来说话，而不是凭谁与领导的关系怎样来评价，这样做成员就会比较服气。

销售部中本月业务员小张、小李、老赵每人都完成了 50 多万元的销售额，肖经理就按月初制定的奖励办法进行奖励。其他七位业务员没有完成任务，同样按月初制定的惩戒办法扣发一部分工资。

目标导向途径的缺点是：

缺点一：目标导向途径只是明确了团队的目标，但并没有说明要达成这个目标所需要的行为。对于一些员工，特别是新员工来说，可能是一个问题，因为他们需要更多的对达到目标的方法进行具体指导。

计算机公司的计划发展部新招聘来了一名助理小黄，部门季经理给他布置了一项任务，只说让他筹备一个新软件产品的新闻发布会，但并没有告诉他具体应该怎么做。小黄感到很茫然，无从下手。

缺点二：目标导向途径常常倾向于把工作的重心放在短期的目标上，结果团队为了达成短期目标而牺牲长期目标。

计算机公司销售部主要工作是销售软件产品。为了更多地销售软件产品，肖经理把市场分成几个区域，分别由几个业务员来负责。业务员的工作业绩就是看他们每个人的销售额多少，所以业务员关心自己的销售额，而对团队的整体任务漠不关心，在工作中业务员之间不相互配合，不能发挥销售部这个整体的作用。

团队的目标能分解，并将团队的目标分解落实到每一个团队成员头上，这样做的后果是会出现团队中团队成员个人业绩绝对化，使团队目标形同虚设。在完成任务的过程中体现不出团队的作用。

缺点三：达到目标的部分因素也许是团队成员所不能够掌握的，比如有些客观的因素。

软件开发部的成员正在忙于进行新的软件产品的竞标工作，这时主要负责这项工作的王工得了急性阑尾炎，需要住院做手术治疗，使工作不得不暂时中断，从而影响了部门参加竞标工作。

缺点四：目标导向途径所制定的目标在大多数情况下是为团队中的"普通"员工制定的，可能会出现对部分成员来说目标过高，他们无法达成；对另一部分成员来说可能过低，团队领导将失去看到优秀成员表现的机会的情况。

软件开发部阮经理制定了三个月完成 x 软件产品的目标，这个目标是根据以往的经验，按正常的工作进度制定的。但这个进度对于新到软件开发部的计算机博士小李来说太慢，他每天只要四个小时的工作时间就可以完成，觉得自己在这里发挥不出作用。而新来的软件工程师小王却感到工作进度太快，自己做起来很吃力。

途径三：共识导向途径

共识导向途径认为团队建设的核心是在团队成员之间有共同价值观和理念达成一致。只有拥有共同的价值观，才能把人们凝聚在一起。

于公司而言，建设企业文化和共同的价值观，是建设团队的重要途径。但是对于部门而言，形成共同的价值观太大了一些，部门作为一个团队，价值观要服从公司的总体价值观。在部门里，建设团队更为实用的、有效的是通过价值观的基本形态——共识，来建设团队。我们在工作中常常遇到下面的情况：

软件开发部有两位软件工程师是搞研究出身的，对计算机公司把只花几个月开发出的软件产品就拿到市场上销售的做法很有看法，觉得技术上不够成熟；而另外几位软件工程师觉得现在开发软件主要是先抢占市场。双方在部门中展开了争论……

显然，这个团队没有共识，分为两派即技术派和市场派，从而导致团队的分裂。

在团队中产生不同意见，最终导致团队分裂的例子很多，这种现象也比较普遍。团队建设初期，团队中可能会出现持不同观点的成员之间的争论、讨论，在这个过程中，成员表达他们认为对自己正在从事的工作至关重要的问题的看法，以及对团队本身应该怎样发展的一些重要问题的看法。这种讨论、争论在工作开始时是十分重要的，因为它可以把今后团队成员间由于目标不一致而引起的问题和冲突降到最低程度，但是也有发生团队分裂的可能。那么怎样才能防止团队的分裂呢？这就需要在团队成员之间就一些至关重要问题形成共识。

团队如何形成共识呢？

措施一：用事实说话

在上面的例子中，技术派认为技术在企业中是第一位的。如果技术不行，你的营销策划再好，客户买了你的产品，使用后发现你的产品并不像所宣传的那么好，以后也就不会再来买你的产品了，大家都不买你的产品，你的产品最终还是要从市场上退出去的，所以站稳市场的关键是技术。市场派则认为市场是第一位的，就拿微软公司来说吧，微软的 DOS 系统是买来的，Windows 系统是向苹果公司学来的，哪一个也不是自己的技术，也不是一流的技术，微软还不照样占领市场。

这种争论在许多企业中都发生过，要想使两派达成共识，就要以事实为依据，让事实来说话。

措施二：SWOT 分析

• S——strengths——优势；

• W——weaknesses——弱势；

• O——opportunities——机会；

• T——threats——威胁。

软件开发部的阮经理就此事因势利导组织部门成员进行讨论。通过讨论，大家渐渐清楚地认识到，由于前些年部门在开发市场方面积累了一些经验，并且有了一批固定的客户，所以目前软件开发部的竞争优势在市场，而在软件开发的技术水平上是中上等，就是再把多大的精力放在技术上，可能也不会有太大的突破。只要我们开发的产品能跟上同行业的发展水平，而且产品质量可靠，我们的产品就可以占到一定的市场份额。如果我们只追求产品的技术性能可靠，而很长时间推不出新产品来，那么我们原有的客户可能就会去买别的公司的产品，我们将失去一些客户，减少我们的市场份额。

我们要找出自己团队所具有的优势，但也要找到团队的劣势所在。并从中发现团队发展的机会点和团队所面临的威胁。这就是所谓的 SWOT 分析。

措施三：参与

软件开发部的成员都参加到关于部门发展问题的大讨论中来了，他们各自发表自己的观点和意见，进行了多次的讨论和争论：到底是技术第一还是市场第一。经过这样的讨论，一种结果是技术派与市场派达成了共识，解决了软件开发部今后的发展方向问题。另一种结果是：技术派和市场派谁也说服不了谁，都坚持自己的观点，最后只好分道扬镳。

必须让团队成员参与到形成共识的过程中，才会形成共识。共识不是团队领导将自己的想法强加给大家，也不是团队成员都不吭声或不发表意见，共识是在团队成员的参与下，自觉自愿形成的。

措施四：团队决策

通过讨论部门成员对部门所具有的优势与劣势都很清楚了，软件开发部阮经理决定由部门成员进行决策，决定是技术第一，还是市场第一，还是两者兼顾。一旦团队做出决策，团队成员就必须接受，无论技术派还是市场派都必须认同。"好，即使这不完全是我想要的，但至少我可以接受这个决定，并支持这个决定。"部门的共识就已达成。

忽略共识导向途径的原因有：

原因一：管理人员往往管理的是企业中的某个部门，他们关注的是自己所在部门的团队建设。而作为企业中的某一个部门，其价值观要服从于企业整体的价值观，不允许有不同于企业价值观的部门价值观的存在。

原因二：管理人员既然知道部门的价值观要服从企业的价值观，所以他们认为关于团队成员的价值观问题，不是他们要解决的事情，而是应该由企业来解决的事情。

原因三：许多部门领导认为价值观问题应该是由企业层面来解决的问题，而不是部门领导所能解决得了的。甚至有的经理认为自己的公司也没有什么价值观，何况部门。

原因四：许多经理甚至企业领导，一提到价值观就觉得是精神方面的东西，与企业特别是与部门的关系不大。他们认为目前他们的企业或部门还没有发展到用这种精神上的东西来解决团队建设方面问题的程度，共识很难达成。

原因五：通过共识导向途径来建设团队是一项长期的事情，不是一朝一夕就能办得到的，是远水解不了近渴，所以认为没有实际意义。

企业管理人员可以通过在部门中就一些重要问题引导团队成员发现他们的共识，找到他们之间的共同点，并利用这个共同点去解决问题或完成某一项任务，从中体验团队达成共识给部门带来的诸多好处。

通过共识导向途径建设团队也存在着不足之处，由于共识导向途径与企业文化是密不可分的，而企业文化的改变不是一朝一夕就能办到的。所以通过共识导向途径建设团队是要花费很多的时间和精力的，花费的成本比较高。但一旦通过共识等价值观导向途径把团队建设起来，团队受益也将是长期的。

途径四：角色界定途径

角色界定途径重点强调明确界定群体成员的角色及对所担任角

色的期待。通过明确界定团队成员的角色和整体的规范而建立团队的基本框架。

计算机公司销售部最近新招聘来一批业务人员。肖经理想在周末搞一次野外活动，让大家彼此熟悉一下，趁这个机会了解了解每个人的个性特点，以便日后让每个人在部门中担当一定的角色，为部门的团队建设打下基础。

利用角色界定途径建设团队在中国的企业中是很少见的，原因在于目前中国的企业对团队角色的认识存在着误解：

误解一：部门领导可能认为部门中有组织角色，再搞团队角色会在团队内人为地造成冲突，还不如不搞团队角色。

误解二：部门领导可能认为团队角色这个问题离我们太远，组织角色是由权威任命的都搞不好，还谈什么靠团队成员自觉分工的团队角色啊！团队角色只是说说而已，没有什么实际意义。

持有这种观点的团队领导，自己就没有搞清楚组织角色与团队角色的区别，组织角色是指部门经理、经理秘书、软件工程师等职务或职位，是上级领导任命产生的，其工作内容是受职位说明书限定的。组织角色强调的是每个员工必须完成他们自己领域的任务，没有共同的职责。通过组织角色组成的只是一个群体，而并不是真正意义上的团队。不同的组织角色，利害关系不同，所以，即使对同一工作目标，他们也很难达成共识，使工作目标难以贯彻实施，甚至最终使工作目标不能得以实现。团队最主要的特征就是确保团队成员拥有共同的目标，并确保他们能够共同工作以实现这个目标。

角色界定途径应遵循的原则如下：

原则一：每个团队成员既承担组织角色，又担任一种团队角色。

软件开发部的张工，他本来是一位软件工程师，可是他在业余时间非常喜欢看软件行业发展新动向方面的资料，所以他就成了软件开发部公认的信息者。

原则二：一支团队需要在组织角色及团队角色之间找到一种令人满意的平衡，这取决于团队的任务。

软件开发部的张工，既是软件工程师，又担当着软件开发部信息者的角色。当这一段时间部门要寻找新的软件开发方案，张工就要在收集资料方面多花时间和精力为部门多提供信息。当软件开发方案定下来以后，张工就要同别人一样，把主要精力集中到开发软件产品上。

原则三：必须认知自己和别人的团队角色。

软件开发部的员工，对他们相互之间的不同团队角色比较认可，并在工作中使不同的角色发挥出作用。这样对把部门建设成团队是非常有益的。

原则四：团队角色的产生遵循自费、自愿、自然的原则。

软件开发部的王工，他是个性鲜明、思想深刻的人，思维又比较活跃，而且才华横溢，极富想象力，所以在部门中他比别的软件工程师更适合做创新者的角色。这个创新者的角色是他自觉自愿扮演的。

原则五：一个团队只有在具备了多种角色，并且各种角色的数量适当时，才能充分发挥其技术资源优势。

软件开发部中软件工程师们应该各自充当八种不同团队角色的其中之一，而不是单一种类的角色，比如都是实干者或都是创新者。如果部门中角色单一化，就建设不成团队了。

经过分析我们可以看到：在团队建设中，人际关系途径能够解决人与人之间良好的沟通、团队成员"归属感"、团队成员之间的共享这三个方面的问题；目标导向途径能够保证团队目标的实现、团队领导对成员的有效授权；共识导向途径可以解决团队成员达成共识的问题，成员有了对团队目标的共识，就不再会认为团队的工作任务是压给他们的，而有了责任感和归属感；角色界定途径解决了团队协作、团队成员之间的良好沟通、团队成员之间的共享等问题。四种途径共同发挥作用，最终才能建立一支高绩效的团队。

四种途径的好处和坏处

	好处	坏处
人际关系途径	• 有利于团队领导以及团队成员之间的良好沟通 • 使团队成员具有"归属感" • 团队成员之间能够共享信息、资源，共享其他人的智慧	• 容易丧失团队工作目标 • 把人际关系看成团队领导自己的事情 • 团队领导把过多的时间和精力用于人际关系处理，使得团队建设的成本增高 • 搞不好，人际关系复杂，工作难开展
目标导向途径	• 易操作 • 促使员工与管理者之间更好地沟通 • 对员工的工作环境有更多的控制力 • 对员工的工作成绩评价标准比较客观 • 可作为有效的回馈手段	• 没有说明要达成这个目标所需要的行为 • 团队常常为了达成短期目标而牺牲长期目标 • 达到目标的部分因素也许是团队成员所不能够掌握的 • 目标往往定得过高或过低 • 常常不被团队成员所接受，成员往往会厌恶施加在他们身上的目标
共识导向途径	• 能够顺利实现团队工作目标 • 有利于团队领导以及团队成员之间的良好沟通 • 有利于团队成员之间资源共享、信息共享、智慧共享 • 使团队成员具有共同的价值观和行为规范	• 要花费很多的时间和精力 • 成本比较高 • 搞不好会造成团队的分裂

（续表）

	好处	坏处
角色界定途径	• 团队中具有不同的团队角色 • 团队成员角色分明，分工明确，使得团队领导进行有效的授权 • 有利于团队成员之间良好的沟通 • 有利于团队成员之间的资源共享、信息共享、智慧共享	• 建设团队需要的周期太长，不是在短期内能完成的 • 费用很高，因为界定和培养团队角色需要大量的费用支持 • 团队领导如果掌握不好自觉、自愿、自然的原则，可能会出现对角色的硬性摊派，反而使团队建设受到阻碍

行动与应用表单

团队管理部分

表单一：权力 – 影响力清单

你是靠你的权力，还是靠你的影响力领导下属？只要你填写这份"权力—影响力清单"就清楚了。

你目前拥有的权力	你有哪些影响力（举例说明）
1.	1.
2.	2.
3.	3.
4.	4.
5.	5.
请自我评估一下：你目前主要靠什么实现领导	

表单二：如何改变下属的行为

作为下属的教练，关键不在于你教给他什么，而在于他改变了什么。下属不能从不佳的行为改变成为良好的行为，你的辅导就毫无意义。请选择一个你想改变的行为，或者你想帮助下属改变的行为，回答下面的问题，使行为的改变持久。

写出一个你想达成的新行为（例如：我要每天早上花30分钟做全天的计划）。以设定目标的形式写。
哪些原因会使你不能坚持按新的行为去做？
你将采取哪些措施克服这些原因和障碍？
当新的行为发生后，你如何巩固？
为了改变行为，你需要哪些支持和帮助？

好了，你已经知道怎样帮助下属改变了！

表单三：工作分析问卷

姓名		职位职称	
部门		工作地点	
填表日期		直属上级签字	

工作时间：
——正常的工作时间为：每日自（　）时开始至（　）时结束
——每周平均加班时间为（　）小时
——实际上下班时间是否随业务情况经常变化（□总是　□有时是　□否）
——所从事的工作是否忙闲不均（□是　□否）
——若工作忙闲不均，则最忙时常发生在哪段时间——
——每周外出时间占正常工作的（　%）
——外地出差情况每月平均几次（　），每次平均需要（　）小时
——本地外出情况平均每周（　）次，每次平均（　）小时

工作目标：

工作内容：
工作内容项目　占工作时间比重（　%）　　权限

费用支出：
费用支出项目　您的权限（　　万元）

失误造成的损失：
若你的工作出现失误，将会给公司带来哪些损失？

工作名称	损失类型	等级	严重程度
1. 2. 3.	经济损失		
1. 2. 3.	公司形象损害		1　　2　　3　　4　　5 轻　较轻　一般　较重　重
1. 2. 3.	经营管理损害		
1. 2. 3.	其他损害（请注明）		

若你的工作出现失误，影响的范围将是：
1. 不影响其他人工作的正常进行
2. 只影响本部门内少数人
3. 影响整个部门
4. 影响其他几个部门
5. 影响整个公司

内部接触	频繁程度	偶尔	经常		非常频繁
在工作中不与其他人接触		1	2	3	4	5
只与本部门内几个同事接触					
需要与其他部门的人员接触					
需要与其他部门的部分领导接触					
需要同所有部门的领导接触					

外部接触	频繁程度	偶尔	经常		非常频繁
不与本公司以外的人员接触		2	3		4	5
与其他公司的人员接触					
与其他公司的人员和政府机构接触					
与其他公司、政府机构、中介机构接触					
需要同所有部门的领导接触					

监督
直接和间接监督的下属人数（　　）
监督你的上司人数（　　）
直接监督人员的层次：□一般员工　□下级管理人员

（续表）

管理
☐只对自己负责
☐对下属有监督指导的责任
☐对下属有分配工作、监督指导的责任
☐对下属有分配工作、监督指导和考核的责任
☐对自己的工作结果不负责任
☐仅对自己的工作结果负责
☐对整个部门负责
☐对自己的部门和相关部门负责
☐对整个公司负责
☐在工作中时常做些小的决定，一般不影响其他人
☐在工作中时常做一些决定，对相关人员有些影响，但一般不影响整个部门
☐在工作中要做一些决定，对整个部门有影响，但一般不影响其他部门
☐在工作中要做重大决定，对整个公司有重大影响
☐有关工作的程序和方法均由上级详细规定，遇到问题时可随时请示上级解决，工作结果须报上级审核
☐分配工作时上级仅指示要点，工作中上级并不时常指导，但遇困难时仍可直接或间接请示上级，工作结果仅受上级要点审核
☐分配任务的上级只说明要达成的任务或目标，工作的方法和程序均由自己决定，工作结果仅受上级原则审核
☐完成本职工作的方法和步骤完全相同
☐完成本职工作的方法和步骤大部分相同
☐完成本职工作的方法和步骤有一半相同
☐完成本职工作的方法和步骤大部分不同
☐完成本职工作的方法和程序完全不同

工作内容与能力要求

在每天工作中是否经常要迅速做出决定？

□没有 □很少 □偶然 □许多 □非常频繁

你手头的工作是否经常被打断？

□没有 □很少 □偶然 □许多 □非常频繁

你的工作是否经常需要细节？

□没有 □很少 □偶然 □许多 □非常频繁

你所处理的各项业务彼此是否相关？

□完全不相关 □大部分不相关 □一半相关 □大部分相关 □完全相关

你在工作中是否要求高度的业务集中，如果是，约占工作总时间的比重是多少？

□20% □40% □60% □80% □100%

你的工作是否需要运用不同方面的专业知识和技能？

□否 □很少 □有一些 □多 □非常多

在工作中是否存在一些令人不愉快、不舒服的感觉？

□没有 □有一点 □能明显感觉到 □多 □非常多

在工作中是否需要灵活地处理问题？

□不需要 □很少 □有时 □较多 □非常多

你的工作是否需要创造性？

□不需要 □很少 □有时 □较需要 □很需要

你在履行工作职责时是否有与其他员工发生冲突的可能？

□否 □很少 □可能 □有可能 □可能较大

1. 你常起草或撰写的文字资料有哪些？	等级	
频率 通知、便条、备忘录 简报 信函 汇报文件或报告 总结 公司文件 研究报告 合同或法律文件 其他		1　　2　　3　　4　　5 极少 偶尔 不经常 经常 非常频繁
2. 学历要求 □初中 □高中 □职专 □大专 □大本 □硕士 □博士		

（续表）

3. 受培训情况及要求		
培训科目	培训内容	培训时限（日）

4. 你认为你的职位的初任者，要多长时间才能基本胜任工作 ＿＿＿＿ 月

5. 为了顺利履行你所从事的工作，需具备哪些方面的其他工作经历，约 ＿＿＿ 年

工作经历要求	最低时间要求

6. 在工作中你觉得最困难的事情是什么？你通常是怎样处理的？

困难的事情	处理方式

7. 你所从事的工作有何体力方面的要求？
□轻　□较轻　□一般　□轻重　□重

8.其他能力要求	等级	程度
领导能力 指导能力 激励能力 授权能力 创新能力 计划能力 资源分配能力 管理技能 时间管理 人际关系 协调能力 谈判能力 说服能力 公共关系 表达能力 写作能力 信息管理能力 分析能力 决策能力 实施能力 其他		1　　2　　3　　4　　5 低　较低　一般　较高　高
请你详细填写从事工作所需的各种知识和要求程度？		
知识内容	等级	1　　2　　3　　4　　5 低　较低　一般　较高　高
其他： 你还有哪些需要说明的问题？		

设计人：章哲

表单四：授权的障碍

有效的授权当然是件好事，但是，好事为什么没人愿意做或做得很少呢？其中有公司制度的障碍、来自上司的障碍、来自自身的障碍、来自下属的障碍等。

障碍源	授权的障碍	克服障碍的方法（现实可行的）
制度		
上司		
自己		
下属		

表单五：发展团队

本表旨在帮助你形象和具体地理解高绩效团队的特征，并对你在发展高绩效团队特征中的作用加以回顾。

部分 I：回顾你的工作经历，从你所经历过的团队中（以部门、项目小组为单位）找出一个你认为最糟的团队（无论你作为领导或成员）和一个你认为最好的团队，对它们加以简单描述（时间、部门、人员、地点、任务）。	
好的（高绩效）团队	糟的（无效）团队
部分 II：你认为你所经历的好团队有哪几个特征？	
特征一 特征二 特征三 特征四	
部分 III：你认为你的经历的糟团队有哪几个特征？	
特征一 特征二 特征三 特征四	
部分 IV：在好团队中，你做出了哪些贡献（排序）？	
1. 2. 3. 4.	
部分 V：在糟团队中，做出了哪些"贡献"（排序）？	
1. 2. 3. 4.	

表单六：团队的规则

　　一个团队，在无形中会形成一些大家默认的、心照不宣的规则（不同于公司的规章制度），如：中午休息时可以用公司电话办私事，上班时不可以；会上已经同意了，会后却发表不同意见；我把事办完后，等他们来要（而不是主动告诉他已经办完了）……这些无形的、没有条文化的规则实际对团队有着重大影响。那么，你了解你的团队的这些规则吗？请召集部门或项目组成员讨论。

我们团队好的规则有哪些（每人必须提出 1 条，然后投票决定前 5 条）
规则一 规则二 规则三 规则四 规则五
我们团队坏的规则有哪些（每人必须提出 1 条，然后投票决定前 5 条）
规则一 规则二 规则三 规则四 规则五
讨论制定出一个克服团队中最坏的 3 条规则的方案。（本方案必须秘密投票通过方可有效）

表单七：你认同他人的角色吗

团队角色能否互补，关键在于团队成员之间能否认同他人的角色。

第一步：调查。向每位成员下发调查表，了解对他人团队角色的看法。

调查表：你认为他的角色是……

姓名	实干者	协调者	推进者	创新者	信息者	监督者	凝聚者	完善者

请参加调查者在他所认为的角色类型打"√"统计后，将得票最多的角色类型作为某人在团队成员心目中的团队角色。

第二步：请每位团队成员介绍自己期望成为的角色类型。

———————————————————————

第三步：请团队成员发言，陈述理由（你认为他是××角色的理由）。

———————————————————————

第四步：由你将团队成员陈述归纳，分成两类分别解决。第一类是本人的角色行为、特征不显著；第二类是他人不认同。对于第一类，要求其本人用上述表单强化。对于第二类，应制订行动计划，帮助团队成员认同而不是不认同他人的角色。

"如何请团队成员认同他人的角色"行动计划

職業經理能力標准

团 队 管 理 部 分

模块七：领导

能力点序号	能力点名称	行为规范	证据要求	知识要求
7.1	认知职权	• 能够准确了解自己在人事权、财务权、业务权上的权限 • 能够与上司或下属事先约定未界定的职权的处理方法 • 认知职权的潜在性 • 认知职权的强制性	• 按表单要求分析某一方面工作中的人事、财务、业务权限划分 • 描述你们约定的处理未界定的职权的方法	• 什么是权力 • 权力的五种形式
7.2	认知影响力	• 认知影响力与职权的关系 • 认知建立影响力的准则 • 能建立自己的影响力	• 举证说明你成功地建立过的自己的影响力	• 什么是领导 • 领导素质理论
7.3	运用四种领导风格	• 能够分析下属发展层次 • 能够掌握四种领导风格 • 能够根据下属发展层次实施不同的领导风格 • 能够根据不同的下属实施不同的领导风格	• 由下属对你的领导方式进行评估 • 举证说明你对不同的下属采用了不同的领导风格	• 领导权变理论

模块八：教练

能力点序号	能力点名称	行为规范	证据要求	知识要求
8.1	企业培训模式	• 需求分析 • 课程设计 • 有效实施 • 四级评估	• 设计一个员工训练课	• 成人学习理论 • 企业培训与学校（学历）教育的区别 • 教练的特点
8.2	员工行为塑造	• 掌握正强化的基本方法 • 了解负强化 • 了解消退 • 掌握惩罚的方法并能认知其潜在危害性	• 举出一个你塑造员工良好行为或改变员工某个不良行为的案例	• 强化理论
8.3	C5 教练法	• 激励承诺 • 找"短板" • 设计方案 • 应用、行动、间隔重复 • 评估、认可	• 设计或记录一个按照 C5 教练法教练下属的安全例子	

模块九：有效授权

能力点序号	能力点名称	行为规范	证据要求	知识要求
9.1	让下属认知自己的职责	• 熟练掌握下属的职务说明书中的内容 • 能够事先为下属界定职责与权限的关系 • 能够使下属对于没有履行职责的后果有所了解	• 请某位下属默写出自己的职责，并请下属对权限和失职进行分析	
9.2	划分授权的四种类型	• 必须授权的工作 • 应该授权的工作 • 可以授权的工作 • 不应授权的工作	• 举例说明你自己授权的四种类型	• 授权的障碍分析
9.3	授权的基本原则	• 授权不授责 • 权责对等 • 善于建立"约定" • 循序渐进	• 由下属对你的授权工作进行评价 • 举出你在授权方面改善的证据	
9.4	建立授权信任	• 约定范围 • 激发承诺 • 约定信任规则 • 及时反馈和评价	• 举例证明你在建立授权信任方面的努力	

模块十：团队建设

能力点序号	能力点名称	行为规范	证据要求	知识要求
10.1	认知团队的价值	• 能认知好团队的七个特征 • 能判别对团队的误解 • 能使团队成员认知团队价值	• 在让下属认知团队价值上你做过什么，举证	• 什么是团队 • 团队发展阶段
10.2	处理团队冲突的五种方式	• 掌握处理团队冲突的五种方式 • 能估计到每种处理方式会有哪些后果 • 能根据不同情况，采用不同的处理方式	• 举证说明你对于不同的冲突采用了不同的处理方式	• 团队冲突模型
10.3	认知团队角色	• 能够认知自己的团队角色 • 能够认知他人的团队角色 • 能够让他人认知自己的团队角色 • 能够让团队成员认知他自己的团队角色	• 用团队角色档案举证	• 团队角色管理 • 团队角色与组织角色的区别
10.4	发展团队的四个途径	• 了解人际关系途径 • 掌握目标导向途径 • 善于建立团队共识 • 掌握角色界定途径	• 举证说明你建立过某种团队共识	• 发展团队的四种途径的优缺点
10.5	主持团队会议	• 有做会前准备的习惯 • 善于制定会议规则 • 能够按时开会和结束 • 能够扩展 • 能够回收 • 做会议评估 • 会后反馈	• 由其他人（下属、同事、上司）对你主持会议能力做出评价	